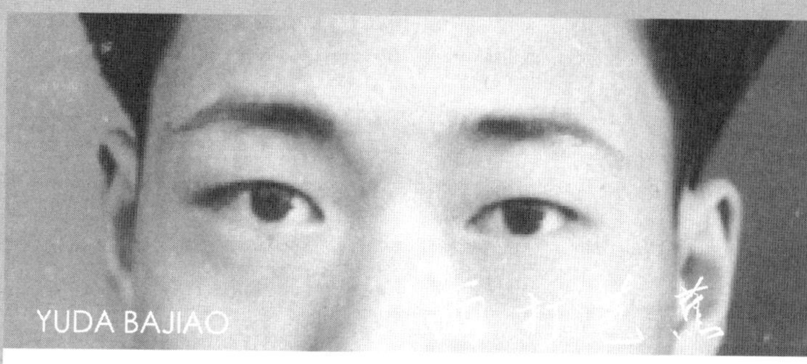


一个乡村民办教师的回忆录 (1958—1980)

吴国韬 / 著

语文出版社 · 北京 ·

**图书在版编目（CIP）数据**

雨打芭蕉 : 一个乡村民办教师的回忆录 : 1958～1980 / 吴国韬著. -- 北京 : 语文出版社, 2013.1
ISBN 978-7-80241-681-9

Ⅰ. ①雨… Ⅱ. ①吴… Ⅲ. ①回忆录－中国－当代 Ⅳ. ①I251

中国版本图书馆CIP数据核字(2013)第008705号

---

**责任编辑** 张夏放
**装帧设计** 李建章
**出　　版** 语文出版社
**地　　址** 北京市东城区朝阳门内南小街51号　100010
**电子信箱** ywcbsywp@163.com
**排　　版** 语文出版社照排室
**印刷装订** 北京市兆成印刷有限责任公司
**发　　行** 语文出版社　新华书店经销
**规　　格** 787mm×1092mm
**开　　本** 1/16
**印　　张** 61.25
**字　　数** 1,029千字
**版　　次** 2013年5月第1版
**印　　次** 2013年5月第1次印刷
**印　　数** 1-3,000
**定　　价** 118.00元（上、下册）

---

010-65253954(咨询) 010-65251033(购书) 010-65250075(印装质量)

# 序　一

吴国钤

弟弟国韬的长篇回忆录《雨打芭蕉》即将出版了，他嘱我在前面写几句话。按能力说，我的文笔绝不敢登此大雅之堂，但按情理来说，我却义不容辞。

《雨打芭蕉》记的是弟弟1958年至1980年和父母一起居住在恩施芭蕉的那段极不平凡的经历。正是这段时间，我因在外地读书和工作，与弟弟及父母长期分离。在那社会折腾接二连三、读书和教书几成罪恶、多数人食不果腹的年代，我经常在思念父母及家人的境遇，担心他们是否能带着沉重之躯，蹒跚地跨过那一个又一个崎岖的陡坎！但当时，不仅交通不便、信息不灵，更因为政治的原因，人们不敢相互频频来往和倾诉，否则，彼此都会给对方带来更大的麻烦。亲人之间，间或稀疏地写一短信，也多是报喜不报忧，皆说“我们一切都好，勿念”云云。现在，父母早已离去，究竟当年的情况怎样？直到今天，《雨打芭蕉》才算是让我解开了许多谜团！

现在回头看，那段时间是我们国家多灾多难的时期，我们好几代人、从好多方面都会感到那是教训深刻的时期。弟弟从这个时代走出来，我们这个家庭的每一个人从这个时代走出来，我们这一代人都在不同的地点、不同的岗位和境遇中从这个时代走出来。这本来是一段充满变革与希冀的岁月，但同时也成了一个充满荒诞、艰辛甚至泪水的时代。这段历史值得深刻反思的东西太多太多！恩格斯说：“要明确地懂得理论，最好的道路就是从本身的错误中、从痛苦的经验中学习。”回顾和总结这段亲身经历的历史，可以使我们从曲折发展的轨迹中去加深对整个社会发展规律的认识，这对我们每个人都将成为一笔珍贵的精神财富，从而恢复人类的良知。

由于特殊的历史环境，那段历史发生在我们身边的许多细节，不少已经被淹没在历史的烟云里，好多当事者、知情人已经作古；对我们这些尚存的人来说，多数也已年逾古稀，即便是年纪较轻的，有的事也被自然遗忘，有些刻骨铭心的情景，更被人为地丢弃、回避和隐藏。现在，非常令人惊喜的是弟弟国韬过去长期有认真写日记的习惯，那些今天看来既令人沉痛又很是具有黑色幽默的情节，不但在弟弟当年的日记中被详细如实地记录了，并且在历史的风云激荡中，这些日记竟然劫后余生，被奇迹般地保留了下来。《雨打芭蕉》正是那一长段历史的生动再现。现在，他将这些东西重新整理出来，让它在亲历者中交流，可以使老人们温故而知新；对年轻人，对今后世世代代的后来者来说，有利于历史的研讨、警醒与批判地继承。

阅读回忆录，我们可以清楚地看到，在那些年代，基层的干部、农民、教师和学生具体的政治生态。看到那时亿万人怎样在豪迈的口号鼓舞下，在对未来虚妄的憧憬下，用残酷的内斗，荒唐的蛮干，紧绷神经，勒紧肚皮，忍饥挨饿，却还装着兴高采烈地去吹牛，去干许多蠢事，到头来还言不由衷地夸海口，鼓吹什么“形势大好、不是小好”等等。看了回忆录，我们可以看到我国的现代史怎样地转了许多大弯，怎样地流失了宝贵的历史时光，浪费了珍贵的自然和人力资源，怎样错过了我国许多历史发展的大好机遇，怎样耽误了几代人宝贵的青春年华。

值得庆幸的是，不管政治风云怎样险恶，父亲仍然凭借他对旧社会本质的深刻认识，保持对共产党主流的坚信，并由此影响了子女和许多亲朋。弟弟饱受政治歧视，虽然以其杰出的学习成绩、良好的群众威信，博得同学老师的好评，但就因为那条以阶级斗争为纲的路线，认定一个人的本质如何，即便是青少年，都主要是看他祖辈的出身、成分，因此，他升学屡屡受挫；由于长年饥饿营养紧缺，尽管只是一个年轻的中学生，在学校的体力劳动却又十分繁重，这使他长期疾病缠身。命运使他几乎陷入绝望的境地，但他从不自暴自弃，秉承家学和学校的正面教育，他更加严格要求和锻炼自己，一直保持品学兼优，以后又征服了疾病。他三次高考，三次榜上无名。连他的老师都为他感到不平。但他从不气馁，愉快地在贫困的农村老老实实为平民百姓服务，并因而受到基层组织和群众的关爱、信任与照顾。大队聘任他为民办教师，在教民办、教耕读的过程中，他不辜负草根民众的信任和重托，使学校办得学生、家长和基层组织都很满意。那时节，弟弟的名字，在他居住的岸口这个狭长的山沟里几乎家喻户晓。

父母年迈体衰，先是被赶出学校到芭蕉街上租房居住，后又被赶到乡下。弟弟过早地挑起了这个家庭的重担。在农村，他学会了种地、收割，喂猪、养羊，检瓦、錾磨、炒菜、做饭，他甚至还学会了烹醪糟、打豆腐等等农村生活的基本本领。但不管事情怎样多，怎样杂，他都始终没有忘记自己的学习，坚持复习高中的各门功课，包括外语。他总是那么兴致勃勃、笑呵呵地去面对一切。不管世道如何动乱，他都坚信两条：一是老老实实做事，规规矩矩做人；二是始终坚持对知识的进取，因为任何时候都离不开科学的指引。

机遇总是眷顾有准备的人。1978 年，十一届三中全会的胜利召开，给亿万人民带来了春天。弟弟和多少善良的人们一样，从此收获了全新的生活！弟弟和弟媳在上世纪八十年代初通过自修考试，都迅速大学本科毕业。在他俩的带动下，家庭充满学习的氛围，他们的三个子女大学本科以后又都硕士研究生毕业，大儿子还得以留学加拿大，获得人类学博士学位。

《雨打芭蕉》充满了苦难和艰辛，也更充满了作者和他那整个家庭乐观、积极向上的精神和势头。功夫不负有心人，《雨打芭蕉》的结局是令人振奋的。因此我们可以说，无论是做事还是做人，《雨打芭蕉》都给了我们积极的启示。

从更深层次上说，作者在那些年月没有因为一时的极左路线而使自己走向偏激，“以歪就歪”，而是能比较全面地对待。而要做到这一点实属不易，这是因为，人都有私利，而私利往往会影响到自己的感情，从而使认识走偏。我们通过自己所走过的1958至1980年的历程说明，社会发展的道路是曲折的。人们对客观事物的认识过程也是曲折的，人类不可能对复杂的事物在认识上和实践上都一蹴而就。例如政治和业务，读书和实践，个人利益和集体利益之间的关系等等，究竟怎样处理，我们总是只能在不断克服认识的片面性和表面性，增强认识的全面性和深刻性的过程中，使我们个人力争走在正确的轨道上。对照1958至1980加上1980至今的又30多年的历史的反思，我们应当学到更多。

2012年8月19日

# 序 二

吴 旭

在中国现代教育史上出现了一个特殊的职业群体——民办教师。据《教育大辞典》（上海教育出版社1998年版）提供的定义，民办教师是指："中国中小学中不列入国家教员编制的教学人员。"实际上，民办教师就是由当地自筹经费（非行政拨款）支付其微薄的工资，或以记工分的方式获得一定报酬的教师群体。直到上世纪八十年代，国家开始给民办教师发放少量生活补助费。民办教师从五十年代初开始出现，持续时间长达半个多世纪，期间全国民办教师还曾一度多达490万人（1977年），直至21世纪初还有数十万人。正因为有了民办教师，中国遂能长期坚持用很少的投入办大教育，尤其在"文革"期间，全国农村小学的一线教师，几乎绝大部分是民办教师。很多"文革"中入学接受启蒙教育的农村孩子后来成为中国八十年代最早一批入城务工者，为沿海城市提供了大量的廉价但非文盲的产业工人，从此中国开始叙写"世界工厂"的神话并踏上强国之路。

父亲当年就是这千千万万民办教师中的一员，而且一干就是十六年。父亲和他的同事们从办芭蕉乡的民办小学、耕读小学、耕读中学，挨家挨户劝学开始，一步一个脚印，让很多偏远山区的农家子弟开始脱盲，普及基础教育。尽管条件艰苦，父亲和他的同事们却对这份工作倾注了满腔热情。这些农村教师在"国家再穷也要办大教育"的特殊时代贡献了自己的全部青春和才智，父亲深感社会应该记住这些默默奉献的"小人物"，于是他花了几年功夫逐一整理以前留下来的数十本日记和工作笔记，撰写成书，真实地再现了那个特殊岁月里农村教育的场景以及民办教师、农村公办教师和乡村民众的生活状况，实现了他要为这一代特殊教师以及他们身边的许多“好人”立传，为他们创造的伟业树碑的夙愿，也为后人能够更深入地了解这一代农村教师及他们从事农村教育走过的既艰辛又影响深远的历程留下了一份宝贵的资料。

2012年10月20日

于哈佛燕京学社

# 题记

1988年，第四个教师节前夕，恩施市教委办了一期专刊，上面有我写的一首小诗，题名《乡曲》，后被《鄂西报》刊登，原文如下：

## 乡曲

值第四个教师节，试串恩施市区（镇）街道办事处名，与老师们同乐，以凑一趣。

古屯堡，小渡船，六角亭边，双河桥旁，
偏遇上，雨打芭蕉，三岔路口独彷徨，空有个慨而慷。

太阳出，望新塘，莲花七里，龙凤舞阳，
树高标，师表五千，着实不负盛家名，龙马精神洋洋。

大山顶，崔家坝，桐梓花丹，土苗侗汉，
沐抚育，学子十万，胜往昔红庙青火，刻苦奋发向上。

杨柳池，凤凰山，一草一木，乃我家乡，
爱鄂西，红土沙地，喜莹莹满树白果，株株参天白杨。

这首小诗，虽为“凑趣”，但也是我的真心抒怀。我1942年出生于湖北省建始凉水埠，1951年春离开故里到咸丰，1956年夏到了恩施。以后，我一直生活、学习、劳动、工作在恩施——一个位于北纬30度，中国内陆腹地的武陵大山区——长达半个多世纪。

《乡曲》，标出了我半个多世纪人生时空的轨迹，也概括了我的心路历程。《乡曲》中的“莲花”“杨柳池”“凤凰山”等，皆为恩施市小地名。有下划线者，是当年恩施全市21个区（镇）、街道办事处名。如今，行政区划略有变动，但这些地名依旧沿用；地名虽没有变动，而这些地方的面貌，人们的生活，却发生了深刻的变化。

《乡曲》中的“桐梓”，乃“童子”的谐音。我是新中国初期戴红领巾的“童子”，成年之后，当了十六年乡村民办教师，文革后转为公办，一直从事培育“童子”的事业。我和我们这一辈的同事们，数十年间，无论是在春光明媚的日子，还是在乍暖还寒的风雨中，甚至在蒙受屈辱的时候，都矢志不渝，为着这“桐梓花丹”，踏遍青山，付出辛劳。我们有欣慰：一年又一年，看到了“桐花万里丹山路，雏凤清于老凤声”；我们有欣喜：十年又十年，看到了“莹莹满树白果”“株株参天白杨”；我们更有自豪：当改革开放大潮到来之际，正是从我们学校走出的一批又一批能写会算的“童子”，成长起来，加入到一波又一波民工潮，成为支撑“世界工厂”的劳动大军——他们是时代的幸运儿、建设新生活的主人，更是改天换地的劳动者、推动历史巨变的生力军。我们国家终于创造了世界经济发展的奇迹，获得了日益强盛的国力。试想，改革开放，如果是在一个大量人口目不识丁、文盲充斥的社会进行，那会是怎样的尴尬和难堪！而这支庞大的有一定文化基础的劳动者群体的培养和准备，正是由成千上万的乡村一线教师完成，其中相当一部分是民办教师。因此，我们这一辈中国农村基础教育的拓荒者，以及所有为此付出过劳苦艰辛的人，在回首往事的时候，是可以这样说的：我们无愧于历史！

我经历过饥饿缠身的年代，烽火连天的岁月和巨大变革的时代。我们曾有的许多苦苦期盼，美好理想，如今都在渐次变成现实；一些不曾想到的事物，还在纷至沓来，令人眼花缭乱。今天，面对物资充盈的市场，节食减肥成为时尚，我想起昔时旷日持久的饥馑，清癯的面容和路边的饿殍；看到红男绿女，享受时装，大堆的衣物，弃于垃圾箱，我还记得当年伙计们的歌唱，“肩挑一百八，裤子打疙瘩；要得疙瘩伸，要挑三百斤”；看到眼前公路村村通，火车穿山行，各色车辆，进入平常百姓家，我想起昨日人们“看见屋，走得哭”的抱怨；看见处处新农村，广厦千万间，犹如仙居地，我想起当年的茅草屋，狗叉棚和冒烟的岩洞；当北纬30度又一块神秘面纱揭开，《龙船调》唱响全球，硒都闻名世界，人道“八百里清江寸寸美景”，大峡谷风光如画，冒险艺术家迪恩波特，跪倒一炷香下，惊呼“Very beautiful”，“Oh my god”；我还记得人们曾经如此哀叹：“鄂西大山区，自古蛮夷地……”如此种种巨变，使我萌生讲述自己故事的愿望，也正是这种巨变，使得今天的讲述，有可能变得轻松而有趣。

我从《乡曲》中选取“雨打芭蕉”“六角亭边”和“龙凤舞阳”三句为题，分作三个部分讲述。这是八百里清江中的一滴水；这是鄂西林海中的一片落叶；这是个人尘封的记忆，也是社会生活的切片和一个时代的划痕。

写出这些故事，借用一句伟人的话——“我拯救了自己的灵魂”。

此回忆录是在我当年的日记基础上整理加工而成，书中所记人物多用真名，个别人物用化名。特此说明。

2012年8月9日于恩施小城

# 目　录

# 引 子

1958 年，我进入恩施高中。恰好这年，父亲所在的恩施五中，从恩施城西门的洗马池，迁到恩施南乡芭蕉的塘湾，从此，我便与芭蕉结下不解之缘。

那条恩施城到芭蕉的 19 公里公路，我每年都要用脚步丈量十多次。因此，闭着眼也数得出，从恩施城到芭蕉的每一段路：

出南门，到巴公溪，沿小河，走到板板桥，爬个小坡，是青冈树，然后过擦耳岩，到高拱桥、野鸡滩、牛鼻子洞、草籽坝、黄豆口。这一路，皆青山绿水，馒头般浑圆的红砂石小山，披着青葱的植被，时有蜿蜒流水，沿着山脚穿行。若把“山不高而秀雅，水不深而澄清”用到这里，也是贴切不过的。

一走过草籽坝，翻过黄豆垭口，芭蕉小镇便展现出来：

一个平展展的大平坝上，坐落着数百户人家。眼前，最近的是园艺场，依次是茶厂。再往前看，是一座小桥。过小桥，是小镇的下街。再过一个半边街，便是上街。一条小河，名曰芭蕉河，自幽深山谷而出，从上街侧畔经过，再流到下街，纵贯整个平坝。

平坝两边都是山，奇特的是：一边，是丹霞地貌的红砂石山，而另一边，是喀斯特地质结构的石灰岩山——两种不同地质结构的山，在芭蕉平坝的边沿交会了。

仔细观察，这山形地势，十分有趣：

右面，是红砂石的小山，一个接一个，绵延重叠，构成一幅波澜壮阔的山峦画卷。恩施五中所在的塘湾，就在这重叠的山峦之间，静卧着。平坝边缘的中段，有一个红砂岩标志性作品：一座突兀而起的尖顶的红沙山，小镇人们称其为“轿子顶”。尖顶之上，生着一棵遒劲的柏树，鸟瞰平坝，遥望对面的大山。一条小河，名曰南河，从连绵山峦之间，盘曲而出，进入平坝。一座拱桥，横跨其上，也是红砂石建造而成，古朴而坚实。桥头三两户人家，被竹林掩映，又构成一幅“小桥流水人家”的画卷。南河从黄豆口的脚下，汇入芭蕉河，故此叫这里为两岔河。两水合流，进入峡谷，北流而去，注入八百里清江。

左面，则是石灰岩构筑的大山，小镇人们称作“关山”。它雄伟挺拔，巍然高耸，气势显得极为强劲：它在大坝的一端——芭蕉镇的上街，向红砂岩的方向伸展，并在越过上街的位置，刻意制作了一个喀斯特地形特征的符号——溶洞，小镇的人们称其为“五佳洞”。石灰岩山，继续向红砂岩方向延伸，如同伸出一只巨大的臂膀，挽住了右面的红砂山，使得塘湾，成为红砂岩自恩施城向南延伸的止顶。

关山以其巨大的身躯，披挂着数千亩森林、山地和茶园，其中，有我以后劳作过的芭蕉园艺场的土地。而就在这座大山的背后，又是我生活工作了十七年的地方——戽口。然而，戽口却并非喀斯特地形，没有石灰岩，也不是红砂岩，而是一种极易风化的黄绿色的岩石，当地人叫“荞粑岩”。在声势浩大的“农业学大寨”运动中，那里造梯田却总是没有成功，正是因为这种石头造就的石梯，只要一年半载，便可化成沙砾而坍塌。这似乎意味着，这里如画的山水，是拒绝任何人为的雕饰的；否则，她会倔强地恢复原貌——光滑美丽的身躯和多彩的服饰。

综观两边山势，我张开了想象的翅膀：左面的大山，那是一个雄奇挺拔，威武阳刚的壮汉，他的名字就叫喀斯特；右面的红砂石山，却是一位红妆艳抹，绰约风姿的女子，名字呢，就叫丹霞。“轿子顶”这乘轿子，怕就是丹霞姑娘出嫁时乘坐的吧。而芭蕉的大坝，则是喀斯特和丹霞一同怀抱着的宝贝啊！更有趣的是，他们两个：喀斯特，在左边写了巨大的一撇；丹霞在右边写了浓重的一捺。于是，喀斯特和丹霞组成了一个硕大的“人”字！

我又想，“五佳洞”呢，也应该有一个美丽的传说：

那是讲，洞中有五位佳人，皆为茶花精灵幻化。她们着洁白衣裙，戴金黄头巾，各怀种茶制茶绝技，于每年立冬至次年清明之间，游走茶乡，撒播茶籽，授人制茶技艺。

如果不是这样，为什么芭蕉有如此众多的茶园？为什么芭蕉的丛林之中，都有野生的茶树？为什么芭蕉有多种多样的制茶工艺？

我不知道，芭蕉的地名是怎么取出来的。我曾请教过不少人，都不能够确切回答。我只好自己寻找答案。若说是这里芭蕉树很多，是不对的，这里只不过偶尔几株而已，怎么可以舍“茶叶”而取“芭蕉”？只有茶叶才属于这里闻名遐迩的特产，这里是名副其实的茶乡。

当我站在黄豆垭口，细看这喀斯特和丹霞共同怀抱的平坝时，忽然觉得，它的确酷似一片巨大的芭蕉叶：叶面长而宽大，芭蕉河从叶面中间穿过，构成芭蕉叶中间的主叶脉，一直延伸到黄豆口脚下的两岔河，和南河交汇，变成了这片芭蕉叶的叶柄。

啊，这就是这一方土地为什么叫芭蕉！我想。

我在读高中时，认识了芭蕉，年年都走芭蕉，和芭蕉越走越近；芭蕉有我的家，有脉脉的温情，无尽的爱和悉心的教育；疾病缠身的日子，芭蕉是我疗养的福地，我在这里吸取地气；离开学校，走向社会的第一步，我踏上的正是芭蕉雄伟的关山；芭蕉让我承受了风雨和磨炼；我在芭蕉成家立业，养育儿女。我和芭蕉，有许许多多的故事。那些故事中的人们——可敬的，可爱的，质朴的，友善的，勤劳的，聪慧的，机智的，幽默的……都不曾在我的心中消失……

# 第一章 温馨之路

*（1958年夏—1960年冬）*

1958年，是火红的。总路线、大跃进、人民公社三面红旗，迎风飘扬。那时，恩施城北黄家岇上的恩施高中，称恩施一中；凤凰山上的恩施县初中，称恩施二中。就是那一年，我在恩施二中初中毕业，从凤凰山，走到黄家岇，上了恩施一中。也就是这一年，恩施二中开办首届高中班，我初中的好朋友——董先绪和赵德腾等一些同学，留在二中上高中了。

先绪和德腾，都是恩施东乡人。东乡，被誉为恩施文风很盛的地方。不过，他俩只是同在东乡，却并不同区：先绪是新塘区的，德腾是红土区的。先绪的家人，早年就送他读了私塾。当他读了两年诗云子曰，发觉有了问题：同辈上小学的，可以在合作化运动中，做登记财产的事，在红白喜事的场合，做挂账之类的事，而他这个读私塾的，对数学则一无所知。于是，他决计改弦易辙，去新塘小学报名插班。学校因为他对算数一窍不通，只同意他读一年级。先绪极不情愿与小他许多的学生为伍，便跑到红土区小学，托人求情，插了三年级。这样他便与德腾同学了。也是因为脑子灵性，加之奋发图强，他居然很快把小学的数学补起来了。小学毕业前一年，他转回了新塘小学。1955年小学毕业考初中，新塘不设考场，参加考试须得到沙地区。新塘到沙地，隔了一条清江河。赴考那日，他们新塘的十几个毕业生，经历了一次生死的考验。偏偏那两日，瓢泼大雨下个不停，清江河洪水猛涨。渡河无异于玩命，不渡过河去，又不能参加考试，如之奈

○恩施城老照片。清江桥头那幢大一点的房子是当年最大的宾馆——清江旅社

何？也是因为这群学生读书心切，再加上这个船工胆子大，他们十几人都上了船。一艘小木船，如同一个鸡蛋壳，被洪水一时涌到浪尖，一时又跌落低谷，船上的人，无一不悬心吊胆，屏住气息，听天由命，任由船工与洪水激流搏斗。这十几个学生的命也真大，终于逃过一劫，安全到达对岸，参加了考试。而且，这一考，先绪考上了恩施二中，还和德腾编到了一个班。

说到先绪，我觉得他的经历很有意思。从他的经历，可以看到恩施县，乃至整个恩施地区，新中国成立后六十余年教育事业发展变化的基本脉络。你看，解放初期，百废待举，文化教育起步艰难，一些地方还有私塾，先绪是那时的一个塾生；当他发觉读私塾有问题时，便拿定主意，跑到红土区去上了小学，成了当时并不很多的小学生；1955 年，在一个一两万人口的新塘区，才有十几个小学毕业生的时候，他成了其中之一，而且渡过洪水激流，安然无恙去赴考；在一个五六十万人口的恩施县，只有一所初中的时候，他考上了初中，成了三百新生中的一个；他读了一个学期的初中，农业社找不到一个文化人，劝他回乡当会计，他当了两个月会计之后，又毅然决然选择了继续自己的学业；1958 年当他初中毕业时，湖北艺术学院恰好来恩施招生，那是百里挑一，只招收两三个人的，他有幸被录取了；当发觉自己的手指不够长，学音乐发展前途不大，他又急流勇退，正好遇上恩施二中开办高中，从省城回到凤凰山，读高中了；在 1961 年高中毕业时，恩施全地区考取大学的，总计不足百人，他成了其中一员；他这个对古诗文有特别爱好的人，大学竟然学的是物理，1965 年毕业后他到了黄家坳，成了恩施高中物理教师；“文革”动乱中，他将自己写的诗文，全部翻了出来，毫不可惜，付之一炬，免除了许多麻烦；1976 年，阴霾荡尽，春暖花开之后，他英姿焕发，年复一年，辛勤耕耘教坛，育得桃李满天下，还获得“全国优秀教师”殊荣；在他功德圆满，退休赋闲以后，外地不少学校，高薪聘他去发挥余热，他一一谢绝，跑到在美国的小女儿那里耍了一些时日，然而，依然眷念的是清江水，龙洞河，黄家坳，他回来了，终日摄影赋诗，乐此不疲；2011 年，恩施高中投资三亿元，占地七百一十亩的龙凤坝新校区启用，恰好外孙女在此入学，于是他夫妇二人，搬到这所山水园林般的现代化新学校，陪孙子读书，尽享天伦之乐……先绪，是这样一路走过来的，这一路也让我们约莫看到，恩施教育是怎样走过来的。先绪，是一个幸运者，也是一个奋斗者，更是一个成功者。

我和先绪，其实也只同学两年。先绪是班上学习委员，学习成绩在全班算是最好的。我初二从咸丰转学到恩施二中，与他同学以后，渐渐成了好朋友。我从他身上学到不少好的生活习惯和学习方法。比如，他每晚上床，都要思考第二天怎么安排，除课堂内的功课以外，还要读什么书。这对于一贯毫无计划过日子的我，影响特别大。记得就是这样，我和他在课余时间，读了《三曹诗选》《杜牧诗选》等一些书，少不得还一起学习写诗。他喜欢拉京胡，我喜欢拉二胡，虽然不能合奏，但在“琴”上都有共同的爱好。

先绪和德腾早就是好朋友，他们两人都比我年长几岁，许多方面堪为我的老师。他们的家，都在农村。每个暑假，他们都要找一些下力的工作，挣一点学费。我曾随他们去到靠近利川的见天坝，搬运木料，赚得了平生“第一桶金”，那是现在人们都认为很吉利的数字：8 元。我也曾和他们一起，在清江河坝捡石头卖。我的力气历来单薄，对这些劳动也全是外行，都是他们带着我，教我去做的。

我上了高中，和他们离开了，心里就好像缺了什么。有时还想着，他们为什么没上恩施一中？后来也似乎明白，二中举办首届高中班，肯定是要留几个优等生的。先绪是学习最好的，德腾又是最红的。果然，听说德腾一上高中，就入了党，是学生会主席。有趣的是，学生会中，还有一位同学，叫杨光强，于是同学们便将两人的名字连着喊，还当做歌唱：“阳光强，照得疼……”

高中时期的我们，不可能像过去朝夕相处，但只要有机会，我都会从黄家岇，跑到凤凰山去。更多的是，我一直保留着从他们身上学到的许多好的东西，学他们妥善安排时间，学他们善待同学，学他们珍重友情……在我的高中生活中，甚至在以后的岁月长河里，我的心里时时都有他们的影子。

我的高中三年，基本上是在饥饿、劳动和政治运动中度过的。这三年中，疾病老是变着花样与我纠缠，我也不停地与之周旋。在这些艰难的岁月里，我的身边，有许多可敬的老师和亲爱的同学，让我至今难以忘怀。那一段生活是清苦的，但又闪耀着绚丽的青春光泽，特别令人回味。

刚入高一，恩施地区的恩施一中、恩施农校、恩施师范等几所学校的师生，一齐出动，浩荡荡开赴建始，突击运送硫黄。据说，那是有国际影响的大事，苏联的轮船在上海港等着上货，因此，是一个重大的政治任务。我们不是挑就是背，把硫黄从磺场坪，运到建始城杜家坝的公路边，前前后后，奋战了一个多月。这是一个讲求“放卫星”的年代，亩产粮食上万斤是放卫星，挑硫黄也可以放卫星。在我们的住地墙壁上，贴着一张统计图表，每个人挑硫黄的数量，都一目了然。每一天，谁创造了最高纪录，就是放了卫星，是要张榜公布和表扬的。我们班的最高纪录不断刷新，卫星是越放越大，从一次一百多斤，到两百多斤，最后是一位巴东同学，创造了三百斤的最高纪录。那天，他背了三百斤硫黄，从杉木梁子，走了五六个小时，行程大约十五里，在天快黑的时候，终于背到了杜家坝，放了这颗最大的卫星。据说，这个卫星在全校都是最大的，而且，以后也没有任何人超过。不过，这位同学，以后是病了，吐血了；再以后，他离开了我们——牺牲了！

运磺结束，回校上课没几天，就是八月十五。晚饭后，班主任邱创梅老师带着我们上了一辆解放牌汽车——我们要转战咸丰，大办钢铁。我们驻扎在白水坝，一部分人伐薪烧炭，一部分人筑土高炉。我是筑高炉的，而且邱老师指派我当技术员。那个大跃进的年代，都是天不怕，地不怕，讲的就是敢想敢干，因此，当个技术员，我也是不怕的，照着当地社员讲的尺寸和要求，就筑起土高炉来。但是，我还是有一怕，就是怕耽误瞌睡。我们筑高炉的，是夜以继日的“三班倒”，常常半夜被人叫醒，去换班筑土高炉，眼睛涩得睁不开，多半是闭着眼走到工地，闭着眼打夯……我们这样在咸丰大办钢铁，搞了一个多月，砍了许多树，烧了不少炭，打了几个土高炉，铁是一点没有炼出来。令人最不好想的是，当我们从咸丰城乘车返回，再路过白水坝的时候，看到了我们亲手筑起的高炉，都没有冒烟，其中一个已经垮了半边。这一个多月的大办钢铁，我的收获有二：一是当技术员也不难，只要敢想敢干；二是知道了，钢铁不是那么容易炼出来的。

返校以后，学校开始教改，大办校办工厂、农场，同时开展“拔白旗”运动，参加开批判会。那时候，一些老师是夹起尾巴做人，大会小会作检讨，接受批判。吃饭的时候，还有拔白旗的节目表演。高年级同学表演的有个节目，是说书，讲的是两个白旗老师，一个是物理老师，叫“朱博士”，一个化学老师叫“杨钩匠”，说他们在学校土高炉里，没有炼出铁来，是十足无用的资产阶级知识分子。说书的同学，有板有眼说道：“且说那日，朱博士和杨钩匠，在土高炉前已是忙乎整日，并不见一些铁水，勾出的都是铁屎。二人不觉心灰意冷，又饥饿难耐。于是，朱博士灵机一动，从地里拔出几个红苕来，丢入炉中。须臾，红苕冒出青烟，杨钩匠手执铁钩，勾将出来。那朱博士道：‘此乃烧结苕也！’杨钩匠道：‘化学名称，应该是二氧化苕’……”

在那个火红的年代，高中生似乎都成了钢筋铁骨的成年人，不停工作的永动机。我们在校外有一月两月的突击任务，校内还有办工厂，办农场，挑煤炭之类的种种劳动。夜晚还要轮班护校，手执一把刺刀，巡逻保卫学校，一班接着一班，一直守到天亮。会议也是多如牛毛，我是学生会委员，班上开干部会，学校开干部会都要参加，而且多在晚上，往往一开到深夜。

高中生毕竟不是铁骨钢筋，我患了神经衰弱症，失眠和心悸，时时伴随着我。

随着升入高二，一场大饥荒，随之而来，而且越来越严重。每餐饭钵中那个小小苞谷粑，总也填不饱正在发育、食欲旺盛的青年学生的肚皮。同学们珍视每一餐的这个苞谷粑，用汤匙一点一点，慢慢地刮，送进嘴里细细品尝，尽量延长享受这人间美味的时间。同学们上课时，想的是吃，下课了，讲的是吃。吃饱肚子是大家最渴望的事情。

一天，张校长在会上动员，争取部分同学，由他亲自带队，到外面去挖野菜，摸鱼虾，抓螺丝，掏鸟蛋，改善生活。他说“一个螺丝打十二碗汤”，田里的螺丝是很有营养的。张校长带着一批高年级同学去了，也回来了，但是下午吃饭的时候，都不知那些野菜、螺丝，放到哪几桌的汤碗里去了。反正我们席上的那一钵汤，依然是黑乎乎的水中漂着几片莴麻菜叶。

饥饿难耐，周围的同学们，一个个都那么清癯瘦弱。厨房里，几次发现，钵子饭数目不对的问题，说是真是“见了鬼”，开展了“打鬼运动”。有的同学，因为冒领了一碗饭，当了“鬼”，受到了处分；有同学因为跑到校外农田，捡拾了农民收掉的红苕，受到批评。

饥荒使不少同学辍学，病患者越来越多。高二下学期，学校一次组织体检，我们全年级二百多人，患肝炎、肺结核者达到50多人。

我没有逃过厄运。1960年6月21日，X射线发现我竟是一名浸润性肺结核患者。这对我，简直是五雷轰顶，顿时感到我的躯体似乎是寄浮于人间了。这刹那之前，我都以为肺结核与我是无缘的，没想到转瞬之间，就与它形影不离！我的

○1960年日记原稿

面前，闪过一幅幅画面：有人见我掩鼻而过，有人在背后指手画脚，有人……我听说过许多人是死于肺病的，在我的印象中，肺结核与死亡几乎是同义语，而且又是极易传染的疾病。我感觉自己已被一个死神紧紧挽住。

晚饭的时候，白娟同学走近我的身边，问我："你到底是哪门个（怎么样）?"

我淡淡回答："还是哪门个？浸润性肺结核。"

她问："你平时有什么感觉没有?"

"根本没有。"还是淡淡回答了她。

晚自习的时候，班主任陈老师，带着沉重的面色，问我平时有什么感觉没有。我说一点感觉都没有。他说是不是再照一次光，据说体检有时也不会是准确的。老师表现得有些悲哀和惋惜，我的心也有一阵疼痛。我知道，他对我一直很信任，他教我们的语文，给我作文的打分，从来都很慷慨；教改实验，由学生上台讲课，他首先让我上了一课《破除迷信》；班上有些活动，他也常委托我去组织……他是真心希望我再检查一次的，以便证明这一次纯属误判。

我也觉察到，班上的同学，与我想象的并不一样。他们一如既往，靠近我说话，仍然与我亲密友好，似乎没有任何事一样。

这次体检以后，学校为我们五十多人，腾出一栋房子，划为病区，设立了隔离室。学校还单独开了病灶，菜弄得比大厨房好，有时可以吃到豆腐、瓜类和别的蔬菜，偶尔还可以吃到面食。我们打饭也比较方便，不需要排很长的队。我很感激学校尽力为我们作了这样的安排，也感谢同学们的友好相待。我坚持上课，自觉戴口罩，自习时，尽量不去教室。但是，痛苦并未离我而去，总是感到死神就在身边，未来充满阴暗和迷惘。我想，应该把事情告诉父母，但是，又怕心疼子女的他们，为此增添莫大痛苦。特别是母亲近来身体又不好，得到消息肯定是……想给远在西北的哥哥写一封信，可一拿起笔，眼泪就让视线模糊得看不清……再也写不下去了，只有等平静了再说。

一个下午，我正在开会，高我一届的胤哥和读师范的复清姐，来邀我去照相。我哪有心思照相？这个躯体有何必要留在照片上？我回答他们"在开会，去不成"，又哽咽着告诉他们："我患了肺结核病，这对我打击太大了……"面对亲人，不知怎的，我声音喑哑，说不出话，眼泪簌簌掉落在衣襟上，鼻涕也随之往外淌……这是多少年来第一次擦眼泪，拭鼻涕了。我真想跑到外面去痛哭一场。

我跑到栖凤桥图书馆，借了一本《结核病问答》。管理员见我这个老读者，今天怎么借这本书，斜着看了我一眼，使我心里又有了一阵难过。这本《问答》，不看则罢，看了几段，觉得作者刘北仙先生讲得太不客气，太吓人了，对患者没有一点安慰。我想，或者说我希望，在全国大跃进的形势下，医学科学是会大大进步的，我这病以后应该不成问题。刘先生这些回答太武断，太保守。不过，也看到刘先生讲到一个问题，还是比较有趣，就是结核病人是不可以结婚的。开始觉得可笑，结婚对我们来说，那是多么遥远的事情！后来想到，那还是算个问题的，虽然现在不考虑这个，但总是一个人的终身大事。今后果真不能，那也会是有些苦恼的。想着，自己又笑了，觉得想得太远了，果真是这样，我还能活着，就一个人过，有什么不可？这样的人也不少哇，哈马舍尔德四十多岁还不是一个人。倒是这病能让我活多久？《药》里面，华老栓的儿子就是这病，是吃了人血馒头都没治好的！整个中午，都在翻这本《问答》，越翻越觉得寒心，令人害怕，字里行间充满着杀气。差不多看完了这本书，觉得可取之处，便是讲到如何养生。比如，最好是采取休息疗法，体力、脑力皆不可过度劳累，我想，这是值得注意的，自己是不是应该休学治疗？

正在为病犯愁之时，班上团支部的宣传委员家甫，来给我派一个任务，是要写一篇稿件办专刊，庆祝建党39周年。当时，心中大不高兴，真想冒出火来：你不关心我的身体，还要我写稿；我还哪有心思写稿？而且还要写诗歌，那是需要激情的！转念一想，家甫是个极诚恳的人，他也就是和过去一样，并未对我另眼相待……立即冷静下来。

我躺在床上，闭着眼想——没有想病——想出了一些诗一样的话。随即爬了起来，写出刚好二十句，标个题目《赤旗歌》，送给了家甫。

害了病，总是渴求了解自己的病，痴心寻求希望。高一时得了神经衰弱症是这样的，如饥似渴地找有关的书籍文章，了解了不少有关常识，还开始自学气功和太极拳。这次本来借到一本《结核病问答》，却使我大失所望，头上的乌云不仅没驱散，而且还平添几声闷雷。

不过，我不甘心，终于看到一位医生写的《与肺结核作斗争》。这位医生也是患过浸润性肺结核病的，他说，他的病好了，而且还治好了不少肺结核病人。他满怀热情地告诉肺结核病人，要充满革命乐观主义精神，信心百倍地和疾病作斗争，不要急躁，耐心地度过疗养生活。我认为，这位医生说的应该是很有道理的，不完全是在安慰患者。

我站了起来，独自出去散步。从操场，走到鱼塘。前面是恩施农校的教室，高一时，我们在这里上过课。再前面，是茂密的葡萄园。啊，我记起来了，一年前，就是在这里，也是葡萄园十分茂密的时候，也是散步来到这里。那时，我正心虚体衰，患了神经衰弱症，几乎要成一个精神失常的人，同样是拿着一本书……忽然悟到，自己似乎有一个害病的周期律：初一那个暑假得了一场病；初二暑假喉头疼得厉害；初三暑假虽没得什么病，但人很虚弱，如在病中一般；高一得了神经衰弱症；现在是高二，竟得了肺结核……明年呢？再以后呢？我不愿再想下去了。我和病，总是纠缠不休，斗争不完啊！

人到了这样极度痛苦的时候，自然会交集在生死的上面。我想：这样活着真难，难怪保尔·柯察金也会掏出手枪，对准自己的脑袋……不过，最后他没有……保尔最后是选取活着，坚强地活着。是理想和毅力，支撑他活着，去为人类的解放事业而斗争。他是闪着光芒活着的——这正是曾经特别感动和鼓舞我的地方。我想，现在的我，恐怕是思想太过于狭隘，每日就想着自己，想着自己的病。世界何其之大，自己实在是沧海一粟。与其忧心忡忡的活着，为什么不去坚强奋斗？

我终于给父母写信，告诉了患病的消息，讲了现在心情已经平静许多了。但是，还是担心父母看后难过，总感十分的内疚和不安。

不几天，父亲的回信来了。我流着泪，一字一句读着，他的话也一字一句刻在我的心上。他叫我不要着急，要辩证地看问题，有些坏事也会变成好事，“塞翁失马，焉知非福”……老人毕竟是老人，生活阅历丰富，说起道理来，站得高些，看得远些。看了家信，心里踏实好多。

1960 年 7 月 1 日这一天，真是值得庆祝。这是中国共产党成立 39 周年纪念日，天气也特别晴朗。学校大礼堂的墙壁上贴出各班办的庆“七一”专刊，我班的专刊也在其中。我班建始籍画师天登画的刊头，书法家大恩漂亮的毛笔手书，与兄弟班级的专刊比较，并不逊色。家甫约我写的《赤旗歌》，自然也落到上面，那恐怕是贻笑大方了，我也没读它，但是有完成任务的满足，还特别庆幸自己，当时没对家甫发火，那是多么正确。

更可喜的是：早饭，同学们都吃到了一点鱼和一点肉。虽然不能用“两”来计算，却毕竟是荤菜，似乎是半年来的第一次，谁不高兴？何况还吃了一些洋芋，肚子从来没有得到这样的满足。

饭后还是感到有些疲惫无力，往床上一倒，却又睡不着，心里有些闷闷的。此时，教体育的施老师来，见我躺在床上，问是不是不舒服。施老师是武汉人，虽然直接给我们上体育课的是胡老师，但我是学生会文体委员，平时与他来往较多。我怏怏不悦地告诉他：“近来身体不好，照光说我有肺结核病。”

施老师听了笑着说：“肺病有么不得了！胡老师以前也是这病，上一节课，要睡一两点钟，现在还不是好了，蹦得跳得起来；容国团都还不是害过肺病，当时连扣十个球都坚持不下来，也还不是好了？你莫把它当个事，一天欢欢喜喜，若无其事，它就会好的。尤其早晨多在外面空气新鲜的地方玩玩，活动活动。特别不要恐慌。害病的人，心理作用影响最大。他们医院搞检查的，也有问题，前次我们四五个老师去照光，说我们都有问题——结果拍片子，又冇得。有，也不要紧，心里放愉快些。”

施老师这一席话，如醍醐灌顶，使我茅塞顿开。说也奇怪，我马上觉得身强力壮，一股蓬勃朝气提了起来。一骨碌溜下床，跑到教室复习功课，真像没什么事一样，和过去没有什么两样。精神，对一个人的影响真大！

吃过午饭，从105班门前路过，忽听一个同学念起我的名字，好像是在说我入团了。我走到办公大楼，公告栏内有一张红纸，上面写有我的名字。我想，真还有这回事，我真是入团了。难怪，前段时间，团支部又要我写了一份申请书，还要写上介绍人的名字，并多次要我交代某些关系。

算起来，我自第一次交入团申请，到现在已是四年多了。初中毕业前就听说支部通过了的，但又到了一个新的学校，又得从头开始。我知道，自己的出身不好，肯定是要难些。每次填表，在家庭成分一栏前，就感到头上有一扇石磨那么沉重，狠心写下“地主”两个字。接着又要填社会关系一栏，又是特别难下笔的，一个一个写下来，杀、关、管的都有。特别是大伯，他是人民政府镇压的反革命分子——当时万万也不知道，他竟然是个中共地下党员，掩护过何功伟、刘惠馨的，新中国成立后却是被错杀了的啊！还有吴国桢，与我名字有两个字相同，的确也是同宗的哥哥，但我从未见过，是个年龄比我父亲还大的哥哥，早就到台湾去了。他这个关系，我若是交代，也是冤枉。但若是不交代，则是隐瞒，调查盘问总是少不了的。无论怎样，我都只能是取老实态度一一交代说明，避开隐瞒不报的嫌疑。正因为这样，最近这两年，对入团只抱争取的态度，不多去想批准的事，因为我知道：很难。

这个“七一”，我自然高兴。我想，我若是把入团的消息告诉父亲，他一定会是很高兴的。他又正在城里阅卷，还不用写信，我便可以直接告诉他。

晚上，支部书记，也是我的入团介绍人光钦，刚给我谈话不久，父亲却来到了我的教室前。见到他，我就像有几年没见面一般，有好多话要说。他问我身体怎样，我说开始的确心情沉重，现在没有什么了，一天也很愉快。他一再开导，心胸要开阔，思想要愉快。许多话还没说完，与他一道的郑老师来了，他是来看女儿光梅的。我们的谈话便停住了。我想，有些话，明天到他们的住处二中去再谈吧。

次日下午，我到二中去。父亲还正在等我。他给我倒了一点开水喝了，便带我去游凤凰山公园。凤凰山，真是“风景这边独好”：青翠的松柏，新修的大道，崭新的楼房。父子边走边谈，畅所欲言。父亲问我，郑老师听到他女儿光梅说，你入团了，是不是真的？我说是的。看得出，父亲是异常喜悦。但他谈得最多的内容，还是我的身体。要我想得开，看得远，心胸开朗，病是可以治好的。我们坐在凤凰台下，说了许多许多。他嘱咐要在假期里好好休养，我提出是不是休学一年，他也表示同意。

他们晚上的阅卷又要开始了。我回到学校，球场上正在放电影《我们村里的年轻人》。以前看过，便不参加，端了一杯开水，带着满怀的兴奋，在清新的空气里，皎洁的月光下，欣赏夏夜的宁静和甜美，似乎心中的豪情壮志要溢出来一般。

又过了两日，我从午睡中醒来，父亲又站在我的床边。我简直怀疑是不是还在做梦。父亲把我带到土桥坝，与郑老师父女在食堂里吃了一个馒头和一碗面条。他又给我买了一瓶代乳粉，说这东西是加强营养的。随后，他把我带到党校对门，找一位姓王的中草药医生。进屋以后，看见的确有不少的人，在等着她看病。

我看这王医生确有点奇特——倒不是因为是女的，而是听其言，观其行，总不觉得是一位回春的妙手。然而，她居然闻名全地区，据说巴东、利川都有来找她求医的。她特别擅长的是治跌打损伤和虚弱浮肿，而虚弱浮肿的病人，现在是特别的多。她一边给病人治病，一边对大家谈话，说打磁针、拔火罐，不应该是哪里痛打哪里的，必须要打关节部位。她只说其然，而不说其所以然，我不知有没有科学道理。更奇特的是她的用药。她说她的药服用后，还要将一种什么白粉吃下，最好还要有点肉，或油，或鸡蛋吃下去，才有效果。我想，这是很有道理的，目前的许多病，都是缺乏肉、油和鸡蛋一类的好东西。但这是个很难的事了，这样的灾荒年，哪来这些好吃的东西配药？我对父亲说，我这病，恐怕请她诊是不怎么对路的，也没有一些肉、油和鸡蛋来配药。

于是我们没有继续等下去，走出门了。父亲又一再对我说，最好要再检查一下；要打几针补血针；吃，要吃饱。我心里想，一个月就是那么多粮食指标，怎么能吃饱呢？分路时，他把一把雨伞交给我，说以后要注意防止太阳晒。

期末考试已经进入最后一天了。前面几门考得还不错，上午的物理似乎回答得特别满意。下午是最后一门，政治。我想也不会怎么吓人的，时事是全凭平时关心的，“八大”文件的内容，也一定就在那张报纸上，因此心情比较轻松。但一看教室里，不少同学还在拼死的读背，真是在作最后的斗争。我听他们背的一些内容，想到没有什么考试的必要，比如，爬上珠穆朗玛峰的是哪三个人，哪一个把氧气让给了别人。还有，全国几个大城市的反帝宣传周是几月几日，打炮“迎送”艾森豪威尔是几月几日，甚至几月几日哪里建了一座工厂等等。实在不感兴趣，认为这些事，平时知道就行，没有背的必要，没更有考的必要。休息，保养身体，目前对我才是重要的。我真没有想错，政治考试不吓人，同学们都异常轻松考完最后一场。

第二天的下午和晚上的政治学习，我倒是和同学们都学得很认真。内容是学习讨论校党支部给地委的一份报告，是关于贯彻“劳逸结合”精神的。我特地阅读了一遍。这份文件，大概是在上级党委特别强调这个问题的情况下写的。从中可以看出党中央、毛主席对人民群众，特别是青少年一代的健康十分关心，再三下达有关文件，指示各级党委：这一次，务必要原文向群众宣读。

校党支部贯彻这个文件的精神，正是原文向师生宣读，并将学校近来有关情况，向地委作了如实的反映。其中，列举的数字和事实，的确令人瞠目。就自己能记下来的有：学校对一个班，一学期作统计，病假高达两千人次，患病最多的时候，教室里只有十几人上课；全校女生停经者甚多，占到45%；教师患肺结核8人，加上患肝炎等严重疾病者占教师总数20%；学生的体质、体育成绩双下降，学生中患病率高，尤其是患肺结核、肝炎、腰疼、肿病、身上痛的人数不断增加。

我清理了我们班的情况，也是很严重的：原来入学时，我班共52名同学，除了转学、休学、留级7人外，还有45人。这学期，又因病休学6人，其中一位同学是高一时在建始运硫黄，一次背了三百斤，放了大“卫星”，回校以后喊身上痛，吐血。听说，这位同学，以后竟然是牺牲了！这学期还有的39名同学中，有患痨病者2人，神经衰弱者2人，肿病1人，不知病名者1人。最近一次体检，包括我在内，患肺结核者5人，患肝炎者3人，还有3人经常喊叫腰酸背痛，全班真是没有几个“好人”了。按军事化编制，我们这个206排，几仗打下来，真是伤亡惨重了！

党支部的文件决定，以后减少劳动，每月控制在8小时；保证同学每天睡眠8小时，同学休息时间绝不占用等。

晚上讨论如何搞好劳逸结合，同学们发言踊跃，有的说只要休息时间保证了就好；有的说，下学期要增加一些文娱器材，要买一些象棋、军棋、扑克之类；有的说要买篮球、排球、乒乓球。从来的讨论会都没有这样热烈过，我也积极性高涨，发言说：以后听报告后，那种搞形式的讨论可以去掉；晚上学生站岗放哨，特别影响睡眠，半夜三更，爬起来站两个小时，又去叫别的同学，别人正睡得好……其实，这也是形式，从来没有抓到一个强盗，倒是有的哨兵自己当了强盗……我和大家一样，对“劳逸结合”抱有极大的希望。

第二天早上，班上干部开会，讨论下学期的工作，并作放假的安排。我没动脑筋，因为我正在考虑，是不是休学的问题。早饭后，班上继续讨论昨天的报告，陈老师忽然叫我出去一下。我以为是问我休学的事，哪知他是要我先订一个《个人立功计划》，晚上读报时给大家念一下，起个示范和启示的作用。

这使我感到为难，我正在考虑的是，下学期是不是休学的问题，哪里想到下学期立功？但是我又不好推脱，刚入团就……何况陈老师一直关心和鼓励我……经过一个下午的脑力苦战，终于完成《个人立功计划》。晚上也兑现了，在班上念了一遍。奇怪的是，这一开动脑筋，想下学期的事，不仅订出了一个计划来，而且产生了一些新的想法。虽然计划中有一些是空话，但有一些也是自己确实要努力去做的，特别是树立革命人生观，保持乐观进取精神，和疾病作斗争，争取早日恢复健康，还有，珍惜中学时代，珍惜青春好时光，争取进步，积累知识，这都是我的确应该做到的。

我确实有一种强烈的惜时心情，感到青春易失，过一天就少了一天，过一年就少一年，一日难再晨，为什么硬是要休学?

本来，学期的最后一天又是劳动，去七里坪挑煤。我们有病的同学向陈老师请了假，要在回家之前去医院看一次病。早上，我们这些病号，为上医院做了充分准备：饱饱吃上一餐。我吃了14两，还有比我吃得更多的，1斤2两（**老秤，相当18两**）。后来觉得这也是很可笑的，平日里饿肚子，体检时狠狠吃上一顿，病就好了？我在看病时，要求医生再透视一次，医生说："病很轻微，沉降率也很正常，只要休息个把多月就会好的，透视没有必要。"我说了一些思想情况后，医生又说："对了，这个病就是要这样，心情愉快，莫放在心里。你看的书很多，这些书里都说得有。"当时，我手里正拿着那本刘北仙的《肺结核问答》，这位医生看到书名后，说："这本书不好，受过批判的。刘北仙是右派分子，书中都是他一些个人看法，写得很主观。"我一听，果不其然，原来刘北仙是个右派分子，看他写的书，的确使人感到没有生存的希望了。看书，真是要带有一点批判性的。我还是要求医生再透视一次，但他总是不同意——哪里像现在啊，你一去医院，不用你自己要求，就有验血，验尿，拍片，做彩超，做CT，还有核磁共振等等许多检查。而我这次去医院，结果是医生开了10天的药，是黄连素和维他命B1。一算，钱不够，我还没有买。

跑到图书馆，把那本《问答》还了，借了一本东北工学院编的《俄语语法》，准备假期阅读。又去把带来的几个瓶子卖了4角钱，觉得拍卖店的中间剥削大得不近人情，卖出的钱是买进的三到四倍还多。

回校时，我们患病的同学走到了一起，瑞玉笑话说："我们班上病字号同类项合并了，只差一个就是一桌人。"不知是谁补了一句："那两个要先回去嘛，不然的话，到齐了，一桌还多一个!"

这群同病相怜的在一起，特别亲热，都是谈病，谈思想。瑞玉的病是比较重的，医生几度要他休学住院，我看了他的血球沉降率是70，并且透视结果是，右上肺有铜钱大病灶，另有粒状分布，这次透视仍无变化。他人是瘦多了，然而他还是喜欢开玩笑。我和瑞玉很早就认识，在咸丰读小学的时候，我们就是娃娃玩伴。他本是五峰县人，哥哥在咸丰中学教物理，将他接到那里读小学。所以我们是一路上学，一同回家，可谓形影不离。有一次，我和他在中学的大礼堂玩"躲猫猫"，他躲，我找。仓皇间，他往礼堂旁的一位老师宿舍钻去，我还没有开始找，他却很快退了出来，拉着我就跑，使我莫名其妙。到了僻静处，他涨红着脸，对我说："刚才我看到了一个稀奇事——我从来都没看见过，只在苏联电影里看到有——那个老师把一个女同学抱起在亲嘴！"高二上学期的时候，瑞玉的哥哥调到恩施师范教书，他也就转学到我们班上，我们又同学了，而且又同病了，还住在一个寝室。我曾经与他谈起"躲猫猫"的事，他说："他们两人后来就结婚了——有人说，看到这样的事情是不好的，你看，我现在是不是背时了！"我说："你还是个迷信脑壳，我是没有看到的，我怎么也背时了？"

今天，在路上我对瑞玉说："你这次回去，应该与你哥哥商量一下，医生建议休学，是不是就休学治疗一段时间。你的乐观态度，这是一个好基础，医生的建议也要考虑一下。"他说："休学在家治病，哪有这里好玩啊，一个人不是急死哒！"

我和宗智、艳美同学平时接触也很多，他们的家都在农村，经济困难，要拿出一点钱治病，更是不可能的。一路走的时候，听他们谈情况，心里很是不舒服。宗智是巴东江北人，回去路途遥远，光路费都得3元多，他打算留校，找一点轻微的劳动做，挣一点盘缠了才好回去。艳美个子矮小，人又瘦弱，想搞点劳动都难，只有回利川家中再说。和这群同学一起，虽有一时的玩笑，但总是心情沉重居多，尤其是在即将分别之时。

回到学校，在自己种的菜地里，收了两斤茄子，觉得运气不错，回家可以不打空手了。

我终于走过了思想上最苦恼的高二下，放弃了休学的打算，回到芭蕉塘湾，在父母的身边，开始了五十四天的暑假。我决心照我的《个人立功计划》里说的去努力："争取早日恢复健康，与我的集体一道度过这中学生活的最后一年。"

回家的当天，我一到家，母亲就急着给我弄饭菜。然而，我只吃了半个馒头，母亲现出了忧愁的样子。我解释，是我走得太累，出城时又吃得不少，并不怎么饿，不然，这些饭菜，我是不在话下的。

五中学生离校了，但老师们都还在学校，所以学校仍然有着生气。父亲给我找了《史记选》《洪波曲》《六十年的变迁》和一些杂志。他又把我带到他们的办公楼，与老师们见面，又看了他种的菜园。一天早上，父亲还带我去登山，到了塘湾后山的最高处关口。在那里俯瞰，五中就像依偎在群山怀抱之中的婴儿，是那样的安然。

父母讨论着我治病的问题，两人的意见都是，要及早治疗，不能放松。母亲主张要用现在最好的药链霉素来治。于是，父亲带着我去芭蕉卫生院。一位姓骆的医生，听诊断定：左上肺隐约可觉呼吸稍有变化。他问我有什么感觉没有，我说没有。他叫我不要害怕，病是轻微的，容易好的，而且今天的肺病也不如几年几十年前那么可怕了。但他不同意注射链霉素，一是病是轻度的，没有必要用这个药，这药很贵，不经济；二是用药不方便，如药品一时供给不上，还会产生抗药性，那就坏了。他的意见，就吃异烟肼、多种维生素和葡萄碳酸钙。在医院遇到五中的余老师，他说他也是患过肺结核的，十八岁高中要毕业的那一年，休养了一年才入大学。他唯一的体会是营养要好，在他治疗期间，鸡蛋肉鱼是家常便饭，他吃的药也只是雷米封和鱼肝油。可如今，在这灾荒年景，我要有这样的营养是很难了。我想，我只有自己增加一味药，就是革命的乐观主义精神，这对于治疗慢性病应该是大有帮助的，也可以抵得上几瓶多种维他命。据说，人们曾经研究过，在战场上打了胜仗的伤员，比打了败仗的伤员，康复起来要快得多。

父亲早上四点钟就起床了。他想尽早去城里找专医院的医生，给我备办一些药品。昨天五中老师邀他，等今天下午的班车去，他态度坚决，一定要一早就走。我是在朦胧中，知道他起床的，又听见他和母亲在吵，好像是不让母亲起来烧火做饭，但声音显得很火燥。不知怎的，老人们要就一些无关紧要的家务事争吵。我猜想，可能也是家境不太好，我又得了这样的病，母亲也身体欠佳，经常身上痛、失眠，又听说二姐的儿子夭折……这些事堆积起来，自然使老人心里不快，表现出性情的暴躁。然而，老人无论心里怎样不快，对子女却总是细说慢讲，谆谆告诫，甚至在许多小问题上，都考虑得十分周到，讲得清清白白。老人

○养病塘湾时

对子女的心，我是体会到了。父亲进城后，第二天就给我买了一些药回来了。

没过两天，父亲便进城去参加全地区中学教师的学习集训了。

早上起来，母亲对我说："你去钓下鱼看看。"我是不大愿意去的。一是这鱼不是轻易可以钓得到的，过去钓过一次，一个也没钓到，鱼很不愿上我的钩；二是很耽误时间。母亲提起要我去，想必也有些道理，姑且也去试试，呼吸一下新鲜空气也是好的。

挖了几只蚯蚓，带着鱼竿，到河边去，静待鱼儿上钩。等了好久，根本没有动静，很有些纳闷，还生怕别人看见，丑人。决定走一走，换个地方。到了一个回水塘边，一个学生正在那里钓，想必是个钓鱼的好地方，也就去那里试一下。那学生大约也是没有任何收获，走了。我不愿再走，抱着姜太公钓鱼的态度，把鱼钩放入水里。哪知不一会，就见到浮漂往下沉，开头还有些奇怪——忽然明白是怎么回事，顺手一拉，稍觉有些沉重。一看钓钩上，一条桃花鱼，正在蹦跳挣扎，但是它的口，被一条绳子牵着。这一刹那，把我吓得心里咚咚直跳，缓过神来，心里欢喜得开了花：原来钓鱼也不是一件什么神秘的事情，得来也不费多少工夫。接着，就在这个地方，我一拉一条，一拉一条，一连拉了八条，尽皆桃花白甲……嘿，真是开门红啦。许老师家的万小毛，玩到这里，看到我钓到这么多的鱼，也欢喜得了不得，乐呵呵地给我帮忙。

我把鱼提回家，母亲欢喜完了，赶忙要给我弄了吃。隔壁郑老师的大姑娘光梅，看了我钓的鱼，羡慕得不得了，立即要她的弟弟也去钓。

钓鱼的兴趣一下子被激发出来，吃了早饭又去。沿着小河，往下游走去。涉了几道水，却没有早上的运气了。一群墨蚊，死死叮着我不放，赖在我光皮光肉的地方，等着我用巴掌去痛击。然而，它们的兵力异常雄厚，无论如何剿灭不完。头上有烈日的暴晒，身边有墨蚊的围追堵截，脚下裤腿湿漉漉的，鱼儿也不愿上钩，最后钓到一条白甲，决定收兵回营。一条白甲，加上在上游钓到的两条桃花，一共三条，算是给我半天的回报。可怜这三条鱼儿，提回去没隔上一个小时，就进入了我的肚子。现在，我吃鱼不仅没有什么忌讳，而且连鱼脑壳也大口地嚼吮着，连骨咽下。我想，这比吃钙片一定要好。

第二天，又去钓了四条，母亲用油煎了给我吃，真是其味无穷呢。母亲说，这是可以抵得上一个鸡蛋的。在芭蕉，鸡蛋是三角多钱一个，算起来，我拉了四下鱼竿，拉一下就差不多拉出一角钱了。

又一日早上，母亲说今天芭蕉逢场，听说现在场上也有一点菜卖了，要我跟她一起去赶场。

小小的芭蕉街上，人声还异常嘈杂。一些卖东西的，都不惜喊出最高的价钱，尤其是南瓜豇豆之类；一些买东西的，也不惜自己的人民币，高价买来。因此，一种紧张状况便造成了：除非是没有货，只要货一来，便有许多人围上去，一人拿一把，一人抓一个，挨着时间讲价钱，这样的境况，哪个卖家肯减价？最后总是讲不好，照价买了。母亲拿到一个南瓜，五斤二两重，便要四角六分钱。如此算来，十斤南瓜，就值一块钱了，一个干部或教师，一个月的工资，也就是三四十斤南瓜了。我劝母亲不要买，买这样不划算的南瓜，不如买那种看来不划算的代乳粉，还划算一点。母亲又提起一把大蒜，十个便要一块钱，价也是讲不下来的，似乎还奇货可居，最后当药买了。因为，听说大蒜有治疗肺结核的作用。这场上，只要是瓜菜之类，都贵得惊人。难怪听说现在有些干部，不愿搞工作了，回去种南瓜。不过，好的是，现在是有卖的了，前两年简直是看都看不见的。

在街上碰见了同在学生会文体部的福双，他因病休学许久了，脸上仍然有一些泛黄。他很亲热地要我到家里坐坐。他家就在街头，他母亲正在磨苞谷浆，大约是自己的地里种出的。一个半大女孩，也许是乡里的亲戚吧，给他们家送来一些南瓜。我望着这些南瓜，想着，如果按街上的价格，要值十多块钱了，如果一个人，种上几分地的南瓜，便可以抵得上一个儿子在外面工作的收入，甚至还要多。如果养儿子读书，只想得到几个钱的话，最好去找一块地种南瓜。坐了一会，我起身要走，他竟要留我吃中饭。在如此年月，还敢于留人吃饭，算是很有魄力的了。我是好久没有吃过客饭的，对此异常生疏，我只知道，这是无论如何不能做的事情。

回去的路上，觉得有些饥饿，买了二角五分钱的梨子，共有十二个。边走边啃，走回塘湾，啃了八个，这比喝两角钱的酸梅汤中用得多。

这段时间，全国各地掀起超声波热潮。不久以前，我们才知道的超声波技术，是属于一项尖端科技，在我看来还神妙得不可思议。没想到，最近在我们国家，这项技术已经得到广泛的使用，研究推广利用超声波技术，形成一股热潮，工厂、农村、城市都在展开，连初中、小学的同学都在研究如何利用超声波。

恩施五中，在这假期中，也由书记挂帅，搞超声波。其他教师一时抽不出来，因为他们马上要到城里，参加全地区中学教师的集训学习。因此，这项科研活动，主要由大张老师的弟弟小张老师承头，作为这个项目的工程师，带着五中教师的下一代来进行。

这五中教师的下一代，也主要是朱老师的儿子海亮，郑老师的女儿光梅和儿子郑言，万老师的儿子大毛健男，还有我。光梅和我在读高中，其他三个是五中的初中生。这朱、吴、郑、万四家念起来也很顺口，与《百家姓》上第二句略微相似。四家本来还有郑家大弟弟、小弟弟；万家二毛、三毛，那都还是小学生，是不足与谋的。

小张老师是湖南人，还在湖南师范学院物理系读书，因患神经衰弱症休学，来到他哥哥这里休养。五中因为缺乏物理教师，请他代一些课程。他与我很谈得来，经常一起海阔天空地聊。现在他要研究超声波，自然也找到我。我也是对这些事情很有好奇心的，于是与他积极配合，带着一群小弟，研究超声波。

五中学校根据报纸上的报道，很希望研究制造出一种器具，用于师生食堂蒸饭。据介绍，这种东西，是利用蒸汽进入发生器，产生超声波，增加传热的速度，使蒸饭时间大大缩短，十几分钟时间，就可以把生米煮成熟饭。

别看小张老师是物理系的大学生，动起手来还有许多值得商榷的地方。比如，他把一根口径细的导管，接在粗许多的发生器的管口上，这样如何使蒸汽产生高速？还有，他用水壶做试验，要从壶嘴里接出蒸汽来，谁都知道，壶嘴的下端，是接在水壶下部的，从水位线下又何能得到多少蒸汽？

我对张工程师提出质疑以后，他恍然大悟，于是，立即封我为“高参”。这也使得黄书记对我客气起来，称我“小吴”，有时还叫我“参谋”。其实，我哪里参得了什么谋？只是好奇地和他们一起闹超声波，而超声波怎么产生，怎么起作用，我全然是糊里糊涂的。

我们正在整理一个小锅炉时，公社有两位干部来，对我们的研究大加赞扬一番，鼓励真是不小。我们几个人搞得更有劲头了，又加上黄书记亲临指导，使得小张老师和那位海亮小同学分外乐观。他们盘算着，这样的话，几时便可以开现场会，几时就可以搞进展览馆……

我似乎没有这么乐观，因为连我这个“高参”，都心中无底，哪会有这么简单顺利的事？科学研究若是如此简单顺利，也不叫“攀登崎岖的小路”了。

热闹了几天，后来不知什么原因就冷却了，也未见开现场会，更没进展览馆，总之，没听见说了——是的，超声波毕竟是一种人们听不见的声波。

夜里，我在学习拉小提琴。说是学习，其实自己并没有请老师教，似乎也找不到一个老师，全是自己在按照二胡的演奏法在摸索。大约拉得不怎么好听，母亲就对我说，“学琴子，要拉自己最熟悉的歌”。母亲并不知道，我哪里是歌不熟悉呢，是对这种琴子不熟悉。这时，却来了五中的几位女同学，我便放下了手中的小提琴——我知道，他们是来猜谜的。

最近，差不多每天晚上，都有一些五中的女同学到家里来玩，他们都叫母亲“吴师母”，最喜欢要“吴师母”给他们讲“谜子”（谜语）。我在旁边往往也听一些，渐渐发生了兴趣。母亲是说“谜子”的能手，也非常会猜。母亲一提起“谜子”，仿佛就有很甜蜜的回忆，说他们小时候，家中姊妹很多，又都是读过书的，各自都有许多谜子记在心中。经常大人娃娃聚在一起，相互说出谜子猜。有时一个谜子说出来，都闷在那里想来想去，突然一下猜对了，都觉得说得活像的，就笑开了，一家人真是其乐融融。众多的姊妹中，说谜、猜谜厉害的，就数母亲和二姨两人。因此，学生要母亲讲“谜子”，母亲总是很高兴的。

母亲给同学们说过的谜子很多，我约略记得几个，如：

三条白龙卧乌江，
乌江岸上放红光。
白蛇吃尽乌江水，
乌江水尽白蛇亡。【桐油灯】

一个匣儿十二格，
两头冷，中间热。【年历】

麻城县的知县，
从木城县通过。
初一里起身，

十五里进京（斤）。【秤】

南面而朝，
北面而立。
向忧亦忧，
向喜亦喜。【镜子】

身子单方，
体子坚硬。
虽不能言，
有言必应。【砚】

崖上一兜草，
草里麂子（虮子）跑，
木匠来报信，
篾匠来捉到。【梳头】

有手无脚，
有肩膀，
无脑壳。【衣】

母亲还说了一个谜子，是没有哪一个猜对的，一旦说出谜底来，又都没有说不像的，而且令人捧腹不止。是这样说的：

起屋就起屋，
不用竹和木。
起屋就打架，
打架就拆屋。【打一人的动作】

说出后都猜来猜去，猜不着。最后还是母亲揭了谜底，说是睡觉时起“土地庙”，就是有人躺着时将腿立起来，这样子就像立的房子，俗称“起土地庙”。然而，这一立起来，被子里就来冷风了，同床的人，便“开打”，一打，这人就把腿放下来了，土地庙便拆了。都有这样与人共一床被子的经历，但总想不到这上面来。说出谜底，才觉得这个谜子讲得好形象，都笑得歪来倒去的。

我要到专医院去看一下门诊，还有几件事，都需要进城一趟。早上四点，被母亲叫醒，洗漱罢，吃了一点代乳粉，便与小张老师、大弟郑言三人，一齐动身进城。摸着黑走了一段路，上了公路，天渐渐地亮了，渐渐地看得见树木，渐渐地看得见树枝。在这样的暑天，迎着凉风走路，又有几个同伴，是一件快活的事。郑言说了一句，“像这么摸黑走路，一个人还是有些心虚”。于是便有小张老师接着发言：“我是不怕的，我就靠它。”顺手掏出一个口哨。

“那起什么作用?”我问。

“真的发现有情况，就吹。”他边笑边说，“去年在湖南下乡扫盲，带了一个班的学生，分到一个情况比较复杂的地方。身上又带着一班学生的粮票和钱，那是很危险的。但是，我身上带了一个口哨，就不怕了。告诉你们，在必要时，我还会掏出左轮……”

“你哪来左轮?”郑言惊问。

小张老师哈哈一笑：“体育保管室的。”居然从身上掏出一支“左轮”。

我们看着这支发令枪，与他一起笑了起来。

我说：“你这样的左轮，我那个保管室还有两支呢。”

他说：“你们别笑，这支枪还给余老师壮了不少胆的。”

……

就这样，我们边走边谈，海阔天空，一直说到了宇宙，银河系……

“城”总是与“繁华”“热闹”“混杂”这些概念密切相关的。一走进恩施城，就感到进了蒸笼。车辆的马达声、汽笛声，人的呼叫、吵闹声和机械的锤击声，混杂一起，使人的脑细胞一下子进入了紧张状态。街道上行人稀少，走着的，多数是来自各个县的中学教师，他们是来二中集训的。也巧，在北门的安宾食堂，竟然遇到多年不见的咸中吴光元老师。开始我还不敢相认，但是轮廓很像，眼睛也还是那么有神的，只是不像记忆中年轻丰满的样子。四五年的时间，我心中一直崇拜的老师，怎么一下就见老了？我贸然喊了“吴老师”，他定睛一望，还是那么亲切的一声“国韬”，接着便说了“我已经看见你父亲了”等简单几句话，似乎要急于离去。这多少使我感到有些失望。

想当年，光元老师会唱歌，会弹琴，会绘画，篮球打得好，体操做得好……几乎是样样精通。当年咸丰中学的学生，都把他当作完人尊敬。我上初一时，恰好是光元老师当我们的班主任。当时父亲被打成反革命，在恩施隔离审查，不知是不是因为这个缘故，我表现得有些自由散漫。一个晚自习，我都在用一块纸板，剪成一个五角星，再加上绶带，涂上大红和金黄，做成了一枚勋章，佩戴胸前。恰在这个时候，光元老师进了教室门，同学们都为我捏了一把汗，也许有人还在等着看我的好戏。光元老师看到我胸前的勋章，走近了仔细看个究竟，然后眯着眼，笑道："就是要有这样的雄心。你的勋章做得好，可惜是纸做的。我希望你，今天把本领学好，将来建设祖国，保卫祖国，多立功劳。到时候，人民就会给你授勋……"今天，他定是早就忘了这事，但我仍然言犹在耳。

后来，从父亲口里得知，他本是在咸丰名望很高的，只差几票就会当选县长。可是在随后的反右运动中，划成了右派，受到很大打击。好的是没有吃大亏，下放劳动了一段时间，后来还是教书了。

现在，我心里有了两个光元老师，一个是原来记忆中的，令人敬仰，英雄一般的；一个是现在的，仿佛有点未老先衰。我还是保留原来的那一个，让我回忆中最美好的那一页长存。

到学校取油票的事办了，再要到专署谈孝纯表姐家。出门前，母亲就告诉我，要带一双鞋给孝纯姐的妈，并说我要叫她"二舅母"。

在专署大院，我很顺利找到了孝纯姐的家。二舅母正好从屋里出来，我却一时忘了叫"二舅母"。老人睁着眼，惊异地看着我。我才叫了二舅母，并说："我叫吴国韬"。

老人如梦初醒一般说："哦，国韬啊，你不说，我还真认不得了。"

一进屋，老人却是声音喑哑，从喉咙里逼出几句话来："国韬啊，你看我的幺儿子——与你在一个学堂读书的孝全，才不久丢了呀！"还未说完，就大哭起来。

缓了一口气，她又抽抽噎噎痛诉："你看我怎么想得开啊，怎么想得开啊！这几天，我的眼睛水都流干了呀！"

这真是出于我意料之外的事情。待老人稍稍安静之后，我才说明来意，是母亲做的一双鞋，要交给二舅母。站在旁边的一个小男孩，看见了新鞋，便不住地

給国韜

學而不思則罔，
思而不學則殆。

一九五四年八月廿日

多种花生 增産油料

父亲在日记本上的题词。本子是他获得的奖品闹着，要拿去穿。在脚上一比，长了一寸多，便失望地叫道："大哒！"

这时，孝纯姐从床上起来，异常憔悴。她说还不认识我，只看见过我的二姐"华华"。其实，她忘记了，前年在西门城门楼上是见到过的。

后来，还是谈着谈着，又谈到那件不幸的事情上。他们说，孝全是这个月的十号回家的。当天就有几个同学约他搞劳动，他姐姐叫他不要搞，顶多在本机关搞一搞。于是也就没有去。

十三号，有三个同学来邀他下河洗澡，他母亲阻止他，叫他不要去，说："你去我心里不好过呀，你就在屋里，我给你烧热水洗。"但是，他终于被同学邀去了。时间也正是我今天进他家的这个时候，下午三四点的样子，就来人报信了：一个晴天的霹雳！

虽然我与孝全，并不很熟悉，但也是见过几次面的。最初是一个暑假里，在西门城门楼上见到他的。他眉清目秀，很聪明的样子。据说他很喜欢画画，画的建始什么洞，是画得很不错的。以后，在十年建国成就展览馆，我们一同当过讲解员，他在工业馆。去年冬天，母亲从绿葱坡二姐那里回来，住在他们家，是他到我的教室来告诉这个信息的。唉，真没想到会出这样不幸的事情。好容易读到高中了，就如此而去，真是太可惜了！

孝纯姐也异常悲痛，边说边流着眼泪。她说，他们几姊妹书都没有读好，现在都在捧他一个。在初中、高中，钱都是尽由他用，每每还用不完。初中毕业后，孝纯姐几次要求考委会，把他从建始调到恩施一中，希望都寄托在他一个人身上。她越说越痛苦了，追述了过去的许多事情，怎么把自己的粮食让给他一些，怕他挨饿，怎么悉心关照……二舅母也谈起，他是常向孝全问起我的，孝全说："他蛮行呢！蛮稳重的。"

在他们家吃了新苞谷，这是今年的第一次尝新。他们还给父亲也带了三个。又吃到了硕大无比的西红柿，这都是孝全亲手种的啊！

告辞的时候，他们高低要留我吃饭，我谢了。本来就有不在别人家吃东西的习惯，这次已经破例，是因为舅母的心里太不好过，多在这里玩玩，好安慰安慰她。

孝全的事，使我心中总有一个什么东西梗着。我为孝全感到可惜，也为二舅母、孝纯姐感到痛苦。孝全如今是什么也不知道了，而他的母亲、姐姐以及亲人们，只要还活着，都会永远心痛。我想，尽力避免不幸的事情发生，并不仅仅是个人的需要啊！

我住在父亲他们学习的地方恩施二中，一个小小的寝室住了十个老师，再加上帐子一罩，屋里又闷又热，太不好受了。我只想在外面去多走一走。正在凭栏眺望凤凰山的景色，听到旁边一个熟悉的声音。原来是休学了的同班同学荃德，他现在已是建始一所中学的老师了，也是来学习的。他见到了我，很是热情，立即转身在他寝室，给我拿来一个苹果。他问到了班上许多同学的情况。一个离开了自己集体的人，那一种思念是可以理解的。他还说，他已在映红那里知道了我入团和害病的事。

士别三日，当刮目相看。我见他说话的口气、神态，还真像个老师了。我问他教的什么课，他说是俄语。又问上第一节课是怎样的，他说自己竭力要求做到稳稳重重地讲，不过，心里却像一团乱麻——后来上的课多了，也就习惯了。

晚上的学习，老师们是听张校长的阶段总结报告。我躺在床上，听到张校长讲的尽是“毛泽东思想”“毛泽东文艺方针”“工人阶级的文艺”“修正主义的观点”这样一些词汇，一时难以入睡。忽然，帐子被揭开了，似乎是这里负责学习的人搞的。他一来，便问我是不是不舒服。我知道他把我当成参加学习的老师了，便向他做了解释。他走了，我觉得很后悔，自己不应该自作聪明，应该按照他的问话回答，说：“没什么不舒服。”然后他会问我叫什么名字，我便回答叫某某。他再问哪个学校的，我便说恩施一中的。这样，在明天集中学习的时候，一定会批评：“昨天晚上听报告，只有一中的吴国韬老师如何如何……”张校长又认识我，便会证明，我不是老师……那才有意思呢！

我这次进城的一个主要任务，是到专署医院看病。上午，一位年轻的女医生在看门诊。一般地说，女的总要过细一些。这次碰到的这位女医生，却恰恰相反，说话相当轻率。问她可不可以打链霉素，她说可以打几天试一试再看。她给我开了两个星期的药，要我还是吃她开的药。到底怎么搞，她也没说出个所以然。要注意什么，她也不讲。我决计不拿她开的药，等到明天再来，另外找一个医生看。

第二天，我改在下午去看病，心想这样就一定不会是她了。等我一走进去，不料还是那位女医生。我退也不好退出来，真是逃不过她的手板心了！我就打算，拿两个星期的药再说。我对她说，昨天开的药还没拿的，今天拿了回去，以后再来看，可以吧。她对我说的全是充耳不闻，拿起单子来，又开了两星期的异烟肼。罢，罢，罢，药是有吃的了。

回到二中父亲的寝室，同屋的老师说他去开老年教师会去了。一直等到晚饭后好久，父亲才回来，神采飞扬的样子。他告诉我，是地委陈部长召集的老教师会，领导都很亲切，招待“通声”（相当）是很讲究的。看得出，他从内心很是感谢党的知识分子政策。

翌日，回芭蕉。我五点起床出发，父亲一直把我送到清江桥。父亲一路谆谆嘱咐，思想要愉快乐观。我要父亲放心，我已是很乐观了。

城里的人还在酣睡。出了南门桥，天才渐渐亮起来。趁着早晨凉快，迈着大步赶路。空气清新异常，画眉叫得婉转。走到青冈树还早，在饭铺吃了早饭，身上更是有劲，顷刻之间，翻山越岭，便到芭蕉。沿河道走，一丛一丛的刺梨，结得真好。根据自己的判断，这东西是大好的食品，是化痰止咳的妙药，有生津健胃的功效，维生素C和尼克酸的含量绝对是大大的丰富。这样贵重而又众多的好东西，人们为什么视而不见呢？吃呀，吃呀，我是大吃而特吃了，既饱肚子又消食，还算是吃补药。我是一边走，一边吃，一直吃到塘湾五中，不知今天的维他命是不是吃过了量啊。

到了家里，正赶上吃中饭。母亲拿出昨日收到的哥哥的来信。哥哥给我寄了十五瓶链霉素，问是否还需要，不需要了就再寄钱，还说一同寄了两本有关的书籍。信上还讲了不少道理，叫我不要着急，以乐观的精神对待……对他的关心，我是感激不尽了。

过了四五日，哥哥寄的包裹也就到了。药品封得很紧固，看得出他是操了不少心，仔细地装好的。怪不得父母总是在我的面前说：“你哥哥做事几多（多么）过细（细心）！”打开包裹，内有华北制药厂制的链霉素十五瓶，1000000单位，有效期1961年11月。另有雷米封一瓶，为北京制药厂所制。

去年得了神经衰弱症，就开始自学气功和简化太极拳。这个暑假，我每天早晨和夜晚，或是在河边，或是在操场，或是在后山上，都在坚持练习，极少间断。一晚，刚打完拳，看到五中总务处的张彭年老师在河边纳凉，我们谈起太极拳来。

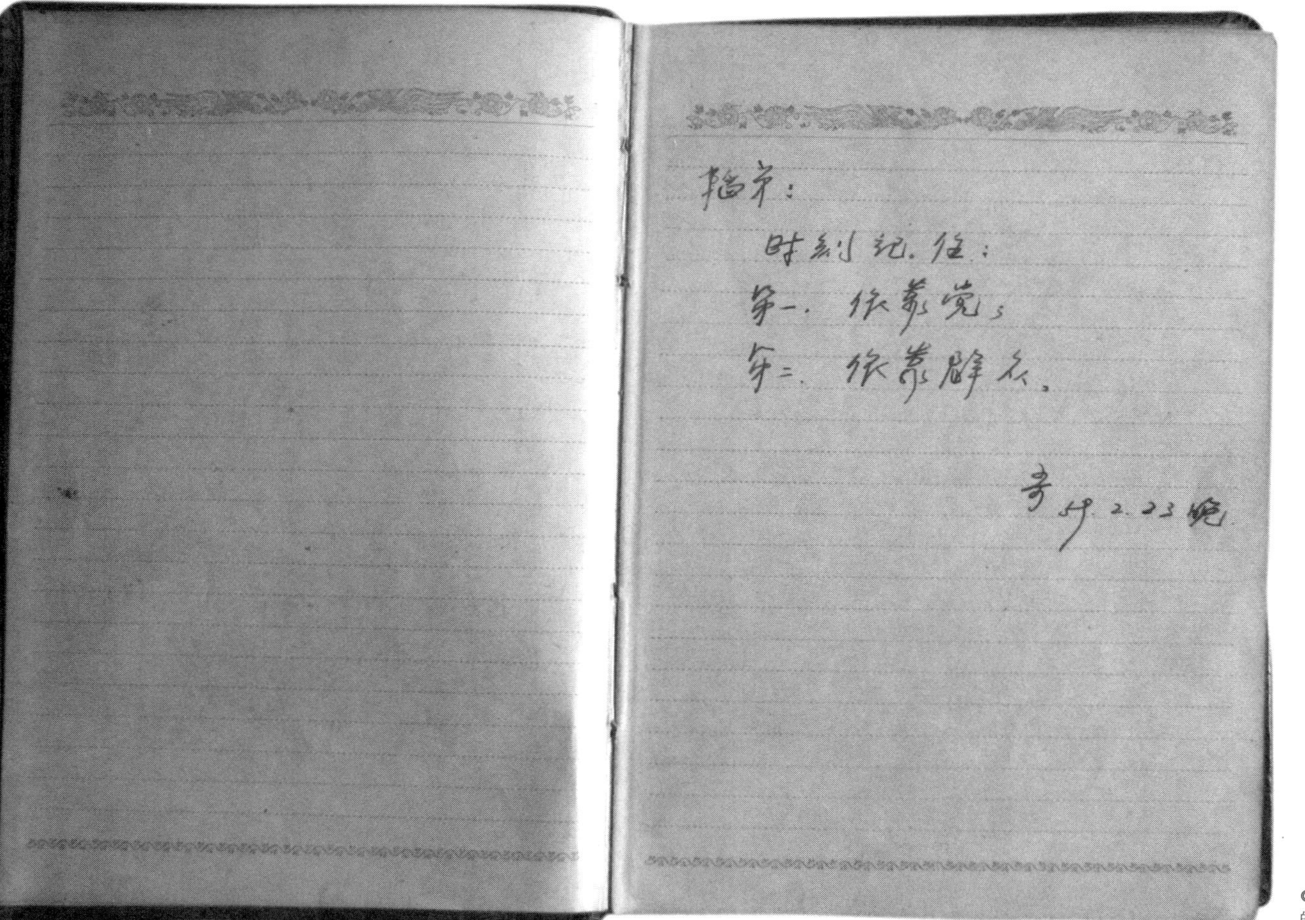


○哥哥在日记本上的题词

他说他的家族，几代人都是习武的，各种的拳术、剑术都行。他津津乐道，谈起他们家族中几个有功夫的人物，都是身手不凡。听他说起来，这些人物简直都神化了，就如月亮都可以摘下来一般。至于常说的什么飞檐走壁，都不过是一些小榜眼（伎俩，技巧）而已。张老师感到可惜的是，自己失去了传授的机会，未能学到一些本事。但他对武术一直还很感兴趣，也买过几本书。我一听说有书，便请张老师借我一读。不几日，张老师回家，拿来《太极拳运动（二）》《太极拳运动（三）》《青年拳》三本书，真是大喜过望。无师可参，便日日按图解学习拳术。书中所讲内容也极多，我结合书上所讲，又以气功的保健治疗作用原理推理，以为：打太极拳最重要的，应该是内心安定，意寄丹田，形紧意松，刚柔相济，动作连贯，配合呼吸吐纳等几个方面。只有这样，方可调理神经系统，增大肺活量和氧气的吸入，起到强身健体的作用。为了身体的健康，我决心要把太极拳学好，而且要长期坚持。

暑假差不多过去了一半，我躺在床上，觉得这些日子收获不能说没有，但还是过得比较松散，甚至有些杂乱无章，没有一个计划，是太无为了，浪费了不少时间。时间流逝，没有利用起来学些东西，便谈不上怎么乐观的生活了。因为乐观不是凭空得来的，过了一段时间，回头一想，我是结结实实走过来的，那才能乐。若是浪费了许多青春时光，自己学业毫无长进，只觉“流水落花春去也”，那是“怎一个愁字了得”，何来有乐？

次日一早，五点多钟起床。这是自己决定了的，绝不因失眠打破生活规律，尤其是早起的制度。起来之后，便到河湾幽静处学习太极拳。回家时心情特别畅快，读司马光《资治通鉴》，是瞿蜕园的选本。《魏文侯与吴起》篇中有众多金玉良言，值得记取，如：

……（翟璜）对曰：“臣闻君仁则臣直……”

（吴）起之为将，与士卒最下者同衣食，卧不设席，行不骑乘，亲裹赢粮，与士卒分劳苦。卒有病疽者，起为吮之……

武侯浮西河而下，中流顾吴起曰：“美哉山河之固，次魏国之宝也！”对曰：“在德不在险。”

这些极其精练的语言，道出了许多治国平天下的深刻道理，每一句都是可以写出心得来的。

每天是要学两三个钟头的俄语的，同学荃德都回去教俄语了，自己的俄语似乎还是一点皮毛。马克思是喜欢用唱俄语歌来学俄语的，自己也想试一试。先学了俄文《故乡》，然后查词典，翻译。还学了一首《共青团员之歌》。这首歌用中文唱过，旋律很熟，现在学习用俄文唱，也觉得很有趣。特别是想到学“再见”这个俄语单词的时候，同学们读作“大师傅打你呀”。现在这首歌中就反复出现了“大师傅打你呀，妈妈!”觉得特别可笑。学习中有快乐，学习之后，更感到生活充实的快乐。

农历闰六月十四，芭蕉逢场。在街上买了四角钱的枣子，那是当药买的。听父亲说过，枣子是健脾的。今天枣子是吃好了，脾想必也是健好了。买了一个南瓜，花五角五分钱，价钱还是很老辣，一点没有下跌。与万大毛、二毛，还有海亮小同学一起回五中。大毛算个博闻强记的小同学了，他不知读了多少故事，记了多少故事，一路走，就是他一个接一个地讲给我们听。

父亲一个暑假差不多都在学习，一直到8月24号才回家。回家的第二天，又是芭蕉逢场，父亲中午去赶场，见我呼呼大睡，也未喊我，一个人去了，买回许多的菜，还有我喜欢的核桃、枣子之类。

这个假期在家里，父母都生怕我不能吃饱，总要把他们碗里的饭，分一点到我的碗里。的确，我的身体也是长壮实多了。父亲很满意地对我说：“像这样下去，你的身体是一点问题都没有的。”在家里，我真像个宝贝了，父母把我将就来，将就去的。其实，我怕这身上的肉还没长好一点，一到学校去了，半个月就还原了。

天又干旱起来。晚上和五中的师生一道抗旱，郑老师竟把我叫成哥哥的名字了。是的，他和父亲在清江中学就同事，对哥哥的印象比较深。人们对于“天旱”已是百般畏惧，都是因为饿怕了，说起抗旱都非常积极，而且，抗旱的时候都是嘻嘻哈哈，有说有笑，仿佛只要抗旱，天老爷也就害怕了，整不倒人了。然而，去年的抗旱，我仍然记忆犹新，声势真是浩大，所有的盆盆桶桶都用上了，但是，太阳普照大地，它的威力真是太大了，我们能救活的庄稼，实在少得可怜，结果，饥荒还是来了，而且愈演愈烈。人们能有什么办法呢?

这个早餐是值得纪念的。母亲给我在片汤里，打了两个鸡蛋，这可是一年半载没有吃过了。鸡蛋这东西不大，钱却要得不少，一块钱三个，三角多钱一个啊，父亲一个月的工资也是买不到多少鸡蛋的。父亲说："有的药也是要三角钱一颗的。"的确，我也是把鸡蛋当药吃了。

次日清早，我四点钟就起来了。一夜觉肚内不快，往厕所去大大地便了一下。我感到真是可惜，想着昨日的三角多钱一个的鸡蛋，是不是都一概倾出了呢。我不想早晨在家里吃东西了，父亲却一手包办给我炒了饭，劝我说："你刚才不想吃，一走路就饿了，在哪里吃东西？还是要给肚子里放一点才稳当的。"吃了饭，天都还没有亮，父亲送我一程又一程，最后一定要送到一个转弯的地方，以便让我一走，他就可以看不见，免得老是望着。

一个人在路上走着，准备去迎接新学年的学习生活。心情很复杂，琢磨不透今后的生活道路到底如何，是要真的成为一个痨病壳壳，还是体魄健壮起来，学习不断进步？未来，在我脑子里还是一个谜。

参加学校团员学习，校团委请了地委党校的刘同志作报告。他讲的第一个问题是国际局势。他说，目前的国际局势是"敌人一天天烂下去，我们一天天好起来"。为什么是这样，他列举了九条原因。讲到国内形势，他说工农业持续大跃进，支援农业的人越来越多，技术革命和技术革新大力开展，文教等各行各业发展迅速，农村人民公社发展，城市人民公社建立了四千二百多个，占城市总人口百分之六十。他强调，看形势应该看主导方面。第二个问题是战争与和平问题。他说战争不可避免，要准备用正义的战争解决非正义战争。第三个问题是我们的任务。他勉励共青团员要树立无产阶级的雄心壮志。

刘同志报告讲完，坝书记接着讲了几件事：

一是，全地区每人每月减少一斤粮；

二是，要节约布票；

三是，裁减剩余的人员；

四是，收集废品。

我觉得这两个报告，一前一后，接得太紧了，同在这个时候作，真有些不够合拍。刘同志讲形势，是我们"一天天好起来"，坝书记怎么接着就讲"粮食还

通知

吴口韬 同志：

暑期快完了！我们共青团即将迎接新的战斗任务，在思想上做好充分准备，为今后更坚决贯彻执行党的方针政策，保证下学期各项工作顺利开展，我们的共青团员和青年积极分子，应该是贯彻党的方针政策的先进派，是建设社会主义的最先锋，所以团委会请示了党支部，决定我们的共青团员和青年积极分子提前八天到校，主要是讨论研究下学期工作和听取党支部对下期工作的指示，兹决定全体共青团员和青年积极分子8月30日以前来校报到，希你坚决服从和执行团委会决定，准时到校，不得误期

此致

敬礼

共青团恩施一中委员会

1960.8.3

校团委通知

要减少，布票还要节约，人员还要裁减?”

团员学习最后的一项内容是挑应战，表决心。写决心书的任务落到我的头上，一个中午没睡，只把稿子写起。大会开始后，我一直有些紧张，因为还要上台去代表支部表决心。我暗自责怪自己太胆小了。轮到我们306支部表决心了，我只得照草稿念。草稿毕竟写得草，有个地方自己也看不清了，打了一个顿，足有四秒钟，真把人急坏了。好容易念完，把稿子交给张校长。正准备走，校长的手已经伸出来了。第一次与校长握手，感到异常光荣。

全校开学上课，一切都走上了正轨。3月5日下午举行新团员宣誓，大会上，却发生了戏剧性的一幕：

中午，我正开始午睡，303班曹正艾来，说团委书记霍敏芝要我准备一下，下午代表新团员讲个话。我自然不敢睡了，下床开始起稿。正艾同学陪着我，说也不打算睡觉了。直到我在开始誊正时，他才离去。我把讲话稿誊写完毕，起床铃就响了。紧接着便是集合。三年级毕竟是三年级了，集合特别迅速。我听支部书记光钦讲了的，下午开会还准备拉拉歌的，我是新上任的支部宣传委员，责无旁贷要负起拉歌的责任。

三年级坐定，二年级也来了。我想拉歌就拉歌吧，三年级是老大了，还怕什么。我首先起了一个《东方红》，接着还唱了两个，就开始宣战了：“二营的——来一个!”“一二——快!”“一二——快!”毫无准备的二营，仓促应战了，也唱了起来。这时，台子上的扩音器也闹了起来，有时发出一阵刺耳的啸叫声，叫人牙齿都发酸，也掩盖了数十百人的歌声。只有喇叭声停止的时候，方显出同学们歌声是那么嘹亮。

大会开始，第一个议程就是新团员宣誓。校团委田同志讲过话，接着便宣读这次宣誓的十三名新团员名单。念一个，上去一个。蹊跷的是，单单没有念到我的名字。我相信这是念漏掉了，因为，霍敏芝上午召集将要宣誓的新团员开会，我都出席了的，还抄写了入团誓词，讲了今天还要佩戴团徽的等等情况……我有些疑惑，也有几个同学望了望我，但我还是表现出了镇定，坐着不动。喇叭嗡嗡声中，隐约听到田同志的声音：“还有吴国韬同志。先前念掉了。”此时我放下手里的笔记本，也向台上走去。两边响起热烈的“哗哗哗”的掌声，我的心，真是有些激动呢。

我们读完誓词，接着发给团徽的时候，下面又是一阵热烈的掌声。我想一定有无数双羡慕的眼光在看着我们。掌声又把我们送下台。我在走道上想，只怕我还没有走到自己的座位，又要点我代表新团员讲话了。果然，喇叭里传出："新团员代表讲话""下面欢迎303班曹正艾讲话。"这一下，的确使我丈二金刚摸不着头脑。不过，很快就明白了："哦，他还说要我讲呢，难怪他那么仔细看我的稿子……"

我在座位上，听着我们的代表讲话，大概他也是的确高兴到了极点，宏大而又断断续续的声音，从他的口腔逼了出来。果然不错，他的好多话都代表了我，因为恰是从我的稿子里抄了去的。然而，有些话是不能代表我的，是我的稿子里没有的，例如，"我们的理想实现了！"入团就是实现了我们的理想吗？我们的理想应该是团结广大青年为实现共产主义而奋斗吧。然而，我又很有些担心，生怕还有我去作第二个代表发言。我的天，如果是那样的话，我就真是为难了。我的许多话，正艾同志都代表说了，再叫我上去不是出丑吗？照我准备的讲，别人还会说我是鹦鹉学舌，重复一遍正艾同志的话。另外再讲一番话，又说些什么呢？谢天谢地，没有第二个代表了，会议进行下一项。啊，在我一起举手宣誓的同志中，竟有如此虚伪的人！同志啊，你如果需要我的帮助，你就直说吧，为什么还要耍出一点花招来欺骗人呢？别人不知道，总有一个人知道，你是一个不够诚实的人，是个使手段欺骗别人的人。你现在就这样，将来在革命工作中谁知道你是一个怎样的人？又想，我还是应该自制一些，应该宽厚大量一些。正艾今后也并不一定就是一个惯于使手段骗人的人。同时，他当了代表对于我也许会有益处——一个人出头露面多了不是什么好事情。

晚上又有一个活动，新老同学联欢。我们班是与206班和初中102班的同学联欢。之前，陈老师动员我，讲一讲入团的体会，我倒是很有兴趣地表演了一段太极拳，陈老师看了也笑起来。别班的同学欢迎我唱个歌，我拉了班上五六个同学，一起唱了俄文歌《故乡》。我觉得，一个人要融化在群体里，才会获得最大的幸福和快乐。

上了两周课后的一个星期五，晚上看电影。还未开始放映，我和维正、白娟几个人打着扑克。白娟问我明天回不回去，我说要回去，天气也好，学校也没有别的事情了。她要求同我一道走，到她的幺姨妈那去，我同意了。

第二天早上给陈老师请了假，上完四节课，准备回芭蕉。白娟也来了，还给我借了一顶草帽。与病友们一道走出校门，好不热闹，他们是要去土桥坝的，看起来就像是给我们送行一样。但是他们给我交了不少任务，有的要带肥皂，有的还要买球鞋。

我和白娟走到恩施城，人又多，太阳又大，空气又热又干燥。到了六角亭，遇着卖冰棒。这还是个稀奇东西，惹得不少人拥挤着抢购。那一块地方，人潮涌动，人声嘈杂，活像一锅沸腾的开水，人们在里面翻滚着。白娟还要去给姨妈买点东西，留下我一人来买这个稀奇东西。我把衣袖挽起来，便投入到滚开的“水”里去了。里面是又挤又热又吵闹，有人挤得惨叫起来。好容易我的两角钱被收去了，哪知道他还没有给我冰棒，我却被人挤了出来。难道我就干丢了两角钱不成？我哪里甘心，使出最大的劲呼叫，又钻入这开水锅里，两根冰棒终于到手了。

我带着胜利者的喜悦，走出了“开水锅”，找白娟去了。人们看着我手里的冰棒，好奇地盘问——他们很可能也要往开水锅里钻了。找到白娟的时候，她正买好一瓶啤酒，准备给姨妈带去。我打算买一盒代乳粉带回去，没有，便买了一瓶“一滴鲜”。两根冰棒也耐不住这么热的空气，在消融了，水一滴一滴落下。和白娟一人一根，品尝热天吃冰块的滋味。这还是第一次啊，毕竟是冰，与人体的温度相差了三十多度，放入口中，温差太大，特别是牙齿很有些招架不住。速度放慢了，这冰水落在地上又很可惜。一会冰块和棍子要分离了，只有一口包入口中，用舌头不断搅拌，还是冷得不好受。最后干脆将其嚼烂，使其迅速融化，彻底解决问题。

走到巴公溪，上了到芭蕉的公路。路上异常清静，只是太阳十分热辣，若不是白娟借的这顶草帽，我怕是要吃大亏的。和一位与自己年龄相仿的女子，走在这样安静的大道上，乃是我生平的第一次，心情的确有些复杂，似乎有从来没有领略过的愉快，又有几分害怕的感觉。我想找一点话说，打破这令人紧张的寂静。我问她：“你写了入团申请书没有？”她说：“还没有准备写。”她谈了她的思想，说她在班上没有温暖，受人歧视。这使我有些摸不着头脑，我一直觉得她是喜欢唱歌，喜欢运动，十分快活的同学，从来没觉察到她还有这样不快的一面。啊，每个人都有他的快乐，也会有他的悲哀的。我不知道，是不是几个女同学之间有矛盾，对她说：“自己应该有自信心，自己应该振作，奋发图强。你看我得了病，受了多大的打击。后来还是觉得受打击也是一种锻炼。”

她说：“是的，不仅你受了打击，连我都好难过……我总觉得班上的同学不够体贴人。”

我说：“这也没有什么，我们只要尽量注意做到体贴别人就行了，不去要求别人要怎么样。说实在的，我觉得你这方面是做得很好的，我那次体检透视回到学校，吃晚饭的时候，你是第一个走到我面前，问我‘到底是哪门个’，我当时对你只是冷淡地说了两句，现在想来都很对不起你……”

她忙着插话：“别说了，你这么说我就不好意思的……”

我说：“真的，事久见人心的。我得的又是这样的传染病，你后来是一直很关心我，使我真认识到你是个好同学，也是个好朋友——话说回来，我觉得，就像你做的这样，只要对别人好就行了。”

到了青冈树，我们进饭铺休息，遇到五中董校长的爱人李老师。我们喝了一点水，便三人一道走。遇到有卖梨的，我一连吃了三个，带了两个。虽然回去后，父亲评价“此梨甚硬涩”，但在这又饥又渴又热的情况下，我是只有好感的。

太阳渐渐地落山了，白娟对我说，她的路还远，要上前赶路了。我便和五中的李老师一道慢慢地走，因为李老师乃是一孕妇，只能慢慢走。我忽然想到病友们交给买东西的任务，便对李老师说，我也得上前赶路，去给别人买东西，不然合作社关门了。我迈开大步走，又看到了白娟，她迈着矫健的步子，从草籽坝钢铁厂，上了去后池的小路。

我在芭蕉街上，买了病友们要带的东西，回到五中。钻到屋里，父亲母亲尽开颜，问这问那。我第一需要的是水，大喝特喝一阵，接着又吃饭，是南瓜炒饭，太好吃了，又有可口的辣椒大蒜，一吃就像没有止境一般。吃饭以后，又吃了最爱吃的核桃。晚上，把父亲存着的一个苹果罐头开了，加入葛粉一煮，也实在好吃，吃了一大碗。肚中实在塞下的东西不少，感到太胀了，以至于一晚上都很少睡着。

第二天早上，起来之后，帮父亲批改作文。才改两本，又吃了一碗代乳粉。去大便，觉身上发冷，腹中闷胀，去到外面晒太阳，越晒越冷，四肢乏力。走到房里，盖上被子睡起来，仍觉寒冷异常，心中都在发抖，要母亲再加一床被子，还是不觉得发热。自知大病降临，断定是疟疾。

父亲给我一包头痛粉吃了，没起作用。一会发起热来，忽然口中有酸水，自己明白，这是要呕吐的先兆。刚吐了一口酸水，说了一声“要吐”，还未说完便“哇”的一声，吐了一大口，接着又是“哇，哇，哇——”给地上摆了好大一摊。母亲扶着我的额头，看着我呕吐停息，倒了一杯水叫我漱口。我躺在床上，身上很舒服了一些。想到，原来是吃隔了食，这倒是小病。但是头痛，身上发烧，腰背骨节都像散了架的，两眼望着白色的帐顶，人还是很吃亏，自己还是摸不透这是个什么症候。

下午，肚内有些下坠的感觉，我便忽然想起，莫非是痢疾吧。给母亲说了，她也很同意。一算，去年也是这个时候，得了一场痢疾，是两粒子弹头样的合霉素给治好的，那时是三角钱一粒。我要父亲找找这种药，正好，学校就有，二角五分钱一粒，父亲拿了六粒。吃了两粒，没有半个钟头，热得厉害，大汗淋漓，一直坚持了一个钟头，才擦了擦汗，起床了。开始有些想吃东西了，便吃了一点饭和一个煎鸡蛋。睡了一会儿，又起来吃了一点片汤。

“这药真灵。”母亲非常称道现在的药。

第二天，决定在家休息一天，帮父亲批改了六七本作文。中午，我正在睡觉，听到父亲在大吵。原来是丢了七斤粮票。老人从来就是很过细的，也从来没出现过这样的事情，他自己异常气愤，真要伤心得落泪了。又四处找了好几遍，仍然没有影。我也无法劝解他，只有帮他再多改几本作文。

星期二下午回到学校，洗漱后到教室，同学们好亲热，都问我的病况。我又回到了温暖的大家庭。我把草帽还给了白娟，她说她回来的时候，还在青冈树问过我走了没有，饭铺的人说没看见……

星期天下午，我去城里给哥哥寄了一封信，又给回到湖南师范学院的小张老师寄了一本英汉对照的《悲惨世界》。回到学校的时候，胤兄和他的好朋友武品在等着我，说他们已经等了半个小时了。他给我拿了两块肥皂，这是最贵重的礼品啊。还有两个苞谷托，说这是生长在高山磺场坪的苞谷。这东西大约是在冬天烤火时，边烤边吃最为有趣的。

武品在读医专。我是对医学感兴趣的，大概是因为几次遭病的缘故，所以问了他许多学医的心得。他还说到他们学校有两名华侨学生，一位是阿尔巴尼亚来的，另一位是越南来的。对此，我颇为好奇，心想这些华侨的见识一定非常丰富，眼界一定非常宽阔。你看，他们一个跨越了一百八十多度的经度，一个跨过了几十度的纬度。他们经过的不是一个省，而是跨出了国界，跨越了好几个国家，来到地球一角的恩施。武品见我对此抱有新奇感，便给我讲了他们的一件趣事：

他们在巴东，见一位老婆婆在卖鸡，价也不问，就把鸡提在手上。老婆婆有些慌了，他们便给了老婆婆二十元钱，老婆婆又一下子摸不着头脑了。这时，市场管理人员过来干涉，说道："你们这样子把市场搞乱了，一只鸡给四五块钱，天都红了，你们给二十块！"那两位华侨同学道："你怎么没看见？鸡是她把（给）给我的，钱是我把给她的。你想，现在肉食那么困难，她既然把鸡都拿来卖，一定是家里很穷。我给她把钱，你们还要管，那你们管的还是这些穷家伙啊！"市场管理员无言以对，老婆婆自然是庆幸这只鸡，卖得太划算了。

我很钦佩这些华侨同学的同情心，但是单靠他们的几个钱救济中国的穷人，也是杯水车薪。要真正解决中国的贫穷问题，只有努力建设社会主义，才是根本办法。

胤兄和武品要告辞了，临走胤兄要我帮忙告诉白娟，她的母亲已下放到某某地方了，我表示一定讲到。晚自习后，告诉白娟她母亲下放的事，她很平静地表示已经知道了，倒是很慷慨地给了我一个柿子，似乎还怕我推辞，补了一句："也是别人把的……"

国庆节的宣传任务，算是圆满完成了。出了一期黑板报和一期俄语墙报。这都是依靠同学们的智慧和力量的结果。福耀、天登等，牺牲自己的休息时间，忘我劳动，办得很像个样子。特别是福耀，从中午到晚上，一直兢兢业业地干着。他的这种精神是我们所有同学应该学习的，不告诉大家，我实在是过不去。国庆节的一早，我起来打了太极拳，第一件事就是写了一篇小字报，把福耀等赞扬了一番。然后按照他们头天晚上的意见，今天才把黑板报亮出了，以便"一鸣惊人"。

国庆节的早餐是打"素牙祭"——油炸的几样东西。吃了早饭，去体育场参加庆祝大会。一上公路，便进入了滚滚尘埃的世界。这是长久没有下雨，再加上人群践踏的结果。我只得把本来就有些肮脏的口罩戴上。我们先在二中的大操场集合等待。几个同学坐在地上打俄语扑克。这是一个值得推荐的游戏式学习俄语的方法，我“胡”了一次，是“妈妈”“祖国”和“街道”的俄文单词。

我们整队入场，城内的灰尘更是肆意泛滥，房子上，树叶上都是一层灰，汽车一过，更是黄尘滚滚。这对我们肺结核患者，用医生的话说，应该是“禁止”的。我真想一步跳出这灰尘的世界。

体育场热闹异常，到处是人，连平日无人问津的地方，现在都有人光顾了。大会在清脆雄壮的《国歌》声中开始，接着是石源同志和李县长相继讲话，随即宣布自由活动。其实在这人与灰尘混杂之中，我感到很不自由，更不好活动，便邀了维正，从小路上凤凰山去玩。

我是极喜欢凤凰山的。它总是那样葱翠浓郁，又给人以展翅高飞的豪情壮志。和维正登上了山顶，我大声唱出“我站在高山之巅……”这是我最喜欢的歌，但是从没有唱得这样的浑厚磅礴，从来也不曾唱出这样激越的音调。维正也很兴奋，随而合之。

我和维正，从初中就同学。巧的是，我们是同月同日生，只是他小我一岁。所以有时我把他当个弟娃，他的几个弟妹也都叫我哥哥。因为他母亲把我叫成“国超”，于是弟妹们，都叫我“超哥哥”。

我和维正在凤凰山上，上上下下，说说唱唱，快乐至极，仿佛做着神话幻想中的主人公在呼喊：“世界是我们的！”我们摘下蜂糖果，品尝哪一颗最甜，我们扯了一把龙须般的草，编成一个绿色的环，围在颈上……

维正忽然惊住了，我问：“什么？”

“蛇！”

“不要怕！”

蛇当然是更怕人的，见到我们，溜之大吉了。

维正的家，就在一中校门外的坎下。他回家了，我回到教室，却没见一个人影，大约是城里有家的回家了，家不在城的上街了。我拿起数学练习做，太麻烦了，一个题都没做起（完）。回到寝室，收拾了上午“素牙祭”的剩余材料……

10 月 2 日还是休息。人在繁忙的时候，是希望有一点休息的；真正休息的时候，没有一点事情，又觉得很无聊。有的人提议去五峰山玩，我同意了，然而走到土桥坝，有人又无心思了。一帮人，站在路上讨论，各抒己见，实难统一。我便提出一个办法，两个代表划拳，谁赢就跟着谁走。都说“要得”。我想到还有不少衣服没洗，就做了不上山的代表，和另一位主张上山的代表划拳。我赢了，大家都统统向后转，回学校——真是无聊至极！

晚上开班会，由我主持。大家热情高涨，加之每人有三个月饼活跃会场，同学个个兴致勃勃。有的唱歌，有的讲笑话，有的吹笛子……都是自己争取。子祜同学是善歌的，但一直不曾听到他开过腔，据说他有家中的不幸，父亲在一次运动中走（去世）了，他随着母亲艰难地生活。这个晚会上，他争取唱了一曲《满江红》，音调颇为激昂。听到他的歌声，我心里分外激动。我和维正也来了一手：一把二胡，两人合奏，他拉弓，我按琴弦，虽然音色不怎么美，却引起了大家的兴趣。

一阵欢乐之后，听说有电影，便和维正、白娟、映红、雪明等跑了去……

到底是高三了，国庆节后，一直紧紧张张地上了两周课。我习惯这种紧张的生活，但有些怕星期天。这个星期天，天空一片碧蓝。同学们邀我到街上去，我说想在学校休息一下。才把几本参考书翻出来，就觉得头有些发晕，心里也有些闷。我怀疑自己的身体，是在向坏的方向发展。

回到寝室，躺在床上，觉得身上很不舒服。我在思考着前途，继续读下去，身体会继续坏下去，怎么办？休学吧，来年又将是如何？是不是要写一份休学申请书？总是拿不定主意，实在痛苦！这个想法，还是要回去和父母商量才好。

起身到教室，想去写点什么，但是精力不能集中，就决定去土桥坝补衣服、鞋子。淑媛同学听说了，要帮我补。我说破洞太大了，还要搭个补巴，是必须上街的。我觉得班上的女同学，这学期真是变了样，他们常给男同学洗衣，补东西。前不久，我拿着一件汗衫，边玩边缝，白娟看到就要帮我补，我说想自己学，她便教我应该怎么补法，我谢了她。又有一次我在补衣服，史娴看到了，要帮我补，我说想自己学，她抢了去，一看，哦，没有线了。我真是感谢这些可敬的同学。我感到能生活在这样一些亲爱的同学们中间，是太温暖了。

到土桥坝，要经过一片甘蔗林。主人就在这里卖甘蔗，两角钱一根，觉得还是很贵。但想到一天来还只吃一碗饭，体内若不增加一点什么，结核杆菌又要乘虚而入。买了一根，一直啃到土桥坝。补了衣鞋，往回走的时候，觉得精神颇好，头脑也很清醒。想到，必定是这一根甘蔗中的碳水化合物起了作用，看来吃甘蔗比注射葡萄糖，还得力得多。

晚上，三年级各班支部书记和宣传委员在我班教室开会，主要是教改的问题。营部的周、邱、李三位老师参加。周老师说，以后教改的指导思想，就是要深要透，要从原则问题上去评价老师的每一节课，要看是否符合多快好省的原则，是否符合四个“适当”。另外，对于有些老师，如化学、物理老师，应该从路线方面去考虑……这个会一开完，已是很晚了。因为思索过多，很难入睡，处于一种半眠状态。

就是第二天的晚上，我们班上物理课，讲的是气体中的电流，在实验室做实验。我特别感兴趣的是，当室内电灯熄灭以后，李老师手中那几支充了惰性气体的玻璃管，发出了灿烂辉煌的光辉。这是科学的光辉，科学的魅力！她的光辉，把我紧紧吸引着……下了课，我和同学们都还在兴奋之中。我忽然想起，昨天晚上的教改会，营部领导提出，对于物理化学老师的课，“要从路线上考虑”。气体中的电流，怎么从路线上考虑呢？

又是一个周六，中午正准备午睡，顺口提起想回家一趟的事，几位同学都劝我，“好啊，回去可以，你看，天也晴了。”真是的，下了三天的雨，直到上午都还在下，怎么这时候就停了？岂不是天助我也！

不知哪来的一股劲，拔腿就往教室跑。白娟也在教室，我说要写个假条，找陈老师请假回去一下。她说：“那是好啊，我是没有事，不然我也要请假去芭蕉。”

我在电化课教室找到陈老师，他正在负责录音的事。他拿起我的假条就批了。回到寝室，见几位同学睡了，便轻轻取了包，上了回家的路。我担心天黑得早，出了城就“全速前进”。

半途与一位老人同路。我问他：“您老多大年纪了？”

他说：“六十六了。”

我说：“精神真好哇，还挑这么多东西。您老家里有多少人？”

他说：“一个儿子，一个媳妇，三个孙儿。”

我又问了他家里吃粮的情况，他说：“一个劳动力，一天有一斤粮食，再配搭点菜菜拉拉，还过得去，就是小孩子扯凶哒——我屋里三个孙娃，一天一共只有一斤粮食，其实，他们吃饭比我们大人还很些。”

我问今年的年成怎么样，他说："照这个样子下去，还不拐（坏）。我原先估量今年是没有收成的，不是说天气不好，天倒在转变了——是没得人搞活路（劳动）了。我们那个大食堂，原来是一百多人吃饭，死了四五十个，死的都是强劳力。没死的人，也尽是些黄泡烂肿的，杵着棍子上坡做活路。今年能有这个样子，还就算了不起的。今年这个天时，就不坏呀，八月间干得也是时候，这样子苕就好嘛，长得几多老辣，跟后这几天，又是一泼雨，那个苕在土里猛长，不是像吹火筒在吹！就是苕秧少了，这也要怪一些干部，硬要说早、早、早，这样早不早地把苕种下下去，结果都烂了。你看，做活路，那是有个季节的，有个方法的。我们旁边有一棵笔葆花树（紫玉兰），不晓得好久了，它一年只长寸把长。我们几辈人试过，到得它在抽笔葆子了，那就下得种了。这时下种，就是再怎么样，都能发芽。可惜去年留的种子了。现在社里改变了态度，说是这些事都要请教'老经验'来，'老经验'说可以，就做。现在农村里，菜都长起来了，这泼雨下得好。农村里，只要今年粮食不减标准，那就不得'拐事'（出问题），加点菜菜拉拉，就度得过去——哎呀，去年冬天就吃了亏，后来是吃了一个月的米，人才还阳。至今我们乡里的猪还是没喂起来，上月从五中弄了一头母猪来，还看以后怎么样。鸡子倒是发展起来了，只有这个东西容易发展……"

不觉已经走到草籽坝，老人从铁厂那里分路走了。我看天色黑了，也加快了脚步赶路。

走到家里，父亲正在睡觉，听说我回来，非常高兴，连忙找来几个我最爱吃的核桃。母亲打火做饭，我一下吃了半斤米的饭。菜是懒豆腐，还有几样的广椒。广椒我又喜欢吃，吃了又辣得过不得。还有一样什么酱，吃起来有胡豆瓣的美味，问母亲，才知道是苞谷芯子做的，真还尝不出来。更可喜的是，喝到了刺梨酿的酒，略有酒气，其味甚甘。人们终于认识了刺梨果。

我的身体，是父亲、母亲头等关心的事。我如实说了自己近来的思想情况，有些担心身体变坏，有休学的考虑。他们都同意，如果以后实在不好，休学也可以。

晚上躺在床上，觉得家里好温暖，好温馨……

陈老师批准我的假是星期一赶到。于是星期天一天都在家，真正是休息，什么事也没做，只是父亲备课，对着我试讲《荆轲传》，我便当学生听着。

星期一上午，还是在家待着，听到五中的教室里，传来读俄语的声音：“妈妈多吗?”（妈妈在家吗?）、“啊恩娜土特”（她在这里）……听说任教的是原来五中的一个同学，由于需要，抽调到师范学了两月俄语，便来教学了，说是教得还不错。

五中四处的菜种得不少，学校领导很关心教师的生活，鼓励大家多种蔬菜，“主粮不足瓜菜代”。父亲很热情地引我去看他“插的针”。他们称利用田边地角，见缝插针种点蔬菜之类，叫“插针”。父亲的菜，管理得很好，五中的工友老刘过路看见了还说：“您种的菜硬是挂了帅！”父亲听了，自然很高兴。

父亲又把我带到办公室，老师们都在备课，见到我，都非常热情地问候，我忙着一一答礼。心里忽然想到：人是要经得住别人热情的招呼，也要经得住别人的冷眼和白眼珠的。

父亲也在办公室办公了，我回到家里，翻着旧书。母亲对我讲了一件事，使我非常担心。因为父亲经常翻阅我的日记本，我便用俄语写了一句：“父亲现在经常吃安眠药。”父亲的身体可不能垮啊，他总是关心着我，要我如何想得开，吃的东西也要留给我，而他自己也是在饥饿中挣扎，加上我的病，又肯定是他日夜操心的……

午饭后我开步走，母亲要与我同路去赶场。在街上，母亲给我买了一些锥栗和葵花子，说是让我边走边吃，走起路来有劲些。

离开了芭蕉镇，一上公路，就走得十分轻快。肚子里是饱饱的，口里不停地吃着母亲给的吃货儿，口袋里还有两三个红苕壮胆，走起路来真是劲带带的。

我仿佛觉得，我经常走的这条路，是一条多么温馨的路！这条路，一头是温馨的家，一头是温馨的学校。我走在这条路上，是从这里的温馨，走到那里的温馨。

回到学校，寝室里黑洞洞的，放了东西就往教室去，见同学们都在白亮亮的灯光下安静地坐着，也许是门窗关得很严，外面听不出一点声音。实在不好冲进去打乱同学们的宁静，就去到205班教室，把郑老师给光梅带的东西送去了。

回到自己教室的时候，刚好打了下课铃。推开门，同学们都热情地问候起来，一股热流，流向了全身，啊，我的集体，好温暖，好温馨！白娟叫了我一声，在我与大家说话的时候，她又不知跑到哪里去了。继祖更是热情地拉着手，问来问去。

记得继祖原来在班上总是闷闷地，他对我说过，他在班上得不到什么温暖。我知道继祖在文娱方面很有特长，于是在国庆节前后学校开展的文娱宣传中，把他拉出来，要他发挥特长，为班上争光。他的热情从此爆发出来，我们班的文娱宣传，得到了兄弟班的一致赞扬，与继祖这些同学努力是分不开的。有趣的是，一次排练节目时，继祖说他原来还跳过《花儿与少年》的，同学们就要他跳一段看看，他便大方地走起了舞步，一群女同学还在旁边伴唱："米拉米拉米来米来多西拿，拉多拉索米索啦……"这些女同学本是玩笑着唱，继祖却是在认真地跳，也真是跳得好，同学们便干脆一齐接着唱起来：

春季里那么到了这水仙花儿开，
绣呀阁里的女儿呀，踩呀踩青来呀。
小呀啊哥哥，小呀啊哥哥，
小呀啊哥哥呀搀我一把来。
夏季里那么到了这……

大约是唱的同学记不住词了，也可能是继祖想见好就收，大家一阵哈哈，结束了这个《花儿与少年》的节目。

我想我们这些同学，包括自己，在家里都是有温暖的，大家来到学校，自然也渴望得到温暖，尤其是在这生活困难的时候。共青团就应该做这个工作，使一个集体，变成一个温暖的家。班上的同学们实在太好了，他们给了我许多温暖，今后我一定要多做些事，使他们都能感到，我们的集体是多么温暖。

天气晴了，金光灿烂的云彩里，露出了碧蓝的天空。我们在教室外面上文学讨论课。太阳晒得暖洋洋的，舒服极了。有消息灵通的同学，讨论起与文学无关的话题，说是这天一晴，我们班将要去劳动，到龙凤坝挑煤。

果然，中午就安排了劳动的事，班上二十四位男子汉，到龙凤坝挑煤炭，我们几个有慢性病的同学，和五个女同学，都留校劳动，由我负责组织。我们去给远征的同学准备蔬菜，下塘挖藕。班上的女同学确实不简单，一个个都不怕脏，不怕累，什么都干。特别是白娟，挑菜、下水田都来。晚上留校同学还开了一个会，大多数同学都讲了要在劳动中好好锻炼。

五位女同学都抽到厨房帮厨。晚上问白娟帮厨的情况，她说都很卖力，只是思想上还不怎么融洽，有时还是有些别扭，不知道怎么处理。我不懂，几位女同学怎么会为小事不愉快。处理这样一些问题，我也没有经验。白娟却盯着我，好像是在听一个长者的教导，又像是一个学生请老师给这个题求出解来，使我有些窘迫。啊，我忽然意识到，这是同学们对于团组织的一种信任。然而，我又得不出这个解，怎么办？就大而化之地说："大家如果都对小事情处之泰然，不放在心上，平心静气对待同学，时间长了，就会什么事都没有的。"

记得开学后不久，一次和几位女同学在操场上，边玩边谈。我说，高中最后一年了，我是非常希望班上几位女同学团结得像亲姊妹一样的，全班同学都像兄弟姐妹一样，再过几年十几年，我们见面是多么亲热愉快……她们的情绪都好，也很激动，表示女同学要搞好团结，全班同学都搞好团结，的确应该珍惜我们相处并不很多的日子。这以后，也是有了变化的。看来，对于这样的事，恐怕也是不能求急的。

又一日，白天我们在学校农田劳动。晚上我在教室白亮的灯光下看书，接着又来了一位，是史娴。她算是班上学习用功，成绩很好的一位女同学，而且与同学们相处融洽。电灯熄了以后，我们一起攀谈起来。她说，她对于搞好女同学的团结，也有些缺乏信心。主要是博兰同学，真不好怎么相处，而且她对待陈老师总是那么一个态度，真不知是什么道理……史娴要我给他们想个办法。史娴这么一说，我才觉得她其实还是很希望五位女同学要团结的。现在看来，她们的问题又复杂，也简单了。复杂的是扯到同学与老师的关系了。简单的是，主要是博兰一人。我对史娴说，博兰是最后一位来到我们班的，她与我们班的同学融合得慢一些，也是自然的。我们这几位同学团结好，对她也不要性急……这时雪明来邀史娴，听到我说的这几句话，雪明说，也只能是这样。

我感到做共青团的工作，是很难的，自己在这方面缺乏能力，更无经验。自己倒是应该去医院透视复查了，弄清病情是不是在恶化。但是恰恰遇到劳动，留校的又只有这么几个人，还是只有推迟。

早上去给张校长送牛奶，他胃出血，住在医院里，病势还是很重的。为了增强食欲，改善睡眠，医生在他手上动了个睡眠小手术，据说是一种什么新技术。但是他并没有食欲，态度显得淡然，说不要牛奶了。病人常有的烦恼，从他的表情也能看得出来。他说，只要唐老师带鸡蛋去。

因为天雨，挑煤的同学要回校了。我们留校的同学，一早就把教室整理了，打扫得干干净净，迎接他们回来。早饭后我去医院透视，心里做好了病情恶化的准备，但还是希望不要恶化。我是结核科的老资格了，熟练地走向 X 光台，也不怎么紧张，任由那位女医生摆布，翻来覆去地看，也来不及考虑结果的凶吉。红灯亮了，我便毫无顾忌地问，“有变化没有?”我又觉得问得很傻，事物总是在发展变化的，怎么要这么问。那位女医生并不作任何回答，只在红灯下在有两片肺叶的图形上，左边点了一个点——啊，还有一点；啊，只有这么一点。是凶是吉我还是捉摸不定。她把病历给我，说：“拿去看病。”一走出透视室，我看批语：边缘仍很清晰，密度略有增加，无新病灶。医生对我解释说，这是好现象，病一天一天在好。又在病历上写了：“继续服原方治疗。”

心里的疙瘩解开了，没有恶化，实在是万幸。但是人心又是不知足的，现在又觉得好的速度太慢了，真是个“慢性病”。走到土桥坝，买了两瓶乳酸钙片，让它加速病灶钙化吧。回到教室，急忙把复查的情况，给父母写了一封信。我想他们看到这封信会是很高兴的，他们为我操的心，总算没有白费。

天上没有一块云片，没有一丝尘烟。大家都估计着：一定要下乡劳动了。猜得不错啊，这个消息一下就轰动了全校。晚上，陈老师到教室来，给大家讲了讲，这次要去支援农村秋收，同学们高兴极了。想着农村有多少新鲜事，和同学们一起劳动多有意思，我要求陈老师，这次也能下乡去。陈老师的意见是，家里要留一个得力的干部，营里也是这样要求的，各班都要留一位支委以上的干部……白娟见我要求不成功，也就笑着安慰我：“算了吧，家里确实也有一些事要干，服从分配吧。”

其他同学都整装出发了，我们留校的同学集合，听营部的李老师讲话。嘿，这个李老师竟然说，要我们这些病同学“不要给党的事业造成累赘”，我的心真是痛起来了。会后团员留下来，我们三位临时支委，一直表示，我们一定负起责任来，看看到底我们是“助手”还是“累赘”。

第二天去金子坝学校农场，散油菜苗。自己既然是负责的，也就大胆指挥各班留下来的同学，干完一块又一块……

我班同学上周挑煤，没上两天课，这一周接着又是支援“三秋”，差不多是半月没上什么课了。支援三秋回来，上课没有两天，就要抽查考试数学，目的是了解教改效果。我的结果是三个题对了两题，算个及格。其他同学还不甚了解。只听到两位数学老师，谈起来是非常悲观，张老师似乎没有什么信心了。

说到教改的效果，我不知怎么说。在电机厂去上物理课，我们渴望了解电动机的构造和工作原理，技术员却给我们讲了好久的怎样下线，文不对题，白白浪费了半天时间，这怎么是多快好省？

已经进入 11 月，寒冷起来，又轮到我们班护校值夜班。我与白娟排在流动班，是要到处巡查的，但是，天又下着大雨，两人便只有重点保护实验室。我们站在实验室的屋檐下闲谈，我问了他们下乡的情况，又问现在女同学之间关系有没有改善，她说还好，比过去好多了，我听了很高兴。她说她也写了入团申请书，要我给她提一提，怎么努力。我说，你的进步很大，坚持下去就很好，挫折的时候，也不要失去信心，就像现在这样，一天快快乐乐地，向着既定的目标前进。白娟还要求我，今后要多给她谈一些。我说，我也刚入团，懂得也不多，反正是相互帮助，你也要给我提一些才好。她便对我说："我觉得你要广泛地团结同学，搞好关系。"他这一提，我觉得真是很对的。细想起来，的确我因病住在隔离室，没和班上其他同学住在一起，只和患病的几位同学关系密切一些，和班上爱好文娱宣传的同学来往多一些，与其他同学真是很少打交道，更少交流思想，真是把同学关系都隔离了。啊，这才是友谊的价值！过去与先绪、德腾的友谊，以后与维正的友谊，都使我认识到，友谊就是力量。我觉得这一晚是很有意义的，我发现白娟的确是个很好的同学。她那么细心，那次去芭蕉，她竟想着给我借一顶草帽；她那么真诚，我检查出有肺结核，她第一个来关心我；她还注意到我的缺点，那么爽快地给我指出。这也是一位不可多得的好朋友。

这值夜班的事，仿佛半月就轮到一次。上次和白娟是 10 月 31 日，值的是第一班，下晚自习就开始；这才 11 月 17 日，又轮到我们班了。

这次却是值下夜班，半夜恍恍惚惚，被正邦叫醒，一寝室的病友也因为我要值夜班，被叫醒了。正邦手里拿着两把刺刀，给了我一把，于是两人开始巡查，四处寂静无声。正邦是个活泼开朗的人，爱好也很广，打球，画画，唱歌样样都来，而且他特别好动手。上半年学校办工厂，我和他当铁匠，在一起打出了"恩高铁厂”的第一个产品：一枚抓钉。我们都很高兴，他似乎急于欣赏自己的成果，伸手就去拿那颗落到地上的抓钉。刚一提起来，就像触了电一样，将它丢到地上了，那只手急忙去捏耳朵，嘴里发出：“呜——好烫！”

我笑着说：“我还以为是重得很，你拿不起来哟！”

“也是不轻，不信你也试一试！”他说。

“我的手爪子，没得你的灵活：拿也拿得快，甩也甩得快。”我说。

“我的同志哥，别开玩笑了，手指烙糊了呢。”他看着自己的手说。

我叫他到医务室去上点药，他顺手将一坨稀泥巴敷在上面便算了事。

和他一起值班，讲的却是家里的情形。别看他一天嘻嘻哈哈，一说到家里，他是有些发愁的。他家在芭蕉朱砂溪的农村里，缺饭吃，照说农村里要供学生读书，也是很困难的，就这么最后一年，拼命也是要读个毕业……这个值夜班，如果是没有人一起说话，不知怎么难熬。和正邦走一走，谈一谈，也算把时间打发过去了。正邦拿去我手里的刺刀，要我去睡，他去叫下一班的人来接……

值了夜班，再去睡觉，虽然疲倦，却很难入睡。似乎刚刚迷着，急促的钟声，刺破浓密的雾气，催人急速起床。今天全校要去五峰山劳动。

还在黑暗中，一队一队的劳动大军就向五峰山进发了。天渐渐地亮了，看得见我们这支大军的雄伟气势和动人场面，这让我们每一条神经都兴奋起来。同学们用各种不同的调子，唱着进行曲，我也忘记了自己是痨病壳壳。

晨雾中的五峰山，显得非常俊美。茂密的甘蔗林，肥美的蔬菜，新出土的麦苗……五峰山给了我们美好的享受，心底的愉悦，我们也把嘹亮的歌声奉献给五峰山。

“五峰山，我总是看不厌的。”我心里这样说。我们在田野里劳动，是愉快的也是严肃的。我在铲着田坎，心里想着学校余书记的话：“不要把劳动单纯看作为学知识，学技能，而是要把劳动看作是改造我们思想的一个过程。”休息的时候，我的口真有些渴。想着先前几个山上的小朋友，给了我两个小红苕，此刻正用得着。我和几个同学，都倒在地上，他们也拿出了在地里拾来的红苕。我们一边啃着生红苕，一边仰望雾霭散去后，露出的碧蓝天空。

这时大队支书路过，问我们吃的什么，我说是小朋友给的红苕，其实，他也许就是顺便问问，但我一下子感到羞愧极了，怎么能随便吃这里的东西呢？自己是个团员，还是团干，为什么就忘记了群众纪律这一条呢！红茴是农民田里的，是万万不能吃的。虽然是别人挖过了的，也是不应该动的。只要稍有群众观点的人，都是不会这么做的。我的嘴巴呀，你也真是好吃，这么一点饥渴你都忍受不了，也实在是没有修养了！

晚餐是生产队招待我们吃红茴。这是大队和学校一起安排的，我们是大吃特吃起来。回去的路上，同学们都还在议论，说：“五峰山的红茴比糕点好吃得多。”

我和维正、家甫下了山，直接进入电影院，安逸地坐在椅子上，只等电影开映。家甫忽然想到一件事，说：“呀，还未交班！”原来，昨晚值夜班，我们的下一班就是家甫他们，他们是值班到天亮的。还未天亮，就闹着上山劳动，忘了把刺刀等武装移交。怎么办？这可是个要事。眼看《长虹号起义》快要放映了，看完后再去交班又晚了。

我说，“去打个电话，看怎么样。”便和家甫急忙跑去打电话。电话机被我差点摇破了，却只有工专几个地方答应，就是没有一中的人接电话。家甫一点也不迟疑了，决定回学校去，拔腿就走了。他走后不一会，长虹号就开始起义了。家甫的责任心，使我极为感佩。

回到学校，光梅转交了父亲给我带来的一斤粮票和三块钱。家里也同样的饥饿啊，还省出来给我，心里实在过不去。

这是第二次发现痰中带血了，心里有点紧张，想去医院看看，恰好又是学校搞劳动，全班同学要去畜牧场，就有一些踌躇。后来发现药也吃完了，等一个星期劳动搞完，那也是对身体太不负责了，还是向陈老师请了假。

到了医院，已停止挂号，经医生同意，特别挂了一号。这是一位新来的医生，虽然不熟悉，却很仔细耐烦。他听诊后说并无变化，叫我不要恐惧，有血不一定就是肺中来的，而且，有的人病在好时，也会出血。如果以后继续发现有血，再来查看。买了五十粒异烟肼。有一种“磷维他”，内含鱼肝油，但要四元多一瓶，没有钱吃它。

守哨值夜班成了我们的家常便饭，原来是半月一次，不知是不是敌情越来越严重，已经变成十天一次了。11 月 18 日家甫电影没看，回去交班，到 11 月 28 日又是我们班值班。记得上学期讨论如何贯彻中央“劳逸结合”精神时，我就提过意见，现在反而越搞越多了，这个事是很影响学生健康的，而且是作无谓的牺牲，一点作用都没有。不知校方为什么要坚持。

12 月 8 日又轮上了。这一夜，教工之家热闹非凡，教工们在开“丰收晚会”。先是表演节目，最后跳国际舞。一些同学不听劝阻，硬要在外面偷看，我以为这也算是没有气节的表现。哥哥最近来信谈到，希望我好好学习毛选（《毛泽东选集》）四卷，前日找维正借了一本，一边守夜，一边在路灯下阅读，也学毛主席年轻时在闹市看书，锻炼闹中取静的本领，把美妙的音乐和欢呼声置之度外，耳边响起的仿佛是三大战役的隆隆炮声。

12 月 12 日，是校庆日。庆祝会都按固定的程式进行，报告也没有多少新意，表彰红旗手也简化成某班某某某等几名。唯一感到有收获的是一位姓李的科长，算是到会的最高校外领导。他的话，我是注意聆听了，再加以一番自己的推理，得出结论：大约近来上级又在特别注意学生的身体健康状况，要求学校工作须特别注意学生生活，做好劳逸结合。

校庆日的晚餐很好，校方为此杀了两头猪，打了一个真正的“牙祭”——是荤的。这应该是上学期“七一”建党三十九周年纪念日以来，我们全校又打的一次真“祭牙”。虽然肉仍是很少，每人得到的也不能以两计算，但油水之厚，是半年多来未曾有过的。

傍晚，与维正散步到了工专，返回到教室，又领到了一根甘蔗。随后，全班同学到礼堂，准备看一二年级同学和老师演出的话剧《红旗谱》，凑巧，碰上先绪。他们也是在排练一出大型歌剧《洪湖赤卫队》，特来参观学习的。

礼堂里人多，特别嘈杂，我们在后面看不见，也听不见。先绪邀请我在母校二中校庆的时候去玩，随后便告辞走了。虽然没看好戏，但觉得，学校定一个校庆日却是很好的。

好久没有回家了，这个周六，尽管下着雨，又十分寒冷，还是决心回去。中午是吃红苕，这东西比那个饭钵底上的苞谷粑粑，体积大多了，而且携带方便。我领了红苕，边走边吃。走出城，大约也是十二点多了。雨天走路，一双鞋异常沉重，实在是不方便。幸运的是，走到四公里的地方，来了一辆汽车，司机大发善心，把我接纳上车。在汽车上，自己感到真变成一个人了。山再大，也挡不住人；路再远，一下也就到了。

这次回家是父母不曾意料到的，都惊问是怎么回来成的；但回家的温馨，我是早知道的。回到家里自然又是给我弄吃的，找些书刊。父母尤其高兴的是知道我的病在慢慢好转。

星期一回校，恰好天晴了，初冬的阳光那么和暖。早上，母亲给我弄了饭，还打了鸡蛋花，这是极其珍贵的东西啊。听说还是昨日，请学生帮忙买到的五个，仍然是三角钱一个。母亲还给我的包里，放了两个硕大的柚子，说这是芭蕉的出产，味道很好的。家中还有的几个柑橘，也一概入在我的包里了。母亲亲手做的榨菜，也给我装了一瓶。还有又脆又甜的洋姜片……家里吃的东西怕是都给我带完了！

“谁言寸草心，报得三春晖”。父母对我岂止是“临行密密缝，意恐迟迟归”？他们可以挨饥受饿为我结余粮票，勒紧腰带为我省下食物……

父亲又是要送我一程的。迎着温暖的阳光和略带寒意的凉风，我和父亲边走边谈。他还是要送到上次分手的地方——两岔河。记得上次分手的时候，我过了河，他在彼岸望着，不住地在说什么。然而，哗哗的流水声，妨碍了我的听觉，便不住地问，仍然还是听不清楚他在说什么。这次，我才问父亲：“上次分手时，您在河这边到底说的什么，我实际上是没听清楚的。”

父亲说：“也没得别的，还不是说过许多遍的话，要你去了写信回来嗬，要注意一些嗬……”

我说：“这下我又要过河了，今天您还有什么话没有？”

他笑了，还是又说了：“你哥哥是三次评为红旗手，你也被评为红旗手，就是我——唉，只要你们好，我也就好了。”

我和父亲都笑了。

我过河时，他还是又说了：“去了就写封信来。”

走了好远，父亲还在望着我。我便故意抬起头，挺起胸，迈着大步，显得很雄壮的样子，好让老人看了心宽一些。

到校第二天，我班又是劳动，而且安排有病的同学去挑红苕。我觉得这种安排极不恰当，重体力劳动对有病的同学一定是有害的。这样的话，学校长时间来的照顾，病同学长时间的休养治疗，有可能一下变成泡影。更可怜有的同学，连药都无钱买来吃。根据上星期四，校党委宣读的省委 12 月 12 日发出的关于关心学生生活和注意劳逸结合的规定，这种安排是直接违背这个文件精神的。省委文件还规定了学生学习 8 小时，睡眠 8 -9 小时，保证休息，停止体育、军训活动，抓好学生生活，保证每日三个蔬菜等等，并提出照顾病者，保证营养和休息，这些都是应该贯彻执行的。我觉得自己有责任提出这个问题。于是出了个头，找到刘校长。刘校长说，是应该安排别的工作的。我又找到总务处詹主任，他说："我们不知道啊，我们没有这样分配。"好，这就好解决了。这就是说，可以由我们班上自行安排了。最后，几位有病的同学去喂猪，我跟着学校农场的老李去栽萝卜种。

农场老李是学校刚请来的工人，是个有经验的农民，说话简单明了，毫无掩饰。我听他说，选红萝卜种，一定要选叶面像枇杷叶的才好。但是有些班搞农田的同学，为了图简便，扯来一大堆萝卜种，老李一看，大不满意，说："叫你们扯'枇杷叶'、'枇杷叶'，你们尽扯些'叉叉叶'，这个哪门做得种？连枇杷叶都认不得！"后来我和这些同学一起到田里去找，在一年级的田里，找到了一块，尽是枇杷叶的好萝卜种，的确长的萝卜又大又红。

栽了两天萝卜种，又跟着老李去打木籽。老李又埋怨起来："搞事尽搞到背背上去了，哪个这两天来下木籽，十月份就应该下的。这两天还有什么木籽？不是落到地上，就是鸟雀子啄了。"果然，把木梓树枝剔下来，没有几粒白米米了。

我抱着一捆木梓树枝往回走，想着这几天跟着老李劳动，颇有收获：一是他为人的爽直，怎么想，怎么说，不绕圈子，这样的人很好打交道；二是他做事认真，要求严格，留种就要留好的，绝不用"叉叉叶"代替"枇杷叶"；三是他主张做事不能搞到"背背上"，这个很富有哲理。细想这搞事不能搞到"背背上"，其中还有两个含义，一要做事情要找准着力的地方，抓到要害，"好钢用在刀刃上"，不要把钢用到刀背上；二是要抓住时机，错过时机也是会把力气使到"背背上"的。十月份就要打的木籽，到十二月已经空空如也了。这也使人想起《唐诗三百首》最后的那一首："劝君莫惜金缕衣，劝君惜取少年时。花开堪折直须折，莫待无花空折枝。"望着手里抱的木梓树枝，籽是没有了，正是空折的一捆树枝，只能当柴烧了。

余书记给我们上党课。他说，革命者应该争取加入共产党……只有加入共产党才是知识分子光荣的归宿……爱因斯坦和鲁迅诚然不是共产党员，但这是极少的例子……入党条件，一是从事劳动……二是承认党纲党章……三是参加党的一个组织……要主动争取入党，不要等待……

我是愿意做一个高尚纯洁，有利于人民的人的。共产党内集合了千万优秀分子，能成为其中一员，是莫大的光荣。过去认为共产党员的条件高不可攀，遥不可及，余书记在报告中说的条件，我觉得也不是做不到。我很激动，我想：我应该以奥斯特洛夫斯基、吴运铎为榜样，生活和战斗，自觉用共产党员的标准要求自己，我一定能成为一个共产党人。

许多同学给我推荐过电影《聂耳》。直到这一年的最后一个周末，我才看到，而且接连看了两场。《聂耳》是一个历史的真实，也是一个艺术的创造，这部影片看十遍也不为多。赵丹成功地塑造了聂耳的形象，《聂耳》中的聂耳，我觉得他就是聂耳，没有觉得他是赵丹。聂耳的道路，是他让自己的天才和青春，融入人民革命的大潮，像雷一样吼叫，像电一样闪出火花的。正如一位评论家所说：“他把自己整个的生命，交给了革命，交给了人民，以人民之喜为喜，以人民之忧为忧，人民以自己的奶汁哺育了聂耳，聂耳以自己的音乐谱出了人民的怒吼。”

聂耳的形象，总在脑子中浮现。1960 年的最后几天，我也学着聂耳，过着如雷似电的生活。每天晚饭后和晚自习以后，都要领着营里大联唱的同学练歌，又参加对各营元旦晚会节目的检查，和营部老师商量一些事情，很晚才能上床，而且一时又难以入睡，歌子的旋律久久在耳边回响。

12 月 31 日的演出，比较顺利。我营只有一首歌，停顿错了，使得轮唱时，出了一点小问题。不过，学生差不多都是演员，真正台下的观众极少，只有百多人，大家多半只关心自己唱的怎么样。

我们用歌声送走了 1960 年。

# 第二章　友谊之歌

*（1960 年冬—1961 年春）*

有宣传任务的同学，在节日前是最忙的，节日休息的时候，就是赶作业的时候。1961 年的元旦，我赶了一个上午的作业，终于完成了，一身轻松。中午跑到图书馆，借来一本李焕之写的《怎样学习作曲》。回到学校，颇有兴致地研究起来。午饭后，白娟约我到师范去看《刘三姐》的演出，我答应了。当时我在打羽毛球，她也许是懒得等，便随同学走了。也好，据说夜晚还要值班守哨，我可以再看看《作曲》，然后早一点休息。

糊里糊涂，被几个女同学的声音吵醒，想是到了四点接班的时候了，爬起来走到办公大楼去接班。哪知是她们喊错了，才十二点，不该我们接，又回到寝室。说来也巧，这样像个夜游神，起来游了一转，上铺又很快入睡了。我相信，这是自己坚持打太极拳和练气功的功效。

凌晨四点，才真的是我们几个有病同学值班开始的时间，地点是校门外龙洞河边的学生河水电站。我顺便带了一些衣服下去洗。往下走的时候，另外四个同学都到岗了，在那里嘻嘻哈哈，笑声不断，驱赶着黑夜的沉寂。我很高兴，我认为这应该与我对他们的影响有关。我是时常鼓励病友们：不要悲观，不要失望，更不要沉沦；我们虽然一时身体得病，但我们的精神应当永远是健康的；我们要做生活的主宰，我们的前程依然无限，我们的青春同样可以放出光彩，我们应该欢笑。

沉寂的黑夜，只有我们的笑声。忽而，博兰和雪明，闻声而来，说道：“好热闹，我们在学校大门口就听到你们的笑声了!”他们将我们的乐观，大大赞扬了一番。是的，我们要永远乐观，永远进取，永远向前。

黎明到来。这是六十年代第二年的第二天了。

晚饭后休息时间，在陈老师房里开会。他先说了几句：“元旦过了，时间很快呀，本学期很快就结束了，下学期也将是很快的，上十周课就要准备……”我的心里一紧——啊，时间确实快呀！然而，我的病，转变得却是慢吞吞的，跟不上时间的速度，也许我的学生生活就要结束了吧。原来想在这半年内恢复健康，而且还很有信心，现在看来是不可能了。看到周围这些开会的同学，他们都还有继续学习的机会，自己是不可能了……不觉怆然，只是没有涕下。心在急剧地跳动，会上还讲些什么，我已经听不见了。实际的问题，真是能够考验人的。过去想过多少次的一个问题，现在又在捉弄自己了。想来，还是一个我，我，我。我怎么样？大不了，就是半年内病治不好，不能参加高考，如此而已。还是要去做一个“真正的人”!

张校长刚从武汉回来，召集病同学谈话，怎么和疾病作斗争。他谈了自己的体会：第一，思想挂帅，要有治好病的信心；第二，注意劳逸结合，有合理的生活制度；第三，练习气功、太极拳。我惊奇：校长怎么“抄袭”我的？自高一我得了神经衰弱，高二下查出肺结核病，我正是从这三方面在做的。不过，经校长一说，我是更有信心了，决心今后早起，坚持练习气功、太极拳，促使身体早日恢复健康。

第二日早晨，去到运动场，已经有不少同学在等着校长教太极拳。陈护士见我去了，就要我先教。我也说教就教。教了一节，张校长来了，请校长教。我发觉校长打的与我做的有些不同。此时，我才悟到，我的“拳术”是没有师傅教的，全是自己对着文字和图解自学的；而校长才从武汉治病回来，一定是有高明师傅传授指点了的，动作谁对谁错是不言而喻的。

我很为先前的“说教就教”而赧颜。不过我又以为，打太极拳的动作略有差异是无关健身大局的，最重要的还是调整呼吸，意寄丹田等内功到位。因为有这种思想作指导，我也没有认真去学张校长的动作。我想就照自己熟悉了的去打，以后还可以自成一体，叫“吴式太极拳”，但是不会传授他人。

一个周日，和维正去看电影。买的是下午三点的《前哨》和五点的《静静的世界》。时间还早得很，才十二点，便把糕点票用了，买了半斤饼干，沿着只有一个雏形的“沿江公路”，和维正边走边吃。

我们也讨论起学生们经常讨论不休的话题：“吃”。维正说，他有什么亲人在北京，北京现在与我们去年的情况一样，粮食问题特别紧张，是去年华北地区遭受大灾的结果。我和他都觉得，我们这一代人，能够经历这么一段天天都想“吃”的阶段，也是有意义的。我们不相信永远会是这样的，丰衣足食的日子会到来的。

接着我们讨论起一个无聊的问题：假如人不要吃。问题是他提出的，我便对这个“假如”进行发挥，说：假如人不要吃的话，那么农业中的所有粮食生产就不需要了，工业的一半也不需要了，商业的一半也不需要了；从人的身体构造讲，那将是大不相同的，嘴巴的功能大大减弱，牙齿也不需坚硬，只要说话关风就行，以下食管、胃、肠——总之，体腔消化系统的全部将会消失……维正嘻嘻笑起来，说：“那不叫做是人了！”好，那么我们就可以得出结论：假如人不需要吃，就不叫人，就没有人！两人又抬起来哈哈大笑一番。

维正喜欢提出假设，说：“假如有人把我们今天的对话记录下来，若干年后，又念给我们听，我们会有什么反应。”我说：“一定会觉得那时我们好无聊吧。”他说：“我看是可以叫他编入《笑林广记》的。”

我们继续沿江而上。冬天里的清江水，是碧绿的，静静的，岸边美丽的红石山，倒装在水里，连树木和野草都分辨得清清楚楚。抬眼望去，清江大桥、五峰连珠塔、新建楼房，皆依稀可见。我用两手的拇指和食指，构成一个取景框，取了一幅美丽的风景画，叫着：“维正，你看，这一幅好漂亮，可惜我的照相机‘忘’了带来！”

维正把嘴都笑歪了，说：“好，我在这里等你，你回去把你的照相机拿起来。”

我说：“你不要笑，我们以后肯定都会有照相机的。”

维正说：“我也相信，嗯，只怕那时不愿带在身上，吊在颈子上，走路一甩一甩的，几多不方便。”两人似乎都有了照相机一样，笑呵呵的。

——这是我和维正，在五十年前说的话，而且是在忍饥挨饿的日子里说的。

我们的预言，都应验了啊！如今，我们岂止都有照相机，有携带方便的数码相机，还有摄像机呢！维正做过县长、县委书记、州人大副主任，退休以后，是州摄影家协会的主席，拟定了一个包括《壮美山河》《鄂西林海》《华中药库》《世界硒都》等专题的摄影大计划，用的可是长炮筒高级照相机呢！

还是继续讲故事吧。正当我们陶醉在美丽的山光水色之时，我们看见，沿着清江，上来一条木船。船是不大的，但是逆流而上，显得那么笨拙。它的前面还有几个人，俯着身子在拉纤。看着这些拉纤的人，我的心不免软了下来。在这寒天冷冻之中，我们站在山岗上，身上裹着厚厚的棉衣，嚼着六角四分钱一斤的饼干，他们却拉着沉重的纤索，涉入刺骨的水中，艰难前行，不觉自惭起来。我真想喊一声："劳动者万岁！"又自言道："他们应该得到最好的享受。"

回走到电影院，才两点钟，实在难等了，我们便买了两点一刻的新闻专场，看到了非洲的外宾，也看到漓江的刘三姐一个段落，还看了《甘薯储藏》。出场，又进场，终于可以看《前哨》了。凑巧，白娟和她的朋友们也来了，就坐在我的前面。班上还来了几位同学，没能谈许多话，电影就开始了。《前哨》的故事情节是紧张曲折而且是充满恐惧的，由不得人边看边想别的什么。又出场，再进场，进入《静静的世界》。这是法国海洋科学家摄制的一部纪录片，每一个镜头都令人陶醉，很有价值。海洋，那又是一个多么奇妙的世界。我相信，我们中国的科学家，可以攀登世界高峰，可以进入高空宇宙，也会深入海洋。

一连看了三场，出了电影院，脑袋变得很糊涂，仿佛是很艰难地回到了现实世界里，恰似喝醉了酒一样。学校里，坝书记正在作报告，我和维正悄悄插进班上的同学中间。白娟看见我，也说我像喝醉了酒一样。难道电影看多了，脸上还发红吗？今后看电影，可不能像这样看得太饱了，这无疑是对身体有害的。

已进入元月下旬了，应该去透视检查一次。检查结果是："仍有小块密影，部分硬结。"看病的女医生说："你的病没有问题呢，别的药也可以不吃，就吃你的磷维他和雷米封就可以了，再过半年，到毕业时是没问题的。"听了自然高兴。

回到学校，同学们听我说了检查结果，也为我高兴。一伙病友，似乎也感到很有希望，问我吃的什么药，我说就吃的雷米封和钙片。与我同班、同位、同病，却比我还高的郭长子，大声嚷道："快呀，快呀，大家都要吃雷米封呀！"

随即给家中和胤哥各写一信，报告喜讯。

把《怎样学习作曲》还了，又借了本苏联作家写的《拿破仑传》。作曲书虽然还了，谱曲的兴致却被激发得很浓，时不时地想试一试。

陈老师在对本期最后一次作文进行评讲。上一次的作文题是《评一篇小说中的人物》。评讲时，陈老师说，这次作文都写得不算成功，只有我的那篇，“还有点像评论文章。”这一说，也有些自满了，觉得自己的观点是不错的：语文知识并不是单从语文课上得来，若是这样，那就好像人体的营养是可以单从大米中获得一样；重要的是杂食各种食物，细嚼消化，广泛涉猎，多想多写。

于是，在剩下的几节语文复习课时间，就用来尝试着给郭老（郭沫若）《棠棣之花》里一段唱词谱曲。唱词是：

春桃一片花如海，
千树万树迎风开。
花从树上纷纷下，
人从花底双双来。
人在树下花可知？
花落舟中人欲痴。
不愿辞花咏言归，
愿为花下长流水。

谱完之后，我给维正唱起来，维正连连点头说：“要得，要得。”维正给我当了知音，使我备受鼓舞，又想到要搞点什么了。

接着几天，我心血来潮，自己作词又谱曲，完成了一首《青春曲》，歌词是：

东风浩荡，
鲜花开放。
青年人啊，
珍惜你的青春吧，
把知识积攒。
像那鲜艳的蓓蕾，
含苞待放。
锻炼你的意志吧，

像青松挺立山岗。

明媚的朝霞，
染红东方。
青年人啊，
迈开你的步子吧，
走向生活的海洋，
张开你的风帆，
乘风破浪。
万难也不回头，
为祖国争取荣光。

青年人啊，
让我们高举青春的火炬，
迈步向前，
同声歌唱：
我们的青春永远闪光！

当我把曲子谱完的时候，实在高兴极了。自己试唱几遍，觉得是很不错的，蛮好听，旋律朝气蓬勃。然后又写上五个字“热情奔放地”，觉得这就更像一首歌的样子了。一般的歌，是要定个调的。至于这歌定个C调，还是D调，说实在的，我还没研究到这个程度，空着再说，反正最高音是上面打一个点的“5”，唱的人自己去试，从最高音往下“梭”（滑，溜）吧。

又想着，现在物资贫乏，都对“丰收”这个词感兴趣，还喜欢开个“丰收会”。我又何不来编个《丰收歌》呢？随口哼起小调，七哼八哼的，凑成四个乐句，记录下来。唱一唱，还顺口，就填词。填了一段，维正来了。我把这一段唱给他听，他说：“还有点好听。”我说：“那你再填一段词嘛。”他拿去接着填。不知是我的曲子好听，还是他有七步之才，或者是二者兼而有之，他一下竟然填出两段词来。我便给这首歌定了个名：《丰收会上丰收歌》。两人接着有滋有味唱了起来。我们正唱得起劲，文娱积极分子白娟来了。我们唱给她听，她的评价是：“要得。”我又把《青春曲》拿来她试了试，她说：“要得，要得。只是感到两个地方衔接有些突然。”此时，陈老师也来了。他可是个行家里手，我正好向他请教。他试唱了《青春曲》，发表权威意见：曲子是很开朗自然的，词还是嫌空泛。他的评论我很信服，对，词的确是有些空泛的味道。

整天都在复习数学。听说马克思是把做数学题当作休息的，说是锻炼脑子的体操。我做了一整天数学体操，感到有些累了。晚自习时，翻出了《明诗别裁》和《唐诗三百首》，觉得古人的格调真是高雅，读起这些作品来，是特别有味，可是我们是好久不曾学习了。教改以来，基本没学过古典文学，我以为是个遗憾。民主性的精华还是应当继承，不然的话，什么“发扬民族精神”“中国气派和中国作风”，都像是很空洞的。

晚上又要值班，下了晚自习，便走出教室。碰到白娟迎面而来。我问她怎么没上晚自习，她说到元珍家去了。我才知道，学校那位喂猪的老年人，就是元珍的父亲，我还应该叫他表叔。那么四班的元珍便是我的表姐或表妹，因为不熟，一直没和她交谈过。

白娟接着告诉我：陈老师入团了。我奇怪了，啊，陈老师才入团？后来一想，入团有的早，有的迟，这也没有什么奇怪的。不过，陈老师入团了，也是值得道贺的事情。说到这里，白娟停了停，又笑道：“还有一桩事情笑死人，你可莫给陈老师说——上星期陈老师送给我两张电影票，要我和元珍一道去看电影。我不准备去，后来想到，就当是老师请的吧，不去也不好。”

我听着笑了。心想她为什么要这么说呢？为什么要把陈老师的事告诉我？后来我问她，放假以后到不到芭蕉去，她说，是要去的。

晚上守哨的时候，我的脑子进入了一个思索的世界，这个世界似乎被一个人占据了。

星期天，不打算出校门，一个人在教室里，摘抄从图书馆借来的《五线谱知识》。休息时，在维正的桌子里找到电影《冰上姐妹》的插曲《友谊之歌》。试唱几遍，觉得这首歌，词写得特别好，曲子也很好听，词曲相得益彰，洋溢着蓬勃向上的激情，随即抄了下来：

在我们生活的道路上，
友谊的花朵四季常开。

她把浓郁的芳香，
撒进了我们的胸怀。
啊，同行的伙伴，
手儿从此挽得更紧，
年轻的人们，
脚步从此走得更快。

是那些革命的先行者，
把那些鲜花一路栽上。
是那忠诚的友谊，
凝成了扑鼻的花香。
啊，革命的伙伴，
携手从此天天向上。
前进的人们，
脚步从此走得更快。

抄起之后，又兴致勃勃地唱起来。我在教室里边走边唱，对着窗子唱，渐渐地进入到亢奋的状态，脑子里出来了先绪、德腾、维正、白娟、光钦、福耀、映红、宗智、瑞玉、德盛……好多人的形象。特别是白娟的形象更是虚虚实实，反复在我眼前晃来晃去。

第二天早上，瑞玉说我一晚上做梦都在哼《友谊之歌》。我自己也觉得脑子很沉重，精神状态不佳。这几天来，又有同学说我瘦了。这引起我很大的震动，方方面面查找原因：这些时营养是要差些，用脑也比较多，《棠棣之花》《青春曲》《丰收歌》都是自己绞尽脑汁搞的，此外，还有做气功，不知有没有不当的问题。最值得考虑的是自上星期来，思绪仿佛被一个人占据，进入一个绵绵的世界，这个问题很值得引起重视。前次回家，父亲母亲都说起，像我们这么大的人，容易被这样的事迷起，也是很分散精力的。是的，自己又是一个有病的人……

下午自习的时候，班上评选“五认真积极分子”。“五个认真”，都是学习方面的。在学习上，我是真谈不上认真的，或许是有的认真，有的不怎么认真。说认真复习，认真准备考试吧，自习时我谱起曲来；说认真做作业吧，有的练习还没有交，怎么算得上认真？可同学们凭着印象，评到我的头上来……评选还未结束，学校团委负责人田老师，叫我去一下。原来他是要了解一下患病同学的情况，并要我读报时，在患病同学的会上谈谈自己的情况。对患病同学谈体会，我是很乐意的。开会的时候，我对大家讲了从一下开始，直到现在，都在和疾病作斗争的情况。讲了自己怎么学气功，打太极拳等等。田老师觉得我讲的要有正确人生观和革命乐观主义精神，是很好的，是做到了政治挂帅，很对，大加赞扬，最后还要我在大家学气功时多作指导。我心里想，只是这气功，我练的是“吴式气功”，是不会妄自传授别人的。

又是周末的下午，教室无一个同学，想让脑子休息一下，拉起胡琴来。然而，随手拉出的，尽是一些闷弓。外面，雨丝丝在轻轻地飞，弯曲着，把风的形状都描绘出来了，酷似物理书上画的磁力线。对，很像的，就叫它“风力线”吧。不过，看它们那般轻盈的样子，像是很想变成雪花了。陈老师拿着一些电影票来，问我要不要晚上七点三十分的《五朵金花》，我自然是要的，买了一张。

走到城里还早，便在舞阳大道上漫步，从邮电大楼，走到清江大桥。清江在烟雨里静静地流动，水是异常的清澈。一抹寒烟里的水面上，横着几只木船，有人正在上货。或许它不久就会起航，顺流而东，到达浩瀚的长江，啊，长江……正在桥上走着，迎面来了宗智和孝洪，也是准备看电影的。于是我便向后转，同他们去到电影院门口。维正来了，还急着找电影票，说只买到三张，还须找一张。结果白娟来了，见我们都在准备进场，维正还在找一张票，就对维正说：“来，我这里还有一张……”正在想，白娟为什么要多买一张电影票？真是凑巧，这时先绪也来了，径直向我走来。他是很能辨认我的。记得前不久，也是在这个地方，我戴着口罩，围着围巾，像做特务工作的，就是熟人也是不易认出的。我忽觉有人把我的手一拉，一看是他，真是好眼力！好久不见了，我高兴得几乎要把他抱起来。看到旁边走过的几位女同学，对着我们发笑，我才把手松开。今天，他仍然穿着那件很时新，很得体的灯草绒制服。我总觉得，他应该再长高一点才更好。因为在我心里，他总是比我高许多，在他面前我是要仰望他的。但是，真正站在一起的时候，他的眼睛却总是要向上望着我，我只得尽量在他面前低着头。我对先绪谈了近来的思想和身体情况，也讲了在学谱曲，他说他很想把我的曲子假期带回去学一学。他也谈了自己学习《毛选》的体会，还讲了他在争取入党，我说我也前不久交了一份申请……

影院的预备铃声已经响了两次，我们急忙进场。我登上楼，就看见白娟和元珍坐在正中，她们已经看见我了。白娟的眼睁得挺大，简直使我不敢正视。元珍问我在哪一排，我说三排二十八号。找到自己的位置，原来都是我们的老师和同学，301 班的同学更是全部都来了，陈老师就坐在我的前面。

很久就想看到的《五朵金花》，终于看到了。这部影片，不仅把我带到山水秀丽的苍山洱海，令我大饱眼福，而且那醇厚浓郁的民族风情，欢快热情的美妙音乐，健美完整的人物形象，饶有趣味的误会偶合，跌宕多姿的故事情节，都使我耳目一新。《五朵金花》的确创造了中国新喜剧独有的特色，而且，影片的摄制技术也似乎是超过其他影片的。我要为《五朵金花》的成功欢呼。

回去的路上，和陈老师一道，谈起电影来。他也说这种喜剧，给人的完全是一种积极生活的力量，号召人们投入到现实生活中去。他还说，看电影会受到很大的教育，要我看看《共产党员》这部片子，也是很好的。他又谈到我的身体，要我多加注意，半年内一定会好的。

接到家中的来信，说知道我的病情好转，都很高兴，邮来人民币十元。有趣的是，信中还夹有一封信，是写给原来五中毕业一位女同学的，要我去亲手交给她，她现在是在师范读书。

这事，在家中时，父母曾经提起过，说是想在恩施给哥找一个对象。他们想去想来，觉得还是这位女同学与哥很般配，只是须得先与哥联系了再说。现在，看来哥一定是有了这个意思的。本想当即就去，但天气很是不好，只好等到来日。

第二天，下了文体活动，我冒着挺硬的寒风和冰冷的雨滴，去师范学校，走路都感到非常困难，我不知这是什么预兆。

找人是比较顺利的。他们正在吃饭，一个同学喊了一声，她便来了。我第一眼见到她，便觉得她是端庄的，也是朴实的。她见到我似乎颇有些诧异，但并无陌生的表现。也许曾经在五中见过我，她显示出亲热，与我寒暄，请我坐。我谢了，说父亲要我送一封信，并随手将信交给了她。也许她正在为这封突如其来的信感到奇怪的时候，我就告辞。因为我要说的话，也在信内留了几句，表示了自己的冒昧，请她原谅，并请在近日内能复一信。按家中来信所说，还要我当即

“看其神色”。我想那是不好的，不仅我很难为情，她也更是不自在了。

在回校的路上，一些念头在我的脑子里盘旋：如果她同意了，那么今天，1961年1月31日，便是一个值得纪念的日子。我将写信告诉哥，他们的爱情，还是我在这样一个稀罕的寒天催生的。

晚饭后在陈老师房里开会，研究下学期班干部调整、同学的经济困难情况和放假前的丰收会等事情。没有参加完，提前回到教室与大家练习前几天编的《丰收会上丰收歌》。主唱的便是班上的演出队：五个女同学和映红、继祖、福耀、颖夫、昌群、大恩、承宜等几位男同学。大家唱了一下，反映还好。继祖说，这歌短小精悍。他流露出很赏识的神情，我知道这是他很喜欢唱小调的缘故。当然，我也正想听到他这样的反应。如果他反应更强烈一些，我怕还会打夜工，要再作一首的。到底是班演出队的，几遍一唱，也就会了，大家休息，准备上自习。

我在把这首歌往我的《香花》本上誊，白娟来到面前，约我放假了去芭蕉的事。我答应到时等她一道走。

放寒假前没有考试，2月3日是在校最后一天。清早，把帐子、卧单洗了，参加上午政治学习。下午分班搞劳动的时候，陈老师要我帮他把同学的学期鉴定表格填一下。尽管天冷，难以握住笔，但是觉得这样能全面了解老师对班上同学的评价，是向其他同学学习的好机会，还是很认真地把事情做完了。

我觉得陈老师是很了解同学的，写的评语都恰如其分，能鼓励人积极向上，也使同学知道什么是自己的不足。他对我自然有许多肯定和鼓励，但他也指出我“还不够艰苦”。这的确指出得很对，原来自己似乎觉得有病，还能这样，是够艰苦了，但是，班主任站在全班的角度，就看出来了。我再看看周围同学，细想一下，的确是没有几个像我一样，每月有家里寄钱的。好几个有病的同学，药都无钱买，哪怕那天郭长子高喊“快呀，都吃雷米封呀”，有的也是不可能买的，他们都是在拖着病体，艰苦奋斗，艰难求学。

晚饭以后，邱老师找我谈话，说我的入党申请和自传他都看了，已经交到党支部。他肯定我一些认识都是正确的，要我今后要随时用一个共产党员的标准要求自己，艰苦踏实地工作，同时要正确对待家庭。我表示要努力去做。入团的经历，使我知道，要入党，我是更困难的。但是我听了余书记的报告，表明了自己的态度和愿望，我会将此作为一个长期争取过程的开端。

晚上，全校各班开丰收会。我在丰收会上唱了我的《青春曲》，获得了大家的掌声，甚至有同学因此而激动发言，回忆起自己的往事，感到懊悔，表示要努力积攒知识，培养意志，珍惜黄金般的青春。会上白娟也异常激动，甚至发言时流出泪来，决心下学期要好好干，我也很受感动。但是，她怎么要流泪呢，她各方面的进步是很大的啊。会一结束，便是更加激动人心的事：等着吃苞谷馒头。等到十二点，生活委员才买回来，每人三个，男同学似乎当场就将其全部消灭了，我们的肚子，今天真是大获丰收。

这一晚，电灯通夜不熄。学校里，几乎没有一个时候，一个地方，没有吵闹之声。我把床单、帐子烤干了，才和瑞玉上床睡觉，大概已是一点多钟了。隔壁的宗智，要上清早五点到巴东的车，生怕掉车，决心通夜烤火不睡。约莫四点多的时候，我便醒了，再也睡不着了。接着是文彬起床，他是要回利川的。昨晚，他念着回去连路费都没有，实在是可怜。我给了他五角钱，助他回家团圆，在家养养病。他也是起来早了，我们一起围着烤了好久的火，才动身。

我和瑞玉，可能是病区几间寝室最后坚守阵地的两个人。我们收拾好东西，又吃了饭，差不多到了八点多钟。我在厨房附近的总务处去，看到白娟在烤火。她的脸有些憔悴，一定也是一夜没有休息好。她央求我迟一点走，我同意了。正邦表示，也要和我一路到芭蕉，并说只要我走得到，他也是走得到的。光梅也对我说，一定要与我们一道走，并且加一句："我给白娟说好了，我们在南门大桥相会。"说实话，我还是想和白娟一起走，好谈一些话。

白娟去洗了头，在灶前烤。我给她送去《天才与勤奋》等三本书，她愉快地接去了。我问她什么时候走，她说还早得很。我猜想，她是不是要挨时间，让南门大桥的人，等不得了，自个上前走。约莫十一点，我们才出校门。白娟打扮得干净利索，挽着一个绿色的手提包。我指着她的提包说"沃琴科瑞喜哇（很漂亮）"，她说是别人送的，接着还补充一句，是同学送的。好巧，今天我和她穿的衣裤，颜色完全一致，都是铁灰色的，恰如一家的两兄妹一般。天气也似乎很凑趣，放晴了，走起路来非常得意。走到维正家门口，叫了两声，准备向他告辞，没想到应声的是正邦，他恰从土桥坝回来，这一喊，把他给喊答应了。我们都表示了欢迎，要他快一点来，白娟还说："我们还准备去找你呢！"

正邦还要跑到学校取东西，我们边走边等正邦，快要进城的时候，正邦赶到了。他今天精神特别好，话也很多。白娟记着我说过要打油的话，提醒了我。可是只有棉油供应，也只得打了二两。恰好光焕也在那里打油。他是刚去透视了来的，说结果也还好，但没说有“硬结”的话，医生也说可以不吃药了，我很为他高兴，他也显得很开心。但他说，瑞玉还有麻烦，要去验血，他正有些为这事着急。

南门大桥并无人等，光梅也许是真的等不得，已经前面走了吧。我们迈上了通往芭蕉的公路。一出城，就是另外一幅景象：山，水，麦苗，豆苗，白底红字的标语牌。白娟闷着，只顾走路。正邦看到这红砂石构成的山丘说：“延安那里的山，大概也是这个样子的吧。”我没去过延安，就对他说：“我也不晓得，从照片看，恐怕没有这么多树吧——过年的时候，我们是不是到延安去看看，到底是不是这样。”正邦说：“哎哟，我们晓得哪百年去得成喏!”

前面有一桥，两边有栏杆，如两条长凳摆着，我提议在此一坐，休息休息。一农妇挑柴至此，也卸下担子，坐下歇气。与她谈了一些话，正邦却一句话也不说，站起来，走了两步，伸了个懒腰道：“哎哟，没有劲了，想回家了。我早点回朱砂溪，也好帮家里弄点柴——今天不到芭蕉去了。”

我说：“你这个人，怎么三心二意的?”

他想了一下，似乎是作了决断：“算哒，还是回家去!”

起身往前没走几步，就是板板桥，正邦便与我们分路，走过板板桥，朝着朱砂溪方向去了。白娟对着他的背影，埋怨了几句。

就剩下我和白娟两人走了。一时，又都找不到什么话说。路上碰见的人，似乎都用异样的目光察看着我们，我略微有些不自在。很久都没有说话，还是白娟先开了口，她问下学期班上的班委怎么分工的，我说，我没把会开完，就回到班上练歌了，不知最后怎么决定的。慢慢谈到班上几位女同学，她说，博兰是最后到我们班的，现在好像还是与大家不很融合，这几个都还相处不错。说到她自己，她说：“我的脾气不好，喜欢得罪人。”

我说：“得罪人有时也是避免不了的。不过也要分情况，对有些事情，自己也应该忍。”

不觉到了青冈树，不料碰到文体部老同事，因肝炎病休学的福双和他的一位同伴，彼此亲热起来。他说也是到芭蕉去的，提出与我们一路走。休息一会，我们四人一起上路，我便关心起他休学后找工作的情况。他说这次回学校与周老师谈了，自己只想搞实验室和刻钢板的事，这样自己还有时间好好钻一下，不想教书和做会计的工作，说这些事太麻烦，没得搞头，没得意思。

福双的身体好像还是不怎么好，他俩走路很慢。我们两个脚步都很大，白娟毕竟是运动员，走路很是厉害。渐渐地，他们便掉到我们后面去了。白娟对我说："这个人真有意思：这个不想搞，那个又没有意思，却好意思挂个团徽！"我说："你真是'容易得罪人'呢，他是我的朋友啊，高我们一届，是我在文体部的室友和同事。他休学一年多了，社会经历多了，说话也是有些不一样了。"

我们走得很有劲，看到白娟健美的身姿，心中充满甘美的滋味。我们谈起生活，谈到电影。我说："我现在的生活里，简直离不开电影，它给人的教益太多了。"

白娟说："我也觉得是这样的，电影告诉我们怎样去对待生活，还有许多的知识。经常在星期六、星期天我就和元珍去看电影，只是浪费了许多时间。"

"是的，我们应该学习怎样安排好时间。我有个感觉，如果自己时间安排得好，一天就过得很充实，很有意思，也特别愉快。最怕的是，自己先不安排好，时间来了，这也想做，那也想做，结果不知做什么好，时间反而悄悄溜走了，心里又怪不舒服。你有过这样的感受吗？"我说。

"呃，我有时也是这样的。"她回答。

我接着说："时间，是既要抓得紧，又要安排得好。"

"呃，我往往下午脑子发晕了，就去玩，觉得自己安排要好得多。"

"是的，学习还是靠自觉的，无心思学习，你就是硬把他绑在教室里，也是枉然……"

两人谈得投机，忽然听到有人叫我们的名字。原来是光梅两姊妹，就在前面。我们似乎都很高兴，终于走到一路了。走到15公里处，光梅的两个弟弟来接他们了。这样我们又走上了前。不过欢乐嫌路短，最后也就只有三四公里路了。我知道这点路是不值一走的，特别是用饱满的热情创造出的高速度来走。我心里渐渐充满别离的情愫。对于一个女孩子，我从来没有过这样一种感情的。她也很少说话。

"有机会就到五中来玩，好吗？"我是很希望早一些又能见到她。

她爽快答道："好！"

看着看着，分路的地方到了，她说了一句："好，我们要分路了，你慢慢走。”

我犹豫了好久，终于把想了许久的一句话挤出来：“如果回到建始，那边有什么好消息，写一封信来，好吗?”

“要得。”她回答得爽快利落，我想，她听到这话应该也是高兴的。

一股热流贯穿我的全身。我停下来，望了望她匀称的背影，她的步履仍是那么矫健，似乎没有一点留恋的意思，不过，我想，或者说我希望，她的内心还是同样有所留恋的。

分手的时候，她指给我看：“我还要走过那一条小路，翻过那个山口。”

“去一趟要花不少时间吧?”我问。

“要不了多久。”她回答。

我们分别走上了自己的路，我的脚步已经变得很慢了。虽然满腹有一种缠绵的离别之情，然而塘湾是越来越近了，就要到家了，又有了一种将与父母相逢的喜悦。

在河里洗漱了，振作了一下服装，看到了一所异常恬静的乡村中学就在眼前。只有母亲在房里，知道我是今明两天会回来，所以也并不惊讶，但是很高兴的。母亲的精神特别好，还不住的笑，原来还有一件可喜的事情：师范那位女同学回信了，同意通信联系。我也便把那天去送信的情况讲了。母亲是欢喜得合不拢嘴，说没想到事情这么顺利，这是他们的缘分到了。一会，父亲也回来了，一说起这事，也是乐开了花，口里不住地念道：“大儿子媳妇也有了，幺儿子的病也好了，今天又是立春，真是‘迎春接福’呀!”

一晚上感到很劳累，却又很难入睡。一个影子，总在眼前晃来晃去……

回家第二天，给哥哥写了长长的一封信，告诉了几件可喜的事，把师范那位女同学的信也附上了，又把我的《青春曲》一并附上。母亲听了我写的信，说：“写得好，到底要多喝几年墨水才写得出这个样子来。”午饭后去街上寄信，不逢场的芭蕉街是很冷落的，百货公司的货架已经显得非常宽敞。邮局的人已经认得我了，并且还知道我是给谁寄信。我要寄航空，把他的航空图章，狠狠地盖了四个，外加我自己画的一个，一共就有五个，以为这样它会飞得更快。

下午五中打牙祭，一人一份。我是没有份的，不过父母的也是我的。计有：糯米饭蒸肉、醡辣椒做底子的扣肉，海带汤，豆腐果子杂拌汤。这都是极其稀奇的东西，哪怕自己没有份，还是大吃特吃起来。肥肉更是特别稀罕之物，今日也满足了，让人回忆起过去吃肥肉的味道，而且知道了肥肉是怎样的“伤人”——是的，就是这样的，吃得你硬是不想吃它了，这就叫“吃伤”了，说文一点，叫做“吃腻了”。

啊，这就是过年的味道……

乐极生悲。头一天大吃大喝的快意，变成了第二天的腹痛不止，泻了好几次。中午饿着，不吃任何东西，尽管口内咽口水，也极力克制。我这人实在是没有记性，这样的事已经是好多次了，几乎成了规律：每次回家有吃的就要大吃，吃了又无福消受。这样疼痛的教训一定要记取，绝不应该再发生。难怪毛主席论带兵，说物质条件差时，要防止士兵饥饿；物质条件好时，要防止士兵过饱。

接连参加了两次五中老师的结婚典礼。

腊月二十一，是廖老师和钟老师结婚。二位老师与我是很熟识了，想给他们写几句诗相送。早上给父母说了这个想法，他们都说好。母亲还说，作这样的诗，最好要把他们两人的名字镶进去。但是我还是墨水少了，总做不成。作诗不成，只想两句，作个对联吧。也没想好，特别是要把二人的名字镶进去，是很考人的。母亲说，郭沫若他们保险是容易的。我想郭沫若他们是何等有才学的人，而且也一定是经常做，长久了也便下笔成章，很容易了。这一镶名字的要求，把我难倒了，最后连对联都没写出一副来。

我觉得最不好做的事，倒是廖、钟二位老师的同事，轻而易举地办到了，使我大受启发。廖老师的名字里是有个“概”字的，他们便取出这个字，谐音叫他“盖盖”；钟老师也谐音叫她“盅盅”，这个就对得多好哇！再加一个儿化音，一个便叫“盖盖儿”，一个便叫“盅盅儿”，恰好又是离不开的一对，多么亲切有趣！我怎么就想不到呢？

晚上参加婚礼。会议室里，灯光明亮，四周坐满老师同学，都在忙着啃甘蔗，嗑向日葵，剥花生米。我一去，就见到司仪拉长声音：“第四项——欢迎新郎新娘谈恋爱经过。”新娘“盅盅儿”似乎是有所准备的，在一阵欢呼之后，有几分羞涩地站起来说：“我们有三个阶段……”我笑道：“啊，还划分出阶段来了！”至于几个什么阶段，我是没注意听的，只顾忙自己的嘴巴了。那花生大概也是年把两年没有尝过了，身上正需要花生的脂肪。大约新娘已经把几个阶段都讲完了，但下面的人不满意，还说“就这么简单呀?”新娘说：“只能谈这么多，还有的，黄书记完全知道。”黄书记站起来，装作正经地开玩笑说：“我说得呀?那都说得呀？说了找我扯皮哪门搞?”引起一阵哄堂大笑。新郎“盖盖儿”，平时就是一个不慌不忙的人。此时此刻，只是笑着吃东西。于是只好进行下一项，表演节目：一个是唱“结婚”，就唱《小二黑结婚》；一个是唱“观灯”，便是《夫妻观灯》了。新娘提出《小二黑结婚》的歌还不会，是不是要请谁教一下。谁教？于是就允许改唱《崖畔上开花》。新娘真个儿唱起来了，不过有趣的是只有新娘子一个人唱。在唱到“我和我的干妹子结个婚”时，大家闹起了，说是怎么新娘子与干妹子结婚了？这一下“盖盖儿”躲不过了，配合“盅盅儿”唱下去了。再唱观灯，没唱好，改为跳舞……就是如此这般地磋磨一阵，有人喊道：“劳逸结合啊，去闹房。”

我不好意思去，离开了。走出来后则很后悔，只顾自己吃，没给母亲带点什么吃的东西。想到平时什么好的东西，母亲都给我留着，而我却一点都没想到，心里很是不好过。回去了只把一节甘蔗给了母亲。

晚上，不觉想起了白娟。这么多天了，她怎么不给我写一封信呢?

腊月二十三是过小年，五中喜事成双。晚上参加赵校长和小谭的婚礼。赵校长是“南下干部”，我在二中读书时，他便是学校的书记。但是他还一直未能成家，怕是三十过的人了，许多人都为他着急，听说黄书记还给他帮了大忙，如今终于喜结良缘，五中的同事都为之高兴。

仪式与前日一样，只是新郎新娘与前日的比较，要腼腆得多。校长一向志诚为人，虽有许多革命经历，但面对这个场面，还是人生的头一回，实在难以应对，竟然累出一身大汗，不停地擦拭。不过，到底也是久经沙场的人，使出“以不变应万变”的招数来：别人怎么说，他只是笑。这的确使许多项目，都难以进行下去，敷衍过去者甚多，只唱了《歌唱祖国》的一句“五星红旗迎风飘扬……”之后，便又是以笑代替了后面那么长的一首歌了。有人还提出要跳舞，而且要跳“甑子舞”，未免要求过高了，他们是绝不会照办的……

这次记住给母亲带了点“扎包儿”回去，有向日葵、花生、糖果和两瓣柚子。

今年五中的阴历年，真可谓喜气盈庭。

腊月二十四芭蕉逢场，街上的人特别多，卖的东西比去年多了许多，这是一个可喜的现象，但价钱极高。有鸡卖了，但价格昂贵，喊到四五元一斤，鸡蛋涨到四角钱一个，甘蔗要六角钱一根。

我和母亲一道，买了一些红苕熬的“稀子糖”，还有一种萝卜糖，是糖萝卜制的，也是不便宜，两元多一斤。卖洋姜糖的很多，都说此物有滑肠作气的弊病，买者极少。

腊月二十五的中午，父亲给我借来《随园诗话》《三国演义》《十批判书》和近些时的《光明日报》，随即又到街上去了。我正在读《三国演义》，觉得这书读百遍都是读不厌的，父亲托人带信来，要我马上到街上一趟，说可能有过年货供应。我急忙去到街上，听说了，是每人可以供应十两肉，但要等到下午五点钟，我和光梅便去商业科等着。

一个公社的商业科，显得特别繁忙。米花糖、糕饼之类，大挑小挑向各地分发出去，工作人员都在紧张工作。科办公室的同志，亲热地招呼我们进去烤火，我便坐在那里看了几天的《人民日报》，旁边的电话铃不停地响闹，看了半天，也记不得看了些什么。与湖北大学政治系的一个学生攀谈一会，五点也就到了。

那边，猪已经杀了。我们每人分到五两猪肉，五两牛肉。把肉拿到手里，我是很感谢今天的社会，感谢党的。又来了一些五中的同学，告诉我们说，那边还有一些供应的东西。真的，还有不少的过年货呢：榨广椒二两，腐乳一块，盐一斤，豆腐干二片，水豆豉一两，豆腐果子四枚，盐蛋一个，豆豉一两。

我把这些年货拿回家，二老双亲大悦。母亲很是感动地说：“只有今天的政府，才这么关心人，一人一点都送上门了。”

父亲也说：“过去国民党，蒋介石，他还管你过年吃什么，不吃什么；你吃饱也好，你饿死也好，他才不得管你的！”

由此，我感到父母都是热爱共产党，热爱社会主义的。尤其是母亲，虽说是个地主分子，思想却还是很进步的。这使我感到很矛盾，一说到自己的出身，就要讲背叛家庭，前不久，邱老师给我谈话，也提到要正确对待家庭。但是，究竟要怎么样才是“正确对待”了？

年货办回，我继续读《三国演义》。父亲对我说：“看小说要像毛主席那样，看到一件事情来了，自己先作个判断，考虑一下，若是自己该怎么处理，再看书上说的，别人是怎么处理的。”我认为这样读书，必定有好处，这才不是做书的奴隶，既获取了知识，又锻炼了思考和解决问题的能力。

腊月二十九便是除夕。上午，五中在校师生一起团年，一共有五席。菜虽然没有荤，但量多，味道也还不错。大家首先冲击的是合渣，其次是藕。还有两门，一是青菜苔，一是萝卜，这两门很少有人动箸。我在吃藕的问题上，行为有些“过左”，犯了冒险主义的错误，结果导致食而不化，有些“醋心”的感觉。

下午一餐，是母亲在家里做的，更是不平常了。有炖鸡，糯米蒸肉，还有炒的，炸的，有点像十大碗的样子了。全家愉快地谈起过年的事，面对着白翻翻的有滋有味的肥肉，我似乎进入了梦想的境界。

——我在写这一节的时候，觉得这世道像翻了一个转。当年梦想的境界，就是吃上有滋有味的肥肉，现在是餐餐都可以办到，但是，又有几个人喜欢吃，敢去吃？那是会增加胆固醇的。如今有个“三高人群”，都是不敢吃的，年轻人更是看都不愿看，只怕像我这样的人，还那么念记旧情，有时来上一两片。如今的人，要吃就是吃精瘦肉，害得一些喂猪的，投其所好，还搞起歪门邪道，用起什么瘦肉精来。现在许多人，是听专家的话，“吃四只脚的不如吃两只脚的，吃两只脚的不如吃没长脚的，吃地上跑的不如吃天上飞的，吃天上飞的不如吃水里游的”。怎么世道就变成这个样子了呢？

除夕之夜，家中生了一大盆白炭火，和父母三人围在火边谈家常。父母讲到往年的过年，我都觉得很新鲜，对过去怎么过年已经没有任何印象了。

大年初一一早就起来了，父亲仍旧讲过去初一是如何出行的，什么时候到什么人家里去拜年，觉得这些风俗是很有趣的。我想，今后条件慢慢好转之后，这些风俗也应该逐渐恢复。我们的民族应该有我们自己的风俗，这也是我们民族风格和民族气派的一部分。

外面瑞雪纷飞，塘湾周围的山上，都垫上了皑皑白雪。我在雪中打了三套太极拳，身上微微出汗，回去洗了一个热水澡，感到舒服极了。母亲安排的早餐也是精美的：八宝饭。那是糯米中加了糖、红枣、莲米，还加了一匙猪油，那个味道简直叫人感到做了神仙。

中午，去办公楼弹风琴，黄书记的爱人也来了，我便让她弹。她要我弹，她唱。她先唱了一首《青春闪光》，接着又唱了《黄水谣》。她唱得是很好的，只是我弹琴，感到手指有些搞不赢。后来父亲还鼓励我："你的风琴弹得很好了。"可惜父亲并没有学过专业的音乐，倒是听说祖父弹得一手好月琴。

年前就参加了五中的宣传队，五中负责的是我应该叫兰姑的吴老师。她与我商量，就定了一个采莲船，一个莲香，一个快板群这样三个节目。演员都是五中的学生。

兰姑是个做事极为认真仔细的人，也是说干就干，做事扎实的人。采莲船、莲香的道具，都是她带着一群学生做好的。每个节目，也是她一手一脚，领着学生排练出来。我觉得在学校里，老师这种工作作风，极为可贵，对学生是一种潜移默化的教育。

正月初一的下午，我们上街去拜年，我负责打锣。一进街口，就顺着食品，银行，小学，街组，一个单位接一个单位地拜年。这个事情，其实也不是好玩的，学生娃们，开始是闹个新鲜，到戏演三遍之后，积极性便渐渐衰退。在开头几个单位，是全部的唱词唱完，后来，就减少一半了，再后来，就只唱两段了。打锣鼓伴奏的，先是全过门，后是小过门。到最后，船也不划了，只是唱几句作数。但是，不管你是否递减，每到一处，总有人用鞭炮迎送，有的还倒茶敬烟。一群小孩一直跟着我们跑，不是喜欢我们的节目，而是为了抢鞭炮，但是他们壮大了我们的队伍，也增添了不少热闹。

走到公社，那里黑压压围着一群人。有一些穿着艳丽服装的人，在中间游动，伴随的是一些不熟悉的锣鼓声。那是又一支拜年的队伍，我们情知不可与之并肩比美，可是我故意地使劲敲锣。那越来越响的"咣咣咣"的铜锣声，把不少人的眼光吸引了过来。我们并不与他们比着演出，只是显示五中宣传队的到来，径直从大门穿堂入室，到了公社接待室。那里面已是杯盘狼藉，满地是花生壳。负责接待的干部，在那里端茶递水，忙个不停。学生们想看外面别人的演出，于是都跑去当观众了……

芭蕉小镇，显示出生机，充满了节日的气氛。这是两三年来，没有的境况了。想起那天逢场，一个农民说的一句话："在转弯了。"他这句对形势的评议，是好客观，好精练，好形象。

门前的柳条，看着看着，已经在发青了。天气真好，太阳一出来，十分和暖。早上帮母亲下河洗衣。接着和父亲上街寄信，沿途春光融融，有一种异样的感觉。父亲说：“真是东风送暖。现在已经是七九八九了，‘七九六十三，行人把衣宽’，真是这样子的。”然而，看着日子一天天过去，开学的日子即将到来，我心中又生起一些惆怅。父亲有些觉察，说不要急，要开学了，应该去迎接它的到来。我感到这句话是很有意义的，这才是一种积极的生活态度。对生活，对未来，都应该勇敢地，积极地去迎接它。在邮局，父亲寄了信。我很希望收到一封信，但是落空了，心里又有些不安然。

晚上万大毛邀我到街上看电影，是《冰上姐妹》。过去虽然看过一次，但这部影片是看不厌的，而且特别想听里面的插曲。《友谊之歌》的旋律响起，把我带入了一个飘然若仙的境界，许多朋友同学的形象，又浮现眼前，白娟美好的身影，时时若隐若现……

晚上睡在床上，思念着一封信迟迟不见：“八奇目，八奇目（为什么）?”

毕竟是早春，天气一阴下来，就又感到寒冷。早上又去帮母亲下河洗衣，河水还有一些刺骨。这是正月初七，逢场的日子。早饭后和父亲去赶场，虽是年后开场，但赶场的人还是不少。街上有蕨粑卖，喊一元一斤。父亲和董校长共称了四斤多，顶了四块四角多。

我和父亲都盼望来信。邮局说，今天的邮递员还未到，也许快来了。我们就决心等一下。说来也巧，邮递员真的送来了一封信，是哥哥从靖边来的。算来他这封信，在路上走了二十天，我们春节都过了这么久了，而他信中的内容，大多还是谈他在靖边过元旦的情况，觉得哥哥离我们是太远了。倒是信中还附了一张照片，父母看了，笑得合不拢嘴。母亲说：“晓得是吃些什么东西，长得这样胖了!”

晚餐又是加餐，吃的是猪肝。这是党和政府的特别供应，因为父亲是享受高级知识分子待遇的。我记得，他平时还享有每月半斤白糖，一条烟，半斤肉的供应。然而，在家里，我又是享受特别供应的对象了，除了香烟。

一直睡到天大亮了才醒，父亲说：“昨晚上，我听见了你的鼾声，想必一定睡得很好。”我说自己也觉得睡得很香。接着，父亲很慎重地对我提出一个问题——记得前几天，他也说起过——就是像我们这样正处于青春时期的人，女色是最坏身体的。他举了不少正面的和反面的例子，要我引起注意，同时给我讲了一首诗：“二八佳人体似酥，腰中仗剑斩凡夫。纵然不见人头落，暗中叫你骨肉枯。”这几句诗，乃金玉良言，我当牢牢记取。我觉得父亲对儿子真是关怀备至了。在我人生的路上，他的指点总是那样细心，那么及时，那么令儿子信服和接受，并从中感受到一种巨大而深沉的爱。

正月初九的早晨，大约五点钟，我就起来收拾行李。父母则忙着做饭菜。我先吃了十个水饺，接着又吃“硬饭”，菜是肉片酸辣小炒，还有芫荽之类的咸菜。菜好饭香，我也没记个碗数，就是一碗接着一碗。事后想来，到底自己还是不懂事，当时只顾自己吃，父母似乎没有吃多少，尽让我吃了。等我吃完，母亲说：“一下能吃这么多，看你这一到学校去，那一点点饭，做哪点子事好！”我笑了。

二老爹娘忙着给我装腌菜、洋姜糖，还要掰柚子……又忙了个把钟头。收拾停当，我狠狠地把家里的茶喝了几大口，然后就背上沉沉的一个包，告辞父母，告辞光梅，告辞五中，踏上了我新生活的道路。

阳光分外的明朗，芭蕉的山分外苍翠，芭蕉河水也分外清澈。路途上，那些光秃的树枝，已经绽出嫩黄的新芽。我今天去迎接已经到来的春天，是不是太迟了一点呢？然而，我的精神是饱满的，我走路的步伐是坚定的，我的躯体充满无限的生机。

步入恩施城的街道，看见的第一幅对联是：“东风继续压倒西风，今年一定胜过去年。”虽然对得不很工整，但表达了人们对新的美好春天的企盼。我又想到芭蕉那位农民对形势的评判：“在转弯了。”这是多么朴素和准确。我们国家走出了最困难的时期，今年一定胜过去年。1961 年的春天，我们家里是迎春接福，全国人民都在迎春接福啊！

走到学校，打开寝室门，里面空空如也。地上放了一些铺板之类，墙上画了一些图画，有肥猪，狮子头。忽然，在后门上，发现写着几句话：“别了，同学们。但愿你们早日恢复健康，学习工作一切顺利！”旁边画着一个很滑稽的笑脸。

很快，我明白了：是瑞玉，瑞玉已经休学回家了。

我突然感到一阵凄凉，虽然放假的时候，我劝过他不要大意，最好按照医生的要求，休学治疗。但是，一旦他真的休学了，离开了我，心里又有许多不舍。敞开门，一阵清凉的风吹了进来，令人颇不自在，打起寒战来。撕破的窗纸，发出丝丝的鸣响，一种复杂的感情，浸泡全身……

离开了寝室，到维正那里去，亲热了好久，谈了假期生活，知道他还在文化馆画了几天画。已经谈得很晚了，我取了被子回学校。走到河边，遇到元珍。我未向她打听白娟的情况，只和她谈起一些家常。因为这个寒假，我听父母说起，我们是很亲的，父辈们来往也较多，父亲和元珍的父亲既是老表，又是同学，中间还有许多有趣的故事，而且，我小时也是到她家玩过的。

晚上自己懒得铺床，到病友寝室找国海搭铺。来了好几个同学聊天。301 班超强讲了咸丰的情况，说咸丰的经济情况比恩施还好，靠近咸丰的四川更要好一些，这使我进一步感到国家的形势是“在转弯了”，我们的前景充满光明。

还有一位鹏健同学，更带来不少新闻。他跑了许多地方，远处有他的老家河南，近处有咸丰、建始，连我的老家建始三里坝，他都去过。但是，他的见多识广，使他的谈话变得琐碎，叫我记不住一件突出的事情，只有一个总的感觉，他给我打开了一扇窗，看到了生活的另一个侧面，也使我感到，我们这些同学，已经不是过去的小孩子了，不再头脑简单和幼稚，他们的社交关系，也不像过去那么单一和平凡。是的，他们是即将成为大学生的高中生了。

鹏健的谈兴正浓，电灯突然熄灭了一下。他的谈话也因此戛然而止，离去了，我希望明日再听他海阔天空的漫谈。

到校第二天，学校仍然没有几个人。我继续研究那本《五线谱知识》，做后几章的摘录。国海来了，便请他品尝芭蕉的柚子，他则拿出从三岔带来的麻糖。自然，我的柚子没有他的麻糖甜。国海是初中的同班同学，那时，他是校学生会主席。他是能够在全体师生参加的大会上即席讲话的。他讲过的许多话我们都忘记了，唯有一句记得是：“今天我们同学们是多么幸福，可以弹琴歌舞——吹箫……”因为“吹箫”是他停顿许久再补上去的，所以同学们就觉得有趣，以后看见他了，就说：“来呀，我们来弹琴歌舞，吹箫吧。”

一会，鹏健和奎彦来，他们都是 301 班的。我们几个都是喜欢文学的，爱好没有班界，谈起话来也很投机。我们一起进城去，边走边谈，还做着游戏。认公路上的字牌，便是其中之一。这个游戏使我发觉，我的视力已经不及他们的了，就是说，我的眼睛不再有 1.5 了！这一定是这几年来看书的成绩，这个成绩使我悲哀。父母给我的是一双多好的眼睛，自己没有保管好啊。进了城，我们分道扬镳了。我到书店，买了一本马可的《中国民间音乐》。

晚上到陈老师那里，商量了一些开学的事情。谈到我的身体的时候，他特地给我介绍了《中国青年》第四期上的一篇文章《以革命者的精神战胜疾病》，乃是杂志社记者对王观澜同志的专访。

到校第三天，还是在等同学。午后与维正、光钦、孝洪去东风照相馆，合了一个影，自己又单独照了一个半身像。不是为了给自己青年时代留个纪念，我是怎么也不会搞这一套的，特别是关在一个房子里，又有许多双奇怪的眼睛盯着，摄影师还要纠正你的姿势，太不自在了。

晚上召集同学们到班，陈老师讲话。全班已经来了二十五人，大家在新教室见面，亲切而又新鲜，一个个谈着笑着。我看到，白娟也来了。令我奇怪的是，她和其他同学相反，态度显得很冷淡，而且哑口无言。当然，我不希望她这样，希望她像其他同学一样，快乐地交谈，也和我。但不知这个假期，她的生活中发生了什么变化，答应给我写信，却让我屡次扑空；开学见面，又是这般无缘无故的冷淡。我的许多朋友，都没有这样的表现。既然这样，我也觉得坦然。我也是可以做一只高傲的山鹰的。我在想着，再作一首歌：《山鹰之歌》。

开学迎来“开门痛”：我的左脸肿起来了，痛得牵连到全身不舒服。对着镜子一看，俨然是个正在大吃大嚼的猕猴，左面鼓着一个大包。吃饭，是相当困难的，口张不开，而且不能用力嚼。学点物理学的确是很好的，使我一下子明白，流量是与速度和横截面成正比的，既然口张不开，横截面积就小得可怜，菜饭流量自然极其有限，那么一点饭，也还要进一步“细水放长流”。

也许是我这个样子很滑稽，一些同学不但不同情，反倒望着我笑，做着大惊小怪的样子。有的还故作聪明，冒充行家，说我这是长“牙黄”，也有人说，怕是长“漏腮”，吓唬我说，那都是相当麻烦的难治之症。我知道他们无非要吓我一下，歪着嘴笑曰：“你们说到底，无非是说会死的吧，那也是自然法则，我可违背不了。”这最后一句话，便是借用的王观澜同志的。虽然是在开玩笑，但细想起来，不到二十岁就死，还是属于不正常的，哪能说是自然法则？不过也是临时对付一下要吓唬我的那些同学。现在很重要的问题是，人活得很痛苦。

清早起来，就去请假上医院。医生看了说：“你这是长牙齿引起的发炎……”排除了同学们关于长“牙黄”“漏腮”的说法。医生开了一服中药，名曰“黄连解毒汤”，又拿了一种叫“优散痛”的药，还有一种叫呋喃什么的。

医生的药并不很有效，晚上肿痛得更厉害。自己想了一门药：牙膏。心想，倘若很快就好了的话，牙膏是有一份功劳的。

在疼痛中睡了七个小时，清早起来，肿痛依然如故。偏偏又是元宵节，学校安排早餐打荤牙祭，弄的是腊肉。似乎是为了特别照顾我，腊肉已切成了颗粒状，而且分给每人的任务也很轻，只有为数不多的几粒而已。但是，这对我而言，也是心有余而力不足，进口的横截面仍然不能扩大，流量也不可能增加，一碗饭吃到上课，还剩下大半碗。

中午同学们都去看恩施地区的第一部纪录片《红日照满山》。我是最喜好看电影的人，何况还是恩施地区的第一部，都只有忍痛割爱了。

不知是医生的药，还是我自己的药，起了作用。晚饭后大有转机，坚持上了晚自习。然而，“屋漏又遭连阴雨”，这肿痛还未结束，咳嗽又来了，带着浓痰。晚上开会，陈老师见我这样，要我早去休息。老师这样关心，让我很是感激。

独自一人，又难以入睡，翻开保存的一些信件。看到了哥哥的一封信，那是他西安政法学院即将毕业时候写来的，谈了他对未来的一些想法。他说，他并不希望高的地位和丰厚的报酬，只希望怎样钻进一项工作里，好好干。他说，他愿意到最艰苦的地方去锻炼自己。困难可以吓倒懦夫，困难也可以造就真正的英雄。温室的花朵经不住风吹雨打，只有常年经受风吹雨打的松柏，才能经受得起风霜的考验。这些话，现在读来仍然能够给我莫大的力量。

真的是长牙齿，舌头可以触到，有一点点钻了出来，医生说这叫“智齿”。肿痛是大大消退了，我很庆幸自己，经过一个多星期的磨难，终于长了智齿。智齿者，智慧之牙齿也。从此，我一定会渐渐聪明起来，特别是它能够在这高三的时候长出来，也正是时候。

上文学课，陈老师讲毛主席词二首《蝶恋花·答李淑一》和《念奴娇·昆仑》。课堂上，陈老师讲到了杨开慧烈士，却只字不提杨开慧是毛主席的爱人。课后，我对陈老师提到，“杨”就是毛主席的爱人，他说，“那还不知道”。这使我很惊奇，觉得这也类似于法国人不知道拿破仑了。老师不把这个关系讲出来，就不好解释“我失骄杨君失柳”了。另外，我与他谈起“安得倚天抽宝剑”中的“倚天”，不是“靠着天”的意思。这个“倚天”，应该是指曹操用到那把削铁如泥的“倚天”宝剑。老师对此也不作回答。这次文学课后，一时使我对陈老师的敬仰，大大降低。我没对同学们提及此事，自己一直在思考着。

后来我想通了。世上的知识，浩如烟海，老师也不可能全知，我们的课本上也没有这样的注解。而且，在我提出问题的时候，老师是很诚实的，不知就是不知，表现得很光明。这也许就是：我恰好知道的这点事，老师恰好不知道。这是不能成为自己失去对老师敬重的理由的。老师知道的许多东西，自己可能不及他的万一。就我所知，他的外国文学知识就十分丰富，谈起莎士比亚、巴尔扎克、莫泊桑、雨果、拜伦、托尔斯泰、普希金……他都如数家珍，更别说他的多才多艺，一手扬琴，一手篮球，都令我敬佩不已。

这个思考的结果，使自己感到很愉快。我觉得自己这样来看待老师是对的。

周六下午，准备去寄信，雨下得很大，道路泥泞。折了回来，到维正家去玩。看了他妹妹维萍的照片集，又把他家里的歌本翻出来，喜欢的，一起唱一番。唱了一会歌，又谈歌曲创作。维正说，他也想搞一搞音乐创作，还谈到毕业后的打算。

外面的雨，下得哗哗啦啦，不时听见窗外有人从泥泞中踏过。我们在房子里烤着火，唱着歌，谈论有趣的问题，看美丽的图画，觉得实在舒适不过了。维正家里的弟妹们，个个都是文娱爱好者，从中学生，到小学生，到幼儿园小朋友，都爱唱歌。我和维正，在弟妹们的歌声中，到学校去。

维正想到陈老师那里去听收音机。我敲开了门，白娟和史娴都在里面，陈老师大概在调试着收音机，我们连忙掩门退回走了。白娟赶忙打开门，要我们进去，语调似乎带着祈求的意思——这种语调可能只有我才能理解。陈老师也要我们进去，我们真的进去了。白娟给我们安排了板凳坐下，自己却站在一旁。虽是在听收音机，我们更多的却是在谈话，只是在一个话题与一个话题之间，才听机器的声音。机器里，有来自北京的声音，标准的普通话。有来自武汉的“洪湖水，浪打浪……”据说湖北台是天天播送它的，并引以为荣。也有其他省的电台的声音，还有听不懂的外国语，大概是美国之音吧。我们仿佛一忽儿置身于首都北京，一忽儿又仿佛看到了春早的南国，一忽儿又到了异国他乡，感到人的智力何等伟大，把毫无形影的电磁波，找了出来，为人类做出这样了不起的事来。科学家是太伟大了。

说实在的，和陈老师的谈话时间，要比听机器多得多。我觉得，和陈老师谈话是很合拍的，不过总还是注意到是师生的关系，有时还怕自己不慎，伤害到老师的自尊心。但这都没有影响我们谈论的自若。

收音机里，拉出了几个长音，报告是北京时间二十点整，我和维正便告辞走了，借了一把二胡，同在教室里去“娱乐升平”了。

晚饭后走出教室去散步，忽觉有人随步于后，回头一望，是美庆同学。美庆是巴东的同学，个子比我小，年龄可能也比我小。他是个快嘴快舌，能说会道，一张嘴真是不饶人的角色。记得我们上高一时，各县同学都争说自己那个县如何好，少不得还要挖苦别的县如何不行。当时美庆便是赞扬巴东的第一人，历数巴东的优越，有长江，有码头，江南江北如何如何。他数的这几条，的确是其他七个县无可比拟的，使得别县同学无可辩驳，因此，他自然十分得意。一位利川的同学不服，说道：“你们的江是好，但是地无三尺平，哪有我们利川南坪那样的大坪坝。特别是巴东人说话，来不来就是‘总格儿，总格儿’的，我们听不惯。”

“总格儿”是巴东方言，“怎么样”“怎么回事”的意思。美庆立即进行回击：“总格儿不好听？‘总格儿’比你们利川人‘涮坛子’好听，‘似色’？‘似色’？”

这“涮坛子”是利川人常说的一句话，大约是“做事情不着实”“开玩笑”之类的意思。利川人又大多发不出卷舌音，把“是不是”，说成“似不色”，说快了就是“似色”。他这一连串的攻击，使这位利川同学招架不住，很有些难堪。

这都是平时开玩笑的事。但是，美庆在高一时还说了一些有违原则的话，对学校生活也大有意见，发过牢骚，又加之纪律上有时表现散漫等等，在高二下时，学校给了他一个纪律处分。记得当时我对这个处分，有点看法。倒不是说不应该，只是认为高一的事情，到高二已经一年了，再给处分，没能起到及时教育同学的作用。

今天，美庆找我来，大约是想和我谈谈心的。我便问他："本学期有什么打算?"他从衣袋里掏出一张纸来给我看，说："我订的有个计划，你看要不要得（好不好）?"我看完了，觉得里面空话是很多的，但也表达了他争取进步，改正缺点的决心。美庆能迈出这一步，是很可喜的。我对他充分肯定和鼓励了一番，并对他说："你美庆有这样一个要求，我真为你高兴。你学习不错，脑袋也灵，就是散漫了一些。对同学你也是一张嘴巴不饶人，太尖刻了。开个玩笑还无所谓，其他一些事情都这样，别人会讨厌的。你不能只想自己如何如何，你要跳出那个'我'字，多想别人如何如何……"

我只是对他谈自己的一些看法和想法，没想到旁边的美庆，竟然滴下了眼泪，这使我很受感动。我压低声音对他说："你流泪，使我感动，把泪水变成前进的动力，还有两三个月时间，我们在一起努力奋斗……"他显得很有信心。我也曾经听过有人说过，美庆过去也有说得很好的时候，也说得流过眼泪，就是管不了好久，老毛病又会犯。不过，我不相信美庆就不能进步。

我和美庆一直漫步到了工专，又往回走。美庆显得有些可怜地说："我觉得班上现在最亲近的人，只有你和宗智了。"我说："不会的，你如果多亲近别人，别人也都会亲近你的。"最后，他提出星期日要我与他去照一个相。我感到非常快意，能使一位同学精神上振作起来，是我最快乐的事了。

周六，下午帮厨洗菜。晚饭后与维正去看电影《复试》。前面加映动画片《三毛流浪记》和《四只野鸭》。《复试》情节简单，但是对它的音乐题材，我很感兴趣。《十大姐》的歌声，可谓余音绕梁。那位唱歌的姑娘的精神风格，令人崇敬爱戴。影片有些话剧演出的痕迹，看来不够自然。剧中还有一些布尔乔亚的味道，有些不够顺眼。

看完电影，维正还要看第二场，我只好独自一人回学校。碰到先绪，一定要我去二中玩，便一同去二中。他要我晚上一定要在二中住，不要走了。还告诉我，德腾已经参加工作了，在二中档案室管理档案，有了自己的寝室和办公室。真的，一去，德腾好热情的，迎候我们进到他的房里。记得读初中时，我们有时开玩笑："你在干什么？来，到我办公室来一下!"现在，可真是到他办公室了。他是上星期参加工作的，除管理档案外，还参加做一些校务方面的工作。开始谈及此事，德腾却有些灰心，似乎很羡慕我们，毕业后可以升学。我说："这是党的信任，现在不论做什么工作，有党的信任，有自己的努力工作，都是会干出名堂来的。”

三位朋友，都说了一些互相勉励的话。他们二位，的确是我的良师益友，从他们身上，过去和现在我都能学到许多好的东西。先绪原来做团总支的宣传委员，现在是班上的团支部书记。他们工作的责任感和认真负责态度以及踏实肯干的精神，都是我学习的榜样。朋友们对我，总是有着许多的鼓励话，在他们在言谈中，仿佛我是一个大有作为，颇有将来的青年。

谈了一会，他们便生起火来，煮面热酒。他们原来的班主任，现在的教导主任李老师来了，还忙着帮他们烧火。接着，学校张书记也来了，亲热地问候我们。我完全沉浸在母校领导、老师和朋友们的温暖之中。食物都备办好了，先绪给我一个大碗。此时，书记和主任便走了，留也留不住。德腾又把热好的烧酒递给我。也是心情畅快，我大喝了几口。这酒喝起来还真有滋味，其味甚甘，尝出是加了白糖的。又畅饮几口，不觉有了一些醉意。先绪也是喝得两口的，德腾更是烟酒齐全，颇有几下的角色。

朋友的畅谈，酒食的甘美，使我觉得无比幸福和快乐。在饮食之类极端匮乏的情况下，朋友们如此慷慨招待，真是有情有义，情深谊长。心想总要有一天，也这样招待他们一次才是无愧的。

吃饮罢，又同去看九点的电影《黄河飞渡》。回来时雷声隆隆。三人在德腾房中又谈至十二点方睡。朦胧中，外面有大雷雨，还时有白亮的闪电。接着，便什么也不知道了。

一夜睡得不错，早晨起来，在这教工之家的楼上，凭栏眺望，五峰山上的菜花黄黄，麦苗青青，异常清新。近看这凤凰山上，树木正是水洗后的洁净碧绿。几枝春梅，独自悠闲地开着。此时，我的头脑，也如水洗一般的清新。德腾把洗脸水也打来了——我成了地道的客人。先绪来了，我向二位好友告辞，二人又送我至路口。

小雨中，路旁几枝桃花开得正浓。我摘了一支，当作指挥棒，拿在手上挥舞，唱起《友谊之歌》：

在我们生活的道路上，
友谊的花朵四处开放。
它把浓郁的芳香，

撒进了我们的胸怀。

……

走到维正的家门口，四岁的小弟，见了我手中的花枝，毫不客气地喊："花把我，花把我……"一支红艳艳的桃花，递给了可爱的小清弟弟。

近段时间，从上级党委，到学校领导，进一步强调抓生活和劳逸结合。上级指示，尽量压缩学生的学习时间，基本是半天学习，半天休息。自习时间也控制在每周十三节。现在是每天早上一节早自习，四节课；下午有时有一节自习，晚上上一节自习，有时是一节都没有。同学们玩的时间太多了，开始是玩得痛快极了，后来又嫌玩得有些无聊。

前不久，校党支部强调要抓好同学们的课余文娱生活。团支部和陈老师的意思要我来牵头，把班上的文娱活动抓起来。我想，只要同学们休息得好，生活得愉快，耽误一点自己的休息时间也是没有什么的。于是和维正、映红、白娟等几个人一商量，根据同学们的兴趣爱好，分成几个小组开展活动，各组分派一人具体负责。还办一个《生活之窗》的刊物。晚上在班上一讲，都认为可以。

又是周末了，中午躺在床上，想着组织个什么活动，丰富一下同学们的课余生活。想去想来，差不多过了十二点，一下子想到了五峰山。晚饭以后，就和维正、史娴、白娟、福耀等商量游一次五峰山。开始，一个个都兴致勃勃，但是一说到怎么个玩法，就为难了。这个说这么玩，那个说没意思；那个说那么玩，这个说没意思。都觉得不好怎么玩，越说越快（蔫）了。我去找到陈老师，说起此事，他积极支持，并说，要有一个主题，就是"看看现在，展望将来"。老师这一说，我心里一下就有了个眉目了。我想到，还可以给周专员扫墓，给陈老师说的主题，再加一个"想想过去"。因为我过去听父亲多次说过，周敬学同志是恩施第一任专员公署专员，经常穿着草鞋，卷着裤腿，深入群众，工作极为勤苦。凡是了解他的人，从农民到工人，从干部到教师，无有不敬重他的。

晚上，我刚上床，白娟和史娴来到寝室前叫我。这时已经熄灯，有皎皎明月照着。她们问明天怎么活动，我把想了好久的一个安排对她们讲了，还说明天还很可能照得成相，她们高兴得拍起手来。她们一走，我还有些睡不着了，细想活动的前前后后，连谁上前，谁要带什么，还差什么，自己一早起来还要写一个祭奠文字，文中要说一些什么话……都想到了。

4月2日，星期日，天气晴朗。清早起来，写好了一篇自己很满意的作品。早饭后准备出发，人却来得很少，维正和几个干部同学也不知到哪里去了。我做着很乐观的样子，给大家鼓劲打气，最后纠集了二十几个人，还是很得意地开步了。

这一路，人虽然没到齐，但也还算是不小的一支人马，各色武装都有，有的拿胡琴，有的带笛子，有的提三弦，有的夹着小说。令人捧腹的是树文同学，人又小，却扛着一把好大的六弦琴。不知是谁望着树文说道："你们看喏，孙悟空借了一把芭蕉扇来了！"大家停住脚步，朝后面的树文望去。那也是活像个"老孙来也"的样子，害得树文只好把芭蕉扇提到手中。又有人说了："你就念个'变，变，变'，把它收到耳朵里不好吗？"

天气是这样晴和，阳光是这样明丽，五峰山上正是"春桃一片花如海"，又搭配着一片一块白雪般的梨花、苹果花，金黄的菜花，绿油油的麦苗……真是个五彩斑斓的世界。同学们个个都来了劲头，有人拉开嗓子，扮作诗朗诵的样子："啊，五峰山，你太漂亮了——"可惜只朗诵了这一句，还没有下一句。

有人来个创造，把《洪湖水，浪打浪》改了歌词唱："五峰山呀，真呀么真漂亮……"

这一创造，启发了一批歌唱家仿效，便有了改唱《高高的太子山》的："高高的五峰山哟，山是那金银山……"

也有改唱《美丽的姑娘》的："美丽的山峰见过万万千，独有你最可爱……"

不远处，就是烈士陵园了。这是五峰山的第五个山峰，一片白色的梨花深处，翠柏森森。人们来到这里，都会肃然起敬。

我们一行人来到这里，前面正好有师专的一批同学在举行仪式。我便轻声对同学们讲了，我们先看看碑文。在师专同学开始讨论的时候，我们也排好队，肃立烈士墓前，致敬缅怀革命先辈。接着我代表全班同学，读了早上写成的那篇祭文。刚一读完，陈老师带了一队人来了。我看见了，他在对我点头微笑。我想他一定为他班上的学生，能组织这样一次有意义的活动，感到满意的。我又按照原来的计划，把《王若飞在狱中》读了一段。听到后面还有大队人马将至，便立即结束了扫墓活动。

真的，陈老师带来了照相机，全班同学便在这烈士墓前合了一个影。走出梨花林，我们开始游览五峰山。漫步在五峰山上，给人无限快意的不仅是妍丽的颜色，更有馥馥的花香，婉转的鸟鸣，社员的歌声。

如果说，漫步在五峰山上，有“只缘身在此山中”的感觉，那么，登上巍巍的连珠塔，便是“一览众山小”了。当我看到那山脉起伏的磅礴气势，清江迂回曲折的柔美气质，面对如此万千气象，都自愧语言的贫乏了。

连珠塔下，我们围坐一起，同学们座谈娱乐，有的吹拉，有的歌唱，有的弹起了“芭蕉扇”，还有诗歌朗诵，都是自告奋勇。我也献上了一曲《友谊之歌》。唱到第二段时，我还学着做手势，指向那边的烈士陵园：

“是那些革命的先行者，
把这些鲜花一路栽上。”

又指向同学们：

“是那忠诚的友谊，
凝成了扑鼻的花香。
……”

按照孝洪的提议，我们从城内返回学校。这一天，所有同学都玩得尽兴，我更感到快乐，因为像这样的欢聚，我们毕竟是很少了。

一日晚饭后，教俄语的刘老师进教室来，给了我一封苏联同学的信，是找中国朋友的。我高兴地接受了翻译的工作。短短二十多句话，我花了一个多小时的时间，总算基本翻译出来。从这封所谓来自莫斯科复阳城的问候信中，我觉察到这位苏联朋友，有些高傲的味道，因此心里多少有些不舒服。我把信和译文交给映红。映红是班上俄语成绩很好的一个。他读了一会，对我译文的最后一句，提出质疑。我的翻译是“等着你的某某”，映红认为是“等着你的回音”。是我误把俄文“回音”一词当做人名来翻译了。这使我感到做翻译工作，是一件极其细致的工作，是来不得半点马虎的。也更认识了，映红是个学习多么踏实，为人又多么真诚的同学。

走出教室，遇到白娟来，亲热交谈起来。一边谈，一边往操场方向信步走去。讲到了升学打算，我建议她报考医科很合适，她也说是在理科和医农两个方面考虑。她问我：“你是怎样打算的?”

我说：“我的面前还有几个任务，首先是治病……”

一谈到病，她显得特别关切，问：“现在到底怎么样了?”

我说："已经好许多了，近来还没透视，不知现在到底有什么变化没有。"

她说："我觉得你要注意劳逸结合，争取治好了参加高考，你考文科是最好的。"

我又仿佛看到，查出肺病后第一个来问候我的白娟了，心里充满温暖，热流涌动。

我们不觉要走到了公路上去了，于是折转身回走。沿途许多人，对着我们射出异样的眼光。我心里很厌烦这样的眼光，就像走夜路的时候，遇上了煞白的汽车灯光那么可厌。我几乎要对这些人说，我们自己会照亮自己，不需要你们来照。

其实开学以来就想和她谈谈心，今天她的情绪这么好，自己却不知谈什么。加上这些汽车灯光的照耀，也有一些扰乱思维，东拉西扯，很无头绪。特别是谈到了病，现在已是四月中旬了，这剩下的不到两个月的时间，能好吗？白娟还希望我报文科。

回到学校，无端地感到疲倦，心里是热乎乎的，不能平静下来。靠在教室的木柱上，闭眼养神。陈老师来，问我是不是有什么思想负担，我仿佛从梦中醒来，打起精神，故作开朗的样子，说自己是很好的。

陈老师刚走，同学说有人找我。 看，便是师范的那位女同学，她已经与哥哥直接通信联系了，很可能不久就是我的嫂子，现在我应该叫她永秀姐姐了。永秀姐给我送来一罐头瓶的菜，是从她红庙家中做好了拿来的，我尽管没尝，就感觉出这菜好有味。她又问我还有什么事她可以帮助做，有衣服洗没有，真是好体贴人。我说这些事，我自己都做得好，没有需要麻烦她的事情。想到又有一个姐关心我，我的心里特别感到温暖。

近来，学校对病同学有营养方面的照顾，我们每天可以喝一碗两碗豆浆，心中充满无比感激。中午，在教室里写了一幅标语："生活在微笑"，准备贴在寝室里。寝室里，光焕在看书。我把标语贴上，光焕看后说："这句话，意思很好，可以让我们生活愉快一些。"

我说："这是王若飞同志写的一篇文章的题目。我特别喜欢这句话，体现了一个有理想，具有革命乐观主义精神的人，对待生活的态度。一个有理想的人，总认为生活是美好的，无论眼前一时可能是怎样的不顺，他的心境，总是自然的，恬静的，充满着对美好未来的向往。因此，他是不会觉得生活在哭泣的，也不是在狂笑，而是微笑着。这个‘微’字真是绝妙！”

光焕说：“很好很好，是的，生活应该是微笑着的。”

我问：“你在看什么书？”

光焕说：“《瞿秋白文集》。我知道瞿秋白也是害了肺病的，于是很看了一些有关瞿秋白的书。他也是一个了不起的人。他一手文章写得相当漂亮。令人佩服的也是他那种生活态度。在敌人的监狱里，在他生命最后的日子，他还说道：‘这个世界对于我仍然是非常美丽的。但是，永别了，美丽的世界。’他甚至还说，想把几位作家的书再看一遍，有意思的是末了一句：‘中国的豆腐是很好吃的东西，世界第一。永别了！’你说，人能有了这样的思想境界，还有什么事情让他惧怕。”

我说：“佩服，佩服！这些革命先辈的确是光照日月，他们的生活态度永远是我们的榜样。瞿秋白的书，我以后也要看一看。”

光焕说：“听说学校将动员有病的同学回家治疗，我们三年级的大概不会吧，也就两个月的时间了。”

我说：“没听说，听候学校安排吧——豆腐是很好吃的东西，我们现在有豆浆喝了，不久一定可以吃上豆腐的。不过，现在是该睡一下了。”

4 月 18 日下午，学校组织体检。同学们一路向医院走去，都显得很紧张。只有映红还一路唱着歌，我知道他是要用歌唱减轻心理负担。我对映红说：“心里有些紧张吧。”

映红笑了：“这个事，你说谁不紧张？”

我说：“是啊，我都是透视室的常客了，但是心里也是悬起的，不知现在怎么样了。但愿你这次没有事，也愿我的病痊愈。无论怎样，生活都在微笑，你再唱一首吧。”

体检开始，我是第三组的第二名。到了这里我倒并没什么杂念了，似乎是上过断头台的人，已不怕死了，走向透视室，如同走到教室的座位上一样自然。透视结果仍是“部分硬结”。走出透视室，同学们都纷纷问候“好了吗？”“怎么样？”如同一个夹道欢迎的场面。他们的好意，他们的希望，是被我辜负了的。我尽量要求自己处之泰然，知道这个时候，不是关心自己的时候，因为班上又发现了七个有病的同学，应该去关心别人，问候别人了。

新发现的有病同学有孝洪、家甫、昌群等。支部委员现在只有大吉一人幸免。这么多同学遭到结核杆菌的侵害，令我骇然，不堪设想，心里是一阵又一阵的心酸。

晚上，我准备在班上讲一讲，有病的同学该如何对待疾病，无病的同学该如何爱护身体，体贴有病的同学。结果陈老师来，他把我想讲的都讲了。陈老师又把有病的同学，召集到他的房里，一起座谈。我觉得我们的班主任，的确是想得很周到的，很关心同学们的。陈老师要我讲，我也是很想讲的，因为我知道，特别在这样的时候，得病的同学最需要的是什么。我讲了自己病后的思想变化，怎样乐观对待疾病，吃什么药，怎样锻炼……我尽力想让这些同学减少这突如其来的痛苦。最后还乐观地说："坏事可以变成好事。如果我们每个同学，从这次患病中，学到许多保养身体的方法，说不定我们这批人，以后还会大大长寿的。"

参加了一会座谈会，我要回到班上看排练节目，因为明天要举行全校歌咏比赛。一进教室，看到练歌的人懒懒散散，只有维正和白娟在那里唱，很是着急。这大概也是怪不得的，几个支部委员都成了伤病员。我当场严肃地喊了一个"立正——向中看齐！"喊得短促而有力。懒懒散散的人，聚集拢来，站成了队列，开始了正式排练，唱得不错。我又表扬大家，鼓励大家一定要在这次比赛中，唱到全校的前列。在这次排练中，我体会了怎样做到"刚"和"柔"的结合。第二天的中午和下午，都在忙于排练。怎样当指挥，我也是在图书馆借了书，自学了一下的。但是，挥动的时间长了，也有些累，特别是手臂发酸。我对大家说："你们是君子动口不动手，但也要保护好嗓子；我是搞体力劳动的，搞得满身大汗，也要保护体力。我们休息吧。"在这次排练中，我又体会了怎样做到"张"和"弛"的结合。

晚饭后做演出准备，班上抬来了一架风琴，我自以为是内行，弹了起来。后来觉得旁边几个同学也是想玩的，自己这样子，也是太不好了，太不应该了，值得检讨！

晚上的演出，当指挥的表现也是很重要的，一旦自己出了差错，势必影响全班。重要的是冷静，于是去做了半小时气功，入静比较困难，但做了还是清爽一些。

教室里，白娟、史娴、雪明等借来了运动服，有的人在换装了。后来映红、白娟又跑到陈老师、李老师那里给我借来一套西装，让我换上。这样一来，我俨然是另一个人物了。我问他们，这样是不是个“布尔乔亚”的形象，白娟说：“是个体面的老师了。你说是‘布尔乔亚’，那陈老师、李老师不是有意见了？”

“啊，对，对，像个老师了——好，那吴老师集合有事讲了。”我要开始履行老师的职责了。白娟半开玩笑招呼着同学们：“喂，大家集合，吴老师有话讲——”

我展示出一点军人风度：“立正，向中看齐！”同学们穿着整齐的服装站好了，我给大家说了上下台的礼貌规范以及一些注意的事项，然后说：“今天的演出，我们306班一定要争取最好的成绩，我们有这个信心，也有这个条件争取得到最好的成绩。不过，大家也应该明白，这次比赛的目的，是活跃同学们的文娱生活，因此也不要为争取好成绩搞得十分紧张。我们力争不出毛病，万一有了差错，也没有关系。再退后一步说，就是得了最末名，也没有必要相互责怪。”

此时，即将轮到我们上场，有的同学慌忙在喊：“快点，快点！”我便最后说道：“大家千万注意：第一，要冷静；第二，要冷静；第三，还是要冷静！”

队伍上场迅速，服装整齐，我的打扮大约也还不失色。幕起，同学们个个精神饱满，随着我的指挥起唱，声音整齐嘹亮，发挥得很好，赢得了台下热烈的掌声。下台之后，同学们都很满意，我也很满意。别班有同学见到了我，便说：“你的指挥真好，今晚全校恐怕只有你一个人指挥得最好了。”我感谢别人的赞扬，这是对我的好心鼓励。同时也想到，对此，自己也应该处之泰然才对，绝不能就此沾沾自喜，忘乎所以。进而还想到，一个人有时会受到别人的称赞和颂扬，有时也会受到别人的斥责乃至谩骂，自己无论是受到鼓舞，还是遭遇屈辱，都应该立即提醒自己冷静下来，气定神闲，意守丹田，培养自己的一种恬淡的心态。或许这是一种为人的基本功夫。要操练这种功夫，除了思想认识之外，做气功和打太极拳，是很好的办法。

打了两套太极拳，又做半小时的气功，兴奋的情绪渐渐被抑制，上床入睡还没遇到困难。

两天后，维正告诉我，歌咏比赛还录了音，我班唱得的确不错，获得全校第二名。听到这个结果，一时我心里热乎乎的，觉得这与自己的努力是分不开的，似乎觉得不是自己抓得紧，想一些办法，不仅不会取得名次，而且，恐怕演出去都是困难的……一想到这里，自己很快警觉到：把自己的作用看得太大了，这是可耻的个人主义，危险的个人主义！一个人只有在一个集体里，才有可能发挥自己的一点作用。今后自己只能是老老实实地做事，不能计较个人的名誉和得失。这也是做人的一个基本功！

陈老师谈到我的病时，几次说要我注意休息，班上具体事情可以少做一些。歌咏比赛之后，也没有全校性的活动了，我找维正、大恩、白娟一起商量："近来我们班上的情况你们都知道，过去得病的同学一个没好，这次透视下来，反倒又增加了七位，支部委员只有班长大吉一人幸免。我的病没好，但又很想马上就好，与同学们一道参加高考。我们这个集体，还有两个多月的时间，这又是特别关键的两个多月。我希望我们这个集体，在这短短的时间里，各个方面不但不松散下去，而且大家还要更加团结，更加紧张，更加生活得愉快，使高中最后学习期间过得更有意义。因此，想要你们几位同学，把班上文娱宣传方面的事情担当起来。这或许会耽误你们的时间，但是我知道你们都是乐意为集体做事的。我也是主张一个人要燃烧自己，多给别人一点光和热，不要学萤火虫那样吝啬。文娱宣传工作做好了，可以团结鼓舞同学们更好地学习和生活，我们的班集体就会保持一个积极进取的精神状态。这样，在两个多月之后，在今后的岁月里，只要回忆起高中生活的这段日子，我们就会是像吃苹果一样，感到是甜的，也是香的。同学们，你们想一想，我们相处还有多久？两个多月，很快啊，马上就要离别了，有的要进大学继续学习，有的要走向农业生产第一线，也有的要参加其他的工作……"一说到大家即将分别，我就有一些激动，几位同学也仿佛有一些受到震动。我最后把几项宣传工作作了分工，请维正以后全面管，大恩作文字宣传方面的工作，白娟和几位女同学做文娱方面的工作。维正和大恩都说行，白娟没说什么。我问白娟怎么样，她说："慢慢试着来——反正你又不会走。"我说："我自然也不会走，但下午没有课的时候，我们有病的同学也会很少到教室来，还是要在隔离区才好。"

只过去三天，4 月 25 日午休过后，有肺病的同学，都在教工之家开会。我万万没想到，这就是我们新生活的起点了。

开始，是张校长讲学校关于动员患肺病的同学回家休养的决定，接着其他几位学校领导，刘校长、朱主任等，讲了回家休养的好处，说我们三年级的就作为提前毕业回去休养，病好了，仍然可以参加高考，没好，来年好了再参加，并建议大家，最好不要参加工作，放理智一些，好好地休养一年，把身体的底子打好。当场，有302班一位女同学抽泣起来，接着又有二年级一个同学哭起来。会场的气氛显得十分压抑，大多数人低着头，脸上流露出灰暗的表情。

我的心中，也激荡着。这就是与母校、与老师们、与同学们分别的时候了吗？分别，一个还属于将来的概念，顷刻就变成现实了！顿时，我觉得眼前的许多许多，都似乎变成了过去，一切都变成回忆之中的事了。再也不可能坐在教室里听老师讲课了，再也听不到同学们的歌声了，再也听不见张校长讲报告了，再也……一切的一切，都将成为过去，都将成为回忆录里的内容。就像鸟儿飞向天空一样，我们也要飞向社会。天是那么的广阔无垠，我往哪里飞呢？未来的生活是怎样的呢？啊，只能是芭蕉，我要飞到芭蕉去，到芭蕉塘湾。那里，也是一个童话般的世界：小河边，垭口上都是可以打太极拳的；图书室里有许多书，还可以看《人民日报》《光明日报》；帮父亲改作文本也是很好的事情；还可以和父亲研究古典文学，和他争论……

离别的忧伤和对未来生活的憧憬，在我的心中迅速交替轮回。各种滋味，甜的、苦的、酸的都交织在一起。精神全然在飞翔，时而高飞，时而下滑；时而钻入迷雾，时而贴近地面；时而向前，时而盘旋……忽地停了下来，睁眼一看，回到了现实世界之中——分明还在开会，校长、主任都在那儿静等着同学发表意见，会场一片沉寂。

我一般不愿作第一个发言人，但为了打破令人窒息的沉寂，我发言了："刚才听了校长、主任的讲话，觉得上级党委、学校领导的这一措施是积极的，这不论是从学校集体着想，还是从有病的同学考虑，都是有好处的，我非常同意。当然，听到我们马上就要毕业了，马上就要离开亲爱的学校，亲爱的老师，亲爱的同学们，心情的确非常复杂，实在是依依不舍。但细想起来，这都是迟早的事情，终究是有一别的。回去后到底怎么做，我还没有一个计划，但有一个决心，一年中好好养病，锻炼好身体，准备将来给国家作贡献；未来到底是怎样的，我没有清晰的轮廓，但有一个信念，到处有党的阳光，我就会有信心有力量，到处可以书信往来，我也不会孤单。我会满怀信心投入到新的生活。"

校长、主任都说我讲得好；我又开始了梦一般的幻想。

晚饭后与宗智、国海等病友散步，都怀有一颗激荡的心。我们都面临着生活中一次巨大的变动：从现在起，我们即将步入社会，开始真正的独立生活。人生无非求学和工作两个主要的阶段，我们已经处在这两个阶段的交接点上了。

我们都迈着沉重的步子，思索和谈论着未来的生活。我们中间，回家休养的条件大概我要算比较好一点的，大家勉励我好好休养，争取再有学习的机会。宗智还苦于回家后无着落，其他几位同学也有类似的困境，想如何找到一个工作做。我对他们说，是否单独与校方商量一下，请求学校的帮助。

光焕从后面也赶来了，我见他的面色不好，思想包袱定是非常沉重。我对他说："老向（他平时叫我'老吴'），你何必自苦若此呢?"

他对我说："老吴，我给你说个实话，我的病就是好了，参加了高考，也没有录取的份，同时，身体现在也还是这个样子，唉——"他摇了摇头。

我说："你的病灶完全钙化大有希望，好了就要考，多学一些东西，以后可以为国家多做一些事情，怎么不考？我们无论怎样，还是要多学一些东西的——你说的，瞿秋白临死都还想把几个作家的书，再看一遍。还有末了一句，'中国豆腐很好吃，世界第一'。我们回去了，说不定要不多久，就可以吃到豆腐，那是比钙片还好的。"

"你老吴是个乐天派啊!"光焕说。

晚上，我们一群病友，在寝室里继续座谈了很久。整个病区的几间隔离室，都死一般沉寂。我大约十一点睡，十二点又起来放哨，国海到此时一直没有睡着，睁着眼躺在那里。

放哨时，又与宗智等，坐在教工之家门前的躺椅上不停地倾谈。

第二天早自习时，我在给家中写信。早饭后上数学课，讲归纳法，我只听进去一个题目，其他的都"归纳"到那封信中去了。

下午，与家甫一同进城寄信，然后又与他到工人食堂，一人顶半斤票八角八分钱吃了一餐。内容是牛肉片做面子，干萝卜做底子的一碗。牛肉是许久不曾吃过了，倒也是牛肉味，还特别耐嚼，一块要让你品尝好久，结果仍然不可以嚼烂，下决心咽了下去。不觉想起袁子才吃母猪肉诗，是何等传神："齿牙三十二，个个不平安。"又与家甫去看电影《长夜的秘密》，很感兴趣。我以为这与法国影片《静静的世界》应归属一类，可称其为科教艺术片，是很吸引人又大有教益的影片。中国这类片子似乎还没有，应该快快赶上去。有一个疑问是，影片中讲的这种放射性新元素“阿特兰奇”，是真的有吗？有的话，那么，《长夜的秘密》就是一部有真实依据的影片了，也就是说，这是讲镧元素发现过程的。如果不是这样，那么，《长夜的秘密》又是一部科学幻想的影片了，因为在人类迄今已经发现的一百零二种元素中，有没有“阿特兰奇”就值得探讨了——也许我认为值得探讨的问题，在有较高文化知识的人看来，一定是十分幼稚可笑的。这让人颇有一些悲观了：只有一点高中文化的人，连看电影都有许多弄不明白的事。

回到学校，已是熄灯的时候了，隔离室的电灯却是亮堂堂的。物极必反，两天情绪的低落阶段终于过去，今天听到了病友们又在谈笑风生。不消说，一去就加入了他们的谈笑。

不久，有博兰和白娟来玩，也就一起闲谈。这时，朱主任从隔壁来，自然是要大家停止讲话，好好休息。博兰和白娟都用央求的语调问朱主任：“我们班上十个同学都要走吗？”主任的回答是肯定的，并进行了解释。我从旁说：“分别终究是有一次的。我们回去什么都是很好的，只是开始一段时间与同学老师离别，感情上是会过不去的。”这样一说，似乎还加重了依恋的气氛，越谈越觉得有些依依不舍了，好像离别就在明天。主任一再催促，我也说：“一下也不会走，我们还有一起玩的机会。”兰、娟二人方慢慢离去。

刚才这些时候，我是用了极大的力量来控制自己的感情的，外表看来，也许表现得很坦然。睡前，以打太极拳安定神气。近有体会，打太极拳，动作须连贯绵长，如行云流水；内心须放松安定，意守丹田，勿生杂念；运气须配合动作，有提有降，吐纳自然。非此便等于失去了太极拳的灵魂，变成“摸风舞”了。

又是一个多么好的早晨。洗漱毕，家甫来，同去后山，上到山顶。这里周围都是小松树，大约是建国不久所植，地皮清洁，树干历历可数。此时，暮春早晨的太阳升起，给翠绿的山林披上了红纱，分外绚丽，空气也是异常的清醇。在这样圣洁的地方，是应该打两套太极拳的，也是应该放声歌唱的。我唱了“我站在高山之巅……”，又唱《友谊之歌》。家甫不怎么爱唱歌，也和着我哼着。然后，我们一起大声用俄语背诵奥斯特洛夫斯基的那段名言：

“人最宝贵的东西是生命，生命属于人只有一次。人的一生应当这样度过：当他回首往事的时候，他不会因虚度年华而懊悔，也不会因碌碌无为而羞愧；在临死的时候，他能够说：我的整个生命和全部精力，都已献给世界上最壮丽的事业——为人类的解放事业而斗争。”

早饭后，回寝室，遇到班上的两位女同学史娴和雪明。她们见我来，羞红了脸。看见她们手中拿着我的衣服，方才明白：她们把我的破衣“偷”去补了。心中涌起一股暖流，流遍了全身。我只感到：我的同学太好了，我永远也会记得住他们。

晚饭后，病友德盛约我看电影。他本是四班的同学，我们都是第一期进入隔离室的，也将同期毕业了。电影是六点的《鸿雁》，看完回来尚早。回到学校，正在自己热饭吃，雪明、白娟来了。一起交谈，情谊深深，绵绵长长，久久不可结尾。玩了很久，等我吃了饭，才送她们去睡。我要她们放心：我的新生活将是很有意思的。

家甫与我成了至交，每天早上就来到我的寝室等我。我们又去到工专背后，在葡萄林中逗留许久。我们无所不谈，从班上的同学，谈到了淮海战役。空气依然那样的清新，葡萄已经开花了，过几个月，它们必定挂满累累果实，滚珠一般的。野外的栽秧泡，也成了果子，摘下尝尝，带有青涩的味道。在它成熟的时候，我们是不能来品尝了，留待后来的人们享受吧。

上午去到图书馆看报多时，并作摘录。下午永秀姐来，要我安心养病，主要是把病养好。晚七点，听张校长讲《王若飞在狱中》，我是温故而知新，王若飞永远令我敬仰。中间休息，与万源、美庆等几位交谈，希望他们注意身体，好好准备功课。

晴空朗朗，月色皎洁。我在月光下徘徊，白娟来。看来有什么事，便同着漫步，向工专那边走去。她说话有一些吞吐：“你，你们走——我，我们的确很难舍——我晚上连觉都睡不好。你回去了，主要是好好养病，一定要来参加今年的高考。”

我说：“回去了，我一定好好养病，不辜负大家的希望。”

她说：“我们真是舍不得——有你们在周围，可以经常得到指点、帮助，以后——恐怕是很难了!”

我说：“你的进步是很大的，特别是这个半年来。你对我的帮助也是很大的，我受到你的鼓励不少，也永远不会忘记。今后，你的周围仍然有许多好同学，要主动争取他们的帮助；你也应该多帮助别人，关心别人，就像对我那样——这就算是我对你的第一点希望。再就是，你有健康的身体，要珍惜，保护好。第三个是，抓紧时间多学一些东西，无论你是考理工，还是考农医，文科方面的书还是要多学一些才好。许多理工方面有成就的人，在文科方面的知识底子都是很深厚的。第四，还是说过多次的，要站得高，看得远，我们今后生活道路上，不知会遇到多少坎坷，不知会碰到多少钉子，不要为一时的现象迷惑，我们都要信心百倍地走下去。第五，多唱歌吧，做快乐的奋斗者。我们相处两年多，感情比较融洽，互相也都得到不少帮助，几天前，分别还是想象中的事情，没想到现在已经成为现实，这个时候的心情，的确是很难舍的。但是我们都要勇敢地去迎接新的生活，创造新的生活。我相信，在今后我们仍能够互相得到启示和帮助，也相信你前进的步伐，一定走得更快，更快，更快！愿我们都永远唱响那首《友谊之歌》。”我们边走边谈，直走到三孔桥，才往回走。

这是一个难忘之夜。

一旦说要分别，“同学”这个词便倍觉珍贵。这几天都忙着给同学们题词。他们把最好的笔记本拿来，我也用心地去写，给每个人写的都不一样。我也请同学们题词，他们的题词都充满真挚的情感，内容有赞扬的，有鼓励的，有抒发离别之情的，有寄予希望的。关心我的身体是他们题词的共同主题。形式也多种多样，有诗歌，语录，随笔等等，有的还同时送给我照片。天登同学的题词还插一幅喜鹊闹梅的图画，表示要等着我早日病愈的喜讯。他交给我题词的时候，还要找我谈谈心，我说了对他的希望。说着说着，他竟流下眼泪，还有些泣不成声，使我心里也十分难受。我想，这也真是矛盾，又想一起谈谈，一谈呢，反而又搞得丝丝连连，割舍不开。

晚上正在打太极拳，博兰同学来。我问她：“这时候怎么来了呢?”她说，“想在你们走之前，交换一下思想”。博兰是个武术运动员，身体很好，人也长得很漂亮，但是因为到处比赛，耽误了不少的学习，高二时到我们班，成为我班五个女同学之一。我与博兰一直还没有单独谈过心。今天她来了也正好，我把那天对白娟说的前面四点希望，也说给了她。因为她不怎么唱歌，不然，那五点希望都是可以给予她的。

博兰很关心我的身体，叫我千万不要背包袱。我说，可见你还不够了解我，我是早已走过那个阶段了，现在的态度是坦然的，心地也是平和的。谈了对疾病的态度后，我告诉她自己今后的打算。她露出极为敬佩的神色说道："你说出来了，我就了解了。"一谈又是没完没了，什么对知识，对人生，对困难等等问题，都扯到了。她好似受到很大启发，眼睛里竟然射出异样的光辉，说："我真是喜欢你脑子里装的这些东西！"这使我有些不安。她又说："这病也真是，好的人要害病，无用的人都身体健康，我真想把你的病，放在我的身上！"

"那我也是不愿意的！"我说。

她若有所思地说："像我这样四肢发达，头脑简单的人，今天才知道做一个人是不简单的。"

我说："是呀，所以高尔基说世界上最高贵的职业是做一个人。"

我又征求博兰对我的意见。博兰说："别人都说你很有修养，逢人处事都很好。"我知道，在这样的情况下，在要别离的时候，人人都只会更多地想到别人的好处和长处，即或是平日里看见的弱点缺点，这时都会被不舍的心情消融。

夜深了，吹来阵阵凉风，渐渐地飘散着帘子似的雨丝。博兰告辞走了，走了几步，又回头望了望我……

参加了最后一次班上团支部的会议，是讨论舒苑同学入团的问题。我发表了意见，并建议在高中的最后阶段，团组织更要积极团结好青年同学。我自己感到深深遗憾的是团结帮助同学不广泛，这是白娟对我提出过的问题。细想起来，有的争取进步的同学，自己没有主动亲近过他们，与他们谈心。特别是颖夫同学，是班上最小的一个同学，从一年级到三年级，都不见长高，像个小学生，永远坐在第一排。我则总是和郭长子坐在最后一排，与颖夫，是话都很少讲过的。眼看就要分别了，我不能带着这个遗憾离开。

散会后，我在操场找到了颖夫，对他说："我们马上就会分别了。我感到很遗憾的是，这么长的时间还没有与你谈过心。记得你在我入团以后，也写了入团申请书，当时我就应该鼓励你，又觉得自己不过是个新团员……这些也都不必去说了。在临别之前，我只希望你以后不要背家庭出身不好的包袱，不要有自卑感。客观存在的东西我们都无法改变，我们只有正视它，走我们应该走的路。我们应该比别人付出更多的努力，走更多的路，这才是正确的态度和做法；悲观，失望，自卑都无济于事，还可能毁掉自己。送你两句话，也作为临别赠言：振作精神，积极进取。”

颖夫的确还像一个小朋友，声音喑哑，只说了几句话：“我不知说什么好……我就叫你哥哥……我把话写在纸上吧……”

晚上，颖夫把给我的题词送给我，还送了一枚书签作纪念。

——颖夫，我们高中毕业分别之后，半个多世纪，一直没有再见过面，他似乎是神秘地“失踪”了。新近，在老同学的聚会中，很多人都在打听他的消息，只有雪明告诉大家：“大约还是1986年，颖夫在嘉鱼学校里找到了我，送给我一条大鱼，还有一些银鱼。他说在运动中，老家是再也无法待下去了，后来他到了洞庭湖边，开了一个小小的粮食加工厂。有两个孩子，也没上学，是他自己教他们读书识字。其他任何具体的细节，他都不肯透露。算起来，这一过又是二十多年了，再也没有他的任何音信了。”颖夫小弟，偌大一个洞庭湖，如今你到底在洞庭湖边上的哪个地方呢？

五一节的早上，又给几位同学题词留念。早饭后凤玲姐约我到她家去。一路走着，也谈到她入团的事。她说班上团支部的几个人不够团结，青年同学入团的事没有人管。我感到，团员干部本身不团结是太不应该了，怎么去团结青年同学呢？

凤玲姐的母亲，我叫幺婶娘，外表看来十分清瘦，但脸上却经常挂着笑容，见了我总是问这问那，从我的身体状况到父母情况，都详细问到。她在专署医院作保育工作，任务是很繁重的，但她做事精干，又能吃苦耐劳，多次被评为先进工作者。她留我中午在这里吃饭，说五一节医院要加餐。吃饭时，婶娘不停地把鱼肉往我碗里夹，简直把我看得比儿子还亲，让我实在过意不去。饭后，她又忙着炕一些小鱼，那是经宪幺叔钓的，说炕干了要我给父亲带回去。我向婶娘告辞说，我有一张下午三点的《洪湖赤卫队》电影票，要去看了。婶娘的鱼还没有炕好，她百般嘱咐我，看完了再到家里来，一定要把鱼带回去。我答应了。她似乎还是不放心，改变主意说：“我陪你一路去看电影。”

我说：“那也很好。”

走到电影院，已经买不到票了。婶娘只好回去，临走又郑重对我说：“国韬，看完电影就到我那里去啊！”我说：“我一定去的。”

看完电影，我又去到婶娘家。婶娘怕我说话不算数，已将炕好的鱼，叫凤玲姐带到学校去转交我了。从一包干鱼，我看到了父辈们之间的真挚感情。婶娘又要留我吃饭，我坚意辞谢了，说凤玲姐都上学去了，我也得马上回校了。

离开专医院婶娘家，径直去到二中会先绪，遇到不少他们高三班的同学，好多都是初中时同过学的，大家谈得十分亲热。先绪送我回学校，两人边走边谈，我讲了要提前离校的事，这次是向他告别的。我说："我相信这样休息一段时间，自己的病会好得更快，我是满怀信心投入我的新生活的。"

先绪说："我也很相信，有你这样坚强的意志和毅力，一定会很快恢复健康的。"

我对好友畅谈自己的感受："实在说，这次害病虽是一件坏事，但从中我的思想真是得到很大提高，意志的确受到很大锻炼，特别是思考人生的意义，促使自己人生观得到了转变，觉得一个人活着只为自己考虑是没有多大意义的。这样从个人的小圈子里一走出来，就有海阔天空的感觉，而且一身轻松，可以乐观对待许多的事情，世界也因此变得光明了……"

先绪说："我听到你们学校很多同学说过，许多人十分钦佩你。"

"先绪，我真感到虽然自己有病，但能为大家做些有益的事，是一种幸福。如果不是这样，我即或有一个强壮的身体，也不过就是'白大苕'一个。"我说。

"是的，我也同样感到，虽然自己休息比大家少，但是自己的生活是充满了欢笑……"先绪说，并一直把我送到凤凰山麓。

晚上三年级同学听周老师的报告，关于毕业生应做的思想准备：一要勇敢地站出来，让祖国和人民挑选；二要奔赴农业生产第一线，为大办农业，大办粮食作贡献。

三年级的新课，一门一门在相继结束，我们离校的日子也愈来愈近。病友们也更加珍惜相处的日子，晚饭后，大家邀集一起漫步。校园里大片的橘林，绿油油的，都开出了洁白的花朵，散发着迷人的芳香。听说，过去一些妇女，是把这种花，放在梳头油里的。也还记得，读过哥哥写的一篇文章《橘子红了的时候》，是他在这里读书的时候写的。大意是说校园里的橘林，同学们从看见开花，又看到挂满果实，大家欣赏着这累累的果实，流着口水咏叹："一年好景君须记，正是橙黄橘绿时。”但是到了这些橘子都红了的时候，依然还是果实累累，挂满枝头，没有一个人动它一个……文章是用毛笔书写，他们的吕友璋老师用小楷朱笔，在旁边打着不少的小圆圈。现在，他们这一批恩施高中的学子，只怕是遍布全国各地了。

如今，我们也在这里看到三度的橘花开，橘子红了；尽管我们在这里苦度饥荒，但是也似乎没有人去采过一朵橘花，摘下一个橘子。我们也要离开这里了，正是这橘子开花的时候。我们深吸这沁人心脾的芳香，回味我们同学习，共病患结下的深情厚谊，珍惜难得再有的相聚时光。我们游到工专大草坪。如此宽阔的场地，很少人活动，在这春夏之际，绿草如茵，无论是坐着躺着，都那么舒适。国海拿着一本《诗经》，尽念一些“关关雎鸠”之类，引得大家哄笑……直到天之将黑，一伙人才回到寝室。

我正提笔给史娴同学题词，隔壁的同学歌声嘹亮。最近这几天都是这样，大家似乎都想转了，还是快快乐乐生活最好，一下子都变成了音乐爱好者，哪怕把A调唱成B调，把3唱成4，还是尽情歌唱，把个隔离室变成音乐室了。在病友们的歌声中，我把给史娴同学的题词写完，开始清理书籍，整理衣物。

第二天，我将一些过去的课本、小说之类的书，送到拍卖店去，以为至少可卖到两块钱。哪知拍卖店老板说这类书，他们也卖不出去，结果是当废纸卖了，6斤只卖了6毛钱。如今的书是如此的不值钱啊！书，本是可贵之物，但在这缺少吃穿的情况下，是狗屁都不值的。可见物质第一，生活资料第一，文化乃是次一位的。心里还有一点愤愤然，真有些舍不得那几本书。

回到学校，心情也渐渐平和，好好睡了一觉。晚饭后去到教室，给同学们送题词。白娟见我问：“你明天不会走吧？”我点头。出教室，迎面碰见周老师，他是给我送题词来的。他对我说：“回去主要是养好病，养好再到学校来。回去之后，把情况常告诉我们。”周老师是校党支部委员，三年级负责人。他这几句简单明了的话，使我感到亲近，有一种温暖的感觉，觉得学校党组织是记挂着我们的。

尽管明天就要开欢送会了，心里却并不怎么激动，欢送会上该说几句什么话也想好了。晚上的太极拳和气功，都做得那么平心静气，真是进入了恬淡虚无的境界，入睡也是那么顺当。

1961年5月5日，是我很忙也是很重要的一天。上午，同303班病友章琼一道去医院透视。自从做了病友，章琼渐渐地与我亲近起来。在去医院的路上，他对我说："很可惜，我们就要分别了。我在这里，受你的影响太大了。以前，我从来没有这么乐观，这么充满活力——这太宝贵了！有这种精神，我回去一定能治好病。你读书的精神，也是值得我学习的。我以前是浪费了不少时间，浪费了不少青春啊……"听他这么说，我也很感动，很愉快。一个人，疾病不能传染给别人，但乐观主义的精神，是可以的，也应该去传染给别人的。别人快乐，自己就更快乐了。我希望章琼也这样去影响别人，传染给别人，给别人以前进的力量。

透视的结论与上次相仿，仍是"部分硬结"。经过细问医生，方知这次的"部分硬结"的"部分"是"绝大部分"的意思，只有一点点没好了。医生还问我拍过片没有，要我以后来了就拍片，还说我的病不久就会好的。几位病友为我道贺，心中自然也非常畅快，天似乎更加明朗，路也更加宽阔。我感觉到，许多吓坏人的病，也是可以好的；没有好的时候，着急也是没有用的。

回到学校就忙着收拾东西，决计明天就走。下午，306班为我们十名提前毕业的有病同学举行欢送会。

欢送会是在礼堂的舞台上举行的。这个地方真是选得好，富有象征意义：开完这个会，我们也就真的退出恩施一中这个舞台了。而这个舞台，都是迟早要退出的，我们不过提前两个月退出而已。大家围成一个圆圈坐着，中间还摆着花盆，有几棵是小树，长得弯弯曲曲，但很有生气。

会议开始是陈老师讲话，可称作是《欢送词》。接着是映红同学朗诵福耀写的一首诗。映红的朗诵，是班上的第一块牌子，福耀也是班上写诗的能手。也许这次福耀是特别用心来写，反而显得有些咬文嚼字，使映红朗诵起来不十分顺口。但是同学们的真情实意，我是心领神会的。接下来是我代表提前离校同学说话，可以叫《离别词》——

亲爱的陈老师，亲爱的同学们：

"离别"，在前几天好像还是想象中的事，而今天竟成了现实，我们的心情是很复杂的。特别是刚才听了陈老师的讲话和同学们的诗，各种不同的心绪都更加紧紧交织在一起，这里面有欢聚的高兴，有甜蜜的回味，也有离别的痛楚，还有对未来的展望和幻想……

回顾三年来，我们这一班同学，从相识的第一天起，就朝夕相处，一起出入课堂，一起在这个礼堂排队吃饭，一起开到建始挑运硫黄，又一起在咸丰大办钢铁，一起上山下乡参加劳动锻炼……在火热的生活里，我们凝结成亲姊妹般的友谊。三年来我们的思想觉悟得到提高，我们的知识在不断增长。这一切，都将是我们永远难以忘怀的。在即将离别的时候，我们充满了对母校领导和老师们的感激之情，对同学们的不舍之恋。

在即将与我们的可爱的集体分别的时候，虽然有许多的难受，但是我想到了电影《老兵新传》。革命者的生活是从一个战役转到又一个战役，从一个阵地转到又一个阵地，不断地开始新生活，不断地创造新生活，建设美好的今天，创造幸福的明天。这使我们能够鼓足勇气，去迎接新的生活，投入新的生活和新的战斗。我们有这样一个坚定的信念：只要有党，就有我们生活的阳光，只要有群众，就有我们生活的土壤。离开母校之后，我们会在任何地方生根，发育，还能够开出鲜艳的花，结出丰硕的果。

同学们，你们的题词，你们平时的谈话，都寄托着一个希望，就是希望我们早日养好病，恢复健康。我们向大家保证：一定不会辜负你们的希望！

在这里，我们也向在校继续学习的同学寄托希望：

第一，永远争取进步，永远追求世界上最先进，最正确的东西。这是一个无止境的过程，我们绝不要停滞不前，故步自封，争取为党，为人民作更多更大的贡献。306 班的同学，应该都是永远积极进取，有所作为的人。

第二，我们大家都面临走向新的生活，而新生活的道路不会都是平直宽大的舞阳坝大街。我们都不要怕走崎岖曲折的道路，要挺起胸来，克服各种困难，勇敢地走下去。这样，在步入坦途的时候，我们就会跑得更快。306 班的同学，应该是生活的强者，战斗的勇士。

第三，我们的集体是一个团结的蓬勃向上的集体，我们希望在这最后的两个多月时间里，大家要更加团结，更加爱护这个集体，使我们在今后任何时候回忆起来，就像吃苹果一样，有滋有味，又甜又香。306 班应该永远是值得怀念的可爱集体。

最后，我们要感谢我们的好老师，好兄长陈老师对我们的关心，爱护，帮助和教导！

祝同学们身体健康，学习进步，鹏程万里，未来幸福！

我讲完之后，感到十分轻松了，端着一杯开水不停地喝，听别的同学发言。最后听了五位女同学唱了一首支援大办农业的歌。过去还没有听到过，其中反反复复唱的“一排排，一行行”，给人深刻印象。

欢送会结束，正好吃晚饭。吃罢饭，急速去土桥坝，买了一些药品。回校后又急忙收拾铺盖行李，准备寄放到凤玲姐家中。这时，白娟和史娴俩来，见我要走，白娟便说：“等你回来了，再找你玩吧。”我便随即将三本高中数理化复习资料和一个乒乓球送给了她俩。

赶回学校，又收拾将要带回家的行李，仿佛进入一种战斗状态，争取着一分一秒，许多病同学还给我帮忙。学校打了熄灯铃，我的整理也基本就绪。这时，博兰、史娴、雪明、舒苑等同学来。博兰还送来给我的题词，又送一枚书签作纪念。她们离去后，我便跑到德盛寝室去玩，德盛送我照片一张留念。知道史娴和白娟来了，才与德盛告辞。

白娟和史娴在我的寝室等着。她们送给我一张全班五位女同学的合影照，背面写着“赠国韬同学：临别留念”，落款是“我们送”三个字，一看就知是白娟所写，那个“送”字，写得狂放若飞。我看了非常高兴，因为，为她们之间的团结，我是作过努力的，现在终于看到她们愉快地站在一起，犹如五朵金花，并蒂开放。

白娟还将一个特别精致的日记本给我，要我题字。我顺手写下一句：“做一个真正的人。”不久，她们告辞，我便随之相送。送了不远，史娴说有什么事，往别处去了。我对白娟要说的话，那天晚上已经说了，不知道她还有什么话说，便一边走，一边等着她讲什么。可是她也一直默不作声，就这样两人静静地走了一段路。我只好问白娟：“你还有些什么话要说吗？”

白娟犹豫了一会，说：“要说，又像没有什么说了，只是想到你明天就要走了……”

“是的，我明天就走，但是你们在这里，还有两个多月，我会再来看你们的。我还想早点把病治好，和你们一起参加高考呢。就是以后分别了，我们还可以写信的。”我说。

“你这次回去，一心一意要把病养好，一定要和我们一起参加高考。”白娟说。

“我会尽力争取的。”我答道，“——好吧，你也该休息了，明天要上课，我们以后在信上说吧。”

最后她还问我：“明天什么时候走?”

我说：“打早就走。”

她又说：“一定要找个车。”

回到寝室，和光焕一床睡。一两个钟头，脑子里都像喝了酒一样糊涂，同学们的面庞，白娟的影像，都如幻灯片一样，一张一张不断闪现。耳边又仿佛回响着病友们的话：“你可千万别一个人走了!”“一定要让我们晓得啊!”

也不知道是什么时候糊里糊涂地入睡了。

5 月 6 日清早，约五点钟起床收拾行李。光焕等不听劝阻，定要起来。不久全寝室的人都起来了，其他几个寝室的病友也都起来了，这使我非常过意不去。文彬还给我打来了洗脸水。同学们，病友们这样的热忱，叫我怎么说呢?

一切准备就绪，国海和德盛抢着把我的行李背上，病友们从几个寝室蜂拥而出，他们真挚热情的面孔，像木刻一样深深印在我的脑子里，久久不会磨灭。我将永远牢记我们真诚的友谊。

一大群热情的朋友，簇拥着我走到学校大门，又黑压压挤在校门口，要我好好休养，祝我愉快，早日恢复健康，向我挥手道别……

我深情地望了他们一眼，迈开了步伐，走下了黄家峁——啊，从此以后，恩施一中，你就是我的母校了！我再一次回头望了一眼母校：母校似乎显得更慈祥，也显得有些苍老，然而还是精神抖擞地屹立在黄家峁上。

“再见了，母校；再见了，朋友们!”我几乎要叫出声来。

国海和德盛一直把我送到了公路上，我们才挥手告别。

我开始迈开自己沉重而又坚定的步伐，迎着晨风前进。

# 第三章　塘湾之夏

（1961年春—1961年夏）

1961年5月6日，离别了母校，离别了老师和同学，离别了朋友，我满怀着对新生活的希望和幻想，踏上了去芭蕉那条温馨之路回家。热乎乎的头，被清凉的晨风一吹，清醒了许多，但复杂的思绪仍在心头交织，纷繁的影像画面，在脑海里转换闪现。

昨晚，白娟最后对我说的一句话，是"一定要找个车"，看来这么重的行李，不找车也是会累坏人的。在南门大桥的岔路口，前面已有了两位在等车。一位面相很熟，似乎在哪里见过——想起来了，是电影队的，穿着黄色的军服，裤脚极大，脚着皮鞋，操北京口音。但是多听几句，便知道他就是本地人，在学说普通话，不时又忘了，还原成了恩施话。另一位，衣着很含糊，头发蓬乱，一副沉重的眼镜压在鼻梁上。透过眼镜，看出他的眼光是和蔼的，他制服的左上口袋里，插了一把米突尺，像个搞工程的知识分子，脚上却穿着"偏耳草鞋"。我一去，听着他俩谈的是关于目前农村的情况。穿黄制服者，对农村情况似乎是很熟悉的，也了解党中央近来的农村工作政策，听见他正在慷慨激昂地发表议论："共产风害死人了！向共产主义过渡也要有条件嘛，第一要物质财富极大丰富，第二人们的思想觉悟极大提高。这两点都不具备，就搞共产主义，哪成？不看物质生产情况，不看看农民的思想觉悟水平，硬拉鸭子上架，怎么行得通？现在强调'按劳分配'，采取这个措施，就搞对了，这就是生产关系适应生产力的发展……"

后来，他们的话题又转到了“找爱人”。还是黄制服主讲，偏耳草鞋主听，我作旁听。他说：“有个某某局的局长，年岁大了，想找个爱人，又不好意思接近女人。一个好心的同事，给他介绍了一个。人家把女方从老远的地方带来，引到他的办公室。他只说了几个字：‘哦，来了，坐，坐。’再就没什么话说了，只顾写自己的材料，搞得那女的干坐在那里，真是不好意思，结果呢，溜之大吉了。”

最后他对当前找爱人的状况，作了总结发言：“目前，女人们的恋爱观已经发生了变化，不同于解放初期了。那时是看重地位，看钱；现在是看人品了，看有没有发展前途，看能歌善舞……”

他的总结还没有结尾，一辆汽车来了，我们都上了车，心中快活极了。我的身躯在飞驰，我的思想也在飞驰，我在用飞一般的速度向幻想的目标锐进。仿佛不过转瞬之间，已经投入到我的第三故乡——芭蕉——的怀抱了。

回到家里，看到了父亲和母亲。从他们的表情里，我有所发现，他们把我的回家，看作是一件家中不顺的事，虽然外表没有显露出什么。

家里没有多大变化，房子依然如故。睡了一个小时的午睡，然后做气功，打太极拳。晚上，给母亲看同学的照片之类。

第二天就给班上同学写信，还给光钦和光焕各写一个小条。写后给父亲看，父亲看了提出意见：要把字写好，从写的字，是可以看出一个人的气质的。于是又仔细誊正，去邮局寄了，大概他们明天就会收到。

在供销社买了几粒糖果，享受着它的清甜和芳香，信步走到芭蕉河边，到了吴家大屋的后院旁，欣赏小河平静的水面和小镇的美丽风光。突然，“黄河之水天上来”，一盆水飞将下来，溅了我一身。反顾高墙之上，有一个窗口，许久，却再无人探出头来。这是倒霉还是“行时（湿，幸运）”，我不知道。

自我回家养病后，父母百般设法让我吃饱一点，心情愉快一点。吃饭，大都是从五中教师食堂打回，早餐通常都是喝稀饭。中晚餐是食堂蒸的钵子饭，父母常常要从他们的那一份中，分拨一些给我，这使我很不自在。我说，这比我在学校时强多了，不必这样。他们总是说，你正是长身体的时候，亏不得的。

连续几日下雨，都是早上在五中大礼堂打太极拳，早餐后就给父亲批改作文。万大毛还给我找了一些《人民文学》《解放军文艺》之类的杂志看。午睡后在床上练气功，下午又是批改作文，看书。晚饭后可以在学校工会办公室弹风琴，晚间还可以在办公楼前听广播。养病的生活既是轻松的，也是充实的。

雨后的清晨，空气分外清新，我拿着一本俄语书去登山。走到学校的鱼塘。鱼塘边的垂柳，拖着烟一般翠绿的柳丝，在微风中轻柔地飘拂。塘里的鱼，啧啧地啃着水草。新生的荷叶，如圆盘一般，大大小小，一个个摆放在水面，有的恰好“才露尖尖角”，鹅黄色的。

清晨的塘湾，显得幽静、恬淡。离开池塘，顺着一条小路，慢步向五中学校的后山走去，越登越高。最高之处，人们叫它关口。其实，登上关口，不过是上到了这条小路的最高处，再就是平路了。站在关口，却可以仰望到一座巍峨的山峰，如一个圆锥，突兀而起，斜翘着伸向蓝天，这真是山外有山，天外还有天。当地的人给这座山峰，取了一个颇形象，但不是很文雅的名字，叫“鸡屁股梁子”。多年以后，听我的同事安辉说，他们在作地名普查时，将它名字改成了“鸡尾峰”。

站在关口，看群山环抱的塘湾，塘湾好像一个摇篮；再看五中，五中正是安卧在摇篮中的一个婴儿，是那么的安然自在。

关口上的路面，宽而平坦，两边是青葱的树木。一阵阵幽香袭来，那是树丛中的一蓬金银花开了。翠绿而又寂静的山谷里，不时传来鸟鸣，声音清亮而又婉转。一种是过去知道的“水呱呱”，一种叫“豌豆巴国”，都是依它们的叫声取的名字；也有一种鸟的叫声，酷似在教小孩说话：“说——一二一!”，隔一会又：“说——一二一!”不知叫什么名字，姑且叫它“一二一”吧。

太阳给山尖镀上了一层金，我在关口的平坦的路面上打太极，两手云动（太极拳“云手”的动作），不过在咫尺之间，而巍峨的高峰，却只与我的双手等高低，与我的手掌同大小，大山大岭，皆从我的指缝间穿过，我有一种无限豪迈的感觉。

关口路旁，有个翠柏林，这应该是练气功好地方。我静下心来，照着秦重三老先生《气功疗法和保健》所说的要义，做着三圆式站桩。动作是两腿微微下蹲，双臂合抱，两手张开相对，如握一球，如此，双腿、双臂、双手，形成三个圆形。按照要领，稳踏大地，双眼微闭，意守丹田，呼吸吐纳，缓慢深长，引领气息，直达足尖。做着三圆式站桩，自觉外形坚毅，气势如山，心意轻松，飘飘欲仙，好不悠然。偶然间，闻有铃铛之声，由远而近。继而，又有牧童数人，随之而来。大约是望着我如此一副一动不动的怪形象，相互议论：“呆子，呆子！”一牧童忽然高呼：“拐哒（糟糕），遇到了一个呆子！”他们便一齐退而避之，吆喝着牛儿离开了。但是，我的气功却是被他们这一阵“呆子”的议论给扰乱了。好在我还并无什么功力，不然的话，还有可能被他们搞得走火入魔。只好结束气功，练了秦老先生教的几个辅助动作，擦脸面，弹耳朵，提眉心，叩齿漱口之类。

太阳可以照到我的身上了，我拿起俄语书，朗读起来。旁边几只鸟儿在吱吱地叫，就像在给我当着翻译。我不懂它们的鸟语，不知它们翻译得是否正确。于是放下俄语书，与它们比试声嗓，唱起：

“我站在高山之巅，
看黄河滚滚，
奔向东南，
惊涛澎湃，
掀起万丈狂澜。
……”

一时之间，鸟儿们似乎被我的歌声惊住了，没了声音。过一会，它们又齐声欢唱起来，把我的歌声给压住了。看来我们的声嗓，都不相上下。

我采了一束金银花，往山下飘去。看见一簇映山红，开得十分热闹，在阳光下，显得格外艳丽。又摘下几枝映山红，与金银花扎成一大束，抱在怀里，一路走去，又艳又香。情不自禁地又唱起了《友谊之歌》：

“在我们生活的道路上，
友谊的花朵四季常开，
它把浓郁的芳香，
撒进了我们的胸怀。
……”

下午听父亲讲《孝经》，这是我要求的。《孝经》篇幅并不很长，但内容博大深厚，有些句子不很容易理解。经过父亲讲解，也有了一些轮廓，深感这本书是必读的，而且应该熟读，有的段落应该背诵。这部经书历来为统治阶级看重和推崇，是因为它能维护社会各个阶级之间的关系。中国封建社会维持长达几千年，《孝经》的思想应该是起了重大作用的。但是，我认为不能因此全然否定它，相反，其中许多内容是属于民主性的精华，应该继承和发扬。例如“天地之性，人为贵”，体现了尊重人的根本思想，由此孔子还提出了“博爱广敬”的主张，也是很有积极意义的。还有些话，如“居上不骄，高而不危，节制谨度，满而不溢”，可以说是为人处世的至理名言。

又一日早上，在关口练了气功，打了太极拳，下山的时候，遇到了五中三年级的同学，上山去学校的农场，父亲也随着学生队伍上来。我问学校农场在哪里，父亲指着说：“鸡屁股梁子。”我实在没想到，这样高，这么陡峭的山上，还可以办农场。

回去的路上，看到这塘湾的美丽山水，突发奇想——画画。回去就削铅笔，找纸张，准备先临摹一幅《指挥群山歌唱》，以后送给维正。

早饭后，母亲去赶场，还未回来，天却下起雨来。去给母亲送伞，顺便到了邮局，收到白娟一封信，长达四页！她谈了许多对人生的看法和近来的一些思想情况，关心和问候我回家后的生活和思想。读着她的信，我仿佛看到一个青年女子，站在了山巅之上，在遥望瑰丽的未来，也准备经受人生严酷的考验，以坚强的意志和顽强的毅力，向着既定的目标奋进。晚上，我把白娟的情况向母亲说了，母亲忽然说了一句出乎我意料的话：“像你们现在，有那么合适的，可以放在心中。以后到了大学，还可以通信……”这有点令我有些激动，也感到愕然，因为，过去父母都是教导我不可早谈此事的，如今居然“可以放在心中”，一下使我觉得自己已经是大人了！

第二天上午，正在帮父亲批改作文，父亲从山上的农场回来，也带回映山红一枝，插在瓶中，给家里增添了不少喜色。

中午，我把白娟的信给父亲看了，也谈了有关的一些情况。父亲对我说：“可见你是很会为人的，像这样的事，别人就不会告诉我。”

给先绪和德腾写信之后，又给白娟回了一封，篇幅也不短。我说，读了她的来信，自己也很受启发和鼓舞。她问我怎样走向生活的海洋。我对她写道：“我已走到生活海洋的岸边，如果问我在生活的海洋面前看到了什么，实在说，我还只看到岸边的几个鱼儿和沙子。它到底有多么宽阔，它会怎样卷起波浪，它会怎样咆哮，它有怎样美好的地方，又有多少宝藏……我都没看见，也一点都不知道。我现在拥有的只是：目标、决心和毅力。”我对她说：“距离做一个真正的人，我们都相隔一样的遥远。我们应该互相帮助，互相鼓励，共同向这个方向努力。”我告诉她：“芭蕉塘湾，有一架温暖柔软的钢丝床，我现在是舒适地躺在上面休息，它也许会让我养好病，或许还会给我一个机会，与你们一起学习——我希望着会是这样。”

在邮局寄出这两封信的时候，收到了文彬帮我寄来的 50.5 斤主粮拨条和学校退给我的 2.6 元学杂费，我很感谢文彬，帮我办了这些事。又收到秀姐自恩施师范的来信，是接到我回家后写给她的信后回复的。

晚间阅报。《人民日报》载有一篇美国作家记叙菲德尔·卡斯特罗的文章。这个人很令人崇敬，他的性格，某些方面很像波拿巴·拿破仑，算得是当代的伟人之一。

一日，天雨。在家批改了十二个作文本，读了报载的《东进序曲》。晚饭后，父亲从外面进来，对母亲说：“没有钱了，又还要还账……”母亲便责怪道：“你五块钱一下子就搞（用）完了？可见得你在外面欠了别人好多账！”

这下，可把父亲久积于心中的火气点燃了。他大发脾气，把纸烟也给毁掉了。事情竟然越闹越凶，我才觉得父母的关系是如此的不好。

晚上，父亲对着我放了内内外外积下的一些闷气。我静静地听着，心想他这样放出来，或许会好过一些。我知道了，他在外面受的气，多是与同事为些小事发生纠葛，感到自己没有地位，被人认为思想陈旧了，人不行了，因此自卑到了极点。在家中，又得不到体贴和温暖，于是觉得这日子很是难过。这一夜，家里的空气，显得很压抑，父亲不时长吁短叹，母亲默不作声。

第二天，父亲去上课，母亲又对我说了许多话，认为父亲为人懦弱，心地狭窄。父母闹到这样，让我心中也升起一团乌云。我想到了“穷吵恶闹”这句话，这都是饥饿的阴影，长时间挥之不去所致。家中为我治病，又要买药，又要买食物，花销定然不少，还不得不拉钱负债。情况到了这个地步，我只有找哥哥了。

我跑到邮局，给哥哥拍了一封电报：“电汇百元来治病”，花了两毛钱。次日下午，正在抄着报上的一段文章，有电话告知：速去取电报。去到邮局，阅读电文“电悉即电汇 140 元谁治病速复铃”，随即回电“仍治韬病勿惊”。

回复电报之后，去芭蕉卫生院，因近些时来，常有腹痛。先请中医兰医生给我看病清脉。他说肺上无病，只是消化不良，需要健脾，并说我眼皮浮肿，是脾衰的表现。于是给我开了健脾的药，又建议先可以打一下蛔虫。我认为很有道理。然后又去看西医，医生给我开了鱼肝油、肝维片各60片，复合维他命一瓶，花去了2.5元。

次日早上空腹服下山道年三粒。时隔一日排出蛔虫数条，让人看了皮肉发麻。真可恨，这些寄生虫，我本来就没有多少食物，营养缺乏，你等还深入腹地，肆意掠夺，真是“是可忍孰不可忍”！这位兰医生的办法真是高妙：先把入侵者、寄生虫驱除，接着健脾固本。我深信，实施兰医生这两步战略，其战果一定辉煌。

晚饭后与父母一同在菜园劳动，正好是“戴月荷锄归”，觉得也是很有趣的。晚上又请父亲讲了《孟子》三段。

上街去，见一群鸭子在河中觅食嬉戏。河水那么清澈，真个是一个个“红掌拨清波”。过去没有注意，今天才觉得鸭子的构造是很特别的，它的流线型体型和脚上的蹼，生得太有用了。有时，它把头和长长的颈，倒插水中捕食，留着个屁股朝天，显得十分滑稽。而且我估算了一下，它们这样潜入水中，一般坚持5-6秒，就要伸起头来，换气一次，有时还可坚持更久一些。

在邮局收到光钦一信，还有德盛自建始高坪发来的一信。光钦在信中，给我寄来学校开的休养证明，还有班上全体同学给我的信。信中谈到对我的怀念，还说同学们把我的信“读了几遍”，说是给他们“送来了精神食粮”，希望我“早日恢复健康，早日团聚”。同学们给了我好大的鼓舞，也给了我和病魔斗争的无穷力量。我真想一下子把病魔击败，回到我们的集体里去。但是魔毕竟是魔，它是那样变化多端，无影无形，若是不顾一切，孤注一掷，反倒会中它的奸计，被它的反攻击倒，岂不是自讨苦吃，功亏一篑？我要把同学们给我的力量，积蓄起来，像泉水一样，绵绵缓缓，细水长流，坚忍顽强和病魔周旋，同它打太极拳，最终战而胜之。

理了发，又去医院抓了一副健脾药，买了一些水果糖，回到家里。把信给父亲也看了，父亲说：“你们班上的同学，对你这样子好，也是值得我骄傲的。”

从德盛同学的来信中，知道他回到建始高坪家中，精神生活较差，准备明日就回他一信，并把《怎样与肺结核病作斗争》一书和几张歌单给他寄去。

菜园里的蔬菜，长得生机勃勃。父亲说，须得织一个篱笆，并要我随他上山砍竹子。晚饭后，父子一同登上关口，我肚里有些感觉，对父亲说：“我得找一个去处出恭。”父亲说：“这山里的厕所，又好找，又卫生，快去。”

放了包袱，人很轻松。临风眺望，却见一小白鹤，从两岔河方向飞到塘湾，独自在风中翱翔。它时而舒展翅膀，一闪一闪，时而一动不动，任其自由盘旋滑翔，显得怡然自得。忽而，一阵疾风吹来，它却振翅高飞，向关口方向飞来，从我的头顶掠过，又向关口后面的幽深山谷飞去。我一直很感兴趣地盯着它，它却一下子被树林遮掩，不见了踪影。我希望它会飞回来，飞回到它原来的地方去。我的愿望实现了：我见到它在大山谷中盘旋数圈，便逆风升腾，越飞越高，终于飞来了，又从我的旁边飞过，似乎在向我示意，我连它的脚都看清楚了。那是一只很小的，刚试飞的白鹤。它的周身都是洁白的，整个身子是特别适合飞行的流线型，双翅是薄薄的，但羽毛已经丰满，显得非常矫健敏捷。

它终于飞回去了，直到看不见它，我才去找父亲。父亲埋怨我为什么去了这么久，我说了看见这个小白鹤的事，然而，父亲对此并不关心。我想，父亲一定会觉得我喜欢管一些“淡茶茶（无关紧要，无聊）”的事，只是没说，忙着在砍竹子。

带回一捆竹竿，全家出动，编了一个菜园的篱笆。

中午正吃饭，凤玲姐的妹妹凤鸣来了，她是随学校老师同学到芭蕉采茶，顺便来看看亲人的。吃了一餐洋芋饭，她就急着要归队。我送她到芭蕉街上，买了一两水果糖给她。在街头，不期遇到了班上的成旭同学，好不亲热。他说正邦也来了，便带我找到了正邦。三人会面，竟然高兴得拥抱起来。算来也就一月没见，就像隔了一年半载。他们对我谈了学校近来的一些变化，还说我们有病的同学也许还可以参加高考，也不知道这个消息是否确实。他俩都说我的身体，壮实了好多。这也使我感到，这一月没有虚度。他们两人都是请假回家的，正邦的家在朱砂溪，成旭的老家就在芭蕉街的吴家大屋里，虽然他的父母都不在芭蕉了，但亲人还有很多。他俩都说等一会到我家里去玩，我高兴说，我们马上一道走。二人又说还要办些事。于是我说我在家里恭候他们到来。

我在家里，一直等着成旭和正邦，直到晚饭后。忽听说有电话，去接，是成旭打来的。他说他们都不可能来了，正邦已回朱砂溪了，他也要赶回学校，还说邮局玻璃板下有一字条，要我明日去取。这使我感到非常遗憾。家中，收拾得井井有条，上上下下的灰尘都打扫了，床铺都换得干干净净。窗台上的瓶子里，插了一枝娇艳的映山红，但是，她空空地开放着，并没有一个客人来欣赏。

次日去到邮局，取了报纸。在玻璃板下取出了成旭的字条，他解释了不能到我家来的原因，最后还附有绝句一首。成旭真是个绝顶聪明又重感情的人。我不由得想起，初中毕业时，他帮助冰玉同学去上海读书的故事：

初中时，成旭、冰玉我们都在一个班。升学考试之后的假期里，成旭住在城里西后街，一天无事可做，就去捉蛐蛐玩。那时的舞阳坝是一片乱坟岗，最好捉蛐蛐。他在一片坟地，翻石头，找蛐蛐，无意间发现一个圆圆的东西。用竹棍一翘，却是一个骷髅。他拨开骷髅，下面并没有蛐蛐，却有一样东西。拿起一看，是一枚耳环。回家之后，他把耳环给他母亲看了，母亲问了来历，说这东西不是你玩的，便收起来了。下午，冰玉同学到他家玩，说他考取了上海印刷学校，可能读不成。成旭问为什么，冰玉说，虽说读这个学校是公费，但是恩施去上海的路费，不是一个小数，家里是拿不起的。成旭说，不读是太可惜了，就是拉钱负债，也都是要去的。接着，他便邀冰玉去舞阳坝捉蛐蛐。他们径直去到翻出骷髅的地方，竟然不费多少工夫，找到了另外一枚耳环。他是再也不交给妈了，直接跑到人民银行，一下兑换了19.6元钱。成旭对冰玉说，这一下，你去得成上海了，路费13元，你还有6块钱作零用。

——这便是成旭。

成旭和正邦，说来玩却又不能来，回学校了，我的心中似乎有一点忧郁。晚饭后，随父亲去散步，见到垭口旁的山上有一绝壁，半腰上长着一兜棕榈树，决心尝试一下爬山，上去摘下两支棕榈叶，回去做成两把驱蚊的刷子。父亲在一旁，不断提醒我："要过细，手里要抓紧，脚上要踩稳……"我终于爬了上去，摘下两柄棕榈叶下来。说是"尝试"爬山，我只算得用舌头舔了一下。尽管如此，这使我感觉到，爬山的确是一个好的运动，不仅能锻炼四肢以及全身肌肉和内脏，而且还锻炼人的坚强毅力和勇敢精神，也能锻炼人的灵巧、机敏和细致。

爬山，给我一个好心情，回家洗了个手脸，又去工会办公室弹风琴，练习《群众音乐》上的那首《花好月圆》。旋律是极其优美、轻松、充满喜悦的，我感到精神得到极大安慰和满足，仿佛这旋律把我和母校，和同学们都联系起来了，犹如回到了他们的身边……

二姐母子的安全，成为父母颇为担心的一件事。前年，他们的一个小子丢了，还未查出原因。他们所在的绿葱坡农场，有不少劳教人员，是个阶级斗争很复杂的地方。据说，还有人扬言要“下毒手”……母亲曾在那里给他们照料过一段时间家务，对这些情况有一些了解，加之前次给他们去过一信，却迟迟不见他们回音，因此，昨晚他们是越说越担心了，以至于觉都睡不好。

清早，才四点多钟，母亲就起来了，开始弄早餐。父亲也起来了，在帮厨。我知道他们都是为二姐的事，睡不安神。我也随即爬起来，提笔给洪哥写了一封信，要他千万千万要回一封信。信写好了，母亲从河边回来，给我摘了一些栽秧泡。那是用桐梓树叶做成的一个口袋装着的。在我的记忆里，父母只要见到有栽秧泡，都是要给我带一些的，而且都是会这样用桐梓树叶包着。每次又都会说：“你小时候很少害病，有一次却是烧得人事不省，什么东西都不开口，把我们也搞急了。后来给你吃这个泡，开了口了——因此，这个东西对你是很有益的。”我接下母亲带回的栽秧泡，又把给洪哥写的信，给母亲念了，问还有什么话说没有，母亲眼眶里充满了泪水，说：“就是这个意思，要他们来个信……”母亲一直是个很坚强的人，我极少看见过她流泪，就是刚解放时在建始老家，肃反时在咸丰，我们母子相依为命，过着极为艰难的生活时，我都没有见过她的泪水。我把信封好，打开桐梓叶包着的栽秧泡，津津有味地吃起来，还故意显出一些孩子气，想得到母亲的欢心。

去邮局给洪哥寄信，收到了三封来信。一封是先绪自二中发来，一封是宗智、光焕、文彬、国海和安声几位病友从母校寄来。还有一封，乃是映红的世界青年联欢节游戏第一号朋友，白娟的妹妹白月，自武汉体育学院寄来。一下得到这许多朋友的来信，真是快乐。

我觉得应该到城里去一趟了，去透视一次，也看看朋友们，了解一些情况。

刚下过雨，路上稍有些湿润，空气是十分清新的。大约近月练习站桩，腿子变得很有劲，一直走到城，一点不觉得累，也没有任何疲倦的感觉。从芭蕉走到城里，是从安宁和恬静，走入喧闹和沸腾。城里，比芭蕉的夏意更浓，高大的梧

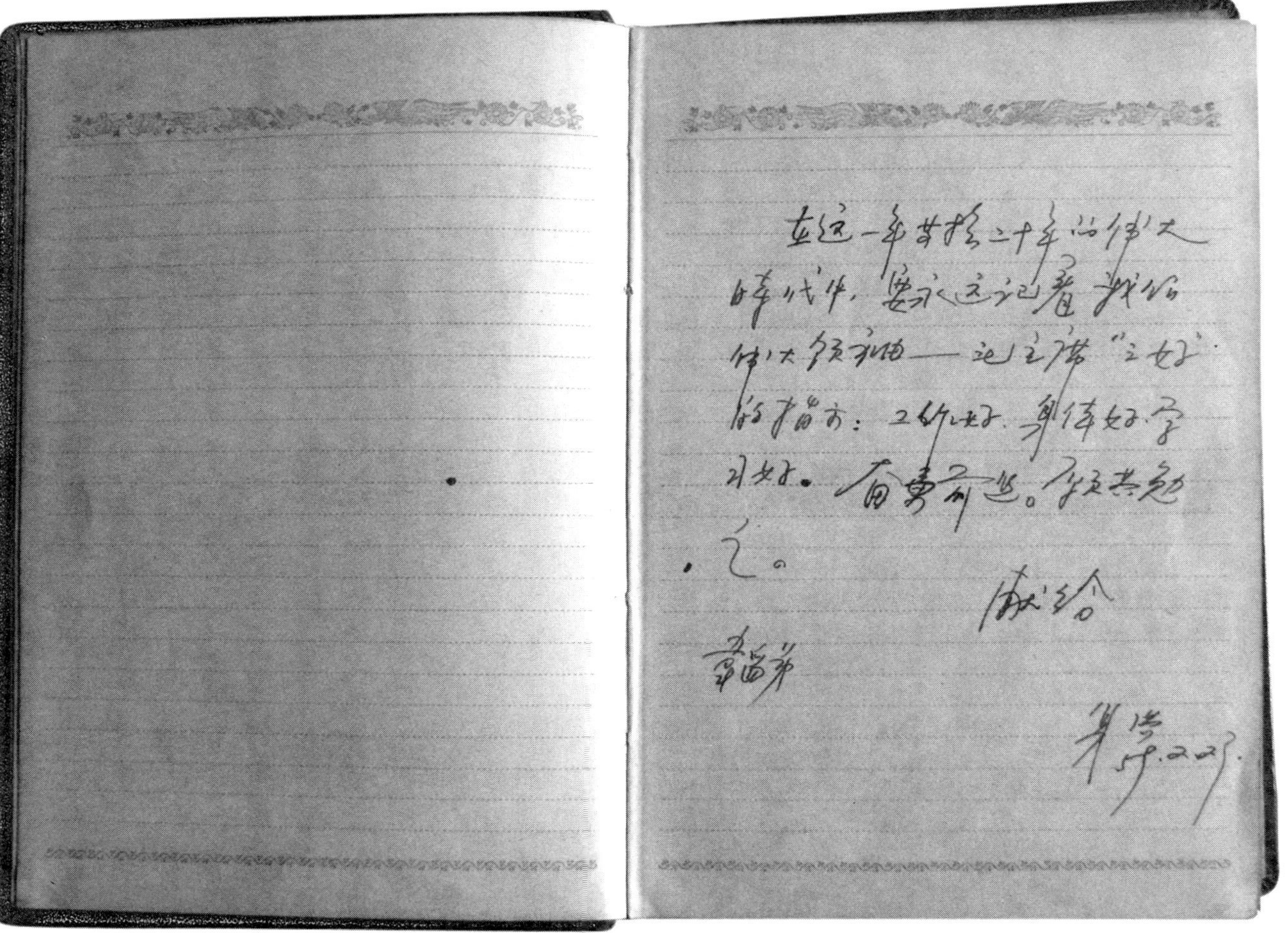

洪哥在日记本上的题词

桐，枝叶茂密，叶面阔大，穿着夏衣的男男女女，在树荫下穿行，都显得匆匆忙忙。

我第一步要到专医院，看幺婶娘。和她畅谈了好久，谈到高兴处，他开怀地笑，前俯后仰；谈到一些怄气的事情，她又双泪俱下，不可遏制。我真怕这样会使她歇斯底里，抽了个机会告辞了。

去到二中，先绪正从床上爬起，非常热情，询问极为细致。接着他买来熟洋芋三斤，两人痛吃了一顿。晚饭，又是他给我买的客饭。

告辞先绪，我回母校。恰是星期六，上街去的老师同学不少，对我构成夹道欢迎之势，好多熟悉的老师同学，那么热情、诚恳地向我问这问那，使我一时不好对答。越走近学校，人越多，在山脚下，碰到了陈老师。他非常热情地与我握手，约我八点钟到他那里去玩。

径直走到病区隔离室，宗智、国海、修英等病友都在，他们是不愿回家休养的，一直住在学校。一见到我来，都高兴得跳起来。一坐下来，不必说就送来开水，又不停地问东问西，要我讲回去怎么生活的，怎么治病的，接到他们的信没有……

休息一会，几个人带我去参观同学们的教室。一些人簇拥着我，我好像成了一个什么贵宾一样。一走到教学楼，从各个门里，窗口里都探出头来，站出人来，向我致意。顿时，周围已围了一大群的人，对我问这问那，我也问他们复习的情况。陪同的人越来越多，谈的内容也越来越丰富。我一个人要答复不同的问题，又要想出不同的问题，问候别人，深感脑子不够用。最后，我们一行人，有美庆、博兰等几位同学，一道散步去到工专。

一回到隔离室，又和病友们滔滔不绝地讲起话来，感到十分疲倦了，告辞，去打电话。电话箱内，安静许多，顺便把先绪送的一封糕，关在里面消灭掉了。

正从电话箱出来，碰到了白娟。她大约也是才从哪里回来，见我欢喜极了，说去吃点饭了就来找我。我就地盘桓，没有多久，白娟就来了。她换上了一件碧蓝的夏装，吊着两个短辫，很精神的样子。我们在路灯下谈了很久，互相问候交谈。谈的时候，又有不少同学来问候。随后光钦来，随他去到教室，看前次我们支部几位同志的合影，又看了全班同学的合影。都照得蛮好的，准备各洗一张。光钦还把他的单人照送了我一张。四班的中恒，是总支的宣传委员，也来热情问候，并送照片一张。

八点了，我到陈老师那里去，一位女同学正在那里弹风琴。陈老师颇热情——这种热情，是我三年来不曾觉察过的，仿佛是对待亲密的同事一般。陈老师房里还有两位老师，一位吕老师，另一位是汪老师。这两位老师，虽然都没有直接给我上过课，但我对他们都很熟悉。吕老师不仅俄语教得好，同学很喜欢他，而且戏也演得好，又擅长音乐。汪老师不仅数学教得好，也会演戏，还有一手玩斗笠的绝技。一个斗笠帽，在他的手里呼啦啦转个不停。他可以把斗笠顶在头上，摊在手里，放到足尖，穿过胯下……玩出许多的花样来。我是早就认识他的，因为他是哥哥高中的同班同学，他的同学称他为“汪小娃”，不过，我从未给同学们告过这个密，因为他是我们的老师。这两位老师见到我，非常之热情，也似乎视我如同志。我们师生一起，都谈笑自若。从陈老师的谈话中，我觉得他把我看得过高过重了。我提醒自己，在这种情况下，应该冷静一些，切不可忘形。今日回到母校，真有一种师生之间其乐融融的感觉。这使我想到，我们的老师都那么有修养，作为学生的我，也应该学习，做到有修养；我的同学们，都这么注重感情，作为他们同学的我，更应该珍重。

在陈老师那里玩了半个钟头，我送他照片一张，向他告辞。老师当即压入他的玻璃板里，又取出一帧他的单人照赠送给我。

回到隔离室，几位病友不知哪来的那么多话，就像下面的龙洞河水，总是流淌不完。最后，我提议：从现在起，各位给嘴巴贴上封条，谁张口，就犯规。谈笑停止了，但脑子里还在翻腾不息……

一夜糊里糊涂，却不知怎么天亮，想来下半夜还是睡了一个好觉的。早上的洗脸水都是宗智他们打来的。洗漱毕，做了气功，宗智邀我去山上游玩。

这是一月前常和家甫来游玩的地方。问了宗智家甫近况，宗智说没有他的信息。这家甫怎么都不来个信呢？在这小山上，我又打了太极拳，还给宗智讲了自己打太极拳的心得和应该掌握的要点。虽然我的“吴式太极拳”不准备告诉别人的，但宗智是个至诚君子，讲讲自己的心得也无妨。和宗智一路谈得很多，他给我讲了这一个月他的生活和同学们的情况。谈到今后的打算，他说若有机会参加高考，他要考外贸专业。我也谈了我的志愿。我们经畜牧场返回学校，由他买了餐票，在学校一起吃了早饭。

早饭后，美庆同学邀光钦、维正和我一起去留影。同班的建始籍同学也汇聚一起，到了唐家照相馆。这一群人也很是不少了，平时不觉得，这建始同学在我们班上，真还算个“大汉族”，已经到了的就有七八个，还有在后面走的。我忽然想到，去年春上，我们去开荒，同学们一边挖土，一边讲“吃”。各县同学都争讲各自县里最好吃的东西，争取别人的羡慕，最后是建始同学讲到他们的糕点，是最好吃的东西，有人还特别标榜花果坪的桃片糕，做得如何的好。又有许多人纷纷赞成这个意见，一下子似乎全区八县，再也找不到比建始糕点更好吃的东西了，于是，建始同学俨然以优胜者自居起来。今天一看，也难怪了，建始人真是人多势众啊。

照相馆的生意也真好，我们一大群的人都在这里等着，也就不停地说话。大家自然要亲热我这个“回妈屋”的人，又是问这，又是问那，谈天说地，我都感到有些精力不济了。白娟和史娴随后也来了，又和她俩在后院闲谈。史娴不知是不是有意地走开，留下我和白娟。白娟像是很高兴，精神很好，谈了一些近来的情况，并问我照了登记相没有，我才想起，应该给她一张照片。随即送了她一张，她也送给我一张。她的这张照片，可不是一般的，很精致，贴在宽大的有花纹的底板上，下方有“武昌光华照相”字样，看来她是很用心，很慎重的。

等了一个小时，我们把四人合影照了，美庆还嘱咐上面要留下“红心相连”四个字。本来，建始同学还要我参加他们一起合影，但我已觉精神不佳，照出来一定不好看，同时我虽是建始籍的，但毕竟是没有与他们在建始同学，于是告辞到二中先绪处去睡午睡。

在先绪床上大约睡了半小时，他就来了，与他谈起气功和太极拳。他的身体一直很好，自然也没有研究过什么气功和太极拳。听了我夸夸其谈一番，他赞道：“你若是考医，将来一定有很大贡献！”

太阳很大，夏意是很浓了。回学校，上坡时，白娟就在前面不远，等我一道，闲谈着进了校门。随后我去寝室，找到了宗智。他邀我晚上看电影，买了两张电影票，给了我一张。我想去轻松一下，去教工休息室弹风琴。敲了吃饭铃，自己也没有饥饿感，仍然弹琴。白娟突然出现在面前，要我下午就吃她打的饭，我边弹边点头答应。一曲弹完，回病区寝室，才走到实验室门口，白娟把饭送来。我在寝室吃着白娟打来的饭，不知为何，食欲不佳，兴许还是有些累，费了一些功夫，才把一碗饭咽下。

吃罢，出去买了几颗友谊牌糖果，又洗了脸，仍觉精神不怎么好。去给白娟还饭碗，不见其人，只好请舒苑转交。走到教工休息室门口，遇到了元珍。她似乎知道我在寻人，便说："刚才她俩还在这里弹风琴的。"我问是谁，元珍说："白娟和史娴。"我觉得奇怪，她怎么知道我是在找谁呢？找不见白娟，心里有些不停当。吃了人家的饭，本想要送上几粒糖果，当面道个谢，可宗智又买了六点的电影票，不得不去了。

心里不安地奔向了电影院。电影已经开映了，瞳孔来不及调整，只见里面黑洞洞的，却认得银幕上有李亚林和几个铁道上的人，在紧急行车。不知来龙去脉，因此，并不替他们感到有什么危险。此时，宗智发现了我，一把将我拉上了座位。看了一会儿，才知道影片是《烽火列车》。看到李亚林他们搬定时炸弹一节，自己在问："你能不能在这样的情况下去搬走炸弹？"

出场时，外面仍未天黑。走到二中校门前，与宗智他们告别，说今晚就在二中休息，明天去专医院透视很方便。先绪在上晚自习，我去打水把身子擦洗了一番，又洗了衬衫和袜子。还是感到精神不怎么好，就去寻找个地方做气功。先绪他们寝室的后面，有一块平地。平地边缘有高大的树木，旁边是一条小路，很陡，是同学们自己走出来的，因为下去就是大路和大食堂，很是近便。我觉得这个地方空气好，也很安静，开始做起站桩来。

依然是半蹲着，双臂合抱，两手相对，做着三圆式。我竭力静下心来，意守丹田，调整气息，深长呼吸……

"……哪一个？是哪个？……他妈的，是哪一个？你再不做声，老子用石头砸了！"我如同在梦中惊醒，方才意识到有人在开骂，还是对着我的，他就站在下面的小路上。一时好不恼怒，立即不客气地训斥起来："你是哪一个？怎么这样鲁莽，不通道理！"忽然，觉得自己的功夫也练得太差火了，修养也并不如别人说的那么好，便立即强制自己冷静下来。

对方是一个二中的同学，我模糊地看到他是一个胖墩墩的大个子。他大约是从小路回寝室，因为没有路灯，昏暗中突然见一个人，又一动不动，也许酷似一个吊颈鬼，被吓住了。他听到我发了话，终于发现是一个人，便松了一口气，但嘴里还是不干不净地念着："把老子吓恼火（吓坏了）哒，不知道是个什么怪物，还以为是个吊颈鬼……"

他似乎还是有些害怕，拉开嗓子，叫来不少同学。这下子非同小可，从各个寝室里出来一群同学，有的是从床上爬起来的，一个个赤膊上阵。这块本是十分安静的地方，一下子闹腾起来。同学们相互传言道："我们学校来了一个怪人!"

"哪来的这么个怪人?"有人在问。

我改变了过激反应方式，用一种平和的口气说道："同学们，你们冷静一点，我可以给你们解释——"同学们稍微安静下来，听我讲。我便把练气功的一套讲给他们听，就像上一堂卫生保健课。这样之后，打赤膊的一群同学，才渐渐返回寝室去了。只有那位胖胖同学，还是不断地念叨："刚才硬是把老子嚇恼火哒，我从食堂上来，突然看到一个家伙，一动不动，喊了几声，也不答白，还以为是个吊颈鬼……我的个妈呀，刚才心子都还在甩……"

后来，先绪等一帮三年级同学来，听我说起刚才的一幕，都大笑了一番。我开始意识到，练气功，特别是做站桩，必须选择绝对安静，无人去的地方，不然会产生许多误会。那次在关口，吓倒了几个放牛娃，他们叫我"呆子"。这次又把胖胖同学"嚇恼火哒"，我变成了"一个怪人""吊颈鬼"。这样，不仅自己练不好，而且把别人也吓唬了。以后真要注意这个问题，没有合适的地方，就不要站桩，在床上做坐姿，卧姿都行。

早起，在清清的龙洞河水里洗了脸，就去专医院。这次的透视，我的心里并不像过去那样平静，有一些紧张，似乎是一次前途和命运的决战。已经到了这个时候了，同学们都在抓紧复习，都在想着报这个大学，那个学院，如果我的病愈，便可以和同学们一起复习，参加高考了，该是多好，多幸福的事!

透视结果，令我心冷了一大截：有小片状阴影，密度较大，六型肺结核硬结期。医生说："不能参加高考，继续休养一段时间了拍片。"离高考也就一个多月了，再休息一段时间，那是什么时候了?不能参加高考怎么办?以后的生活是怎样的?前途将是怎样的?心里发毛，精神差到极点。跑到食堂买了一碗豆丝和一个烧饼，都感到吃得很艰难。几年来，这才感到"不思饮食"是怎么回事。又去买了两毛钱的果子露，也嫌不好喝。

宗智也去透视了，也没有好的消息。原本约定两人去照相的，看来都不会有兴致。还是按约定，在东风照相馆等宗智，终不见来，只得去到二中。

先绪端来二两稀饭，我也颇感不能入口，加了一杯开水，才喝了下去。午睡的时候，头脑发胀，发麻的感觉没有消退，脑子里还出现了一串串“怎么办”和许多的问号。头顶像针扎一样，久久没能安神。这一切，先绪何曾知道啊！在他去上课以后，我已经想好，把一些事情办完，明日就回家去。

在先绪的床上，给青年联欢节游戏的一号朋友，白娟的妹妹白月写了信，并把一枚延安纪念章作小礼物寄给她。又给先绪的枕头上留下一信，信上放了两张我的单人照片，是给他和德腾的。旁边还放了两枚“友谊”糖果。

下午三时，我再进城去买药品等物，做回家的准备工作。在舞阳坝，碰到初中的老同学兴顺。他师范毕业后，留校当了学校的采购。他邀我去他那里玩，我说是准备下午去师范的。他把他的自行车座包一拍，说道：“就坐我的车走。”我便坐到了自行车的货架上，任他拖着，直奔三孔桥而去。兴顺用力蹬车，我是坐享其成，不费一点力气，就让树木、屋宇退到后面去了。凉风从身边掠过，也觉得十分快意。

兴顺把我安顿在他的寝室休息。房中虽然有些杂乱，但床、桌、椅凳都是整洁的，显得也还安逸。有许多书籍，乃是我以前从未见过的。我忽然又感到知识海洋是如此广阔，生活海洋也是如此广阔，人的心境也应该更广阔一些！在兴顺处吃了晚饭，菜有豆豉、洋葱、酸萝卜。因为明日就要回去，时间很紧，兴顺留我在他那里玩，是不能够了。

告辞兴顺，去找秀姐。在龙洞河边找到了她，她在洗衣。旁边有许多人射出异样的眼光，有的发出笑声。她去寝室拿了十个鸭蛋和一包东西，说是炒面。她送我到操场，一路又谈了一些情况。这次接触，她给我的印象是更真诚，更热情，更通晓事理。她懂得怎样关爱别人，有一颗体贴别人的心。哥有这样一位妻子，是幸福的；我有这样一位嫂子，也是幸福的。

傍晚，在教室门前碰见白娟。她听说我透视的结果是“还没有好”，似乎在发脾气了，狠狠地敲着手中的克郎球子，不断的埋怨：“为什么还不好？几时可以好？”她的这种态度使我不好想，也不满意。心想，你不关心我，不安慰我，还在我面前使性子。

找到凤玲姐，与她谈了这次透视的情况，她也为我惋惜。然而，她却与白娟不同，她鼓励我，不要性急，总是会好的……一会儿来了不少女同学，都上来问东问西，要我抓紧治疗，令我十分感激，也使我感到，这病迟迟不好，是多么的锴弟：

看完了你这个日记本，我内心涌出了一股激情。我惭愧，在学习中有些飘浮，工作中有时也有些畏难情绪。而你呢？处处是我学习的榜样，是一样名符其实的共青团员，党的好儿子。愿你记住领袖们的话，用踏踏实实的步子，走向光辉壮丽的成年；把自己的一生献身于伟大的共产主义事业！

秀姐

于恩施中

1961.8.4下午（清稿）

○秀姐在日记本上的题词

遗憾。

我回到隔离室后白娟又来了，我把给她妹妹白月的信，交给她，请她帮忙寄出，说我明早就回去。她一直都是沉默的。我送她，在教工之家门口，她恋恋不愿离去。说了一会话，她又将一张近照，送给了我。回到寝室，我才看见照片的背面，写着“国韬同学：为人类的自由幸福奋斗到底！白娟于恩高毕业前”。

我反复揣想一番，觉得真有些摸不透女孩子的心。我感到先前对白娟的“使性子”有反感，认为是不关心我，是很有些冤枉了她。她的这种表情，说明她是多么迫切希望我痊愈。进而，我似乎有了一个新的认识：当姐姐的比较能安慰人，而当妹妹的则喜欢“使性子”——其实，心肠都是好的。白娟，我是时常把她当个妹妹，有时还直截了当地批评她。她在我面前，也似乎习惯当个妹妹。是的，其实白娟一直是特别关心我的。

天明即起，五分钟便收拾好，告辞宗智、国海等病友，带着遗憾登前程。不顺的时候，许多事情都一起不顺。等了好几个钟头，都没有等到车，还是迈开双腿，一步一步丈量恩芭公路，走了不少的“之”字拐，终于回到家里。给父母讲了这次在城里的一些情况，也讲到白娟的一些事。父母都认为，“她恐怕对你是有些意思的”。母亲还说：“现在这里也是有人来说，要给你找个爱人。”这又使我有些惶恐，自己怎么就到了这个年龄了？

晚饭后，和父亲在塘湾的山岗上散步，我对父亲谈了自己的志向，也讲了对白娟的态度。我说：“许多人，在我这个年龄，已经做出了了不起的事情，我现在还没有一点作为，我不会把恋爱，结婚当作一个任务来完成的。当然，如果我身边有一个十分有益的女朋友，她使我的生活更有意义，会使我更有作为，那我将会追求；否则我不会去勉强。在这个问题上，我甚至会去做一只高傲的山鹰。白娟对我的确是很好的，我也觉得她是很不错的，而且从内心很感谢她。但是，我们都面临生活上很大的变化，以后我会是怎样的，她以后会是怎样的，那时，她对我又会是怎样的……这些，现在都说不清楚。这一点，我思想上是清醒的。不管怎么说，她的确是我的一个好朋友，有这么一个好朋友，我很愉快。”

父亲说：“你这样认识就很好，在这方面，我们对你都是放心的。”

接着，父亲也倾吐了自己的思想，觉得自己确实有心地狭窄的毛病，喜欢怄些小气。往往在外面不顺心，怄了气，还容易迁怒于家人，这都是自己修养不好。父亲还说："我这方面就不如你……"

我说："其实您的经验阅历那么丰富，好多事情都经过了，看过了，甚至都看穿了，许多道理都很明白。就您平时给我讲的那些道理，我看都是经验之谈，是很可贵的处世为人之道。我得病以后，您一再说要'要站得高些，看得远些，想得开阔些''塞翁失马，焉知非福'等等。这些教导，对我而言，说得都很正确，讲得也很及时，因此得到很大的益处。但是，也许人人都会是这样，在自己陷入某个境地的时候，恰恰就可能不那样想了。比如，我也常对其他同学说，要准备走弯路，不会都是舞阳坝大街那样平直的路，如何如何；这次透视，自己抱着太大的希望，但是，结果出来，病还是还没有好，人就快了大半截，还像害了一场大病。这恐怕就是'旁观者清，当事者迷'。我想，自己以后是不是都可以这样：遇事自己想一想，如果是别人，我会怎么对他说，这样可能要好很多。"

"嗯，你说的很有道理，有时候真还是这样子的，你这个办法我以后也是可以试一试的。"父亲说。

"还有一点，我觉得很重要，就是从根本上说，人还是不要把自己看得太重。一个人不可能不看重自己，但是，又不能太看重自己，事事想到自己，总是以个人为中心，这样的话，思想是不可能开展的，也不会有达观的精神，开阔的胸襟。人还是要把自己融汇到一个伟大的事业中去，为广大的人民群众服务，做出一些有益的事情，心里才爽快，坦然……"

父亲接过话题说："这一点是很对的，莫说现在提倡树立共产主义人生观，就是封建时代的曾国藩，也说'欲除烦恼须无我，历尽艰难好做人'。想开了，一个人也真是算不了什么，苏东坡说'渺沧海之一粟'，这些话都很启发人，叫人心地开阔——今天和你这样一谈，我人都像年轻些了……"

这一席交谈，使我们都觉得很畅快。我又得到一点感受：老人也是需要经常交流思想的。只要老人肯接受新的东西，又经常有一种外在的积极力量去影响，是同样能焕发青春，老当益壮的。

五中的饶老师，也是我经常一起聊天的年轻老师。他要结婚了，我打算送他一张画帖恭贺新婚。要在画上写几个字，才觉得自己的字真是拿不出手，事到临头才来练毛笔字。

我在练习写毛笔字的时候，很荣幸得到父亲画龙点睛的指导：头要正，笔要正，横笔直下，直笔横下，横轻直重，有骨有肉。他以“馬”字为例，予以讲解，还说：“我其实是一辈子都没把字写好的，像你们，这个毛笔字，还是要好好练习的，可以先临柳字帖和颜字帖……”我想，今年参加高考恐怕是没有希望了，在未来的一年中，练毛笔字应该是自己生活中的一个重要内容。

傍晚，要父亲给我讲一篇古文。他选了《古文观止》中李密的《陈情表》。这真是一篇好文章，把一个“情”，陈述得那么真，那么细，那么切，那么感人。从中，也看到古人对于孝道是看得多么的重。文中有许多词语，极能表情达意，用得十分贴切。毛主席肯定是背熟了的，不然怎么能顺手拈来？

晚上参加饶老师的婚礼，新娘是芭蕉的一位小学老师。后来又去加餐，给新郎新娘敬酒祝贺。在这里参加了几次婚礼，不觉对人生有了一些新的想法，人到了一定的时候，都要结婚。不由得又想起了白娟……不，我怎么能想这么多？我离这一天，还有好远好远啊。

收到哥哥的一封来信，这是收到我提前毕业回家后去信的回复。看得出来，这封信是他动了脑筋，认真写的，洋洋数千字，于我，是字字珠玑。许多话不仅对于我的现在，而且就是在将来，都是有教益的。比如他说：“归根结底，人是靠社会的磨炼和熏陶的。一个人，如果遇到的困难和险阻愈多，而他又善于从中吸取经验和教训，他就会比一般的人更老练，更坚强……”

我觉得，前些时自己曾经走到了一个峡谷里，只看见“一线天”，现在应该给自己留一个备忘录：生活的道路无比广阔，个人的前途将与伟大的事业一样光明美好，不要为暂时的一些现象所迷惑，前途靠自己去努力争取，未来靠自己去顽强奋斗。

人的思想，也会走“之”字路，不会是尽走直路。今后说不定又会走进“一线天”的峡谷中，记着备忘录里的这些话，应该是有好处的。

功课是不能放弃的，就是明年参加高考，从现在起也得准备，万一下次拍片，说我的病灶完全钙化，自己功课准备不好，又岂不是空欢喜一场？凡事都是有备无患。昨天计划了一下，近两天把《俄语》第一册复习完。事在人为，只要动手，许多事情就可以做出来；只要一钻进去，还会感到莫大的乐趣。

下午，帮父亲挖洋芋。虽不是赤膊上阵，但上身只穿一个背心，下身只着一条短裤。把长衣裤一脱，四肢暴露在光天化日之下，陡然觉得，两条大腿已壮如两根柱头了，自己很是满意，觉得这也是一美啊，值得好好自我欣赏一番。唯一的问题是，皮肤太白净了一点，缺乏“健康美”。但无论怎样，这段时间的休养，身体总是在往好的方向发展。美感也产生力量，我挖洋芋的劲头猛增，一锄头下去，就是一兜。一兜挖起来，就是圆滚滚的一堆洋芋。大约三四平方米的面积，就收了三十多斤洋芋。心想，这洋芋真是好东西，又好吃，体积又大，最能填肚子。难怪芭蕉人都叫它“洋芋宝”。要是学校多给老师们划点菜园地就好了，我们能种上三四十平方米的洋芋，那就可以收几百斤洋芋，这样一贴补，是可以把饭吃饱的。

丰收归来，母亲自然是挂满笑容，随即找来“磁瓦子”刮起洋芋来。我知道，下午是有好吃的炕洋芋饭了。

起身到河里去洗澡，用湿毛巾在全身擦，直擦得白净的皮子发红，又躺在太阳下晒……我想，再给维正写信的时候，就要告诉他：“随着夏季的到来，我的生活增加了冷水浴的内容……”

今天是端午节。“每逢佳节倍思亲”，给哥哥写了一封信，也写得很长。谈了近来的生活情况，接着谈了自己对人生的一些看法及今后的打算。还讲了自己思想的进步，追溯其原因，是哥哥做了自己的榜样。最后，讲了家中的一些消息。整整写了四页纸。念给父母听，他们都给以大大的称赞，说写得很好，很好，可以留存底子。父亲还说：“你们现在，正是作好文章的时候。”

又给白娟写了一封信，是针对这次分别时，由于我的病还是没有好，她的情绪不佳写的。我说：“我需要理解你，也需要你理解我；我已经从一时的忧郁中走了出来，也希望你再不要陷于低落的情绪之中；我已经变得冷静和理智了，也希望你能更冷静，更理智，全力迎接高考。”我充满了热情，说了不少鼓励她的话，想在这个时候给她力量。如果我的这些话，能使她获得生活的热情和前进的动力，那将是我的快乐。

不知是写两封信，费了些脑筋，还是昨天挖洋芋，费了些体力，今天精神不佳，腰部有些疼痛，暂时停止冷水浴。

听父亲说，五中有个三年级毕业班的学生，叫王德明，自愿响应党的号召，到农业生产第一线去参加劳动。我觉得这是个值得宣传的好事情，便去找学校领导黄书记，告诉了我的想法。书记很支持，说很好很好，又关心了我的身体情况。书记在他的房里，介绍了德明同学平时的表现和有关的情况，并要我参加下午举行的毕业典礼。

我换上了蓝色的新裤子和白色的府绸衬衫，俨然也是一个俊俏的男子，或许还像一个记者。在开会之前，与王德明的母亲进行了交谈。会议进行得非常热烈，显然因为出了个王德明，给这个会增添了不少气氛。会上，学校给王德明赠送了礼物：挖锄、薅锄、镰刀和草帽。

我对王德明的举动是很敬佩的。面对旷日持久的饥饿，我从心底感到，国家大办农业，实在是生死攸关的大事。记得在学校时，一次听了坝书记关于大办农业的报告后，在班上讨论，我也发出过誓言：如果不能升学，坚决到农业生产第一线去。

我唯一觉得，王德明还是应该“一颗红心，两个打算”。如果他再有学习的机会，还是要继续学习才好，只有初中的文化还是不够的。不过，人各有志，加之从目前的情况看，加强农业生产第一线是当务之急，他能这样做，实在也是难能可贵。散会之后，我又访问了德明同学的班主任敖老师，接着就动笔写。

第二天，我把稿子写好，去交给黄书记看，书记说，我给敖老师说了，你写好后，就和他商量，他是语文老师。我便去找到敖老师，把稿了交给了他，他的态度，显得有一点儿傲慢。我写的并不长，他却看了半天。看完了，他向我提出一个问题：“你是写一个人呢，还是写新闻报道?”这个问题使我有点糊涂，揣想他的意思，可能是觉得我写得太简略了，想我详细一些，写一篇人物通讯。作为班主任，他可能有比较丰富的材料，班上又出了这么一个好学生，应该好好的“写一个人”。但是，就我看来，王德明毕竟还没有更多的动人事迹可写。我对他说，根据目前的材料，我觉得写成一个新闻报道是合适的。他低头沉思了一会说：“如果是新闻报道，那就要描写一下会场布置，大会的气氛，人物的形象、声音……”我似乎觉得他说的有些不对劲，一张全地区发行的报纸，怎么可能就一所中学的毕业会，作如此详细的报道?

我不知道是敖老师少于看报，还是他故意要给我出难题。这使我已经没有写这篇稿子的兴趣了。不过，我不想与他多谈，一揽子“接受”了这位“傲”老师的观点，并不表示按他的想法写有什么难处。最后，他问了我一句：“这样是不是好写?”我说：“再试试看。”还“抬举”了他一句：“你真是站得高，看得远。”其实，聪明的人会感到，这是有点讽刺意味的。然而，下楼的时候，他居然还说了一句：“写好后，再拿来我们商量商量。”我心里想着，我哪来这么多时间来“商量商量”啊，你这个语文老师何不好好描写一下，或者写一个长篇人物通讯?

我开始感到，踏入社会就会发现，有些事情，不是当学生时那么简单。当学生，写一篇作文，交给老师就作数了。而在这里，写一篇报道，还有如此麻烦。社会上，会遇到各色各样的人，各种各样的情况，还有一些弯弯拐拐，圈圈套套……这都是当学生时感受不到的。难怪有一句话，叫“书生气十足”。从这一点看来，“学生”是算不上我认为的“社会的人”，从“学生”到这个“社会的人”，还有一段不小的距离。

我决定了，把原来的稿子稍加修改，就寄到报社。用了好，不用也好，反正我不再去“商量”什么了。不过，我倒想到，王德明的事，是可以做一篇作文，以备高考的。

如果白娟再来信问我，面对生活的海洋，又有什么感受，我可以回答她：“我尝了一口海水，它没有泉水的甘甜，有点咸，略带苦涩，不蒸馏，则难以入口。”

白娟似乎好久没有来信了，倒是不断收到其他同学的来信。维正，是给我写信最多的。最近他在信中还深情地说，他是一直把我当做榜样学习，把我当做兄长一样尊重。我比他整整大一岁，一天不多，也一天不少，自然是他的兄长了，但做榜样，我是难以领受的。他还说，对我说的话，他也很感兴趣。又说，当他在苦闷的时候，首先就想到我，给他以莫大的生活力量。我相信，维正的话是真挚的，然而这些话，对我更多的是一种鼓励和鞭策，能使我真正坚强起来，去和厄运作斗争。

接到光钦同学的来信。他告诉我，他和福耀，已提前录取重庆第七军医大学。这使我十分兴奋，似乎看到我们这一代人真是成长起来了，并即将通过最后的训练，然后一项一项从老一辈手中接下建设祖国的任务。我激情澎湃，给光钦同学写信祝贺，并豪迈地说：“我们即将接过驾驶时代列车的光荣使命，无论我们是当火炉工，或是司机，或是服务员，或是民警……我们一定要让这次列车，跑得更快，更好，更安全。”

又收到德盛同学的来信，感谢我给他寄去的书和歌片。他曾听说我想找《风从东方来》的电影插曲，竟然找到了，这次寄给了我。同时寄来的还有《蝶恋花》的曲子。

我坐在五中的大礼堂，参加听县委徐部长作形势报告。他说，国家将要大力压缩城市人口，将一些机关、厂矿解散，学校实行精简，只留下一、二、三、四、五中，其他的六七所中学都将取消或合并，压缩一部分人员到农村，来一个“齐步走”，全国支援农业第一线，大办农业，大办粮食。我非常受鼓舞，感到国家如此重视和加强农业，人民的生活改善大有希望，而且认为，早就应该采取这样的有效措施。

听完报告出来，五中工友赖师傅递给我一封信：是白娟写来的。信中的消息，大出我的意料。她告诉我，她也得了肝炎病，虽然不很严重，但一天精神不好，思想也很乱……看了，我简直都不敢相信。因为，在我的感觉中，她的身体一直都是很好的。我甚至相信她会顺利升学，今后有更好的条件，会有更多的人关心帮助她。这个想法，在上次给她的信中还隐约有所流露：“只希望你今后能更多的帮助我，指导我——这也是我希望获得的友谊的价值。”我想，这事对她的打击定会是相当的大，与我当初检查出肺结核时的心情一定会是一样的。马上给她回了一信，鼓励她要坚强，有信心，和疾病作斗争。又讲我当初也是如何，现在，像没得这事一样。又把施老师给我开的“单方”，给她抓了几味“药”：“肝炎也没有什么不得了，莫把它当个事，一天只管欢欢喜喜的……”我不知道这对她能不能有一些帮助，但是我一定要尽到朋友的责任。

时间已到 6 月下旬，接到厚厚一封信，信封是维正写的，拆开来，里面还有巴东同学美庆的，有建始同学天登、舒苑的。里面附有他们的一些照片。看到这些照片，我仿佛又和他们在一起，无比快乐和幸福。

我细读他们每一个人的信，斟酌每一句话，每一个字，甚至连每一个标点，都似乎是做考古式的研究。维正谈到恩施各校将要压缩的情况，用时兴的话说，现在刚刚“揭开盖子”；美庆同学写道，“高考时间推迟，更有利”……使我有些不明底里。

又接班长大吉来信。见信如见人，面前仿佛站着这个浓眉大眼的利川同学。他本是很亲和同学的，学习劳动都勤勤恳恳，但不知同学们怎的把俄文“老虎”一词送给了他，叫他“周几格儿”。这次，他告诉我的，不是什么好消息。他在信上讲到，三年级同学身体状况极为不佳，又有50多人得了肝炎病，我班在校的29人，有6人得了这病，大吉说他自己也有了高血压，班干部现在仅维正一人在工作。信中还说，也许因为问题的严重和普遍，高考将推迟到7月31日至8月2日举行。

我为这病情的严重感到惊愕。追溯原因：饥饿。

真是“病来如山倒，病去如抽丝”，说是“在转弯了”，但是弯子还是转得太慢了，饥饿仍然纠缠着人们。

一日，我在复习俄语，父亲似乎没什么事，只是不时地说饿。他到处翻，想找一点什么吃的东西，没有，显出心神不宁的样子。母亲也不知出门到什么地方去了。我心中真是难过，不是滋味。我将自己的稀饭分拨一半给了他，他望了我一眼，也就喝下去了。后来，我倒在床上，双泪俱下……我想，如果是自己挨饿，我可以抑制住，不会流出眼泪，直到饿死；但是，看见老人如此饥饿，我是怎么也抑制不住——我没有办法，实在没有任何办法呀！

父亲上街去，买回来的是10枚水果糖。父子俩，你一枚，我一枚……糖是甜的，但是用来充饥，则不是可以填充肚子的。

我痛感自然灾害的残酷。尽管有“人定胜天”的豪言壮语，但在自然灾害面前，我们的农业是显得何等软弱！我曾在南门桥头，看到过倒在路边的饿殍，有人说：“昨天就看到他在这里，饿得偏偏倒的样子，肯定是昨晚上就饿死在这里了……”又一次，在南门桥头的餐馆，看见一个男子，不顾一切，抓一把筲箕里还在过滤的生米，就往嘴里塞，餐馆的老板娘埋怨道：“这生米哪门吃得！”男子还在将粘在胡须上的几粒米，不断往嘴里送。我听说过，有的村里死了人，已找不到劳力去掩埋了。想起前次回家，途中遇到那位老者说的，他们一个百把人的大食堂，就饿死了四五十人，几近半数啊，都是壮劳力，没饿死的也都是黄泡烂肿……现在，我们同学的身体，还在一批批垮下来；我和我的家人，也都在饥饿中挣扎……

——我在讲这些陈年往事的时候，面对的是当今物资充盈的市场，人们在研究如何节食减肥。如此巨大的反差，使我几乎质疑当年的饥馑是不是真的。然而那不仅是真的，而且是长达三年的事实！在我的记忆中，这三年只不过是最严酷的，是大批饿死人的三年，而为吃饱肚子犯愁，几乎是伴随着我们这一代人的成长。当时，我认为解决饥饿的唯一有效办法，就是各行各业都去大办农业。但是，令我万万没有想到的是，十七年后，下乡的知识青年是大批返回了城市，又以后，竟然数以亿计的农业人口进入到城市工作。如此不仅没有饥饿，反倒是一些高明的医生，一针见血指出：现在的好多病，都是吃得太多，营养过剩造成的。当今，一般青少年已不知饥荒为何物，很难听到娃娃们喊“我饿哒”。现在的年轻人，已视丰衣足食为当然，而我和我们这一代人，却感到如梦如幻，昨日是一场噩梦，今天则又是过去做梦都没想到的梦。我希望这饥荒的噩梦，一去不再复返，永远不要再来，不要我们的后代来体验——三天都不要，别说三年！但是，我也希望后人们，应该知道饥荒是何物；饥荒不仅伴随中国历史数千年，而且我们这一代人也经历过；中国人是饿怕了的，那日子真是难过难熬啊；当今十三亿中国人，没有了饥荒，是一个奇迹，值得庆幸和珍惜，还当警钟长鸣！

被饥荒缠绕的人们，对天气的关注，视同于对生命的关注。他们希望天空出现阴霾，害怕连续的赤日炎炎。有一段时间又没有下雨了，地上开始出现旱象，人们忧愁起来，对可能出现的干旱，充满恐惧，焦急地盼望甘霖普降。

6 月 29 日，是恩施五中第一批 45 名同学奔向农业第一线的日子。据说随后还有两批。在师生们欢送他们首批同学开往前线后的那个下午，天上黑云密布，远远近近，雷声大作。天公抖擞了，接着便是哗哗大雨。干燥闷热的空气，变得湿润凉快起来，树木在快乐摇摆，庄稼承受天赐的恩惠，人们无不喜出望外。我听到外边有几个人议论：

“这场雨就真是下得好哇！”

“这是下的金子、银子啊！”

“这硬是下的粮食，下的人命呀！”

滂沱大雨，使人们绷紧的心放松下来，大家又开始充满希望地做着自己的事。父亲的情绪也很好，给我讲张子房的典故，从受书于圯上之老人，到功成名就，归隐吃斋而终老；又讲陶朱公、纪晓岚等人的故事。他有时讲着讲着，要停下了问一问我，比如“臣的靴子里失火”，知不知道是个什么事？我说不知道。他便责怪道：“嗨！怎么连这些常识都不知道，历史知识太贫乏了！”

七一前夕，五中学校在鱼塘里打了几十斤鱼，一个老师分了一条。下午母亲把鱼弄了，接了在这里实习的凯文哥。

凯文哥是我二姨的儿子。他们的家在建始石垭子的沙子坝，我小时候是去过多次的，留下记忆的一次，应该是在新中国成立以后的1950年吧。我有深刻印象的是：他们家里有机器，可以织袜子；他们家里有一种吹起来很好听的东西，后来听说叫口琴；据说他们家里还有一种很好看的西洋镜，里面有许多画面，人是可以动的，说是叫电影——只是听说有，但没有看见。听母亲说，他还有哥哥和姐姐，但是我没有见过。我见过的就是他和他的弟弟揆文。凯文比我略长，揆文相若，谁大一点也不知道。还有印象的是，他们都会唱一个歌：“叮叮得儿龙格儿龙，叮叮得儿龙格儿龙，战士们的心在跳……”又听说，他的姐姐叫品文，还是空军——羡慕得不得了！这都是十年前的事了，凯文现在师专要毕业了，他们来这里实习的有五十人。也许是他马上就要当老师了，凯文哥现在话很少，总做着斯斯文文的样子。

1961年7月1日，是中国共产党诞生四十周年纪念日。晚饭后，与父亲谈起，这段时间在复习历史，还结合着阅读了《中国共产党历史简编》。我说，一翻开中国近百年的历史，自己一个感觉就是“压抑”。那时国家是那么贫穷落后，列强们肆意宰割，中华民族真是受尽了欺凌和屈辱，签约、割地、赔款，无休无止。一直要读到1921年中国共产党成立之后，才慢慢觉得有了一点希望。再到抗战胜利，好像才吐出一口气来。再往后，就越读越来劲了，有了畅快淋漓的感觉。父亲说：“你们现在是读历史，你说的好多事，都是我们亲身经历过的……”

“您何不给我讲一讲您经过的那些事？”我要求。

父亲爽快地答应：“前人不讲古，后人失了谱。也是要给你摆一摆古——那你先去给我倒一杯新鲜茶来。”

记得小时候，一旦我要听他讲故事，他常常会先讲一个条件，或是要给他捶捶背，或是给他挠挠痒，来吊吊我的胃口。在他讲得兴致勃勃的时候，如果发现我停止了捶背或挠痒，他便会来一句：“我懒讲得哒！”这会使我像看电影，中途突然要停止下来换片一样扫兴。这个时候，我自然立即动作起来，并集中注意力来听。大约是读了中学以后，就少有这样的情况了。

今天，父亲也就提一个倒杯茶的要求。我新冲了一杯茶，放在父亲的面前，开始听他讲历史。

父亲开讲了："我生的那一年，是宣统元年。我们吴家讲的是'耕读为本'，凡是小孩子，包括女孩子都是要读书的。五岁的时候我也就上了蒙学。八岁在祠堂里读小学，渐渐开了知识。到了十一岁的时候，你的婆婆（祖母）病得不能起床，我就不能读下去了，一直到十二岁你婆婆去世，都在当放牛娃。那时候都是兵荒马乱，今天来南兵，明天来北兵，见牛羊就赶，见鸡鸭就捉。你婆婆重病在床，想喝一碗稀饭都没得。想到那些日子，那真不是人过的……

"你伯伯是个很有见地的人，在我十三岁的时候，尽管屋里手事艰难，一家人缺吃缺穿，他和你二伯，三伯商量，还是'鼓着'（强迫）要我到武汉去读书。这样子，我和族间里一大路人，走了半个月到了省城求学。先是上的日新中学，后来考入省立甲种商业学校，以后又考取工科高中。十六岁时，在工科高中高二考了第一，还免了六块钱学费。这时候就正是国共合作的北伐时期。当时，黄埔军校在武昌举办分校，叫做中央军事政治学校。当时是好几千人报考，只取几百人，初试复试考了好几次，很是严格，我一考还考取了。

"这个中央军事政治学校，可说是人才济济。在里面上过课的有不少了不起的人物。恽代英是经常给我们讲话上课的。这个人读的书不少，也真是会讲。记得有一次他给我们讲：有的人怕打仗，一说打仗就想到死。他说打仗当然会死人，但是，死人也不是就只有打仗。有的人害病，治不好会病死，有的人在河里游泳会淹死，甚至有的人走路，突然滚下一个石头，被砸死……打仗也不是每次都死人，死人也不是个个都死。话说回来，我们去打仗，就是死了，也是为了救国救民，死得值得。一个人都是会死的，只有多活几天，少活几天的区别。活着为了救国救民；死，为救国救民去死，那才是光照日月！他的原话比我说得好得多，我只记得他说的这个大意。听他讲话，这个人啦，真是被说得浑身劲鼓鼓的，还只想在战场上去拼几个回合呢。

"还有个邓演达。邓演达这个人你听说过没有？"

我回答说："他是国民党里反对蒋介石的，后来被蒋介石杀害了。"

"嗯，这也是个了不起的角色，是孙中山都很信任的人。武汉中央军事政治学校，他是主要创办人之一。他给我们做演讲，揭露蒋介石的独裁野心，痛斥他背叛革命，分裂革命的行径。这是一个有才学，有军事指挥能力，又刚直的人。他高高大大，一表人才，颈项很长，但是总是直直的。有人说，他的颈子总是‘犟’起，从来不弯的。不管蒋介石怎么样对他软硬兼施，他都不为所动。最后被蒋介石下了毒手。

“还有个萧楚女，据说没读过什么正规大学，但是学识渊博，文章写得好，当过国文教员，会演讲。那时节，好多人看了他的文章，署名又是萧楚女，以为是个楚楚动人的女子，不少人还给他写求爱信。搞得萧楚女还登报声明，说自己乃是一个人高马大的男子汉，脸上也黑，还有几颗麻子。

“毛泽东我们也应该是见过的，有一次听过一个湖南口音的人演讲，人很年轻，穿一件长衫子。听讲的人很多，听得不很清楚，只好像听他说了‘是好得很，还是糟得很’一些话。后来听人说，那天演讲的人，是毛泽东……”

“你们也打过仗没有？”我问。

“怎么没有呢？1927 年 5 月，夏斗寅发动兵变，我们就在武昌贺胜桥，参加了讨伐夏斗寅的战斗，打得还激烈得很。我们一直追到了咸宁，蒲圻，又转身打到嘉鱼赤壁。后来又听说杨森和夏斗寅暗地联合，又坐轮船赶到新堤。上了岸就是急行军，到了峰口，去攻打杨森的部队，一直打到通海口，以后才回到武汉。

“这年七月，军校解散了。当时我还是想在军队里搞（做事），于是，在清乡办公室当过几天副官，又到第四集团军随营军官学校军官班学习，然后分配到第十六师参谋处第三科管地图。不久部队开到沙市就解散了。我这才放弃了从军的打算，考到湖北省立乡村师范。毕业前到上海苏杭江浙一带考察小学教育，大长见识。二十二岁乡村师范毕业以后，开始教书了，在汉口四十二小当教员。

“二十三岁回家结婚，接着就在我们的祠堂小学教，以后又在三里坝小学教，一年后，又到汉口，在三十二小教。1935 年，我二十六岁，调到汉口第六完小当专任教员，这在当时就是很不错的工作了。

“这段时间，你姆妈（母亲）也在汉口去了，我们住在德华里，你二姐就是在这里生的，所以取名‘华’。我在读乡村师范时，就结交了一批朋友，最好的有张执一、盛家传、易演道、刘天墀等八人，称作‘八大金刚’，一直来往密切。其中，张执一是共产党员。有一天晚上，他慌慌忙忙跑到我们家来，外面警车呜呜啦啦叫，恐怕就是抓他的。是你姆妈找了个地方把他收（藏）起了，才躲了过去。解放后，他的官当得不小，中央统战部的副部长。五三年我在武汉思想改造，会到易演道，问他以后见到过张韧没有——张执一过去叫张韧——他说虽然到过北京，但是没有找过他，说‘他的官做得太大了！’

“这个时候，吴国桢是省政府委员兼汉口市长。他是个既讲亲情又不徇私情的人。每到逢过年过节，他会把在汉口的亲人接到家里团聚，吃很讲究的西餐。但是遇事，无论亲疏，都是从公从严。我师范毕业后，是他介绍当了初小教员，后来又调到了完小，心中很是感激他。在他得了大儿子修广的时候，我去贺喜，也是想借此机会表达对他的感谢，还按早就想好的说辞，说了一番。哪知他很是诚恳地回答：‘这个提升是你自己努力的结果，是学务视察的主张，他说你工作一贯努力。六小办得好，里面好多都是大专生，你以后还要多虚心努力。’吴氏亲族，做事勤勉的，他可以提升，若是做事懈怠，哪怕是他的亲叔叔，他会毫不讲情面，予以罢免革职。他认为只有这样，才能刷新政治，收拾人心。

“三七年，抗日战争爆发，看着看着，形势危急得很，日本人的飞机到处丢起炸弹来，三八年的年初，我们回到建始。这个十来年时间，我差不多是一年要换一个学校，前前后后在恩施初中、建始三里区小学、三里坝的省联中、宣恩高罗的省联中、建始县立初中，中间搞（干）过三个月干训所教育长，又到建始县中。四十岁时又在恩施私立清江中学，这就正值恩施解放。

“1949 年 11 月 6 日，恩施解放。就是这个月，我就和你二姐、哥哥，三爷子一起参加到恩施革命干部学校学习，到第二年三月，我就分配到咸丰中学教书，先当历史专任教师，半年后当教导主任，这以后的事你就晓得了，五二年当咸中校长，五五年有人说我们八个县的校长搞反革命集团，查了一年，没得这个事，就到了恩施。接着恩施新办几所中学，从此就一直在五中教书，一直搞到现在。”

“您这一说，也就是半个世纪的事情了。看来半个世纪，听来好长，实际上也就几个转身就到了。”

“我这当然只说个梗概。这个几十年，如果是细讲起来，三天三夜也是说不完的。有些日子，过起来也是度日如年。解放前的四十年，没有过多少安稳日子，没有多少痛快事。从记事开始，就是军阀混战，真是民不聊生，连凉水埠那样的乡村，都没有安宁；接着又是日本人打起来，更是国将不国，过着朝不虑夕的生活；那个时候为找个差事，是日夜操心，整个社会，就是尔虞我诈，相互吞并，从上层到下层，无不如此。只是解放后，才真的安定下来，工作也比较稳定，心情才畅快起来。抗美援朝一仗一打，也看到了我们中国人民，真的是站起来了，国家建设在发生日新月异的变化。所以五七年，有人那么动员我给共产党提意见，我实在没有什么意见。我只感到新社会好，共产党好。有人还启发我：‘五五年肃反，把你当成反革命，你怎么没得意见？’我说：‘那是搞错了，最后搞清楚了，还向我们认了错，又叫我教书了。哪个人都是可能搞错事的嘛。’他们又启发我：‘那把你的校长免了，你没得意见？’我说：‘我是感谢都来不及，有什么意见？当一个校长，责任太大了，我又是个经不起事的人，一天当得诚惶诚恐，不当了，真是一身轻松。’这都是我的真心话。”

我插话说：“是的，我都听您说过‘无官一身轻，有子万事足’。您的这些经历，写出来就好了，光这样听你说，记不下来。”

他说：“一天作文本都改不赢，还要你帮忙——呀，当真，前天给你的十个作文本，你改完没有？”

“全部改了，您拿去检查一下。”我把作文本递给了父亲。

父亲接过作文本说：“我来看看作文，你可以去看节目，是凯文他们师专实习生和我们学校一起演出的。”

我就到五中大礼堂看庆七一的文艺演出了。

水田里，稻谷开始抽穗了。俗话说：“东一刁，西一刁，四十八天上锅灶。”再过个把多月，稻谷就可以收获了，而且可以上锅灶，入肚皮了！这是人们看到了希望的时候。

7 月中旬，父亲去恩施城阅小升初试卷，去后就给我一封来信，说高考时间还不一定，叫我在 14 或 15 日进城看情况行事。本来平静的心里，这一下，却投入一个石子，起了波澜：检查不过一个多月，这病未必痊愈，能不能参加考试？如果参加考试，功课好像门门都没有把握。心中真是忐忑不安，焦点集中到今后的路到底怎么走？不能升学到底怎么办？身上有些发热，心跳得厉害，竟有大病临头之感。

走出家门，外面正是“西窗外，红霞飞”，天空广阔无垠；月亮已经升起，是悬挂在无止境的蓝空；星星闪烁着，把深邃的天空点缀得分外和谐。当时，恩施县卫生学校也办在五中，一位卫校的同学走来，我们开始天南地北地闲谈……此时，塘湾的山，五中的校园，天上的星星和月亮，还有我的心，一切都归于平静。

晚上躺在床上，正要开始进入浮想联翩，担心又是一个不眠之夜。我去想尤里·加加林，他在行将作“地球——宇宙——地球”之旅的头一天，可以做到一点不去想飞行的事。夜间，指令发出：“睡觉”，他就说一句，“睡觉？好的。”不到七分钟，便睡着了，而且没做什么梦。直到飞行，他的脉搏都保持在每分钟64下……这是何等的坦荡，何等的镇定！他有乐观开朗的性格，非凡的勇气和沉着的气质，令人佩服。他还有一句名言，“魔鬼并不像人们说的那么可怕”，也是很耐人寻味的……

加加林帮助我进入了梦乡。

照父亲说的时间，7月14日，我要进城去复查病情，打听高考情况。天还没亮，就听到母亲做饭的声音。寂静的夜里，唯有柴火哔哔剥剥的响声和切菜的声音。我立即爬了起来，换上干净的衣服，登上力士鞋，穿上府绸短西裤，还给身上扑了些爽身粉，又给手帕上撒了几滴明星香水。幽香缭绕中，我信心百倍，使劲吃了母亲做的饭，准备启程。此时，看外面，仍然漆黑一片。听到邻居的时钟，只敲两下，才悟到：方才两点！又上床，睡到天亮，立即起步。

走到二小，到了父亲阅卷的地方，不知为何，父亲十分慌忙。我便没去打扰，背着行李直接到了学校。先到病友们的寝室，见到了先到的德盛等一批病友，大家为这一相聚，皆大欢喜，嘻嘻哈哈，搞得不亦乐乎！谈到这次检查，我说自己感到希望很小，距上次照光，才40天时间，若是好了，那才是奇迹呢。

傍晚去找白娟，实在大大出于我的意料之外，她只顾看一封什么信，并不与我说话。这使我很是无趣，一点也不明白什么原因。只好与其他几位同学谈了一会，便告辞了。听同学说，白娟他们这一批有轻度肝炎的同学，还是可以参加高考的。但是，她自查出肝炎后，心中很着急，情绪也不怎么稳定，一时偷偷地啼哭，有时也高兴地唱《洪湖水，浪打浪》，又还在暗暗地赶功课。我感到痛苦——为她的痛苦而痛苦，也为自己给她说的许多话没起到任何作用而痛苦。我以为，我给她写的那些话，一定会给她一些力量的，哪知竟然是眼泪！我实在不明白。

晚上，到陈老师那里，他好高兴，好热情，满怀希望我这次能检查合格，参加高考。在光焕那里睡，好多蚊虫，睡得不好。

次日去医院拍片检查，但要等两天后才可得到结果，便到二中去。先会到德腾，接着先绪也来了。他两个见到我，高兴得不得了，都拍着我的肩，说我真是个“英雄”。我说还不知道检查的结果如何，他们说，你应该没有问题。德腾还赏给我一支大桥牌香烟说：“这次你要给我考到‘国际关系学院’去。”

德腾总认为我将来是个可以搞外交的材料。这大约是因为有这么一回事：在一个暑假，我们一起在清江河里挑石头卖，来了一个什么单位的人，不让我们捡石头，于是发生了冲突。在矛盾趋于激化，双方相持不下的时候，我出面与那人心平气和地下了一番说辞，那人便不再说什么，算是体面地离开了，于是，大家又继续自己的工作。事后，德腾他们就议论，认为我有做外交的长处，将来是可以搞外交工作的。朋友们这一说，我以后还真是对外交方面有了兴趣，记得还买过一本《中华人民共和国外交文件集》。

拍片的结果还未出来，报考什么学校还是很远的事。我不愿想这个，生怕美丽的肥皂泡，一旦破裂，会给人带来更大的失望和痛苦，只想到能与几位好朋友一起玩玩，就是很大的快乐。

他两个，不知在哪里借来一辆自行车，在操场骑着玩。原来他们都是会骑车的人了。德腾冒着烈日，扶着我学车。一转，两转，他护着我在大操场里奔跑。学了半天，我还是不能自由操纵，颇为自己太笨感到惭愧。德腾却不灰心，要继续把我教会。我看他像推板车上坡一样累，汗水直往下滴，坚决下马，说以后再学。

下午和德腾、先绪一道，在他们那里吃饭。接着先绪又陪我去看电影。影片是《乡里的人》，可惜，辜负了先绪一片盛情，这片子实在拍得太差了，是毫无艺术性的典型，不自然，不细致，不生动，不曲折，不连贯……太浪费胶片了。我们没有看完便回。在街头，先绪买了一个大西瓜，又回到他寝室痛快吃了一番。玩了好久，我才回到黄家峁上。

第二天，去师范学校，邀了秀姐一起去父亲处。我买一个 3 斤半的大西瓜，去了 8 分钱，秀姐买了林檎，在父亲处玩了很久。中午，父亲带我们去穆桂英食堂，每人一碗甜酒和一个糖包子，最后又吃西瓜，肚里是十分快活了。

晚上找到了白娟，谈了许多，无非也是想她积极振作起来之类，但是她的话不多。我实在摸不透女孩子的心。最后，给了她几粒糖果，又将在五中池塘边照的一张照片送给了她。

到了去医院看检查结果的时候了。早上起得很早，去医院的路上，心里很不平静，不知这一宝揭开，到底凶吉如何。为了自己少受精神上的痛苦，我想，应该尽量往病还没有好的方面打算。但是，总是免不了偶尔想到，要是好了，可以参加高考，该是多好啊！

医院里已挤满了人，但还没有上班。我想，就当是凶多吉少，早知结果，还会早伤心，算了，到街上逛逛去。走到舞阳小吃馆，见有豆浆油条卖，食欲大发，但是身上却无发泄欲望的条件了，权当豆浆是酸的，还是去医院看片子。

轮到我去看了，那医生什么也不说，又要我去透视。这是什么兆头？拍了片怎么还要透视？真个就是“凶多吉少”了？照就照吧，反正我的命运都是医生掌握着的。我在X光机前，被医生把我两只手臂捉住，扭过去，翻过来，大约有四五分钟之久。下来后，我第一声便问，“怎么样？”医生还是不回答我的问题，只说，“在外面等着”。心想：果然问题复杂！

等了好久，得到一张报告单，一看，上面写着“阴影”字样——果真是大事不好……仔细阅读，是“致密阴影”，接着有：“印象：左上肺陈旧结核病灶，已经硬结钙化”。我有些不相信自己的眼睛了，反复念着最后一句话，还是怀疑：是好了吗？

是的，医生说：“好了，可以参加高考。”

我的个天啦！

我发疯似的急忙往返奔跑于保健科、高考办等处，办理手续——其实，这都是多余的，我只要把报告单给到校方就行了。

出了专医院的门，就是二中。这样的好消息，是先要告诉先绪和德腾的。先绪不在，德腾听我说了检查结果，尽管他曾有英明的预见，说我“没有问题”，还是惊喜不已，大约一是为我惊喜，二是为他英明的预见惊喜。听说我还没吃早饭，他又忙着下面条。吃面条的时候，德腾又说：“你的第一志愿，要填国际关系学院！”还说，他也是要考的，学校也同意，报的是理科。

下午去将此喜讯报告父亲，我知父亲心中的欢悦，岂能用言语道哉？“人逢喜事精神爽”，父亲闻讯，显得年轻多了，又带我去穆桂英食堂吃饭。菜，是番茄汤、青椒大头菜。

回到学校，老师同学都为我高兴，有人说我简直是创造了奇迹。

一晚上就忙着填表。特别是志愿表，又令人兴奋，又让人狐疑不定。一时，好像这么多好学校都由我选，多么自豪啊；一时，又觉得这个学校不取我，那个又不会要，那是多么可悲！

德腾要我报国际关系学院，我还是不敢填的。能考取这所学校的，我知道，只有上一届的文隆胜同学一人。他是怎样的人物？我们学生会主席，是又红又专，品学兼优的楷模。

最后，我自己填了北师大、武大和北京广播学院等几个志愿，作为草稿，请教年级负责这方面工作的周老师。周老师划掉了北京广播学院新闻系，改为华中师院政治教育系，作为第二类的第一志愿。就这样定了，交了表。

离高考只有 10 天了。时间是太紧了，整天自然是紧张复习。和同学聊天的时间很少，只有维正，我们常在一起。他有时从家里带一个烤红苕来，有时又带一个烧苞谷托来，我们一边吃得有味，一边复习或者谈谈别的新闻。下午酷热难耐之际，我们下到龙洞河去游泳，然后又是紧张复习。

尽管时间紧张，我还是不免要去找我那些病友们。病区比过去冷清多了，一些同学回家以后就没有再来。还有几个同学不两日也便要离开学校了。我会到宗智，他说，他明天就要回家了。他那么诚恳地对我说："你一旦得到通知，就要告诉我；什么时候上学，也要告诉我。我要到巴东迎接你。"我说："我不知道是不是有这么一天。不管有没有这一天，你，还有我们这些病友，我们不仅是三年同学，还是一同和疾病作斗争的战友，我是永远不会忘记的。"和宗智临别之时，我把维正给我的一个苹果送给了他。

又会到德盛同学。他和他们班另外两位同学，嫌房子里热，把床铺搬到了院坝里。本来，院坝里有十分皎洁的月光，但是，大家谈论着前途，都很感渺茫和灰心。他们为我高兴，德盛也和宗智一样说，你上学一定要通知我，我到茅田接你。病友之间，是共同和病魔作斗争的，因此就更多一份战斗的情谊。我对德盛说："我不知道，有没有再上学的那一天。我们是同学，也是战友，无论怎样，我们都要战斗下去，绝不要灰心。"

高考前三天，学校安排休整。一阵大风大雨，把地里的庄稼刮倒了。我们班种有一块苞谷，也都倒伏在地。吃了早饭，班上决定把这些苞谷全都收了。忙于高考复习，已经有些昏头涨脑的同学们，一到地里，便活跃起来。巴东同学美庆先生大发议论：“哎呀，我这一次怕是考不上了。你看，我接连搬了几个苞谷托，都是稀米癞，没有一点收获啊……”

他这一发明，惹得其他同学进一步地发挥。一个同学说：“呃，同学们，你们说说看：我这一个，老是撕不开，那不就是‘难开’——恐怕我是考上‘南开’了啊！”

又一个同学说：“那你们说，我会考上哪里？我的这个苞谷托，撕开里面一颗米都没有，是不是‘白撕哒’——”

“好啊，你肯定是取‘北师大’了！”

高考在7月31日至8月2日举行。除了第一场考试，同学们如临大敌，显得紧张兮兮外，以后几场似乎都成了久经沙场的老兵了，觉得不过如此而已。

我也是考了第一场，虽然有一点疲惫，但却又想进入第二场，第三场，就像有了一点“瘾”一样。第二天，文史类考生一考完，好多人就飞不见了。

我把一些书籍杂物打点起来，寄放到维正家之后，便和维正带着他弟弟小清，去河里游泳。不料我的短裤开了一扇门，维正跑到家里，找了针线，才将这扇“门”给关上。

晚上，维正弄了几张电影票，和他们一家人去看晚上九点的《红色娘子军》。本来就晚，开映又推迟，结果11点半才散场。回来的路上，小清已是如喝醉酒一般，全是我在提着他走。由此也想到自己小时候，在咸丰城看完电影，回咸丰中学，也是这样由大人拉起，闭着眼走路的。虽然几乎每次都是这样，但只要有电影，一定还是要去看的。

第三天，理工农医的考试也结束了。先绪和德腾他们的考场都在我们学校，等铃子一响，我在门口等着他们。出场了，给他们一人一块薄荷糖，慰劳了一下。他们邀了我，下午到他们二中去玩，晚上还有一场电影。

我到二中时，先绪上街去了，和德腾漫谈。我问德腾：“家庭出身，到底是不是影响升学？”

他回答说："不会影响升学，但影响专业。比如机要专业，就不要报考。"我于是想到，周老师为什么要划去我填的那个北京广播学院的志愿。

德腾把话题转到他与我们学校一位田姓女同学，有了那么个关系。我便不假思索地说："那好啊，我大力支持。"其实，我怎么支持是一点也不知道，接着又问他："先绪有了没有？"

"他也在谈，还没有最后定，你也可以在你们那边学校给他帮个忙，找一个。"他又把话锋一转："你要不要我们给你帮忙，我们有个同学与你是很般配的。"

我说："我现在谈这事好像还是早了。"

与德腾谈到这个话题，才使我觉得，我们真是大人了。特别是他两个，算来都差不多是二十出头的人了。

正说着，田同学和维正的一位邻居谢同学等来到。三位女子一来，屋里就变得好热闹。谢同学知道我和维正是好朋友，便故意当着我，说了维正的许多笑话。我们一伙人去到舞阳坝，会见不少新老同学，初中同学菊蕙，也从武汉体院回来，大家一起兴高采烈，兴致勃勃，谈笑风生，又一路走到二中操场。如此热闹的场合，本是我们的一个不眠之夜，但我似乎很是疲倦了。电影开始，我坐在椅子上昏昏欲睡。电影里，好像子弹在横飞，大炮在轰鸣，我都全不在意。等我稍微清醒一点的时候，胶片已经放过两本。跑到德腾床上去睡了。

次日，在德腾处吃早饭，菜很丰盛，有豆腐、红烧老南瓜和炒茄子，可称之为"素牙祭"。临走，约定德腾下午到我那边去玩。

回校时，从土桥坝走，顺便给德腾买了几个梨子和一个甜瓜。下午德腾来，我们吃了点东西，便带他与田同学见了面。我回头去到师范，想见初中时的同学兴顺，不凑巧，他到外面去了，等了一会仍不见回，心中又念着德腾，又还要参加班上同学的离别晚会，于是赶回学校，带德腾到土桥坝，每人吃了一碗面条。又买两个甜瓜，一人一个，边走边吃。德腾的运气好，是真的甜瓜；我的运气就不如他了，竟是一个地黄瓜冒充的！

此刻，乌云铺天盖地而来，于是和德腾匆匆分手，往各自的学校飞奔。我还未跑到学校，豆大的雨滴打将下来。走进教室，正赶上同学们的"盛宴"——吃南瓜。一人一钵，还未吃完，又有煮苞谷米和炒苞谷花。会开始了，先是陈老师讲了一席话，后维正讲，接着又我讲。我是好久没和同学们说话了，真有许多话，又想不出个头绪，只是东拉西扯一番。接着又有几位讲。讲着讲着，这个话，是越讲越凄凉了。平时不觉得，此时回想同窗三年，朝夕与共，南征北战，东运硫黄，西办钢铁……这一切都将成为过去。明天，面前这些熟悉的面容，都将各自东西，以后是很难相逢了……

油灯，发着淡黄色的光，闪动着。再也没有人发言了，都沉默着……此时，正是“无声胜有声”。维正看了看陈老师后，说道：“晚会结束，同学们，后会有期!”

同学散尽，我和维正，就在教室开了一个铺，睡得还很好。

第二天早上，把晚会剩下的南瓜、苞谷送到维正家中，在维正那里吃早饭。张妈妈特地为我煮了米饭，菜也丰盛，饱吃了一餐。早饭后洗澡更衣，与维正一道进城。照相馆门前，永贞姐和凤玲姐已经等我好久，照后又与维正合照一张。在街上遇到白娟和雪明，也是去照相的。分手时，他们说晚上一起玩玩，我答应了。

中午到德腾处，他已去搞劳动去了。我便在他床上睡了一觉。醒来，学校到处寂静无声，没有一个人影。几只蝉在合唱：“吱呀，吱呀……”凤凰山似乎成了树木的世界：有的树，的确是高大参天，有的，仍与我进这学校时一般矮小，没有一点长进。树叶被太阳晒得要卷了，在熏风中摇摆，在日光下挣扎。

寂静，触动了我离别的情丝。这里，凤凰山，还有黄家峁，今天我都是那么熟悉，可是，这都不是我的家。梁园虽好，非久恋之乡啊，我也不过是这里的匆匆过客！我有家，我的家在芭蕉，在塘湾。我须得把一些事情办好，好回家去。

肚子有些作响，进城去。一翻口袋，可怜只有一角钱了。买什么呢？北门施鹤客栈，有一角钱、三两票一碗的面条，吃到肚里，虽不能满足要求，但精神还是振作了一些。

记得父亲说过，大十街上面，解放路155号边某某家，还可以给你一点钱的。便照着门牌号寻找，果然找到边家，觉得这门牌号真有些好处。开门的是边某的父亲，他用上海话讲，我是一点也不懂。我问他现在的家境情况，他慢慢地，竭力让我听懂地说着，虽然不甚明了，但大约知道他北京有一个儿子，上海也有亲人，可老人家不愿意回去。这里还有一个住处，若到那几处去了，连住处都是没有的。我一看这房子，是又黑，又窄，更谈不上空气的流通。这大概也是恩施城一般人的居住条件吧。不由得感到中国人的生活条件太低贫了！这种状况何时能够改变，使中国人的生活水平赶上世界上先进的国家？

自己的肚子里也正在闹饥荒，边某某退给我三角四分钱，拿在手里，心里似乎就饱了一点。告辞了老人家，在六角亭买了一个糯米粑粑吃了。

回学校，在栖凤桥遇见了史娴和舒苑。他们在书店，将一些旧书卖了三块六角钱。我想，这也是一个解决燃眉之急的办法。晚上如约，与白娟和雪明一同散步，都谈了自己以后的打算。

8 月 5 日，是我待在恩施城的最后一天。一早起来，把衣服洗了。病友光焕要走，一直把他送到桥边，挥手道别。这样的分别，总叫人心情沉重，回去时，上校门前那点坡，都觉得没有力气。

上午，与家甫一道进城，遇到汪博兰，便与她一道同行，一直陪博兰到了她家。博兰的家，在北门发电厂附近。一进门，一股霉臭扑面而来，屋子里杂乱无章，满墙上用墨笔写着许多“汪博 X，汪博 X”，还画着一些大胡子的人，类似古刹中的人物。几个弟弟，在门口，争抢着烧苞谷。桌上放着油渣似的书本，上面也尽写着“汪博 X”的字样。还有《刘天华曲集》和油印的《洪湖赤卫队歌曲选》，都是乱放着。博兰给我和家甫倒了一杯开水，又想给我们找点什么，看了看，什么也没有，显得有些无奈。于是，我们出门去觅食。

在舞阳坝小吃馆，我们一人吃了一碗面条和一个红菜包子。家甫、博兰回学校，我去专医院幺婶娘那里。凤仙姐在家，和她谈了很久，知道他们家上月丢失了 40 多斤粮票，大为惊奇，不知他们怎么度过来的，还说要留我吃饭呢！我把原来寄放这里的小木盒取了，回学校。临走幺婶娘给了两块肥皂，要我带回。

到校差不多中午十二点。家甫独自在一块床板上熟睡。我清理了一下东西，足有一大口袋。人也有一些累，学着家甫，也在一旁硬挺在床板上，但未能入睡。家甫醒来，两人约着去土桥坝吃甜稀饭。只是这天气不凑缘，一下子黑了下来，风也吹得紧。一阵雨点，把我们两个打回了学校。幸好跑得快，盼顾之间，大雨倾盆。四处呼呼啦啦，滴滴答答的声音，不时听到大树断掉枝丫的撕裂声，看见片片树叶，被大风鼓动，飞扬到了半空中。我和家甫孤寂地禁在寝室里，残破的窗纸，被风吹得颤动鸣响。雨点打到铺板上，地板上，桌子上和我们的身上。我有些凄凉的感觉，毫无久旱逢甘霖的喜乐。

毕竟是暴雨，疯狂一阵之后，终于停了下来。我和家甫，还是想的土桥坝的甜稀饭。经常是：心想，事不成。甜稀饭没有，只能是有什么吃什么：每人一碗面条、一碗南瓜。回去时，又遇见了博兰，也是去赶土桥坝吃饭的。我们叫博兰快吃了来，我们在维正家等着。

维正家已有史娴、舒苑等好几个同学在那里玩。我邀大家在维正屋后的水渠边去转一转。水渠名曰“学生河”，出口就在前面不远处，学生洗澡房也在这里。一到这地方，我就想到一场惊险的故事。我对史娴、维正说：“那次，文彬同学差点在这里冲到龙洞河去了。办校办工厂的时候，我和文彬两个在这个水碾子上碾白沙。水力不大，我便去推着碾子转。文彬见此办法很笨，灵机一动，想到一个办法，让那水车加速：他一下站到水轮的页面上，像爬楼梯一样，不断往下踩。效果的确不错，碾子渐渐地转得快了，我几乎不需要用什么力去推水碾子。但是，不一会，只听到文彬大叫：‘拐，拐，拐……’我一看，文彬这‘楼梯’，是越上越快，他却越上越矮，半截身子已落入水渠中。我才一个纵步飞去，使劲把水轮子稳住，将他拉了上来。”

维正说：“好险，这一下去，后果不堪设想啊，底下就是龙洞河的一个回水凼，搞不好没有人命了。”

我问：“文彬有信来没?”

维正说：“他回去以后，还一直没有他的消息。”

这时博兰来，我们一伙人往学校走，到陈老师那里玩。我还须得去打二两煤油，准备晚上点灯用。打了煤油，正要往寝室去，碰见白娟和雪明。她俩要我等一会，去送送她们，我答应了，说在陈老师那里等。我走到陈老师房里时，维正、博兰、家甫、舒苑都在那里放留声机。一会，陈老师买来了一包梨子，大家一面吃着梨，一边欣赏留声机中送来的音乐，也一边谈着将来。气氛比那个离别晚会是大不相同。

正和维正、舒苑、史娴谈天，忽闻外面有人叫我。出门一看，是白娟、雪明两个来了，便去送她们。有趣的是，她俩都换上了天蓝色的衬衣，上半身完全是一个人的打扮：短发，红结子，袖子挽得高高的，显得特别精神。走到栖凤桥，雪明要到图书馆她亲戚家去，就剩下我和白娟在街上荡了。白娟说：“本来老师给我们两个买了电影票，六点的《水兵之歌》，我把它撕了……”

我即刻说：“怎么撕电影票？你这就不对了，这是不尊重人的……”

“你明天就要走了，和你谈谈心不好吗？”白娟回答。

我们朝着新马路走去。没有遇到什么熟人，但路人射来的眼光是异样的。大街上和一位女子并肩而行，我多少有些不自在。

作为好朋友，我应该在这离别的时候谈些什么呢？我似乎也习惯了在她面前装大，用兄长的口吻对她说：“也没有好多讲了，我只希望我们今后都不断地上进。高中阶段结束了，高考也结束了，但这才是我们真正的新生活的开始。我觉得，中学阶段使我们获得一定的自学能力，最重要的是今后不断地自学，不断地提高自己的认识能力……”

她总是听着。我接着说：“还有，就是高考后，不妨多作考不取的打算，可能要现实一些。不然，一旦没取，那会十分痛苦。我现在也在考虑今后怎么办。”

“你考虑怎么办？想好没有？”她问。

“到农业第一线是肯定的，但是到哪里，不知道。你呢？”

“我还没想那么多。”她答道。

我忽然想起，要给她说的一句话：“你以后无论到哪里，要注意群众关系，这方面，是你的一个弱点。”

她似乎也是习惯了当妹妹，要在兄长面前表现出一点犟性，说：“我就是这样：谁对我好，我也就对谁好；谁对我不好，我也对谁不好。”

“一般的人，都会这样说，也这样做。但是，我认为，最好首先别把人看得那么坏——即或他做了对不住我，甚至伤害了我的事，那可能也是有原因的。也许是有什么误会，也许是自己无意间伤害过他，也许……都不妨宽宏大量一些为好。”我说。

我们在官坡桥上，站了很久，才调头回走，走过新马路，雪明正好来到邮电大楼门前。因为要急着准备回家的事，我便与她俩告辞回学校。当她们像两只蓝色的蝴蝶，往清江桥方向飞去的时候，我心里有一些难过。

走到校门前，遇到万源同学。他拉着我，站在路边，说有事给我讲。他是有一点口吃的，但同学三年，没有哪个同学取笑过他。看来，今天他很有些激动，他说，他很长时间了，爱慕一个女同学。前不久，自己主动接近她，哪知道，受到她的斥责，甚至是侮辱。

他说："直到昨……昨……昨天晚上，我的心，都……都是向着她……她的。为她，她……我花去，大……大部分的精……精力，我怎么找……找到的是她！你看，我得到的是什……什么下场！"他把双手平摊开来，显得非常委屈。

接着他却表现得坚强起来，而且最后这一句话，一点也不口吃："昨天晚上，我对天发誓：我一辈子都不谈这个问题了！"

万源的话，只要认真听，就不感到他口吃，加上他摆出潇洒的姿势，仿佛还充满诗意，在朗诵着一首普希金的诗歌。站在校门口，我望着山脚下的龙洞河水。路灯的光明，在水中泛滥着，闪动着，似乎是千变万化的，又似乎是几种图形在不断重复。远处，恩施城的灯光，星星点点，人们已经入睡了吧。

万源还在愤愤地说着："我会马上写一封信，让她一到家就收到，信的内容都想好了，是这样的……"

我对万源说，青年人对异性的追求是自然的，但任何人也绝不能因此而受到纠缠。我们即将走向生活，生活会是五彩斑斓的，比这龙洞河的夜景更加丰富多彩，你是一个有生活热情的人，我们都努力向着新的目标前进吧。

第二天一早，我给家甫、博兰、舒苑、雪明、史娴各留一字条告别。走路，重要的是肚子要饱，于是，在六角亭买了两个烧饼、一碗面条吃了。走到兵役局附近，竟碰到了秀姐。我给了她两个糖饼，她却报之以一大包桃子，临走又把她的一顶草帽给了我。

又踏上了回芭蕉的路，开始一步一步丈量这19公里了。看看我这裸露的两腿和两臂，怎么像瘦小了一圈。不过走起路来，还是很有力的。心想，也许是这一二十天把肌肉长紧了，更结实了。不过，这些时又没有加强锻炼，怎么可能呢？恐怕还真是瘦了一点。

八月的天气，暑气蒸人。走不多远，觉得有些累，加之挎包过重，有些喘不过气来。走到青冈树附近，人就昏昏欲睡了。找到路边一户农家，场坝里晒着粮食。我借了一把椅子坐下，喝了不少的冷水，歇息……朦胧之中，听到农妇和她的女儿在计算粮食的斤两，似乎觉着他们还赶撵过偷食粮食的鸡子，又好像听到一个小孩的声音："妈，这个同志在'冲瞌睡'（打盹儿）……"

坐在这里，是非常舒服的，但也不是久留之地，只有走完后面一半路，到了家，才能痛痛快快睡上一觉。过了青冈树，人又有些昏昏然了。忽听见有汽车的声音，精神一下子振奋起来，我把手一招，司机竟同意了，赶忙爬上车。

这车子一开，脚下就像有了风火轮，飞也似的往前进，睡意也早给驱散了。耳畔呼呼作响，凉快异常。远眺群山，山峦起伏，气势磅礴，一种壮志豪情，油然而生。我仿佛在检阅群山是否威武庄严，河流是否蜿蜒澄清。那更远的山呢，就带给人更远的遐想。

家里，仍然还是那样，到处堆着书。父亲的床上，放着以前没有的《红旗谱》《真正的人》《龚同文选集》《警世通言》《沫若文集》《瞿秋白文集》……看来，我又有书堆钻了。

我又躺在芭蕉塘湾这个“钢丝床”上了。听说，五中的校址是反复斟酌，最后才定在塘湾的。我不知道，当时县教育局的同志，是基于什么原因，否定另外几个候选地点的。住在塘湾的时间长了，我才感到这真是一个办学校的好地方。五中在塘湾，真是得天独厚。它安然坐落在一个红砂石山围成的大圈椅上，背后有突兀而起的椅背，刚强挺拔，顶上长着几株遒劲的苍松，也不知历经过多少风霜。老师讲《松树的风格》，那是可以手往窗外一指就说：“你们看，我们这些山上的松树，它是不是悬崖的隙缝间，贫瘠的土地里都能生长？谁给它施过肥，谁又灌溉过它？但是狂风吹不到，洪水淹不没，严寒冻不死，干旱旱不坏，它的确是一味地无忧无虑地生长，这是多么顽强的生命力……”不仅如此，1959 年大旱时，我亲眼见到，一次发生山火，这几株山顶上的松树，都完好无损，因为，它们远离了杂草和灌木，山火无法接近它那伟岸的身躯。

学校前面，南河写了一个“S”，给师生送来一股银水。厨房的工人，在河滩上挖了一个池子，池子里全是沙砾过滤过的，可以作饮用水。流淌的河水边，放一排石板，那是师生们洗衣的地方。

学校门口，有一个小山丘，长着茂密修长的柏树，南河水碰到这个红砂石的小丘，柔软地放下身段，退避了，拐一个弯，形成一个不小的回水塘。如若在这塘里游泳，也是可以摆动几下的。塘里有桃花鱼、白漂鱼、岩板鱼……石头下，常藏着螃蟹。半大的娃娃们，喜欢在这里钓鱼，摸鱼，翻螃蟹。除了这回水塘，南河的水，都不算深，娃们有时还下一番工夫，用石头将河水拦截，留一个出水口，放一个竹篓子，鱼只能进去，却不能出。几个娃娃，挥动手里的竹竿，从上游往下拍水赶鱼，往往也可以得到一些鱼儿。不过，这些活动，多半是只问耕耘，不问收获，只图个玩得痛快。

校园里，有一个红砂石小山脊，将学校自然分成东西两校区。东边是生活区，西边是教学区，学校办公室就建在这小山脊上。向全校师生发号施令的钟，是一个汽车轱辘做的，吊在一个大木架上，它一敲响，整个塘湾都听见。

校园里有学校的农田，水田大约能收两三千多斤稻谷。山地一部分是集体的蔬菜地，一部分划给老师们做自留地。我家的那一块，洋芋是早被我挖完了，现在是四季豆、豇豆、丝瓜们热热闹闹开花结果的时候。回家以后，这菜园成了我活动的一个重要场所。我把府绸衬衣一脱，补巴衣裤一穿，光脚片子一打，就在地里劳动起来。或者中耕锄草，或挑粪浇灌。尽管烈日高照，但清风阵阵，使人有新生的感觉。我感到，体力劳动与脑力劳动相互交替，是极有好处的。

校园内，还有几户农家，都姓龚，就住在办公楼的坎下。学校老师，与他们是鸡犬之声相闻，经常来来往往。一天，学校给父亲分了十斤超产粮，超产菜金16元。我猜，就是学校自产的粮食分的，超产菜金则是学校菜地的蔬菜，卖给厨房的收入。因为有政策规定，任何出产，都要属于“超产”部分，才是可以分下户的，所以，学校也就冠以“超产”之名。荒年里得到粮食是比捡到金子都好的事。学校还鼓舞人心地说，以后老师们的自留地还会加宽两分，这是我上个月挖洋芋时就想过的好事情。不过只加两分地，还是嫌少了一点。

学校分的麦子和苞谷，都须得用磨子磨成粉。母亲带我去到龚家，借磨子。磨子就放在堂屋里。这里的人，不知是不爱卫生，还是无从爱起？到处都是垃圾，粪便，蚊虫成群结队。有的人家，厨房旁边，就是臭气熏天的厕所。房子也大多是古老的，破壁烂垮，如若不是傍山而造，依靠着坚固的石坎，是经不住风吹雨打的。房子里的板壁上，并不单调，有用粉笔画的壁画，多是人头像。一处还写着一句口号：“宁可算了吃，不可吃了算。”还有一处，写着几个俄文字：“呀，五七接力（我是男教师）。”看了，我很有感想，觉得我们的文化，是普及得有些成绩的，连这样的破败邋遢的农舍里，都有俄文。农民的生活水平也许有了一定改善，但是，粮食的问题，是远远赶不上需要的，这“宁可算了吃”该怎么算呢，朝三两，暮四两，还是朝四两，暮三两？此外，农村的住房，环境卫生，也是太差。

推磨之间，有农民进出，和他们简单谈了几句，知道在准备上坡种洋芋。还知道，他们快要收稻子了。因为要准备秋收，他们现在，一个劳动力一天可吃到13两粮食，比前些时候增加了一点。不过还没达到一斤，不添加南瓜蔬菜一类的东西，是不能够吃饱的。

推磨，是一种机械重复的运动，时间久了令人厌烦。但是，我把它假想成一项体育运动，揣想它应该有增大肺活量，促进胸廓正常发育，锻炼手臂和腹部肌肉的作用。这样一想到它的许多好处，就仿佛在做引体向上、仰卧起坐和俯卧撑一样，也就不感到很单调了，大大减少了这种厌烦的程度。

依然过着习惯了的生活：早起，打太极拳，练气功，读俄语，读书，看报，种菜园，冷水浴……只是没有作文本改了。

8月中旬，高中招生发榜了。五中有百分之六十的考生升学，考取恩施高中有17名，其他都被师范等中专学校录取。我旁听着五中老师的议论，说这次录取，阶级路线走得很明确。根据是，连陈某某同学都没有取，他的成绩，可是五中毕业生中数一数二的，明摆着是因为家庭出身的问题。

我想着自己，如果因此不取，我也没有什么抱怨；但是我分析自己还是能够录取的，而且录取华师的可能性很大——不然周老师为什么要这样更改我的志愿？

我幻想着，有那么一天，佩戴着大学的校徽，在北京的街道上走着，触摸华表上浮雕的纹路，仰望天安门，参观人民大会堂……或许是站在长江大桥上，凭眺扬子江的白浪和乘风破浪的大船……或许是漫步在校园的大道，无论是珞珈山上或是桂子山……我想，虽然这一天，也许不久就会到来，但是，我也应该做不录取的思想准备才好。

无论如何，我的未来都是：生活啊，你多么美好，叫我无法想象！

8月中旬的一天，终于收到二姐来自绿葱坡的一封信。知道他们前段时间在下放劳动，很有些吃不消，还害了一场病，现在才从医院出来。她也想回家来看看，还想在春节时，来个“大团圆”。母亲就叫我写封信去，要她来玩两天。随即提笔，给二姐写信，又把前些时我和父母的一张合影、我的一张单人照片，还有秀姐的一张，附在信中，一并寄去。

晚上，刚从河里沐浴而归，听黄书记叫父亲去一下。我以为是关于我下放劳动的事情。父亲回来后说，是关于母亲的事，上面来了精神，以后属于“分子”，不可以住在学校单位，须得在外面找房子。我们讨论了母亲在校外找房子的事，这是一个令人头疼的问题。接着，又讲到我考学校的事情上来，父母和我都觉得是可以取个华中师院的，于是又比较开心了一点。

想到城里去一趟了。

……正在从芭蕉往城里去的半路上，遇到了建始同学田长森。我问他怎么在这里，他说他的家就在前面一点，并邀我到他家去玩。于是随他去了，还吃到了洋芋、新苞谷疙瘩之类的东西，很有些饱足感了。告辞长森，继续赶路。路上又见一人，是前不久到芭蕉来过的永安同学，他穿着一身粗布制服，与前次的形象大不一样，让我一下子几乎没有认出来。他一见到我就问：“刚才白娟找你，找到没有？”我说：“没有啊，她怎么到这里来了？”永安说：“她说她是到芭蕉去的，走到前面的香水田，她就问你……”我急忙问：“香水田在哪里？”永安说：“前面不远就叫‘香水田’。”听说白娟到芭蕉，我又惊又喜，忙往前赶了几步，喊道：“白娟——”没有回应。又走了几步，大声喊道：“白娟——”这一声，不喊则罢，一喊便猛地醒来。原来是南柯一梦！

清醒过来，回味刚才的梦，也真是有些蹊跷，想来是近段时间阅读《警世通言》一类的小说所致。有趣的是，怎么遇到了长森呢，他是建始的同学，怎么住在恩施的芭蕉来了？而永安呢，是先绪他们二中的同学，他又怎么认识白娟的？真是在东拉西扯，荒唐之极！更令我奇怪的是，芭蕉怎么有个“香水田”的地方？是不是叫“向水田”？如果叫“向水田”，那么，破解一下，这地名就颇有些别致了，怕是要我向水田的方向去了——难道就是为我考不取报的一梦？近来的梦也是太多，太离奇了。有的断断续续，支离破碎；有的完整得可以编成一篇小说。梦见的也是奇奇怪怪，有熟人，有陌生人，有活人，也有死人，有棺材，还有梦见自己被录取“第七名亚元”的种种笑话。许多做不到的事，梦中都是可以做到的，这便是为什么会有“梦想”这个词。

晚上，五中选区将举行人民代表的选举。我很自豪，因为我不再是一个幼稚的小孩，而是一个中华人民共和国的公民了，将要第一次参加人民代表的选举，这是多么神圣的事情！吃了晚饭，我满怀着喜悦、兴奋和自豪的心情，走进五中的办公楼。我成了到会的第一个选民。其他的选民，似乎并不以为然，迟迟没有来到会场，我只有看起报来。人们陆陆续续地来到会场。选举会也并不如我想象的那么隆重，相反，是异常简单的。主持选举的人，连一些必要的交代都没有，似乎选举的目的、意义、程序大家都十分了解，只要大家画个圆圈就完成任务了。

参加选举的二十三个人，把圈圈都画了。提出的候选人是赵校长，他以二十二票当选。另外，黄书记得了一票。这一票无疑是候选人赵校长投的了。选举会简单得连当选的代表半句话都没说，实在令人感到无意思。我真不理解，一些书上说，过去有那么多人，要为争取选举权而斗争，其实，有什么必要？

已是 8 月下旬，我在塘湾等待高考录取通知书，一直没有任何信息，也有一些焦急了。有时竟学起美庆先生，自己设法搞一下占卜预测：随便抽出一本书，任意翻开中间一页，右手握着的那面，若是双数，便是能录取；单数，则为落第。试过几次，有单有双，没有定论，不知吉凶如何，整日心神不宁。

真是要去城里去打听一下了，顺便也要取回一些东西，便早早起床，热南瓜蒸菜吃。本来，头天就吃了不少南瓜，但生怕出门挨饿，又胀了一些南瓜。出门的时候，天还没亮。

走路，是一种精神解放的好办法。生活平淡枯燥的时候，可以走走路。经验告诉我：走路，能得到许多新的生活启示，看到世界的壮丽、生活的意趣；有节奏的步伐与无边的幻想，发生共振，形成和谐的统一，步伐越快，幻想得更远；在步调和思想融为一体的时候，便会有许多新的感觉和偶得的文字，头脑可以达到最敏锐的程度。

走到舞阳坝，遇到 304 班一位同学。他说今日已经有人得到第一批通知书，他班的祥林同学，已录取武汉水利电力学院。祥林，我很熟悉，我们一起学过无线电。他的录取，大大震撼了我，也鼓励了我，仿佛自己离录取也就不远了。这就如学校厨房发饭，发到了 304 班，再到我们 306 班还有多远？我按捺不住心头的喜悦和兴奋，整个躯体，都好像是在向着光明流去。

我和祥林算是有缘的。他是个绝顶聪明的人，我们一起学无线电，他是收发报速度最快的一个，我很佩服他，并因此相信人有天赋的不同。不过，无线电对他并没带来好处：他上大学以后，几个无线电爱好者，也是不断玩弄，还在遥远的武汉与上海间联系。朋友们正玩得有趣，哪知灾难临头。祥林以与美蒋特务联系嫌疑被捕入狱，发配沙洋劳动改造。在农场劳改期间，他不久也就样样精通，连劁猪骟牛都无所不会。本来判的两三年刑期是已经满了，场里却留他说，外面太乱，你出去了，说不定还会有皮肉之苦。祥林是个精明人，知道此言一点不虚，便又在场里干了几年，直到1971年的“9·13”以后，方才回到恩施。他在屯堡，娶了妻，成了家，每日在生产队劳动，还经常劁猪骟牛，为贫下中农服务。不久，屯堡教育站发现这个角色（人）不错，先请去当民办教师，后抽到站里做教师培训工作。八十年代，我们在一个单位同事了。记得一次开新春运动会，他自告奋勇跑4×100接力。起跑时，他信心满满，一旦开跑，我在一旁看得清楚，他的头朝前了，两条腿是明显地跟不上，一个趴扑，跌倒在地上，满脸糊上了跑道上的煤灰，活像从煤窑里爬出来的。谁知，他爬起来，又想奋起直追，不到十米，又是第二次摔了下去。旁边的人急忙将他架到一旁休息，幸无大碍。由此，我感到自然规律多么无情。曾几何时，我们都是体育运动爱好者，如今，却是连连跌“扑趴”的角色了。说来好笑，当时有人提出，“文革”十年贻误了一代人，主张从大家年龄中扣减十年。我觉得也好，那样我们也不过才三十多岁吧。然而，你再以什么理由，把年龄变小，一旦跑起来，“扑趴”还是要跌的……

这都是后来的故事了，还是继续讲我进城打探消息的事情：

维正依然是原来的房间，但室内无人。独自在他房里休息一会，便去找他家其他的人。只找到小妹和梅子。此时，他的邻居谢平闻风而至，来接风了。她陪我一直玩到维正和端飞游泳捉鱼回来。在这将近两个小时的时间里，我过细地向谢平了解了他们的生活情况，知道他近来也有些为通知迟迟不来在忧虑。

维正见我来，有几分惊奇，几分喜悦。他说，他是前天给我寄了一封信的，谈了许多新鲜事，什么学校调走多少老师，有四位老师结婚了，又说近来还看了哪些电影。他谈到，雪明的妹妹雪琴去世了，这不禁让我骇然，多好的一个小妹，却只在这世上生活17个年头。据说她头一天只感到头有些痛，第二天送到医院去透视，结果是小叶性肺炎。这种病一般青年人是不易得的。医生说，不要紧。当夜打盐水针，吃了一些药。盐水针还没打完，在旁边照护她的雪明，看到她口中冒血了，夹着泡子。医生赶到，已经来不及了，还没有十分钟的时间，她的心脏便停止了跳动。

我感到，一个人生命的结束，是何其容易！谁都不敢保险，我们是会安然无恙的。只有在活着的时候赶紧生活，使我们的生命即或是短暂，但却是放出了火光，这样才算不冤枉来到世上一趟。

第二天一早，在土桥坝吃了饭，到西后街的成旭那里去。他正光着身子，一边喝藕汤，一边看《江湖情侠》，很有一些闲情逸致。见我去，便问我抽烟不，我谢了。他好像没有任何考取的打算，已经决定十月份到他父亲工作的地方武汉去，也许在那里还可以找到工作。他打算买一套复旦大学的数学自学，然后再学其他理化课程。

回走的时候，我一直思索着：真是怪哉，论学习成绩，成旭是班上最好的，特别是数理化，班上无有出其右者，文科成绩也相当不错。他对外国文学书籍涉猎极广，我看杰克·伦敦的《铁蹄》，后来又读马克·吐温的作品，都是受他的影响开始的。他若是考不取，那班上又有谁考得取？他会不会是因为家庭的原因？有可能的，他的老家就在芭蕉的吴家大屋……

回到维正家，雪明也来了，还带着陈老师的一块钱，说是请我们看电影的。三个人准备看上午十点的《柯山红日》。哪知，坐在电影院里，久久不见开映，后来才知道，发电机坏了。等了将近一个小时，还未修复，只好退票。直到晚上六点钟才去看这场电影。

回校后到陈老师那里玩，在座的有维正、博兰，后又有相名来。我们从近来的生活谈到高考、未来，又回顾过去，思想都完完全全成了一个复杂情感的混合体。在讲到升学时，陈老师问我填了师范院校没有，我说第二批志愿中，第一个就是华中师院，老师点头，似乎觉得这步棋走对了。

已经九点多了，我们告辞。出门遇到史娴和初中同学菊蕙。菊蕙在武汉体院学习，她是个又容易接近，又仿佛对一切事情，都可以不带任何情感色彩的。她说，武汉一些学校，同学得病的多，她们学校得肝炎的就不少，都是营养不良使然。不过，我看她的身体，倒是特别的健壮，肌肉比以前发达多了。她个子略矮，但很匀称，头发剪得短短的，衣服连袖子也没有，脚腿都要露在外面——大凡从事体育运动的人都喜欢如此装束。

月色很好，凉风略有秋意，容易把人带入一种理想的梦境中。

次日起来，收拾衣物和书籍。书这东西太重了！人类应该发明一种比纸更方便的东西来记录语言！这样，像恩施图书馆的藏书，也可以放到一个小小的留声机那么大的东西里。我在翻阅书籍和笔记，就如翻开自己的历史，从初中到高中，六年时间，有甘甜，也有酸楚。岁月的河流多么易失，它把我从少年送到了青年的时代！青年时代又有多久？

我要准备走了，维正劝我喝点茶。我们于是共同举起杯来，开玩笑地互相祝福：

“祝你——当我一走就得到通知！”这是我对维正的祝福。

“祝你——一到家就得到通知！”这是维正对我的祝福。

我们正在干杯，维正的大妹妹维萍，大声喊着：“哥哥，哥哥，你们的老师来了。”

一看，是陈老师，手里拿着信一样的东西，笑着说：“给你带来了好消息！”“通知”？是通知！湖北大学统计系统计专业。我觉得我的心和他的心同时在厉害地跳动。这是他第二批志愿中的第三个了，他似乎不十分中意。但毕竟是得到“有”了的欢乐，是远远胜过“没有”的遗憾的。

这时，维正催起我来：“快回去看，一定来了，一定来了！”

是的，一定来了，一定来了！我似乎也有很大的把握。还是像厨房里发饭一样，已经发到我们306班来了！在清江桥头告辞了相送的维萍和谢平，挪开大步，挑着沉沉的行李，向芭蕉奔跑着，就像前面有一个巨大的磁石把我吸引，使我的两只脚，如同下陡坡一样，连二赶三，快步如飞。也没觉得，就过了南门大桥，还只觉得武汉、北京离自己是越来越近了。“火车”“轮船”“大学”“学院”“教授”“同学”这些概念都在脑海交替萦绕。我仿佛就要站在长江大桥上，凭栏远眺滚滚的江水……无边的想象，鼓励我全速前进。

在5公里处，迎面来了大毛健男。他父亲也在五中教书，他又是五中的学生，按照我的推测，一见面，他就会向我报喜的。但是，一步步走近，他并没有类似的表情，我的心渐渐冷起来。因为，这只能说明：通知并没有来。反倒是他问起我来：“你考取哪里了？”

“……”我木然了。

健男倒是给我带来一个消息，他听说，我的户口关系以后会转到芭蕉园艺场去。我一股子热劲，刷地冷了半截。此时，“芭蕉”“园艺场”“泥巴”“锄头”这样一些概念占据了整个头脑，全部取代了前面那些虚幻萦绕着的东西。

走到塘湾，走进五中，父亲正在河里洗澡。见我回来，喜出望外。接过我的行李，开始谈及通知的事情。结果是城里、芭蕉，“两处茫茫都不见”，于是都无话可说了。走到家里，开始讨论这个问题。父亲批评我，对升学抱的希望太大了。

的确也是如此。我过去对白娟，对其他同学都说过，不妨多作考不取的准备，别对升学抱太大的希望，不然，希望大失望也大。然而，考试以后，在自己的内心深处，仿佛大学生的资格是即日可取的。

现在，是自己该对自己说了：“希望大，失望也大……”

思想在激烈地斗争，满脑子都是刀刀枪枪。对别人说话总是容易的；自己设身处地，尝尝这味道，并不那么好受；进行理性的认识是必要的，而要实践理性的认识又是不容易的。以前似乎觉得自己觉悟高，可以打通别人的思想，现在却连自己的思想问题都解决不了。德腾还说我是“英雄”，现在看来，不如狗熊。以前自己就喜欢把什么“人生观”啦，革命者“四海为家”啦，挂在嘴上，但是现在呢，到了这个节骨眼上，“这里就是罗陀斯，就在这里跳舞吧！”自己还是跳不起来了，还是总觉得升学好，到北京，到武汉多够味！园艺场能容得了什么人？

父亲在不断打通我的思想，批评我：应该一心想到就业才对，参加生产，好好干，也可以干出名堂，要辩证地看问题，“塞翁失马，焉知非福？”如果到园艺场去，就在那里好好受锻炼，只是要注意身体，这是革命的本钱。

我可以想见，父亲的思想压力一定是很大的。除了我的事，还有母亲要在校外找房子的事。他心中肯定也是不好受的，但我没有发现他情绪上的异常。也许，这些事不办落实，他会更不好过日子。

我应该到园艺场去！

# 第四章　装点关山

*（1961年秋—1961年冬）*

我决定立即就到园艺场去，兑现我在学校时的诺言：如果不能升学，就学董加耕，到农业生产第一线去劳动。我请五中的学校负责人写了介绍信到芭蕉区公所，区公所的同志询问了一些情况，便很快办完我的非农户口转农业户口的手续，要我到园艺场找熊场长联系。整个手续办理，在一两个小时之内全部完毕。我感到学校和区里的同志，办事都很爽快利落；自己的运气实在不错，事情办得很顺利。

不过，以后我才知道，这是“非”转“农”手续，若是要“农”转“非”，那却是比登天还难的事，而且，在长达近三十年的时间里，“农”与“非农”之间存在一条巨大的鸿沟，有着天壤之别。特别有趣的是，又过了差不多三十年，要像我这样“非”转“农”，把城市人口转成农业人口，反倒又成了比登天还难的事。真是：“三十年河东，三十年河西!”

芭蕉园艺场，有两栋房子，一栋场部，就是原来林业站的那栋红瓦白墙的房子，靠近两岔河；一栋宿舍，是木房子，靠近茶厂。两栋房子相距也不过200多米，都在这片“芭蕉叶”—— 坝子——的中部。

在场部，我找到熊场长。他大约四十多岁，胡子拉碴，牙齿发黑，口含一个竹筒叶烟杆，不时要吐一下口水，典型的农民干部形象。但我发觉他的眼睛，炯炯有神，显得很精灵。我把介绍信给他，他望了那张纸一眼，便听我自己的介绍。听毕，他很坦率和诚恳地说道：“好啊！小吴，欢迎你来，我们这里已经有了好几个青年人，你来就更加热闹了。靠茶厂那边，是我们的宿舍，我安排一下，你可以把铺睡行李搬来，上班方便一些……”

就这样，没费多少工夫，我便从大后方上到了农业生产“第一线”。

这是1961年8月的最后一天，恰逢芭蕉热场。父亲从塘湾特地上街来，买了两个煎鸡蛋，送到“第一线”来看我。好久没吃过这样的煎鸡蛋了，吃起来不禁想起幸福的童年。

下午到邮局，意料之外地收到盼望已久的高考《通知书》。它使我的手颤抖，毕竟这是一封不平凡的信。虽然，我注意到，信封上没有院校名称，甚至连高考委员会的署名都没有，然而，我希望奇迹发生。当我如同打开一个秘密的保险箱，去撕裂信封的时候，心中又充满恐惧。而在展开通知书时，我的恐惧与书中的内容完全一致。几句极其简单的安慰话，却像烧红的烙铁，打在我的心里，冒出强烈刺激眼鼻的浓烟。

回到家里，把这封信给家人看了。许久，全屋子哑然。尽管这是父母早就预料的结果。

傍晚，在秋凉的夜风中，一个衣衫褴褛的青年，挑着行李担子，一路唱着歌，走在塘湾的河堤上。旁边的路人，或许感到怪异，竟然驻足，好奇地望着他。他，走上芭蕉街，又走到了芭蕉园艺场。

场里的同志，已将一人多长，三尺来宽的木板，搭成了床铺，又用报纸和一床蓑衣铺在上面。我把床铺好，坐在上面，仿佛置身于一个新的学校，将要和一些陌生的“同学”住在一起，和他们朝夕与共。我极力想知道，我未来的同事们，是一些怎样的人？他们都有什么样的脾气？他们爱好什么？讨厌什么？

熊场长来了，还是含着那根竹烟杆。他介绍了一些场里的情况，让我知道了，我的新伙伴有当过兵的复员军人，有刚毕业的学生，有场圃工友，有孤儿……

我躺在园艺场的床上，睡不着：一切都感到新鲜，一切都茫然。我的心海，时而巨浪翻滚，时而波平浪静；时而坚实，时而空虚；时而明朗，时而混沌……我在情绪的激流中入睡，迎接新生活的开始。

我在恍惚中醒来，外面还很寂静，什物还很模糊。就像上学第一天听到起床钟，神经质地跳起来，迎接新的早晨。初秋的早晨，适宜的凉风，将一夜混沌驱散殆尽，满天无一片云彩，稀稀落落还有几粒星星。

园艺场早饭前的劳动，叫“打早”。劳动第一天的打早，就是挖土。我一边挖土，一边认人，想极力洞察每一个新伙计的面貌和性格特点，同时，也极力使自己给别人一个好的印象。

早饭后的工作是晒苞谷。后来听人说，这是场长对信任的人才分配的工作。对于一个似乎来自饿乡的人来说，在园艺场的场部里，看到到处是苞谷，屋里屋外，楼枕上挂着的，地面上堆着的，外面晒着的，都是苞谷，感到十分新鲜，也有一种满足感。

我的任务是在外面的晒坝里，将卷成圆筒的竹晒席，一床一床散开，铺在地上；将室内的苞谷子，一挑一挑地挑到晒席里，然后，用耙子耙平。太阳晒过一段时间，就去翻动一下。这个工作是比较轻松的。到下午，太阳快落山的时候，再将苞谷子收拾起来，挑进室内，然后收卷好晒席。

劳作一天之后，闭着眼睛，眼前都尽是苞谷：苞谷托、苞谷籽、苞谷壳叶、苞谷须……仿佛眼前都是由苞谷们组成的，一幅巨大的四方连续图案，无限地伸展开去，要多宽有多宽，要多大有多大……鼻孔里，充满苞谷霉烂的气味，且一直扑进肺腑，仿佛整个身子，掉进了一个污秽的苞谷世界……

面对这个世界，我又幻想到了大学。那是在城市，不是农村；整天和书本打交道，而不是和苞谷。那里有图书馆，可以任由翻阅查找，啃参考书；有电影院，随着悠扬的音乐就座其间；有公园，可以和朋友们轻松漫步在湖滨小道……然而，这一切都是多么虚幻的“美丽”，一旦把眼睁开，这五颜六色的肥皂泡，便炸开了，粉碎了。面前还是烈日、大地、苞谷……精神的尘埃慢慢地落到地上，思想归于现实，思绪恢复平静。

现实的东西才是真实的，美丽的。我又仿佛感觉到，我在广阔的天地里，东方的地平线上，有一颗幸福之星在升起，它照耀着我，前面是一条大道。当然，许多人是不以为然的。对此，我不觉羞愧。大凡羞愧是以一般人的爱敬和鄙视相关的，我不以一般人的鄙视为然，要以这鄙视激发自尊，以自尊激发奋斗的豪情，走向未来。

第一天的劳动收工了，我知道，父母一定是很关心的。回到家里，果然，他们不停地问这问那。我说都好，领导好，伙计们好，工作也吃得消。还说到，决心在这地方好好锻炼。父亲连说，那就好，那就好，这是锻炼的好机会，就是要从这些地方去锻炼。又特别嘱咐我，对几个孤儿一定要好一些。

天已经很黑了，我还是回到了场里。

第二天，还是晒苞谷。我正把几床晒席铺满苞谷子，用耙子翻弄着，见到路上来的是老同学超辉。他正向我走来，却半天不叫我，难道这么几天就不认得了？我自己打量一番，上穿一件旧青布衣，下穿一条补丁裤，大约是十分不像在学校时的模样。他走近了，终于让他认出我来，彼此高兴到了一块。他问我怎么会到这里来，又说，他原来也打算来这里，但听人说，这里是很苦的，怕吃不消，于是，现在在筹备办民办小学。他很中肯地一再劝我，多主动与领导联系，找一个其他的工作，这样下去，身体是会搞垮的。他临走时，还是说要我注意身体这样一句话。他就是芭蕉人，家好像就在草籽坝附近。我继续自己的工作，翻弄着苞谷子，晒席里形成行行整齐的花纹。不时望着他远去的身影，记着他反复说的注意身体的话，好温暖。

晚上，第一次参加场里的会议。是开的积极分子会。场长和书记一样，讲的都是“抓好”什么，“搞好”什么……他们强调的内容都是一样。只是最后，场长强调了工人要搞好学习的问题，并叫我当学习小组长。

第三天，仍然是晒苞谷。中午，父亲到场里来，说哥哥来了一份电报在邮局。于是，一同去到邮局。见到电文是“录取情况如何速告水库钤”。这是哥在新桥水库拍来的。录取情况如何呢？他是带着希望询问，我却要给他一个否定的回答，真是对不起他了。无奈，只有给他当即回电了。

街上有卖煎饼的，父亲一下买了四个，全都给了我。趁热，一下吃了三个。

晒了三天苞谷以后，工作由单一变得多样了。先是挖水田，虽是放干了水，但挖起来十分费力，泥巴就像一块橡胶，连得紧紧的。整天烈日当头，气喘吁吁，腰酸背痛，手足乏力。回家父亲问：“怎么样？”我说：“吃亏是吃亏，但也过得去。都说开初都会是这样，以后就会好的。”他说：“吃点苦好，只是要保护好身体。”

又参加搬苞谷。那是在高高的关山上，天气又异常的晴朗。这里竟可以看到恩施城五峰山上的连珠塔。不知怎的，此处看到宝塔，却如一柄利剑，刺进了我的心口。就是这个清明节的时候，我们全班同学，自发组织去到五峰山上，祭扫烈士陵园。有“春桃一片花如海”的浪漫，有“风华正茂”的同学少年，我们敬献花圈，缅怀先烈，读誓词，表决心，又踏着落红，看芳草绿野……那是多么的富有诗意！一切都恍如昨日，而今，过去的人——我亲爱的同学和朋友，可敬的老师，现在都在哪里？都在做些什么？你们可曾知道，我现在是只要听到昔日的一段旋律，读出两句俄语，都会勾起我对你们痴痴的回忆，何况今日是看到了这五峰山上的宝塔！

现在，我的眼前，是漫山遍野的苞谷。苞谷地里，细看还有一种植物，匍匐地上，看似野菜，叶小而粗糙，问伙计们，答曰“生地”，一种常用的药材，经过炮制之后，便叫熟地。你看，这看似不起眼的东西，也是宝贝啊。据说这关山上，以前还是荒山，是有“花脑壳豹老二”的，有的地方还有一人多高的茅草。如今，场里种的苞谷，结得不错，杆儿虽不高大，苞谷托个儿却有尺许，搬起来都格外带劲。

我旁边的伙计们，有三四十岁的农夫内行，也有三个十五六岁的孤儿，他们的父母都是前一两年饿饭死去的，前不久从孤儿院转来。最多的，是像我一样，刚走出学校门的学生，组成我们场里的年轻人队伍。无论大小，上了坡，都嘻嘻哈哈，说笑不停。一说休息，大家就地取材，各自砍了一抱苞谷杆子，坐在桐梓树下的荫凉地上，咀嚼苞谷杆儿，吞下甜津津的水汁。有的甚至躺在地上，享受神仙般的快活。

我想，生活应该是这样的，各有各的乐趣，各有各的美。人，不应在自己的乐趣和美中，浑然不知，却痴心想着另外一种生活的乐趣，另一种美。否则，会活得很苦。

挖梯田和茶园地是比较费力气的活，地是特别的板结，一锄头下去，进去只有两三寸，非得连挖几锄头，才能达到要求。挖起来的泥土，像砖块，须得挥起锄头将其敲碎，这叫“砰土”。而这些操作，常受到旁边的茶树的影响，往往树枝刷在身上，打得怪疼。

我的旁边是小黄——他总是喜欢和我在一起做事。和他交谈，知道他也是前不久才从建筑队转来的，十七八岁，家里是贫农，很纯朴善良，说话有时还很天真。他认真告诉我："泥巴是石头屙的屎。"我觉得好笑，但没有否定他。他很是尊重我，叫我"吴老"，因为我来场后，别人先称我"小吴"，这却与原来就在这里的一个"小吴"，分辨不清了，于是改叫我为"老吴"。小黄则更以自己为小，叫我"吴老"了。小黄就在街上住，每天上班都很早。一天，我正在宁心静气打太极拳，他上班来了，对我连说："吴老，算了，算了，去吃饭去！"令我有些哭笑不得。

小黄很想争取入团，与我说起多次，问有关的情况。我想这是个很好的事，场里的青年很多，组织起来学习有关知识，把年轻人团结起来，也是我这个学习组长的任务。

本来，组织场里的学习，已进行了两次，但效果不怎么好，主要是我情况不熟，没有想到适合的办法。与小黄的交谈，使我想到，场里员工学习要有一定针对性，要预先有些准备。特别重要的是自己一个人唱独角戏不行，须得先抓几个青年积极分子。首先想到的是理军和光耀。他们两个都是五中才毕业的，做事积极，有热情。我把组织青年学习的事和他们一商量，两人积极赞成，提出一些建议。然后自己作了一些准备，组织了一批青年，给他们讲了团的基本知识，算是我第一次讲了团课。接着，理军、光耀几位带头发言，学习效果比较好。

已经在园艺场上班近十天了，到邮局去收到哥哥一信。看来这封信是在他拍电报之前或是同时寄出的，不知我是否录取，劝我要做好两个打算，特别要做好到农业第一线的准备。我感到，他是很有预见性的。此外还谈到他将寒假回来结婚以及他目前的生活情况等等。

回场的路上，遇见了同班同学正邦。知道他已录取湖北大学数学系，还谈到其他几位同学的情况，明政同学录取武汉大学中文系，还有几位同学都认为录取是没问题的，竟没上到任何学校……

我和正邦正在边走边谈，路途上又遇到超辉，他也收到了华中师院的录取通知。于是三位老同学在场里坐下畅谈。我提出请他们两个去街上吃一点东西，表示庆贺。他们则坚持不去，反倒把我拉着到超辉家去。

超辉的家离芭蕉镇不远，翻过黄豆口，沿小路走几步就到了。那是典型的一座农舍，条件极为简陋。西头是用几块木板、篾条夹着当墙壁，还须挂上几个斗笠，才能将西边射进的阳光遮住。我又看到灶屋里，还置有床铺，不觉说道："中国人民的生活，最需要解决的是两个问题：一是粮食问题；二是住房问题。"

超辉搞了一些苞谷杆来，我们一边撕啃咀嚼，一边天南海北地闲谈。一会他又烧好几个苞谷托，我是特别喜欢吃烧苞谷的，好久以来，才在他这里尽兴地吃了一顿。超辉有几个侄儿，大的约有八九岁，已经很懂事，不断问这问那，还知道给我们烟抽。他还很痛恨地主、恶霸，小小心灵就有爱憎分明的阶级感情。

超辉的哥哥，一看就是一个直率的人。他给我们谈了许多农村的情况，十分赞扬政府最近的政策。我问他："农民现在特别要求的是什么？"

他简单而明了地回答："让农民多吃一些。"接着，他作进一步说明："农民就是这样，他又不想别的什么，只要在吃的方面宽一点，他就使力去做；农民使力做了，生产的东西就多，就都好过了。若说是一年到头，生产搞了这么多，又还没有吃的，那就越来越没有劲头了……"

他还说，自留地给农民，是"做了大事"，搞点边边角角，也是添补一些吃的的好办法。听他这一番朴实的说话，使我感到他们对于"私"总比较地感兴趣，看来，这是一个客观存在的问题。不看到这一点，不承认这一点，去实施一些政策，就会因主、客观不一致而出问题。

我认识到，在基层，在农民中，是可以除去一切光的折射和屏蔽伪装，去洞察真实的社会生活的。

一场大饥荒之后，党对农村颁布的有关政策注意到了这一点，因此，农村经济开始有了转机，农民反映良好，一般来说，干劲都比较大。这样，虽然国家暂时征购少了一点，但是，只要农民的生产干劲大，生产的物质就多，国家总的来说也就会富足起来，老百姓的生活将逐步得到改善。

在超辉家吃饭。他们已经开了"苕门"，我们大吃特吃了红苕。这是自留地中所产，个儿大而且面，还有一些哽人。菜是南瓜片，辣椒和豇豆，十足的农家风味。

饭后，我和超辉一同送正邦。正邦家住朱砂溪，大约还有二十多里的路程。三人边走边谈，我祝贺他们前程远大，希望他们克服暂时生活困难，在大学好好学习，争取更大进步。也谈到我今后的打算，是一定在基层，在第一线，好好劳动锻炼，了解人民生活，与劳动人民同呼吸，共忧乐，尽力做一些对人民有益的事情。

我和超辉，一直将正邦送到14公里处道别，算来来回走了大约十里路。又与超辉别了，回到场里。大家都在抹苞谷，也便参加进去。

这些时，也是经常回家的。一般都是吃了晚饭回去，玩一会再回到场里。一天，我带回一斤面条回家，碰上父母正在吃饭。他们一见我回，便又要我吃，我说场里吃了才回来的。他们生怕我没吃饱，还是说，吃了就再加一点。我便不客气了，说吃又吃，于是又刮了三两饭的风，还吃了不少南瓜。我们场里的同事，常将自己在场里吃了，又跑回家去吃饭，叫“刮风”，也就是“刮共产风”。

每次回家，父母总是要问思想有什么变化，身体怎么样。这天“刮风”之后，父亲又细细地问情况，我说都很好。他认真地对我说：“你以后有些什么想法，身上有什么不舒服的反应，都要给我讲，不要瞒着我。”

父亲知道我文史知识贫乏，常借一些书籍放在家里，有的是我说想看的，有的是他给我推荐的。这段时间，午间休息、晚上或因雨停工，我都在抓紧读书，或者写点什么，没有浪费一点时间。我知道自己记忆力和理解力都不是很好，只有凭自己多花时间和功夫。这天，父亲又将借的一套《古文观止》给了我。

临走时，天已黑了下来。父亲找了一根棍子，用刀将其削平，要我带上，好走夜路。我便将棍子握在手中，学着瞎子走路，打在地上叮叮当当响，有时索性闭着眼，体验盲人到底是怎么生活的。

父亲总是要送我一程的。这天，他还是送到了塘湾到街上去的那个垭口上。我走了老远，他还在问：“看不看得见?”

“稳当一些，脚尖先落地，人高容易跌倒。”他又一次强调。

“听不听得见广播?”他又问。

我想，老人真是“爱子心无尽”啊!

我的日记本是放在家里的，父亲不但看我的日记，有时还要用红笔在旁边纠正错别字，作批语。比如：

就是在记上面那件学盲人用棍子探路回场的故事旁，他批了一句：“这根棒子你还没带回来喔!”

又一则记录："下午休息时，有女同事说要给我当红娘，我笑了。"他在其旁批道："是好意，但是自己要有把握。"

在我写雨中挖田时说："一双脚，沾满了泥巴，足有二十来斤，人却站得极稳的，恰如一个不倒翁——大概戴脚镣也是这个味道吧。"

父亲在后面批道："不应当这样比喻！"

又有一则，是我对场里不注意工人生活有看法，写道："连阴雨下个不停，我们依然在坡上开荒土，足下是烟雨茫茫的青山。荒土下雨比较好挖，只是很不方便，茅草又极多。我们边挖边谈，也不觉得怎么难挖了。今天大家谈得多的，是评论场里的工作。一般的都认为这里活路重，上工时间长，连洗衣的时间都没有。对此，我倒认为是自己锻炼的好机会。不过，作为场里的领导，的确应多加关心工人的生活情况。中央劳逸结合的精神，在这里体现得太少了。前不久，或许就是前天吧，到女寝室去看了看，漏雨的地方不少，里面的床铺，因此乱七八糟地摆着，接雨水的盆子，不时地叮当作响，溅出一些黄水在地上，地上全是湿的，不由得使人想到关节炎了。这叫什么生活呢？场里也没有管。对于生产力中最活跃的因素——劳动的人，这样不爱护，不关心，实在是不应该的。"

父亲在地头上，批了一段话："看一件事物，应当从当时的条件、地点、时间去衡量，不能过于求全责备，甚至吹毛求疵。"

我理解，父亲主要是担心我的思想，会因此类事情而"抛锚"，不安心在场里劳动。

这段时间，我练习写诗，其实都是些顺口溜不像顺口溜，诗又不是诗的东西。父亲鼓励我，"文从胡说起，诗从放屁来"，作不好没得关系的，慢慢来，以后就会出好诗的。一个晴日，在关山顶上挖地，看见了五峰山上的连珠塔，似乎有了诗兴，休息时写了六句：

登山望东北，
连珠指青天。
迢递关河在，
依稀轻纱连。
忆昔风华茂，
喜今桃李艳。
……

看一个人，应当以各方面观察，要多发掘别人的优点向他学习，至于他的缺点则只能作为自己的警戒。

年　月　日星期　气候

十月廿二日　星期一　雨

十月廿三日　星期二　雨

看一件事物，应当以当时的条件和当时的环境去衡量，不能过于求全责备，吹毛求疵。

父亲的批语

最后还有两句，一时没有想出，空在那里。父亲便用朱笔补足了这样两句：

顾影堪自豪，
站在第一线。

又一日挖红苕，休息时写了八句：

躬耕陇亩从农时，
心怀造福宇内志。
破箱上面走蛟蛇，
寒灯影下读青史。
荒草丛飘油墨香，
书卷页留黄泥指。
五更即起雄鸡唱，
黎明到来成好诗。

父亲将寒灯之“寒”改为“红”；将荒草之“荒”改为“青”；在“黎明到来”旁批“晨光熹微”四字，大约是供参考的意思。我体会到，父亲总是要以一种积极向上、乐观进取的精神感染我、教育我，让我能够充满自豪感，自信心，以积极乐观的态度对待现实生活。

芭蕉镇是农历的一、四、七为热场。对于“热场”，人们好像已经久违了。因为长时间来，都在饥饿线上挣扎，物资匮乏，一无所有，什么都没有卖，自然什么都买不到，热场与冷场都差不多的冷清，因此热场的情景，只是记忆中的事情。那时，有一点物资的，就是粮店、供销社、食品公司、百货商店等几家，无论冷场热场，这些单位都是开门的。不过这些单位的物资，大都是除了要钱，还要收票。之所以要发票证，自然是因为物资稀少。使用有限的什么粮票、布票、油票、棉花票、糖票、糕点票、肥皂票、火柴票、煤油票……是不需要逢场的。

最近以来，人们在说，芭蕉的“场”又在兴起来了。又是一个逢场天。中午，我也去赶场。街上人还真不少，有背背篓的，挑箩筐的，挑皮篓的，提着麻布口袋的，爽脚爽手东张西望的……场上显得有些挤挤攘攘，特别是芭蕉桥头拐弯处，真有些水泄不通了。卖柴的不少，也有卖红苕的。蔬菜有南瓜，茄子，辣椒；水果有梨子、柿子；还有卖核桃的，卖兔子的。

母亲也来赶场了。她给了我几个核桃，两个柿子，还买了三个大红苕带回去。我特别感兴趣的是，看到一处有苞谷粑粑卖——这是在高中时，维系我们生命的东西——如今市场上都有卖了，是用桐梓树叶包的三角形的那种。想那味道，应该比学校饭钵中蒸的还好吃，并且还不要粮票，我感到，这形势真是喜人。不过，东西是好东西，价钱也是好价钱，我觉得太昂贵了，一个需要一角钱，大一点的，还要一角五分，那是可以买两斤米的钱了——当然，米又是要粮票的，这个是不要粮票的。

中秋节到了，这是离开学校以后，过的第一个中秋。不知为什么，场里把中秋提前到昨天过，做了一餐糯米饭。我一看到糯米饭，而且加上白糖，就垂涎三尺，恨不得一口吞下。待吃到一半的时候，渐渐感到有些满足了，再吃下去，便有了多余的感觉。出于完成任务和好奇的心情，采取一口菜，一口糯米饭，交替吃的办法——终于将一斤米的糯米饭吃得精光。场里还给每个人分了包子和皮蛋，我把这些东西晚上带到家里，算得我也给家里做了一点贡献。

轮到今天，正值中秋节，场里便只有吃红苕了。不过，“每逢佳节倍思亲”，虽然没有月饼，收到好友和同学正邦、先绪的来信，这比饱吃一顿月饼更甜。正邦的信是他到校后的第二天就写的，他到底是学数学的，一字一句，一是一，二是二，只是差一点趣味性。不过我想，他家在农村，能送他到武汉读书，实在是不容易了，他也难有闲情逸致，去讲点趣味性的。先绪的信，却是足足有三大张纸。他说，这是他到武汉后写的第一封信。又说他一直认为我是“我们青年的榜样”，是这样吗？我是真不敢当了。他希望我再考，寻找深造的机会，而且举例说了，本届利川一位考取北京大学的，就是上届未录取的。先绪的志向我是清楚的：初中毕业时，他考取过湖北音乐学院，就读不及一月，他毅然退学，原因就是嫌自己的手指短了一点，担心影响发展前途。于是回到二中读高中。他渴望升入北大、清华、武大一类的大学——他的学习成绩，一直是那么优异，而且又是极其用功的人，这次他录取到华中师院物理系，本来也是值得庆贺的，但他内心是并不十分满意的，因为，他有一个希望的梦没有圆。如今，他却将这个希望，寄托在我的身上。我敬佩先绪的谦抑，也为他对我的过于信任赧颜不安。

月亮，明晃晃的，升上了山顶。月光洒满山谷和平坝，芭蕉河里银光跳跃……

快到国庆了，我想在节前去一次恩施城。这一天的活路是栽菜，休息时把蹲酸了的双腿伸了伸，就去找场长。他见我走去，抢先说话了，是给我布置国庆期间的几项任务：一是要我们把学习进一步组织好；二是组织一次国庆篮球赛；三是出一期国庆专刊。我都一一应承下来，随即向他请假进一次城，因为我的团组织关系一直没有转来。他也爽快地答应了。

这天晚上，场里发工资。这也是我第一次领到工资。这一月，我共得8元5角7分。没有什么激动，我记得初三暑假与先绪、德腾他们一起，去白果见天坝搬木料，才一个多星期，就分得这么多。对着这点工资，自己用俄语说了个“太少”。

回去，把工资交给母亲，母亲却不肯收，说：“这是你的血汗钱呀！你自己拿到城里用吧。”

次日，我换上一身整齐的衣裤，自顾俨然另外一个人也！手中拿着两件东西：挎包和两条扁担（其中一条是借的维正家的，要还去）。走到场里，人们见我这样一身打扮，有些惊奇了，简直有些大惊小怪。

麻麻细雨中，又现出一点太阳，十分地蒸人，怪不舒服。走到城里却晴起来了。恩施依然是恩施，但是，现在投入她的怀抱，我觉得多么不自在，就像是个客人一般，还有点星星那样的羞涩。（父亲在我当时日记中的这个地方，批了四个字：“大可不必”）过去那种昂首阔步，似乎没有了，（父亲在这个地方不客气地批了两个字：“差火”，还加了一个“！”）原来的熟人也一个都不见了，见到的又都是不认得的，这城市怎么转换得这么快啊？

然而，走到北门外，迎面来了一个女子，我正将她与白娟作比较，又觉得并不像她。没想到，越走越近，她在向我笑了。啊，是的，正是她。一个多月的时间，她变得太快了！头发由原来的长辫，到高考时变成短辫，现在又一跃为短发；大约因为出了学校，营养也好了一些，身体更壮实了。更重要的变化是除了对我笑了一笑而外，并没有多少热情流露出来。她只回答我的问题，说她来了很久了，住在什么地方，却并不问我一个什么问题。这使我感到十分意外。我便果断地结束了这次会面，说道：“我住在清江旅社，有时候来玩吧。”她应付了一句，也便走了。

这次奇遇，使我本已不平静的脑海里，一下子掀起了狂澜，一直翻腾着，出现不少的问号和感叹号。

走到清江旅社，很顺利地办好住宿手续，住在3楼60号，看来里面已经住了两个人。我感到十分疲惫，躺在床上，竭力想使脑海里翻腾的波浪平静下来，然而，过去的情景，一幕一幕闪现眼前：

白娟似乎是在高一下的时候，转学到我们班。听说她是参加过地区体操比赛的。每次上体育课排队，她都站在我的前面，我似乎很喜欢看她两条黑黝黝的辫子，也喜欢看她矫健的体操动作。说起来，我们还是老乡，所以平时也喜欢和她聊天。在与她说话时，我还可以享受到建始乡音的清甜和柔美。

她喜欢唱歌。每天早锻炼时间，若是下雨，同学们便在教室唱歌。我是班上唱歌的带头人，或领着大家一齐唱几支歌子，或教一支新歌。白娟也是个爱唱歌的人，常常建议唱个什么歌或学个什么新歌。她唱歌，声音清亮而又柔和，我听出有一种美。印象最深的是同她一起唱《绣银燕》，我用二胡伴奏，不时也和上几声，十分快乐。她还给我送了一本《独唱歌曲200首》，我满心欢喜，成了以后须臾不离的至宝。

白娟的字，写得别具一格：形状是方的，却又有些倾斜；笔画是直的，却又带几分飘逸；间架结构略显古怪，有些狂放不羁的味道，却又错落有致。我不知她怎么练就这么一笔字的，而且做笔记，写作业都是这样。

在我被查出有肺结核之后，第一个来到我面前问候的就是白娟，当时我还那么冷淡地对待她，为此一直心里还过不去。以后，她和同学们都未与我疏远，不断鼓励我努力战胜疾病，早日恢复健康。我入团以后，她很高兴地祝贺，还表示希望我帮助她。自此以后，我们结下了深厚的友谊，以至于我每次在唱《友谊之歌》时，都会想到她。放寒假我们同路到芭蕉，一路谈得好愉快，分路的时候还满口答应给我写信。可是等了一个假期，却没有收到她的只言片语。上学以后，她竟对我表现得那么冷淡，以至于让我想去写一首《山鹰之歌》。然而，没有多久，随着天气的温暖，我们一样亲密起来。直到毕业之前，她还前后三次送给我照片。在我回家养病期间，她曾多次写信给我，有一次写了四页之多。这使父母都觉得，她对我“是有点意思的”。离高考还有十天的时候，检查身体，我的病灶钙化，可以参加高考，于是开始投入紧张的复习。此时，还是多次见到白娟，不过，每次见面，她的话都很少，而且情绪不是很好。高考以后，在我离校回家的前夜，她把别人送的电影票都撕了，又与我相约，一起在舞阳坝漫步交谈……

这，这，这到底是怎么回事？回想起这许许多多的情节，让我实在是觉得，最难弄懂的是女孩子的心。这次与她北门奇遇，我先是感到惊喜，很快又被她的冷淡所窒息。是什么原因使她有如此大的变化？我思索着，就这样反反复复，一幕一幕地回想着我们的过去，又猜想着她的现在，猜想她如今会有怎样的想法。我总觉得，我们之间存在着什么误会，或者是我给她造成了什么误会。如果是这样，我又不能与她解除这个误会，我便是很遗憾，很内疚了。如果是，她见我如今这个状况，在恩施城这大街上，手中还握着两条扁担，因此便不屑与我再有来往——那我倒一切都释然了，坦然了！我但愿是属于后者。

——这次奇遇之后，我就再也没有见到过白娟，而且数十年间不知她的消息。白娟后来怎么了？半个世纪过去，我终于知道了她的下落：她到了新疆！这是新的世纪过了十年以后，雪明告诉我的：

高中毕业以后，白娟先在咸丰供销社找个工作，以后回到建始一所学校教书。因为家庭出身和社会背景方面的原因，在“文革”的乱云飞渡中，家中惨遭不幸，父亲被打致残。白娟自感祸殃临头，无地容身，只身逃出，历经苦辛，到了妹妹白月所在的新疆伊犁。据说他们与当地的维族老乡，相处极好，仗义的维族老乡给她一下划了二三十亩地。她便在这块土地上，辛勤耕耘，放牧牲畜。白娟在建始的男友周老师，本是个多才多艺的好老师，却面临揪斗、皮肉遭殃的厄运，幸得有人向他透露了消息，于是也就连夜出逃，前往新疆。“不到新疆，不知中国之大”，到了新疆，周老师何从一下找得到伊犁，又好容易找到白娟？于是，凭着下苦力，间或为人写写画画，谋求生活。也不知他走了多少地方，经过了多少时间，终于找到了白娟。此时的周老师，已染上了黄疸肝炎，一身黄皮寡瘦，脱了人形。这以后，也不知他们经历了多少辛劳，建起了伊犁的家。粉碎“四人帮”以后，周老师摄影画画，做了一些文化方面的事。有人劝他何不教书？周老师又当老师了。又以后，有人说，你何不让你的妻子也教书？白娟又当老师了。白娟共生了五个女儿，都是周老师自己接生，个个女儿都有出息，一家开出五朵金花，四朵当了教师。有趣的是，他们原来都是害怕“大盖帽”的，如今四个女婿，不是边防军，就是武警，一旦到齐，那是一屋的“大盖帽”。两位老师，如今也是桃李遍伊犁，遍新疆，也许还是遍天下了。退休以后，他们住到了乌鲁木齐。

听雪明讲了白娟故事的梗概，我感叹唏嘘不已。我想，如果以后有机会采访他们，写出几十集的电视剧来，恐怕也不是一个困难的事情。总之：白娟——是一个传奇。

再把话头收到清江旅社。与我同一间房的，是一位利川商业局的采购员。他十分清瘦，却十分健谈，对我讲了许多外地见闻，讲得最多的是武汉的情况。他说，那里的白菜卖到三四角钱一斤，还要在靠近郊区的地方。又说，吃一餐饭，要等两三个小时。明抢暗盗不足为奇，在码头上，一个旅客买了十个饼子，被人一手就抢走了。旅客紧紧追赶，那人丢下两个在地上，待旅客拾起来，再去追的时候，那贼早就逃之夭夭了。他又说，在一个食堂，有一个漂亮女子，大摇大摆走上前去，将服务员端着的食物，全部倒光了，跑了……

他讲这些奇闻，并没费多大心思，只是随意说出，一说就是一串，可见既不是他的有意编造，也不是偶然发生的怪事。他还说，这些事，他要是能写，是可以写一本书的。

我听得很疲倦了，渐渐地，在白亮的灯光下入睡，只在半夜，被查房的吵醒了一次。

次日，我先在凤玲姐家取了存放的东西，和宪幺婶娘谈起凤玲姐，如今还没有做什么事，又不愿教书，不然，她是可以去二小代课的。不过，幺婶娘的心情似乎比过去好很多了。

将东西放到清江旅社，然后就去会安邦。

安邦是父亲在咸丰中学的学生，又是哥哥的老同学。哥哥委托过我，若有机会，去代为看望他。他和哥哥，从初中到高中都是同学，而且都一同考入西北大学。长时间的同学，困难中相互帮助，使他们情同手足。不幸的是，到西大不久，入学体格检查，发现他患有肺结核病，休学回家了。

由于父亲和哥哥的原因，我很早就认识了安邦。在我的印象中，他是一位极为和蔼的兄长。他高大的个子，浓浓的眉毛下面，闪烁着睿智的眼光。他说话却是轻声细气，带有浓厚的咸丰口音。记得最清楚的是 1954 年，他和哥哥同时被选为恩施地区学生代表，一起到恩施参加全区学生代表大会。他是第一次出远门，回去后到我们的房间里，向父亲汇报开会的情况，也闲谈一些这次到恩施的见闻和感受。他说："……我还看到一种水果，以往从没见过，叫什么'屁壳'柚子，又像橘子，又比橘子大好多……"这引起我们一阵开心的笑。咸丰人说话，习惯带一个"屁壳"在前指某物，类似英语中的冠词，但又略带贬义。他原不认识柚子，在说柚子时，前面加这么一个"屁壳"，作为强调，听起来令人忍俊不禁。以后，父亲和我们一见到柚子，就想到安邦的这句"什么屁壳柚子"的话，都觉得十分有趣，要笑好半天。

安邦回到恩施以后，再也没去继续他的学业，参加了恩施文化方面的工作。他的写作功力极强，剧本《董大娘》就是他执笔的，写的当时恩施同名的一位老模范的事迹。一段时间，每逢周末，他都在栖凤桥图书馆，举办文艺理论讲座。我在恩高读书的时候，就曾经听过他的讲座。我每次与他见面，他都极亲切地问候父亲和哥哥，也问我的一些情况。所以这次有机会进城，看看在恩施业余干部学校的安邦，既是哥哥委托，也是我所希望的事。

恩施业余干校在新马路。几排平房，被浓密的法国梧桐树所遮蔽，都是一样的青瓦白墙。这里没有开学，没有学校应有的热闹气氛，但使人感到安谧，恬静。安邦正在和《恩施日报》的一位编辑商量着什么。他迎我坐下后继续他们的交谈。房里陈设简单，除一张床外，就只有两条长凳和一张桌子。旁边放一个书架。书，多半是文学类的。其中有一本，是《关于电影剧本的几个问题》，是八一电影制片厂的赠品。书中有一份内务部优抚司及八一电影制片厂给他们的《松青旗红》的意见书。我也有兴趣听他俩的谈论，不时也插上两句。看来那编辑也是很平易近人的，并非高深莫测的神秘人物。他们谈到恩施地区的文化情况，恩施戏剧情况，也谈到恩施歌舞团、京剧团，涉及不少相关人和事。我自感这些知识的贫乏，特别是京剧，不仅不会欣赏，而且历来都是一进京剧院，就要打瞌睡。

编辑走了，安邦和我一起谈了差不多两个小时。自然问了父亲的情况，哥最近来信没有，情况如何。他说他的身体仍然不好，肺病未愈，肝炎又上了身，如此，也为找爱人的事情担忧。

我看到了他玻璃板下的照片和工整的毛笔小楷，还有篆体手书的毛主席《长征》诗——我也看到一个才气横溢的安邦。

我要告辞，安邦十分诚恳地留我吃饭，又要给粮票，我都谢绝了。我从心里感谢这位好兄长。

——自此以后，我就没有见过安邦了，也少有听到关于他的信息。二十三年后的 1988 年，《鄂西报》登载我那首《乡曲》后，意外收到他的一封信。信是用钢笔写的，十分漂亮的行书。信笺是咸丰县函授站，落款则是“于咸丰农行”。他是听说我在负责职称评定工作，想了解下半年如何解决职评遗留问题的一些情况，他的高级讲师职称还一直悬而未决。他还写道：“在《鄂西报》上，读到您串地名的文章《乡曲》，我很感兴趣，认为很不错的。”接着是：“向吴老师他老人家问好，祝愿他晚年幸福，健康长寿！向国钤问好！”能得到他的信，我真是很高兴，只是他用一个“您”来称呼，使我很不自在。

我不知他是怎样到了咸丰，又怎样进入到教育界了。我感到对他的了解，就像看一本故事书，中间有好多好多页被撕去了一样，其间有许多情节弄不清楚。他是德才兼备的人才，又工作了这么多年，在一个县的教师函授站评高级讲师，应该是顺理成章的事。但是，首次职称评定，就是讲“硬件”的，我想，他恐怕又是因为学历问题，遇到麻烦了。我那时也是一天瞎忙，给他回过一信，以后也未再问候他了；又以后，听说他有一个儿子，很是不错，考入了北京大学，很为之高兴，觉得他没能完成的学业，终由他的后人完成了；再以后，却是惊悉他已作古，不禁喟然长叹。

且说那日告别安邦之后，便走到恩施师范学校，会见了秀姐——过年以后我便要叫她“嫂嫂”了。她似乎有些忙，只简单说几句话，我便告辞，去母校办理转团组织关系的手续。

黄家峁上一片寂静，母校正在午睡。我径直去到会议室——那是我过去常参加干部会的地方——畅饮了好几杯开水，母校的水好甜啊！

团组织负责人霍敏芝同学，很快给我开了介绍信，我想去找老师，一个人也没找到，就这样匆匆而来，又匆匆告别了母校。

出学校大门，坡脚就是维正的家。维正家里也是那么寂静，原来那种大大小小，吵吵闹闹，全被一种清静代替了。只有张妈妈独自扫着地，很有些孤独的样子。见到我后，显然从忧郁中生出了喜悦，对着我诉苦说，维正走后，自己就像掉了一件东西一样，而且心脏病又犯了。老人说，维萍上了一中，小清到爸爸那里去了，梅子呢，也不知跑到哪去了。我安慰张妈妈，维正上了大学，多好的事，放假就回来了，小弟弟妹妹们也都在长大，自己要多多保重身体……

我还要办组织关系，又匆匆告辞了张妈妈，先到团地委，再到团县委，终于办理妥当。

早晨，浓密的大雾，填补了清江河谷上的一片空虚，弥漫到了两岸。我潜入浓雾之中，下到河边。湍急的河水，从我身边流过，我掏出手帕，浸了有些清凉的河水，擦了擦脸。此刻，从清江桥下的浓雾之中，飙出一叶扁舟，上面站两个赤膊汉子，皆是临风披襟，倏地迎面而来，又箭一般射向茫茫的浓雾之中去了。

清江，我吸吮你的乳汁成长，今日又将与你告别而去，如那两个汉子，射向茫茫的浓雾之中……

国庆前夕的芭蕉小镇，各单位都开展一些活动，以增添节日的氛围。我一回场，便开始完成场长要求办的几件事。

最好办的是“组织一场球赛”这一件。我们与紧邻的单位茶厂联系，来一场友谊赛。茶厂球队优势明显，经常练习，又是自己的场地。我方队员，皆临时凑合，平时都是舞锄弄担，难免手脚生疏。但是，都是为相邻两个单位加强往来，共庆国庆，不论输赢，故此，我们是目的明确，态度端正，没有任何思想负担。

我们推选区队长老任当队长。他是个高大个子，过去清江河里放过排，篮球场上飞得起来的角色。又请场长当领队，作场外指导。还挑选了几个身强体壮的汉子上场。

球赛开始，茶厂队打得轻松自如，连进数球，我方队员，力气虽好，但东奔西突，穷于应付，几次机会，投篮不中。老任请求暂停，重做部署，将我调为左路前锋。再开球时，被动局面有所改变，我亦连进数球。战局显得紧张起来。对方要求时间暂停，我方队员亦聚在一块，领队熊场长作指导：“就这么打！”

再上场，茶厂队员奋力拼搏，我方队员越打越猛，我的投篮动作也越来越顺手。上半场，园艺场队竟然“暂时领先”。领队熊场长又及时作指导：“就这么打！”

下半场，茶厂队员，力不从心，上气不接下气；我队的年轻汉子们，正打出点门道来，在场上一个个如同装甲坦克，传递失误也明显减少，比分持续领先。茶厂队换了几次人，我队无人可换，也无须换人，领队熊场长信心满满，再次指导：“就这么打！”

球赛结束，46∶38，园艺场队领先。场长满心高兴，说：“以后呀，就这么打！”

晚上是镇上组织的报告会，各个机关单位都要参加。报告会在芭蕉小学举行。没有听见介绍报告人是哪位干部，只听见他一开讲就不一般：

“各位先生们，同志们……”这有点像驻外使馆来的，但称呼了“先生”，却又不提“女士”，“各位”了，又还要一个“们”。

听下去，觉得有些话是很新鲜的：“有一位诗人，写了一首诗，说什么‘黄河之水天上来’，这是典型的没有调查研究，而且，存在严重的浮夸风……”

“达赖喇嘛者，和尚也，跑到印度求帮忙。印度军队只有我们一个师的人多……”不知他是要说我们的军队多，好战，还是什么。

与其听这样的报告，不如做点别的什么。我邀了理军、光耀去办专刊了。我们三人，写的写，画的画，打了一个夜工，终于把专刊办起了。第二天就是国庆节。我们以《青春献农村》为主题的“庆国庆专刊”如期出版。场长布置的第二个任务完成。

场长讲的第三件事是进一步组织好学习。此事心中有个眉目，除了读报学文件，讲团的知识之外，就是组织学习农业技术。场里有位土专家叫周长卿，听说当过茶中的农业技术员，所以，有的人叫他周老师，也有人称他周同志。他既有丰富的实践经验，又爱钻研，看了不少有关的理论书籍。我想好了，就请他结合场里生产的实际讲一些农业技术。国庆以后的学习，就有了场长要求的“进一步”了。

让我没过好国庆节的是，这一场篮球赛后，我全身疼痛，如害大病。教训是：平时不练习，突然作剧烈运动，靠得住要出问题。

清晨，登上关山，捡土。捡土，就是将土地里的杂物收捡拾掇干净，以备耕作。关山顶上，从来只是遥望，并未亲临。领此任务，独自一人，花了半个小时，才爬到山顶。

山顶上，是较为平缓的坡地，后面却还有一座山峰，突兀而起，峭壁嶙峋。极顶上生长着几棵小树，被一缕白雾缠绕。雄伟壮观的奇峰，婀娜多姿的白雾，浓墨和淡彩搭配，苍劲和柔美结合，构成了一幅雄奇而又和谐的风景画。顾不得痴痴久看，手持镰刀，将地上的秸秆、杂草、枯藤、荆棘之类，搜搜落落，清除干净，堆置一旁。

俗话说："高山的天，娃娃的脸，说变就变。"天气渐渐地阴晦，白雾连成一片，山峰模糊起来。继而，小水珠儿，撒在头上，脸上，手上，有些发凉。上山时的兴致，已经全无。环顾四周，独自一人，冷风嗖嗖，不觉有些寒栗。

继续工作，还有一个坑，里面丢弃了一些苞谷杆子，旁边却有一座坟。想来，这是刚起了棺材的坑。但里面的苞谷杆须得捡拾干净。心想，别人能下去起得棺材，我也下去收得包杆。想是这样想，往下走的时候，身上还是有些发软，麻着胆子下去，呼呼噜噜几下子，把苞谷杆抱成一捆，搂将上来。

似乎听见人语声。心想，真的见了鬼了？侧耳一听，但闻：

"刚才那个是谁?"

"五中吴老师的儿子，还是高中生呢!"

"高中生还不是要来挖岩壳!"

循声望去，是银行的几位干部，去开荒的。你说这该怎么说，其实他们自己也是去挖岩壳的，还鄙视别人挖岩壳。挖岩壳又有何不光彩?

晚上回家，父亲说："回来得正好，我正有事要和你说。"

不知是什么要事，静听父亲说来："五中的老师在谈话中，对你很自然地走到农业生产第一线的行动很敬佩，说你是'后起之秀'。因此，你自己就更应该想得开阔些，安心地，乐观地劳动，首先争取身体的健康，从锻炼身体，锻炼思想出发，好好地干。"

我知道，父亲还是担心我思想抛锚，特别是为身体担心。我说："已经四十多天了，生活、劳动都在习惯了，力气比原来大得多了，开初挑一挑石头往磅秤上一站，有两百多斤，石头一倒，除了我这个人的'皮'，石头只有六十几斤；现在，挑个八十多斤没有问题，有时还挑粪上山。我看我的身体也在棒了起来，过去失眠的事，现在根本不存在了。手膀子也比过去粗大了一些。我还自己作了时间安排，早上六点起床，晚上十点睡，把早晨，晚上和工间休息时间利用起来，每天共有四个半小时的学习时间，一天过得很充实。思想上的确是很愉快的。"

父亲听了很高兴，又开始和我一起讨论汉语语法问题。

10 月 29 日是我十九岁生日。上午与必林两人疏通一条田边的沟。午休铃响，必林笑道："这条沟就是 4 角钱一条。"

他是怎么算出这条沟价值 4 角钱的？我一时转不过弯来。后来自己慢慢推算：我们的基本工分是每人每天 10 分，劳动半天记 5 个工分，两人半天共 10 个工分，分值为每个工分 4 分钱，故：起（疏通）这条沟的工钱是 4 角钱。由此推论：我们每月按 30 天出满勤，可获得 300 分，合成工资为 12 元。

下午休息时又接到武大映红同学和武师超辉同学的信。映红同学信上说是我给了他不少生活的热情和克服困难的勇气。如果真是这样，我好满足。一个人活着，能在自己的生活中寻找到信心和力量，就算不错了，还能分给别人一些，那是多么有意义的！感动之下，随即在信封上写了八句："田头小憩得书信，飞来珞珈一片心。纵是暮秋冬将近，自有鄂西春长存。君怀雄心排万难，我亦壮志入青云。生活原是曲折多，坎坷过后乐也深。"

超辉信上谈了武汉生活紧张的情况有了好转，但纸张还很困难，自己在生活上仍不习惯，加之自己对生物这个专业也不怎么满意，有些灰心。要怎样给他回一封信才好？

两位同学的来信，是给我十九岁生日的最好礼物。对于过生日，自己从来都没有欣喜的感觉，更多的是对岁月流逝的惆怅——啊，又过去了一年！检讨了自己这一阶段学习上存在的问题是：没有计划性，见什么，学什么，无主次，无缓急；方法单一；读得多，写得少。

放工回家，我带回一兜大青菜，青枝绿叶，叶片肥大。父亲说："这是你清清吉吉的象征。"

在家吃了面条、鸡蛋和油饼。在这样的岁月，能吃上这些东西是很难得了。

说起映红同学的来信，在场里还闹了一点风波。这天，多娃——光耀的小名——帮我带来的一封信，正是映红同学从武汉大学寄来的。场里一群女娃，偷看到这来信者的落名是"映红"，便推测一定是个女的，而且还一定是我的女朋友。于是，场里传开了：

"人家有女朋友了啊，在武汉大学呢！"

“你的女朋友，是不是叫映红？”有人还这样质问我。

我笑着说明：“那是一位男同学啊。以名字推断是会出错的，有个萧楚女，是共产党的老革命家，别人看到这个名字，也是以为是个有才气的漂亮女子，求爱信如雪片般飞向他，其实，他是个大男人，脸上还有点儿不够光滑呢！”

大家似乎有些将信将疑了，没有再追问什么。

这天当听说我武汉大学的朋友来信的事，在我旁边一起挖土的邓老师说话了：“武汉大学的，那还真是不简单呢。一提起国立武汉大学，真是鼎鼎大名的名牌学校。人们说，武大里面的环境像公园，房子像宫殿，又说，武汉大学的学生，脑袋都是偏着的——你猜为么事？”

我认为这是一个奇怪的问题，望着他。邓老师抬起眼睛，亮而有神，笑道：“因为，他们脑袋瓜子里装的东西太多了！”

我觉得这说法是太有趣了，联想到自己有个偏脑袋的习惯，心想，我还可以冒充武大的学生呢。

邓老师接着说：“这是说着好玩的，但是，武大的学生，经常一手夹着一叠厚厚的书，这样子，时间长了，也就养成偏头的习惯，这也许是有道理的。”

邓老师是在我来场后不久来的。听说他原来是一位小学教师，后来成了右派分子，自然是来这里接受劳动改造的，但场里的人，包括场长都仍然叫他邓老师。

邓老师的确是一文弱书生的模样，瘦弱的身材，戴一顶毁了色的蓝解放帽，前面的遮檐已经软塌塌的，可以将眼睛挡住，穿一件并不合身的补丁棉袄，似乎是女式短大衣改作的。他皮肤白皙，头常常是低着的。他本有一双精明的大眼，极有神的，却很少抬起来用，一般情况下，难以看清他的整个面目。他一天寡言少语，在使用锄头的时候，可以看得出，他举起时，是显得很艰难的，挥起来也不够高，挖下去却很快，但却挖得不深。他挖几锄，便要杵着锄头把子，歇一会儿气。

有一次，我听见场长在一旁喊道：“邓老师，你招呼（担心）把锄头把子杵断了哟！”

邓老师白白的脸，一下子染得绯红了。

邓老师渐渐喜欢靠近我做事，我也开始发现他知道的事还很不少，而且并不是寡言之人，便常常学孔夫子的“每事问”，向他了解一些事情。

邓老师不仅会说，而且会唱，并且音准，不走调。一次和他打猪草，谈起了恩施清江中学。他在这里读过书，记得当时流行一首歌，叫《江南之恋》，很好听。我说，这首歌我还知道，听我哥哥姐姐们唱过，的确很好听，曲调大约都还记得，曾经在风琴上弹奏过，词写得也很好，但只模糊记得前面的几句。他说："这首歌，应该是抗战时候，一群流亡青年传唱出来的。我们读书的时候，清江中学就有不少流亡同学，他们唱这首歌，唱得落泪……"

他见我极感兴趣，便小声地在我旁边唱起来：

我家在江南，
门前的小河绕着青山。
在那繁花绿叶的城庄，
我懂得怎样笑，怎样歌唱。
啊，江南，
春三二月，莺飞草长，
牧女的春恋，在草原荡漾。
啊，江南，
麦田的微风，吹醒了夏夜梦。
明媚的星星，点缀着蓝天。
啊，江南，
秋水哟，共长天一色，
晓风残月，轻映着杨柳岸。
啊，江南，
寒鸦点点，带来鹅毛雪，
缤纷的渔火，独照着江滩。
啊，江南，
千遍万遍唱不尽我的怀想，
水一样的柔情，雾一样的娇香，
梦一样的温存，云一样的迷惘。
啊，江南，
分别时，我们正在青春年少，
再见时，又将是何等模样？

他不是一口气唱完，而是先唱一段，然后解释："这是第一段，下面分别是春、夏、秋、冬……”于是，又唱一段……这样，他唱一段，想一想，说一说。他这样说说，唱唱，我也一旁说说，听听。

末了，我说：“这首歌的歌词写得太好了，非常美，情感十分深厚丰富；曲调也十分优美婉转，实在令人陶醉，等到有时间了，我要把这歌词完整记录下来。”

邓老师微微笑着，显出遇上了知音的怡然自得，也似乎进入一种甜美回味之中。

第二天上工后，邓老师给我两张纸，是小学生练习本上的那种。展开来，上面正是他给我抄写的《江南之恋》歌词。

自己盘算一下这段时间的劳动锻炼，觉得收获还是大大的：场里的一些活路，如挖土，割苕藤，挖红苕，种麦子，栽白菜，拔萝卜，栽萝卜种等等，都尝试了，好多事，似乎都是小样的，是可以一学就会的。

一次，男劳动力都去王家村搬椽皮，因路途遥远，没让我去，留下来和女劳动力一起种麦子，成了“妇女队长”。种麦子只有打窝子属于技术难度大一点的工作。我如今是既会打“对口窝”，又会打“梅花窝”的角色了，一坡窝子打出来，就像会针黹的巧妇扎出的鞋底一样，疏密匀称，整整齐齐。在这群妇女中，我自豪地觉得，我已经算是“权威”了。

稀里糊涂的，我不知是什么原因，现在场委会开会也通知我参加，仿佛觉得没有什么时候选举过我当场委委员。我想，大概就是学习组长吧。然而，和他们一起开会，也和老师在一起谈学生，学生在一起谈学习一样，都有好多好多的话说不完。不同的是，这里谈的都离不开种子呀，肥料呀，抢收呀之类。这时我便感到自己农业生产常识方面，还是生疏得很，想与他们搭上腔，总是不容易。

我暗下决心，要早一点把农活中的十八般武艺学到手，对农业知识要深入了解和学习。

园艺场不仅在国庆篮球赛中战胜了打遍芭蕉无敌手的茶厂队，使小镇上的人们开始对园艺场刮目相看，而且在民兵工作方面，也小有名气。

刚到场时，本人还不是民兵。开初，组织民兵训练，没有通知我参加。我想，那可能是原来的名册里面没有我，或者是忘记通知我了。其实，我在学校就是民兵师的一员，是直接接受过军分区教官的训练的，也算得上是一个“黄家峁上扛过枪，大办钢铁打过仗”的人。最后，我又猜想，可能还是自己成分“高”的问题。国庆节前夕，我把团组织关系转到了芭蕉区。以后，民兵或者是开会，或者是训练，都通知我参加了。这证明我后面的猜想是成立的。我认识到，这民兵的资格关，还是把得很严格的，毕竟手里要拿枪。

区人武部有个杨副部长，一次转到场里来。他戴着军帽，披着军衣，很是潇洒的样子。到底是当过兵的人，豪爽的性格一下就表现出来，见到几个年轻人，就喊来一起聊天。这一来，就是一大群：老王、理军、光耀、大女娃小叶、小女娃小胡、德泽、小方、小向、小曾、欧阳、王大妈、昌学……这杨部长的兴致，是越来越高，索性提出给大家教唱一首歌：

雄伟的井冈山八一军旗红，
开天辟地第一回，
有了人民的子弟兵。
从无到有靠谁人？
伟大的共产党，
伟大的毛泽东。
……

年轻人多，声音又洪亮，唱得很起股子（起劲）；老杨劲头也是越来越足。

此后，三天两头他都要到场里来玩一玩，看一看，聊一聊。后来，他正式召开了会议，说明要选园艺场作民兵工作的试点。他讲了讲国际国内形势，强调民兵工作重要性，鼓励园艺场把民兵工作搞好，在生产和保卫社会治安中充分发挥作用，在全区作出表率。

场里有个复退军人老王，三十冒头，人很干练，又见多识广。老杨任他为园艺场民兵排排长。老王到底行伍出身，操练起民兵来有板有眼：从立正、稍息、向前看开始，到卧姿装子弹，还在河坝里捡起石头当作手榴弹，真把个园艺场民兵排，操练得像个要上前线的样子。

一次，老杨看了园艺场民兵排的训练，大加赞扬，提出新的要求：“你们的经验要推广，要报道，找谁写个稿子，到县广播站，甚至《恩施日报》去宣传一下。”

老王排长不假思索就道出："我们这个小吴，才学高，就是他写，没问题。"

老杨把我望了望，说道："好，我还给你拿点材料看看，你以后可以多写写通讯报道，宣传宣传。"

第二天，老杨又来场，召集部分民兵，讨论如何进一步开展民兵工作的步骤，指定我担任"理论教官"，讲政治理论课，并将军事知识丛书一套交给了我，将搞训练用的靶纸等交给老王。

一日下午，老王不知从哪里借来一辆自行车，他逛了一趟回来，推到我面前——他知道我做梦都想开这个车，示意我上车。我正手脚痒痒的，于是，骑上了车，借助脚长手长的优势，跨在车上，等老王给我推车。老王说："你别当老爷，要我给你推；我是当教练的，顶多在后面扶你一把，你自己要踩，慢慢体会。"

"行，请教练就位，现在开始！"

只听到老王在后面，扶着车，推着走，同时不断发出指令："身子坐正……别歪，别歪……对，对，手伸直……龙头摆正，看前面……龙头摆正……踩踏板，对，对……呃呃呃……坐正，坐正……踩，踩，踩，对……我松手了……啊——"

他一松手，我就慌了，把车开到白菜地里了。

"洋马马要吃白菜啊！"孤儿小俞在路旁嘲笑我。

刚好这时，老杨来了，手握一份《恩施日报》给我们看，上面有一篇芭蕉园艺场冬季民兵训练的报道，后面落一个"东来"的笔名。他问："这个'东来'，是不是你？"

"登了嘛——是的，是的。"我看了看报，说道。这正是前些时写的一篇稿，见报了，真是很高兴，虽然只是一个不显眼的豆腐块。

"能上《恩施日报》，那就很不简单呢，你们干得不错。年底这方面还要好好总结总结。"老杨后面的话，对着老王说，显然是对他这个民兵排长很满意。

又一日晚上，接到区公所电话，要我带两个民兵，去接受特别任务：看管两个犯人。我是从来没做过这种事的，如临大敌，即刻背了一支枪，并上了红槽。还记着带了一本书，便和德泽、昌学两位一起，急忙去到区公所。走到了食堂旁边一间小屋子，见两个犯人很规矩地坐着，手是被捆起的，心里也就不怎么紧张了。后来听说他们两个都是赌博犯。我们一起坐在屋子里，也没有什么事，此时，老杨在门外对我做了个“出去一下”的手势，我便跟老杨去到区武装部办公室。

办公室里有两位军人，老杨介绍：“这一位，是军分区方参谋，来了解民兵工作情况的……”我看见，方参谋在笔记本上，正在抄写《恩施日报》上我写的那篇报道。接着，方参谋看看那篇报道，又向我询问了一些情况，诸如场里的基本情况，民兵劳武结合，抓政治学习和军事训练的情况等。他很热情，并无想象中军事干部那种威严。谈完，方参谋起身与我握手，鼓励我们的民兵工作更上一层楼。

我接着继续去执行特别任务。没坐多久，瞌睡虫闹得厉害，在旁边一间房里，找了个床铺，睡了半个小时又醒了，感到有些饿。跑到街上，几个食堂，都是人挤人，怎么也难挤进去，只好空手而归。德泽和昌学叫我先回去睡，然后再接班，于是我就跑回场里，睡了一觉。

凌晨四点多，我去接班。两个犯人互相靠着，在睡觉。我便在油灯下先看报，后看书。看完《人民日报》上两篇文章，一是阿尔巴尼亚《人民之声报》文章《社会主义国家中前所未有的事》，二是《真理报》社论《危险的道路》。天还没亮，接着看带来的那本《逻辑错误怎样影响正确思维》。

窗户微微发白，整夜平安无事。我想，这个特别任务，不过就是陪两个因赌博被拘留的人，去拉屎撒尿而已。

七点，我完成特别任务回到场里，仍然上班，去栽萝卜种。

事情还没有完。中午，正想补一补头晚上的瞌睡，又接到通知，到区公所押解两名赌博犯，还要给那两个人上手铐。天啦，这又是我没做过的事情。我明白，此时不能显得生疏，也不能表现出害怕，这绝不会比下牛粪池厉害，不过就如一个演员，要饰演将军一样。

在区公所的干部带领下，在我们民兵的保卫下，两个赌博犯，在芭蕉镇，从上街，到半边街，再到下街，游了一转。每到一处，他们都态度诚恳地表示一定悔过。然后是：态度好，放人。

1961年年底了，我趁下雪停工，写《芭蕉园艺场民兵工作情况总结》，一共写了九张材料纸，与老王去区公所交卷。老杨正在给各公社布置民兵工作。等了一会，我准备将材料放在他办公桌就离开，老杨手握话筒，做着手势，要我们坐下。

他停住打电话，看我们的材料。看了很久才看完，把材料合上，若有所思说："这个材料总结得很全面，也反映了园艺场的民兵工作的确搞得很扎实，很不错。前一次，军分区首长也谈到你们的工作开展得很好。现在，我还在想，你们能不能写成一个典型材料，就是介绍你们的经验的，突出一下民兵保卫生产的成绩……"

我和老王走出区公所，外面已飞着鹅毛大雪，地上却是一层泥浆。我们冒着雪，在泥浆中往场里走。我心里想，原以为交了卷，任务就完成了，现在看来，部长的事情还难得做完。我对老王说："这又得耽误两天了，再下几天雪就好，免得误工。"

老王对我说："干呀，你使劲干吧，有前途呀！我说呀，有这样一个文化程度就行了，不要考什么大学了。"

虽然我觉得老王，算一个有见识的人，但从这句话看，他的目光还是比较浅近的，学无止境，我这点文化算个什么。

我的劳动大学，快上完一个学期了，这些课程学得怎么样，有什么心得体会呢？自己来总结评点一下：

做的最多也是最简单的，莫过于捡土和挖土。捡土，与打扫卫生一样，把地上的渣渣草草清除，堆放在一边，极其简单。挖土，只要有一点力气，一锄一锄往下挖，把土翻起来就行。

最费力气的是挑粪水上关山。一担粪水，总在八九十斤，就是挑到关山的半坡，也得耐着性子，一步一步，拼着命，往上爬。尽管我把气功调息运气的方法使用出来，还是上气不接下气。伙计们的办法是，边爬坡，边喊叫："压哈哈，呀哈哈……"

哈哈，本是傻瓜之意，压哈哈，便是自嘲压到自己这个傻瓜了，颇为形象有趣。但此时却不能笑，一笑，人就软了，更加没劲了。只有跟着别人这样喊"压哈哈"，便会分散一些精神上的压力，最终达到指定位置。

在我能够挑粪上山以后，场里的同事们，大加赞许，没想到我这文弱之人，竟能干最重的活。我想，我总是要尽力而为。以前，我不曾因别人认为我无用而拼命；现在也不会因别人赞许去不自量力。我心中总记得我们的一个同学，是一次背了300斤硫黄，放了一个空前的卫星而致病，吐血而亡。因此，无论如何，最好的，便是“尽力而为”。

最脏的活路，是起牛粪。我原来，视牛圈池为虎穴龙潭一般，似乎自己永远是不会到里面去的，也暗自这样祝愿自己。其实，自己的想法不一定是正确的，我不是不会下到牛圈池里去的，我终于要执行这样的任务了。进到牛粪池，要说脏也真不假，要说臭也真是冲眼熏鼻。但是一旦与它打起交道来，把它拿在手里，也与玩泥巴一般，比起在初中时下到厕所里刮屎刮尿，其脏和臭的程度还低很多。我终于心中有底了，园艺场最脏的活路，也不过如此，还有什么可怕呢？

最壮观的活路，是烧火土灰。虽然它的前期工作充满艰辛，须得披荆斩棘，用木叉将荆棘灌木，草头木根，垒成一堆，将铲除的草皮泥土覆盖其上，但是，激动人心的时刻，也便随之而来：送去星星之火，点燃底里的焦干柴草，立即浓烟升腾，直冲云天。你看，那火越烧越旺，越烧越宽，堆里面不时爆发出哔哔剥剥的响声，不是爆竹，胜似爆竹；到处弥漫起烟熏的味道，不是清香，胜似清香，使人联想到最好吃的东西——腊肉。

最富有激情的事，是在雨中劳作。有的泥土，天晴时特别坚硬，下雨时挖，却事半功倍。如有这样的工作，我们便身披蓑衣，头顶斗篷，钻入雨中。用了这两件东西，才真感到它们是劳动人民的杰作。有说我国农民是“不分冬夏，不蔽风雨”的勤劳智慧的人民，此言真是一点不差。有了蓑衣斗篷，不仅是“斜风细雨不须归”，就是狂风暴雨又何妨？有诗为证：

雨打芭蕉雾蒙蒙，
蓑衣斗篷泥泞中。
纵使惊雷三两响，
关山巍巍全不动。

最有技术性的活路，是驾牛耕地。驾牛耕地是场里几位有资格的老手做的，我感到很新鲜，要求老张教我一把。他讲了几个要领，我便扶起犁头耕起来。开始觉得这犁头特别笨重，十分费力。渐渐地摸到一点规律，又边犁边体会，如何做到不偏不歪，怎样走上“移口”，怎样做到不浅不深，怎样转弯，怎样与牛配合。犁了几个来回，觉得有牛在前面拉，人要少用许多力气，比起人来挖地，功效的确是强了许多。

我将驾牛耕地的要领编了一个顺口溜：

顺着移口走，不偏也不依。
深了带不起，浅了犁层皮。
与牛配合好，鞭子莫使力：
“嗤嗤”加油门，“哇哇”是停机，
“梭梭”往后退，“取脚”牛抬腿，
转弯提犁头，车身（转身）莫性急。
纤绳要拉伸，石头绕开去。
农家活路多，只要肯学习。

学会耕田以后，自己颇有感慨，认为多少事情，看来困难重重，玄妙无比，勇敢者并不拜倒在貌似困难的表象前；一旦敢于去学，去干，其结果，是“有志者事竟成”。有诗为证：

轻挥荆条扶犁耙，
又学点豆又种瓜。
陌上老农传经验，
地里书生成田家。

最轻松有趣的活路，莫过于抹苞谷。大家围在一起，把一个铁片，或一把火钳什么的，坐在屁股下，拿着苞谷托在上面擦，苞谷籽就大珠小珠落玉盘，雨点般落下。此时，可以边做事，边听同事们讲笑话，唱山歌。此时的男男女女，嘻嘻哈哈，是十分热闹和开心的。

园艺场有老张、老洪和小曾几位都是好歌手；女歌手有小向，她既会唱，又大方，而且听说是外乡坝子上的人，还是个插秧高手，许多男子都敌不过她。一日抹苞谷，众小伙闹着：“老张，唱歌——”

老张也不推辞，说唱就唱：

叫我唱歌就唱歌，
叫我撑船就下河。
小郎不是撑船手，
来到江下凑人多。

老洪劲头来了，接下唱：

大河涨水滩对滩，
扯根茅草做桡干。
情姐莫说我桡干小，
小小桡干撑大船。

坐在小向旁边的小曾开唱：

挨姐坐，对姐说，
没有鞋穿打赤脚。

小向立马接上：

早不说晚不说，
粗布鞋子要几多。

小向接着再唱一首：

月亮弯弯一盏灯，
郎走夜路姐担心，
一来担心路长远，
二来担心一个人。

老张接唱：

打个哨子印过沟，
情妹坐在灶背后。
情妹听到哨子叫，
锅铲刷把一起丢。

小向、老张合唱：

娘问女儿为么子，
茅屋烧火烟子道。

老洪唱：

情姐当门一树槐，
姐抱槐树望郎来。
娘问女儿望什么，
我望槐花几时开。

小曾接唱：

望郎来就望郎来，
莫问槐花几时开。

……

这样的劳动，自然是轻松又有趣的。

最感新鲜的一次劳动，是上富尔山挑洋芋种。芭蕉有个富尔山，我经常听人们说起它，但一直没有上去过。因为日本有个富士山的缘故，我对这富尔山总是心向往之。

听说场里要派几个人上富尔山去挑洋芋种，我向场长要求参加。场长说："来回有六七十里，都是上下坡，路也不好走，你就不去了。"

我说："就让我见识见识，锻炼一下。"

场长对旁边老张说："小吴硬是想去，你就带他一路上去，莫让他挑多了，不然跟不上你们的趟。"

老张应诺，帮我找了一套行头：麻袋、绳索和扁担，递给我手中。

第二天，才七点钟，我就吃完了早饭，还暗地里喝了两口父亲给我的药酒，做好远征富尔山的一切准备。一会，八条汉子全部到齐。我一看，都是场里的大力士，论个子，数我最大，讲力气，我自甘最小。老张一说"走"，我们便开始大步流星，直奔富尔山而去。我知道，长跑运动是从开始就不能挪到后面去的，于是，与人竞赛一般，一步一步紧紧跟上，不敢丝毫懈怠。我的对手们，个个都是"膀子上长毛——老手"，我还是"大姑娘上轿——头一回"。不过，我并不心虚，自己还是自恃"身大力不亏"，何况有这三四个月的锻炼，也是有了一些本钱的。

走出街头，就是爬坡。过了上场坝，就开始走小路了。对手们仍然脚下生风，如履平地；我步步不让，紧跟不舍。我想，看你们能这样走多久，我还喝了两口药酒，这是你们不及我的。他们没有放慢脚步，我仍然没有落后。我想，和对手竞赛，在战略上要藐视他，在战术上还是要重视的。在爬到那个叫羊肠子坡的时候，有些喘不过气来了，而且喜欢流鼻涕，很影响我全心全意去走路。我开始非常注意我的对手们了。

好在天气晴朗，高山上虽有一些寒气，但有明晃晃的太阳照着，并不觉冷。在走得满身汗的时候，这冷风袭来，还很感凉爽舒适。天是蓝盈盈的，偶有几片浮云。眼下，芭蕉小镇已被混混沌沌的一层烟雾笼罩，分辨不清了。我们所在之处，是喀斯特伸出的一只抬得很高的手臂，下面望去，正是丹霞的头——塘湾，也只见轮廓。我们翻过一个叫裂口的地方，上面却是电影画面中见过的高原景象了：地面平坦，没有多大的起伏，乔木已很少看见。秋草的上面，蒙上一层白茫茫的荻花。一阵秋风吹来，荻花瑟瑟摇曳，使人感到异常的干燥和清凉。

一段路旁，长满了丛生的刺柏，翠绿一片，十分可爱爽目。细细一看，还有嫩黄的新枝。在这初冬时节，它们竟然充满勃勃生机，真个是“万类霜天竞自由”！几株高大的枫香，鹤立原上，叶已经脱净，光刷刷留着枝干，与寒风搏斗着，显得十分威严挺拔。偶有一丛丛红彤彤的灌木，那是红果刺，又叫“救命粮”。它们点缀在金黄的世界里，又增添了几分壮丽，也使人在寒凉的空气中感受到温暖，激发出兴奋。

这里的一切，使我下意识放慢了脚步，叫做“流连忘返”吧。

恰在此时，同路竟有一位在我旁边大发感慨：“这个景色画下来多好啊！”

讲话的是小王，也是五中毕业的初中生，读书时，最喜欢画画。他现在也是一个男子汉了，然而，同事们却叫他“王大妈”，大约是他性情温和得像一个大妈一样。

“你就回去把这景色画一幅出来看一看。”我说。

“我想去当个司机，开着车，有好风景就停下车来画。”他说。

“那么多司机又不会画画，你会画画，又不是司机，唉，难啊！还是写吧，把它写出来。”

这一阵，我和“大妈”都成了“拖皮”，落在后面了。我们不说话了，加速赶上了同伙。早就有些口渴，经这高山上的干风一吹，从口里到心里都像是一团火。我们几个人，都跑去抓红果刺子往嘴里塞。但是，这未经霜打过的红果刺籽，其味甚涩，亦少水分，无济于事。

走到了富尔山糖厂附近，几个农妇正在地里收萝卜。见到我们这群下力的人，善心大发，送每人二三个大白萝卜。这也真是雪中送炭，我们连连称谢，如获至宝，边走边啃，狼吞虎咽。那甜津津，清凉凉的萝卜汁，犹如久旱的甘霖，滋润了全身；一团心火，好似被如注的大雨淋灭了。

从糖厂再走两里路，就到了畜牧场的办公室。这里，原是富尔山林业中学，上半年才因贯彻精简压缩政策解散。偌大一个场，却空无一人。我们就是要在这里挑洋芋种的，却找不到一个人，如之奈何？空手而归，太不划算。打电话，摇不通。几个人决定：等。到下午一点，终于等来一人，办好手续。

老张安排我挑金豆种，那个东西要轻一些。不过，还要到三区队那边去。我独自走了四五里路，到了三区队。远且莫说，倒是来了一位大概是社长的人物，怒气冲天，不准会计发货。他那个样子，酷似发怒的猴子，龇牙露齿。其实，我一点也不知道他是为什么，也不知道我们场与他们是不是没有讲好。他又不说个原委，只是不准许。我也不与他顶争，让他一个人闹。他一排合闹完，似乎在快劲了，我去好好给他说了几句，发觉这“猴子”似乎还愿意穿红衣了，胀鼓鼓的皮球，慢慢地泄了气，叫会计把金豆种发了。

我对此事感触良深，在日记中记道：“今后遇到这类不通事理的横蛮家伙，心平气和，冷静处理，让他先放一阵气，然后给点好言好语，倒是一个方法。”

我挑了金豆种，直奔畜牧场，去与伙计们会合。在这高高的富尔山上，一边走，一边想，何不学着编几句山歌来，也才不枉走了这一趟，于是凑合了这么几句：

富尔山上平坦坦，
枫香叶落空杆杆。
芭茅花开满地飘，
只有刺柏不怕寒。

太阳照在头顶上，
有气无力嘴巴干。
“大姐你说怎么办？”
“吃个萝卜试下看。”

伙计们打火造饭已毕，只等我的到来。中伙（午饭）是：苞谷面饭和放了一点红辣椒的白菜汤。大伙肚皮填饱，挑着担子飞奔而去。我的担子七十三斤，挑起正合适，紧跟着老张，脚下一步一步，手臂一摆一摆，扁担一闪一闪，频率协调一致。如此翻山越岭，脚是痛了，肩是疼了，但是也走到了——而且，我不是最后一名，是第四名！

最能激发大家劳动兴趣的活路，是割茅草。十二月下旬，我们连续几天都割茅草。如果有人问，这茅草有什么用，场里为什么要茅草，我不知道；如果问我为什么要割茅草，我知道，因为割一个过心（直径）八寸的茅草，就有一个工分。最能激发大家兴趣的就是，割多少个茅草，就有多少工分。使力割，一天可以得到平时两天的工分。

第一天，老王带我们五六人，选到一处草地，草深得可以埋住人头。大家精力集中，也不说话，两手不停地割。我站起身来一看，一伙人都弯着腰，不停地划动，就像在茅草的海洋里游泳一样。虽然，干这个事，常常遭受茅草锯齿边缘的切割，或者荆棘的针扎，会流出鲜血，但没有人顾忌这些，总是在敏捷地，高速度地划动着。心里还只想着这茅草，你长得再深些，再密些才好。真没想到，讨人咒骂的茅草，竟成了园艺场工人的宝物。

为了争取时间，提高功效，中餐我们就在山上吃，是带来的煮红苕。过去在学校里，到外面去野餐，觉得好有趣，吃得好有味，只是好久才有一次。在这里，要天天野餐都是行的，就是缺乏学生时的情趣和味道。

下午我们一行人，挑着茅草回场。路上，有人问："这茅草有什么用？"我对曰："一个就是一分，十个就折合四角钱，用处大哟！"我一边挑着茅草走着，一边独自好笑，这也可算是一则新笑林了。

晚上回到家，洗了一个澡。为了解决历史知识贫乏问题，改变了原来回场的打算，就请父亲讲历史。父亲按照《新王云五词典》上的历史大事年表，讲了一大段通史。

算来，这一天的收获颇丰：茅草得四角钱，历史也学了几百年。

第二天，我自五中出发，一个人直接上山。和煦的阳光，照在茅草地上，是特别的安宁和舒适。割了十来个茅草，懒散起来，扯了一根茅草根，在嘴里嚼着，感受它微甜的味道。躺在草地上，闲看行云，穿过林间草莽，觉得很是自在。此时，有四五个牧童，牵牛而至。见我如此的一个大人，他们竟一点不怕，还大摇大摆走近我，找我说话。一会，不知为什么，几个小鬼，在草坪里，打起架来，我喊也不听，打得难解难分。我计算着，他们一共打了五架，但无流血情形。直到听到远处传来一阵猪的嚎叫之声，他们才立即捐弃前嫌，循声而去，关心是谁家杀年猪去了。

中午，有小胡、小向来挑草，发现了我，大叫一阵说："拐哒！你在这里呀，场里在等着你开会呢！"不知什么急事，忙忙回到场里，却是老任和理军找我，要研究发展几位新团员的事。

第三天上午，挑草两次：一次六个，一次八个。下午，又找到一个新的地方割草。我沿着一条崎岖小道，直往山上爬。这边是陡峭的山崖，下面是百十丈深的山涧，虽然极深处被密密的植物掩盖着，但听得见山涧湍急的流水声。看得见，对面山上，有一户人家，被茂密的柑橘树遮掩，青瓦和墙壁若隐若现。

山上十分寂静，偶尔听见几声雄鸡的啼鸣，是从对面那户人家传来的。和暖的阳光照耀着，赤黄的秋叶飘摇着。我在这样的地方割草，仿佛时光倒退了一千年，自己酷似一个辛苦的樵夫，或者是一个不食人间烟火的隐士。当我挑着草下山的时候，这种味道似乎变得更浓。

然而，这种宁静，终于被空山传来的隐隐约约的音乐声，给改变了。声音愈来愈近——这是什么音乐，如此悦耳，令人心动不已？已经辨别得清楚，是芭蕉民间的打击乐——花锣鼓。好多年都没得这种声音了，明快清脆的鼓点，宽广洪亮的铜锣，厚重沉稳的铙钹，节奏轻快的马锣，高亢悠扬的唢呐，混成天籁之音，令人喜悦而振奋。特别是在这寂静的山野之中，这样的声响，分外使人陶醉。

声音近了，只见一溜人马，逶迤而来，中间簇拥着一顶花轿。原来今天是个好日子，谁家在娶亲呢。这样的景象，这般的声响，又是这样古朴的仪仗，确实让人感到意趣盎然。这一切，似乎是久讳了半个世纪一样。现在它们都渐渐地回来了，随着人们餐桌上食物的增加，回来了。

割茅草遇到音乐队伍，使我突发奇想，在我们场里的年轻人中提倡学音乐，唱歌和学器乐。

在一次青年学习会上，我带去了二胡和口琴。我把二胡一拉，口琴一吹，年轻人一下积极性就上来了。理军和多娃，自从听了我这次吹口琴以后，他们两个最先开始学口琴。在他们的影响下，又有几个年轻人跟着学起来。园艺场里的休息时间，经常可以听到悦耳的口琴声。我暗自想，幸好他们还没有学拉二胡的，不然到处都是一片“杀鸡杀鸭”的声音，那是难以忍受的。

女娃们，就喜欢唱歌，一段时间，“大女娃”小叶、“小女娃”小胡、还有小潘、小姚都喜欢唱那个《绣银燕》，一天就缠着我要给她们教。我只好一遍一遍给她们教，好在这样能使年轻人团结和欢乐。只是唱着这支歌的时候，就不自觉地想起白娟来，有时有点分心。

一天傍晚，我正在灯下读王任重《读资治通鉴札记》，听到后面公路上，传来口琴的声音。渐渐地近了，到了我们的寝室。我一看，是多娃。他满面红光，显然是喝酒了。他很自得的问我：“吴老师，你说我的口琴吹得怎么样？”

我说：“你学得很快，下一步要一口含住一组音，练习用舌头打节拍。”

他脱了袜子，上到他的床上，含着口琴，开始练习打节拍。大约是口水分泌过多，便抓住自己的袜子擦口水，我急忙提醒制止：“呃——这是你的袜子！”

他却问道：“我包口琴的手巾哪里去了？”

我发觉他喝醉了，对他说：“你睡一觉后，手巾就会出来的。”

没多久，他便呼呼地睡着了，口琴就丢在他的臭袜子上。

年轻人唱歌，吹口琴活跃起来，中年半载的人也蠢蠢欲动了。场里的会计姓曾，大约四十多近五十了吧，个子不高，略显一点胖。给人印象特别深刻的是他的头发，总是向后面梳得整整齐齐，黝黑发亮。他的面容和善、慈祥。他注重衣着整洁，经常穿的是黑色中山装，风纪扣都扣上的。左边小口袋里，总是插有两支钢笔，我想，应该是一支是蓝色的，一支是红色的，也许做会计工作是有这个需要的。

一天，老曾停下他的算盘，主动与我聊天。他说他以前也是个文艺积极分子：吹唢呐，打花锣鼓，唱夜歌，唱山歌都是好手。刚解放的那几年，年年过年，他都是要参加划采莲船，玩狮子灯的。

他说，他过去还当过道士，并且还很是有些名望的，因为无论是他的唱和打都很不错。这引起我的兴趣和好奇，于是问他：“ 听说道士会施法，到底是怎么回事？”

他说：“是有，但是我并没有见过，只是听别人说过，还说得活龙活现。”

我又问：“道士到底有些什么作用呢？”

他说：“搞些哼哼唱唱，无非是表达对死者的悼念，别的我看也没有什么益处。”

他的回答，使我感到有些失望，为什么真正做过道士的人，不能确切地说出；反倒是有的人，并非做过道士，却把道士说得神乎其神？

由此看来，民间有许多的传说未必属实，然而，这些迷信传说在乡村中很能迷惑人：有说把人头砍下来，又能接上的；有说，在烧红的铁板上能走的，或是能用牙咬住的；还有说，看了鲁班书，特别是看了下半本的人，都是会瞎眼睛的，会绝子灭孙的，这是因为，这样的人，看了别人的房子，别人的房子就会垮，看别人烧火，那火是一定烧不燃的……

十二月初的一天，县文化馆有三个同志，来到园艺场。其中有一位就是《恩施日报》上常常看到的，鼎鼎大名的“农民诗人”向开榜。真是久闻其名，未见其人，今见其人，的确是有几分精明的样子，也可以看出，他还有几分自负的神气。不过，他有这样的才情，自负一点又何妨？

另一位姓方，说起来我们应该是恩高前后的同学，他是五六年毕业的，也就是他毕业两年后我才进校，故不曾谋面。他的嘴巴子，实在是有一套，我是极为佩服的。但是他的讲话，也有不足，就是让人感到热情有余，而冷静思索不足，又多口号式的语言，所以听起来缺点味道。还有一位姓曹，一看，便知此人比较老练，两只不大的眼睛，不停地溜来溜去，颇有一些神气。他们谈了来意，是了解基层文化生活开展得怎么样。我讲了一些场里文化生活的情况，提出了两点希望。后来，人越来越多，谈得更是热闹了，气氛达到非常热烈程度，使得客人们对我们这个青年集中的场，还似乎非常赏识。最后他们对这个场的文化活动，大大的赞扬了一番，肯定了一番，鼓励了一番。到底是做文化工作的，是非常善于鼓励人的。

客人一走，大家趁着刚才激发出的一股热劲，讨论场里青年今后活动的开展问题，大家的干劲似乎是鼓得很足了，要我明天就抽出一天，去找演唱材料。因为，区里已通知各单位，准备元旦的文艺演出。

我便真的抽出身子，去找材料。首先，想到了区文化馆的高馆长。

说起高馆长，真是芭蕉的一位奇人。他是吹拉弹唱，琴棋书画，样样精通，门门内行。说搞文化工作，他是个全才，且为人又特别的亲和，所以，全芭蕉镇的人，无有不喜欢这个高馆长的。尤其是每年冬腊月的文艺活动，全镇各个单位，都请高馆长帮助，听高馆长的意见。那时节又没有电视，连电影都稀少，因此，全镇居民一年到头，想看个节目，听个戏，也都把希望寄托在高馆长身上。这个时候的高馆长，似乎成了芭蕉人的魂一样。

高馆长住在上街，房子宽大，内里陈设雅致，在芭蕉小镇，绝无仅有。一个培植得极好的花园，四季都是有花开的，外面稀有的腊梅、山茶之类，他这里都有。等我兴冲冲到区文化馆找他，他却不在，又跑到他家里去，也说不知到什么地方去了。想必这时候，他是最吃香的人了。只好给他留一个便条，立即奔向五中。

五中的图书室，这一次算是被我翻遍了，摸清了全部的家底。图书也是太少了，许多名著都没有。话又说回来，我读的书，也是太少了，连这么一个小图书室的书，又有好多我还没有读过。

收获也是有的，《布谷鸟》杂志上有个《女儿的心事》可以作选择的对象。

恰好我正在排头演出《女儿的心事》的时候，二姐到了芭蕉了。听说，他们的工作将要变动，从绿葱坡调到恩施城了，一家自然高兴。二姐还说，洪哥来信了，他后天也会启程到恩施，同时要我也随行进城一趟，以便去打个帮手。于是，我赶紧在场里请了假，又和老任、理军、多娃几个把剧本的事研究了一下。

第二天，下雨，不能出工，真乃“天助我也”。抽了两个钟头，把选定的几个演员找来，把文艺节目安排妥当，又给《女儿的心事》唱词谱了曲，放心地准备回家了。偏偏遇到几个打篮球的伙计，说没下雨了，我们去“扫”一场去。“扫”就“扫”，一场球打下来，天快黑了。立即回家，正好赶上吃水饺，运气也是太好了。

这是 12 月 12 日。母亲早上四点就起来了，小灶里的火光，一闪一闪地照着整个屋子。我今天要走到城里去，早早地起来了。母亲弄的是芋头糯米饭，只有七两糯米，怕不够，又加了些红米饭。

我和二姐一起进城去，在我经过场里的时候，伙计们已经上工了，在栽菜。看到了我，一个二个都打起招呼来。他们也是无话找话说，有的要我在城里带个这，有的要我带个那，有的说请你给我带个“满街转”，有的说带个“尽其找”，也有人“打破”说：“带货不带钱，带一万万年——莫管他们的”。看到他们嘻嘻哈哈的，觉得这些自称拿“钩连枪”（挖锄）的伙计们，真是善良、朴实又可爱。

今日本来没有打算找车，却是“无心插柳柳成荫”，在 14 公里处，一辆军车驶过，忽然“嘎”的一声停了下来。原来一位穿军服者认识二姐。我被安置在后门口上，虽然看见马路倒退得太迅速，有些令人头晕，但比步行还是好多了。

到城很早。在大十街碰到二姐的老同事，在他家中玩了小时许，每人吃了一个半花卷。此人大约是报社编辑，对人极热情。

到了清江旅社，洪哥正在床上哄小毛玩。他两手把娃娃高高举起，口里喊着："毛子——"

下午五点多，我和二姐去青年食堂晚餐。哪知营业时间已过，正想另辟蹊径，不料里面有人认识二姐，给她开了一个后门，还得将我也搭上去，吃了一碗这许多年来都不曾吃过的，真正属于过去"馆子"里才有的鲜味。我还一直担心，这几年的饥荒，会让过去馆子里菜肴的味道失传，看来也是杞人忧天了。

菜的味道确实不错，内容也实在不少，不过，我并不感到很痛快。自己觉得这样吃下去的，有旧社会遗留的不够洁净的东西。如今解放这么久了，许多事还是像旧社会一样，讲着人情面子。

次日上午，二姐去地委组织部问工作情况，洪哥也去忙他的事。旅社里，我和小毛玩，一会他乖乖地睡着了，我便看《人民文学》郭沫若的五幕历史剧《武则天》。不久，二姐回，说工作已调红庙的地区农科所。

第三天上午，二姐他们又去地委等处办事，我照看着小毛。下午我可以自由活动，去图书馆看《清江壮歌》。晚上，我们一齐搬到专署招待所住下了。

第四天上午仍是他们的活动时间，中午回来，二姐说，绿葱坡下了两次大雪，积雪达两尺多厚，已经封山，幸好赶在雪前下山了。下午去新华书店看连载的《清江壮歌》续二、三、四。我觉得这篇小说对于我的教育，与《王若飞在狱中》具有同等效力。又看到今日《恩施日报》民兵版上，有"东来"文——我的又一篇稿子发了，自然高兴。

第五天上午，还是照看小毛。我在家中是最小的，从未带过小孩。这两天也的确领略了做父母的艰难。难怪有些父母骂不肖之子不知父母恩，不知道父母是怎么一泡屎一泡尿将他盘大。其实，做父母的艰难，何其只是一泡屎一泡尿？简直整天在为着孩子，想抽空看下书也是很难的。由此，我也更坚定自己现在不谈恋爱的决心，青年人往往会沿着恋爱——结婚——生小孩——为家务拖累——无上进心……这样一路走下去的。到后来，就只有说："我这辈子是'死人的眼睛——定了向'，'好汉种田，再看来年'，只有看下一辈人了。"我想，无论如何，晚一些恋爱结婚，是可以延长一个人的青春的。

第六天，二姐他们的事情大体办妥，中午秀姐也来了，于是三姊妹去到工人食堂吃了三鲜面、花卷和面饭。然后做了些回去的准备工作。

第七天，醒来六点，急忙收拾，准备回芭蕉。恩施城还在沉睡之中，舞阳坝是万家灯火，走到北门却是黑灯瞎火，另一个天地。在那狭窄的石板路街道上独自行进，很有些类似民国时期小巷的木刻图画，有几分阴森可怖。

又是一个“无心插柳柳成荫”了。一到巴公溪，一辆“嘎斯”车，打着明亮的电筒来了。我一挥手，司机停了车，我一边感谢着，一边爬上了车。黎明之光开始撒到身上，黑暗已经隐去。我的花格围巾，在寒风中飘荡，迎着刺骨的寒风前行。此时的我，是很豪迈的。

我赶上了场里的早饭。然后，我整理好自己的床铺，回家。父母细问二姐他们的情况，我便一一地详细报告，二老双亲自然喜上眉梢，欢喜不尽。

下午回到场里，晚上参加芭蕉区干部千人大会，听徐书记关于进行社会主义教育的报告，到十点才结束。

场里的朋友们，似乎对我的回来，抱着很大的希望，说“他一回来，就要起大鼓子了！”当然是指文艺节目排练的事。我想，也的确不能辜负伙计们的希望。先了解了这一周的一些情况，晚上就召集演员会，开始有了一些头绪，又一起练习了两支歌。

第二天，就组织演员排练。区里在开三级干部会，我想，搞文艺宣传的人，对这样一些重要的精神是要了解的。中午，我向场长请示参加一下学习，他说：“那有个么子参加长，几多难得坐！你想学习，我把文件把给你一看不就行了。”随即将三份“恩施县三级干部会”文件交给我。我一看，三份文件上皆署有“秘密”字样，但是，在我看来，没有一句话是秘密，都可以对外广泛宣传，不知密在何处。

三级干部会结束的头一天下午，高馆长来一通电话，说明天大会散会，今天晚上要组织一个晚会，园艺场要上个节目。我真怀疑，高馆长何等牢靠之人，怎么今天搞我们的突然袭击了。但研究这个问题也没有多少必要了，重要的是立即纠集人马，临时抱佛脚，应付突然袭击。

过去的经验提醒我，越是这样的情况，越是要冷静，再冷静。我把《人民军队忠于党》，让大家练习了两遍，纠正了几处唱得不好的地方，编排几个极简单的动作，排长老王做技术顾问，大家配合得也很不错。一个小合唱，还很有些气势，大家唱得兴致勃勃。到了此刻，我马上通知，晚上几点集合，演出时一定不慌，就是这么唱，解散休息——这便是，见好就收。人们到了兴头上，有时就忘形了，搞不好声音是会嘶哑的。

晚上，园艺场民兵合唱队的《人民军队忠于党》，终于拿出去了，而且唱得很带劲，起到了鼓舞观众的作用，特别是人武部的老杨，在下面高兴得不得了。

1962年的元旦来到。那一天早晨，我从塘湾家中走到场里，恰好早餐。虽然没有荤菜，素菜却很丰富，又是饺子加糯米饭，吃了一个十分饱。

吃罢又去参加元旦球赛。这一次是和粮店对垒，粮店哪是对手？园艺场以32:18轻松取胜。之后，与光耀、小胡、小叶去芭蕉小学找乒乓球打。见有风琴，又去胡乱弹了一番。回到场已是下午两点。曾会计拿出纸笔，要我写几幅对联。这却是第一回了。为了练字高高兴兴接受这一任务。开始缩手缩脚，一笔一笔，真不像个东西。倒是后来，大胆泼辣地疾书，还稍微有些进展。于是写了两副：

大门一副：

祝元旦看农村形势大好
庆新年树雄心发愤图强

会计室门一副：

爱国家爱集体光荣无尚
又勤俭又节约美德发扬

年近岁逼，我们在完成年内最后一项工作——植桃树。

仿佛到场这半年，只有这次栽桃树，才是园艺场的专业工作。场里规划，在我们宿舍和茶厂之间这一大片的平地上，全部种植桃树。这些桃苗，都是从地区农科所买来的优质品种，据说，第二年就可开花，三年挂果。我这才觉得，我们真是在办园艺场，以前，不过都是在办农场。这也许是形势好转的一种表现，人们在饭都吃不饱的情况下，自然首先要考虑粮食生产，再过两三年，人们有饱饭吃了，就会还想吃一点水果的，那时候我们园艺场的桃子就刚好出来了。

我和老洪、小姚在一起，一边植树，一边听老洪讲过年的事。他说："今天是腊月二十三，应当是过小年。传说这是祖师菩萨上天的日子。祖师修仙没有成功，也就没有心思再修下去，回去的路上遇见一个老婆婆，手里拿着一根铁棒在石上磨。祖师问她在磨什么，老婆婆说，磨针。祖师感到奇怪，问这么粗的铁棒，

○1962年抄录的奥斯特洛夫斯基名言和日记原稿

怎么能磨成针呢，老婆婆说‘只要工夫深，铁棒磨成针’。祖师听到老婆婆这个话，回头上天修仙去了，这日子就是今天，腊月二十三。果然，不到七天，祖师就得道成仙了，在腊月三十下凡。所以，我们农村里，每逢腊月二十三要送祖师上天去，腊月三十迎他下凡来。传说，祖师又是灶神，所以迎送祖师，又叫迎送灶神……”这个“铁杵磨成针”的故事，我一直认为是说李白的，听老洪这一说，却是祖师的事，还与过年有关，觉得是个新的说法。

植桃树的劳动强度不大，不能使身上发热，更感觉到天气的寒冷，大家冻得瑟瑟的。休息时，大伙七手八脚找了不少干柴，就在坝子上，烧起一笼大火，人人烤得脸上发红。前面差不多烤糊了，大家又转过身子烤背面，翻去翻来，就像烧粑粑的，都觉得好笑。欢笑之声与这大火熊熊燃烧的声音混成一片，响过了轿子顶，越过了芭蕉河，在大坝上飞扬。这群年轻人，成了世界上最快活的人。最后的几株桃树植完，我在回场的路上畅想：

今天我们植下桃苗，明天这里将花红一片；

今天我们撒下汗水，明天的生活必定清甜。

下午，场里杀了两头年猪。一头 130 斤，另一头 118 斤。场长、会计都是杀猪的行家里手，他们就像战士拆卸枪支零件一样，把猪的肝肠肚肺，有条有理，摆放出来，仿佛是闭着眼，都能处理几头猪。看到他们，我就觉得，庖丁并不只有一个。

一杀年猪，过年的气氛就浓起来了；场里一杀年猪，就更像一个大家庭了，每个人都有一种喜悦在心头。

腊月二十四，是园艺场的大喜日子。场里安排：上午大扫除；下午团年；晚上是晚会和结婚典礼。场门前的大路上，原来的几个坑，这一个上午，就被填平了。大伙又七手八脚，从上到下，从里到外，翻去翻来，先扫后洗，把个园艺场场部，搞得一干二净，打扮得像个新娘子了。

曾会计把红纸墨笔准备好，又让我练毛笔字了。我知道，我这毛笔字真是丑死人，但是也没有什么价钱可讲，有元旦写对联的经验，大起胆子写下“迎春晚会暨结婚典礼”九个大字。

下午三点，场里团年。我与场长、小胡、小叶等坐一席。白翻翻的肥肉，一片一片从场长的筷子上，飞到我的碗里；干掉了好几片以后，有些力不从心了。

哪知此时，“助人为乐”者，大有人在。同席的几位女娃和服务人员，合力“帮助”我，不让我的碗里有一点空间出来，最后是堆了起来，像一个富士山。不是我不使力，实在是能力有限，硬是奈不何了，只有学小娃娃，“剩碗兜子”了。

这样的丰足场面，好久不见了。大伙欢欢喜喜，相互拉扯玩笑。孤儿谭毛娃，找到老洪，打打践践（打打闹闹），老洪一把把谭毛娃像扛柴的，担在肩上说：“你还践不践？我把你当柴，扛到街上卖了他！”

谭毛娃又闹又笑，连喊：“不搞哒，不搞哒……”

小叶，小胡，小潘，小姚几个女娃，帮着厨房里的人在收拾碗筷，打扫地面。多娃光耀从小胡扫帚前走过，踩到了小胡的扫帚苗。小胡连喊：“取脚，取脚！”这“取脚”是牛耕田时，踩上了纤绳，便这样对着牛喊的。懂人话的牛，就知道把脚抬起。多娃虽然多喝了几口酒，但明白小胡是把自己当耕牛骂了，立即回敬：“小女娃，你这么‘歹势’（作弄）我，你看我，要叫你放不到婆家的！”边说边往外跑。小胡拖起竹扫把，像捕捉蜻蜓一样撵了出去……惹得旁边的人，如同看把戏一般，响起一片喝彩之声：有的帮小胡出股头，有的叫多娃快跑，把个小小园艺场的内内外外，闹得天翻地覆……

园艺场的迎春晚会和结婚典礼开始。大家围坐在四大盆白炭火边谈笑着。场长把司仪的事交给我，我的心是很虚的。因为我只有在学校指挥早操的经验，还没有当过司仪，更没主持过婚礼。我此时表面装作镇定，但是掩饰不了内心的不安。场长用商量的口气对我说：“是不是‘架势’（开始）开会啊？”我便请大家安静，然后正经八本地：“芭蕉区园艺场迎春晚会暨向必林周汉珍二位同志结婚典礼现在开始——首先请熊场长做工作总结，大家欢迎！”

场长做总结，简单明了，并不像原来学校里的书记、校长，讲了第一个问题，又讲第二个问题，讲到第五个问题了，还把手里的稿子，在桌上筑几下，又继续讲第六个问题……场长就讲了几项数字，说明今年的生产，各项都比去年强，是大家使力工作的结果，接着就宣布发奖。使我很意外的是，我一介文弱书生，在园艺场劳动才半年，也得了奖，奖状上写的“一等劳模”，还领到奖金三元，自然是很高兴，也特别受鼓舞。最后又给我发了一张共青团“工作模范”的奖状。这又使我很不好意思，搞劳动常受照顾的人，当了模范，还拿了两张奖状。

接着我宣布：“下一项是自由讲话。”我正等着谁来自由一下，没想到大家真是自由起来，要欢迎我讲。我原以为自己是司仪，也是重任在肩，是专请别人讲话的，根本没想到还有人会点我讲话。自己在这一点上的确搞大意了。我知道，场里这些伙计就是这样，你越“做套”（退避），他越要将你的军。他们不由分说的拍掌。我也来不及怎么组织言辞，便信马由缰，说了一些诸如感谢大伙关心帮助，今后一定向同志们学习，更好在劳动中锻炼提高的话。由此，我吸取教训：今后，凡有这类活动，无论怎样，就像对付战争，要准备打仗，立足于“打”，有备无患。只有这样才会避免被动，避免尴尬。

婚礼开始了。我想彻底扭转刚才出现的被动局面，把当民兵教官的气派拿了出来，首先纠正新郎新娘扭扭捏捏的态度，须得做到一切行动听指挥。我发现，两位新人，在这个时候是很听话的。按照几项规定的仪式做完之后，我便发挥众人的力量，看大家有什么要求。这些人，都是有备而来。多娃手里拿着一朵纸花，晃了晃说：“摘花——男的把女的抱起，只要把这花摘到了就行了。”说着他就站上了凳子，将纸花挂在楼枕枋下的一提苞谷种上。这新郎新娘，却并不怕丑，商量了两句，新郎就把新娘抱了起来，大家一起哄笑鼓掌还没完，新娘已将纸花拿到手了。

“唱个歌，十五的月亮——”小何提议。

“十五的月亮，升上了天空……”两人都唱了，以新郎为主，新娘嘴唇也动了，基本通过。

“要他们讲相声——”有人提议。

“不讲相声了，来个取手帕——”小曾手里拿着一根手巾教新郎：

“你把这根手巾，放到新娘衬衣领口，再从下面取出来。”

新郎正要照办，这一下，新娘却面有难色，不同意了，扭捏起来。下面闹起来了：“快取，快取——”

新娘给新郎说了什么，新郎来对我悄悄说：“她的衬衣扎在裤子里的……”

“好，各位，手帕到底如何取法，我们且听下回分解。结婚典礼到此结束——新郎新娘入洞房——”

新郎的家，就在芭蕉下街。一伙人都簇拥着新人，朝街上走去。按本地风俗，入洞房须得口才好，念上几句大吉大利的话才可以进去。走在我前面的有伍娃、黄老大等几个人，都各自念了一串吉利话，得到一片喝彩之声，被请了进去。这突如其来的一手，让我猝不及防，好像老师出了一个超出考试范围的题目。没有办法，只好逢场作戏，来个土洋结合，念一副对联：

今晚结婚是幸福夫妻

来日作伴成革命家庭

等我一念完，大家也齐声喝彩："好啊，好啊！请进，请进！"终于进了洞房，得到了新娘子敬来的一杯茶。

这一手，竟把外面一些人难倒了。排长老王，就是其中之一，因为念不出一句赞词来，只好怏怏地走了。

进到洞房的人，喝了新娘子的茶，却没有好话说。七嘴八舌，说取笑话，为难新郎新娘。此刻，我已没有精神，急流勇退，回场睡了。

腊月二十五，场里放假了。也和学校一样，本来热热闹闹的地方，一下子安静下来，人们像鸟儿一般都飞不见了。我喜欢这样的安静，一个人在场里，给映红、明政、先绪、正邦、超辉各回信一封，然后清理收拾东西，回到五中。只见小陈老师在操场骑自行车，此时，父亲也去了。小陈老师让父亲上，只见父亲上车轻松，操作自如，大为惊奇，油然而生敬意。我对父亲说："没想到您还会骑车……"父亲笑着说，"你才晓得，那些年代在汉口的大街上，我就是骑着车，在人缝中钻来钻去——来。"

父亲要我上，我正想着这一口。父亲把车扶住，我开始练习，中途虽然有闯到篮球架的失误，但车技已经获得质的飞跃。学会骑车，应当定为这个腊月二十五。学习这类技术，我以为只有两点，一是练习实践，二是要有"家伙"，最好是自己有。若是如此，就无有不会者。

一般来说，我并不喜欢放假，特别是年假。因为推汤圆，烙豆皮这些事很耽误时间。这个腊月二十九，出了好太阳，吊浆汤圆粉，正好晒。母亲吩咐我看守晒在外面的汤圆粉，防止鸟儿们偷食。守了多久，我也不知道，反正温公颐的《逻辑学》，看了两章。

哪怕荒年，人们总要积存一点食物过年。腊月三十的团年饭，母亲虽然做不出十盘八碗，但仅做的四样菜，就特别让人解馋：火锅里炖的坨坨肉，一盘胡萝卜肉片，里面放了醪糟，色香味俱佳。另有一碗蒸肉，里面的肉是白翻翻的，吃起来实在过瘾。还有霉豆腐、咸菜作点缀配合，也恰到好处。

晚上，父母都累了，我一人独自守岁。旁边插一支香，青烟袅袅婷婷，大约飘到天上的神仙那里去了。半夜过了，我已将温公颐《逻辑学》读完。

大年初一，又按传统习俗吃了汤圆，而且这也是很必要的。因为当汤圆滚下肚子以后，来年元宝才滚进屋来。所以推汤圆，守汤圆，吃汤圆都应该是有意义的事。

大年初二，打算进城去玩，中途却被改变了航向。从园艺场门口经过时，德泽等一帮伙计苦苦挽留。干什么呢？他们邀我一同到关山顶上的那所福利院去玩。反正都是玩，我便随他们三个一直走到山顶的福利院。据说这里是原来是茶中，德泽他们就是这里的学生。德泽介绍，原来的教室，都是土墙屋，办公室是一栋木板民房。茶中撤销以后，现在是办的芭蕉区儿童福利院。

我们上去以后，院长很是热情，德泽给我介绍，院长也姓吴。他们三位同学和吴院长像久别的朋友，亲密无间。叙谈一会，院长便亲自动手，几位学子帮忙，一同做点心。一会，闻到煎糍粑的油香味。接着，煎得二面黄的糍粑端了出来，又把蜂糖淋将上去，那滋味也就不必说了。

我在吃糍粑的时候就发现，院里还有个手风琴。这个东西五中好像还没有，恩高也似乎没有，因为我还从来没玩过，若有，我是一定会要摸它一把的。我一看这些键盘，与风琴无二，想来也不难。吃了糍粑就开始抱手风琴。我一拿上手，果然，一奏就成了歌，旁边几个人似乎还很奇怪。但是这个玩意，好玩也是好玩，好听也是很好听，却坚持不了好久，因为，臂膀玩得酸痛。

这里好玩东西还不少，篮球、乒乓球都有。我们在外面玩篮球的时候，听到锣鼓之声，由远及近，响到附近来了。一队人马来到了福利院，认得是芭蕉镇演出队的，来拜年了。一种新年的气象走回人间。吴院长自然是热情接待。

晚饭又是吴院长一手操办，菜是两大碗牛肉酸萝卜丝。

因为当时的记录，只记一个“吴院长”，没有记下名字。时隔半个世纪我才弄清，这位吴院长，就是现在恩施市二中离休教师吴简。这得益于刘绍敏等编的一本《如歌的岁月》，上面记录他1959年1月至1979年7月，先后任芭蕉茶中教导主任、儿童福利院副院长……这就一点不错了。当然，如果我要向他求证，当年是不是给我们几个人，做过牛肉萝卜丝吃，他也许记不得了。说起来，真是想不到，我印象特好的吴院长，在以后的“文革”中，又和我的父亲成了“站友”。

他们十多人，分别被选为芭蕉的地、富、反、坏、右、叛徒、特务、走资派的代表，经常在批斗大会主席台前“就站”。时间，会编造出一些有趣的事情来：八十年代末九十年代初，我又和他的长子建辉，进修学习同学，一个单位同事，成了同学加同事的朋友，只是我比建辉年长许多。

且说当晚，我被安排在厨房的一间寝室就寝，不知何故，被子好不冷凉。翻起一看，原来是小孩撒过尿的，急忙换了一床，于是一夜平安无事，睡得香甜。

次日一早，与其他几位吃了饭便下山，直奔恩施城而去。虽无明朗和煦的阳光，却并不怎么寒冷，一走路，周身就发热了，加上几个年轻人，一路还热热闹闹。毕竟南国春早，立春三日，沿途已时时闻得馥馥的野花香。路上行人不少，以妇女为多，且大都或拉，或背，或抱着一个两个小孩，想来都是去拜年的。按照“初一不出门，初二拜家门，初三初四拜丈人”的习俗，那么，这些娃娃都是到家家（外婆）屋拜年去的。

城内人多，显得嘈杂。时有汽车驶过，卷起尘土久久不息。商店亦多关门过节，只有人民剧院和清江、东方红两家电影院门前，显得拥挤和热闹。加上几只大喇叭的吵闹，更显得要沸腾起来了。这种喧嚣，已使我不怎么习惯。在城里也就吃了一碗面条，就往红庙农科所赶。

从城里到红庙的路程也还不少，脚上还打了几个泡。好容易在一片漆黑的旷野之地，看见了一排排的辉煌灯火。无须问，此乃农科所也！走到二姐家，她正吃晚饭。她说，秀姐初一来这里玩，今天又一起到他们家玩了一天，也是刚刚才回。我刚洗罢手脸，二姐端出一盘杂糖来。我是三年多没见过这种东西了，应当属于过年货中的珍品、极品了。问起方知，就是他们农科所自己做的。在我看来，他们来到这农科所，也就是到了社会主义的幸福天堂了。

晚上，住农科所招待室。房子是新修的，雪白的墙壁，栗色油漆的门窗，床铺也干净洁白，在白亮的电灯光下，格外闪眼。我进去之后，接着又进来了两位：一个青年，一个中年。青年较高，头包白帕；中年略矮，青色帕子。听其口音，大约都是东乡人。

青年人眼睛朝四周打量一番道：“这个房子，该顶了多少工！”

中年人说：“公家做事还有话说！”

青年人再观察了房子一番，说：“这房子简直像个箱子！”

中年人感叹:“在这样的房子里,我怕睡不着瞌睡!”

“……”

他们以后的议论,我全无印象,想来是睡着了——事实证明,这房子还是睡得着觉的。

第二天早晨,那两个“睡不着瞌睡”的客人,还在鼾声大作。我起床去外面观光一番:四野都在一层淡淡的烟雾之中,云层很低,似乎盖住了头顶。正是这层淡淡的雾,给六十年代初给雄踞红庙上官田的农科所,给我增添了一种神秘的色彩:它的土地是无边无际的广阔,它的果园像一直接到了大海,它那红瓦白墙的楼房,在飘飘缈缈中如东海蓬莱仙阁……

我已经感到,1962年的春节,人们已一步一步在艰难地走出饥荒,虽然离饥荒的边缘还有若干公里的路程,但在农科所,一些食品的丰富程度,似乎在接近灾荒之前的年景。一个上午,我除了读书,就是吃。盘点一下有:早点,醪糟汤圆,接着有几样的粑粑,糯米的,高粱的,红薯的。这之后又有昨日被我誉为珍品的杂糖。嘴里正享受杂糖的美味,饭又熟了,上桌吃饭。海带炖猪蹄子,好东西;酸萝卜炒肉,又是好东西……实际上自己已渐渐丧失了对这些食物的敏感度了。此时,二姐问一声:“还煮得有豆皮子,哪个还……”一听说这个东西,我连忙申报了一碗……这一个上午下来,该是吃了多少东西!仿佛要把那几年没吃的都补上来一样。

下午,洪哥由城里回,进门与我问候一下,便开始四处检点打扫。母亲是多次当我表扬他的,说他特别“过细”,自然也是希望我向他学习。

初五,到维正家去。才到门口,几个小弟妹就缠上了,拉的拉手,提的提包,几间小小的房间被闹翻了。维正据说是去北京的伯伯家了,他一不在,小弟妹们,把对大哥哥的爱,都加在我一个人身上了。张妈妈和维萍都在家,非常热情。张妈妈的心情和气色,似乎比国庆那时要好。不一会端飞、传元也来了。熟人相会在新春时节,真有说不出的快乐。

一会,维萍将一碗面条端了出来。在这上面的黄家坜上读书时,有喜欢用“两”计算食物的习惯。我估量现在面前的这一碗面条,是十两有多的。刚在农科所吃了五六个蜂糖糍粑,恐怕还没有起多少化学变化,肚子也还没有一点积极性。望着张妈妈下的面条，上面还铺了一层青椒肉丝，里面又夹有一点酸萝卜丝。于是，就一边与大家说笑，一边吃着面条——张妈妈下的面条，怎么这么好吃？我还把碗底子都吃出来了。忽然觉得，春节以来这些天，自己怎么这么吃得，简直像个净坛使者猪八戒了。

后来，家虎等来到，屋子里更是热闹极了。加以小清、梅子、珍珍脆而亮，亮而尖的童音，整个小院落都沸腾了。好的是，那个时候是有晚上停电的规矩的，到了十二点，电灯闪了两下，小清们，自是明白，都乖乖地就寝去了。

我躺在床上，耳边一直还是嗡嗡的。家虎、端飞和传元他们闲谈的一些情形，使我仿佛才从山间古刹出来，突然觉得人间变化何其之大！虽然只有半年，我们似乎都是高了，胖了；我们嘴边的汗毛，都变青了，变硬了；我们的心灵，有着更大的变化，开始经受社会的熏陶和磨炼，天真的孩子气息，已是一扫而光了。今天，大家极力想说点什么，重新找回学生时的天真和浪漫来，似乎都有些勉强。

我躺在床上，觉得我们这群年轻人，自从离开上面这个黄家峁，便犹如驾着一叶扁舟，被社会的波澜，涌起来，又跌下去……我有了一些失眠的感觉，已经好久没有这样的感觉了。自己下意识地开始运用反腹式呼吸方法，进行调息。听见遥远的天际，响起“轰隆隆”的雷声，经久不息。

啊，春雷，春雷响了！

一夜春雨，使得四下里的空气，都变得格外清新。在维萍家里吃早餐，张妈妈弄了一满桌的菜，但我的肚子已是强弩之末。维萍想到芭蕉去玩，我表示热烈欢迎。小清、梅子几个也闹着要到芭蕉去，没有被批准。开始还有点情绪，玩着玩着，就忘记了。

中午十二点，与维萍一道动身去芭蕉。维萍带了一位同学，是原来五中毕业的陈佑兰。昨夜下了雨，今天太阳一出来，有一些蒸人，又觉口干舌燥。在青冈树买了几根甘蔗，边吃边走，从 8 公里，吃到了 10 公里。我对维萍说：“你这次回去可以吹牛了：我们在芭蕉，吃了两公里长的甘蔗！”维萍开始不解地眨巴着眼，听我一解释，和陈佑兰笑了半天。

只剩最后几公里路了，老天爷竟然下起雨来，大概是要把我们都变成“稀客”。我望着天说：“老天爷哟，我又不是芭蕉的稀客，你下雨就对着稀客张维萍，还有陈佑兰，对着他们两个下嘛!”

两个女娃子也对天发话：“我们不是稀客，不是稀客。”

说也巧，这么一阵闹腾之后，雨还真的小了起来。一到家，虽然只有两个稀客，但整个巷道里都闹抬起来了。维萍的嘴巴又乖，“吴伯伯”“吴妈妈”地叫，加之维萍的爸爸，就是地区师范的主任张哲如先生，与父亲虽未共事，但却是很熟悉的，都算恩施教育界的知名人士；陈佑兰又是父亲的学生，一下就都讲开了。

恰好收到维正自湖北大学的来信，我对维萍说：“真有意思，你哥哥也来了。”维萍不解，我把一封信递给她，都笑了。与维萍和佑兰商量，明天我要到场里上工了，你们两位稀客就自由活动。

次日吃罢早饭去场，工人差不多都按时到了。挖了一会儿土，就放工了。场里有谁弄来一辆脚踏车，不由分说，驾起跑了几路，才回家陪客。

我回家去，客人并不在家，等了好一会，维萍她们才回，还一路讲得嘻嘻哈哈。问其原因，是他们刚才在同学家玩，主人给他们一人一碗甜酒，一人一支筷子，她们感到很奇怪，于是分析：可能是忘记了一支；不，不可能是忘记，你看都差一支。那么，还有一支在哪里，还有什么用？你望着我，我望着你，就像一个几何题摆在面前，都还没有找到答案。最后，还是健男“不懂就问”，对着他的同学说：“阙发青，你们少发了一只筷子呢!”

发青同学出来，笑着给一人补发一只筷子，解释说：“其实，这是我们这个地方的风俗，凡是喝甜酒，喝泡米子，都是只放一支筷子的。”

我在一旁插话：“你们没邀我去，如果我在旁边，你们就不会出笑话了。我在咸丰住过，咸丰人有喝油茶汤的习惯。老年人每日中午是必喝的，不喝就会打不起精神。去了客人，也是常常要先敬一碗油茶汤。上面都是只放一支筷子的。由此可以看出，老百姓是很讲实际的，喝点汤只需要一支筷子，就发一支。而我们的脑筋不会转弯，喝汤也要两支筷子，洗都难得洗嘛。”

这两日有健男帮我陪客，所以，相信维萍她们会玩得开心。在五中，都叫健男为“大毛”，他是个喜欢说笑话的角儿。本来，年轻人在一起就十分热闹，大毛又从脑瓜子里抠出一些笑话来惹几个女娃笑，什么写情书，还先讲一番形势啦，又是新姑娘哭嫁，轿夫们故意把轿杆收在门角落，还说“轿杆不见了，今天轿子是抬不走了”，新姑娘慌了，忙哭着说：“依依依，呀呀呀，我的娘呀，我的妈，门角弯里有轿杆啦，我的妈——”惹得他的几个同学笑得前俯后仰。大毛在他们一阵笑后，还一本正经地问：“你们说，真的有几个女儿不愿出嫁的？你们说嘛！”

问得几个女同学不好怎么回答，这时，轮到大毛在那里笑。

维萍知道大毛有意给他们出难题，说道：“过去是包办婚姻，出嫁哭的多；我以后就不哭嫁，怎么样！”

维萍玩了四个日子，初九，她要回去，送他们到黄豆垭口。

我回到场里，上工了，开始劳动大学第二学期的学习。

# 第五章 梦断关山

*（1962年春—1962年夏）*

我的“劳动大学”第二个学期开始了。自己盘算一下，这学期，除在劳动中学习掌握劳动技能这门主课以外，还要加强其他方面的学习：民间文艺的收集，如山民歌、谚语、歇后语、谜语、故事、传说等；本地风俗习惯的了解；贺龙在当地革命活动的了解；精学西北大学《哲学提纲》；动笔写作，每周一两篇，体裁不论，日记还是要坚持天天记。父亲曾建议我，日记不一定天天记。想来，今天的生活，或许就是明天的创作素材，不记是太可惜了。而且每日记，已成习惯，成了一种生活享受。所以，凡是无法每日记下的，都还是应该追忆出来。

开春以后的劳动，也就是薅麦子、挖药材生地。以后又同邓老师一道打猪草。现在打的猪草，好多是菜叶，是去前年人都难得吃到的东西。打猪草是简单的劳动，也不繁重。一天，奉命要洗一部分猪草。洗猪草其实比打猪草麻烦得多，特别是这春寒时节，水冷刺骨，那真不是好玩的事。我面对大堆猪草有些望而生畏之际，邓老师动了脑筋——用钉耙。他在河边用石头围了一个圈，将猪草倒进去，在场里找来一把钉耙，向猪八戒学习，不断用钉耙在河水里筑，淘，三下两下就把淘好的猪草滤进簸箕里了。看来，这也无非是灵机一动。

他这灵机一动，给我们解决了多大的问题！如果我们两个，只顾发挥不怕寒冷的精神，就用两双手在河里淘，劳动强度是大多了，花费时间也更多，并且具有一定的风险——说不定因此得病。

场里的大力士们，老张、老洪，经常自嘲地唱道：

肩挑一百八，
裤子打疙瘩；
要得疙瘩伸，
要挑三百斤。

他们还经常对我念起两句话："智大养千口，力大养一人。"这些话，如果是在当年学校里"拔白旗"的时候，哪位老师说了，立马会当上"大白旗"被拔掉，一定会遭到严厉的批判，说是对劳动人民的鄙视和污蔑。现在我听到的就是劳动人民自己说的和唱的，怎么解释？有些观点，就是怕强加于人。实在讲，这恰是表明劳动人民是崇尚智慧的，而且这种表明是多么形象、生动和直白。他们深深认识到，仅仅只有体力，能够肩挑一百八十斤，也是养活不了人的，还是要靠智慧。他们发现了：事倍而功半与事半而功倍之间，取决于有没有这样的"灵机一动"的"智"。至于具有更大智慧的人，从治水的大禹到建造都江堰的李冰，再到瓦特、爱迪生……他们该养活了多少人，造福了多少人！

一日，仍是和邓老师打猪草，下午因雨休息，我在寝室看《简明中国通史》。邓老师来，约我去他家玩。我说就这样看看书很好，他说："不远，就在前面草籽坝伞厂，你把书带去看。"

我跟着邓老师，走到他家。他的家在芭蕉伞厂，爱人在伞厂做工。有一个小孩，是"五一"节生的，故名邓五一。他爱人十分好客，看见我去，好不高兴，急忙找出红薯干、苞谷泡来吃。后来，看着夫人在磨刀霍霍，准备做饭了，怕麻烦他们，拿起书准备告辞。她便吩咐老邓要看着我，绝对不能让客人走了，一定要留在这里吃饭，自己去厨房忙碌了。既然夫人如此贤惠，也就只好安下心来，两肩荷口等这餐饭了。邓老师也是个对夫人言听计从的人，我出去上厕所，他也一同出去，在外面站岗，加强了防范。

邓老师的住房不大，可以说是全部利用上了。连一个小方桌的下面，都用木板夹成了一个兔笼。房门口还有个小灶，一个小火坑，上面挂着几块腊肉。过完年，到了正月二十几里，还能这样挂几块肉，也算是不错的了。

在邓老师的"监督"下，我成功"就饭"，上了他们那张下面做兔笼的桌子。夫人做了糍粑炒腊肉，瘦腊肉炒豆豉，红烧白菜苔，一个蒸蛋花，还配了时新的侧耳根。我只有真诚感谢邓老师夫妇，别无任何能力可致谢意了。

回到场里已是点灯时分了。

关山脚下有一块平地，叫龙神台。龙神台旁边，有一山涧，从关山直流而下。山涧旁边有一户人家，园艺场的土专家周长卿，就住在这里。有时工间歇气，我们便在山涧里洗个手，擦个汗，然后都挤在他这个小房子里，喝茶谈天。听口音，他们夫妇都是四川人。他们有两个儿子，大的叫春播，大约七八岁，小的都叫他“二娃”，也有了三四岁。有一次，也是一屋子的人都在他这里歇气，吃烟，喝茶，摆龙门阵。二娃爬上楼梯，在三步高的地方，直直地站着，也在听大人摆龙门阵。大约是越听越入迷，竟然睡着了，“啪”的一声，二娃是直挺挺地摔倒在地下。一屋子的人全吓坏了。你说也怪，二娃除了脸上沾了一层灰以外，其他毫发无损。也许是大人们的闹腾，让二娃吓得哇哇哭了一会，就又在母亲的怀里睡着了。

老周在园艺场很受大家尊重。在农业科技方面，他不仅知道要怎么做，而且说得出科学道理。他没受过农学、园艺方面的专门教育，我在想，他是怎么做到比一般务农的人高明的。我发现了，他有一个最突出的特点，就是善于动脑筋，肯钻研。可以说他的农业科技知识，都是靠他自己学习钻研出来的。他记的本本不少，从报纸上剪下来的资料也不少。他有从事农业劳动的丰富经验，再加上好学肯钻，所以，他不是只有实际经验而缺乏科学理论的人，也不是只讲理论而不会实际操作的人。他自己好学肯钻，也喜欢好学的年轻人。德泽就是一个，德泽是经常请教他的，他也经常和德泽研究技术问题。我来之后，老周同志大约发觉我也是个好学的人，似乎也很喜欢我。

一日打猪草，下午歇气，刚好老周同志在家，我去与他闲聊。他大概知道我想看一些农业、园艺方面的书籍，就主动给我借了一套农业常识丛书，我自然是如获至宝。

一次，他给我讲起西瓜和南瓜下种的学问。他说，西瓜和南瓜虽然看似同类，但是，它们下种却有不同：西瓜籽，须大头朝上；南瓜籽，却要大头朝下。只有这样，才有利于它们的生长。这使我新奇，也认识到：有的事物，貌似一样，实则又有所不同，许多自然规律，不是随自己的想象可以确定的。我实在佩服周同志在农业技术上的钻研精神。

以后，我去给他还那套丛书。老周又从里屋取出厚厚一本书给我。我一看，是一部《康熙字典》。在此以前，我只偶尔听说过，却从来没有见过，更没有用过《康熙字典》。只可惜，他的这一部，已经没有外壳了，前后都损失了不少页面，整部字典也行将散落，看得出它是历经了沧桑。好在字典的正文全在。

我将这个宝贝拿回去后，用铁丝将散落的所有页面钉牢，又找了两块硬纸板和一块新布，请邓老师在伞厂帮忙重新装帧。邓老师也是个相当过细的人，他说，你应当在纸板的一边，题上书名，油漆之后，字就保存在里面了，即或用湿布擦，也是擦不去的。我照着邓老师的话去做了，用隶书写了“康熙字典”四个字。

一个星期以后，邓老师把一部闪着红光的方方正正的《康熙字典》给了我。真是整旧如新啊，我又深谢了邓老师。这以后，我花了差不多一周的时间，研究《康熙字典》的使用，特别是它的注音方式。通过对一些熟悉的字的反复推敲，基本上摸到了所谓“反切”注音的规律。不过这个研究过程，又使我想到了读大学。如果在大学，有老师的指导，这个“反切”注音，不过是几分钟，十几分钟就解决的问题。对于我，则如同在暗室里，摸过去又摸过来，用了差不多一个星期，才摸到门。

有了《康熙字典》才知道，要读古籍，这个工具真不能少。还有一个出于我意料的收获，或者说使我意外受益的，是以后到茶园教书，它给我帮了不少的忙。当地农村里，也是有一些认得几个“疙瘩字”的人，也许是读过古书的。他们见我年轻，不知可曾认得几个字，就设法来考考我这个老师。他们不时找学生带几个冷僻字来“请教”。这些字，有的还真是没见过。但是学生回去时，都没有打空手，我都一一给他们注音，解释了。有的是写字的人，自己把字给写错了，我也作了说明，怀疑是某字之误写。自此以后，茶园的人传开了，说我们这个吴老师，本事真是高强，没得难得倒他的字。其实，这都是这部《康熙字典》帮的忙。

改革开放以后，《康熙字典》有了出版。此时，老周的长子春播已成人，子承父业，也成为恩施农业科技上的一把好手，特别是在茶叶方面有专长。我的《康熙字典》也就物归原主，还给了春播。以后虽然用上了新的《康熙字典》，但还是很怀念老周的那本《康熙字典》，万分感念老周同志。

春节假后上班，好多同事都说我瘦了。究其原因，一是出门做客，走路劳累，休息不好；其二是近来场里伙食太差，常是冷饭，菜也清汤寡水，无几点油花花，有些为身体担忧。特别是这一段时间，看书稍多一些就头晕，晚上睡眠不佳，关节炎也有些乘机作怪。为了身体的健康，只好每天往家里跑一趟。

一日，从家中到场里，见到了邓老师，我便道一声："古德莫林！"这是邓老师教我的一句英语。

他却不向我问好，郑重对我说："给你增加一个麻烦事了……"

我问："有什么麻烦？"

邓说："昨天晚上场里开大会，大家对伙食问题提了不少意见，特别是对伙食的管理意见大。最后，选了伙食委员会，都推举你来管理伙食。"

我一时感到哭笑不得：怎么选到我的头上？我哪里会管伙食？许多事，你痴心妄想，却不可得；有些事，你连心角落里都没想做，它却找到了你。我是极为讨嫌一天为"吃"而奔波的，我也从来不曾记过账，而且对财金，对数字是一看就脑壳发麻。管伙食，少不得要打算盘。而我，可以说是，从小就"立志"不打算盘的，有我腿上的一块伤疤为证：在咸丰读小学时，虽然觉得算盘上面，有许多子儿，又穿在一些柱子上，上上下下可以滑动，放在桌子上还可以滚，像个车子，是个好玩的东西。但是，上课的老师讲得总是干巴巴的，让人只想睡瞌睡。到后来就一点趣味都没有了，每次珠算课，我都是想办法玩过去。一次课上，我在玩一个线辊子，并将一只红蓝铅笔，插进线辊子中间的圆孔，可以在桌上滚着走，也可以拿在手上转，似乎觉得自己发明了一个什么了不得的东西。讲台上的杨老师，正在拨打挂在黑板上的大算盘，却突然停下来，盯上了我。我的警惕性还是算高，静观事态的发展，防备着。杨老师在向我走来，我还是警惕着。杨老师伸出手，要缴我的玩具，我果断地将其抛向了窗外。我断定，老师是不会上课时跑到外面去拿那个线辊子的。果然，杨老师继续上他的课。下课之后，我跑去捡我抛出去的宝贝玩具，哪知，同位的女同学，就像给杨老师打抱不平一样，也挤去抢我的玩具，害得我一个趴扑跌到了沟里，穷骨头上破了一块皮，留下一个樱桃般大小的疤痕，而且从此永远地伴随着我。我不想为自己当年不愿学珠算辩护，但在自己教过书以后，觉得学生不愿学，教师也是应该多从自身找原因的。同样一门课，有的老师就让学生趣味盎然，有的老师却让学生索然无味，并视为畏途。珠算这门课，不应该是很枯燥的，同样可以教出趣味的。学生成人后自责当年对什么课没有兴趣，没有学好，其实这在很大程度上，是在为老师隐瞒缺点。

说归说，做归做。群众开会定的事，毕竟不是开玩笑，派到头上就得干，不是自己喜不喜欢干的问题。此事亦非同小可，每天几十人是张着嘴要吃饭的。现在自己也是大人了，还是得把算盘拿起来，每天要练习“三下五去二”。

第二天晚上把账接了，头确实有些昏。伙食团长一上任，休息时间是没得了。耳朵里不断听见的是：

“买半个月的饭票。”

“小吴，给我打一个月的油，我还有急事要走。”

“来，我买一块八角钱的菜票！”

“……”

整日十分杂沓。邓老师也来买票，他特地送我三个字“莫懒笔”。他补充说：“再聪明的脑子，再好的记性，都赶不上一支笔。账就是一笔一笔的，记下来就行了，没有记下来的，说不定就忘记了。有一笔，就一定要记一笔。”

邓老师说的这三个字，以后我一直记得，虽然不管伙食了。

还有一个麻烦是，伙食团长不仅要斤斤计较，还得两两计较。这个一斤又是等于十六两，换算起来十分复杂。请教曾会计，他笑笑说：“这有一个口诀的，你把它背下来，再就可以一口换算出来。”于是，他在一张纸上，给我写了几路数字：“一六二五，二一二五，三一八七五，四二五，五三一二五，六三七五，七四三七五，八五……”我望着这一排排似乎毫无关联的数字，就像是密码一样，头脑又有些发麻了。他说还要背下来，这个怎么好背呢？像杜甫的“两个黄鹂鸣翠柳，一行白鹭上青天”，韩愈的“一封朝奏九重天”这样的数字，一行、两个、九重多好记！

在我茫然之际，曾会计给我讲，“第一个数字就是两数，后面的就是斤数。比如，一，就是一两，那么它换算为斤是多少？后面是六二五，就是说，一两等于零点六二五斤。我们平时说‘半斤八两’，这里的八五，就是这个意思，八两换算成斤是：八五，也就是八两等于零点五斤……”他这一讲解，我心中有些谱了，毕竟也不是很蠢的人，联想自己在学校时吃饭，晚餐一般吃六两，是多少斤？一对口诀“六三七五”，六两那就是零点三七五斤。那次体检之前我一下吃了十二两，“十二七五”就是吃了零点七五斤。这个口诀还的确很有用，方便。

再读这些数字，也不是很枯燥，后面都是五，也还是顺口的。真是谢谢曾会计了！

这段时间，场里的确出现了一些问题，人们的思想情况比较混乱，有的说生活差，有的说工资待遇低，有的人好像有溜之大吉的打算。我觉得这样子还是不好，还是希望大家团结齐心好好干，把园艺场搞成个兴旺的单位。

伙食的问题，我想第一步要做到让大家吃到热菜热饭，油应该有计划如数下锅。管伙食我是外行，但也不会是什么深奥复杂的事。多问大家，看大家要求怎么办，就怎么办，应该是可以得到改善的。

主要还是担心几个青年朋友，怕他们也灰心丧气。开始和他们谈心，劝他们休息时间看看书报，做点正当娱乐活动。我还对他们说，开年以来，有一股风气特别不好，那天我对老洪都提了意见，就是男的女的，在寝室疯疯癫癫，打打闹闹，那是太不成体统了。我要理军、多娃想想办法，开展点什么适合青年的活动。

去薅“三月黄”。我边走边问老任，麦子里的三月黄和小麦，有什么不同。老任说：“三月黄是芭蕉人对大麦的称呼，有的地方是叫大麦。粮食中，一年成熟最早的就数三月黄，所以它是度春荒的好东西，但是吃起来有些滑济济的。小麦成熟要迟一些，用处多，面粉，面条全靠它……”

我们一路朝关山走去，路边的桃树已经含苞待放了。当一点点红色的花蕾，突然触到我的视网膜，我的心里又像触了电一样，一阵心悸：“啊，‘桃红又是一年春’，春天又移步到人间来了！”

其实先于“桃红”能够报告春天的还有：香气馥馥的野花；柳条绽出的嫩芽；黄色小珠的菜花……然而，真是让我能够“触目惊心”的却是桃红。这是一种莫名的感觉，很难说得清。只是一看到这艳艳的桃红，脑海里便浮起红云般的桃林，无边的花海，到处是花的香味，到处有蜜蜂的嗡嗡声……说起“红云”，不觉又想到韩愈的那首《花岛》，真是写得好，是从明政同学从武大寄来的《韩昌黎诗繁年集释》中读到的一首：“蜂蝶去纷纷，香风隔岸闻。欲知花岛处，水上觅红云。”

不觉已经走到了工地。区队长老任，决定今天来个“小包工”，麦地对分成两块，两个组，每组各五人；老任分的，自己这一组后拿。即所谓“分的不拿，拿的不分”。如此一分，果然积极性高不少。只听得两边的锄头，都在“擦擦擦”

地响个不停，才到中间歇气的时候，两边的任务都胜利完成。看来提倡小包工很有道理，劳动效率起码翻倍提高。

小包工的效率高，给我带来的直接好处是，增加了休息时间，让我一口气多读了几回《说岳全传》。回去的时候，我在桃树上，选了几枝花蕾最多，最整齐的桃枝，摘了下来。回到场里，用一个大瓶子装上，养上水。小胡在一旁，像个小女孩似的天真地问道：“怎么不开开呢?”

我说：“你要它开吗，也不难，加一点热水就行，只是不很鲜艳。”

“那我不加，我要它开得鲜一些。”

晚上回家，吃了牛肉，喝了酒。问起来才知，这又是父亲的特殊照顾。我想国家对知识分子的这种照顾，对父亲来说，精神上的意义比物质上的也许更大。

薅了集体的麦子，想到自留地里自己也有一块麦子，一直没怎么管它，自然是“草盛麦苗稀”了。趁在关山挖土休息的时候，公私兼顾，救救麦子，把野草铲除。老王和几个女娃都热情相助，那些野草简直是太不堪一击了，即作小诗一首以记之：

去年十二月，
种有一分麦，
先天甚不足，
一兜少生些。
腊月将粪淋，
渐渐转青色。
历历三两很，
三月复分蘖；
今又除野草，
丰收盼七月。

荣升为伙食团长之后，我几乎每日都生意兴隆，要卖饭票、菜票；买米、买油、买盐；发米下锅；回收菜饭票……整天为这些事情拖累。到了三月底，已是一个月，还要搞盘存。这里面许多事项，全靠场长和会计帮忙做，我像一个小学生一样，都摸不着门，实在有些烦闷。特别是做账，对于我来说，跟做微积分差不多，头脑中如同一团乱麻。好在曾会计很熟悉，搞得十分有条理，令我深深敬佩。他似乎成了指挥我从乱麻中突围的将军。我的思想很矛盾，烦闷时，真想不干这个团长了；有将军在，把乱麻理得整整齐齐，又觉得做经济工作或许并不是学不会的。我觉得自己不是一个轻言不行的人，也是个不轻易打退堂鼓的，是亏也就吃了去。

这一个月，大家对食堂伙食的意见减少了，起码菜饭都吃上了热的，油也按标准用足，粮食结余 76 斤 5 两，应该是基本正常的。场长、会计都说，伙食问题，是个无底洞，要做到所有人一点意见没有，是不可能的，意见减少了就是有了明显改进。

我想，人在生活上的要求自然是无止境的，何况在经济困难的情况下，关心生活，就是关心生命，是生存的第一需要，做着这样的事情，就应该尽力向这个"无止境"去接近。

正在会计室算账，忽听外面有汽车声，并开到场门口停住了。又有人问到我的名字，随即进来一高大个子的人，送来一信，是二姐写的。信上说，"永青已从潜江回来"，需要母亲前去帮助料理一些家务事。随后便先给父亲打了个电话，然后回到家中。母亲正在忙着检点，我便帮忙把泡在盆里衣服洗了，又给母亲煮了一碗面条……又是一通电话打来，是催母亲上车的。

汽车已开到门口，母亲还未来得及喝一口开水，便上车走了。

这是 1962 年的 4 月 4 日。

茶乡芭蕉的四月，是充满生机又十分繁忙的季节。

一大早，采茶的妇女和姑娘们，围在簇簇的茶树旁，灵巧地使用着双手，采摘鲜嫩的茶叶，不时将满把的茶叶丢进身后的背篓。

小路上，大路上，公路上，一担一挑的花篮，满装了茶叶，送进芭蕉茶厂，满路都留下鲜叶特有的芳香。这芳香飘散着，弥漫着，整个茶乡都是茶香。

芭蕉茶厂，是这个季节里最闪亮的舞台：奢侈的灯光布景，把厂房的四处照得明明晃晃；马达突突突地鸣奏《茶乡之春圆舞曲》，令人们振奋不已；车间里的工人们，指挥着揉茶机旋转、凉风机"筛糠"……化验室里一尘不染，妙龄女郎，在全神贯注看着一只量杯……

我认识芭蕉这么多年，却从没采过茶。看着这些姑娘们采摘的动作，实在也不是什么高难的艺术。“绝知此事要躬行”，待我也来采上一把。只要一动手，就分出了雌雄：我的两只手，已然是两根木头棍子，呆笨得要命！再看那些比我矮半截的姑娘和小鬼，双手不停地“擦擦擦”，摘了一树又一树。这采茶似乎真是一门特殊的艺术。你纵有鲁智深倒拔杨柳的力气，却无法在这些茶树的枝丫上使用。没有学到这门艺术，有力无处使，只有干着急。我第一次采茶的记录出来：半天2斤半，自然是“慢数”第一名。

晚上，正在思索白天采茶，为何人与人的差距这样大，初步认识是技术有个熟练过程。于是就不去多想，拿起一本《中国近百年史略》来阅读。此时，老王带了一个眉目清秀的青年小伙子来了。想起来了，健男也曾和他一道到我这里来玩过。不过这次，他带来一把二胡，一只笛子。于是乎，他吹笛子，我拉二胡，顿时，管弦之声大作，把个安安静静的园艺场，犹如搬到舞阳坝的电影院门口了。一群年轻人围在一起，一时点这个歌，一时说拉个那个曲，两三个钟头，便在欢乐中度过了。这是一个美妙的茶乡之夜！

我认识了这个年轻人，他是我结识的第一个理发师，又是一个音乐爱好者，小镇的人们有叫他“小徐”的，但叫他小名“腊娃”的居多。

母亲到二姐那里去后，我回家时间较多。父亲似乎也更忙，时常要我帮他做点事情。一天，他布置我，以《祥林嫂是怎样死的》为题，写一篇文章，说是准备给他的学生读一读，启发一下。我照着吩咐写了一篇交了。后来，在我帮父亲批阅学生的这篇作文时，发现好多的开头或者结尾，或其中一些论述，与我那篇文章很是相像。由此我感到，教师对学生的影响是太大了，学生的模仿能力也是太强了。

一日放工后回家，趁天没黑，给家中的自留地里种上了南瓜和向日葵。向日葵是准备哥嫂结婚时用的。种完后到家里对父亲说，准备回场了。父亲临时又交给我一个任务：五中停办了的校刊《塘湾之春》，准备近期复刊，要我给写一篇《复刊词》，我也乐意接受了。

回场的路上，在凉风中迈着步子，开始构思《塘湾之春》的《复刊词》。走到场里，全篇构思得差不多了，坐在自己用木板钉成的小桌上，一挥而就。

第二天回去给父亲交了《复刊词》，说，不晓得行不行，就怕不知学校情况，写得不切合实际。父亲看后，开玩笑说："很是可以好的。"

接着，他又交我一个任务，说："五一劳动节，学校要出个专刊，他们要我写几句，你来帮我写几句看看。"我也接受了。

这个"几句"，我在回场的路上一直没有起到一个头。但终于在第二天回家的时候交了卷：

**《节日心话》**

劳动佳节，伴随红色的五月，
春花未谢，田野里又是一片金黄的麦。
孩子们跳着舞，唱着歌，
我们年老的人也感到幸福和喜悦。

我们在旧社会度过几十个五月，
我们在新社会度过十几个五月。
只有我们更懂得今天的光明，
旧社会如同漆黑的夜。

党的光辉像阳光一样倾泻，
年老的知识分子分外感到亲热。
我们感谢党无微不至的关怀，
感谢英明的知识分子政策。

一首歌唱道：老年人越活越年轻，
说得多么真实确切。
我们虽然头发斑白，
却满怀豪情参加祖国建设。

我不知道这样写是不是中用，父亲看后说："要得呢，这就给我解了围了。"能够给他解围，我自然就很高兴了。

1962 年的五一节，恰好也是芭蕉的逢场天。早上，我在算账。吃了早饭去赶场，市场是比过去更加兴旺了，人也特别多，有专门赶场的，有给茶厂送了茶，挑着花篮顺便逛街的。还有几个挺着大肚子的孕妇——这是前几年很少见的，仿佛恩施城里都很少。更有一门新气象是：馆子里有猪肉盘子卖，似乎是什么东西炒肉片。但是，卖得太贵，八毛钱一盘！这对于像我们园艺场的人来说，是可望而不可即的，因为我两天的工资还吃不上这样一个炒肉盘子。不过，虽然价钱昂贵，馆子里有了炒肉卖，已经使人有了一些希望的感觉，意识到，经济条件是在往好的方向发展了。因此，就是自己吃不上这炒肉片，也并不以为它是“酸的”；相反，还视之为“糖炒肉”——甜的。场里有不少人要出门，还等我给他们粮票，不便久待，很快回场了。

五一来了，五四也就快了。晚上回到场里，召集青年会，研究出壁报的事。经大家一讨论，把壁报的主题定了，写稿子，画刊头，缮写之类的任务也划到了人头。

五二这天，我正在写壁报发刊词《发扬五四的光荣传统》，父亲和赖家荫老师一同进城，路过我这里。我给他们泡了两杯今年的新茶，受到他们极大称许，于是又续了一道水，二位似乎很是舍不得放弃，将最后的茶汁都喝毕了，方才上路，还不住称道：“好茶，好茶！”

这位赖老师，矮矮胖胖的，人也十分的和善，说起话来，总有许多哈哈，叫人快活。其实，他是有过很不幸的经历的。我是很早——具体说，在1953年，就听说过他。因为那时，他是哥哥读高中时的班主任、英语老师。那年的寒假，全省的中学教师都集中到武汉进行“思想改造”。父亲和他，也都去了。这一个寒假，我便在哥哥所在的恩施高中，和他的同学们一起度过。就是这个寒假里，我经常听到哥哥和他的同学们提起他们的赖老师。约莫知道，他是四川大学毕业的，英语口语极其流利，曾经给美国空军当过翻译。他的教学又极其生动有趣，所以学生都喜欢英语，也都很喜欢他。似乎记得，一次，哥哥他们一些同学在校园里栽葡萄，一边栽，还一边说，等以后葡萄长起来，搭成凉棚，我们就拿一把靠椅，让赖老师坐在下面乘凉。我感到，这些同学真是好喜欢他们的赖老师，因此，也很想看看这位赖老师是何等模样。

事隔数年，我也到了恩高，也看到了赖老师。那时的他，却被划成了右派，穿着破旧的衣服，出入在学校农场那间土墙屋里。我在恩施高中的那三年，他一直没有教书，都是在学校的农场劳动，喂猪，养牛，打猪草。那时，无论老师学生，都是叫他“老赖”。而他，都是很自然的答应。记得有一次，我们到农场去，他还高高兴兴地端出一些“粑粑”，说这是我们学校农场研究做出的“稻草粑粑”。我尝了一点，真还是能吃，只是碱的味道较重。也许因为他是我哥哥和他的同学们十分景仰的老师，所以，当别人这样叫他“老赖”的时候，我总觉得是很别扭的。当他出入于农场，与猪牛为伴，我也觉得有些……

赖老师调到五中来，是前不久的事。他这是来当英语教师的。算来，他已是劳动改造五年多了，才重新走上教学岗位。他来五中，大约就是在三月中旬的样子，也住在我们那个被称作“七家巷”的房子里。他是哥哥的老师，却又是父亲的学生，虽然他比父亲大约只年轻上十岁，但他对父亲说话总是很亲切很尊重的，对母亲还称作“师母”。在他来后不久，我去请教过他。我说我很想学好外语，在高中学的俄语，现在仍然在自学，还想学英语。他极力赞成我自学，并借给我一本英语教材。他对我讲了许多做学问的道理，讲了华罗庚如何苦学的事……

我朝着去恩施城的方向，望着父亲和赖老师远远走去的背影，想起前两天给父亲代写的《节日心话》，之所以得到他的首肯“要得”，恐怕就是多少表达了他们这一批知识分子，这些时来受到了看重，想说的一些真心话。他们是只要受到党和人民的器重，就总是无怨无悔，心情舒畅的。

5 月 3 日下雨，不能上工，这给我们办壁报帮了大忙。这一次是真的把场里的青年们都发动起来了，连过去很少写稿的人，这次也都动了笔。而且，我发现有的人还写得很不错。一个姓余的小女娃，写的一篇《十二月》，极富民间文学的色彩，使我感到耳目一新。与其说给他们改稿，不如说向他们汲取了许多民间文学的营养。我是知道的，这壁报贴出去，除了形式上为节日增添气氛之外，作用是并不很大的，真正去细读里面的文章和诗歌的人极少。然而它有一个很重要的作用，就是锻炼和提高我们自己。我们还是要尽力办好，首先要自己满意。

晚饭后，到区公所想找一点材料，却在区公所的旁边一幢寝室门前，遇到了刘照悦，是芳哥家的嫂子。国芳哥，我是早见过；这位嫂子，还只是听说过，在脑子里凭空设想出一个形象。她与我握手的时节，我说：“我们还是第一次见面啊。”

她矫正说：“早见过了，只是你还没有多大；你——这，我也简直是不认识了。”

我说：“我是经常听说到你，但脑子里是根本没有一个实像。”

她递来满满一杯茶，我的口并不怎么渴，但一口一口，把一大杯茶，喝得差不多只有茶叶了。然后，她又弄面条，一边弄，一边与我谈白，似乎没有一点生疏的感觉。看来她是很健谈的，又是极好客的。她谈得不少，印象最深的就是那句“识大局”的话。她多次讲到要“识大局”，我想，这也许是她最有深刻体会的话了。也是，一个人应当识大局，认清形势，也就是要认识客观世界。这倒是真理的所在，对于做大事的人如此，对于一般的人也是如此的。

在她那里，一直玩到晚上十点多钟才告辞回场。临走，她送我电筒一只，因为用旧了，她仔细教我怎样用，哪里还有一点毛病。

这一次，才真正认识了照悦嫂子。

又当了一个月的团长，7 日上午，我就开始独自算上月的伙食账。下午，停止了算账，去区商业科会议室听区委杨书记关于精兵简政的报告。书记先讲了关于“三大万岁”（总路线、大跃进、人民公社）问题，他说，在三大万岁的光辉照耀下取得的胜利是伟大的，但是，也产生了“五风”（共产风、浮夸风、命令风、干部特殊化风、瞎指挥风）。前几年经济上的问题，应该说，是人老爷有缺点，天老爷也应负一部分责任，把一切错误都推到政策方面，也是不对的。杨书记说，要进一步贯彻调整、巩固、充实、提高的八字方针。这样，可以压缩城市人口。精兵简政，不是社会主义建设时间延长了，而是暂时让一步，退一步，是为了进两步。

接着，他讲了这次精简的范围和任务。精简的对象是：党、政、人民团体多余的人员；停办、合办企业多余的人员；1958 年以后进来的人员；合同工；城市职工和农村人员结婚的，动员双方回农村；不合格者；自愿要求到农村的；城市无固定职业者；大中城市职工家属，农村有家者；生产队或大队的小学改为民办小学；老年职工。此外，企业职工可以选一批，充实到生产队当干部，当会计，也可以充实到商业部门。听了这个报告，我以为是有利于“识大局”的。

回到场里还是继续算我的伙食账。算出了结果：粮食，结余 13 斤 4 两；伙食费结余 57 元 4 角 2 分。就像做考卷一样，这一次全是我自己拿出的答案，应该得满分了。

傍晚，我很得意地看着自己的答卷，就像是自己一部新的作品问世。忽然进来了一个人，是芭蕉镇委的吴书记。他的爱人小杨，也在我们场，他到我们这里玩过多次，已经很熟悉了，而且，还知道他原来当过组织委员，又当过纪律检查委员，所以，人们戏称他是“吴组织”“吴纪律”。

他看见我的第一句话就是：“快呀，高考又不远了。”就凭他这一句话，我就感到，这是一个相当精明的书记。别人的思想，最敏感的那根神经，他可以一箭中的，虽然，他一定听过他的小杨讲过我的情况。

我对他说：“就是，本来想参加考一下，可就是没有时间复习。”

接着，我们走到室外，转到谈论国际国内一些问题，还谈到领袖人物的事，谈得十分投机。吴书记讲话，特别注重抑扬顿挫，这本是不错的，但是，有一些过分，就是在“抑”下去的时候，是只看见他嘴唇在动着，眼睛在眨，却一点声音也听不着。不过，虽然听不见，却可以理解他大略的意思。

初几的月亮，虽然有一大半躲着，但还是静穆地洒着明亮的光辉。我静听着书记抑扬的话语，是中肯的，诚挚的，甚至是朋友式的。我感到有一种温暖，也似乎看到了如同这月光一样的光明。

临走，他叫我要好好注意身体，继续加强学习锻炼——个人的一些问题，现在不要多作考虑。只是这最后一句，我虽然听清楚了，但他的意思有些让我不够明白，他说的“个人的问题”是指的什么呢？

又是一个下雨的日子，不能上工。上午就学习哥哥寄来的《哲学提纲》。下午雨停，上坡，多时不见其他人来，正把锄头扛着往回走，“小女娃”小胡来，硬要我去带她摘金银花。

带小胡去找金银花。新雨后的山坡上，水洗一般的洁净，到处青绿交织，清醇的空气里，飘来金银花的幽香。我带着一个嫣婉的“姐微奇卡（小姑娘）”，采着金的，银的香花，还有那红得那么鲜艳的刺花，是何等的浪漫和富有诗意啊！采了那么多的金银花和刺花，还是没有人来上工的迹象，于是又回走。正走上公路，碰上区委杨书记和另外两个人，一个是熊场长，另一位不认识。书记问我在做什么，我说等了一会，没人来，就搞了一下自留地。书记说了长串的话，因为他是河南人，极不好懂，我一时并没有明白，就像俄语老师说了几句我翻译不出来的话一样，有些莫名其妙。倒是旁边的熊场长，帮我翻译出来：“那是呀，今天应该休息——我看你自留地也没搞啊，你看你的锄头都没打湿。”

望着他们往场里走去，我在猜想，杨书记原来是不是当过侦察兵的，怎么一下就从锄头没打湿，判断出我在撒谎？很佩服书记眼光的敏锐，自己有些感到惭愧了。我是从来不习惯撒谎的人，但今天在书记面前，想给我们场挣个面子，说我们在做事，别让他觉得我们园艺场的人，一天光在玩，哪知来了个弄巧反拙。看看我的锄头，的确也是焦干的，手脚也是那么干净，说搞了一下自留地，也就扯了两把草而已。撒这么个谎，真没意思。倒是，为人第一老实好。

晚上，回五中饱餐一顿，还喝了一些酒。回到场里，却发觉空无一人。问一位还在做工的木匠，说他们都在区里开会去了。连脚都顾不上洗，直跑到区公所会议室，看见里面开会的，尽是园艺场的伙计们。老黄和老向两个刚剃的光头，在强烈的电灯光下，一齐闪光，分外耀眼。我是迟到了。杨书记正在说话，我坐在书记的对面，书记见我问道：“你喝酒啦？”我笑了，我想我的脸一定很红。喝酒上脸的人，是不能偷酒喝的。

书记的讲话很快结束，要大家谈。我大概知道了，是研究办场的问题。接着有几位你一番，我一番，给场领导提了不少意见，小小的会议室，气氛还略带紧张。后来，我才知道，我们的熊场长想走，回他老家王家村去；区里又调了一个刘场长，就是上午同杨书记、熊场长一道走的那位。

会议进行得一直很活跃，要发言的人似乎还很多，但时间已经很晚了，只得散会。回去的路上，大家情绪仍然很高，还在议论纷纷。

第二天的晚上，召开场委会和代表会。有不少人想再提意见，已经没有机会了。这次会议其中一个决定，是把我全部抽出来，一边管账，一边帮厨。这下子，是要我全心全意办伙食了，而且，伙食团长也下放到了炊事班，当火头军了。

按照会议的安排，我开始帮厨了。照说，帮厨须得早上四点就要起床，帮助准备早饭。但是，炊事员小胡却让我睡到大天亮了。她只让我做做磨懒豆腐（合渣）、收饭票，洗碗筷之类的小事。她总是要我多休息——就是去学习，实在给我让出不少时间。她对我如此的关心，我从内心是非常感激的。

我感到十分自豪，在园艺场，我是什么事都干过，且不要提什么挖土、锄草、挑粪、烧火灰，连过去最生疏的买柴、买米、管账甚至烧火、淘米、做饭都做到了。

一日中午，收到两封来信。一封，是重庆第七军医大福耀同学来的。信上说，他前面给我已经有过两封信，地址都是“恩施五中”，但都失落了，里面还有照片，这是第三封了，他愿上帝保佑，这次一定要寄到。和这些同学分别快一年了，但彼此都怀念着，这是多么值得珍视的情谊。这些同学在来信中，总对我充满信任，还有不少称道赞扬的话，使我很受鼓舞，也感到不安。我担心自己久闷一隅，孤陋寡闻，又慢慢习染怠惰，最终变成凡夫俗子，庸庸碌碌，虚度终身。我想，这是自己特别要警惕的。

第二封信，是来自红庙的。封面还有我“亲收”的字样，想来不是一封平凡的信。拆开来，是二姐敦促参加高考的。她说，应该“有信心”，应该“勇敢”“坚决”“迅速”地去参加考试。现在应该“立即”摆脱现实的工作，要说服领导，讲明道理。同时，还讲了，她曾和专署文教局长谈到今年高考有关情况。据文教局长说，今年录取不考虑农村人口还是城市人口，也不考虑本届还是往届，首先看成绩，再看身体、年龄。还说，一中已结束毕业考试，下周开始进入全面复习。

二姐的信，把我一身的干柴，一下子点得熊熊燃烧起来。我是多么想上大学，而且还多么想上武汉大学啊。邓老师说武大如何如何，虽然我说我的头常有些偏，在武大可以让它再偏过来，于是就正直了，这只是说笑话，不过我真是向往着武大呢。映红新年给我寄来的贺年片，我一直珍藏着。图案是一个嫦娥奔月，一个圆圆大大的月亮里面，就是武大图书馆那宫殿式建筑的照片。我多么想像嫦娥那样，找到后羿的那种药，吃了之后也飞到天上去，飞到武大的月宫中去。可是，目前精兵简政的“大局”，要争取领导支持，是多么的艰难！

后羿的药，不是都可以找到的。但是我还是要如二姐所说，要“有信心”“坚决”“迅速”去“说服领导”。下午，写了一份自传和一份高考申请书，但还没有机会递交。心情处于焦虑之中，不知领导是否能批准，也不知能批多少时间我去复习，而且最近身体也不怎么样，还有些咳嗽……中午没有午睡，晚上上床仍无睡意，干脆起来……

出得门来，看见宝蓝的天空，几块镀得像锡的云片，在夜风中追着一轮皎皎明月。喧闹，已经寻不到了，只有芭蕉河那股长流不断的水，永无休止地传来“哗哗”的声响。这声响，没有破坏夜的静穆，反倒因为有了它，使得这夜晚更加显得宁静，更能使人深思，令人追怀旧事，向往未来。

这美丽的夜，其实是最难得的啊。约了德泽，沿着那条新修的公路，一直漫步到那座新修的石桥。据说，这石桥因设计师的疏忽，低了五寸，因此显得矮了一点。但是，桥面很宽阔，在附近，这要算是最好玩的地方了。没有这桥的时候，车子都是从两岔河直接趟水过去，发大水的时候，还只能望水兴叹。

我们转身，向着芭蕉街那一边走去，回到场里，电灯已经熄灭，但月光把屋里照得什么都看得见。“床前明月光，疑是地上霜”，到了今年真正有霜的季节，我能不能睡在大学的寝室里“思故乡”呢？我还是睡不着。没有睡着，却做着梦——一个甜美的梦。

次日，向刘场长递了自传和申请书。场长很爽快地说：“等我去与老熊他们商量一下，不过，我想是可以的，我很迅速给你作答复。”

下午，刘场长告诉我，他与老熊，还有区里杨书记商量的意见是，如果要参加考试，那就立即转关系。

我已经说过，若能考取就转关系；不能考取，我就仍然回来，努力工作。为什么要提出一个先转关系的条件呢？我想，这主要是个粮食的问题。看吧，这个场连自己都难以养活，而且，近来正是衰落到极点的时候，谁能白白给你一个月的口粮，让你到城里去复习考试，考取了不是白白地送了这一个月的口粮？谁愿干这样的蠢事情，谁能当这个家？

他们这个答复，明明是为难我了，口头上说支持我走这条路，手头上又把这条路给挖断。当然，我理解场里目前的困境，实在也是穷，谁能用劳动来养活你去考大学？而且刘场长又刚到场里来，一些情况也还不够了解。

我这关系转到哪里去呢？没有这个关系，我哪来粮食和食油？我这不连性命都保不住了？看来，这第一回合，我是碰了一个硬钉子，失败了。

第二天，上街去买米，去到邮局打电话，将昨日情况报告二姐。算得很顺利，挂号不久，便听到仿佛在一个遥远的地方，发出了轻微的振荡。随后，出现一个熟悉的声音——是二姐在问：

“哪里？”

“芭蕉。”

“你是吴国韬，是不是?”

“正是。”

“我那封信你收到没有?”

“收到了，前天收到的。昨天向场里申请，得到的答复是矛盾的：一方面说支持；另一方面说必须立即转走关系，看来就是一个粮食问题，不愿意供给复习的一个多月粮食……”

“就是一个粮食问题，是不是?”

“就是，场里的确有些困难……”

“那——这个问题怎么办呢? 就这样吧，你是不是来城里一趟，商量一下再说。”

“是的，我也打算明天跑一趟。”

“明天吗?”

“是的。”

“那就这样办吧。”

打完电话，仿佛是在天外，与一个遥远的人，谈了一席话之后，又回到大地上一般，又似乎是与别人在梦中说了一番话。

下午，恰好碰到了杨书记。我满怀希望，向他陈述我的情况和想法，指望着这位芭蕉区的最高领导，给我一个可意的回答。与此相反，他们的确是“商量”了的，完全一致：要转走粮油关系。他的回答，使我很感悲观。

我又一次踏上去恩施城的那条公路。微微出了一点太阳，有一些蒸人。路旁，有几只画眉，在婉转地啼鸣。远处的山，在依稀的烟纱之中。走着，走着，脑子里盘旋的只有一个名词：武大，武大。

——哦，我如同从痴梦中醒来，感到自己的可笑，这是痴心妄想!

我叫起来：“武大，你是我的吗?”

我独自好笑，感到自己是在患着神经病。在路边歇气，过来两个人，议论着。似乎是在讲，他们在城里的馆子里吃到了肉，还谈得非常投机，一个说：“认起真来，像穆桂英（食堂）卖的那个肉，又吃得了好多吵!”

“是嘛，我两爷子一盘还没有吃完!”

“……”

后面，有一对男女，疾步走来。走了一段，那位女的，回头看看我，仿佛又在对那男的介绍，这就是某某某，他还想去考大学呢！那男的也回头朝我白了一眼，继续昂首阔步。

一进了城，觉得这三个月来，变化还真不小：这里的房子在改修，那里的马路在更新，有的墙上添上了构图精美的广告画。

首先还是到凤玲姐家落足。她已从财干学校下放，闲在家中。宪幺叔刚好在家。他白皙的脸，头发一律向后梳着，如同斯大林的那种发型，不过比起六年前给我膝关节扎银针的时候，好像是显老了一点，眼睛却还是那样炯炯的。他给我谈了许多话，中心内容是我的前途问题。他问我，为什么不学医。听他的口气，是非常想我学医的，仿佛世界上的职业，只有行医是最好的。他列举的理由是太多了，简单说，这是一个“铁饭碗”，怎么也打不破的。他说：“什么社会关系，人与人的关系，都是一个利害关系。当医生的不管过去、现在、还是将来，都是‘铁饭碗’，你看某某医生的门前，尽是小汽车来，小汽车去，他还是拿一级专家补贴的。是的，不管什么当官的，对医生都是相当尊重的，你怎么不学医呢？照说，这还是你的祖传，你的嗲嗲（祖父）就是医生，你哪门不去继承？你很可以去向你三伯伯学，不然，就跟你盛哥哥学修理钟表机械一类的技术也很好。你盛哥哥一方面是凭自己一点小聪明，另外工科方面的，他自己也是钻研了不少。他是在乡里，若是在大城市，他是同样吃得开。你想，一个钟表，本来没有什么不得了，会的人，只要搬一搬，扭一扭螺丝，就行了。但是，不会的人，不知怎么一回事，拿去修，一动，就去了几块钱。学他那门技术也不错，总之，你要向专门技术进攻，那比你现在管伙食强得多了……”

幺叔这一席话，实在使我顿开茅塞。但是，要我跟着学医，我实在感到不是味，又想，为什么胤哥不跟三伯学医呢？三伯为什么不把医术传给胤哥呢？而且，幺叔本人就是专医院有名的中医，他为什么不要我跟他学呢？我又畏缩了。

我独自往红庙前进。路面很宽平，栽植的乔木都已枝叶茂密，犹如两扇绿色的墙壁，立在路的两旁。只是汽车一来，扬起浓浓的尘土，实在使人难受。

前一次，大约是走的生路，感到很是遥远；这次却不知不觉，就走到了农科所。农科所的建筑，依然被辉煌的灯火，衬托得宏伟壮丽，只是没有了春节时候的那种姹紫嫣红。

首先看到了母亲正在炒苞谷籽。二姐，洪哥都在。见我来，洪哥给我找洗澡的毛巾、盆和肥皂。洗后，母亲首先就问起考学的事。据说曾会计到这里来过，他们谈及了此事，与芭蕉方面对我的回答如出一辙。

仅吃了一碗面，就什么也不想了。

看来，这个问题仍然没有一个解决的好办法。我计划明天到母校恩高一趟。

我向着母校方向走去，心里想着母校，但看见眼前这样一副落魄的样子，又似乎极不情愿去与她会面。我下意识的选择从小渡船走。

天，阴沉沉的，又微微出了一点太阳。戴了一顶草帽，但草帽是遮不住这蒸人的热气的。天气的闷沉，使我心里的闷沉，更加的闷沉。一时百感交集，让我没有力量再往前走。坐在马路旁的乱石堆上遐想，划燃一根火柴，点着一支香烟，对着那热雾般的天空，喷吐着烟云。两只眼睛也眯成了一条线，乜斜那清江河畔的一片田野和那远处的山峰，想把这沉重的心情，搁在大青山上和清江的波峰浪谷之间。

抽完一支烟，仿佛增添了一点力量，使得能重新迈开步子，向前走去。然而，我确实没有勇气向左转，上百步梯，回到我的母校，也不愿意去。双脚不自觉地向着小渡船的渡口走去了。我登上渡船，在清江上移动。啊，好这一河碧绿的江水，浩浩淼淼——这是我生命中看到的最壮观的开阔水面了！我真想在船上多玩一会，想找到最恰当的艺术语言，表达对伟大清江的礼赞。

船还是靠岸了，我毫无目的地走着。已经到了飞机场的旁边，那一大片的草地是一块活生生的绿绒毯。几匹牛马，在里面自由自在地食着青草，也还有星星点点的几个人。我多么想在这绿绒毯上打几个滚，可是，还是不好意思。一步步踏着绿绒毯走着，走着走着，到了中心，才感到这绿绒毯是太辽阔了。我想，呼伦贝尔草原也应该就是这种景象。

旁边有几个女人坐在草地上，又有几个在废弃的飞机跑道上学自行车，可是，总不能骑上去。我已是可以开动它的，只是不能很好地驾驭它。其实，像这样宽阔的地方，是很适合我这样的情形的：开动它，让它在这辽阔的草原上尽情地飞奔，那是多么有趣的事情！我看着她们，很难骑上去的样子，很想开口，让我帮你骑一会儿吧。但是，我想，如果我真的这样，她们一定会怀疑我是一个精神失常的人。

在草原上，我大约走了二十多分钟。横穿过草原，进入了繁华喧闹的城市。我开始重新确定目的地——城关一小。成旭、史娴他们都在那里。我还是先去找到他们，然后再作道理。说来也巧，事情有时只要一顺头，在厕所里都碰得到你要找的人。恰恰就是在学校的厕所会到了成旭！

成旭带我到办公室，又会到史娴。他们都在这里当了老师了，令我十分感慨。我问成旭，教书有什么感觉，他说：“教小学的算数，是太容易了，就那么一点内容，要不了多少时间，好多时间就陪他们玩，他们也最喜欢和我玩，也特别听我的话，因为怕我说一句‘我不和你玩了’。”我听着很觉有趣，但未多谈，铃铛一响，他们又要上课去了。我只好在办公室等候，看《湖北日报》上，有新发表的毛主席《词六首》及郭沫若先生的解释性文章。

一节课过去了，成旭借来一辆自行车给我学。这成旭也真是善解人意了，就像知道我先前在飞机场，要帮那女人骑车一样。我在小操场里骑了一两节课，悟到了为什么不易转弯的道理，是没有给一个向心力的原因。如果向左转，必须右脚蹬，这样才骑得比较稳一些。后来，还搬到学校外面去骑，终因坡陡，害怕走不稳，心里虚，只在清江电影院门前转了两趟。我的技术应该还是可以的，但旁边还是有人，用诧异的眼光看我这个骑车的人，也许是看出了我骑车的什么破绽。

口渴得厉害。电影院门口的商店，标有“冷食铺”字样。跑去一看，内里布置得雅致、堂皇，壁上画满商标图画，放置着十数张小圆桌，桌上有一小茶盘，里面陈着汽水和蛋糕糖果之类的食品。这让我大饱了眼福。别说布置的这样雅致，就说这“冷食铺”的名字，在这热天就殊觉畅快。我买了一块冰棒、一瓶汽水，把冰棒溶在汽水中，喝起来，实在是痛快淋漓，深深领略了这一个“冷”字。

下午四时，我见成旭、史娴的工作，如同钉在教室里一样，总是很难脱身，便还了车告辞。离开一小，径直到黄家塆的母校去。自然是先到维正家。张妈妈在家，见我也是亲热了好一会，我却急着要到学校。

我正在学校教室旁边的大道上走的时候，飞来一个短辫子姑娘，同时发出激动的声音：“几时来的?”这是维萍，穿一件短褂，本是在剥豌豆，我没看见她，她却先见到了我。和她叙谈一会，又在大道旁的橘子树下，遇到过去休学的同班同学自极。他如今配了一副黑边夹子眼镜，颇有学者的风度，正在朗诵着《不怕鬼的故事》。他见到我，很是热情，介绍了他们的复习情况。不久，周围就围满了文史班的同学们。

走到陈老师房里，没有人，等了一会，他从河里洗澡回来。我和陈老师谈了好久，从天还没有黑，一直谈到九点多。关于考试问题，他同意我回去复习一段时间，再到学校参加考试。

随后，去找家虎和修弟。未等上三分钟，二位看完《三打白骨精》回来了。他们见到我，自然是意外的事。家虎过去与我很少来往，又不同班，了解不够。这次接触，发现他是个聪明强记的人，看似颇有一些矜持，然在感情的最深处，又是和善的。修弟，论辈分，我是长辈，同学三年，也不同班，交往极少，因此也从未听他叫个“叔叔”，即或他真是这样叫了，在校也不适宜，我也是会制止的。修弟貌似寡言，其实，攀谈起来，他是极能说幽默话的。

晚上与他们闲谈至十一点方睡。

次日，再折回红庙农科所，将一些情况作了汇报。二姐说，转关系是不可能的，只好把复习提纲带回去，复习一段时间再来，考的时候请一二十天假。我本也是如此打算，考是要考的，碰一碰也是可以的。晚上农科所放电影，先是《梁山伯与祝英台》，并不感兴趣；接着放《奇袭》，却遭到突如其来的大雨的“奇袭”，逃了回来，睡觉了。

早上起来，这雨还真是下长了，没有停的意思。直到中午，乘了一个车到土桥坝。车上除我而外，便是昨晚两位放电影的，也被这阵雨淋得落汤鸡似的。其中一位中年的，听说我到一中，便断定我是一中的，很仔细地打听一中今年招生情况。如我所料，他有一位公子，今年二中初中毕业。他说，这是他的一个“包袱”。我问成绩怎么样，他说：“俄语很好，别的几门也还不错”

他旁边的那一位插了一句：“数学恐怕不那么好，那天我出一个鸡兔同笼的问题，他都没有做倒。”

中年的说：“他妈的，就是俄语特别好；我以前喜欢学英语，他妈的，受我的影响，他就喜欢俄语。”

我问，他的政治条件怎么样，他说：“不是共青团员，有点调皮，可能不及格。”

我安慰他说：“小孩子调皮一点不是什么大不了的问题。”

他又说：“成绩还好，他妈的，就是俄语特别好。”

我不禁好笑起来，暗想：“他妈的，可惜是考高中，又不是考俄语专科学校。”

我在党校门口下了车，一身被打湿透了，跑到家虎处，人已感到很不舒服，又咳嗽得厉害。晚饭食欲不佳，还只想睡觉。

因为明日要回芭蕉，抓紧时间，一个夜工，把我们原来没有开设的课程《辩证唯物主义常识》的基本内容学完了，其实这本书的内容，比哥哥寄给我的西北大学《哲学提纲》简单多了。

第二天上午，抄写复习提纲。中午，别了家虎，准备回芭蕉。在舞阳坝食堂，吃了一碗三鲜面，出来恰好会到病友国海。从他口中知道，光焕未参加工作，在家中压面；宗智在巴东一区某小学教书；德盛的情况不详。

大约两点出城，走得实在快人。身上很是不舒服，又担心这一局棋的后果，还担心自己是否有肝炎……也是“抚事煎百虑”了。

好容易走到芭蕉。园艺场门前，站了不少人，受到了他们的热情迎接，把我的挎包都接过去了。伙计们告诉我，今天欢送熊场长走，说我赶回来正好，晚上还要打牙祭。我的口食运好，果然是打牙祭，菜肴之丰盛不亚于过年，而且有酒。同席有两位女炊事员和理军。我喝得不少，吃得也很多，心情很愉快。一会，有从园艺场调到区公所当炊事员的欧阳来。她是一个个子高大，性情豪爽的女子。园艺场的这群穷小子，今天就像要打翻酒坛子一样，慷慨豪爽得不得了，又去打来一斤酒，把菜重新炒了，劝起酒来。我和欧阳是他们力劝的主要对象。我是知道自己不应多喝的，不免要说许多客套话。但是，我又是个心慈之人，别人再三相劝，也不得不喝。我的脸上，大约也成了一张大红纸。酒过数巡，还没有了结的迹象。情急之中，心生一计，用一茶盅，玩起了小魔术，竟然未露出任何痕迹。这个小魔术的创造发明，的确使我终生受益。世上有“哪有活人被尿憋死”的说法，应该还有“哪有活人被酒灌死”的道理?

且说欧阳，虽然身大力不亏，但碰上这些老伙计，一而再，再而三的相劝，也喝得稀里糊涂了。酒后说话，感情格外深厚。大伙边喝边讲，讲到我们这些“农二哥”和“农二姐”，是怎样一同风里来，雨里去，在关山并肩战斗的许多的细节，的确是感人肺腑。最终是讲得欧阳双泪俱下，说话也有些管不住火了。酒喝多了毕竟伤害身体，何况她是一位女子。见了此状，我对大伙说：“都喝好了，也喝痛快了，还是散座吧。”如此这般，几个人才散席。

熊场长走了，但对他，我总是心存感激的。虽然，他对我考学的事，可以说是明确反对的；在场委会上，他曾提出把园艺场一切下放，三个区队，各管各，对此，我也是初生牛犊不怕虎，极力反对，并尖锐说出，这样搞下去，很可能像有人所说的“有戏看”；我也曾对他不怎么关心工人们的生活有过意见……但是，他是一个爽直的人，是能带头吃苦的人，对于我，他又是给予过很多关心和帮助的人。无论如何，他是我结识的第一位优秀的农村干部，也是我走向生活大海洋后的第一任好船长。

回到场里的当天，就听到风声，说园艺场将与芭蕉区服务科合并，扩大为八十多人的单位。服务科的马科长担任书记，另有两位女同志来当会计。我想，目前正处于这个变动之中，变动又会使得场方态度变得更硬，我去参加高考的事，势必更加困难。

熊场长走后的第二天，我鼓着勇气，给刘场长谈了这次进城了解的情况和自己的打算。真没想到，刘场长二话没说，慷慨地同意了。这样的回答，自然是我非常想得到的，却是我不曾预料到的。

你看这世上的事情，有时，你会觉得是非常简单的，但办起来却是难于上青天；有时，你会觉得是相当复杂的，几乎是没有希望的，但结果却简单轻松得使你难以置信。这也许还并不是极个别的现象，不然为什么会有“踏破铁鞋无觅处，得来全不费工夫”之说；又有“山重水复疑无路，柳暗花明又一村”的名句？这不能不让我感到，凡事不顺之时，想方设法去努力是应该的，也是必需的，却不必太过焦急，有时是，隐藏着的时机还须等待。

我比较两位场长，在处理我参加高考的问题上是完全不一样的：熊场长是“不行”，要去就转关系走；刘场长是同意，不提那几十斤口粮。这说明什么呢？是不是说明熊场长有狭隘的短浅的农民意识？难怪中国革命还是要工人阶级领导啊。照说，你单位一个青年人，想多读一点书，以后可以更多为革命事业作贡献，站在党的事业立场上看，也是个好事，怎么就只看见那么几十斤口粮呢。而刘场长，到底是眼界宽阔得多了。这事虽然对我是大事，但对于一个单位却是个小事，对于一个区来说，更是区区小事。但是，一个单位的领导干部，如果眼界那么短浅狭窄，那绝对是一种悲哀。

话说回来，刘场长这一“同意”，又使得我猴急起来，感到复习准备的内容多，时间是多么紧迫……

只过了两天，园艺场与服务科合并便成为事实。5 月 29 日，园艺场大摆筵席，多才多艺的曾会计亲自掌勺，办的“十大碗”席面。我是从头天晚上就忙着在服务科，借东借西，搬来若干盘碟碗筷，做准备工作。全场又像在过年一样。

这“十大碗”的席，过去也许吃过，但是总不能记忆得起。今日一吃，方知所吃之肉，只有这样办来，才是最妙。且不说那肉皮炸酥到金黄的扣肉是如何可口，单是爆炒的瘦肉，汤里面的酥肉，就满可以大饱口福了！加之与书记场长坐在一席，酒是尽情地喝，菜饭自是敞开肚皮吃，真是酒也醉矣，饭也饱矣。

我手里抱着一盅浓茶，不愿放下，几个女娃看见我笑着说：“拐哒，像个‘癫子’哒。”

五月下旬以来，总没有一个好天气，一直下着雨，许多农事都耽搁了。田里的麦子，收不回来，已经在发芽了；苞谷也得锄草上肥了，真是急死人。湖北日报上说，除恩施以外，全省都在抗旱插秧。抗旱，抗旱，我真是听厌了，听怕了！这老天爷也不知是怎么回事，该下的地方，它不下，不能再下的地方，它惶里惶混老是下。我担心这一阵雨下完了，就干，干。什么今年是“百年难逢岁交春”的好年景，我看也没有什么道理。

晚上，与刘场长以及另外几个同事闲谈，不知怎么谈到我头上。刘场长说：“小吴这次说要去考学，要走，的确我很舍不得。但是，这是他一生的事情，也不能不让他去，还应该支持他去。”

几位同事也纷纷议论：“小吴在我们这里，的确是太好了，像个老师一样；他走了，我是不习惯的。”

“是的，随便哪个都说，小吴的修养好……”

“我们青年人，就是性格很暴躁，小吴的性格的确很难找。”

“……”

这一番议论，使我不好插言，我相信他们不需要当面奉承我。但事情往往会是这样，一说某人要走，就会想到他的许多优点来，现在他们对于我也就是这样的。我还不知这次高考如何，更不知何时会离开园艺场，但我要珍视同事们对我的好感，检讨许多的不足，鞭策自己今后真诚为人。

五月份的伙食账算出来了。粮食结余30斤，现金因为增加了一位炊事员的工资，略差几元。总之，这应该是伙食团的正常状态。

算完账，开始复习俄语第三册。老王来，好久没和他聊天了。他问了我最近一段的情况说："你真是个不简单的人啊，在我看来，你的程度就不错了。我要有你这个程度，部队还不会让我回来，现在应该是混得相当可以的。"

我问："你在部队到底当什么兵?"

他说："炮兵。我们是打榴弹炮的。"

一说到榴弹炮，他一下子来劲了，滔滔不绝，给我讲这榴弹炮的种类、威力、性能等等，又讲到防原子，防化学的常识。接着又说到他转业到山西，参加一个铜矿公司。当时，一群转业军人，为工作问题闹起事来，竟形成了变相罢工，最后上级费了好大的劲，才渐渐平息下来。这类事，我们是闻所未闻的。怎么我们国家还有这样的事发生？可见世界上的事是多么复杂。

此后，会计老曾和多娃也来，我们听老王摆场（讲故事），电灯熄灭了，又点上煤油灯，让他继续摆下去……

有人说，一个人，就是一本书，有道理啊。

一日傍晚，原一中高我一届的福双同学来。和他一道的是芭蕉小学的"伙食团长"，与我是等等人物，都是团级干部。不过，他这个团长，过去还真当过兵，去年才转业回来。

我这人，喜好新奇，很想听听他们谈一些部队里的情况，就问他在哪里当兵，当的什么兵。一讲到当兵，这位"团长"也就口若悬河，滔滔不绝讲了起来。我觉得最有趣的，是他摆一群大学生参军的一节：

部队上招来一批大学生，他们一个二个都挺活跃，什么乐器都有，什么二胡呀，提琴呀，手风琴呀都有。因此，连队的文化生活可活跃啦！某日，警报响了，呜——呜——呜——连长催促紧急集合。大家都知道发生情况了，马上作战斗准备。那些老兵平时的东西不多，而且放得有条有理，打理起来很迅速。但是，那些大学生可是忙坏了，叮叮当当，什么二胡，提琴，不知哪里有那么多。

连长来了，严厉地问："为什么集合这么久了，还没有收拾好？怎么搞的?"好不容易集合了，队伍出发，这些大学生被压得莫奈何，一路都是二胡、提琴的叮当声。连长又发火了："怎么搞的？就这么叮叮当当的，这是行军！"一个大学生有气无力地问我："今晚到底是什么情况？到哪里去呢？老同志，这真够呛的！"走到一个火车站，宣布原地休息，半小时之内，打柴弄饭吃完。一些大学生哪里吃上饭？半小时之后，饿着肚皮上车，回到原营房。这些大学生，又弹起琴来了。

我喜欢听别人讲这样一些故事，尤其是部队里的，因此，为了使他讲得更有劲，把香烟一支一支给他送去。

街上，碰到新调我场任书记的服务科马科长。原来，听说他是一个极严厉的人。经与他接触，觉得人们这种印象并不准确。他个头不高，有一脸钢针般的络腮胡，眼睛大而有神，如若是大眼环睁，是可以扮演张飞的。也许有的人就是因此得出他很严厉的结论。

我已和他见过几次面。他的络腮胡是经常剃了的，眼睛从不环睁，倒常常眯成一线。我每次见到他，他都是满面笑容，和蔼可亲的样子。他的笑容，是自然的，真诚的。他已是几次与我亲切交谈，向我征求意见。一般的人，特别是读过几句书的人，往往觉得从农村提拔的干部，共同的缺点，就是性子暴躁，做事主观，缺乏知识。然而，从他的身上，我得不出这个结论。凡事不可一概而论，对人尤其如此。

收到自极同学的信，说高考的准确时间是 7 月 16 日至 20 日。现在是 6 月 8 日，也就一个来月了。晚上，刘场长来闲谈，我正在给他画财产清理表格。他谈了这次精简的问题，还有工资方面的问题。后来，他问了我高考方面的情况，我说也是有些着急了，时间紧迫，十六号要考试。他一听到十六号，急忙要我不画了，我说是下月的十六号，他似乎才松了口气，接着说："你请假的事，我五天之内把接替你的人找好，一定按时答复你。"果然，在第四天的中午，刘场长找到小方，来接替我的工作。

我从粮店挑回一百斤粮食后，开始着手办理移交的工作。我当伙食团长是第一次，这移交当然也是头一次，怎么移交，心中没底，也像一个无解的数学题。好在晚上刘场长列出了一系列移交项目，就像难题有了明确的提示，具体化为一个一个的填空题，这就不是难题了。

晚上，一直搞到十二点。老洪等几位，弄来炸鱼消夜，我们边吃，边聊天，他们还少不得替我祝愿。刘场长大约听到我们热闹的声音，走来说："你们都是些'夜时莺'。"

老洪说："是'夜游神'。"说着给场长送去一条炸鱼，于是，场长也参加到了"夜游神"的行列……

刚去邮局给维正寄了一封信，并四斤粮票，路上遇到初中同学宗勋。他刚从城里来，说他本是在汽车站有工作的，这次下放了，到芭蕉来，找一下太芬同学，看能不能找点事做。

太芬是我们初中时的同学，以后读的师范，去年分配到芭蕉小学教书，曾在她那里玩过几次。我和宗勋一道去到芭蕉小学，太芬就住在门口那间小小的寝室里。她恰好在家，还有一位女老师，是先绪他们二中高中的同学，姓徐，是在这里代课的。

刚踏入社会的一群同学，一旦相遇，彼此亲热得要跳起来一样。喧闹一阵，叙谈一番之后，太芬要留我们吃面条，我说不饿，和她推来推去，还演出一场将面条泼到地上的恶作剧来。

老同学到了一堆，谈的话是又多又长，又漫无中心。归结起来，谈得最多的是下放精简方面的消息。什么武汉要压一千多人到恩施啦；又是上个星期，专员在电影院作报告，要坚决地压啦；五八年以后参加工作的一律压啦；农校、财干要解散啦；恩师、卫校要停办啦等等，等等。我联想到，湖南的永顺来信也是说，要压缩，下放；陕西靖边来信，也是说要精简；武汉的来信说，所有的专科学校要下马……

对于这些"压""放""精简"，我并没有别人那么敏感，更没有别人的担忧。我感到，如此痛快淋漓的压，国家可能减少了负担，这对于一些工作着的、正在读书的，肯定是引起心里动荡的事，对我而言呢，无非是增加了一些搞农业的伙计。因此，我感到心里是坦坦荡荡的，还觉得：站在第一线真好，再没有地方可压了，要压就压到大后方，压到城里去了；在基层也真好，要压就压到上层去了。

从太芬学校出来，刚走到街上，听说父亲正在找我。据说他还打了电话，要我回去。不知是什么急事，赶回家去才知道，父亲特地给我弄了牛肉，可惜中午在太芬那里面条吃多了一点，占去了肚子里相当一部分空间。

6月15日这一天，是我最忙的了。一早起来就收拾东西。吃了早饭去自留地里收麦。原来这片麦子长得十分羸弱，淋了一次粪，虽说分蘖不多，但植株很健壮，如今麦穗爆满，也可谓“丰收”了。记得为此写过“丰收盼七月”的句子，其实哪里要到七月?

这丰收使我一个上午还没收完，没想到，又还有几笔伙食账要算，便一直搞到了三点才回五中。走到街头的桥上，碰到马书记。他听说我要去考了，积极表示支持，问我什么时候走。我说，时间已是很紧迫了，能够走就马上走，没有车就明天清早走。他要我一定明天早饭后走，他帮我解决一些经济上的困难，仅此，我都非常感谢他了。

在五中一收拾，吃了晚饭，已是五点多了，急忙赶到场里。光耀和理军又热情地为我跑路，找车。不一会，他们传来消息，有一辆车完全可以带我走。那车是原五中学生兰某某的哥哥，兰师傅的，他正在亲戚家吃饭。接着，理军、光耀又提起我那三个沉重的行李，帮我放到车上。我们在路旁等候司机的到来，理军拿出香烟说：“临行时抽我一支香烟，是‘伟大’牌的。”

我们谈了起来，光耀和理军几乎同时说出：“你走，我们是真舍不得。”理军接着又说：“但是，为了我们的进步而影响你的前途，我们也是不愿意的。因此，我们也希望你能考取，祝你成功!”光耀也说：“祝你鹏程万里，前程远大!”

我的心里一阵发热了。与他们相处不到一年，但与他们之间的友谊却如此深厚。我爱这些年轻、开朗、力求上进的朋友。他们与我过去的朋友，有许多相同的地方，又有不尽一致之处。他们也是有文化的青年，他们把青春献给了我们的农场。他们热爱劳动，不嫌大粪的肮脏，不畏夏天的酷热，不惧冬天的严寒，已经习惯怎样一锄一锄，播种、耕耘和收获希望。他们的汗水洒满了关山，关山因此生出了粮食；他们的双手在大坝植下桃李，大坝因此披上了绿装……

司机来了，我上了车。忽然，车下送来一张照片，是一个微笑着的大姑娘和一个小姑娘的合影。那姑娘是场里最活跃的小潘，那个小姑娘呢，与她那么同样，一定是她的小妹妹了。马达发动了，车移动了，忽而加快起来，我向他们点头示意，再见了。

汽车从街上开到了园艺场的门口，伙计们，吃饭的，洗脚的，玩着的……都向我挥手，叫我的名字。我站起来，感谢他们的好意，挥手与他们告别。走了好远都还听到他们的声音——这是一个多么使人感到温暖的集体！

汽车在雨后清凉的晚风中前进，在绿色的山谷中迂回。我的心，随着车身的抖动在跳荡，各种心绪交织在一起：缠绵的离别，美丽的幻想……我似乎感到，这渐渐暗下来的天，却是明朗清澈的；混沌的锯齿般的山峰，是可以看得清楚的。汽车在前进，我感到在从一个光明，走向另一个光明。那马达的声音，正是一曲激动人心的《光明行》。

在这《光明行》的乐曲声中，我回首走过的这一段路程，是艰难的，也是快乐的；有山重水复疑无路的忧愁，也有柳暗花明又一村的快感。我像一片落叶，一时被波浪涌上波峰，一时又跌入低谷，我的感情也是如此的一起一伏，互相交替。

我想到今后，我后面将摆着怎样的路呢？会是更艰巨！从马达的进行曲中，我似乎有一种不祥的预感：其一、今天是太顺利了，或许这是好的象征，又或许是顺利得过早了；其二、汽车驰入后山湾，前面迎来一幢幢岩壁高障，我仿佛觉得，这汽车是一个鸡蛋，担心去碰撞前面的岩石。只希望汽车慢一点，这样，至少不会粉身碎骨。

这鸡蛋过了后山湾，在飞机场旁边停了下来。车上一个姑娘，听说我是去考大学的，就说：“我的哥哥也是一中毕业的，他小时候喜欢两件事：一是打球，二是读书，其他什么事都懒得做。他在武汉的大学毕业以后，到河南大学教书去了。他叫吴振作，恩施有好多人都考到他们那里去了，那里有好多大学生。你也恐怕要考到那里去的，去了，你就问‘吴振作’。”

我笑了，说：“那好，去了我就给他带个信，说，我是和你的妹妹同过车的……”她也哈哈大笑了。

我的东西很多，下了车，多亏这个姑娘帮我带了一个包，住到了清江旅社。

到城的第二天，恰好是农历五月十五，中端午。清江河里摆开阵势，举行划龙船竞赛。可是，天公不作美，下着滂沱大雨。清江大桥上，站满了打伞戴笠的人，津津有味地看着。两岸黑压压的人群，传来嗡嗡嗡的声音。

河里，几条龙船竞相飞驰，响着“呀——呀——呀——”的声音，节拍分明，又汇合着“啥——啥——啥——”的划桨声。四处的锣鼓也紧擂助威。只见龙船远去，我遗憾，未看到比赛的结果。

转身去舞阳百货商店，碰上了万源同学。他依然口吃，不过，比过去胖了。同学相逢，自然高兴，特别是万源，自豪得不得了。他说他当过搬运工，造过纸，现在是在酿酒。他对我拍拍胸膛，说：“我，我，我工人老，老大哥，怎，怎，怎么样?”又说，“要讲薪水待遇，那，那我和我们的张校长，都是‘等等人物’了，只是说起来，没，没得他那么好听……”他还说：“劳动中，那，那是大有乐趣了，说实话，那些读大，大学的，我还真看不起。”他越说越起劲了：“我有时这样暗自思想，去吧——”说到此处，他好像一个十足的电影明星，做着优雅的请人上路的手势：“去吧，读你们的大学吧，等你们大学出来，也不一定给你们安排得那么好的；你们在社会上，也不一定吃得消!”他继续说：“我还这样设想，假，假如是郑州粮食学院，来了一名大学毕业生，我叫他去酿酒，他，他一定是不行的。我在一旁看，看他的冷，他还要来请，请我，我还可以这样说：‘怎么，你还，还是个大学生’，哈哈哈!”

听万源说话，的确是有趣。他是一个很现实的人，又是一个富于想象，充满浪漫色彩的人。他似乎遇到了知音，一股劲往下说：“别人看不起我，我，我还更看不起别人。我安心搞我的工作，再按上一个槽子，一个月就可以拿到八，八十多元了。积一点钱，买一部收音机，一部自行车，一架留声机，安安逸逸享受我的乐趣。我还想写点电影剧本……”

我真有“士别三日，当刮目相待”的感觉，听他继续说：“去年冬天，我长得很胖了，别人都叫我‘万胖子’，说我像个官像……”他的烟瘾已经不小了，一支接着一支地抽。

自这次会到万源以后，大约有二十多年没能和他见面。八十年代初，我去到三岔，会见了他，知道他已是那时三岔的第一位“万元户”了。然而，这时的他，已经显得十分老成，闭口不谈他是什么三岔首家“万元户”。他是听说我去了，专门找我玩的，还想尽地主之谊，邀我去吃一餐饭。我也是因为穷忙，答应他只有等下一次了，反正来日方长，我邀他有时间也到我那里玩。以后，我还听说他在三岔做过许多好事，接济过一些有困难的人。他也曾到过我家里，不过，也许是他觉得我的事情很繁杂，也许是他忙着做自己的生意，坐不多久就匆匆告辞了，总没有细谈。甚至有一次，他在楼下叫了我一声，我在窗户请他上楼来，他说有什么人还等着他，却要我下楼一趟。我下去，他给我带来一块好瘦肉，说他家里杀年猪了，随即又急急忙忙走了。望着他来去匆匆的样子，我想着："万元户"恐怕就是这么忙出来的，难怪深圳有一句"时间就是金钱"的话。

后来，也听三岔的人说过，他这个"万元户"是从给粮店下货，扛包子，当搬运工开始的，的确是吃了不少苦，受了许多累，流了不少汗的。谁知道正是他可以安享晚年之际，为足背上一个劳伤小疾住院治疗，却意外亡故，已作古人。哀哉！

还是回到半个世纪之前。会见万源之后，下午四时，我到学校去，心情依然是极不愿意的，有些面熟的人，我真想回避。这倒不是因为我参加了农业劳动，而是担心别人笑话我："难道要学那范进考到老么?"在学校里，还会见了熟人——勖冠。说起勖冠，他本是河南人，好大一个个子，我们虽然不同班，也是一起学无线电认识了，便常有来往。高中没有毕业，他转学到了青岛六中。后来，他又到恩施财干学习，现在财干下放，他也准备参加高考。也好，学范进的也非我一人。在他那里玩了好久，便去红庙。

红庙农科所，这已是去第三次了。母亲正在做饭，我把一些情况给母亲讲了，只见永青时而跳进，时而跑出，却不见二姐和洪哥。我去到二姐他们的办公室，原来这是星期天，几个人在这里打麻将，洪哥也在。我是不会打的，在这里看了《中国青年》上马识途的《且说<红岩>》。出来，碰到原来农校的一位同学，当年一中和农校是紧邻，因为演出《火烧赵家楼》，我演里面的美国总统威尔逊，当时，请他作过指导。我非常佩服他的演技，特别是他那双眼睛，表达得极其传神。他现在在所里作统计工作。他很遗憾自己的外语不行，说农学必修的俄语、英语和日语，他是一门也不行，专业知识也很缺乏。随后，又和他谈起国际国内的一些重大问题。谈到了台湾，他说从一些传说看，部队早已动作了几个月了，目前真有战争前夜的感觉。我们谈得忘了时间，母亲在喊我吃饭了。吃了饭，去给二姐薅自留地的草，这算得是我的专业了。晚上，这里放了几场电影：《桂林山水》、《蔚蓝色的节日》（捷克）、《碧空雄师》、《金玉姬》。这《金玉姬》，我并不以为是白杨主演的就如何的好。

红庙待了一天，去到学校，登记申请参加复习，就住在勖冠同学那里，还在他那里吃了一餐饭。后来才知道，他是有名的大肚汉，我很失悔，吃了他的口粮，也没给他补粮票。

花了些时间办理杂事之后，找到刘校长，请求参加文科班复习。刘校长眼力已是很不好了，尽管戴着深度的近视眼镜，但是，就是走到他面前，他也是认不得的。但他一听到我报名字，就说："听说你在芭蕉园艺场搞得很好。你的阿爷还好吗？华华在哪里？铃铃呢？"

这一句话，三个问候，给人带来一股暖流。我能体味到他与父亲之间的深厚情谊，那是不一般的。他们在解放前同过事，解放后又一同思想改造，一同为恢复发展恩施地区的教育努力，还一同被错误打成反革命集团成员，又一同被纠正、恢复工作……他们为了避开一些嫌疑，以后都少于往来，但彼此都是挂念着的。

我开始到教室参加复习了。进去的时候，有人拍手欢迎，使得我很不好意思。离别课桌，已经一年多了，现在又坐在教室里，我感到太幸福了。能够得到这样一个机会，再听老师们的讲课，我想，就是考不取也值得。

晚上住在家虎处。家虎在一中当电工，他给自己的房子里装了电热器。电门一开，一刻钟，一脸盆水就会沸腾。用它来蒸食物，也是特别的方便。当场，他放进几个洋芋做实验，不足半小时，洋芋便蒸好了。对此，我大感兴趣，不仅仅是我喜欢吃洋芋。

晚上，一时睡不着，从家虎和他姐姐家龙的名字，想到，刘校长给子女取名真有趣：以龙、虎、豹这样一些动物来命名。这的确显得有生气。不过，若是子女再多了，不是还要取名猫猫、狗狗……啊，难怪后面的弟妹是编号的，我知道的有五号、六号，这也是简单不过的。于是，又想到五中的赖老师，给孩子取名，更有趣，也更便当：老大叫传一，老二叫传二，老三就叫传三……以此类推。而恩高的允贞姐和姐夫陈博老师，又是一种别出心裁的方法，就是按俄语名词的格给孩子取名。他们是用"和平"的俄语单词给老大叫米尔；老二叫米拉；老三叫米儒……这后面就有点问题了，第四格客体格与第一格相同……这后面的怎么取呢……

自己也觉得想得无聊，还是练练气功……

听了两天课，要做体格检查。内心又有几分惶恐，不知这一关能否打过，只得做"休了"的思想准备。为迎接这次检查，跑到高级食堂，顶五毛钱吃了一餐，又上冷饮铺喝了两碗酸梅汤。等我做完这番功夫，医院恰好上班，一去便开始检查。先检查视力，身高，体重以及听觉。这几项算得都是优等。身高是175cm，体重为65kg，发育情况和营养两栏写着“良”，随后去检查鼻、口、五官。

接着，就是走到那个我害怕的，黑暗的，吹着冷风的透视室。依然是那样的几个动作，不到三分钟就解决了问题。奇迹发生了，结论是：“两肺无重大异常发现。”这不就是说，连钙化点都没有了？难道不到一年之间，我的钙化点都消失了？如果这是属于正常的，那也就罢了；如果绝不会连钙化点都没有，那就可以说，X光机是可以任意决定一个人的前途的。

检查血压，先是140＼94，稍高，我要求重检，果然，120＼80，那女医生连声说：“正常，正常。身体好，身体好。”这是多么难得的评语啊，像这样顺利地通过身体检查，这算是第一次了！啊，塘湾，我的摇篮，我的钢丝床！关山啦关山，你实在是伟大；园艺场啊园艺场，你让我怎么感谢你呢?

体检一完毕，我哼着进行曲去电影院。这正好是下午四点，一中与师范学校，联合包场的《孙悟空三打白骨精》。德腾的女朋友，医农班的淑丹，给我送了一张电影票。

看完出来，外面下着大雨，恰好又碰上了秀姐和光梅，她们给我一把小伞，又让我度过了一个难关。

这是幸运的一天!

连续几天，听课复习。中间也夹着听张校长的时事政治报告，关于蒋介石准备窜犯大陆，关于未来战争形式的分析。还参加了学校的“忆苦大会”，先有灯塔农庄的史代富讲旧社会自己所受的苦难，接着还有两个同学的发言，一个是讲自家被大恶霸欺压的，一个是大地主家庭出身的同学，介绍地主是怎样剥削农民的。最后，有刘校长发言，讲过去美国人如何虐待中国人，激愤之中竟流下眼泪。

这段时间，学校虽然是准备复习备考，但电影是坚持看的，如《肯尼迪的真面目》《历史的见证》《阿辽沙锻炼性格》等。“七・一”那天，学校还组织演出了《红岩》。就如放电影前加映一两段新闻纪录片一样，这出大戏演出之前，演出了同学们跳的四五个舞蹈节目，觉得是很不错的，是当年的我们所不及的。我们那时的岁月算是平平淡淡度过去的。我有一些感触：这个舞台，在我们之前，是别人的；当我们在这里时，自然是我们的；我们一旦退出，则是属于这些极少认识的青春少年了。这个舞台，该走出多少辈人啊，这些人都散布到了全国各地去了。他们能回来再看这个舞台上的表演，是很难很难了，而今天，能够再在这里看表演的，也许就是我一人了。

《红岩》的小说，在这里搬上舞台，本来就是一件不容易的事情，据说，这剧本，还是二年级一位同学主笔的，那就更不简单了。不过，剧名取作《红岩》，倘若是抱着看《红岩》戏的目的来，是会失望的。其所以如此，我的感觉是：革命者的斗争，在剧中似乎显得很孤立，没有鼓舞激动人的场景；台词语言不精练，难以体现人物的性格特征，而这一点，是戏剧创作特别讲究的；在演技方面，就更谈不上高妙了，演员没有很好进入角色，观众也难进入意境。当然，这毕竟是小同学们自己的创作。这番议论，无非是因为小同学都在尝试戏剧创作，自己也便练习进行文艺评论罢了。同学们在这样的条件下，有这样的成绩就算可观的了。

收到了父亲的信，同时又转来哥哥的一封信，问我复习情况如何。我是自哥哥调到靖边中学以后，就没有给他写信了。他怀疑是他那封信对我的几首诗作了文艺批评，“冲撞”了我的缘故。其实，在那封信中，他提出我的诗作不足，“还没有摆脱个人这个圈圈”，希望我今后写出更多反映广大劳动人民的诗篇来，我认为是十分正确的，而且使我顿开茅塞，我的周围的确有着许多可写的人物。我只不过对于他提出的“有个人色彩”一说，提出了一点异议，认为过于简单化。如“我自昂首向蓝天”一句，若简单理解为，“我”就是吴国韬，那就无所谓艺术了。如果这都是“个人色彩”的话，那么毛主席的许多诗词中，如“而今我谓昆仑……”“我失骄杨……”也只好说是个人色彩十分浓厚的自我抒情了。但，这不过是看法有些不尽一致而已，根本没有什么“冲撞”的问题。实际上我在收信当天，5 月 13 日的日记中记道：“哥对我是太关心了，这次来信不仅指导了我的写作，而且鼓励我加强复习，准备高考，连如何填写志愿都详细讲了。”才一个半月，又接到他的这一封信。于是，立即给哥复信。一下笔，把一两个月积攒起来的话，写了一千二百余言！不过，这并没有表达出我感情的三分之一。是的，我从内心很感激他对我的关怀，从红领巾一直到现在，他一直是我前进的指导者。我得到成绩，他首先为我祝贺；我遇到挫折，他首先给我安慰，指导我顽强去奋斗。

晚上，做了一梦，是我与家虎两人破例录取上海外国语学院，在梦中感到真是幸福，仿佛还怀疑是不是真的，是不是在做梦。后来证实，的确是录取到上外了，而且说，我和家虎，是去年让给别人了的，一年了，今年应该保送我们两人。幸福，幸福！

这些天来，每天早晨一醒，开始都是回味感受一夜香甜美梦的愉快，接着却是一阵忧郁的袭来，心呀，就像泡在酸水中一样。我努力用理智的力量将它抑制住。据说，歇斯底里，也就是这样一层一层的忧郁，积压之后的总爆发。我不知道，我会不会歇斯底里，实在担心！只有尽量让心胸开阔一些，去想：世界上没有彻底的舒适，也没有完全合乎理想的事——或许这是一种排解的办法。

听说，文史班有一位女同学，因发现有肺病，不能报考了，但是，她仍然参加复习。我也的确并未觉察她是不打算考试了。也听说，学校因此表扬了她这种正确对待疾病，正确对待复习考试的好态度、好精神。其实，我又何曾不属于这一类？我是情知自己考取希望的渺茫，甚而可以断言我不可能升大学，而又来复习考试的，而且还费了许多周折才来的。我这种崇尚智慧，寻求知识的态度和精神，看来也是该受到表扬的。

这些日子，自己发觉有一些苦行僧的味道。脚上穿的草草鞋，长裤子也没有换的，只有一条短裤，而且也破了，下河游泳是不可能的。前几天把从家中带来的几尺白光布，去做了一条裤子，还须得染了色才能穿。取裤子的日期到了，我请一位城里的女同学帮忙取一下，哪知她又不得急。没有裤子换洗，不得不亲征北门二街一趟。

去到二街，裤子取了，人却饿了。一摸，身上仅有一毛九分钱。走进食堂，有两毛一碗的面条，很是想吃上一碗。于是，在皮包里翻来翻去，也是“荷包没有底，老子抠死你”。最终，还是没有抠出一分钱来，也就因这一分之差，被迫放弃了吃一碗面条的计划。深感“应在有时思无时，莫在无时思有时”的格言，是太精当了！好在还有一毛九分钱，取出一毛五分钱，可以买一碗豆丝，虽然少是少了一点，但吃了下去，人还是要“稳得住”一些，何况还结余了四分钱。

这次“经济危机”之后两天，父亲的挂号信来了，取了粮票十一斤，钱八元，经济形势转危为安。顺便跑到图书馆，却是一个周二，是他们的休息日，不开放。不过，碰上了新认识的图书馆管理员王广泗。在他房里玩了许久。他的房子，布置得清新典雅，还置有中外名画，石膏像。在他这里，我用新近学来的高速看书方法，把《金陵春梦》第二集《十年内战》看完了。

就是这几天，我似乎受到全国各地的支援：

陕西靖边，哥哥寄来政治提纲一分，当即就看了前面的一个部分。傍晚又在学校一侧的僻静处，继续学这份提纲，编得还很好，容易记忆。

红庙农科所，二姐给我武装了一双皮鞋，这是平生第一次穿皮靴。穿在脚上，有硬硬的感觉，脚后跟好像比一般的鞋要高很多，颇不习惯。他们告诉我，初次穿皮靴都是这样，慢慢就适应了。看来“削足适履”，在初穿皮鞋之时，也是属于正常的。不过，这皮鞋一穿上，人似乎要站得正直许多，也显得雄壮不少。因此，也用得上“非取国雄不可”的典故。典故来源是：三伯久未得子，后去武当山祈求，三伯娘终有了胤哥。当三伯向父亲征求给宝贝儿子取名时，父亲趣言：“老三啊，这一下，你真是搞雄了，我怕这个名字，是非取‘国雄’不可！”我想，胤哥没有用这个名字，我如今穿上皮鞋，就把这“国雄”的名字用了吧。

还有，芭蕉园艺场的小胡，也寄来粮票六斤。我真感到受之有愧。

又有，维萍晚上端了肉汤，让我消夜；张妈妈又要维萍送半斤糕点票，还说他们是很少用糕点票的。

一天中午，我正在吃馒头，永贞姐送给我一碗蜂糖，我是吃得口里甜，心里也甜。

我感到，周围的人，对我寄予多大的希望呀！我仿佛看到，年老的父亲，把久久舍不得用的全国通用粮票给我寄来了，场里的伙计们，东拼西凑也给我寄来粮票，亲人们，朋友们，都在支持我，鼓励我。我不能辜负这么多人对我的希望，对我的支持，对我的帮助！

每天我五点起床，直到电灯熄灭，都在抓紧复习。在昏昏欲睡的时候，我振作起来；从疲惫中，我立起身子，喝几口涩茶，捧起书本，耐着炎热高温，看起来，写起来……我想，不论何时，无论怎样，这些人给我的恩情，我都是不能忘记的，我都要牢记心里，写在日记本上，永远感谢！

考试在7月20日至22日进行。先后考试了语文、政治、历史、古文阅读和翻译、俄语。考后我细细查对，虽有一些疏漏和错误，但似乎该扣分的地方并不很多，感觉不错。二姐认识的专教育局李局长，是一个平易近人的领导。在考结束后，我有幸同他谈到考试的一些情况，又讲了我写的作文《说不怕鬼》的大概，他说我考得好，作文的论点也抓到了。我问在录取时，家庭出身是不是受影响，他说，不会的，现在参加考试的学生，解放时还是小孩子，主要看自己，录取看成绩。他说得多中肯，多实在，多么入情入理！我希望就是这位李局长，直接领导主持这次高考录取工作。

考试结束，巧逢先绪自武汉放假回来，便和他一起，到土桥坝食堂买了一盘鱼，和他会了一餐。又回到学校，两人畅谈，不知时间过了多少小时，接着，又有维萍和淑丹来，大家又一起谈笑风生，好不快活，直到下午四点，我要到红庙去。

到红庙汇报了考试情况，决定次日与母亲一道回芭蕉。

7月24日，吃了早饭，便与母亲进城。母亲去了附小我的表姐徐林珍老师那里，我趁此到学校收拾行李。

中午，有两位女同学来，一见如故，谈得颇欢。她们知道我喜欢音乐，给我找来新出的《刘三姐歌曲集》和其他几个歌本，要我带回去“白日放歌”但不“纵酒”。我满心欢喜，也十分感谢。

下午三点，到专署大院找洪哥。他正在开会，见我便出来带我到了他的房里，给了我五峰山的苹果，然后继续开会去了。我在他这里，睡了两个钟头午睡，起来吃了晚饭，便去附小。才走到半路，听见有人在叫我。回头一看，原来是本忠同学。他说，他是从三岔来，特地来找我的。据他说，他找我真费了一番工夫。他在专署大院打问，有一个考了大学的，姓吴，住在哪里？遭到别人毫不客气的一阵“吹视”（奚落、嘲弄）。我听了好笑，这大一个院落，有若干个局，除了农业局一位姓龚的同志之外，没有一个人知道，有一个什么考了大学的姓吴的人，你不遭“吹视”，那才怪。

我们边走边谈，无非是下学以后的情况，表达同学离别思念之情。正谈得热烈，又遇上同学秀琮，冰云，新参军的应轩。这一批老同学一起相聚畅谈，也如龙洞河水滔滔不绝。本忠与我初中高中都是同学，但没同班，在校时很少来往。这次我在一中复习考试，他大约是到学校找什么人，偶尔与我相逢，两人分外亲热，倾谈许久，知道他在一所小学教书。临别之时，他竟提笔写了一首诗赠送与我，令我惊奇他有七步之才。一共四句，只记得其中一句是“英尔平步青云后”。这次，他知道我考试完毕，专程从三岔来会我，也听我说过，考完会住在专署大院，于是闹出了前面受“吹视”的笑话。

本忠虽然也是没有考上大学的，但他不坠青云之志，成了一个很有能力的中学老师，“文革”以后他教高中政治，因为所教课程高考成绩优异，调到了恩施市一中任教至退休。可惜的是，他后来有个嗜酒如命的毛病，住在医院里，也是偷偷要喝的，家人把他身上的钱藏起了，他找人借钱都要喝二两，终究未能享尽天年。可叹！

回转话头。我见时间不早，只好告辞各位同学，到附小。表姐林珍，十分热情地为我做了新苞谷疙瘩，只是刚吃了饭，肚子不能容纳。林珍姐，是白娟的好友元珍的亲姐姐。听说元珍，去年就考上了华中农学院，真是羡慕。晚上和母亲都住宿在林珍姐处，我是睡在房外面临时搭的一个床铺上。好的是，凉快；不好的是，蚊虫叫人难以入睡。

刚刚眯着，母亲就来叫我。此时，一弯新月，倾斜着搁在东山之上。恰是“四极至地无云气”，群星闪烁，四下无声。马路上，只有我们母子俩的脚步声，“嚓，嚓，嚓……”平日的马路，此时似乎变得宽阔多了。恩施城也算得是个不夜城了，此时正是半夜一点钟，万家灯火，照得如同白昼。

到了专署大院，岗哨拦住，不让入内。详细盘问许久，然后决定，准我一人进去取东西。显然，哨兵仍然十分怀疑我这个半夜三更，带着几个包包，来到首脑机关的人。一名哨兵尾随我后，一直紧跟着我。

晚上的大院，与白天来时看到的似乎很是不一样——我找错了地方。我楼上楼下到处找洪哥的房子，总找不着，似乎昨天下午来过的地方，是个海市蜃楼，忽然变得空空如也。哨兵的怀疑，肯定是更加深了一步，警惕性是更高了，又对我进行一番盘问。此时，我猛地想起：昨日不是还绕了一个弯子的吗？对，我如梦初醒，开始回忆昨日的路。

按照回忆出来的路径，终于看到很像昨日来过的那栋楼了。我走上楼去，叫了一声"洪哥——",洪哥应了,里面亮了电灯。我进去取了东西,又接受了洪哥给的半斤糕点,匆匆上路。此时早已不见哨兵,再也没有他的陪伴了,我只好独自走了出去。

我和母亲,从一点钟开始走,走到5公里地方,东方渐渐发亮,星辰也渐渐稀少,唯有那一弯新月独自亮着,似乎还有些自骄自傲,以为没有谁比它更白亮了。其实,东边一轮金光灿烂的太阳,就要升起来。

母亲是小脚,走起路来极不方便。我挑着一个不轻的担子,渐渐感到双脚越走越酸,两肩越压越疼。我们走几步,歇一歇,多么艰难的历程啊!但是,我坚信,这19公里的路,不超过八个小时,就会走完,可以到达安乐窝。

走啊,走啊,两只肩膀已经不能触及些许的外力了,尝试着,用手撑着扁担,手掌垫着肩膀,也只能走几步远。就这样,几步,几十步,几百步……终于看到我可爱的芭蕉!然而,芭蕉却受了水灾,已经变了模样:古老巨大的河堤被冲塌了,铺满乱石泥沙的河滩扩张到了山脚……

在塘湾,我的安乐窝里,睡了一好觉。早上就有来来往往的人,来询问我考试的情况。

下午,有健男和模萍同学来玩。彼此都谈了一些新闻,又一齐去到五中后山上的关口游玩。模萍,是原来五中品学兼优的学生,举止落落大方,人又十分漂亮,是五中出名的校花,我经常听到老师们对她的称赞。她后来也上了恩施一中,我们同了一年学,因为都是共青团的干部,也是熟悉的。考试之后,我有仿佛完成一桩伟大业绩之后的舒适,今日又有好友和校花的陪伴,来到四周峰峦叠翠的山头之上,那是分外地感到轻松和愉快。我们在山上采集野花,漫无边际地闲谈,哼哼唧唧地歌唱。健男手执一支野花,扮演着《刘三姐》中三秀才的动作,摇摇摆摆地唱道:

白花争春我为先,
见红我白两相连,
旁人唱戏我挨打,
名士风流天下传。

模萍看见健男怪模怪样的动作,笑起来,对着健男,唱起刘三姐奚落秀才们的唱词:

姓陶不见桃结果，
姓李不见李花开，
姓罗不听锣鼓响，
蠢材也敢对歌来。

于是三人一起哈哈大笑起来，又一同兴致勃勃地唱：

多谢了，
多谢四方众乡亲，
我今没有好茶饭，
只有山歌敬亲人。

……

歌声在林间飞扬，笑声在山谷回荡。与健男和模萍这一下午的游玩，可说把我这近一月来积累起来的紧张，忧虑和烦闷，都宣泄一空了。

在家休息了一天之后，到了场里。马书记、刘场长和同事们都亲切地问候，也给我介绍了这一个多月，场里发生的变化。

重弹锄头进行曲_ ——薅苞谷草。据说前几天，场里与农业社换工，搞大兵团作战，打起了薅草锣鼓，搞得火热。歌师们唱了不少的歌，什么《三国》《说岳》《水浒》，都唱到了，可惜我没能参加。

中午，下了一阵跑暴雨，土已经湿透了，是栽红苕的好时机。刘场长和我们一起剪苕秧。场长对我说了建场的困难，他说："我真是佩服那些白手起家办场圃的。要真正把场办起来，的确是有不少困难要克服的。"

我说："我看，我们这个场还是在起股子了，大家比以前心齐了，很团结，以后会搞得很像个样子的。到那时，你给我找一张舒适的桌子，我要把今天园艺场这些大办农业的人，写成一本书，好好地赞扬一番。"

场长听得哈哈笑了起来。

下午，在和几位朋友一起交谈，马书记来了，上上下下朝我打量一番，就像不认识似地。接着他赞扬起我的身体来，说："人，就是要像你这个样：魁梧一些。"又补充道："你上身还要发胖一些才好。"

我说："我过去，一身都是病。在园艺场锻炼了一年，才有这个样子。再劳动一段时间，恐怕上身也会发胖一点的。"

他也笑了。顺便在我这里借了两本书：刘少奇的《论共产党员的修养》和《论党》。

这段时间，还没搬到场里住，每日早去晚归。场长和马书记几次告诉我说："大家都说，你在场里大家都愉快些，热闹些，你就搬来吧。"我觉得这两位领导，很会说话，会做工作。把我表扬了，又把事情讲了。当然，我知道，他们并非硬要我住在场里，也许作为领导考虑，如我能和大家一起，是有利的。我回答他们，这些时，我父亲进城去阅试卷了，他回来以后，我就搬到场里来住。

马书记还对我说："我们是真心祝愿你成功，如果万一，万一，如果万一——有出入的话，我已与刘场长商量了，把你的工作调整一下——到时候再说吧。"

我知道，他是让我安心。书记知道我一定是忌讳"考不取"三个字的，他竟然说了三个"万一"，又用一个"有出入"代替那个意思。他们都是会做思想工作的，是真正关心人的。他们也把我的心理摸透了。他们比一些只知道耍官腔，说空话的领导强多少倍。我有这样的领导，也是一种幸福。

父亲阅卷回来了，原原本本讲了这次进城的新鲜事。一间被两张床和一个书架占去一半的小小房间里，充满了快活的气氛。窗口吹进凉风，煤油灯一闪一闪，似乎也在快乐地跳着。

父亲讲得绘声绘色的，是阅卷中，发现某校考生四十四名，竟有三十三份作文试卷雷同。怎么发现的呢？十位老师都在看作文，开始，有位老师说，发现这篇作文还不错，有意义，也还生动，写同学们下水田劳动，突然发现了蚂蟥……看着看着，又一个老师说，我这里怎么也是写同学们参加劳动，下水田，而且发现脚上有蚂蟥？一会儿，第三个老师报告，我这里也是这么一篇，下水田，蚂蟥，蚂蟥。一时之间，只听见十位老师，此起彼伏，喊道："啊，蚂蟥，蚂蟥！"仔细查对，文章情节，字字句句，皆如出一辙，于是商量决定，只好以"雷同"处理这三十三篇"蚂蟥"了。

父亲回来以后，我便搬到场里去住了。

8 月 1 日的下午，民兵都到芭蕉小学开会。会上，兼任民兵政委的华惠民书记作了《中国人民解放军的光辉历程和现在的任务》的报告。历程是从八一南昌起义讲起，一直讲到现在。最后，又联系目前的形势讲了几个问题。整个报告，有些平铺直叙的味道。

接着是一位姓税的武装部长，讲同样的题材。他毕竟是武装部长，派头比华书记足得多。他的个头颇为高大，经常身上带一支骑枪。这天，他大概觉得骑枪还是不够威风，带上了一只盒子炮来作报告。他是极能讲的。记得去年国庆节的庆祝会，就是他讲国际国内形势，据说讲了三个多钟头。我当时还不认识他，只因为听他信口开河，讲什么“四川有个五台山”“印度不过一万多军队”“黄河之水天上来”是浮夸风之类，就邀了理军、光耀离开会场，去办壁报了。

这一次，他自然比去年更有进步，讲话更有劲头。一直听着，觉得可取之处，是他善于收集群众生动活泼的语言，这是比有些语言干瘪的领导讲话，听来有趣一些。但是，这也难以改变我对他的基本看法：一个华而不实的人，一个说话的巨人，而真正到了战场上，白刀子进，红刀子出的时候，他未必有此威风在。此外，他那说话时的指手画脚，装腔作势的表现，都是不足为训的。

看来，这不是我一个人的感觉，英雄所见略同，芭蕉人以后把这个名叫税德勋的部长，叫“吹部长”，甚至直呼其名“吹得凶”。

不妨顺便讲讲这位“吹部长”的以后：数年后，他被调到盛家坝，不久，却在盛家坝，被解职了，因为逼死一条人命。据说事情是：某工地一个民工买了一节布，放在寝室不见了，怀疑是另一民工所为。“吹得凶”负责查处，将这怀疑的对象关押起来，而且几天几夜，没给吃喝，最后是死了。也有说是尿憋死的，人们议论：世上也还真还有尿憋死人的事情？不管是怎么说，反正人是死了。死者的一位亲戚，乃部队的一位“官官”，得知此事，强烈要求追查责任。“吹得凶”逃不脱干系，自此削职为民，威风不再。不数年，病逝。

早就听说农村打薅草锣鼓的场面是十分热闹的。这一次，我是身临其境了。场里又请农业社的薅草。我们吃了早饭，等了好久，农业社的人才陆续到来。先来的人，也不薅草，在田边抽烟谈笑。

人渐渐到齐，歌先生开始敲起锣鼓，人们在这足以使人振奋的乐声中，伸起腰来，一字儿排开，各各进入自己的位置。在所有的人都拉开成一条线之后，歌先生的锣鼓，开始变调，加快了节奏，有一种催人奋进的感觉。随即一人领先唱了起来，一句末尾，几位先生又加入合唱，其音高亢，声震关山，回旋大坝。

开始，我是听不清他们所唱的内容，渐渐才模糊知晓是《三国》。听人介绍，歌先生可以即兴作词歌唱，称作“百花”。他们在现场将某人赞扬一番，受赞扬的人，心里是乐滋滋的；有时把某人批评或挖苦几句，这样往往会引起一阵哄笑，被挖苦的人，也少不得笑着骂他们几句。

这里的歌先生，用十三个半韵，有松东，寒山，黑白等。因此，这整天的歌词在你耳边萦绕，会使你捕捉不少的诗韵。只是这些音韵，都是芭蕉地方的乡音，与标准的普通话有些不一致的。语言，那是再通俗不过的芭蕉方言了，比如“淡俩俩（平淡，无聊的）”“快 tia tia（精神不振的样子）”之类都是频繁出现的话。

歌先生的锣鼓又一变调，停了下来，便是歇气了。两次歇气之后，便是吃饭。这里摆了七八席，人们熙熙攘攘，上席喝酒；相互打趣，逗笑取乐。也是一副农家乐的图景。

吃喝出来，遇见了行甲和树文两位同学，他们是到芭蕉来，以洗相片谋生的。他们与我叙谈一会，便去忙生意了。

下午，下起一阵大雨，所有的人都被这雨打风吹，散得没有踪影了。我也就“躲进小楼成一统”，看起《随园诗话》来。

农历的七月十一，是“月半”的开始。这里的风俗是“年小月半大”。说，年可以不过，月半却是要隆重的过的。特别是要给祖人焚香烧纸，以示后人不忘故人之心。前两三年，这里是很少人过月半的，今年算是兴盛起来了，还说街上杀了十头猪，四块钱一斤，都卖光了，有的人还没有买到。看来阳间的日子不好过时，阴间的古人也是没有好日子的；活着的人，只要自己有吃的了，都是不会忘记古人的。

场里也按照风俗，放假两天，我便回到家里度假。

父亲对我平时穿戴，是很注意的，生怕我比别人穿好了，特殊了，影响不好。因此，我在场里，从来没穿过什么好衣裤，都是有补巴的。更没有皮鞋穿。这对于我与周围同事们相处，确有不少好处。而这个月半假，母亲却劝说我，应该穿好一点，痛痛快快休息两天，父亲也很同意。

月半休息的第一天，我又拟定了一个自己学习的计划。第二天，父亲给我讲归有光的《项脊轩志》，又推荐了他的另一篇著名散文《先妣事略》，他能够背诵其中不少段落，说在《震川文集》中应该有录。归有光善于抓住一些具体的，细小事件的描写，表达真挚的深沉的感情，对我有很大启发。

母亲这天做了好几个菜，有香菌肉片，青椒肉丝，粉蒸肉和腊肉地瓜汤，还有盐鸭蛋。父亲斟了两盅酒，盛了四碗饭置于桌上，口中念了一些话，我知道，这是父亲在表示自己对祖先的思念了。

这时，四姐来了。她在芭蕉银行工作，是大伯伯最小的女儿，性格泼辣，说话爽快，是在芭蕉为数不多的几位亲人之一。四姐一来，屋里就热闹许多。吃了饭，父亲和四姐不断地谈着吴家一些亲人的情况。四姐叙事的能力很强，一些亲人的故事，来龙去脉她可以有条有理，讲得清清楚楚。但是，我发现她特别喜欢用“然后”，几乎一两句就要说一个“然后”。这也许与有些同志，讲话时常说“这个”一样，是在“这个”片刻思考下一句。我在一旁看着近期的《光明日报》，有时也听到他们的谈话。他们所提到的，都是吴某某，吴国某……一说起，这个已经是在沙洋劳改中死了，那个好多年没有音讯了，有的划成右派还在某处劳动……

听着他们的谈话，我从这些纷繁的人名中，一些故事情节里，似乎也看见了自己不够美妙的未来。唉，污池之中，果真能开出娇艳的芙蓉么？我这样问着自己，没有答案。

本来，因为一些周折，不打算参加这次高考的。后来又有幸得到了考试的机会。本来能参加考试，作为自己一次进修，作为一次尝试，已经是满足的了，然而，一经考试，自己觉得考得不差，一下子便把希望寄托在考取的上面了。

我的思想，进入到一个幻想的美妙世界；我的躯体和精神似乎将要跳跃起来，我好想高呼……每当我有了这种感觉的时候，又蓦地意识到，这录取是一定不会的，是绝望的。地区教育局的李局长说的不一定会是真的，录取大学生不会是他的事情。于是，又是莫大的痛苦袭来，激起阵阵的心酸。

这些日子，这样两种心情反复地折磨着我，大概我的容颜也因此老了四五岁吧。不过，我总是寄托着美丽的希望，龚自珍的两句诗“我愿天公重抖擞，不拘一格降人才”，是我寄托希望的支点。

放工以后，去到邮局，依然没有我的任何信息。在回家的路上走着，郁郁寡欢，胸中似乎有一个坚实的大疙瘩没有打开，积蓄着闷气。

走进山湾，看见的是一个湾，又一个湾，一条沟，又一条沟；这个湾，连着那个湾，这个沟，又连着那个沟。几个月前，这沟沟湾湾，到处响着春水的哗哗声，如今，两边的水田里，已经是一片金黄。稻穗是十分饱满了，沉沉的低着头。也有少许几穗，朝天昂起，农民自然不喜欢它们，因为里面可能还只有一点点白水，是空壳的。

进了塘湾，更是大片的金色。金色的边沿接着青山，雨后的青山，显得十分洁净。山上又多为松杉之属，虽已入秋，却不见任何变色和凋零。金色的田野，青绿的山峰，都在宝蓝色的天幕下面——塘湾宛如一个巨大的雕刻艺术品。它的造型是那样精美，它的色彩是那样和谐。宝蓝色的天空，点缀的金色，黄色，粉红色，紫色的云霞，在飞动，在变幻，这却是任何艺术品难以企及的。

生活永远是美好的！记住：艰难玉成。

上午，疏通一条大沟，相当费力，汗水滴滴往下淌。

中午去理发，随后去邮局，查问信件。此时，刘场长正在前面电话房，见我便说："很对不起，我看到有你的高考通知来了，也想知道结果，错误地拆开看了……后面几句话是很鼓舞人的……我已经要小伍给你带到场里去了……"

我不须看通知，已经受到"鼓舞"了。

这便是结论！

两月多来，不，一年来的希望，顿时，于无声处，变成一句话：命运又开了我一个玩笑。

一个漂亮的肥皂泡，破了；一个美好的梦，断了。

世事难以评说，这个结果本来就不应该感到突然，还是勇敢地走自己该走的路吧。

回去只顾狠狠地吃饭，父母说了不少安慰的话——其实，我只要老人不因此发愁，我便得到了最大安慰。

回场去，一路默念着："故天将降大任于斯人也，必先苦其心志，劳其筋骨，饿其体肤，空乏其身，行拂乱其所为，所以动心忍性，增益其所不能。"又仿佛记得，在一个什么讽刺喜剧中见过，一个读书人，在落魄之时，也是念着这段话的。我是在演讽刺剧吗？我是在当阿 Q 吗？

不，刘少奇同志在《论共产党员的修养》中是引用过这句话的，他讲共产党人的“大任”就是要实现民族解放，实现共产主义。每一个共产党人都要为这个大任苦心志，劳筋骨，饿体肤……

我应该兑现我的诺言，考不取，就在场里好好干；我应该向党组织写一份申请，表明加入中国共产党的决心……

# 第六章　难忘关山

*（1962 年秋—1963 年春）*

又是一个 8 月 31 日了。我的那床铺盖，在咸丰，从父母身边，搬到了小学；又从小学搬到初中；再从初中搬到高中；去年的今天，搬到了芭蕉园艺场；今年，不用搬了——它仿佛是注定搬不进大学的。

到园艺场整整一年，我感到满意的是：时光如水流逝，我没有虚度；处艰难与困苦，我没有沉沦。我在顽强地奋斗拼搏中，学会了劳动，学会了自我生存。我挤出两千多个小时，阅读了六百多万字的读物。我的知识有了更新，我的思想受到熏陶，我的感情得到洗涤，我的身体开始强健，我的意志变得更加坚强……

我要迅速振作起来，迎接新的一个“学年”。

正在给医大的光钦和福耀同学写信，马书记来，与我谈了好多话。他说，他对我的要求是，把青年工作做好，好好工作，好好劳动，并把算盘操练好，自己现在不要考虑什么，今后一旦有需要，有机会，可以提议让我去学习，去工作。我想，书记一定是认为我有沉重的思想包袱。无论怎样，这样与人为善，关心下属的书记，很令我敬重。

进入 9 月，场里的劳动也就是：整理土地，铲土，栽菜，起牛粪，匀萝卜，撕苞谷等一些杂活；按照马书记的要求，给团员和青年当文化理论教员，组织了几次学习；开始自修四书中的《大学》《中庸》，阅读《鲁迅全集》；为练习写作，开始写《随感录》，写了二十多篇，其中有不少平日的趣事，有时念给伙计们听，还能引起大家吃吃笑个不休。可惜的是，我从这开始，写的三百多篇的《随感录》，在“文革”初期被工作队拿去，惹出不小的麻烦，又被他们付之一炬了！这是后话。

这些时，对我而言，有几件比较值得一提的新鲜事：

一是建房子。这个建房，不是修建房子，而是把倾斜的木屋建正，恢复到原来正直的状态。我们的寝室——那幢大木屋，已经像比萨斜塔了。曾经有人向场里警告：“这房子已经很危险，如不建正，难保哪一天倒塌，房子倒了没有什么，只可惜里面住的几个青年娃了！”我自然是几个青年娃中的一个，所以，每到夜晚，稍有点风雨，我就提心吊胆，似乎随时有粉身碎骨的可能，盼望早日把房子建正。

据说，这种建房的技术，是很神奇的：有的师傅，只需几根建杆和少许几个人，就可以将一大栋房子建正。有的是专门做一种像舂米一样的碓，然后去舂，将房子建正。据说，还有本事高强的木匠，是能够施法的，他不用任何建杆，仅拿一把“五尺”，口中念念有词，手中五尺一挥，要房子往那边去，房子就往那边去了，于是将房子建正，这叫做“神建”。

我们那个“斜塔”，是用建杆建的。我亲眼看见，这种建房，无非就是用杠杆原理，将建杆一头顶在最为倾斜的部位，一头置于地上，再用一根杠杆插在建杆底部，杠杆下用巨石做支点，一人指挥，数人用力压杠杆。如此根据情况，变换部位，直到整个房子正直为止。

至于神建，我怀疑是故弄玄虚。

二是我曾奋不顾身为别人救胶鞋。一夜大雨，河水猛涨。上午雨停，我们正在栽菜。忽听说街上有七角几和六角几的好布卖。新近，每人又发了九尺布票，实在机会难得。大伙都视买这种布，比吃饭还重要，放弃了手上的活路，纷纷跑去买布。我也随着人群，跑到街上。果然，有着不少的人，熙熙攘攘，争着买布。

我大步流星，直奔五中，去取布票。南河之水，浑浑黄黄，滔滔滚滚，横在面前。我决定趟水过河。此时，对岸有三个妇人，想必也是去抢购那布的。她们之中的一位，大约一下河就头晕了，不提防，一只胶鞋落入水中。

我正踩在咆哮的河水中，隐约听见这妇人的呼唤声，而且，从她做的手势，可以知道，是掉了什么东西。一会，我确实看见一物，宛如一叶扁舟，随着滚滚的黄水，漂流下去。我急忙去追，也算是奋不顾身了。然而，那一叶扁舟，毕竟经不住风吹浪打。一个浪头涌去，便把它淹没得无影无踪，只有望水兴叹了。

且说我救鞋不成，跑到家中，取了布票，再奔到街上，七角几的那种已经卖完。挤了进去，扯了六角四一尺的布，一丈二尺五寸。

三是给农业社还活路和黄家老二的故事。一日，轮到我们场给农业社还活路。因为头前农业社的人，帮过我场打锣鼓，薅了苞谷草。犹如借东西一样，借了别人的劳工，也应该如数奉还。

早饭以后，我们先到了住在桥头的黄家。黄家有整整齐齐的四弟兄，都是身强力壮的汉子，还有一位能干的妹子，堪称农业社第四生产队的“五虎上将”。这五虎上将之中，又以老二最为特出，力气出奇的大，而且样样都会，又还舍得出力。不仅是芭蕉镇上，就是方圆百里的人，都知道这黄家有个叫做登峰的老二，是何等了得的人物。人说他能将三十多个铁环扣起来的铁链，一手提将起来，又“哗”地一下抛将出去，铁环摆得伸伸展展，如一条直线。平常之人，莫说将这三十多扣的铁链抛出去，就是提起来，也是要拿出吃奶的力气的。

这老二登峰，不仅力大无比，还是见识广博，说话极为生动有趣的人。只要有他在场，不愁不热闹的。我本以为，在上工之前，是可以看看书的，便带了一本《山里的春天》。但是一到黄家，听黄老二与大伙说话，很是有趣，哪里还看得进去书？我把书拿着，只顾去听他们说笑。不知谁问我看的什么书，我说，是一本苏联小说，《山里的春天》。

老二听说是苏联的，就接上话了：

“苏联小说，恐怕也是很难得读的。就凭那些苏联人的名字，念都不好念，更是难得记住，尽是什么‘夫’啊，什么‘斯基’啊，什么‘娜’啊，什么‘娅’啊。我们那年在清江放排到宜都，同路有个丁麻子，还有个席癞子，就搞出一些苏联名字的笑话。从恩施出发的时候，一路都是激流险滩，哪个也不敢马虎，一个二个都像哑巴，没得一句话。一过长阳，水流平静，几伙计就放心大胆讲起话来，还找些笑话说。席癞子转过身来对丁麻子说：‘我给你取个苏联名字，好不好？’

“丁麻子说：‘你只怕中国名字都取不好，还取得来什么苏联名字！’

“席癞子说：‘我给你取的苏联名字，保险合适，叫，钉些窝窝夫。’

“丁麻子骂起来：‘你这个席癞壳儿，真是狗嘴里吐不出象牙——我也给你取个苏联名字，叫——多稀无发夫。’”

黄老二这苏联名字一出，四座哄堂大笑起来。

一阵欢笑之后，人也差不多到齐。于是，一路逶迤而行，往芭蕉的后山爬去。人说生产队是“上工像拉纤，放工像飙箭”，的确也是形象。队里田土，多在山上，所以上工又叫上坡，走得自然是很慢的；放工又多是下坡，加之归心似箭，所以一溜烟就跑回家了。当然，也不排除有的人有“三担麦子架牛拖，落在我名下有几多”的落后思想，缺乏爱社、爱集体的觉悟。

四生产队这一块田土，坡也是陡得出奇，你看那两头牛，也真是费了九条牛加两只老虎的力气，才爬了上去。这上面的坡地，竟然与荒地一样，凉风吹过，遍地的野草摇摇晃晃。不知是我们园艺场的哪位伙计，对着农业社的人大声“赞”道：“好草！好草！喜得你们这块地是收藏在这卡之角落里的，要是摆在大路边，那不是丑死人……”

山顶上，却有十分平坦的水田，一坪连着一坪。两头牛在前面犁，犁头过去，我们就跟在后面把土整平，以备播种小麦。整了几丘水田，便吃中饭。吃饭，也是一个相当壮观的场面。众多的人，都汇聚到公路坎上的吕家大屋里。几张桌子，高矮不一，各自围坐，我们坐在一张矮条凳上。这里吃饭，是没有任何规矩讲的，菜饭一来，各自迅速行动。饭，是大甑子的苞谷粉，拌了红苕颗颗，混蒸出来的，那是越嚼越甜，越吃越上劲。吃空一甑，又上一甑。菜，是合渣，那也是消得快，加也加得勤，连一瓢直一瓢地添。还有一大钵的碎广椒，被称作厚脸菜，一边嘴里喊“好辣”，一边手里的筷子又去夹了，吃得辣嘘嘘的，又把本来就好的胃口，还不断往上调。这里的各位食客，都无拘无束，理所当然地天一碗，地一碗，添饭舀菜。见此场面，我觉得又是一种农家乐了，谁若犯有不思饮食的毛病，只需在这样的农家乐，治疗半个疗程，定可“包好，包好”。

我吃得很是畅快，而且，还觉得有碍走路了。俗话说：“端了人家的碗，就要服人家的管。”农业社的人，一声呼唤“上坡!”，人人马马又开始继续上午的劳作了。

中途歇气的时候，大家又听黄老二摆场。还是讲他们放排、放船的许多趣事。说，恩施的木料很多，砍伐的木料，好多是扎成木排，由人护送，沿着清江，顺流而下，运出山去。这比用汽车运输，便宜许多。这便是清江放排。又说，恩施有个造船厂，造的都是木船。清江，自恩施以上，是行不了船的，于是，便将这些船放了下去，在下面宜都卖掉。每次放船，如果是空的，自然不划算，都要给里面装货。

有一次，他们在清江桥下，装了一船的坛坛罐罐，都是柳州城陶瓷厂的出品，要运到宜都。船进入峡口，就有些颠簸起来，过三步跳，虎头峡时，水流湍急无比，只听见坛坛罐罐们，相互撞击，发出一些破碎的声响。他们情知事情不妙，几个人很是有些担心，不知如何是好。心里想到，我们几个放船的，算得是提着命在玩，把货物运去，若是到达之后验货，清除许多破碎物品，难道还要我们倒陪窑货钱不成？

行至宜都水面，江面开阔，水平如镜。他们停下船来，开始翻开货物。一看，呀，这些坛坛罐罐的确是破碎了不少。这可如何是好？于是几个伙计，停下船来商量，决定再仔细检查一遍，然后重新装船，把那些破损的塞在顶里面，完好的放在外面。安放停当，重新起船。靠了码头上岸，连船带货，一并交付清楚。对方一看，新船是完好无损，满船的窑货，也是整整齐齐。于是连船带货，一并验收，毫无察觉。一旦交割完毕，放船的伙计们，那是片刻也不敢逗留，星夜离开宜都，急忙打道回府，生怕后有追兵赶来。

黄老二说，这放船，放排的活路，是个玩命的营生。从恩施下去，一路峡谷险滩，翻身落水，尸首无归一类的事情也并不稀奇。这本是个力气活，船上或木排上，打火造饭又极为不便，他们不知挨过多少饿。正因为如此，他们每次到了宜都，在馆子里，把别人的饭甑，连底子都吃出来了。后来，宜都的餐馆，一听说是恩施放排、放船下来的人，都害怕招待了。黄老二自豪地说：“我们把宜都的饭馆都吃怕了！”

黄老二的讲述，不时引起人们的惊叹，不时引起人们的欢笑。不是生产队有人发令“上工”，黄老二不知还有多少故事要摆出来。

又是一年的国庆节快到了。一天下午，我回家去拿办壁报的材料。两位老人都病病歪歪的在家里：母亲这一段时间，身体都不怎么好，听说昨天晚上又牙痛得厉害；父亲是说身上疼，特别是右手臂，连写黑板都痛，还说，都是人老了，病都开始找上门来了。

我忽然感到，做儿子的，还有赡养父母的义务，像我这样一天仍然过着嘻嘻哈哈的无忧无虑的生活，怎么行啊。

可是，还别说赡养，就是我如何照顾父母，帮助他们，我都感到太无用，太无能了。上个月的工资，是9元多，把伙食费一扣，还有2元1角6分，再把修整锄头的钱一给，能到手的，就是四角钱！

俗话说，“天生我，必养我”。我不是天生的，我是父母生的。我不能让父母养我一辈子，我还应该赡养父母。

老天，我该如何生活下去？

壁报还是要办的，而且，按照父亲常常教导的要积极，乐观，向上，我把忧虑又放在一边，写起诗来：

来是中秋月明，
此时又是桂花清影。
种子播了又生，
苗儿长了又耘。
多少个傍晚，
多少个早晨，
让这锄页儿短了几寸，
手茧厚了一层。
多少个烈日炎炎，
多少个大雨淋淋，
铸就了一身铁骨钢筋，
染红了心灵。

国庆期间，场里又有一对男女——小黄和小向结婚。我和德泽，去街上花十七元买了一口小钟，又买了两条毛巾和两挂鞭炮。在这里，人们非常重视“人情”，有所谓“人情大如天”之说。我问别人，为什么要这样重视人情，回答说，“有了秋风，才有夜雨”。人情好比放的账，别人以后还要还你，人情是非送不可的。我觉得，这样的老习惯，大可以改掉。若讲不得不送，也不要讲求多少，只要能为着热闹一下，有一番心意即可。若是这样十元、十几元送，园艺场的人能送几回人情？

婚礼的那天下午，我给新郎新娘画了张大“囍”字。

晚饭后，先在马书记房里玩，书记情绪很好，主动给我借了一本王任重的《读书笔记》（之二），又与我谈起白来（聊天，闲谈）：“小吴啊，有时候，我一回想起来，就非常愉快。你看，我们这样的人，过去哪能见到皇帝。现在呢？我在武汉开会，毛主席我也看见了，还有很多中央首长我都看见了。我想去想来，确确实实是非常愉快，感到非常幸福。另外，你想，在过去，你、还有我们，能来到这里，都在一口锅里舀饭吃吗？现在，我们从各道四处，来到这里办农业，也是太有意思了，大家又都是和和气气的。今后也许我们不在这里了，到那时，如果我们再看见了，该是多么亲热！唉，就是有时候我有些发愁，就是感到自己的工作没有别人搞得好，别人都走在前面了，自己就有些着急。不过我想，只要我们的职工同志们很好地搞，我们一定会把场办好……”

此刻，外面有人喊，婚礼就要开始了。我们走到宿舍楼，看见布置洞房的，贴画片的，置桌子的，放果盘的，摆糕点的，还在搞得不亦乐乎。大家有说有笑，特别是一些年轻娃，显得十分活跃，都在为别人忙着——也许还在憧憬自己的这一天。

人们吵吵闹闹，倒把这平日最喜欢说笑，又会唱山歌的新娘子小向，闹得像个木头人了。她默默不语，独自坐在洁净、柔和的床沿上。一笼洁白的大蚊帐，将她和大床都罩着。她一动也不动，显得很静心，就像在练着气功一般。

婚礼在哔哔剥剥的鞭炮声中开始。平时这对十分大方的男女，现在陡然变得腼腆得要命，动不动就红脸了。大家要他俩谈恋爱经过，把他们难住了。新郎刚开口说：“我俩从小就认得，没有好远……”接着就说不下去了。旁边的人，你一句，我一声的反问：“为什么我们也没离好远，认得的人也多，就是恋不成？”新郎又语无伦次，无奈地说：“五六年，我出来后，给她写了两封信……”下边又有人接过来：“写的什么？”到了此刻，就与逼供一样，新郎就是百口不开，急死了下面一些的人。这个“百口不开”，还不失为一个好办法，吵闹的人，耐性还是有限，于是只有礼毕，闹洞房了。

闹洞房，照旧还是每个人要说一些祝贺的话，如：

洞房门外三声响，
玉帝差我闹洞房，
一闹天长地久，

二闹地久天长，
三闹荣华富贵，
四闹金银满堂。
好儿生上五个，
好女生上一双。

……

我已回到寝室，摘抄《读书笔记》了。身上感到十分酸软，出气发热，两眼发涩。这种感觉，只有过去忙过节日的晚会演出以后才会有。看来事情不妙，病来了。新娘子又请吃面条一碗，为了不浪费，费了很大的劲才将一碗吞了下去。

睡前，已是半夜一点多钟了，也就是进入农历壬寅年九月二十一日了——我的二十岁生日。

早晨五点，屋顶的亮瓦，还没有白光。我一醒来，就再也睡不着了。因为这是我的生日啊！我的心，跳得厉害，又是激动，又是惆怅。有人叫时间为“时光老人”，这是叫得毫无道理的，老人为什么能跑得这样快？回想，自己挂着小书包，戴着红领巾，滚着铁环去上学，摘着野果子回家，那才有几天呢？然而一晃，我就打发了二十年的时光，五分之一个世纪了！

二十岁，人生有几个？从生理学的观点，男子到了二十，已经接近发育成熟了。多少人，已经在二十岁做出了顶天立地的大事。唐太宗二十岁统率全军，贝多芬二十岁轰动西欧乐坛，司马迁二十岁开始了奠定他完成史学著作基础的壮游……

我激动又惆怅，百感交集。阵阵秋风，从窗口吹进，我怎么也睡不着了。我默默地诵读《山里的春天》中的一段文字：

“年轻人，二十岁的人……在你的面前摆着多少条道路，每条道路都可供你前进，每条道路都可以把你带到生活的顶点！二十岁的人……你是多么有力，多么刚强，多么轻视那些信心不足的人，你又是多么豪迈地把出现在你前进道路上的障碍看成不算一回事！你是多么单纯，多么轻松，你的一言一行是多么自然的真挚和高尚，当你发窘的时候你那血液又多么迅速地充满了你那薄薄的脸皮，你的眼睛多么明亮和诱人！”

啊，“东隅已逝，桑榆非晚”，青春年华还有十年。

啊，早晨，我的第三个十年的第一个早晨，我勇敢地迎接你！

上午，种油菜，无人犁土，也是“河里无鱼虾也贵”，我便当起了“会手”。休息时，抄录《资治通鉴·汉记》，其中尤其是蒯彻谓韩信的一席话，真是说得妙极：

“夫听者，事之侯也；计者，事之机也；听过计失而能安者鲜矣！故知者，决之断也；疑者，事之害也。审毫厘之小计，遗天下之大数，智诚知之，决弗敢行者，百事之祸也。夫功者难成而易败，时者难得而易失；时乎时，不再来。”

下午休息，把父亲用过的已经破损的《王云五大词典》修补装帧了，也有整旧如新的感觉。四点回到家中，母亲准备做饭，父亲说：“今天你过生，也是母难之节，是母亲最痛苦的一天。”是的，听说我出生的那天晚上，在外教书的父亲本是托付了荒坪的二伯娘的。但是，发作之时，已是半夜，家中只有母亲一人，便只好自己接生了，其痛苦，其艰难，可想而知。

我想，以后的这个日子，一是要想想自己的这一岁，是怎样度过的，有没有虚度时日；二是要想想母亲的痛苦，自己该怎样尽到孝心。

父亲看了我写的《随感录》，竟十分地称赞，鼓励我好好努力。

近来场里，恐怕别处也不例外，盛行谈论男女爱情之事。有时是热烈讨论，什么时候恋爱结婚最好。有的认为早一点好，理论依据是“早谷早米早得吃，早儿早女早得力”。有的认为，太早了，还是不好。最后基本达到统一：二十岁以后恋爱，二十五岁结婚最好。

这样的讨论，也是有意思的。但讨论归讨论，场里的青年男女，不论大小，如今是不时就聚在一处，嘻嘻哈哈地谈论他与她如何如何，似乎都配上对了。我对此似乎有些费解，他们对于恋爱为什么这样近乎于狂热了呢？为什么我怎么也爱不起来呢？如果来一段爱情，对于写作一定是大有帮助的。然而，我又觉得，情愿不要这方面的生活材料，把住这年轻的时光，积累一些知识，为未来的生活奠定基础，应该是更好一些。记得去年就有人要帮我牵线搭桥，我谢绝了。当时还写了小诗：“为让青春更长，我把爱情珍藏；待到生活结果，幸福之花开放。”如今，我仍觉得这四句写得还是不错的。

一日，栽一种萝卜，叫做贵州萝卜。说这种萝卜，个大，长得紧密，其味比一般萝卜要甜，而且有粉。可惜我只是栽了它，而没有吃到它。

中午，正在摘抄《通鉴》，有胡某仓皇跑到场里的黄家。问他是什么事，他说，他是老早就想离婚，今天终于在区里打了离婚，离婚证明也拿到手了。可是，女方还向他索要二十块钱，不然不依。他一时身上又没有二十块钱，便用一块手表做了抵押。在路上，胡某有些心不甘，想到，区里的同志都没判这二十块钱，离婚证都开了，还在要这要那，很是不快，起心将这块手表弄回来，就问女人："你把手表怎么放着的？别搞坏了。"女人说："我把它放在裤子口袋里，也搞得坏么？"走了一会，胡某趁着女人不注意，伸手就把手表夺到手里，说到了园艺场就借钱给她。于是就有了他仓皇跑到黄家的事。

且说那女人跟后也赶到了园艺场，四处打问，是否有个胡某来借钱的，都回答不知道。问到黄某时，黄起初也说没看见，那女人连连盘问，这黄某支持不住，便答道："先前他来了这里，也没说借钱的话，跟后也就走了。"这时，胡某正在隔壁堆苞谷的屋子里躲着。女人到处没见胡某，断定是哄她的了，只有回去，似乎也还是心安理得的。女人一走，胡某也就抽身向城里走去。

于是，园艺场下午的工地上，便多了一则趣闻，大家热烈谈论着，犹如吃饭时多出了一碟咸菜。

自十月以来，开始大种油菜。今年油菜播种任务很大，一个区队就是二十亩，全场三个区队就是六十多亩。这些时候，我犁土的时候也很多，犁土的技术也达到熟练程度，人感到轻松不少，还每每有所感想，放工后写在《随感录》里。比如，有感于犁头深埋在泥土里，不断地破土前进，把沉睡的土地唤醒，让大地焕发生机……觉得这犁铧体现了一种精神，写了一篇《犁铧赞》。

一次犁土时，发现一株茶树，是去年被挖掉抛弃在荒地，然而，它竟在荒地里生根了，还和它的同类一样，开出一朵洁白的茶花来。由此，我又写了一篇《洁白的花朵》，赞颂茶树顽强的生命力。

歇气的时候，听到乌鸦急切地鸣叫，仰望关山的天空，是一只苍鹰在盘旋，一群乌鸦将它团团围住，正展开一场激烈的空战，大约是苍鹰侵犯了乌鸦的领空，于是奋起自卫，发起了对苍鹰的攻击。乌鸦们团结一心，群起而攻之，终于驱走了比自己强大许多的侵略者。于是，又写了一篇《乌鸦和苍鹰》。就是这样的几篇《随感录》，几年后被工作组当成毒草，使我荣居庠口“四家店”的掌柜。

还是说犁土。一天，我上午犁了三行茶土，下午又犁了三行茶土。我已经深感到犁土比挖土，工效高许多，下午放工的时候，我想把我的自留地也犁了。哪知，那条黄牛十分不愿意加班，为我效劳，每每在转身到路口时，它就奋力拉起犁头跑。我连连唤它“转，转，转弯——”，它慢慢吞吞把身子转过来，这样勉勉强强地把我的自留地犁完。

当我让它再去犁旁边同事的那块地时，它更是八百个不愿意了，把犁扣也奔断了，好容易把犁扣接了起来，对它说：“老牛，我们把这块土犁完了回去吧。”真是对牛弹琴，它已是置若罔闻，坚决不去上岗。我拉它，它却望着回去的路，在与我使性子。我只好放弃计划，背着犁头，与老牛一起回家了。此时，天也是黑尽了。

这次和牛打交道，使我擦出了一点思想火花：人，不应该漠视牛，也不要漠视其他任何的物，包括动物、植物和矿物；人，不应该漠视其他任何的人，包括大人、小孩，妇女和老翁。总之，人不要漠视自身以外的任何东西，相反，要重视他们和它们，同他们和它们友好相处。于是，写了《随感录·四十八》。

一天下午，下起了雨。见到一个画家，背着画板，从门前经过。很有些好奇，便跑上前去，要求看看他的画，他很乐意。他来到屋里，摆好三脚架，打开画夹，里面有许多的人物速写。问起来，知道他叫陈绪初，是湖北人民出版社美工组的。他这一次的任务，是到恩施地区收集人物形象，准备今后创作《清江壮歌》的连环画。

他说，“我给你画一个像，可不可以?”我说可以。我看他神情专注，只用了七八分钟，就完成了。画上写了“高中生参加劳动”几个字，还要我题了一个名字。我很欣赏艺术工作者的生活。他们的劳动，充满着创造，充满了想象，但又是植根于生活，来自于现实。然而这二者之间，他们是怎样结合起来的?我觉得，这不是一个简单的问题。画家的作画，给了我一些启示，也使我想到许多。

一个星期天，上午下雨，都在屋里抹苞谷，完成了159斤，自己觉得这成绩不错，高兴得忘乎所以，和别人打起苞谷芯仗来。后来自省不该，行为近乎放荡，有些自降人格。下午有桥头黄家办丧事，请我去写财包，便去帮忙。

这里，是把结婚和老人去世的丧事统叫红白喜事。办结婚的红喜事，一般是接你去才去；而白事则是“人死饭甑开，不请自然来”，不请都要去的。当然，这样的事，请谁去帮忙，更是不能推脱的。

我急急地去到黄家，也没准备什么“人情”。一进门，只听见：

“来客哒，装烟啦——倒茶啦——”

“哦——来哒——”

我接了烟茶，准备去写包，并未见到黄家老大，老二他们。灵堂里，道士的叫声，锣鼓声，闹得我心里惶惶恐恐。看到客人一个一个地来，尽是送的钱和粮，想到自己却是空手而来，很是不好意思。然而，他们又偏偏要我吃了饭之后再写。走到饭堂，却并没有立即开席，须得等一会。

我便趁此机会，回到场里，约几个去吃酒的熟人。哪知他们都是决定下午五点才去的。只好又一个人去。等我再去到饭堂的时候，席已经坐满，只好到街上去转。恰好在街上会到父亲，他刚取了给我补的一双胶鞋，又去买了两个饼子给我。走到黄家饭堂门口，正是坐席的时候。老大、老二拉我上席，父亲便把那双胶鞋也给了我，说：“好，你拿去，免得让我再拿回去。”

我拿着胶鞋上席，把胶鞋往脚下一放，一屁股坐在一个位子上。我大略知道，坐席是有些讲究的。上席、下席和两边，都有一定的规矩，坐错了，会得罪客，便问黄老二登峰：“你给我指一下位子，我是在乱坐。”

“对，你坐对了，就在这里。”老二说。

不过，后来有个人，把我拉到另外一个位子上，等我坐定后，定神思索了一下——喔，对面是上席，因为刚才分明一个老年人和一个中年人，两个人互相谦让，老年人从上席让到了桌缝的一边，把上席的位子让给了中年人，说：“这里不讲年长，明明白白你是上辈的，理当坐在上席。”

这也就很明白了，中年人在那个老人面前，还是所说的“年小辈分大”，该坐上席了。再看这中年人，矮个，圆脸，光头。两只小圆眼，骨碌碌不停地转。他贴身穿一件玄色便衣棉袄，有些油光发亮了，家境恐怕不那么好。他的旁边也是一个中年人，包着蓝色长帕，络腮胡须，细而黄，脸上有稀疏的麻子。这便是坐在上席的两个。让座的那位老年人，留着山羊胡子，还有些精神。他的旁边坐着一个被人呼作“社主任”的人，戴一顶双耳巴的棉帽，牙齿发黑，特别多话。

坐在另一边的，一个穿着制服，手腕露着红毛线衣袖口，他是不喝酒的。而在他的旁边，又是一位默默寡言，无精打采的中年人，从他白皙的脸和一些举动，看来是个做什么工作的人。我的旁边则是一个瘦骨嶙峋，衣衫褴褛的人。他不爱说话，也不喝酒。

饭堂很窄，挤了三席，加上看热闹的，打杂的，说的，笑的，把这小屋子闹得像开水壶一般，我的头脑被搅得稀里糊涂，得不到一点点的安静。跑堂的一声喊："闯！上菜啦——"。一桌便上了一碗汤，里面散着一些豆腐果子的丝丝。除我和我旁边的一位不喝酒，添上了饭以外，其他人皆把盏酌酒，喊一声"吃菜！"，四周的朱红筷子，一齐伸向这可怜的小碗里。仅这一下，碗里的炸豆腐丝，都飞走了，只剩下一潭清水。

不过，一下又出了粉蒸牛肉、放几片酥肉的青菜、炒青菜、炒豆腐、油炸丸子等，计十碗。这些喝酒的除了时而叫一声"请"，接着举箸吃菜，举碗喝酒以外，便总是喋喋不休，不知哪里这么多的话说。他们各各论了辈分，又问了身世，就开始论起逝者和主人家了：

"这个老年人，八十几了。他为人素来耿直，喜欢得罪人，不怕事——性子直，就是容易得罪人。他呀，别人莫想在他面前称很！"留山羊胡子的说，他也是说得最多的一个。

"唉，这些菜弄起来，就是背菜（费材料）啦！"上席的光头，伸出一条血红的舌头，卷了一块菜进口后，赞道。

"这个老年人的后人，都还是不错的呀，场面能搞成这个样子，不简单！"山羊胡子说。

"不简单！""都是搞大事的！"坐上席的麻子和社主任几乎是同声说出。

另外几个人，一边吃喝，一边用鼻子"嗯"着，表示赞同。

"他屋里的老二，不错。他吊（轻浮，调皮）也是吊，吊得有名堂，他最顾家。"山羊胡子说。

"老大好像是个逛逛神（游荡，不顾家的人）。"光头说。

"老大是出门读书多年，他是个大皮汉（大大咧咧的人）。"山羊胡子说。

……

他们没忘记喝酒，也没忘记吃菜，更没忘记说话。我旁边的那位，只顾添饭，吃菜，泡汤。他终于第一个吃完，把一双筷子横握在胸前，欠了一下身子，说道：“您们慢吃！”下席走了。

我也向他学习，呼呼啦啦地咽。完了，手也把筷子横着一比道：“您们慢吃！”不过，我到底没经过训练，有些激动，口里还有饭，说话时，险些把口里的饭，撒入菜碗里了。

饭也吃了，应当写包了。急忙进去，请道士先生告诉怎么个写法。楼上几个道士在扎灵屋，一个戴着夹子眼镜的先生给我讲，怎么写，怎么写。我实在感到比学俄语时辨别性、数、格还难。只是大概知道，这包，叫做财包，是把打好铜钱眼子的纸钱，一叠一叠包起来，封好，然后如同写信封一样，写上送到阴间去的地址，收件人姓名等，在祭奠时烧化，这样亡者去到阴间就不愁钱用了。

我听说还有这等的事情：后人在烧包的时候，少烧了一包，死鬼是会来找的，它会到处乱翻，不住地吵闹：“还有一个包，还有一个包！”可见烧包也是丝毫马虎不得的。这还只烧掉一个，若是掉多了，死鬼不是要闹翻天！

又听说，这包是千万不能写错的，错了，亡人是不能收到的，因此，绝不能写错，错多了，道士先生是要瞎眼睛的。我虽不是道士先生，但我是替道士先生行事，写错了，自然就是我的责任，所以，我也得认真考虑自己眼睛的问题。

我已深知自己写包的责任重大，而且具有失去视力的危险。问题的难度在于，写这个包上的称呼，太麻烦了。什么“故显考”“故祖考”“孝婿”“孝甥”之类，实在复杂！加之，道士先生不仅用繁体字，也用简化字，而且还可以用许多的通假字，比如用“旧”可以代替“舅”。道士先生的创造，比文字改革委员会还进了一步。我想，这阴间也极有意思，他们难道也时时在向阳间学习吗？我们制定的简化字，他们也通用？道士先生的创造，预先也通知过他们？如果他们并没有预先通知或者联系过，这又会不会出问题？责任归谁负？还有，如果说，这包是亡人在阴间用的钱，何不多多地烧几大堆，让他们在阴间发大财呢？

包还一个没写，只顾想这样一些没有答案的问题，有什么作用？我独自在这陌生的楼上写着不久要到阴间去的包，自己的精神化作丝丝缕缕，仿佛也要到另一番天地一般。这里嘈杂得要命，手在写着，心神却似乎在游仙，飘飞着。

“呀，呀，拐哒！”我忽然想起，我的鞋子，父亲补过的那双胶鞋，忘在桌子下面了。“这么多人，一定不在了。”我想。

我急如星火跑到饭堂，饭堂依然是嘈杂吵闹得厉害，熙熙攘攘，人声鼎沸。

桌子下，不见胶鞋的影子了，是谁拿走了？问那些打杂的人，都说不知道，完了！

唉，多可惜！在鞋匠那里，我看得真切，是父亲一手拿过鞋子，一手递去的两块钱！我怎么这样不仔细呢？我怎么责备自己呢？

胶鞋掉了，包，还是要写。小包写完了，又写大包。楼底下，海角声起，锣鼓振动肺腑，加上鞭炮和人的吵闹，使人担心把耳内两张很薄的鼓膜击穿。道士在哼哼唱唱，原本无动于衷的我，因这鞋子的遗失，也真的悲哀起来。天已黑了，又急急忙忙写了七八封大包——终于全部写完了。

来人正多，都是来吊丧的，我却只伤心我的鞋子，悻悻地回到场里。场里却十分寂静。只有几个女娃在那里，去和她们谈白，以解心中之闷。她们竟然谈起恋爱之类的话来，对我半取笑地说："你和某某就是好，很合适呢……"

"我心中正不愉快，又来这一套，鬼扯！"我真是想骂他们几句，但是忍住了。心想，或许别人以为这是好事，喜事；或许，自己平时也是不是开过别人的玩笑……

晚上，听坐夜的人回来说，我有几个包写错了人：黄某某根本没有死，也给他写了；有几个包，还要加几个字。唉，也是"为人谋而不忠"了，没有给人家办好事情啊，自己的眼睛是不是有危险，也说不准啊！又是一桩不顺心的事。

"百忧如草雨中生"，这几件不快的事情，把压抑在心中的许多不快的事情，统统勾了出来。"愁绪满怀无释处"，只有蒙头睡了。才八点多钟，过去是很少这样早就睡的。

一夜出格的寒冷，睡得很不踏实。很早就醒了，心中依然有一个疙瘩，盘得很紧。鞋子的事虽然令人痛心，但疙瘩的中心，却是对近来这种散漫的生活，无聊的生活感到厌倦。

那天，与一位同事闲谈，我叹道："这种生活多么单调！"他也有同感，一天无非是上坡，吃饭。爱读书的，休息时还读读书。青春的一天，算就这样打发过去了。精神生活谈得上什么呢，一天也就男的女的，他和她，文雅点说是恋爱，爱情，万变不离其宗，耳朵都听化了脓了。间或有人激愤地埋怨"工资少了"，如此而已。

不知为什么，我竟这样想，更换我的心机，去开拓另一番新的生活。此时，我蓦地想起，自己的童年是有强烈的好胜心的，而且对英雄无比羡慕。近来的国际局势，中印边境，东南沿海都战云密布，我何不当兵去？现在的我，真想鏖战沙场，哪怕是当一名小卒子，也是痛痛快快的。

“当兵去！”我冲开被窝，仿佛自己已列入排山倒海的冲锋队列之中……

整天是郁郁寡欢，我把沉重的心情寄予谁呢？有时候自己又发问：“为什么要这样呢？”胶鞋掉了，也不必如此。人总是这样的吧，快乐的时候，总难记住忧愁；忧郁的时候，又难看到明朗。如果人能克服这个弱点，那将会变得神圣。

上午挑石头。这是第二天了，肩膀已经压得有几分功夫了，为了修新房子，大家都在挑，不好退阵，强忍住“马啃”一般的疼痛，继续挑。后来差打大锤的，去打了几下大锤，竟然全身酸痛，如同浸泡在酸水里。下午只挑了一回，实在不行，只得请假休息了。

下午四点半回家，在门口就看到父亲。我正在愁一件事难得对答，父亲却先开口了：“鞋子搞掉没有？”在这富有戏剧性的一件事中，我扮演的是极尴尬的角色，父亲的率先发问，使我更加的难堪，也使这出戏的矛盾冲突变得更集中典型了，我一时只恨地上无洞可钻。不过，又觉得这比我主动坦白简单很多。父亲见我如此状态，发作起来，连声哀叹：“可惜了！唉，我真料事如神。当时把给你的时候，我就想‘扎咐’（叮嘱）你一句，‘当心搞掉’，又想，还说这么个小事，也要我多嘴，你们又在坐席，莫说我这个老家伙这样无聊！唉，天地间的事情难说啊！如果当时多个嘴，给你说一声，也许就不会出这个事情——打头（而且）是这胶鞋难买，不说没得买鞋子的钱。你这个娃娃，怎么搞的？我硬是为你操尽了心！你个人又不知道爱护，又不是一次两次了，硬是无数回了——就把你无办法了……”

走进屋里，就是父亲和母亲交换着说了。我听着，感到惭愧，心绪很乱。我想，自己为什么这样没有收拾呢？主要是自己的社会生活经验太缺乏了，不留心这样的事情。自己一直没有离开过家，过着衣来伸手，饭来张口的生活，总是不能自立，不能自理，没有养成凡事谨慎小心的习惯。

这又坚定了我“当兵去”的决心。心绪是极度的混乱，自己感到的惭愧，对充满低级趣味生活的不满，一时百感交集，这不值钱的眼泪，夺眶而出了。

因为掉了一双鞋，父亲母亲都借题发挥不少。说我不仅生活经验缺乏，而且连书也看得很少，三国、封神、东周列国、二十四史演义、西游、水浒都应该多看，多想。这些书，都有助于了解社会各个方面，了解社会上的各种人。父亲说“害人之心不可有，防人之心不可无”，人要机灵一些，要能够应付大小的事情，还要含蓄，不要精明外露，就是所谓的韬光养晦。他又讲了许多人物的故事。母亲也表扬了洪哥做事的细心和稳当，哥哥又是如何会安排自己的生活。

总归这出戏的中心思想，无非是要自己记住和做到这样几个字眼：精明、机灵、从容、含蓄、沉静、精细。

场里修一栋新房子，这段时间的劳动多是开山，放炮，打石头，挑石头，挑石灰之类的活路。

我开始学习打炮眼。和另外两位同事，一个掌握着钢钎，两人甩开膀子轮大锤。我学打大锤，开始很担心打到别人掌钢钎的手，打得很谨慎。渐渐习惯了，可以放心大胆地打起来，并且，可以运力去打。我相信，这样打好几天，甚至长期去打，我的上身就会发达起来，达到马书记提出的要求。

不过，打炮眼也有几个很危险的时候，不注意是会伤人的。特别要忌讳和那些好色之徒一起打。路上来一个女子，眼睛就溜过去了，神也跑过去了，一锤下去，砸在掌钢钎的手上，就不堪设想。恰好就是这天，另外一组，就发生了这样的事。一个伙计，眼睛被路上一个女子拉去了，幸好一锤飘出去，没有砸到同伙的手上，也没有伤着其他人，只是把伙计们都笑饱了。那位好色的伙计，半天抬不起头来，自己也低着头好笑。

再就是筑炮眼是很危险的，大大意意，一点火星，就会引起爆炸，发生工伤事故。

其三是，点炮更是要特别小心。不注意，就会发生惨剧。据说哪里有个年轻力壮的小伙子，点了炮，一时并没有爆炸，以为是“哑炮”，便走去看个究竟。哪知，刚刚走近炮眼，“轰”的一声炸开了。小伙子顿时被炸得粉身碎骨，可怜，树枝上都挂着肠子……

又是一天，我们副业班子，去南河公社的石灰场挑石灰。一行六人，沿着小径行走，时而又走上了到盛家坝区的公路。记得去年，到富尔山挑洋芋种，也是从这里走的。时令都是深秋，沿途的景色也大致一样：万山红遍，层林尽染。只是这次看见路边人家，有浓绿的柚子树，一个个硕大的柚子，从浓密的枝叶里，裸露出来，黄澄澄的，实在可爱。

路上依然有鲜红的红果刺，但没有去尝一尝它。这次我是加倍注意观赏这一带的风光：高峻的山岭，公路像螺纹一样盘旋。下有幽深的峡谷，芭蕉河就从这峡谷流过，进入小镇。对面叫做灯笼坝，名之曰“坝”，实为一个较为平缓的山坡。那一大片山坡，都修整得干干净净。坝上有一条大路，途中立有一个牌楼。这使我想起，到金子坝去的路上，也立有这样一个。问旁边的同事，才知道，这是当年的皇上，表彰守节的女子而建立的。据说，这位寡妇，是坝上兰家的媳妇，青年守寡，一生清白正派，皇上赐立牌坊。又说，立这样的贞节牌坊，那是要真正贞节才能立得起来的。若是有不贞的情节，就会立不起或者立不正。传说立这块牌坊时，工匠们为了试探这女子是否真是贞节，便故意做作，说：“真是怪了，怎么就差一点立不正呢?”那女子思想了一会，说：“那就恐怕是有一回，我看到公鸡踩雄，笑了一声的。”女子坦言之后，工匠们七弄八弄，把这牌坊立得正正当当的了。

走到南河公社的石灰场，到处是白花花的石灰，天空中也飘散着石灰的粉末，刺眼刺鼻。巨大的石灰窑前，刚出窑的石灰，散着灼热的火焰。从闪动的火焰望过去，对面的房屋、树木，都摇晃闪动着。工人们冒着火热石灰的炙烤，不停地掏开石灰，满面通红，无论老幼，头发皆是一片煞白。只有几个女子，知道用手巾，将头紧紧包住。

我们不曾休息，就开始转运石灰到下面的公路边。在壁陡的煤渣路上，我们不停地上上下下。刚出窑的石灰，滚烫发烧，掉落一块，也是不能拿起来的。

我没有勇气和力量与其他几位比赛，而且是越挑越饿，一点劲也没有了。原来的打算是挑完了，与车子一同回去，都在努力奋战。然而，车子还是等不了我们，走了。我们几个人，只有到石灰场去自已搞饭吃。我与老洪，到一个农户家里，买了咸菜，又买了些红柿子。我本来就是个空肚子，一连吃了四个冷柿子，还有些涩味。一吃下去，就感到停食心烦，极不舒服。

煮饭是用煤火，都没有经验，锅底烧煳了，上面还是生米。后来石灰场的大师傅回来了，用泥炭将火塌住，果然煮好了一锅饭。我们六个人，吃了七斤米的饭，也真是敞开肚皮吃了。这无菜的饭，也吃得挺有味道的。俗话说“吃得做得”，而我是最吃得，却挑得最少，是最做不得的。吃饭之时，发现一个奇观：

对面一丘水田里，竟有七条牛一同在里面耕作整地。大家边吃饭，边评论：这真是不像话，简直是开玩笑，怎么转得过身来？也正是：吃光饭，操淡心。

近来，农村的旧风气复活不少，前些时，看到几次抬花轿的。今天石灰场旁边一家，生了娃娃，正在整“祝米酒”，当地称作“打三朝”。而且，看到许多农民的堂屋里，也挂起了“天地君亲师位”“灶王府”的牌子。

按照当地的农谚“九豌，十麦，腊胡豆”，农历十月正是种小麦的时候。我想自己的自留地，也该把麦子种下去了。然而，昨天农业班子的没有一个人上班，场长很是气愤，决定全场，包括我们副业班子，都参加抢种小麦。

我只好抓紧一分一秒，休息时去搞自留地，中午也不回场吃饭，请德泽帮我带一点到坡上来。早饭是吃的四两红苕，中午又是红苕，德泽知道我不爱萝卜菜，也就没有带，带来几个辣椒，一点盐和一壶水。他说，搞劳动消耗大，不吃盐是不行的。于是，我便将辣椒蘸盐吃下，又冲了一杯盐水喝了，直到擦黑，终于把自留地搞完工，虽然很累，但松了一口气，感到畅快。晚饭吃了一斤多粮。去找汤喝，恰好理军和小胡，给我找了一碗放了菜的饭，我不讲客气，又吃得一干二净了。我自己都不明白，为何这样吃得。

晚上，马书记来与我闲聊，他说得比较委婉，但我听出了他要对我说的主要意思是，政治思想上要开展一些，不要天天埋在书本里，不然是会变迂的。他说，有的人，心太强了，因此还得了癫痫症。我以为，这话是有些道理的，书记是真心关心我的。这位书记实在令我敬重。

天气已经很冷了。吃了早饭去捡石头，天阴沉沉的，吹着凛冽寒风。我把石头当做铅球和铁饼投掷，身上暖和了许多。午后下起雨来，都说，这个样子，怕是要下一场雪了。

我在小楼上，先看了《红岩》，接着又录《资治通鉴》，手脚冷得发僵，但不愿放过时间去烤火。清鼻涕往外直流，便想到了学生生活的日日夜夜：冬天，一个个在冰窟般的教室里，手连笔也拿不住，有的同学，把帽上的耳巴也放下来了，但是眼睛鼻子还是盖不住，鼻尖上挂着一滴亮晶晶的清鼻涕，自己仿佛浑然不知，还好像是有意当作个装饰品。只要一下课，大家就在教室里蹦蹦跳跳取暖。还没跳发热，上课铃又响了，一下子教室里肃静下来，灰尘却还在乱飞……

想到这种学生生活，我就觉得如今这样子，就是很好的了，有时还可以喝白开水，增加一些热量。实在不能支持，还可以下楼去，挤进客满的火坑边，烤火闲谈。这个时候，带着纸笔，总会听到一些有趣的话和事，可以记下来。不过，不到万不得已，我是不往火坑边挤的。

小楼一夜寒风，从破缝里一股又一股吹送进来。远处的山峰，经过一个晚上，垫起皑皑白雪。“要下大些下，长年好歇架”，这是旧社会长工们的话。雨雪下大了，好在屋里休息。我不是长年，但歇架休息总是好事，又可以看看写写了。我坐在小楼上，屋外飞着雪一样的雨粉粉，窗外还真看得见西岭的昨夜雪。我只顾读书抄写，忘记了寒冷，中午跑去吃了一碗苞谷饭，也耽误不到半小时。下午，小潘带来两碗面条，真是来得正好啊，非常非常感谢她了。

这一天，我是感到很满足了，直到晚上开党团员会，我几乎都在学习。

接着还是一个雨天。早饭后临帖，练了一阵毛笔字，字帖是哥前不久寄来的柳字帖。大约十点，全场学习开会，无人发言。在厕所，马书记说，你要讲，带个头，不然会场就冷了。经常看报，讲点国际形势什么的，也不是难事，也就七里八里地说了一阵。开会的人，其实注意力都集中在烤火和逗小孩上，根本没有几个认真听的。我并不希望都要听我讲，因为都是报纸上看的一些东西，目的也是完成任务，松个担子。

正开着会的时候，区委杨书记来。我注意到，这下雨天，他竟还是穿着一双布鞋，连一双胶鞋都没有。看着他的朴实，我不觉对这位南下干部油然起敬，更想起那天，自己丢掉一双胶鞋是多么可惜。

下午五点，开完会回家取棉衣。寒寒战战跑回家，心想到家了，是可以得到一些温暖的。哪知，一进门，母亲就责备说：“你哪门又把一只袜子搞掉了?”

“怎么，袜子掉了?”我是清醒白醒记得拿在手里的，怎么会掉呢? 但是，我不好意思分辩——也许是掉了。

父亲、母亲和我，此时都没有说话。我感到实在恼火。仿佛满脑子里都灌的酸水和辣子面，心里问着：“我这人，我这人是怎么搞的?”

父亲没有说话，在一旁扫着地，有时却“嘿嘿，嘿嘿”的笑几声，我不知是对我的嘲弄，还是宽解。我一想到这几天阴晦寒冷的天气，独自一人坐在小楼上，手冻得连笔都拿不住，跑去吃饭，油不香，盐不咸地塞下一碗苞谷面，回到家里没得到一点温暖，反倒受一肚子怨气，我真想走，飞走。然而我能走到哪里，能飞到哪里？

我埋怨自己无能，二十岁的人了，生活还不能自立。我心里的忧郁，骤然纠结成块，使我难以出出气来。晚上什么也没看，睡了。

昨天受了闷气，心里很是不快；但是，一夜的梦，却是美的，甜的。

尽管下雨，我们搞副业的，还是挑石头，抬石头。大的石头，好几百斤重，一般要四个人抬。当然，我也见过抬大家伙的，是八人抬，甚至十六人抬。我想尝试一下抬石头，就和老洪几个人去到炸石头的地方。他教我怎样用铁链将石头捆住，然后架上抬杠。老洪在前面一声“起”，我们四人都抬上肩。走了几步，我倒觉得这抬石头，并不是怎么困难的事。

经过一天抬石头的体验，我最深刻的感受有二：

一是受力不平均。抬石头的时候，特别是在上坡下坎中，一会儿，你可能觉得很轻松，甚至自己肩上没有一点负担。但有的时候，似乎千斤重担，就是自己一个人承受着，那一时受到的压力，足以把全身的汗水都压榨出来。这种劳动，似乎存在很大的不公平。不过静心一想，这也许是天地之间，自然的现象。有时候自己吃亏一点，有时候自己又轻松一点，也没有什么不可理喻的，也没有必要过分计较。只要几个伙计，配合得好，把石头抬得走就好。人们制造的度量衡，可以把物体的长短、容量、重量进行精确的测量。但是，就事而论，天底下还没有绝对的公平的。“夫难平者事也”，在社会生活中，面对许多的事情，哪有一杆公平的戥秤，可以一斤，一两，一钱地评判出来？

二是“摇尖子”的人，必须自己稳得住。抬石头的一套班子中，走在最前面的，称作是“摇尖子”的。按照我的个子，本是个摇尖子的料。我也争取尝试过，由于本力不够，当大家一抬上肩，我就稳不住桩子了，不免前后拉拉扯扯，加上自己并无力量控制局面，倒被别人拉去拉来，走得摇摇摆摆的，大家都感到很费劲。于是，我甘愿让贤，还是请稳得住桩子的人来“摇尖子”。社会生活中，该有多少“摇尖子”的人。若是本身有力量，自己桩子稳得住，那只要豪迈的一声号子起，伙计们便随即一应：“起——”于是，你会看到，个个步伐一致，人人唱歌乐遥，自然也知道他们的心情是何等的愉快。这样的，才是会摇尖子的。但是，如若像我，自己承受了一点重量，就有一些摇晃，迈步上路，脚就像在扭秧歌舞似的，扭来扭去，怎么能带着大家走好？更别说唱歌乐遥，心情愉快了。

自从说我“又把袜子搞掉了”之后，隔了两天，我回家去，知道母亲也病了两天，身上痛，不想吃东西。我把泡了的一大盆衣服帮着洗了，又问她想不想喝点稀的东西。母亲要我熬一点苞谷糊糊试试看。果然，她喝了一碗苞谷糊糊。这使我和父亲都很高兴。晚上要评工分，又是我执笔，我便要回场去。临走时，母亲告诉我：“那只袜子，后来找到了。”我说：“那就好。我是说，清醒白醒拿在手里的，怎么会掉？”我对自己有时候还真是“清醒白醒”的，感到有一些慰藉。

下了几天的雨雪，开始放晴了。早晨小潘跑来，把我的被子拆了去洗，我很不过意。但她是那么爽快，那么真诚，自己也就爽快地让她洗。望着她窈窕的身影，想着她的温柔体贴，想起她平日关心我的一些事，感到自己若有这样一个女子结伴，也是蛮好的。

这一天都在打小工，拌三合泥，搅得满身大汗。不时，还要挑水，挑沙，羼石灰。石灰把鼻孔都呛出了血，鼻涕里有一些血丝。脑子里却还时时有着小潘的身影。

下班时，全身的衣服，都是花花点点。小潘把洗干净的被子给我送来，又把花花点点的衣服拿了去。晚上躺在床上，仔细思索：如果我……小潘……怎么样？

我不能深想下去。我，还是一个不能自立的人，一个月十元收入，扣去伙食和杂支，能得到几毛钱，这个样子，可能吗？自己也是下过决心的，不早早考虑这事，看来还是对的。

我只能深深感谢小潘，在内心深处。

心情依然有些矛盾，但渐渐在头脑中，酝酿着这样一些话：

勇敢的牧人，能够套住撒缰的烈马。

高大的拦洪坝，能够挡住汹涌的浪花。

理智的力量，能够克制感情的激发。

已经到了12月中旬了，又是一个阴沉沉的天。从头天晚上开始，就感到全身骨节酸痛，说是大病将来的预兆，却没有头痛，也不发烧。

早饭后下起雨来，不能出工。给哥写了一封信，身上还是疼痛，躺在床上看

《沫若文集》第七卷。晚饭后，觉身上痛得更加厉害，头也开始有些疼痛起来，从头顶到脚尖，无一处不痛，心里也特别烦闷。

我躺在床上，觉察到这个小楼，烟火处处，人声鼎沸，此时此地，这种感觉分外强烈。隔壁住着一对新婚夫妇，此时也置起火盆，烧起薪火来。一时浓烟滚滚，直往我这边灌来。使我恨不得从窗口跳出去。

这时，又听到文毛娃在楼上发疯似的怪闹：

楼上楼下客，
东方发了白，
都起来洗脸，
洗脸了过早，
……

这分明是在扮演农村整酒时“都管”先生。

楼下的小曾，也应和着，说起绕口令来：

早晨糍粑过早，
晚上鸡蛋宵夜。
……

于是，又引起几个孤儿院来的小娃的兴趣，跟着闹：

鸡蛋好吃糍粑香，
糍粑好吃鸡蛋香。
……

我很担心，这刚刚建正的房子，是不是会被吵倾斜，又要返工了，心里极其烦闷。我寄希望于人们闹到声嘶力竭的时候，总会停下来的。

渐渐地，满楼安静下来了。许多处的烟火也熄灭了，大概都上了床，房里的空气也有了清新的感觉。

然而，一波未平，一波又起。马书记和刘场长，半夜过这边来找睡处了。这又使得刚刚安静的小楼，重新鼎沸起来。不过，听他们隔空的对话，倒是充满了乐趣。

有人问：“场长，你们哪门要过这边来睡?”

“啊，是小向啦，你听我说，今晚上，小刘来了两个女客，加上她一个姑娘客，就是三个，要一间房；小方又来了爱人，我们要照顾，又占了一间；公安局来了两个人，又占一间。这样，我和马书记就只得让步了，到这边来找地方睡……”

“场长，你过来了?”

“啊，小杨呀，你住在哪个房里的?”

“在小高的铺上。”这是文毛娃接过话头，帮小杨回答的。

这便引起了一阵哄哄的笑声。文毛娃更是大声笑个不停。因为这小杨和小高，两人刚刚有了那么回事，正在谈的过程中。这文毛娃也是个好“日鼓子”，喜欢搞点恶作剧。不消说，这接下来，就是小高和小杨，一致对着文毛娃开骂。文毛娃却是得意地咯咯笑。

这以后，又是文毛娃和场长，讲对口相声，一问一答，只听见各个房间里，都传来蒙着铺盖的笑声。

场长略带酒意地大论起来，虽是对小高和小杨，却有意提高声调，对所有的人说：“小杨，小高呀，你们俩听我的话，一定有前途。今后场里这些男娃女娃，都听我的话，你们的信，要少写几封。你们安安心心就在这里搞，你看，我们这新房子一修起，让你们一对一对，都进新房……”

“场长，你喝醉酒了，少说一些好不好?”是小杨的声音。

“哈哈哈哈哈哈……”

这些哈哈什么时候停止的，我不清楚，只知道马书记给我们烟抽之后，我便黄泥稀糊，什么都不知道了。

这一个晚上，迷迷糊糊，做了许多零碎的梦，有时仿佛是在抬石头；有时又像在石灰场挑石灰，奇怪的是，梦见了赵树理，他批评了我……

本来就睡不落觉，自己又把一条棉裤拿来垫枕头，这样过高的枕头使我睡失了枕，颈脖子一扭就疼。真是“癞克包（蛤蟆）被牛踩了一脚——浑身都是伤”。

早上没有吃饭，倒是把小向父亲煮的一碗糊米稀饭吃了。

回到家里，身上疼得稍微轻了一些，但头疼得更加厉害了。服了药，下午渐渐好转。傍晚，正在煤油灯下读《野草》，广播里送来曼妙的轻音乐，有一种羽化而登仙的感觉，安谧和幸福。病，大约在好了——我想。

接着两三天，都在下雨，在家一边养病，一边看书，《野草》读完，又看《朝花夕拾》。父亲讲了《孟子·滕文公上下》和《离娄篇》。

回到场里，同事们都很关心，问我的病好了没有，听说他们还准备到五中去看我，我感到一种集体的温暖。因雨不能出工，开始阅读俄汉对照《阿 Q 正传》。这是哥哥前不久寄来的，同时还寄来一本《俄汉词典》。傍晚，正在艰难地啃着俄文阿 Q，小潘去接了她嫂嫂，路过这里，也跑上楼来看了我。

天终于晴了，园艺场也开工了。我们今天的活路是捡石头，挑石头。同事们照顾我的身体，不让我挑，而且，过河也是他们背的。

下了好久的雨，休息了这么多天，大家都感到在家里待闷了。这一出门，又是明朗的太阳，眼睛都眯着，似乎不习惯这种强烈的光线，然而都说："好新鲜，好新鲜，在屋里闷够了！"我们在河坝里捡着石头。正在起劲的时候，听着对面山上有人吵闹。抬头看去，又晃着太阳，看不清楚。但是，可以分辨出是不准我们捡这里的石头的。当即，我们的人也作了理直气壮的回答。这样更触犯了他，吵得更厉害了。这又使得我们这些伙计也发怒了。看到他走下来，我们都准备着一场舌战。他仍然是边走边骂，我们这边也有几个不知事的小娃，用极讨厌的话与他对答，就像给火堆泼上了煤油，使他发了疯一样乱吵乱骂。

待到他走近了，我们有几位与他讲道理，"水打来的石头，都可以捡，你有什么道理不让捡？"但是，他不管三七二十一，就是说不行，不能捡，他们要砌河堤。

事情形成僵局，你说都可以捡，他说就是不能捡。伙计中，有几个久经吵架锻炼的角色，采取"拉尾巴"的策略，闭口不谈捡不捡石头的事，只顾反问他："为什么你要骂人？""为什么你说我们是'几爷子'？你看看我们，到底是几爷子还是几娘母？你来看看！"这办法还颇有效验，他时而被问得怔住了，时而干号几声"不许捡"，渐渐地像一个泄了气的皮球，快下去了。我们这些伙计，看见他一快下去，便像赶下山骡子一样，一直撵下去，七嘴八舌地闹麻了，一个这么问，一个这么说："你为什么骂人？嗯，你说！你还是生产队干部，你这是什么作风！"

"好像前两天你们还学习了的，就忘记了，你学个什么！"

"你骂我们是'几爷子'，我们都是在毛主席、共产党领导下，哪个是你骂的？哪个是几爷子？嗯？"

这位将军，似乎是有些敌不过我们这些伙计了，终于溜走了。

后来，来了一个提油筒筒的，听说是大队的干部。他却是“请求”我们不捡这个石头了，说：“您们要为我们想一下，我们要修河堤在哪里去找石头？您们要做个好事，再莫捡了，做个好事。”

这几句倒真能动人，“三句好话软人心”，这一下，该伙计们快下去了，一个个心悦诚服，住手不捡了。有人说了一句：“这么说还差不多。”

看来，服软不服硬的是大有人在，柔软，有时会比刚强更有力。

就是这一天，黄豆垭口下，龚家门前的石拱桥，不知何故坍塌了半边，还有一半可以行人。据说，坍塌之前，刚好有两个人走下桥。也是怪事一桩。

第二天，我们又去南河石灰场挑石灰。一行七人，吃罢早饭出发，唯独“王大妈”一人未见。走到他家里问，他爹说他没有在家。伙计们都说，他一定又“梭”到上街桂芝家去了。在走到上街的时候，一位伙计在桂芝门口喊了几声，未见答应。

在走到马路上时，发现路边石堆上，放着他的垫肩和撮箕。伙计们议论着，把他的东西给收起来。我刚把他的垫肩收了起来，他便在马路对面涨红着脸，笑闹着来了。我以为他是看见我收他垫肩的动作了，依然走我的路。

爬了一架坡，他却闹起来，发现自己的垫肩还没有拿，说还要下去找垫肩。这当然成了大家开玩笑的好机会了。伙计们，一个个都闭着嘴，心里暗自好笑，让他风尘仆仆往下跑去。

当他跑到半山腰，碰到在后面拉野屎的小黄，小黄说：“是不是别人开你的玩笑?”他便又跑了上来。问是不是谁收藏了垫肩。没有人承认。只是老洪说：“我们也正是在说，给你把东西收起来，还没有收成，你就来了。”

接着，大家劝他，还是下去找一下，一个垫肩，也是要点钱买的，今天搞一天的收入，也买不起一个垫肩。他不下去了，说：“我难得跑了，不在了就算了。”心里当然很难过。

这时，我们就追查起他早晨的去向，是不是到上街桂芝那里去了。在一伙子人咄咄逼人的追问之下，他终于招供了，是到桂芝那里去了。于是，一连串的哈哈，撒在去石灰场的路上。

南河石灰场，是既出煤又烧石灰的。和上次看到的一样，这里始终是烟雾沉沉，山的另一侧，有叮叮当当敲击煤炭的声音。燃烧着的石灰窑，仍然是熠熠闪烁。只是听说，半夜的时候，这一炉垮了很大一块，万幸没有伤着一个人，真是命大。

同事们照顾我的身体，只要我称秤和记账。到下午三点的时候，我们开始往回走，依然是一路谈笑。“王大妈”是决定不要垫肩了，但时时又想着这垫肩，好像又离不开它。他一路想象着，对我们说：“假若别人不识货，把我掉在路边的垫肩，认为是尿片子，那就好了。”我们都觉好笑。

本来，我们是准备把垫肩，放到桂芝家去的。听他这么一说，就决定让他“梦想成真”，让一个走得快的伙计，上前把垫肩放到了原处。于是，奇迹发生了：“大妈”走到原来放垫肩的地方，真的看见了自己的垫肩，喜出望外，高兴万分地说：“到底是我猜对了，别人不识货，当作了尿片子。唉，这些人也太憨了！”

我们又把哈哈撒向了芭蕉镇的上下街。

父亲前三天到城里二中开会，临走前，嘱咐我三天后到城里去，一是接他，二是给我做一条裤子。我按照约定的时间去城。同行的有场里的昌学，他虽年轻，但还知道这一路的许多地名和故事。走到牛鼻子洞附近的一个大水塘边，他说：“芭蕉镇上那个吕佩老，你知道不？”

我说：“是不是那个脸红红的老者？”

他说：“就是。他最喜欢钓鱼，也喜欢喝酒，胆子也特别大。他有一次，在这个塘里，钓到了一子花线，一时之间，天色大变。吕佩老什么也不怕，把花线塞进了口袋里。奇怪的是，走到草籽坝的时候，他在口袋里找那子花线，却不在了。”

昌学又说：“这个水塘，是一个放生塘。这里面的鳝鱼有的有碗口粗。这是因为，当年芭蕉吴家大屋里的一位老爷，要积德行善，凡是逢场天，他就守在路口，看见有人卖鳝鱼，他就买了下来，然后在这里全都放生了。他是看见剐鳝鱼太残酷了，鳝鱼是太遭孽（可怜）了。”

昌学是去城接德泽他们挑树苗的，走到青冈树，大约下午两点，碰到了德泽他们回来，我便只好与他分手了，一个人往城里去。独自走路，虽然少了一个讲故事的，但也有一些好处，应该说，各有所得。一个人走路，思路可以尽情展开，可以想很多的事情，也可以背诵诗词。毛主席词六首的前两首，是在这段路上背得的，而且边走边看完了郭老的解释。

恩施城依然如旧，但我觉得它比以前要神圣了，为什么，说不出来。书店是第一要进去的。新出版的好书有很多，不可能仔细阅读。

走到二中，父亲在开会，正在发言的却是过去的一中同学，后我们一届，据说考取了某校化学系，并没有去，在家结了婚，在民办中学教语文课。

父亲对我说了几句话，又去开会了。我一个人在寝室里，回想过去在这里读书时候的情景。这时，只听见外面的操场里，蒋主任在给学生们训话："那些人，为了个人的目的，只想升官发财，吃好的，穿好的……"他的声音，仍然那么响亮；学生们听得很起劲，时而发出天真的笑声。

一个人闲着无事，顺手将一本中学语文课本拿来，看了一篇吴伯箫的《在列宁博物馆》。等着父亲散会出来，一起在街上吃了饭，然后在人民剧院看京戏。我们竟买到第一排的票，这使我很怀疑，并不是自己的运气好。进去一看，果然，仅前几排有寥寥无几的几个人，后面完全空着，直到要开演的时候，观众也怕只有演员多。

演的是捉放曹的一段，我一向不会看京戏，这次依然没有把兴趣提起来。

进城的第二天中午，父亲带我在前进服装厂做裤子。然后独自一人去图书馆。浏览不少近来的杂志，觉得离图书馆近，是一种幸福。又跑到书店，看到新书很多，有高等学校内部发行的《世界通史》，范文澜著《中国历史简编》和《中国近代史》，还有翦伯赞编的《中国历史参考资料》……看到这么多好书，心里斗争得很厉害：买，又没有钱。比着身上的钱，拿了四本，准备接受父亲的责备。

抱着四本书，在一处卖草鞋的地方，看到凤宪。他是我们高中这一届中很有才气的一个，会画画，照相，而且功底不浅。他手里拿着一本书夹，里面放着几张图画的草图，是几个少数民族姑娘的像，旁边标有"蓝""黄""淡绿"等字样。他说，是准备创作一张画，寄给杂志社去的，画的是一个白族姑娘。正说话间，自极同学也来了，依然戴着黑边眼镜，但人显得有些憔悴了，衣服的纽扣也没扣。但是，他是一个很有志气的人，全城关镇唯一一个真正去搞农业劳动的高中毕业生就是他。他说，他制了三四十元钱的农具，都还没有制齐。他也没有停止学习。他说，镇上的文教部长说了，像他这样参加农业劳动的，是首先要解决读报纸的问题的。他因此订了《人民日报》《湖北日报》。这两位同学的生活，我觉得都有意义，也都是有趣的。

买了这许多的书，自己是十分惶恐。果然，父亲看到我买这多大本的书，责备我："太买多了，《世界通史》用处不大。"

在朦胧中，被父亲叫醒。今天要和他一起回芭蕉。外面霜风很大，寒气逼人。从天亮到八点，我们在南门等车不着，开始步行。走到板板桥，父亲突发奇想，提出："我们从朱砂溪走，好不好？"我极力赞成。

这条路，过去曾经走过，还是读初中时，放了寒假，我们城关五街，组织文艺演出到芭蕉去，走过这一条路，现在是一点记忆也没有了。今天，我们这一路，不是在河堤上走，就是在田埂上走。两边是风光无限：人户，田园，修竹都像舞台布景一样，布局匀称和谐，色彩丰富明丽。真想在这地方住一住。这也使人容易理解，陶潜为什么那么热爱他的田园生活。

沿途都有潺潺的流水，青翠的树木，平滑如镜的水田。途中遇到两乘花轿，一路花花绿绿，吹吹打打，给这宁静的田园，美丽的山水，增添了洋洋喜气，我简直分不清，这是在天上还是在人间。

路径不熟，我们沿途问路。有意思的是，我们在板板桥问人，"到朱砂溪有好远？"答曰"十几里路"；又遇上抬轿子的问，答曰"四五里"；走了一段，遇到一位老者又问，答曰"八里有足"；再往前走，一位弄柴的竟回答还有十几里，还有说两三里，七八里的。简直叫人哭笑不得。

朱砂溪这个小街，并不因为我们的拜访，而变得热闹。人少且不说，栈房里连饭都没有卖。后来不知他们在哪里搞到一些现饭来，架上一火锅合渣，我们要了二两酒，倒还吃喝得痛快，基本恢复了对朱砂溪的好感。

我们依然走路，也问路。不过，回答的比原先那些人要合情合理。仿佛很快就走上了公路。看到公路，人就感到特别亲切，走起来也快得多。不过，到了芭蕉，天已经黑了。

从城里回场以后，接连三天砍刺。这个活路，很多人都不愿干，结果只有我一个人干，我便坚定"与刺奋斗，其乐无穷"的信念，去披荆斩棘。以后又做了一些如挖土之类的杂事，还有年底，场里作总结，每人做鉴定等等，不作絮烦。

且说正是1962年的最后一日，回到家中，见到哥自重庆拍来电报“五日后到红庙”，这真令人喜出望外。想着，怎样迎接他呢？今年的团聚怎样玩个痛快呢？不过，说五日后，后多久呢？起码也还有五天，好难等啊。

1963年1月5日，哥哥还没有到的信息，倒是区里正在组织参军报名。听了区武装部老杨的动员报告，我准备报名，又想到父母也许不十分愿意我去的。但又想，这正所谓“祖国在召唤”，自己有保卫祖国的义务，为什么不去？即使为国捐躯，又有什么了不得的？“人生自古谁无死，留取丹心照汗青”，我毅然决然把名报了。

下午回家，把参军报名的事告诉了父母，开始，他们很诧异。后来他们也就没有意见了。父亲说：“我们的心情很矛盾，一方面是想你们在身边——人老了，就是这样想。另一方面，这又是爱国主义思想，应该支持你们去，那你们就去吧。”

晚上回到场里，青年小伙子们正围着一笼大火，热烈地谈笑着，等着开会。晚上的会是文化馆来的两位同志主讲。一位是去年已经认识的曹馆长，两只眼睛转来转去颇有神气的那位。另一位，大家叫他什么老师，我一时没弄清，叫他做李老师了，后来才知道是姓魏。魏老师是个很活跃的人，嘴里总是少不得“梭梭，多多，咪咪”的。

会上，成立了园艺场的文工团，刘场长任团长，我任副团长。看来，我还真是个当团长的料，上半年当伙食团长，现在又是文工团团长了。

1月6日，给农业社红英四队还活路。我因为修整锄头，落在大部队后面了。等我走到坡下，抬头一望，好大的一块山坡，好像贴在了白亮的天上了。山坡上，是一条人连接而成的链子，像是要把山坡套住一般。锄头在飞舞，链子渐渐往山巅收缩紧扣，真是一派豪迈的大生产气势。不知谁在旁边说了一句“人多好种田”，又有人接了一句“人少好过年”。等我参加到这链条中时，大家正在对着小向说笑话。小向和小黄，是国庆期间结的婚，一些有经验的妇女，便七嘴八舌对小向说：“小向，你的衣角有些张开了呢。”

“小向，你是不是想吃柚子？”

“男大女大，对年就下——明年这时，你们早就把毛娃抱起了啊，我们要看看，只怕你还舍不得，说什么，看嘛，又把他搞凉哒……”

“快得很呢，要不了几年，你两个回家，怕是小向身上背一个，手里牵一个；后头小黄还拉两个穿叉叉裤的……”

说得向姐姐的脸通红通红，惹出了山坡上一串一串的哈哈。

·

正准备去吃饭，听到山那边有人喊，大家都拄着锄头听，有人责备着旁边人“不要讲话”。听见了，原来是叫我的：“吴国韬的父亲带信来——要他去接他的哥哥——”“啊，他到了！”我兴奋起来，不过已到这个时候了，心想：“今天怕是去不成了。”

吃饭的时候，又有人带信说，要我今天一定赶到城。我急忙吃完饭，顺便在邮局拿了《武汉晚报》和《长江文艺》，时间是下午三点多。到了家里，和父母商量一下，决定立即动身，到城去接哥哥，就是摸夜路也要赶到，何况今天是有月亮的。

出发时，将近四点。我把从体育课上学得的竞走和跑马拉松的技巧，都用上了。时走，时跑，脑子里在尽量回忆对哥哥的印象，又从后来的照片上，想象他现在应该是怎样的模样。走到两公里处，月亮已经代替了太阳，而且，月光渐渐能把我的影子投在地上了。“扑扑扑……”蓦地飞起一只野鸭，打断我的思路。不过很快，我又恢复了海阔天空般想象。我时而想到，久别重逢，共叙天伦之乐事，那是多么的令人陶醉！时而，思路又转到参军上了。我想，无论怎样，自己要有志气，要能自立。这一次，若能遂意，该是多好。我多么憧憬那种充实的、紧张的、有意义的战斗生活，哪怕是危险的。

那19公里的路，走完了。眼前是万家灯火的恩施城。我的心分外激动。我们将在哪里会面呢？是在客栈，旅社，还是红庙呢？南门客栈，不可能；其他的客栈，也是不会住的——我想。有可能就是清江旅社。我径直走到清江旅社。清江桥头上，吹着寒冷而又湿润的河风，我手里的挎包和头上的帽子，都要防备着被风吹走。

清江旅社，到处是陌生人，南腔北调，有的在烤火，有的在买馒头，有的在交谈。这么多人中，就没有我要找的那一位。想去查一下旅客登记，又说会计到什么地方吃饭去了。等了一刻多钟，仍不见回。我急了，找女服务员，要她带我去找会计。她问我：“你要找谁？”随即拿出了旅客登记簿又说：“你看这上面找不找得到。”

我说："我就是要这个登记簿嘛！"不过，我找来找去，上面没有陕西来的客人。只好去邮电大楼打电话，很顺利地接通了。电话里，听到二姐的声音，知道哥哥就在她那里，刚才是送秀姐到学校去了，还没回。

拔腿向红庙前进。路上遇到几乘讨厌的汽车，不仅它的灯光逼人，而且后面拖着厚厚的灰尘令人窒息。快到农科所了，辨别得出路上有一个人影，渐渐地大起来。借着夜白，可以看得见他背剪着手，而且个子异常的粗大，步子很稳重。我们都相对走着，距离渐近，我早就怀疑他就是……为了慎重，我没有贸然喊出。忽然，对面停住了脚步，显然在端详考究着他对面的来人。

"是不是国韬？"——声音是那么熟悉，亲切，清朗，温存。

"哥哥，我们在这里相会了……"满腹的话，一时真不知从何说起。内心的激动，使我变得迟钝起来，只顾走路了。

他却连连发出感叹："哎呀，你怎么比我还高些了！看……哎呀，我们都是大人了，变化真大！变化真大……"最后一句，他说得轻而缓慢，似乎在深深地回忆着什么，又遥想着什么，意味深长。

我总想不到什么恰当的话说，或者发问。还是他，不用我问，自己滔滔不绝地告诉我："哎呀，这一次算是很顺利。我是上月二十号，从靖边，再到宁夏银川……在成都玩了一天……在重庆玩了一天……因为船在巴东不靠岸，就在万县玩了两天，再坐汽车到利川。在利川，我给二姐打了一个电话，我说我到了利川，她很惊奇，说，'呀，怎么你到了利川？说都没听到说！'又说到时她到车站接我。我四号就到了。刚才，刘永秀回去，说有些怕，我送她到了什么三孔桥才回来。大概你的电话打了没多久，我就回来了。我计算时间，你这时也应该到了，出来就接到你了——这一段路，你怕不怕？"他这样问，一定是知道我前几年患神经衰弱症，就是白天走路，有时遇到转弯的地方，都会害怕惊悸的，别说走这样的夜路。我立即答道："不，我胆子比以前大多了。"借着夜白，我再仔细看了看他，觉得先前脑海里捕捉的模样不切合实际。他的模样还是那么熟悉：宽大的脸庞，常常因为笑，露出一个大的笑靥，一口整齐雪白的牙齿。

我的话，也渐渐出来了。已经到了农科所，二姐不在家。在路灯下我们又互相地端详着。他头上戴的那顶耳巴帽，似乎还是四年前回来时戴的那一顶，虽然旧，但还是很干净，可能才洗过。穿的是一件旧棉衣，棉裤也是打了补巴的。

简朴——这是我对他这次回来，最初的一个印象。

到了房里，他又发起感慨来：“哎呀，你看我们都成大人了！”说着，望了望墙上贴着的两张学习优秀的喜报，是永青学校送来的。又说：“永青也那么大了，在学校里念书，还很不错呢。”随即，他掏出烟盒——这是四年前在他身上没有的——给了我一支，划燃火，我们的香烟都点着了。顿时，房里从两处升起缕缕青烟。我们吸着烟，说着话，享受着人间稀有的乐趣和甜蜜。

二姐来了，我们姐弟三人团聚了。哥哥掏出烟盒，开始装第三支烟了。二姐不抽，依然是我们两兄弟在喷云吐雾。二姐一来，气氛更热烈了。虽然没有生火，我们都感到很热。这种热，发自于火一样的胸膛里。我虽然疾走了四五个钟头，六七十里路，但一点也不感到疲倦，是神经系统的亢奋现象吧。

“已经十点了，咱们休息吧？”哥看了看表，征求意见。

“还早，迟一点不要紧。”我说。

直到十一点，我们才上床。我望着通夜不熄白亮的电灯，久久不能入睡……

不知是何时进入梦乡，当我睁开眼，依然是白亮的灯光，有些刺眼。我扭转头看，哥熟睡着。我又扭回头，看窗外的天空，漆黑的。我睡不着，似乎尿胀了。尿一胀，又越发睡不着。掀开被子，跑下楼尿了，却并不多。看时间，才五点半，也就是说，我只睡五个多钟头。

这一上床，人是越发清醒了。望着窗外的天空，由漆黑而深蓝；由深蓝而淡蓝。这块淡蓝色的调色板，好像被水不断冲洗，直到变白。继而，又由白渐渐地粉红起来——旭日要出来了。哥哥也醒了，我们先是谈昨晚睡得如何，然后又谈恩高的情况。

二姐的菜饭已经弄好，我们洗罢脸，一人抽了一支烟，去吃早饭。早饭后，我与二姐去买了一些面条、豆干、豆豉之类，又不知她在哪里弄来两斤杂糖。

下午，姐弟三人一道进城，我推着自行车，车上驮着六个包包。沿途，主要是哥哥讲话，什么长城啦，沙漠啦，银川啦等等。二姐因为家里有小家伙，不敢久待，时间显得很紧。她像个“都管”一样，想得周到，行动迅速，果断利落，大有雷电行空的味道。事情也是太多，她还是到了五点才回去。

剩下我们兄弟俩，在洪哥单位的房间里住下休息，有几位洪哥局里的同事来问候，还上了开水，发了炭火。有一位，还是咸丰中学毕业的，他惊奇我长得这么大了。我也暗自惊奇他已经显得过于成年了，几乎是有些老了。

擦黑，两兄弟去清江旅社吃饭。饭，是白米的；菜，是一个火锅。一元五角，一大耳锅的菜，两人花了很大工夫，还是无法吃尽，可惜最后还留下一锅底的油汤。吃罢，我们回到专署农业局，两人对着火炉，边抽烟，边谈白。记得他说了，他是很安于在陕北工作的。

次日，即1963年1月8日。我们吃了早饭，打点行李，又去买了一条扁担，出发到芭蕉。昨天用自行车推这几个包包，倒不觉得，今天挑在肩上，才知道有些透不过气来，更不便于谈白。我深悔为什么不要自行车，不然，用车推着走，要好得多。

不过，事情总是凑巧，我们在南门等到了车。同车的还有一位姓钱的，也是咸丰中学毕业的，我还认识，又是哥哥前后同学。这么一说起来，他们的谈话就没有止境了。谈的内容主要是过去的同学在做什么，似乎都是与大学有关的人和事。我是亲近大学的，但大学总是要疏远我。听他们谈着这么多的大学，又使得我想与大学亲近。但是，这也是落花有意，流水无情啊；我喜欢大学，大学并不喜欢我。

那姓钱的，讲一口半通不通的普通话，我觉得很不顺耳。回家乡了，说说乡音多好，多亲切，又不是在外地需要和别人交流。同车的还有一位，是我在咸丰中学的同学，没有同过班，模样很熟的，是钱某的堂弟，大概也是接兄长的。我看他也是老了许多，几乎没认出来。因此，我想到，我也一定是这样，老了许多吧，何况别人都说我很"催老"呢。

我们在草籽坝伞厂下车，步行到家。父母都在家，见面非常激动，只顾问几时动的身，沿途怎么样……有时问了的问题，接着还要问，这自然是久别重逢，十分激动，只顾问，没有听回答的缘故。这一下午，似乎就是在谈，洗，吃饭之间度过。

晚上，父亲催我们早睡，怕说话多了影响身体。我想，这是吸取四年前的教训。那次哥是去西安上大学后，第一次回家。当天晚上都兴奋得不得了，谈话没有个完。到了半夜，哥流鼻血不止，随即找滑竿抬到专医院治疗。于是照父亲吩咐，我们晚上八点就上了铺。

哥接回来了，我不可能整日在家陪他，仍然要去上工。早上在家里劈了一些柴，吃了早饭赶到场里。刚到河堤，就有人喊我，说“我们在这里淋麦子”。于是就开始了挑粪淋麦子的劳动。不消说，下午一放工，就回家了。哥哥和父亲都在房里说话，好像是讲他有一次同他们的局长，在沙漠里迷失了方向，黑夜中走了一晚，直到天亮才发现，这一夜是绕着原地，转了若干的圈。

在家吃了饭，又回场里去。哥给了我三支建华牌香烟，沿途薰着走。晚上开鉴定会。记得去年也是作鉴定，大家给我提了好多优点，讲缺点，他们说没有。今年，提的优点很有几条，缺点也有了。说我像个书呆子，又没有把这些知识拿出来用。我看提得也是有一定道理的。

芭蕉区文艺代表会召开，场里是我和小胡参加，据说要开三天。先是听区委李书记的形势报告，然后由文化馆曹馆长讲中央关于业余文艺宣传的方针政策。他要我们记住这样几句话：“业余自愿，小型多样，服务中心；农闲多办，农忙少办，大忙不办。”

我如今似乎老成一些了，对事物也不全凭个人的喜好。过去，对于什么湖北大鼓、渔鼓、三棒鼓之类，是毫无兴趣，从未有过好感。其实那是对民间文艺无知的表现。这一次，要学这些文艺形式，我也想认真了解一下。

晚上回去，想看一下哥哥，不期然他又到城里去了。只好又赶到区公所参加讨论会。讨论的内容是结合两个报告和农村形势谈体会。头炮无人开，我也没打算讲，想到这样多的人，何愁无人发言。哪知冷场好久，没有一个人打破僵局，曹馆长就点到我打头一炮。无可奈何，讲了一些很原则话。

第二天上午，仍然是接着昨晚的讨论，会场僵局已破，发言比昨晚活跃，而且讲俏皮话的越来越多了。我这才感到，芭蕉恐怕还算个俏皮话之乡，难怪出了向开榜，苏永清这样一些民间艺人。各个公社来的，总有几个出口就有笑话，说得让人直不起腰来。下午开始学业务，先是文化馆王隆钊等作了几个表演，然后又作演出技巧的讲解，这使我增加了不少曲艺戏剧方面的常识。比如，王隆钊同志讲演出，眼睛一定要和观众交流，要用眼睛拉住观众。这一点就实在重要，莫说演戏，就是老师上课都是这样。会教书的老师，眼睛是有神的，“拉得住”学生。又如表演湖北大鼓，根据情节，要扮作谁讲话，该进入角色时，就要“钻进去”；不扮演这个角色了，就要一下子“拔出来”。有时一人要扮作几个人说话，都要及时地“钻进去”，又适时地“拔出来”，使观众如临其境，如见其人，才有可能生动形象，吸引观众。我感到，这些常识，不说回去作导演，仅就自己欣赏别人的演出也很有好处的。不说演出，就是平时开会说话，做演讲都是可以参考借鉴的。

分开学习的时候，我学打湖北大鼓。但是，我感到自己还是缺乏这方面的细胞，学了好久，一个鼓点也没学会。

傍晚，送了两斤肉回家，是供销社供应的。接着又到区公所，参加晚上的学习，继续练湖北大鼓。“拳不离手，曲不离口”，几个学员都不停地哼哼唱唱，什么“本秀关门扎鞋底呀……”，有的也忘乎所以，唱成了“专门点灯扎鞋底……”，引得大家哈哈大笑一番。

文艺会的第三天下午，是文艺演出班的作街头演出。还是王隆钊的湖北大鼓《喜中悲》，博得观众的热烈喝彩。我发现，在他演唱的时候，观众完全被他的表演吸住了，随着情节的变化，在喜，在悲，在欢笑，在发愁……观众也都“钻”进他演唱的内容中去了。王隆钊演出的节目，使我感受到了曲艺的魅力。

街头演出之后，才下午三点多钟，一中老同学福双，借来自行车给我骑，当时那种高兴的劲头可想而知。我是刚学会驾驭这个“洋马车”，只是在操场里打转，并没上路去做过一次实际意义上的远征。这次跨上车去，就野心勃勃地向恩施方向蹬。

推了很长一段上坡，上了黄豆口，心想，下坡就舒服啦。果然，跑下坡，不费一点力，人只要坐在上面，车子就如同脱缰的骏马，奔驰起来。公路像一条白布带，向后呼呼退去，远处的东西，扑面而来……舒服，舒服，太舒服了，自己也太威风了。我自豪地唱起来：

我们像神奇的骏马，
奔驰在草原上，
啊哈哈嗬依……

车子一跃到了草籽坝，又下牛鼻子洞那一架坡。前面出现一位老者和一个中年人。我摇响铃铛，老者往左边靠。车子在飞驰，我选择了“航线”。然而，老者又向右边的中年人走去。就在这一刹那间，我的车也飞驰而至，急刹车，不顶用，扭转龙头，车的前轮已经触到老者的左脚。我摆脱不了牛顿第二定律，从车上摔了下来，左手触地，在铺满沙子的路上，手掌擦破了皮。幸好，老者并没受伤。我向他道歉，他却笑着对我说："才学骑车子，都是这样的。"继续和中年人一道，走他的路。宽厚老者的原谅，使我更加惭愧不已。

我检查自己的伤，左手掌已经出了血，擦掉的一块皮，是翻在一边了。幸好自己还戴了手套，似乎有先见之明，不然后果会更严重的。我一点不气馁，驾着车"返航"。

哥哥这次是回来结婚的，结婚的正期定在 1 月 24 日（农历壬寅年腊月二十五日）。眼看日子近了，要帮忙做些事情，就向场里请了假。

头一件大事，就是要远征黄泥塘，买一头羊回来。这是父亲与五中张主任的爱人梁伯安老师讲好的事。我的任务就是到她老家黄泥塘的蛇蚤林，找到梁老师的父亲，把羊买了弄到家。

腊月二十一的这一天，天气很好。我在场里邀了德泽，一路去黄泥塘。德泽老家就在黄泥塘，所以，这一路他十分熟悉，我只需跟着他走就是。后来，德泽故意要我走前面，遇到岔路，他就让我作选择。几次，我都发生选择错误。德泽说："如果我一个人走，遇到前面有岔路，往往选择往上走的那一条。这样，就是走错了，再从上往下走，总比从下往上走容易。"我佩服德泽的精明。

从芭蕉到黄泥塘，本来不必经过甘溪。不过，甘溪这个名字，经常听人说起，觉得这地名极文雅，富有诗意，非常吸引人，因此想到甘溪看一看。于是，从高洞子分路左走，约四五里便到了甘溪。听说甘溪是有一条街的。走近一看，也是不假，不过也就是十来户人家，分居于一条石板路的两边，这么一条小小的街。然而，甘溪显得幽雅和古朴，旁边一条小河，蜿蜒流淌，具有一种特殊的韵味。如若是画家采风，选到这里来，是会大有收益的。

我思索着，这里为什么取名甘溪。回想方才走过的沿途，一过杉木梁子，到后池，就是淙淙小溪，总是与我们为伴。溪里的水，清得实在可爱，真个是一清见底，连小沙粒都看得分明。但是，看不见鱼儿。我想，这是因为水太清的缘故，鱼儿们都乐意住在自己的水晶般的深宫里。溪水是不是"甘"，我没有功夫考察，但看见这清亮亮的样子，似乎也可想而知了。而溪水两边的山，哪怕就是在这冬季，都是峰峦叠翠，青绿的树藤，长得密密麻麻。也有几处绝壁，如刀砍斧剁一般，看来有几分狰狞险峻。如果像我们场里搞年终鉴定，要给这一带的山水，既肯定优点，又找一点缺点的话，我便说：这里的水好，只是寒了一点；这里的山好，只是险了一点；这里的气好，只是肃了一点。当然，也许这正是冬季。

离开甘溪，去黄泥塘，又有一个令我新奇的景观：山坡上，到处有片状的岩石。这里搞梯田化，有着得天独厚的条件。我看到好些山地的坎子，就是用这样的石板，整整齐齐砌起来的。路，不消说，也是石板镶嵌的。许多人家的墙，也是石板垒起来的。甚至，连瓦片也是石板代替的。据德泽说，五八年，这里的石板，往恩施城运去不少。还说，这样的片石山，一直连到了九道水。而在甘溪与九道水中间，有个地名，就叫：石板溪。

出甘溪不远，我们见到一栋大房子，可惜几处坍塌，多有毁坏。留下来的墙壁上，还看得见原来的花纹图案。有一处，是用花瓷碗和许多碎片镶嵌的大“壽”字和“福”字。此外还有一些浮雕，构图都很精美。有一墙，据德泽介绍，是双层的，为隐藏珍贵物件特别设计构建。

在从甘溪到黄泥塘的途中，德泽遇到了他的表哥，他便折身到恩施城去办事了。这样，我只好一人走着陌生的路。这一路走来，发现到处都可以看见柚子壳和抛弃的瓣皮，柚子米也到处抛撒着。河滩上，许多人家都有柚子树，长得绿油油的。从柚子树下经过，发现地上掉落着一个一个金黄的柚子，并无人理睬。我到一户人家借坐，主人家还用柚子招待了我。这黄泥塘似乎是个柚子之乡。

先到了黄泥塘的老街，没有多少房子。最大的一幢，大门上边写有“福寿宫”字样，如今做了面坊。街上有户人家，大约办过喜会，写着“酿黄花酒□□□□□；结钟府婚烦贵宾远来”之类的大红对联。猜想，这户人家是姓钟吧。黄泥塘的正街，仿佛比清江桥也长不了多少。整个街可说是由一所小学，一处邮局，一个税务站和一两间百货公司的柜台连接起来的。

我的目的地是蛇蚤林，距离黄泥塘还有四五里路。承蒙几位当地人指引，特别是有一位，生怕我找错路，还专门为我引了一段路，让我顺利找到梁伯伯的家。一棵老远就可以看见的大树，下面是一个院落，梁家就住在这个院子里。我是在院子不远的一个榨坊见到梁伯伯的。说起羊的事，他一心要我牵活羊回去，听他的口气，大概是本来这羊就喂亏了本，如果再加上税和屠宰的工钱，就更加划不着了。我一再坚持就地杀，我背羊肉走。后来他也同意了。

傍晚，我在榨坊看榨油。他们榨的是木梓树油。至今我才知道，木油首先是将木子磨碎，然后碾细，再蒸。蒸后做成饼，将十四五个饼放在榨槽里，然后，加上楔子，用撞杆打楔子，又不断地加楔子，再使劲地撞击楔子，把油硬挤出来。几个身强力壮的汉子，握住悬吊着的撞杆，一齐用力，猛击楔头，油就如山间春水一般，泻了出来，流到下面的盆里。

当晚，我就在这榨坊里吃晚饭。饭是苞谷羼米饭混蒸的，菜是合渣。在这个榨坊里吃饭，也是别有风趣，从来没体验过的。打油的人，都很热情，给我让地方烤火，问这问那，都十分朴实，敦厚。

坐得闷了，走到外面漫步，雀鸟在叽叽喳喳归巢了。浓密的大树，被寒凉的风吹得飒飒直响。无叶的树枝，在风中颤抖着。满坡的茅草，也被掀得前俯后仰。我伫立在山岗上，望着几棵秃尽叶的树枝，筹划生计，似乎又并没有什么可筹划的。又想到，自己一定要设法出夔门，到平原，看江南，去塞北，望长城……

回到榨坊，依然坐在灶前烤火。面前的大火，烤得人暖洋洋的。打榨声中，我眯着了，似乎还做了一个适意的梦。怎样的适意，我记不清了，只晓得，我从板凳上，一屁股跌在地上，惊醒了，梦也被跌碎了。梁伯伯因此也把我引回家，上床睡了。

恍恍惚惚觉得已经天亮了很久，外面却很寂静，除了邻居孩子的哭声和母亲哄孩子的声音之外，偶尔听到几声乌鸦的鸣叫。一时，这些声音都没有了，可以听到隔壁火坑中，有柴火燃烧的哔啵声。

我起来时，梁伯母已经在切萝卜做菜了。而且，知道梁伯伯把羊都杀了，正在剥皮。这是一只麻羊，有三十多斤肉，按“羊半头”的理论推算，活羊也有六七十斤。

吃了早饭，我背了羊肉回家。走在路上，想到事情已经办妥，有说不出的痛快。我抽出了仅有的一支香烟，含在嘴上，点着火，向芭蕉走去。这是腊月二十二，黄泥塘二五八逢场，又是一个腊月的场，街上挤满了人，我买了一个柚子，下蛮（使劲）挤出了街头。

走到马河滩田家，德泽请我在这里给他带面条回去。我到的时候，面条刚装好。田家二兄弟很是热情，先送给柚子半个，味道还真是不错。柚子没吃完，又端来肉丝面一碗，幸得自己是有些功底的，不然，这大一碗面，一般人是吃不完的。

马河滩建有一座永兴桥，桥头树立几块石碑，一边歇气，一边将碑文记录下来。走到后池，又有一桥，名曰：慈善桥，桥头也树一石碑。将两旁对联记录了，碑文却因天色近晚，不能录下，只记得开首为“恩邑南乡……”，又有“道路不平，邻里之耻”的话。

所记对联，碑记，后收入我的《随感录》里，也是“文革”初期工作队焚烧掉了。也不知如今这些石碑还在也不在。

过了后池，与一个小理发师走在一起了。他说他是清早就到了黄泥塘的，一场剃了五块钱的头才回来。他人小，说话还挺上腔。他知道“鸡鱼面蛋，赶不上火烧的黄鳝”，不过，火烧黄鳝要如何烧，才真是好吃……

回到家已是点灯时分，哥哥他们还等着我吃晚饭。

腊月二十三，场里的事情还算比较消停。我到场里去收了团费，问了一些情况，去取了几封信件，又回到家中。大家围着火，讲笑话。哥哥讲了相声里说的，牙齿长得好的就说，我“姓秦”，“年龄十七”，会做的事是“弹琴”；牙齿长得不好，就说“姓吴”，“年龄十五”，会的是“打鼓”……他又善于将这些笑料作一些理性化解释，在趣味性的基础上增加了知识性。

最忙的是腊月二十四。一个上午，我劈了一大堆柴。中午父亲打电话给二姐，问他们什么时候可以到，有多少人。所问的“他们”，除了二姐一家以外，还有一个重要人物，就是马上要升为嫂嫂的秀姐。二姐回答是：“正在城里找车，明天清早不到，下午一定到。”然而，正在吃晚饭的时候，父亲去接电话回来，欣喜地说了一句“何其速也！”他们已经到了芭蕉。

我两大口把饭吃完，准备去接。哥哥还似乎有些故作正经，做着慢吞吞的样子。我两兄弟出门，走到山岗，就见前面河堤上，一个人推着自行车——这不是洪哥是谁？他也来了，我很高兴。后面是两个穿呢子衣服的——那是二姐和新上任的嫂嫂。她俩的前面，蹦跳着一个穿红衣的小姑娘，那自然是永青，老远就听见她尖声地喊“舅舅——”这小家伙真乖！我问她：“你喊这么一声‘舅舅’——是喊大舅舅的，还是喊我的。”

她说：“两个都喊。”

我笑着说：“嗬！你这倒是一箭双雕了。”二姐他们也都笑了。

我们这一辈的人，这一下算是到齐了，这么热闹！可惜，我不能与他们一道回去，让父亲和母亲检阅，我还要跑到场里去买皮蛋呢。买皮蛋算是很顺利，买了就回。已经点灯时候了，我的脑子很杂乱，在河坝里打了一套太极拳，才回家。

屋里一大家人了，很是热闹。洪哥和哥哥在新房里坐，谈得热闹极了，尽是什么陕北，延安，靖边，银川，长城，沙漠，王家坪，枣园等等。这边是母亲，二姐，秀姐，在一边忙饭，一边谈着车是开得如何快，把带的东西都震坏了，谁有些晕车等等。永青是一下飞到这边，一下飞到那边，嘴里不时在吃着什么。

他们突然提前来到，使我们分外欣喜，也感到忙乱。晚上忙着弄饭，烧洗澡水，又忙着收拾房间。大约十点多钟才安顿下来。

腊月二十五，哥嫂结婚的正期。我们家里办喜事，这算是第一次，加之又是四年未有的大团圆，因此很不寻常，十分热闹。

我打杂，从早上就开始，洗菜啦，挑水啦，后来又到厨房，转去转来地忙着，也十分愉快。一直到把客人请上桌子。

晚上举行结婚典礼，哥哥嫂嫂腼腆得不得了。主持婚礼的是五中的贺校长，他一项一项地叫着，前面的几项，什么向人民领袖致敬啦，向主婚人证婚人致敬啦，哥嫂都照着做了，到互相致敬就好像有些做不来了，还要主持人叫了几次向左向右转。他两个，怎么到了这时候，讲话也讲不来了，唱歌更是喉嗓梗塞，挤都挤不出来。

有趣的是四姐。安排她作介绍人讲话，她站起来，笑着说：

“今天找我作介绍人，我感到很奇怪……”四姐人很胖，有时又叫她胖子四姐。她和丈夫云霞哥，都在芭蕉银行工作。四姐很会说话，有时和父亲谈白，口若悬河，滔滔不绝。我自然清楚，四姐不是介绍人，反倒我是帮了一点忙的。可是，今天，你这个四姐啊，是利川人说的“涮坛子”（开玩笑）了，你怎么能说“感到奇怪”呢？我看，以后这自由恋爱的结婚典礼，不要列介绍人讲话这一项。不然，还会遇到四姐这样“感到奇怪”的介绍人。

结婚典礼是一个取笑的会。哥哥在说话时，说了一个“千里姻缘一线牵”，嫂嫂说了一句“千头万绪不知从何说起”，就成了别人钻空子的所在，都抓住这两句话，大做文章。后来，有人提议，要他们唱“崖畔上开花”，他们是怎么也不唱，于是，大家又逼着他们唱，他们还是稳起。我想，他们平时都是会唱歌的人，现在怎么这样不爽快，不由得说了一句“才恼火啦！”这一下惹祸上身了，人们便转过来，对我借题发挥，要我谈感想。我便之乎者也地遮了过去。

散会大约是到了十点。

次日，二姐、洪哥他们要回去上班了，我送他们上了公路，接着回到场里。听说前次开会选队委，我被选为会计，又是我搞不来的事，不知如何去做，只好到时再说。

下午去理了发，在场里写了十多份奖状，又写了几幅对联。

给场大门一副：

展集体经济美好图画

看共产主义幸福远景

横额：前途光明

职工宿舍大门一副：

修补地球装点关山植下桃李漂漂亮亮

绘出宏图建造楼房搬进新居对对双双

横额：大办农业

下午在场里吃了团年饭，回家时，半路遇到哥嫂，一同回到家中。

腊月二十八的这一天，我和哥哥上街买米。走到街头，忽然发现关山下面有些异样，使我怀疑自己的眼睛。后来证实，这里昨晚蒙受了灾难：我很熟悉的芭蕉卫生院，被一场大火焚烧殆尽，断墙里面，还冒着缕缕青烟。芭蕉卫生院，是我们劳动时，经常要路过的地方。我还常常在这里看报纸，里面有一位年轻的医生，姓骆，待人极其诚恳，似乎是广东人，他说话总是轻言细语，而且故意放慢速度，生怕我们听不懂似的，我们也混得很熟了。现在这房子烧成这个样子了，骆医生他们卫生院的人，该怎么过这个年呢？

到粮店买米，已是四门紧闭。又去到场里，打了一斤酒，称了半斤糖。哥哥在这里，看了我画的画，赞许我的生活很有意思。他随意的赞许，给了我很大的鼓励。仿佛意识到：人只要怀有一个好心境，是可以创造自己有意思的生活的。

好久没有过这样愉快的年了。除夕之日，一家人团聚，共话乐事，又有丰盛的酒席。我们似乎都有一个感觉：大灾之后，尤其是从去年以来，生活好转很快。今年比去年好，明年一定比今年强。我在报上看到，一些资本主义国家报纸，都不得不估计中国的经济情况将进一步恢复好转，还是我们的社会制度优越啊。

晚上和哥嫂守岁，又煮豆皮吃，海阔天空的漫谈。我问了好多有关他在大学的情况。

大年初一，从清早起，就有不少人来拜年，多半是在学校里过年的老师，互相走走，互致祝贺。随后又有四姐，还有嫂嫂的同学一干人。

下午，我到场里去，有小胡他们在收拾行李准备回家，还要送给我两封糕，真是好意难却。走到场办公室，恰逢场长他们在吃饭，他热情地递烟，找座位，拿来筷子，要我一起喝酒吃菜，又是好意难却。

大年初二，早起读《孟子》，写《随感录》，誊写桥的碑文。大约十一点，随哥嫂一同去芭蕉银行四姐、云霞哥那里。云霞哥是湖南宁乡人，人很和善，常常眯着眼，微笑着。他很健谈，却说的是湖南话，让人听起来很费力。主要是哥和云霞哥交谈，我听到他们说了许多地方，特别是湖南湘潭，长沙，韶山，宁乡讲得不少，也提到毛主席，刘主席，胡耀邦等等人物。我听别人谈话，每每涉及人物，还并不陌生，但若一讲地方如何，除了凉水埠，咸丰城，恩施城，芭蕉，黄泥塘，富尔山，其他的就陌生了。

从四姐家出来，又到五中黄书记家去拜年，只有他夫人在家，还强留了我们吃醪糟。

这几天就这样，相互走动，迎来送往，亲朋好友，共贺新年——过春节真好。

除了走动拜访，我们也找到一些娱乐的方法。我开始学下象棋，哥让我一车、一马，有一次还下成了和局。又与他下成三棋，棋子，我用柚子米，他用花生米。据说，这棋又叫放牛娃棋，因为它随时可画棋盘，随地可找棋子，走法又简单，是很适合放牛娃的。又与邻居朱老师的儿子海亮，玩佛尔豪斯的扑克游戏。还有一个新的发现，就是笑多了还会引起头痛，因此听笑话只能控制在一个小时之内。家里面待的时间多了，一天，父亲邀我们一起登后面的山，连母亲都参加了，这也是少有的事了。

当然，难得相聚一次，最多的还是交谈。一天，谈到我今后的生活，哥说我能在现在的地方，好好工作，好好劳动，深入生活，经常练习写作，今后能写一点东西，也是有意义的。过三峡，出夔门，今后也是有机会的，不必操之过急。我觉得他讲得也很有道理。

或许是由于这段时间说话多，笑得多，因此，晚上做梦也多。能够记忆，有一点头绪的是：我来到一个地方，山很高大，山间有一条小河，前面有一个平坝，突兀地立着一些大石头。这石头中，居然有一块巨大的地名牌，上书醒目的“南乡”二字。于是疑惑起来，这不是前次去黄泥塘时路过的马河滩吗？那里有座永兴桥，桥的碑记中的话：“恩邑南乡之要津……”我再环顾了一下，确信，这正是走过的马河滩。正在这一刹那，大石头后面，跳出几只狗来。一条大黄狗，直向我扑来，我急了，向后退，退，一个倒跟斗——我掉到马河滩的河里了——也就在这一刹那间醒了，额上沁出了微微的汗。

按照场里要求，正月十三上工。这是开年第一天上班，我到了场里，一共只有三个人。

我去镇上几个单位卖萝卜，先挑一担，穿过街到了小学。芭蕉小学的厨房里挤满了烤火的人，有认识的也有不认识的。见到我这个卖菜的，都很客气。他们明明见着我挑着担子，还是连连喊我“坐，坐，坐!”，还有装烟的。有的还称赞说：“小吴，你真能吃苦了!”我觉得现在人们的眼光，确实与过去不同，对做任何体力劳动的人都给予尊重。

给小学送了两挑萝卜之后，接着又给茶厂送了三挑。天上在飞雪，也就停工了。去卫生院给发了炎的左眼上了点药，贴了一块纱布。沿路走，有几个不懂事的孩子，叫我“独眼龙”。我深感这独眼龙也的确是不方便，一个人若只有一只眼睛，是多么苦恼：脑袋总得比平时多扭转一些，而且还看不真切，高低分不清，远近看不明。走到家里，都正在等着我吃饭。

正月十四，哥嫂回门去，想买两把雨伞。我清早赶到伞厂，却说要下午才能得到。回到街上，父亲刚把哥嫂送到车上，约定我明日进城，将雨伞带去。场里的人都去听报告了，等我赶到会场，徐部长已经讲到第二个大问题了。

晚上，与马书记，周会计、老任研究了一些工作上的问题。我不知曾会计调到哪里去了，新来接手的是一位女同志，姓周。周同志人很漂亮，却又朴素大方，对人很爽直，很亲切，似乎与一般的女同志气质不一样。

元宵节，我和父亲进城去。在伞厂买了两把雨伞带上，走到城里，依然住交通客栈。这里虽然房子设备不如清江旅社，但住宿费要便宜一半，又比另外几个客栈干净，位置也合适。主人似乎已经认识了我，一去就登了记。

次日，吃罢早饭，在邮局给红庙打电话，询问哥嫂是否在红庙。哪知对方说，听不清我的话。我没有打电话的经验，就放大声音，而且，用手卷成一个喇叭筒，想把所有的声波，都灌进送话器里去。殊不知，愈是这样，对方愈是喊听不清楚，居然把“吴”听成是“王”。幸好邮局的同志给我帮了忙，再接通电话，听见是二姐的声音了。她说，哥哥在官坡，我和父亲都很诧异，不知为何到官坡去了。于是与父亲商量，决定由我一个人前去探听一下消息，他就在官坡下的橘园等着。

我算并不困难地找到了他们的所在，在官坡小街中段。那是嫂子的幺姨妈家。但是，他们俩却并不在，恰恰又是找我们去了。我一进门，立即变成姨妈家里的客人了：烟来了还未点上，茶又来了；茶还端在手，一碗炒米子又来了——真是多谢幺姨和幺姨爹了！

米子吃完，他们又执意留我在这里等哥嫂回来，一起吃饭。诚然，我是断断不能的，因为父亲还在街头等着哩。

我坚定不移地告辞了。走到官坡街头，父亲正在风雪中等我，他的旁边，是一片碧绿的橘树——岁寒的第四友。把打探的情况向父亲做了汇报，父亲主张“坐地等神”，就在这里等候着，他们一回官坡，我们就能看见。我又担心他们也来一个“坐地等神”，在交通客栈等着我们，而且来个等不到，誓不罢休，那才是糟糕透了！我提议和父亲分头去找，然后在交通客栈会和。父亲依了我的意见。

和父亲一起走到舞阳坝，即将分头找寻的时候，看到他两口正好从对面照相馆走出来。我们终于见面了，自然彼此都表现出意外的高兴，也彼此陈诉了找人的苦处。唉，这也真是：“人找人找死人。”——那时候的人，也是想都想不到，几十年后有一种叫“手机”的东西。若是有这么一个小东西，哪来这许多找人的麻烦！

我们要急于邀集在一起，首要的是一起照一张相。现在就差二姐了。我要争取时间赶回芭蕉参加劳动。因此，又去打电话给二姐，要她赶来照相。电话却总是打不通。哥哥说，原本他和二姐商量是后天照，就等到后天照算了，要我多耽搁两天，想来问题也不大，这样的机会也是太难得了。我也只好默认了，于是一同走到橘园分手。哥嫂仍去官坡，我们走出橘园，便是一河清江碧水展现面前。

和父亲过了渡船，回到了交通客栈。

我和父亲商量，下午干什么呢？父亲提议游五峰山。父亲对五峰山有着特别的感情，解放前夕，他就是带着哥哥姐姐在五峰山迎接恩施的解放，又一同进入革命干部学校，以后参加工作，去到咸丰。我也觉得，五峰山真是百游不厌。过去我曾几度游过，第一次是刚从咸丰到恩施，父亲带我游过一次，登上了连珠塔。那是风急天高的秋天，连珠塔顶，凉风呼呼直往里灌，使我颇有“高处不胜寒”的感觉。以后又来过多次，以春暖花开的季节为多，还有两次是夏天，唯独没有在冬天游过。

这一次是在刚刚立春的时节，五峰山还沉睡在隆冬的气息里。棉花般的雪朵，漫天飞舞，打到了脸上，有时还钻进眼睛里，冰凉冰凉的。地上还留着大块的萝卜没有收获，雪花飘飞其上，要给它们盖上一床棉被。

父亲知道五峰山的过去，那是荒山和墓冢的所在。如今，五峰山的农民，用他们的双手，把这里变成了美丽的乐园。今天，尽管是风雪交加的日子，他们还忙着修坎、补路，到山下去挑粪。这使我想到“人勤春早”这句话了。

尽管雪花飘飘，我却并没有寒冷的感觉。仔细察看：春天毕竟是在慢慢地移步人间了，你看，桃李旁逸斜出的枝条上，已经打出一粒一粒的花苞了；苹果、梨子向天挺起的枝丫上，也微微点缀了黄绿色的叶芽。不必追究是春催桃李，还是桃李催春，这春天的来到，已经由这些花苞和叶芽，报告给我们了。

我们去到烈士陵园，瞻仰墓碑，阅读碑文。一座新墓，是石源同志的。在石源同志墓前，父亲讲了1955年肃反运动时，石源亲自给他谈过两次话。第一次，他很严肃地要父亲坦白交代，如何加入八县中学校长反革命集团的，又是如何进行反革命活动的，并严厉地告诉说：别人都已经交代了，你不交代，是会从严处理的。当时恩施地区的最高首长，对他如此严厉的谈话，使他感到特别紧张，想到这一次自己是必死无疑了，将自己心爱的，用过多年的一副平光水晶眼镜砸碎，丢进了茅坑。他想，如果“别人都交代了”是真，那他们一定是被逼得承受不住了，开始编造谎言，以图过关；如果这样编造就可以过关，那么自己也可以编造。于是，在这关口，父亲也“承认”是参加了这个反革命集团。接下来，便是步步追问，他也就步步编造故事，“坦白”自己的“罪行”。这个反省队里的人，都是被严格隔离的，大家无法交流半点信息。因此，都是独立思考，你编你的，他编他的。“上边”本来是觉得案子有了重大突破，然而面对张三李四各自所交代的“事实”，件件牛头不对马嘴，开始发觉，这个反革命集团乃是子虚乌有。

调查这个反革命集团的案子的过程长达一年。在1956年初夏，石源同志又给父亲谈过一次话，这便是第二次了。这次他显得亲切而又诚恳，明确说明这件事办错了，向父亲深深致歉，并问他今后有什么想法和要求。不久以后，所谓恩施地区八县中学校长反革命集团的全部人员，都重获自由，恢复工作，父亲希望到恩施工作的要求也得以实现。

我对父亲说到，在那些日子里，我和母亲在咸丰是何等艰难。父亲望了望石源同志的墓碑，对我说：“共产党做了许多惊天动地，改天换地的大事，也是做过错事的；能够认错改错，也是共产党的一个伟大之处。”

到了我们约定集合的日子，规定的时间是中午十二点。我抽上午的时间，去到土桥小学，给表姐林珍老师送雨伞一把，她又是亲热得不得了，跑去洗锅儿，大概是准备弄什么吃的东西了。我赶忙告辞，说时间不早了，怕失约，就大步走出门。她在门口一手提着锅儿，一手拿把刷帚说：“你硬是太讲礼行了！”

走到北门河坝，遇到栈房老板娘，她说：“快去，那是你妹妹还是姐姐在等你！”我想，这分明是二姐他们来了，真是迅速准时，匆忙加快了步伐。交通客栈，父亲，二姐和哥嫂都到齐了。问他们什么时候到的，二姐、哥嫂一行三人是十二点差五分，父亲是十二点整，我超过了五分钟。我们一行，浩浩荡荡奔赴舞阳坝东风照相馆。我们在摄影师的指导下排好队，准备留下一张珍贵的全家福，只可惜母亲不能来啊。

正要拍照的时候，哥哥说：“再不要把头偏起了，我也是喜欢偏……”我们都笑了。大概在我们的笑靥还未消失的时候，摄影师“咔嚓”一下捏了气门，把我们的笑脸都收到里面去了。

照了相，同在清江旅社玩了一会。大家的时间都紧，父亲明日将去宜昌学习，二姐就陪父亲去买车票，然后她也就回红庙了。我和哥嫂又玩了一会，同去吃了晚饭。其间，我闹出了一个笑话：我听哥说，他决定在清江旅社租一间房，我一口就接过话头说：“那好，我何不也搬过来住，两弟兄好……”哥一时没有说话，似乎在考虑着如何措辞，过一会才说：“刘永秀也还要在这里歇。”

◎1963年春的合影，
可惜母亲未能参加

“……”我简直太憨了，竟忘了哥已经是有家室的人了！

次日，1963年2月12日，是哥要启程回陕西的日子。早上九点半，我到了清江旅社，他俩正等着我。见我来，说：“来得正是时候。”一同去吃了早饭，然后收拾行李，去到车站。

十点半，哥上车了。汽车发动了，嫂子的脸侧向了一边——我看得真切，她从衣袋里掏出了手巾，捂住了眼睛——她哭了！

然而，司机又从驾驶室跳出了——原来这一盘是试车的。此后，司机又不慌不忙地上机油，做一些其他的准备工作。哥坐在窗口，我们又谈起话来，还一同抽了一支“晨光”牌香烟。

车子的马达又隆隆地响起来——嫂子的手巾又掏了出来……

发动机响得更加厉害了——嫂子的手巾又捂住了眼睛……

车子的轮胎转动起来，白色的客车移动了，已经走得不见了——不知嫂子涌出多少眼泪。我没有流泪，我感到自己现在的感情，已不像儿时那样脆弱了。记得还是读小学时，哥回咸丰过了一个寒假，再去来凤上学的时候，我狠狠地哭了一整天；晚上，睡在床上，连想到他唱的歌都引得出泪水来。

我遵照哥哥的嘱咐，送嫂子一程。一路虽然没有流泪，但是毕竟有一种空虚和寂寞的感觉，恩施城也似乎变得冷谈了许多。我们一同走进了新华书店，我选了一本《珠算大全》，准备要回场去当会计了。我特别满意的是里面讲除法的运算很详细，因为珠算的除法，我还一窍不通。我们从新华书店出来，就分手告别。她临别的一句话就是：“姆妈的病，几时有车就在城里来诊一下。”这足见她真是一个多么贤惠，讲孝道的嫂子——我想。

我也要回芭蕉了，路过新华书店，又身不由己地钻了进去，看见有一本《分阴集》，觉得里面的短文写得很有趣，虽然作者“繁星”并不知名。殊不知，这本书和《燕山夜话》以后还给我找了一点麻烦。

母亲是早就住到芭蕉街上了，那是在理发铺的旁边，租的陈友姐的房子。所以我这次从城里回家，先就到了母亲那里。一回到家里，就听母亲说，芭蕉小学的王校长找了我好几次，想来怕是要我教书去。晚饭后，我回园艺场，先顺道去了芭蕉小学，会王校长。他正在刮他那脸浓黑的胡子。他要我先坐下。一会，他清理完面部，便对我说："你愿不愿教书？"

"你们给场里商量了么？"我问。

王校长说："当然商量好了。这是区里调动的，我们没有权利要你来教书。这都是祁区长他们几个区委研究的。"

"是上面研究的，我自己没有什么意见，我是热爱教书这个职业的。"我答道。

王校长接着说："那你就去把场里的手续办好，明天就来参加我们的学习——这个学习很重要。"

他很忙，旁边还有一对夫妇吵闹着要离婚，似乎无法顾及与我谈话，我便趁此告辞。

走到场里，马书记、刘场长、周会计和光耀他们都在热烈谈论，内容多是年假见闻。我也加入了闲谈。马书记，刘场长都没有谈到我的工作调动问题，当然我也就不提及此事。

既然场里没有通知我去教书的事，第二天仍旧参加场里的劳动。这一天的工作是栽橘树苗。我和周队长、必林三人负责打灰线。下午在周队长家吃了一大碗冷醪糟。这醪糟大约有些劲头，别人见了，都说我喝了酒的，我自己也感到满脸的热辣辣。

走到街上母亲那里，见到母亲靠在藤椅上，脸色发红，看来人很吃亏。我叫了几声"姆妈"，她稍稍"嗯"了一声。我问："姆妈又不舒服了？"

"……"她没做声。

"姆妈是不是牙齿又疼起来了？"

"……"她还是不做声。我想，姆妈一定是不爱理我。

又问："姆妈喝不喝水？"

仍然没有答应。我想总是口渴吧，就倒了一杯糖水，递给母亲。母亲不接——想来怕是她不愿动手。于是，就给母亲喂，她果然喝了，喝完了。

我又问："姆妈还喝不喝？"

依然不答应。我又倒了一杯，又喂了，也喝尽了。然后，我问母亲："姆妈还没有吃饭吧？我来下点面条。"

我烧起火来，煮面条。正在这时，隔壁向奶奶进来了，看到母亲这个样子，就要我急忙烧姜汤。我用最敏捷地动作，迅速烧好了姜汤。喂过之后，母亲才稍稍能够开口。这时我才意识到，先前母亲是昏迷过去，已经不省人事了！这使我紧张起来，父亲还在宜昌，母亲的病全靠我照料了。此时房里围满了人，向奶奶又将母亲抱到躺椅上。我急忙向卫生院跑去找医生。手里没有手电，正走进湾里，昏黑之中，迎面看见一道微弱的手电光，渐渐走近。只听见对面来人发出话来："您刚从里面湾里来，碰见一个人没有？"

"没有呀，怎么回事？你是哪里的？"我说。

"不好了，今晚上有个女的，他们两口子在区里离婚，没有准许，她一出来就不见了！她有一个亲戚在这边，如果她没到这边来，就只有在河里去找了……"

我顿时一阵悚然。听河里的水，潺潺地流着，我的脑海里，在这暗夜中，出现了一个明显的画面：一个女人的死尸，躺在河坝，水从她身上流过，哗哗地响着……我不懂，为何宁可让人去死，也不准许离婚。然而，我有急事，顾不得去想这些，在暗夜里摸着路走到场里，取了手电，急忙到卫生院找到了骆医生。他正在开会，后来听我说病情严重，就背起药箱随我走到家里。此时，母亲勉强可以说话了，骆医生打了针，看来母亲已经转危为安。我便忙着给骆医生煮了一碗面条吃了，送医生到卫生院，取了药回家。给母亲喂了药，才稍微放心地睡下。

第二天去到场里，马书记见我就说："小吴，组织上研究决定你去参加教师的学习，以后做教育工作，你就服从安排，从今天起去学校参加学习，以后把你的文化知识贡献给农村，好不好？"

我说："我服从组织安排。"

去到芭蕉小学会场，祁区长的报告已经讲到最后一个问题了。我只听了不到半个小时的报告，就进入分辅区的讨论。这个辅区是按芭蕉区下面的几个公社连片划分的，全区有芭蕉辅区、白果辅区、朱砂辅区和黄泥塘辅区四个。区里的教育机构叫辅导组，负责人是林组长，有人也叫他林校长。我被分到芭蕉辅区。这个辅区包括芭蕉、南河、寨湾、三新、戽口几个公社的学校，辅区负责人就是王校长。

讨论开始之前，王校长先说话："……我们当教师的，的确还是光荣的，受人尊敬的。愿意做我们这个工作的人，也是越来越多呢！我们的吴老师——吴国韬老师，也来参加我们的工作，我们是很欢迎的……”

吴老师，这称呼使我多么的不习惯，然而，我的确要去当老师——为人师表了！我暗自感到光荣和幸福，心跳有一些加快，又感受到一种无形的压力：做个老师多么不容易，要有坚定正确的政治方向，好的修养，渊博的学识……过去并未想去当老师，没有很好的思想准备和有关知识的学习。

其他老师在做讨论发言，王校长很严肃地听，一手拿个笔记本，一手握着一支烟，眼睛眯着。我对于别人的发言，没怎么听进去，常常进入我自己的思绪里：我应该相信自己，能够当好一个真正的人民教师。有人说，“教师像一支蜡烛，照亮了别人，毁灭了自己”，其实，这也没有什么不好，老师照亮了下一代，也就照亮了祖国的未来，就是自己毁灭了，又有什么不好？人，有谁不会最后毁灭呢？何况，革命先辈可以在烈火中永生；老师让生命燃烧，放出光明照亮下一代，同样获得的是永生——光明中永生。

我心里又担心着母亲的病。下午五点，向王校长请了假，又跑了一趟医院，去请骆医生，开了药。然后回家，掌火做饭。母亲的病好像有了好转，还吃了一点东西。

又是一天的学习。老师的学习实在抓得很紧，我去又迟到了。这天的学习是结合昨日报告，对照自己的工作谈认识。毕竟是老师，开会时，都规规矩矩，我见他们连上厕所都向王校长告假，发言时，个个都能说上一番，与我参加的场圃会议俨然不同。

这次学习的中心内容是《普教五十条》，这个文件被称之为无产阶级教育学说的纲领。随后又转入鉴定评模阶段。辅区分为公立和民办两个小组进行，我做民办小组的记录。做记录也有些好处，能使自己集中精力听别人的发言，同时可以锻炼综合归纳的能力。不过，这事使人极不自由，又不便烤火，把人还搞咳嗽了。

我听着老师们在鉴定过程中，对人对己的一些发言，从中也知晓了今后该怎么做和不能怎么做，一些老师兢兢业业工作，克服许多农村教育工作中的困难，使我受到不少启发。

开会的老师中，除王源莲、黄太芬等几位芭蕉小学的老师原来就熟悉外，好多都不认识，但老师们大都很友好和善。也遇到了个别“二杆子”（**鲁莽、粗野、**

轻狂的人）。一天，我因头天晚上整理会议的鉴定材料，打夜工至十二点过才睡，早上起得迟了一点。去到学校食堂，饭已经开过。我问食堂的人，还能不能吃上饭，几位都说，饭还有，菜没有了。我说那就不吃了。这倒也罢了，坐在灶前的一位，颇有些官腔十足的味道问："吃饭时你去搞么子（干什么）去了？"

我也就干脆"二杆子"一下，回答道："我去玩去了呀！"

灶前的那位再也没有二话——对于这样的二杆子，有时也给他二杆子一下，不失为一个办法。

我发现，在教师学习期间，共青团和工会组织配合极好。几个活跃分子，在积极发挥作用。一个瘦高个的向光锐老师，吃饭时常常要讲几件事，不是关于生活上的，就是组织什么业余活动的。一天，他找到我，要我给黑板报写一篇稿子，我第二天给他交了一篇《写在走上新岗位之前》。随后一期的黑板报，这个《之前》，真的摆在了黑板报的最前面了。我感到给黑板报投稿，见报率比《恩施日报》高多了，而且还可以上头版头条。

学习中途，还开了一次晚会。王源莲、黄太芬二位老师把我拉起，要代表芭蕉辅区出节目，给我的任务是一个独唱，再一个是和廖兆玠老师讲相声。独唱的歌是《黄河颂》，由王老师风琴伴奏，歌词太长，我怕记不清，黄老师就在后面提词。相声比较随意一点，和廖老师配合也还默契，都算没出什么洋相，还得到不少鼓励的话——我发觉，当老师的都善于从积极方面鼓励人。

学习结束的头一天，上午听法制报告。使我新奇的是，下午还专门让迟到的教师做检查，其他教师休息。

整个学习是十天时间，最后一天上午是听区委华书记的总结报告。散会以后，我去到场里，参加园艺场团支部会，研究吸收新团员。会上我向大家征求意见，同志们都很客气。

散会以后，德泽、明然、光耀几位，忙着去打酒、下面条给我饯行。我对这帮伙计实在是有些舍不得的。他们质朴开朗，乐于帮助别人。我在这里一年半，得到他们许多帮助和关心，我将永远不会忘记。和他们一直玩到夜半一点多钟才睡。

学习结束后有一天的休息时间，接着就要走马上任，去开学了。去到理发店，几位理发师和正在理发的熟人都很热情。他们知道我要去教书了，都说“是好事”，似乎有为我祝贺的意思。这使我想到初到园艺场，在关山上砍苞谷杆，有人背地议论：“高中生也还不是挖岩壳！”觉得社会上对于从事农业劳动仍然抱有轻视的态度，这种习惯势力终究会改变，但是，这也不是短时间内能改观的。

# 第七章　茶园青青

（1963年春—1964年夏）

1963年2月24日，是我走上新的工作岗位的日子，我就要到一个陌生的地方——芭蕉区戽口公社茶园大队，在茶园小学当老师了。我的心里充满了激动，热血在沸腾。

早晨洗了澡，洗了衣服，收拾行装。下午三点，我一头挑着一口木箱，一头是一床被子。木箱还是父亲在咸丰教书时，一个学生叫杨秉国的，参军之前留在我们家的。以后我上初中、高中，它都伴随着我，已经很破旧了，但与它有着深厚的感情。现在，它装满了书籍，又随我踏上了新的人生道路。

我这担子，是人们说的“蹶头担”，绝大部分的重量都集中在这口箱子上。我这做支点的肩，只好向箱子的一头偏移，因此，走起路来，总有些别扭。

一出芭蕉街，就是小路，而且是越走越小。尽管没有太阳，天还有一些阴沉，但一爬坡，身上的棉衣棉裤，都觉得是多余的了，十分的碍事。只有走一走，歇一歇。汗水直淌，口干舌燥，幸好带了一个柚子，可以解解渴。

路，上上下下，都是围着山转，真算是崎岖坎坷了。无论上坡还是下坎，路都是那么陡，那么的狭窄，而且铺满沙子，不小心就会滑倒，每走一步，都像走天桥一样，要十分小心。不过，我感到这样也好：战士熟练了走天桥，就能在战斗中应付许多艰难情况；人学会了走艰险崎岖的路，走平坦的大路便会更觉轻松。

我看见了，小路的两旁，青草树枝都在“夹道欢迎”我哩，有的还伸出手臂，抚摸我的衣裤啊！还有的擎着小花，散发着芳香欢迎我呢！我好像在向着一个美好的世界行进。

乡间小路，岔路很多，往往须得问路。走到一处，竟无人可问，只好歇了担子，休息等候。终于听到老远有人，哼了几句山歌，接着又念着“八五逢三”的口诀，渐渐地走近。林中现出一条汉子来，扛着扁担和绳索，想必是才在街上卖了柴回来，还在算账。于是，他便成了我的向导。有人做向导，走起路来就快多了。

天黑以前，我到了我的学校——茶园小学。因为忙着赶路，加之天色已晚，约莫知道学校在一面大山坡中间，山坡上全是簇簇的茶树，远远望去，犹如水田里植下的秧苗，整个山坡就是一个茶的世界。

学校是两层的木房，一连十大间。我上了楼梯，沿着楼道，走了好几间房，到了我们的办公室和寝室。赵老师是原来就在这里工作的，她带着一个不到一岁的娃娃，早就到了学校。见我来到，像主人家一样帮忙安排，介绍情况。

我们住在一个套间房里，中间一层板壁隔开，里面，住着赵老师和娃的奶奶。外面是办公室，我的铺也就开在这里。房子装修得严缝丝合，靠走道有一扇窗，临窗放着两张办公桌，我一离开办公桌，就可以躺到床上。我觉得这实在方便，比园艺场的条件好多了。

人很累了，倒上床就睡。

清早起来，楼上楼下，周围团转，细细地察看了一番。楼上除了我们的寝室和办公室以外，还有大队部的办公室。这里有广播，有电话。楼上除中间做办公室的这三大间外，其余的都没有装修，但都铺上了楼板，而且这楼板相当的宽大结实。有的楼板，一块竟达两尺宽，我不知道是什么树的木板。赵老师告诉我，她听大队干部说过，这整栋房子的楼板，全是一根树解剖下来的。这树叫做天枞树，可惜快要绝迹了，只有对面山上唐家屋场旁边还有一根。我往对面山上一望，果然有一根大树，庞大的树冠，浓密的枝叶，遮蔽了半个山头。

看到这宽阔的天枞树铺就的楼板，我想，就是下雨，学生也是可以在上面活动的，而且，自己早晚都可以在这里打太极拳，好，太好了！

楼下，房子的西头，一间是大队的粮食仓库，接着一间是保管室，再依次是厨房和一间教室，接着是一个磨面房，又一间教室。再往东是猪圈和厕所。东头两间是榨油坊。

看后，唯独觉得两间教室中，夹着一间面坊，很是不妥。此外，两间教室都没有板壁，用晒席夹着，有的地方已经穿了洞，学生是可以自由出入的，这也太简陋了。

房前有一个操场，显然还是小了一点。然而，又是无法扩展的，操场坎下就是四五户社员的一个院落。这样的小型学校，有这么个操场，也算可以了吧。

总的感觉，这是一个办学的好地方，是教书的好地方，也是自修的好地方。

早饭是大队请的炊事员杨师傅做的。一人一大碗饭，菜是米汤里下的火白菜，还配一碗泡过的红辣椒。火白菜，过去没有吃过，其实就是把白菜或青菜晾干了的菜，自然不及新鲜蔬菜好吃，不过，在没有鲜菜的季节，这也是个好东西。

杨师傅是个五保户，已经六十多岁了，无儿无女。好在他的工作任务不算重，平时只有学校两个老师，有时大队干部在这里办事，偶尔吃顿把饭。如果大队开会，吃饭人多，则有人帮忙。据说，平日的菜饭也就像今天这个样：每日早、晚两餐，米是定量下锅，每人每餐半斤；菜是米汤下白菜，萝卜之类，另外一小碗咸菜。每吃一餐，是六分钱，平时记账，一月一交。

吃了早饭，随着赵老师去做家庭走访，动员学生上学。我们每到一家，家长似乎都是冷冰冰的，对学校没有一点兴趣。我们说学校要开学了，后天让学生上学去，有个家长，直截了当说："有个么子（什么）送场，读一季下来，字认不得两个，还一个二个学得吊儿郎当的。你们说，学生都要在老师头上屙屎了——那还读个么子书?"有的是简单回答："没得学钱，不送了。"很显然，这主要是上学期学校办得不好的缘故。费了好多口舌，表明我们把学校办好的决心，才让几个家长松口，应承让学生入学。

茶园大队共有十一个生产队。我们一个队一个队，一个院子又一个院子走访，几乎是家家到，户户落，终于跑完了。人的确是很累的，特别是和那些极固执、古板的家长交流，很费精神。有时心里还想，我们来教育你们的孩子，给他们文化知识，怎么这些家长还这样不通情理！不过，从最后的结果看，情况还是乐观的。经过我们的说服，最后差不多是都愿意送孩子上学了。无论家长们用什么话说，用什么方式表达，归结到一点，就是过去学校没办好，原因是原来的老师对学生不严格，所以，有的家长说："我的看法是，老师越严越好，有时打都可以，我们绝不护短……”

我问赵老师，原来那位老师到底是怎么回事。赵老师说：“他也是才从高中毕业，人年轻，没有一点经验，性格又太温良了，学生要怎么搞，他就让他们怎么搞，结果硬是管不住学生，上课纪律一团糟——那个样子，是学不到东西嘛!”看起来，我这新来的老师，一上马就要做得严厉一些才行哩！难怪我昨天刚到的时候，发觉一些光腿杆娃娃，奔跑着呼叫：“这个老师恶（厉害，严厉）些啦!”

晚上，和赵老师根据走访情况，统计了各年级学生人数，准备进城去买课本。

应该进城买书了，但学校还没有一分钱，无法行动。最后是赵老师找杨师傅借了三十块钱，我才拔腿动身。

路径还是生疏的，到芭蕉的岔路很多，以至于在一处走错了，又折回来好远，才找到该走的那一条。沿途依然是花香鸟语，高山深谷，好一幅春山行的图画。

走下山来，已是下午四点，又无车辆进城，只好等到次日清早再出发。第二天虽没有遇上车，步行入城，倒也不过中午时分。买课本的人很多，直到四点才把事情办好。

二姐听说母亲病了，准备了一些米，要我带回芭蕉。于是又往红庙去。路过土桥坝，决定顺道去维正家一趟。几次进城都没有去，也没有写过信，听说维萍在生我的气了。在山下看我的母校“恩高”，大门前修出了一条宽阔的大道，校门也正在新修，老远就可以看见白底的“恩施一中”四个大红字，美观、大方。

走到维正家门口，依然有许多喊“超哥哥”的声音，依然那样亲切。维正的父母都在家里，适逢他们吃饭。张妈妈见我就说：“你这么久不来玩，我想，一定是你使气不来了。”

“是的，张维萍写信也说，是不是把我得罪了，我今天就是来给您们赔罪的，是我把您们得罪了呀！也是忙，时间紧……”我说。

我对张妈妈说了，又问候张伯伯。和张伯伯谈话间，张妈妈端来面条一碗，我的肚子还是饱的，张妈妈还是过去那样，不吃她就会不高兴的，我便又加了一些进去。

出来又去旁边看家虎，他正在门口。他的房里，布置得正如《幸福的家庭》说的那么美满，纱窗、书架都十分别致，墙上挂着俄文刊物《斯普特里克》和

《人民日报》。

谈了一会出来，天已近黑。走到朱家坳，有两辆汽车在错车，一辆就停在我的旁边。我厚着脸皮请司机带一下，他也真让我坐上去了。下车时一看，原来正是农科所的车子。

二姐见到我，自然是高兴，详细问了母亲的病况。

次日吃了早饭，带了二姐给的二十斤米，搭乘一辆去土桥坝的马车。还是第一次坐马车，悠悠晃晃，摇荡得很有味道，这使我觉得，赶马车的人，他们的生活是最罗曼蒂克的。

去川汉客栈取了课本，疾奔南门，大约等了一个小时，终于等到了去芭蕉的客车。大约四点到了芭蕉，把米送到了家，吃了饭又往庠口茶园赶。沿路香气扑鼻，耳畔松涛呼啸。我背着学生们的新书，走在这山野的小路上，虽然没有马车司机的罗曼蒂克，却有说不出的愉快——我不是在把知识和光明送到农村去吗？

晚上翻开新课本，匆匆忙忙地备课，准备明天正式教书了。

开学第一天，清早就有不少学生娃来，见到我就行礼。最使我感兴趣的，是这些学生的书包五花八门：有的是木匣子，有的是紧口的布袋，有的是手提袋，有的是油纸包，不尽相同，各有特色。

学生娃渐渐地多了起来，有的在操场坝玩，有的在楼上楼下跳来跳去，有的互相追逐，有的在我办公桌前的窗口，顽皮地偷看我——实在是天真有趣。

赵老师，把手摇的铃铛一摇，上课了——学生们纷纷往教室跑去。我看见这个小铃，便想起我童年时，在家乡凉水埠的祠堂读书的情景。我现在又听到了这小铃铛的声音了，但是，我却是要站在讲台上，给瞪着眼睛的孩子们讲课了！

这第一节课，是给二三年级复式班上语文。三年级是学《毛主席在十三陵水库工地》，二年级是学诗歌《三面红旗迎风飘》。这两篇课文，我自己读起来，还真容易，要讲解的，按照昨天准备的，几下也就讲完了。幸得是复式班，给一个年级讲了，布置作业，又给另一个年级讲；若是单式班，我还不知哪有那么多讲的。这里面一定有许多套路，还得摸索。

这第一天只上三节课，却使我感到很吃力，有挑一担粪上关山的感觉。特别是还要装得很恶，有时候少不得要吼几声，搞得口干舌燥，腰也酸，头也重，放学送了学生回来，往床上一倒，躺了好一会。晚饭后，批改作业。这倒不算生疏，初中的作文本都改过。

晚上上床较早，回想这上课的第一天，是一切都感到新鲜，一切都在熟悉了解的过程之中。开始想起孔夫子的话，“教然后知困”了。我当知不足而自反，知困而自强，以期“教学相长”。

上课第二天是星期六，只有三节课就放学。教育辅导组安排得真是科学，开学上课是要逐步加码才好，不然老师学生一下都不适应。

接到通知，要去芭蕉汇报入学人数。回芭蕉的路上突发奇想，给课文《三面红旗迎风飘》谱个曲，让学生当歌唱，也许他们更有兴趣。走到芭蕉小学，老师们都很亲热。有的给我接下背篓，有的倒来开水，问长问短，使我体会到革命大家庭的温暖。

汇报了学生入学情况，在太芬老师房里玩，她还拿出花生请“客”了。后来，又来了几位女老师，都是青年人，谈笑风生，好不热闹。我感到教师是辛苦的，但又是一个很快乐的群体。

星期天在五中办公室看二月份《人民日报》，把赫鲁晓夫在苏维埃代表会上的讲话读完了，想到以后还要看一些我方的反驳文章和列宁的《反对修正主义》。

走时，母亲还病在床上，家里也无钱将老人送到城里诊治，自己感到很是恼火。

从第二周的星期一开始，每天就是五堂课，放学后还要改本子，是十分紧张的，而且很费精神。想来这是开始阶段，精神负担重的缘故，以后或许要好一些。

上了两天课，听赵老师说，我对学生还是不够“恶”，学生不怕。我觉得自己已经做得够恶了，再恶，该怎么恶法？很纳闷。从道理上说，对于儿童应该采取正面说服教育，但实际上，根据别人的经验，又似乎并不如此。到底该怎么办呢？难道这些学生真是天生的一副“贱骨头”，非得要老师吵吗？难道正面说服教育对他们起不到任何作用吗？我且作一个问题放在这里，待以后通过实践来寻求答案。

新的生活开始了数天，了解了每天生活的规律。这样的农村学校，由于学生有的离校较远，所以，每天的早自习和五节正课，安排比较集中，都在上午九点半到下午三点半之间。我给自己一天的时间作了合理的安排：每天早起，接着身体锻炼，早餐后上课，下午放学较早，直到晚上，有充足的时间备课，改作业，读书看报。

看《恩施报》和《武汉晚报》，上面载有雷锋同志的事迹，很是感人，特别是他孜孜不倦地学习，不图名，不图利，毫不计较个人得失，一心一意为人民群众服务，从许多细小平凡的事情中，体现出一种伟大的精神，实在令人崇敬，很值得我去思考和自觉学习。

一日，阅读《电影艺术》杂志有关神似与形似问题的讨论，在谈到创造人物形象时，涉及对“刚”与“柔”辩证关系的分析。一位作者说：“如果单一的刚，人物就没有深度；如果柔多了，角色的色彩就不丰富，而是模棱两可。”此话对我颇有启发。想到在教育学生时，一味的刚，即一味的讲威严，也就是一味的“恶”，这种教育恐怕也就没有深度，学生势必习以为常，视之为当然矣！如此，教师还有可能陷入黔驴技穷的境地。然而一味的柔，便是对学生的放任自流了，正是前任老师的前车之鉴。

如何把握分寸，因势利导，刚柔相济，有效教育学生，是今后值得研究的重要课题。

上了几天的课，自己觉得在课堂上并不特别吃力了，而且，当着学生我的话是越来越多了，有一种类似于初学游泳，突然感到自己的身体，能够浮起来的感觉，心里充满了愉悦。

又是一个周末，放学尚早，带了工作计划，去辅区开会。沿途的树木，经春风一吹，春雨一化，变得更加葱翠。山谷里，伐木丁丁；烟起处，捣米声声。路旁小鸟啼鸣，碎金子般的黄色小花，瑞雪压枝般的野樱桃花，还有攀援缠绕的青藤上开的小红花，点缀在绿叶丛中，散着迷人的香气……在屋里闷了一个星期，一走进这大自然中，有说不完的快活。

路过银行门口，恰逢四姐在里面。于是在她那里坐了一会，看见她那里有一本曹靖华的《花》，便借了来。

走到芭蕉小学，会议已经开始。来了的人都一一汇报情况，自然我也把开学以来的情况讲了。别人讲的时候，我便读起《花》来。一口气读了好几篇，才发觉这些散文，写得太漂亮了。

星期日在家帮父亲改了十本作文，又去办公室看报。到下午回茶园的时候下起雨来。冒雨进山，山上烟雾弥漫，全无昨日那般好的景致。茫茫的烟雾，使林间阴森可怖，树叶上的水滴，不时洒落下来，打得啪啪响，令人悚然。我想，那些平原上的人，说我们山区有一股瘴气，大约就是这样的雾气。不过以雾都闻名的伦敦，居然有几百万人生活，他们就不怕这瘴气么？

雨天的早晨，我是依然可以打太极拳的。就在我办公室的旁边，一块宽敞的楼台，是最好不过的场所。楼台上，可以看到农舍旁“桃红带雨浓”的景致，又可以听见院子里早就响起的舂米声，还能尽情呼吸沁人心脾的新鲜空气。

又开始了一天的工作。三年级有几个“拐娃娃”（**调皮捣蛋**），开始坐不住了。大约前些时，一直在注意我的动向，不敢贸然行动。憋了这么久，实在有些不习惯了。在我给二年级上课的时候，三年级的杨绪和，给前面的女同学辫子上挂纸条。前面的女生站起来告：“老师，你看杨绪和！”

我往杨绪和一望，杨绪和急忙申辩：“我搞哒的呀？我是没有搞的。”

看着杨绪和，鼻孔下挂着长长一条绿鼻涕，戴着一个尖顶的线帽，又“伸手打人，缩手就不认”的一副赖账顽皮相，觉得十分滑稽可笑。但是，还是记住要装着很恶的样子，对他说：“你还说没搞——你先在外面把你的鼻涕弄干净，下课了到办公室去。”下课以后，学校到处没有个杨绪和，赵老师和一些学生都说，他一定跑回去了。据说这里好些学生，知道老师怕学生跑回家，动不动就拿“我不读了”威胁老师，一跑回去就是好久不上学，要等老师到家里去“请”。

放学后，我到杨绪和家中，果然，他先前是一趟子就跑回家了。我这一去，他可能在想，果然老师到他家去“请”他上学了。我想，学生如果都这样想，那就不好教育了。我找到杨绪和的父亲，给他说明了情况，并对他说，我们要配合着教育这个娃：我不直接“请”他去上学，你明天把他送去。去了，我还要对他说，我绝不“请”他上学，如果再不听教，我以后就硬是不要他上课了。杨绪和的父亲是一个很通情理的人，他听懂我说的意思之后，心领神会地微笑着，不住地点头道：“要得，要得！”

第二天上学时，杨绪和被他父亲送到学校。他父亲手里还拿着一根竹刷条，不断地挥动着，做着随时都会刷他一条子的样子，旁边已经围过来一圈圈的学生。杨绪和的父亲对我说："吴老师，这个不听话的娃，我把他送来哒，请您这回把他还是收下来，以后他再跑，您给我打他的脚杆就是……"

我急忙说："本来这学期他还是有进步的。听说他上学期，上课不规矩，下课光扯皮。但是这学期来，我看还好啊，就是昨天……好，家长这么说，我也就收了。我想他以后会变成好学生的……"便将杨绪和身上一拍："快进教室去吧。"只见那杨绪和，一溜烟往教室跑，裤腰又没扎紧，半边小屁股露了出来，一只手将裤腰提着，并不减速地往教室飞跑去，真是好笑。

下午放学时，我对着所有的学生，借题发挥说了一通："杨绪和同学，昨天逃学回了家，放学后我到他家去了——不是去'请'他的，是给他的家长说明情况的。你们都看见了，今天他的家长把他又送来了，要求学校把他收了，严格进行教育，说如果再不听话，要我打就是。我给同学们说，打，我是绝对不会的。你们看，只有田里的犟牛，懒牛，才会挨打；人都有耳朵，能听话，有头脑，能思考，懂道理，怎么要挨打呢？同学们，你们的父母，每天脸朝黄土背朝天，辛辛苦苦劳动，送你们上学，希望你们在这里好好学习，你们就应该自觉把学习搞好，那样子今后才有用，不然的话，长大了，大字不识一个，当个睁眼瞎，多么痛苦……杨绪和同学还是不错的，我想他以后不会再说'我不读了'，再不会逃学回去的。今后哪个如果拿'我不读了'来吓老师，动不动就往家里跑，我们是不会去请你上学来的。只怕你的家长，拿着竹刷条，把你刷到学校来，要求学校把你收下来，那个时候，我还要你答应几个条件才得行的……"

一夜越睡越冷，脚头如泼了冷水一般，双脚只好后退，最后缩成一团，又睡得腿子酸酸的，实在憋不住了，猛地将脚伸出去，只感到如插入冰窟一般，煞是难过。抽身起床，才知一夜下雪。茶园，已是一片银白世界，漫山遍野都是玉树琼花。万没想到，这三月中旬，桃李都竞相争艳的时候，还来这样一阵寒冷。直到上午十一点，学校才来两个学生，学生给老师放假了。

头天的积雪尚未消融，第二天接着又来一场。学生陆续来了三十多名。上了两堂课，学生个个冷得发抖，手也拿不住笔，我才注意到，有的学生还打着赤脚，有的只有一两层单衣裤，多数都没有棉衣，实在可怜。我和赵老师商量，立即放学，要他们回去烤火，尽量找点能穿的加上。

外面下着雪花，我在屋里读《花》。我闻到了曹靖华散文的香味，也闻到了俄罗斯和苏联文学的香味。曹靖华散文，注意语言文字的锤炼，讲究语言的“旋律”，读起来有一种“韵味”，使我深刻地理解了这样一句话：“旋律，不是诗歌专有的。”

读完曹靖华的《花》，接着集中精力学习余冠英的《诗经选译》，一一查对一些字词典，追根求源，有一些收益。

为了避免昨晚挨冻的悲剧再度发生，将大队里的棉絮，加了一床，到底不一样了，睡得很暖和，还做了香甜的梦。

记得在什么报上看到，要提倡“计划生育”，至于晚婚，前些时提得也很多。我觉得这的确是一个很重要的事。自从到茶园与赵老师一同工作，这种认识似乎更加深了一层。我看到赵老师是太辛苦了，白天里要教别人的小孩，又要喂自己的小孩，夜里小孩哭闹，要耐着性子哄。我想，她是根本没睡好什么觉的。有时晚上办公，她也伏在桌上睡着了，还取个名字，说是什么“关门瞌睡”。其实就是太累了，只能这样睡一会儿，恢复一下精神，再做事。

赵老师和她的丈夫应该都是晚婚了，也应该有孩子了。但是年纪轻轻的人，的确没有必要早婚和早育的，如果像农村一些家庭，一生五六个，大人小孩都只有受苦，受拖累了，哪有一个“伸皮”（放松一下）的时候？一个家庭是如此，国家这个大家，自然也会是如此。

记得自己读小学的时候，教音乐的曾老师，每次上课都必定让我们练习音阶，用他随身带着的一个风琴簧片，吹一下，然后说：“这是C调的‘多’，大家跟我练……”我在上音乐课时，也就仿效曾老师，用口琴，教学生先练音阶。学生们从未见过口琴，感到特别新奇，不大的一个东西，怎么响得这样好听？我给他们讲了好多种的乐器，都能“唱”出美妙的歌。学生们听得好有趣，一个个望着我，眼睛都不眨一下，更没有一个人做别的事，一节课激起了他们对音乐的浓厚兴趣，歌子也比以前唱得要好。满足儿童的好奇心，激发他们的学习兴趣，这一节课简直见到了立竿见影的效果。

一次语文课上，我教学生写字，给学生介绍了好几种字帖，这唤起了他们对写字的兴趣，都似乎想要当书法家一样，认认真真地写，还互相观摩比较。我在一旁，不断表扬：“嗯，这个字写得好。”“嗯，你今天的字很有进步。”听到下课铃了，还觉得这节课时间怎么这么短。

上体育课，这里实在没有条件，一个操场坝也太小了。一天，我灵机一动，讲要如何跑田埂，弯道上要注意什么，怎么才会不摔倒。学生也是兴致勃勃，还嫌我在前面跑慢了。以后，我又在操场边挖了一个沙坑，做了一副简易的跳高架，还给他们示范跨越式和我惯用的俯卧式。学生也觉得新奇，好有兴趣。

学生喜欢听故事，一说讲故事，他们就高兴得擂桌子。我给学生讲了高玉宝“我要读书”的故事，雷锋的故事，刘真《长长的流水》中的一些故事，学生们都听得趣味盎然。

学生学得有趣，自己也教得起劲，我开始摸到一点教学的门道了。

一段时间来，常常有学生带个纸条，向我问上面写着的几个字。我看这些字，也不是他们课本上的，就问，你这些字是在哪里看到的？学生说是别人要他带来问的。这些字大部分我还是认得的，也有一些冷僻的。不过，我有一部《康熙字典》，都可以查得出来。每次都把学生问的字注上音，并作简单解释，有的是写字的人自己将字写错了，也加以说明，然后让他们再带回去，交给问字的人。

后来才知道，这些问字的人，其实是要考考老师，测试教书先生的水平的。大约他们问的这些字我都一一回答了，这些人似乎认可了我这个老师真是“不马虎”了。

一次，公社姚社长，在茶园大队召开社员群众大会。听说，姚社长是公社副书记，所以，有人也叫他姚书记，是干部中比较有能力的一个，多少还有一些傲气。对于一般干部，包括上级的一些干部，好多他都不怎么看得起。

这天，学校的操场坝里，楼上楼下，都坐满了人。学校不能上课，自然也通知放假了。我们老师也要参加会议，听中央文件精神。会议开始之前，姚社长找到我，递给我一份红头的中共中央文件，要我开会时宣读。

姚社长开头讲了个开场白，讲了学习这份中央文件的重要性，强调了会议的纪律，然后就说：“请吴老师给我们宣读中央文件。”

读文件，我是一点也不惧怕的，哪怕有这么多人。我也是多少研究了一下演讲和朗读的，还学习过中央人民广播电台徐世荣的讲座，略知如何注意咬准字音，如何掌握语音语调和速度，如何掌握停顿和逻辑重音等等，加之成天一连上五节课的锻炼，嗓子也操练出来了。

我一本正经的开始读文件，语音铿锵，语句连贯，把厚厚的一份文件，一口气读了下来，完成了任务。事后，听说这姚社长，到处宣传：“茶园新来的那个吴老师，真是厉害，那么厚一份文件，硬是像吐枇杷籽地读了下来，那才是个角色啦！”

大约因为这些宣传，一直到了三月，开学差不多一个月了，还有新生报名的。哪怕是一个，两个地来，我都感到这是学校在群众中的信任度在提高的表现，是群众对学校的一种肯定，增添了几分自信。

接辅区通知，周六中午一点要开会，只好决定不上课。急急忙忙赶下山，顺便在邮局取信件。收到了哥自靖边寄来的活页纸四本，又收到嫂子的来信。

走到芭蕉小学，才知道改在晚上开，我简直有受了骗的感觉，害得我的学生，没上一节课，冤枉往学校跑了一趟。正要走，王校长要我去帮忙画画，又听说他们的老师每人都是要画两张的，才敢动笔。画完了，老师们都称赞说画得好。我想，到底都是老师，总是习惯于正面鼓励。不过今天画两张画，也有一点心得，就是画画要快。

天还没黑，就去参加晚上的会，哪知又去晚了，他们已经开始。据说林组长前面已经讲了一席，现在是王校长讲第一个问题，学习雷锋，再讲第二个问题，政治学习，还有第三……

晚上一同回五中的还有两位张老师，都是女老师，眼睛又不好，路也不太熟，一个电筒像个萤火虫。我便把我的手电借给了他们，真正体会一下“能让别人幸福，这也就是自己的幸福”。回家后，父亲知道我将他给我的手电借给了别人，故意说“以后我不给你把东西哒”，其实，我知道，他内心还是觉得我应该这样为人。

星期天，跑到园艺场去玩，伙计们在种西瓜了。西瓜地里，有我们前年冬天亲手植下的桃树，已经在开花了！我说：“周同志，桃子也开花了，西瓜也种下去了，我以后来，不会打空手吧?”

他说：“只要你来，包你肚子吃饱！”

“那我就每个星期都跑起来。”

“只怕你不来。”

那边还有几个女娃在薅麻蔸。这是一个细心的活，幼嫩的麻苗要往上长，上面覆盖着许多杂物，须得轻轻地揭去麻苗头上的“帽子”，一不小心又会把脆弱的麻苗“脑袋”折断。

接着去理发厅理发。有幸轮到这里手艺最好的周师傅给我理。他理发是特别仔细，但是，他却未征求我的意见，就上了油。用吹风机吹了之后，我在镜子里看到了一个油光光的“飞机头”，如同鲁迅所说的“油光可鉴”，“漂亮极了”，也简直可以上《电影画报》了。我多谢周师傅的好意，说：“你给我理得这么漂亮，简直可以去找爱人了！”

理发厅的人都笑起来。周师傅顺着就问：“有了爱人没有？”

“恰好没有。”

“你现在是在哪里？”

“戽口茶园。”

“是的，听说你在那里搞得很好，昨天姚书记和哪一个都在说，你搞得很好。”

“唔……我才去没有好久，不知道……”

我顶着这“油光可鉴”的头，颇有些不自在，就像孙悟空戴了佛爷的那顶帽子一样。

一个星期五的下午，正在读《陶里亚蒂同志同我们的分歧》，见公社邓书记与文化馆蔡馆长来。蔡馆长是前次在区公所，培训文艺骨干时见过的，他不一定认识我，但我对他似乎是一见如故，便邀至房中。开水没有，烟他又谢了，真正是清谈起来。

蔡馆长开门见山：“我这次来，主要是了解文学创作的情况的。我不久大概还要专门为这件事去省里开会，我听说你喜欢搞，又听说你下去开会去了……”

“是的，我们要去开会，但明天才去。你来得正好。文学，我的确是爱好的，但总不知道怎么搞，因此，搞也没搞出个路。”

“不知你收集了山歌没有？有些山歌真好，不要以为哥儿妹儿的，其实都有阶级性，是时代的反映，比如有这样一首山歌……就很好……”

“以前在园艺场，我是有心收集的，但是收集了几十首，发觉离开爱情题材的哥儿妹儿，其他简直就没有了，因此，一概以糟粕置之……”

“不能那样看，它总能反映出社会来。这是人民的口头创作，有的作得很好，有的是被人改坏了的。但收集民歌，应该一字不易……”

之后，他看了我收集的早已忘在一边的三十余首山歌，要我誊写一下交给他。他又看了我的《随感录》之类的东西，说这样做很好，并抄写了一些，要我以后在他那里也可以抄一些。他还说我的有些东西“质量很高”——我有点木然，因为全是自己练笔，可说是自娱自乐的玩意儿！看他又是一个极诚恳的人，不会是姑妄言之的，便又有受宠若惊，大受鼓舞的感觉。直到这天，我才知道他就是报上常见的“学让”。能与他结识，我很高兴。

谈到晚上十时许，我们才上床。我的铺很窄，我感到很对不住客人，他却爽快地说：“没有关系，我当过兵。”果真他是当过兵，吃得苦的人：我一摸，他的脚还在风洞里，也都不吭一声。

睡在床上，他说：“原来不知道你有这样一些才能，可惜哒，前次我们那里开除了一个，后来硬差一个人，到处找人找不到。以后省里才来一个，是原先在湖北人民广播电台搞文艺编辑的。刚来，还不知怎样。”

是的，真是可惜哒，如果我能得到那种工作，一定是高兴麻了（高兴坏了）。

第二天一早，又与老蔡谈论不少。他是个很健谈的人，和他谈话就像与老朋友一样，一点拘束也没有。谈的内容也无非是文学啦，新闻啦，书啦等等。他把他丰富的社会知识，文学知识，往我的脑子里倾注……总之，他带给了我新生活的热情。

早饭后，老蔡去一小队，我和赵老师去芭蕉听课。我们大概是全辅区最远的，走到芭蕉，学校举行的公开课已经开始了，是太芬老师讲的。她的一套教学方法很值得学习。

次日回学校，从区公所经过，碰见老蔡同志也回来了，他还一直送我们走到了拱桥边，约定下星期五联系。

看了太芬老师的公开课，也开始学习她的教学方法，学生很守规矩，效果很好，自己也觉得比较轻松。

可是到了周四，赵老师去芭蕉给小孩看病，我一个人要跑两个教室，从教两级复式，到教四级复式，学生秩序很难维持，课程简直上不走。不过我还是不打算停那个班的课，停课多了，群众影响是不好的。

虽然一人难敌二手，忙得不可开交，不过我想，这样可以锻炼自己如何在纷繁复杂的情况下，周密计划，临阵不慌，有条有理地处理问题的能力。人都是这样，先苦而后甜，就觉更甜；先难而后易，就觉更易。教单式班的人，再教复式班，自然有难以理解的困难，不知从何入手；然而，教过四级复试，再教两级复试，就会有如释千斤重担的轻松，自会得心应手。我从艰难处迈步，遇到别的困难也就不怕了，到容易时还会更加自如。

教了几天四级复试，到了周末，无比快活。

前些时回芭蕉，走过一个风景如画的好去处——黄泥溪。放学后，我便背上口袋，带上画笔画纸，取道黄泥溪而去。从茶园学校下一个坡，再上到赵家垭口，穿过一个小树林，前面就是一个四面环山的平坝。一块块的稻田，水汪汪的，就像无数面镜子，顺着坡势平铺着；山麓的农舍颇具特色，皆木屋瓦房吊脚楼；院落旁边多有苍劲的古柏，浓绿的竹林；小河静静流淌，河堤上新植的柏树，如同被人工修剪得像一支支毛笔，指向青天，要在白云上写字一般……

我置好了画板，铺上画纸，动笔画了起来。大约去了一堂课的光景，总是画不好。这美好的风光，不能在我的纸上呈现出万一来，只好遗憾地离开，耳畔仍是春水哗哗作响。

走不好远，见有几个人在教一头小黄牯耕地，很是费劲。小黄牯仗着年轻气盛力气大，就是不服人们给它加上枷档，脑壳连摆直摆。几个人也有些惧怕，尤其是对那双春笋般的尖尖牛角。不过枷档到底套在了它的项上，接着就是要它拉犁前进，它不乐意，偏不干。于是，受到了竹刷条的惩处，它便发疯似的狂跑。但后面有一张犁头和一个人拉着，它也并不轻松，停下来，出着粗气，仰着头，哞哞地叫——是不是在叫它的娘呢？

我不知道怎样教牛，不过像这样教，人和牛都很吃亏，是“顶起碓窝唱戏”——人唱吃亏了，戏又不好看。俗话说，“人畜一般”，人和动物都有许多共同之处，我想：教牛，也应该有些学问和办法的。

这里的路很平坦，翻开哥给我的那本小《俄华词典》，边走边读，记了三个单词。

在区公所碰到了老蔡同志，他约我写一篇有关春耕的诗，带回去编《清江》副刊，我答应学习做。晚上挖空心思“做诗”，没成一句，倒把看书的时间耽误了。第二天又费了半天工夫，做成了一首“诗”《收得美景万万千》，全然是挤出来的，自己都不满意，但又只好就此交差了。

天气一和暖，我们两间教室之间的那间面坊，也开张了。一匹马，戴着“眼镜”拉磨，倒是默不作声的；恼火的是筛面的罗柜，总是噼里啪啦响个不停，使我们的讲课相当吃力。

一天，大队谭书记来，我把这事给他讲了，又说了教室用晒席夹着，也不怎么好。他黑着脸，没有吭声，连半个字都没说。我觉得这人太古怪，太固执，知道没有希望。

对赵老师说了这事，赵老师说：“他这个人就是‘格固’（古板），头一次辅导组林组长来，给他说个什么事，他当场说个‘不行’就走了；林组长跟着他，还想再说一下，你看他怎么说？他瞪着林组长说：‘讲了不行就不行，你还跟着做什么？’搞得林组长脸上好不得色。”

听说这谭书记已经六十多岁了，是个老贫农根子，为人直拔，说一不二，人称他“谭国老”。我也看见他，人虽不高，浑圆身材，一看就有一身蛮劲，加之得过天花，脸上又黑又不光滑，头上包着的一根青布帕子也是黑漆麻嘎的。与他说话，他并无任何表情，更不要说开个笑脸，难怪好多人都有几分怕他的。我失悔，应该找大队胡主任的。

过了一天，我正在上课，谭国老站在我的教室门口，对我说话了：“通知学生放两天假，我们把学校装修了。”我还不敢相信自己的耳朵，一是谭国老终于开口说话了，二是他还要装修教室。他的后面就跟着两个木匠，随身带着放有锯子、斧头之类的工具篮。我说：“正好，今天星期五，接着就是星期六，星期日，学生只要耽误明天三节课——谭书记，你办事好快啊！”

“当得！这么搞起哪门读书？我叫面坊也搬了，把板壁装起，往后，这间屋就做你们的堂屋，下雨开个会，站个队都行。”他几句话一说，就带木匠到保管室取板子去了。

我突然觉得，这谭国老古怪得实在令人可敬可佩了。

当天下午放学后，便回芭蕉，打算明日进城一趟。

在邮局取了新来的《长江文艺》，就听园艺场的伙计说，“你的母亲正在路上等车”。于是倏地一趟子跑去，看见母亲和一位长辫子在谈话——那是二姐嘛。我自然明白了，是二姐接母亲去城里诊病的。

我大声喊了一声：“二姐——”

她见我来，高兴地笑了。问了之后，都说我今天来得巧。

不一会，车来了。二姐和母亲坐进了驾驶室，一位司机助手被挤到我们后面的车厢里了。这个司机助手，是个极有趣的人，沿途几乎没有停止过谈话，而他又是谈话的中心人物。从芭蕉到恩施19公里路，他把他的许多观点，完全倾腹而出，我的肚子也因此笑痛了好几阵。不妨摘录几段：

“像我们这样的人，要我坐前头，我就坐前头；要我站在这后头，我又站在后头……你说要下放，也难不倒我，只要有什么事，我就做什么事，现在说来开车，我就开车……”

我说：“我们这些走路的人，晚上就怕你们车子电灯光的威胁，差点要站到坎下去了，还怕车子撞到。”

他接过话题，讲开了：“嗨，是在热天里呀，清江河旁，北门河坝……尽是一对一双的，在那么慢慢地走。你把车子一开去，他们走得更慢了。有一次，我也是碰上一对，他们迎面走来，我把车子放慢，猛地把电门一关，灯熄了；又一亮，加速，又咔嚓把灯一熄；又一亮，咔嚓，刹车，灯又一熄；又一亮……他们两个吓倒在路边，女的倒在男的身上了！”

接着，他就事论事，发起议论来：“这些人，为么事要花这么多功夫，还打夜工来谈这个事？依我说，两个人啦，干就是干，不干就不干，免得这样操心！”

旁边的一位问他：“你和小谭是不是这么简单？”

“当然啦。”他振作了一下精神，接着极有兴致地自叙起来：“我和小谭，根本没有转过马路。就是为一次，借画画书，因为我喜欢看画画书，她……”

“唉，干就是干，不干就是不干，借什么画画书！”

“哈哈哈哈哈哈……”

他有些不好对答，于是掏出一包大公鸡的烟，给我们装（递），都谢绝了，他自己扯了一支，叼在嘴上，说：“今天我这人背时，一包烟也装不掉，硬是没得人要……”

跟这样的人一道，实在是一种快乐，时间过得特别快。

车在人民剧院旁边停了。问为什么，说去看戏。只有随着去看戏。

这里是宜昌汉剧团演出的《郭子仪上寿》。我不懂戏，只觉得京戏、汉剧，都有改革的必要，太啰唆，一些无意义的动作，占去观众不少时间，故事情节不紧凑，无关紧要的事搞得不少，一个为不上寿打了金枝玉叶的事，就搞了大半夜。

终于把戏看完，上车，到了红庙。

星期日是要回芭蕉了。上午有一场外国电影《山鹰》，本是给健男也买了一张票的，但他并没赶到。这部影片的背景不怎么清楚，但觉得外国影片大都比较注重语言的锤炼，里面有这样一句话，使我印象深刻：“我们的人要像走独木桥一样，既要勇敢，又要机智。”

电影散场，健男在外面等着我，说到他到哪里去了，来迟了。又和他谈了好久才起身往芭蕉走。走到十四公里处，天就黑了。虽不害怕，但很寂寞。过河的地方，只好擦火柴找石墩了。

前面就是园艺场了，早就想到这里玩玩，加之口渴难耐，也须找口水喝。还隔好远，就听见里面闹嚷嚷的。我在窗口探首一望，叫了一声“好热闹!”里面的人就亲热地迎了上来，给我接包包。原来，他们在打牙祭，我赶上嘴了。

他们一定要我入席，我便参加到厨房里最后的那一席。旁边的理军，将我一下子按到凳子上，生怕我跑掉似地。接着，马书记送了一碗酒，刘场长又在里面加了一些，口里不住地说：“这一点，一定要喝完!”又是一碗饭传了过来，接着又是来自几个方向的肉，有肥大片，有酥肉，还有……顿时就是一堆碗了。

我的嘴连讲话的空都没有了，忙着完成任务。渐渐地有些吃伤了，不怎么喜欢这些美味了。这些伙计非要我再吃几片不可，不吃还要往嘴上擦一擦，说：“这一片你要吃了，在你嘴上擦了的，再没有人吃了。不吃就浪费了，我们都是过了困难日子的……”开始，加一片两片问题也不大，然而，无个止境地来，再是哪样的汉子能经得住?擦到嘴上的也退了回去，经再三请求，伙计们也就原谅了。饭还没吃完，又倒了大杯今年的新茶，说：“喝点茶再吃，就吃得下了。”

吃呀喝呀，搞了个把小时，只好决定不回家了，然后参加场里开会。园艺场的会是真正做到“知无不言，言无不尽”的，谁都敢于发表意见，甚至争执，而且语言丰富生动。开这样的会一点不寂寞。

开会的时候和散会以后，马书记和刘场长给我谈了一些场里近来的情况，使我感到园艺场还是越来越往好的方向在发展。

晚上还是在德泽那里睡，临睡时他说："有人还在等着你的啊！"他说得很认真，而且恳切；但如果真是这样，以后我还不好到园艺场了。

清早起来，德泽送来了洗脸水，洗罢赶紧跑到五中，向父亲汇报了送母亲进城的情况，然后直奔茶园，走得满身是汗。

在赵家垭口，一下子碰到三条恶狗，联合向我进攻。我早就痛恨狗子，小时候跑到光弟爷爷——我们叫"弟大嗲"的家里，看他从山上套来的锦鸡。正跪在笼子前看，一只狗从我后面，猛的咬了我一口，使我右腿流血化脓，痛了好久，至今还留有疤痕。因此，一直对狗都没有任何好感，特别痛恨不动声响，"下冷口"的狗。加之后来又读过鲁迅的《论费厄泼赖应该缓行》，对狗就更抱恶感。所以，只要它一吠，我就打，打，直打得它夹着尾巴跑了，我还要捡起石头，远远地抛去。

赶到学校，发现教室的晒席不见了，两面崭新的板壁装起了，面坊搬走了，变了大样！刚下了早自习，学生们欢天喜地，在跳房子，踢毽子……我的心里好愉快。

我想到了谭书记——难怪他年过花甲，还在当书记的。

因为有些累，上课精神比较差。好的是现在学生上课很守规矩了，我说吴老师这两天跑了一趟恩施城，人有点累，他们似乎还有些同情一样，显得更加自觉。我又说，你们看，大队为了我们学习好，把教室也装修好了，把外面的那间屋也腾出来了，我们更应该好好学习，是不是？都响亮地回答："是——"

想到前一段时间，对学生进行了一些纪律上的整顿，又订出一些规矩，给他们讲应该这样做，不应该怎么做，而且做到天天对照这些规矩检查，学生的课堂纪律，课外表现都发生了变化，几个散漫的学生也有进步。这使我得到极大的安慰。

由此我也感到，只要老师多想办法，而且坚持去做，学生是能接受教育的，不管是曾经怎样"坏"的学生，他们毕竟是人，是可以变好的。这里，主要还是教师如何了解学生的实际，多向优秀的老师学习，多想一些办法，教育是会取得成效的。

我回忆自己当学生时的感受，如果老师教学死板，他自己讲得都没有趣味，我也就更没有兴趣，于是就找自己感兴趣的事做。我并不怕老师恶，老师再恶也不会吃人。但是你恶了我，我对你定然无好感，无论你说什么，我也不会相信——因为我认为你并不是一个好人。

我想到，当老师要思考的问题的确很多，怎么教育好学生实在是一个更值得思考的事情，而且是一门很深的学问。自己教的学生和别的学生有相同之处，也有不一样的地方，更多的是自己要不断摸索。

在这里当民办老师，生活上我是很满足了。民办教师的供给都是由生产大队发放。我的口粮每月是三十二斤，工资有二十二元。茶园大队对我算是不薄了，听说芭蕉区，有的民办老师每月工资只有十五六块，多数也就十八到二十块。就是公办学校的代课教师，高中毕业的，也就是二十三块五，被戏称为“来米梭”。我一来，大队算是请了一个高工资的老师了。

还有一件令我满意的是，大队有自己的食堂。有位杨师傅做饭，而且一天吃两餐，只要一角二分钱，一个月满算，伙食费也才三四块钱。这样很有利于我抽出一些时间学习，腾出一些钱来买书籍，订报刊。

哥最近来信勉励我从各方面提高，专心学习和工作，要与同事和队干部搞好关系。我也都是这样在做，只是对于大队的领导，我远不如对园艺场领导那样熟悉。总觉得他们都没有多少话，谈不上腔。

大队胡主任，也是没有多少话的人。还有一个大队保管，姓肖，给我们发工资，称粮食都是他。他也是个一是一，二是二，没有多话的人，加之声音还有一些喑哑，平时也少交流，好的是他脸上经常还挂着笑容，为人也实在好，就像他的名字一样——“忠诚”。大队的会计，也姓吴，名丕帧，眼睛极为明亮有神，却也是个寡言的人。

我觉得，茶园大队的干部，真是搭配神了——都是没有话说的。可以攒一个言子（**编一个歇后语**）：茶园的干部——没得话说。

不过，这次与谭书记打了一次交道，倒使我认识到：不怎么说话的人，办事不一定差。

原来经常住在城镇，只知道春夏秋冬四季轮替，现在住在农村，每个星期都要从田野山林中穿行，才发觉哪怕一个星期，外界都在不断发生着明显的变化。这是四月下旬的一个星期六了。满山的树木，变得更青更鲜，树叶更加浓密。山林显得更深邃，山路被两旁的树枝，挤得更狭窄了。沿途都有山溪水哗哗啦啦的声响。

我在一处山涧旁，伫立良久，看着那飞泻的涧水入神：涧水飞漱，白练悬挂，生长在涧边的小树藤，平时那么悠闲，这时却分外地忙，山涧水珠的飞溅，让它们不住地为这匹白练跳着舞，那么的欢快。旁边还有些小鸟在玩耍，想趁此捕捉一些食物。再定睛看时，这白练般的涧水，其实并不是那么连贯的，只是一块，一片，一点，一滴地下落，而它们接连不断地往下落，也便成了煞白的一匹布帘了。这与电影的原理极为相似，是我们的眼睛欺骗了我们的缘故。所以，“耳听为虚，眼见为实”这句话也未必科学。

由于一路玩耍着走，回家有些晚了。父亲正在备课，埋怨我回来太迟了。晚上他才说，这些时候没有人说话，嘴都憋臭了。他一直与我谈到半夜才睡。想到他讲的过去战争年代，兵荒马乱的一些情况，我觉得现在是多么闲适！

早上挑水，做饭。早饭后帮父亲阅卷，然后又是去办公室阅报刊。

回学校时，天阴沉沉的，走路也觉没有劲。路边的树藤上，结了一串串的“牛奶奶”，还是儿时吃过，随手摘了两粒，丢进嘴里一抿——这个东西，害喜的人，一定喜欢啊！倒是随后发现了许多的酸泡，那我是一颗也不放过的。这东西名曰“酸泡”，其实比“牛奶奶”甜多了。我估计，这东西里面的维他命一定非常丰富。常听父亲说，在我三岁的时候，大病过一场，几天不吃东西，后来吃了几颗酸泡，才开了胃口。住在塘湾养病的时候，母亲还摘过一些给我，说这东西于我很相宜。这也许是我对这酸泡别具感情的一个缘故吧。

大学离我已经是十分遥远了，但是我求知的欲火，总是不能熄灭。我把工资的一半用来订报刊，除了学校订的《人民日报》《恩施报》外，自己还订了《人民文学》《长江文艺》《诗刊》《文学评论》《新建设》《俄语学习》《文字改革》《中国语文》等好多种期刊。一切休息的时间，几乎都用到了学习上。对于我，学习即休息，二者是同义语。赵老师说：“你一天怎么像不知道疲倦的。”我也觉得读书看报搞学习，没有疲倦的感觉，哈欠也不打一个。

到茶园以后，我已经认真读了艾思奇编的《辩证唯物主义和历史唯物主义》，学习《汉语语法》《文言虚字》《诗经选》等书，也都有一些心得。

俄语是我仅学过的一门外语，一直不愿放弃，一套三册的高中俄语课本，我走到哪里，就带到哪里。总觉得知识面还是越广越好。粗略一看，学外语对自己没有多大用处，但细细一想，就自己所学的一点俄语的皮毛知识，都使自己视野开阔一些。直接的感受是，在学汉语语法的时候就会与俄语语法类比，加深了理解。我想，在知识面前，自己不应该近视。

当我想到，我的同龄人，他们大学都读两年了，而自己还是个半罐子，心里就很着急，恨不得晚上不睡觉都好。当然，我知道身体的重要，不会做那样的蠢事，相反，每天早晚的太极拳是必定要打的，气功调息是要坚持练的。

辅区的会真不少，又是一次辅区的学习，中心内容是加强政治思想教育。休息时，太芬老师要我帮他画了一张教学挂图。已经好几次，有老师要我帮忙画，我都不怕出丑，要我画我就画。我认为，这其实是自己一个极好的学习机会，教书的人，能会一点画画，是很有好处的。有些东西，口头表达要费很大工夫，可能在黑板上几笔一画，便形象生动地表示出来了，孩子们既容易懂，又感到有兴趣。

星期天继续学习，内容是反对修正主义。没学好久，我被抽出来办壁报，画刊头。

晚饭回五中吃，父亲弄了肉，两爷子吃得很上劲。吃了饭我说还要到芭蕉小学去，父亲问怎么还要去，我说他们等着我去写刊头，不能失信。去到小学，老师们还等着我写正文。我说我的毛笔字丑，老师们都自谦地说："你写得丑的，都比我们写的好看。"这让我无话可说了，也就写起来。有的老师还在旁边说，"你这就叫'能者多劳'了；你写，我们都在这里陪着你。"

他们说"能者多劳"，我则更相信"劳者多能"。从在园艺场，曾会计要我写对联开始，我都觉得是自己不花钱，别人给我纸笔，让我练字，何乐不为？许多事情，只要胆子大一点，多多练习，是可以从不能到能的。

直到十点，壁报办完，许多老师都来参观，自然嘉许我这个写字、画画的人，还说我"诗书琴画，都很有天才"。他们这样肯定我，称道我，我自然高兴，但我也知道，这是人之常情，都能体会得到办事人的心情，说一些好话既是安慰，也是鼓励。我自己更明白，充其量，我不过是一盒"万金油"，应该向"精"的方向努力才对。

壁报已大功告成，王校长，廖、钟二位老师热情得很，还要办消夜。我们等着消夜，热闹地闲谈，自然都是行内的事，我忽然对原本很熟悉的字眼——“教育界”——产生了新的认识。这是一个饱含着文明、爱心和未来的概念。我不能详尽记录下他们的话语，但我从中看到了他们是如何热爱着自己的事业，如何心心念念牵挂着自己的学生，又如何孜孜不倦地为自己的工作，也是为国家的未来在操劳。这使我萌发了一个念头，写一篇《精雕细刻》的文章来讴歌我们的人民教师。

大队炊事员杨师傅病了，得自己做饭吃。清早起来挑了水，然后就去舂米。大队给我们的都是稻谷，而稻谷要变成可以下锅的大米，还有一系列的加工过程。这项劳动我已经熟悉了，把稻谷放在耒子里，磨出粗糙的米粒。再把这种糙米往碓窝里一放，就在后面踩，这便是舂碓。舂碓的响声很大，“亭龙胖，亭龙胖，亭龙胖”，左近院落都能听见。大约一碓米，蹬上五百脚，就可以舂好。然后用簸箕或风车，除去糠皮，如果里面谷粒还多的话，就还须得用筛子筛，这就是个技术活了。会筛的人，在手上几转，谷粒就集中在中间一处，抓出来，剩下的就可将其淘净，下锅煮饭了。

把饭忙完，学生已到得差不多了，准备上课。下午一放学，同样要做这样一些事情，才能办公和学习。这一天的生命啊，恰如罗曼·罗兰所说：“好似激流在岩石之间奔流，湍泄。”我是宁愿吃最粗糙的菜饭，换取时间的，但总不可能。只有退后一步想，这或许于我也是一种锻炼，有一些好处吧。

杨师傅这场病似乎不轻，自己做饭也不是几天的事。大队还有一块菜园地，原来都是杨师傅在经管，现在也须照看起来。经过园艺场的锻炼，这方面也有了一些经验。放学后，如天气好，就在菜园里忙碌一阵：挑粪淋洋芋，又种了四十窝南瓜，栽上茄子、广椒……

读书时，是有几分惧怕体力劳动的。在园艺场的最大收获，是熟悉了体力劳动，并感受到体力劳动给自己带来的好处：我的神经衰弱得到根治，睡觉又甜又香；心情开朗乐观，浑身充满力量；吃饭胃口特别好，消化很少出麻烦。我心里的矛盾是：自己没有时间学习了。

一日下午，放学后，赵老师约我去砍帐杆。跑了好几处，没有合适的。后来到了一个学生的屋旁边，那里长有一林金竹，长短粗细刚好。叫了两声学生的名字，他的母亲出来了，连忙迎我们进屋喝茶。

我们说，是来找几根竹子做帐杆，她说：“帐杆多的是，等他老汉回来了，砍几根就是了。今天您们来了，真是请都请不来的客，再哪门要吃了饭再走……”我们起身推辞，她做着生气的样子说：“那就是看不起我们这样的人家了，又没有一点好的待承，吃一碗洋芋合渣，不挨饿就是了。当真话，我的建青娃，性子又烈，硬是麻烦老师管教了，今年子还是懂事好多了……您们坐一下，我快当。”

这么一说，走也不好走，又像是坐在这里等饭吃，实在不自在。我就说，我们去把竹竿砍了。正说着，建青娃的爹回来了。听说要砍帐杆，连忙叫我们坐下，他自然给我们弄好。

的确没有多久，请我们吃饭了。女主人出来说：“说是留您们吃饭，硬是丑人呐，就是尝个新，新洋芋麦疙瘩——您们肯定还没得到尝的。”

我说：“这也真还没有吃过。”

接着，女主人又端出一碗：“菜也就是一个合渣。”

我拿起调羹说：“合渣是一门好菜呢！”随即便舀了一勺。突然发现，这哪里是合渣，却是一碗鸡蛋花。

赵老师也开了个玩笑：“呀，你这个合渣怎么打的？这么细嫩！”

女主人说：“真是‘好客无好主’，有个么子请您们吃喏，都是您们不嫌弃我们这样的人家啊！”

这时建青的父亲把四根帐杆已经砍好，捆扎起来。我们谢了，要他快吃饭，又问建青怎么还没回来。他妈嘴上带着微笑道：“现在他还像个人，天天放学回来，要到坡上弄一回柴——雀窝那么大一个！”看得出，娃在帮她的忙了，心里还是很高兴。

我扛着帐杆，向主人们道谢。回走时，心里总觉得这样不好，吃了家长的饭，就像过去的教书先生，要老百姓款待一样，心里有些惭愧。

六月初，学校放了几天农忙假。我在学校整日读书学习，发现一个新的情况，就是：这样整天的学习，好像并不比平时上几节课以后学习的东西要多多少。为什么会是这样呢？从生理学的角度考虑，大概一天做几件不同的事，神经得到了交换休息。而一天只做同一件事，神经相对得不到休息。这也印证了罗曼·罗兰的又一句话是极有道理的："时间紧往往做出更多的事来。"

在学校看了几天书，到了周末才回家去。一出门，就遇上了雨，被迫迈开大步，很快就要翻过山梁了。雨是越来越大，只好跑到半坡里一户人家去躲雨。我还刚进屋，接着又进来一个打猪草的，跟后又进来一个汉子，是从芭蕉赶场回来的。主人在调桐油石灰凝粪桶，也还是个健谈的人。听他们说话，知道都是一个小队的，自然熟悉。他们谈了一阵之后，便与我通姓名。

接着就是我发问了，我问这门上的对子是谁写的。他们说，是一位姓康的老先生写的。这位老先生住在大吉场，有一个独生女儿，是个瞎子，嫁在这附近一个雇工家里。可不久，她的男的死了，又嫁给上面的一个雇工。那就真是遇巧，这个雇工又死了。也不知是这女儿的命苦，还是她的命上克夫，就是一个独身的命。老先生没有办法，经社里批准为五保户，来到这里，守着他的独生女，给她弄饭弄水过日子。父女两个，老的老，瞎的瞎，也是造孽！老先生写得一笔好字，这门上的对联就是他写的。

听了他们的介绍，我再看老先生写的字，的确是漂亮，工整，流利，只是有几个怪字，从未见过：一个是山、水、土三字叠在一起，一个是"正"字下面一个"兀"字，不知这两个字《康熙字典》上可否查到。

说了这对子，又和那位赶场回来的人交谈，他是刚到场上买布回来，发的布票还没用完。我问布票留着做什么，他说："哪里是要留着？是只有这么点钱嘛。我还是算好一点的，这次分红还有一点进的；我们队上好多都是超支户，有布票，没得钱，难得到手嘛。"

"平均算起来，你们一天收入多少钱？"我问。

"三四角钱。我们队又还算是好的，有好多生产队，一天只挂得到一两角钱！莫说买布，这几天，有的人户吃饭都有困难，还要靠分几个茶叶子钱去买洋芋。现在这日子，莫说吃大米的话，就是还有苞谷饭吃的，一个生产队也数不出几户。我是晓得的，我们小队，有几户，不是大队才发一点救济粮，早就'锅儿吊起当钟打'了……"

听了他的话，我感到很惭愧。自己虽然没有奢侈的地方，但在生活上往往与城里人比，还觉得自己是非常艰苦朴素了。想到这里，忽然萌生了一个念头：请大队以后给我少发四元钱的工资，少发四斤粮食，这是没有问题的。就这样做！

晚上回到家里，意外地看到母亲坐在屋里——原来她昨天就回来了。

班上一名女生，好几天没来上学。一日下午，去这个学生家走访。知道她是姐弟两个在上学，弟弟在读二册。她已害了好几天的病，十分瘦弱。母亲已经五十多岁了，经常是个病壳壳，主要劳动力就是她的哥哥。今日一见他哥哥，脸色很不好，人也瘦。后来听说他有心脏病，家里又困难，不能去住医院。他问我，不在专医院住，只去检查，拿点药吃，可不可以。我说应该是可以的，但是应该尽量设法去治病，身体是大事。

这次走访，看到了这个学生家庭的疾苦，我想今后自己凡事都要多为他们着想，也更觉得两天前萌生的那个念头是正确的。

一天，大队肖保管来了，我对他说了我的想法，请大队每月少发给我四块钱，少发四斤粮。他看了我一眼，嘴角上带着笑说道："这个标准是集体研究的，我也不好给你一个人少发。农村困难户不少，就你这四斤粮，四块钱做么子好？突出的困难户，国家每年都有救济，大队每年也提留一定的资金解决这些问题，共产党的政策是'不许饿死人'的。你说的这个事，我还不好搞……"

他说话的声音依然带着喑哑，很平和的，使我心里有了踏实的感觉，倒觉得自己有一点天真。真是的，四块钱，四斤粮起什么作用？还是有国家，有集体，才有广大社员的生活保障。

我估计，这个星期六，一定有好多学生回去很高兴，家长也高兴。因为，学校利用最后一节课，给七个学生戴上了红领巾，又给优秀学生，优秀少先队员和书法比赛的优胜者发了奖。两个班四个年级的五六十个学生，开了一个热热闹闹的会，还放了鞭炮。

经过几个月的教学工作实践，我感到教育学生的有效办法，不是学生出了什么毛病，才去教育他，批评他——尽管教师的教育是负责的，及时的——然而这是十分被动的教育，效果往往不会很好。真正的好办法，应该变被动为主动，注意发现每一个学生的长处和优点，哪怕是一丁点。这样，多表扬，多鼓励，在集体活动中，培养学生个人的和集体的荣誉感，应是较为有效的教育方法。反之，如果教师只讲严格，只注意学生的缺点，一味地批评甚至训斥，学生可能丧失任何的自尊心和荣誉感，势必变得相当难教，导致教育的最后失败。我感到高兴的是，这一学期来，学生的荣誉感，从个人的到集体的，都渐渐地激发起来了，校风也大有好转，这为以后的教育奠定了良好的基础。

放学以后，本想看看书后再走，只因赵老师有小孩，走得慢，还得帮助一下她，只好舍去看书的打算，但心中很有些可惜。正要上路，邮递员小赵来，给了一张七角钱的汇款单，是《恩施报》社寄来的稿费。我一看附言说明，才明白是老蔡上次来茶园，写了一篇《茶园大队新茶开园采摘定规矩》的报道，他把邓书记和我的名字都落上，将稿费却寄给了我。这位“学让”是怎样的一个人呢？他是在利益面前都“让”啊！

小赵与我们同行回芭蕉，一路也很热闹。下坡时，邮递员小赵在前面走，迎面来了一位妇女。当这位妇女一走过小赵，小赵唱了几句山歌：“远看大姐穿红鞋……”我们听见，这女人是边走边骂他了，骂得很是剐毒。走了几步，我们笑起来，以为一定是误会了。过后，我们告诉小赵，那女的以为你是对着她唱的，骂了你呢。小赵反倒问，“她是怎么骂的，骂了‘背时儿子’没有？”接着又说，“我就是故意对着她唱的，如果她骂我‘背时儿子’，那她就还是对我有点意思的。”这更让我们笑坏了，真还有这样的小伙子，故意挑逗良家妇女骂的！说笑间，我忽然觉得鞋子沾满了水，以为起了露水，便说：“今天怎么这么早就起了露水了？”小赵和赵老师，都说：“没有呀，哪来露水？”我仔细追究，才发觉我背上背的冰清这娃娃，给我撒尿了。这又引起一阵笑声来。

转眼就进入了七月，辅区布置了一大堆学期结束前后的工作。这时间怎么过得这样快呢，一晃一个学期就要结束了！

本来，这两天心中无端地发酸，似乎有许多的烦恼。头天晚上又做了一个梦：我已经二十七岁了！天啦，这二十七岁，差不多是一个人能够做事的一半时间了，我是空长了这许多岁了，蓦地醒来，一阵心悸，烦恼简直要溢了出来。我想，这恐怕是我周期性的神经抑郁了，这与一天少休息是有关系的，应该不是什么病症。人的感情总会有一些起伏变化，是生理上很自然的现象。没有空虚就无所谓充实，没有抑郁也无所谓开朗。

学生们在复习，准备期末考了。我带着一本字典，随时翻翻。

外面下着很大的雨，不住地向地上倾盆，哗哗啦啦。地里的苞谷，田里的秧苗，都喝足了水，摇摇摆摆，像刚坐完酒席出来的醉汉那样得意爽快。

我不时看看我的学生，他们在读书，在背诵，在记忆，也是那样地摇摇摆摆，也在尽情地汲取知识的乳汁。像醉汉的却是我，坐在他们的面前，有着几分得意和爽快。

放学以后，雨依然下个不停。几位干部无事可做，在我的房里打戳牌。这牌我是一窍不通，只见上面圈圈点点，连一张牌也不认识。我相信，只要我学，是学得会的。不过我一点兴趣也没有，我觉得这样纯粹是浪费时间。

我在看昨日黄同学借的《罗密欧与朱丽叶》。其语言含蓄，优美，铮铮有声，极富感染力——难怪英国情愿少个印度，不愿少个莎士比亚的！

雨下完了，天也放晴了，学生的期末考试也结束了。到了周末，和赵老师把菜园地的莴也栽了，又洗了衣，回芭蕉去。

沿路的秧苗已经一尺多长了，苞谷像吹火筒吹，长得风快，都在成林了。社员都说，今年的天缘好，你想它晴，它就晴，想它下，它就下，再没有饭吃，就怪不得天老爷了。

星期天早晨，看了父亲的菜园。他正在精心地将一根一根还没有找到依附的豇豆藤，牵上杆子。他种的苞谷，已经冲了天花，挂上红胡子了。南瓜长得恶蓬蓬的，强占了不少辣椒和茄子的地盘和营养。接着，在家劈了一大堆柴，也算做了一件大事。

早饭后去芭蕉小学开会，主要是布置学期结束工作，什么成绩单的填写发放，交学期工作总结，期末家庭走访，财务清理和保管等等。其中，有一项要求是做好财经工作，办公费要实报实销。这就难为了几位公办学校老师，直到大家都散了会，他们还是不走，在那里问“怎么办?”

我不管他们“怎么办”，他们公办学校也许是办公费多了。我们民办小学就是打几斤煤油，买几张纸、几盒粉笔、几瓶墨水什么的，随时都可在大队保管那里报了，少了许多的麻烦事。

吃了早饭就去邀赵老师到学校。这拖儿带崽的人，也真是“出门要个叉叉，进屋要个钩钩”，总是拖拖拉拉，多出许多的麻烦事——养儿真是辛苦啊！一直挨到了一点钟才动步。天气已是酷热难耐，加上帮赵老师背个娃娃，走得满身是汗，人也更是疲惫。走到学校楼上，热得如同进了甑子（蒸米饭的炊具）。敞开门窗，直到晚间还余热未尽，只得挥汗阅卷。

好在第二天，晴朗的天空，一会儿就布满厚厚的云，掣闪了，打雷了，下雨了，我们刚栽的苕秧笑了，我更是笑了。趁着雨后的凉快，把分登了，成绩单也填好了。

第一次给学生发成绩单。一早，学生就陆陆续续地来，我给每个学生都说一点鼓励的话。这些农村的学生也确实可爱，看他们活泼的举动，听他们天真的问话，感到十分愉快有趣。只是工作总结没有动笔，以前又没有写过，有些为这东西犯愁。

用了两天的时间做家庭走访，跑遍了十二个生产队。原有的学生没有说不读的，一年级新生也有了六七个。

走访给我一个突出的感受是，农村太缺少文化了。有一个生产队连一个会计也找不到。他们还自己开玩笑说，一个队的人，都是“拿钩钩笔（挖锄）”的，扁担倒下来也认不得一个“一”字。我感慨地说：“我们给你们培养几个！”

还有一个感受是，农民尊重老师，对老师简直像客人一样。许多家长看见老师来了，都放下手中的活路，邀到家中，敬烟敬茶，要留着吃饭。在十二队，一位姓谭的学生家长，怎么也不让我们走，坚决要留下吃点东西，口里不停地说：“快，快，只耽搁你们一哈（一会儿）。”说着就听见灶火哔哔剥剥的响，然后是油下锅的嗤嗤啦啦的声音。一会儿便端出两碗鸡蛋来。

还有一位家长，临走硬是要送我们一口袋洋芋，这都使得我好不自在。

终于花了很大的精力，按照自己的想法，写完了学校工作总结。

肖保管给我称了四十斤稻谷。我用一个背篓背着，回芭蕉，这可不像以前爽快了，真得一步一个脚印，而且还印得很深啊。背背篓，远不如挑担子，两肩和尾脊骨被磨得好疼。磨磨蹭蹭，走几步，歇一歇。

走到半路，口渴得厉害，将背篓靠在路边，进到一家农户讨水喝。一位老者与两位中年人，在院子里一边乘凉，一边谈天。一位品貌端正的少女，似乎在哪里见过，端来热茶一碗。后来问起，原来是五中的学生。说话间，看出她的精神不怎么好，想必是在为这次考试没有考及格发愁吧。

走到芭蕉，已经只能稍微看见路白。街上人很多，几乎每个角落都是人，乘凉打扇的，品茗谈心的，打“绍福”“戳牌”（一种牌戏）的，很像恩施城仲夏之夜的景况。

维正带信，他已于十九日回家，邀我去玩。

在家里待了两天，帮着做了些家务，还是决定回茶园读几天书，然后再进城会老朋友。茶园这地方真是清静，楼上又清洁明净，凉风时时吹来，很是惬意。读俄语，读《孟子》，阅《诗刊》，看《创业史》，真个如鱼得水。

问题出在晚上，蚊子颇多，加之煤油灯光的招引，成群结队，十分猖狂。我采取坚决措施，抓来一些青草，把它们几爷子关在屋里用浓烟熏，我人在外面背俄语，来个“岿然不动”。效果还是不错的。不过，经过这番战斗，已去了不少时间，人也有些疲倦了。只有往床上一倒，以恢复精力。中途，与蚊子仍有断断续续的冲突发生，但一夜总算睡得太平。

一个决心自学的人，抓紧时间无疑是最重要的事。必须要善于抓紧零星的时间，同时也要善于利用整块的时间。比较起来，后者似乎还更难做到。这两天，有整天的学习时间，是平时所憧憬的。到了这样的时候，很容易因为时间的充裕而放松。恰如罗曼·罗兰所说：“要是换一种无拘无束的生活，也许会随波逐流，一任偶然的摆布。”所以，在时间充裕的时候，自己应该要作出周密的计划，绝不能“一任偶然的摆布”，绝不能让一分一秒的时间溜过去。

父亲曾多次建议我，读几篇好文章，并把它背下来。这两天算是把俄语的《尼古拉·奥斯特洛夫斯基》一文背下来了。古文，试图背诵《郑伯克段于鄢》，不知怎的，理解容易，读也并不憋口，就是背诵时，总得边背边想，期期艾艾的。

常常有批评死记硬背的，我倒觉得不可绝对。各科知识中，都有一些东西还是要死记，要硬背。我并不以为死记硬背是一种有罪恶的学习方法。抓住死记硬背中的一些个别现象，将这种学习方法予以否定，是因噎废食。我是只恨自己记性不好，脑子笨。愈是这样，越要多学，走路、做事都背，总可以背到一些，勤是能补拙的。

当然，这是就个人的学习而言。如果，站在现在当老师的角度，我应该怎样要求学生？同样，我主张要求学生背诵，特别是一些优秀的课文，一些最基本的知识。但是，我又绝对不能依据学生能不能背，来判定学生的学习好坏，乃至推断学生将来的有没有出息。这是自己应该研究的另外一个问题，而且是做老师第一要明了的问题。不然，我自己就应该是一个学习很差，绝无出息的人了。显然，我是心里不服的。学生中，就有一个男生，站在那里，比其他学生要高，让他背书，却直翻白眼，似乎好蠢，好笨，也因此被有的同学笑话，说他“没得狗屁用”。但是，一次走访，到了他家，看见他在编撮箕，编得非常漂亮，这使我十分诧异。当我称赞他心灵手巧时，他的父亲拿出他编的一个小背篓来。这一下使我的眼睛亮了——原来他是这样一个有才艺的娃！这个娃绝不会是“没得狗屁用”的。

以后的事情，证实了我当时对这个娃的认识是正确的。没过几年，他参军了，在部队里干得不错，再过了许多年，他转业在城里一个工厂工作。他每次回家到茶园，还令许多当时的同学羡慕不已，其中也许还有当年说他“没得狗屁用”的同学。我想，如果是学生之间这样说说，倒也罢了。倘若教师也是这样来评判学生，那则是不可原谅的错误，这不仅是认识上的不正确，也是道德的缺乏。

孔子说“教学相长”。教书半年，我在自己如何学习，如何教育学生上，算是有了一点心得。

在茶园静静地读了四天书，接着回家，做了点家务，就准备进城了。这次进城，主要是见维正，因此径直走到他家。几个弟妹，看见了我，并不如过去那样热烈，简直是不认识了。只有大一点的梅子，才叫出“超哥哥”来，小清则是“超，超，超……”地“超”了半天还是没“超”出来。维正在睡觉，听说我来，一个翻身下床，拉住了我，一时没有说出什么清楚的话来。很快，我们的感情就融合在一起了，谈话也和两年前一样自若。参观了他的学习笔记，做得相当的仔细。

第二天，维正，家虎，传元我们一行四人到舞阳坝去，都是一米七以上的大个头！我们这帮人，走到一起，完全还原成当年的一群学生娃，毫无顾忌，无所不谈。家虎则往往成为大伙攻击的对象，他则毫不畏惧，舌战群儒。到舞阳坝，逛一阵书店，看了一场《东进序曲》的电影。回去便是打扑克，维正的几个弟妹也插了进来。家虎对几个弟妹说：“今天在这里打扑克，必须要高中以上文化程度，年满十八岁的才有资格。”于是，几个弟妹，知道资格不具备，嘻嘻哈哈去玩他们的了。

晚上，有很好的月亮，端飞在家，与他闲谈好久。一直以为，端飞性格孤僻，这次才发觉他是一个比较稳重的人，也是一个偶尔才露出幽默感的有趣的人，而且知道了，他的父亲叶晓岚先生，还是我父亲就读湖北乡村师范时的老师。至今他家里，还有一本《同学录》，上面有父亲的名字，登的年龄是二十一岁。这正是父亲乡师毕业，去苏杭上海等地考察教育时的年龄。

玩了两天之后，我便邀维正到芭蕉，并且带他到了茶园。维正很是赞扬茶园这个地方，说住在这里真是舒服。中午来了雷阵雨，我们在楼上好好睡了个午睡。杨师傅叫我们吃饭了，煮的南瓜饭，维正也直喊好吃。只是杨师傅做出的一门辣椒，维正不敢动。那是整个的红辣椒，用生菜油淋过，撒了一点盐的。据杨师傅说，这个吃了是败火的。我是已经吃习惯了。当天下午，我们回到五中。维正又特别喜欢塘湾那条小河，我们天天都要到这条河里洗澡。水是那么清澈，洁净；朋友也是那么贴心，真诚。“一脉温汤流日夜”，我们在这里洗浴，并不比华清池逊色啊！

五中的阅览室，也是我们常待的地方。一日，看《大众电影》杂志，有若干百花奖的题词，觉得这题词也有不少学问，特别是题词内容的构思。老舍给《李双双》中的配角奖演员仲星火的奖状题词是“百花喜旺，星火燎原”，也算是别出心裁。这让我想起，一次，有五中老师结婚，我打算题字，母亲告诉我，要想法把两人的名字安上去才好。

这些日子，嫂子师范已经毕业，在家等候分配通知。她真是个贤惠媳妇的样子，一天脚不停手不住地做家务，还在给我打毛衣。

维正在芭蕉玩了五天，告辞回城了。

在家读俄语，学哲学，看吴晗的《学习集》，都有一定的收获。读俄语时查一个词，顺着这个词前后看，发现许多词根和前缀、后缀相近的词，都是一些很好的词，就像在花园里采花，采了一朵，一看周围全是鲜艳美丽的花，结果抱了一大抱。当然，这样贪多也许会嚼不烂，但是多查词典，也许是个很好的学习方法，可以触类旁通，丰富自己的词汇量。

记得在初中时，问一位政治老师，什么是社会意识，不知是他说不清楚，或是我听不清楚，总未把这个概念搞清。以前，自己连宗教、艺术这些到底属于社会的哪一部分都是不清楚的。这几天细读社会意识及其形式一章，方才大致有了一个轮廓，就像千根头发有了一个簪，可以一手抓起来。

读社会意识及其形式一章，结合看吴晗的《论道德》和《再论道德》，对道德这东西也有了一些粗略的认识。

父亲已去师范参加高师函授学习，嫂子也要到城里去听分配结果。于是与嫂子一道进城。今年真是风调雨顺，沿途的稻田里，翠绿上面铺着厚厚的一层金黄——是一层粮食啊！由于嫂子长了疱，走得很慢，直到下午三点才到城。一人吃了一大块西瓜，解了渴，在六角亭教育局打听到，嫂子的工作分到了沐抚区小学。

第二天上午，遇到同届同学友宾、本颖等几位，便一同去维正处。这一邀，就是一大群老同学了，除了上面几位，还有端飞、家虎，还有同届考取华师化学系的树森，已是中学俄语教师的继成。这一干人，恰好八条汉子，一齐相聚在本颖的宿舍，而且，每人都找到一把藤椅，齐刷刷坐在一起。那简直是：有开世界各国首脑会议的风度，有坐茶馆的自由，有开辩论会的热烈。大家争论了许多奇怪的问题，也说了不少奇怪的话。

然后，一伙人去游街一周，又会到两位，乃是过去同班的史娴和舒苑两位女同学。毕业两年了，今天大家有幸，这样多的同学相聚，实属不易，一致同意去照一张合影，以作留念。但是，照日光已晚，照灯光又早了，大家又都不能等，只好在照相馆门前又散开了，留下的只是遗憾。

去师范会父亲，在这里看到了国隆哥、宗庆哥、凯文哥等好些亲人和熟人。我一身是汗，衣服也粘成一块了，又不能洗，实在憋人。肚子也饿起来，想起还是早上吃了一碗面条的，于是准备到土桥坝吃点东西了回交通客栈。谁知刚一出门，就遇上大雨。漆黑的夜，一脚踩入一个水潭，以为一跳便可以过，哪知，这水潭，不知多大，还是跳在那个水潭里。踮着脚又跳了几步，一步比一步陷得深，岂止是一双鞋，打得透湿，连裤管都湿了一大截。决计不去土桥坝觅食了，带着饥饿和一身臭汗，上了客栈满是臭虫的硬板铺——这一天，威风潇洒极了，也落魄潦倒极了。

清晨即起，到清江河里清洗了一番，拿着一本《俄语最低量词汇》，边走边读到土桥坝。食堂刚刚开门，凳子还倒放在桌上。直等到开堂，吃了两个米粑粑和一碗面条，才去维正处。与维正在东风摄影社留了影，然后去新华书店买课本。

与维正约定，五至六点相会，同去清江电影院看电影，晚上同宿交通客栈。但是，直到六点半，维正还未到，想必是不会来了，独自去看电影去了。后来，听说维正和嫂子，都在我后一步到了交通客栈，嫂子还埋怨我太好看电影了。是的，我确实是个电影迷，加之长居乡下，不易看到，更是憋得慌。进了城，这个瘾是首先要过的，而且，只要有，还会连看两场。

这两场电影还是不错的。前一场，是《黎明前的战斗》，以第二次世界大战末为背景，反映捷克斯洛伐克布拉格人民起义的壮烈斗争情况，虽然影片人物形象好像不很完整，但是好些镜头令人难忘。

第二场是《杨乃武与小白菜》。影片很巧妙地通过离奇的故事情节，反映清朝同治年间统治阶级内部的黑暗，揭露地方官僚任意宰割人民，横行霸道的罪恶。杨乃武是一个忠诚、刚强，有才有德的平民，小白菜是一个忠厚、善良，有节操的女人。他们都是受害者，由于统治者内部的矛盾，他们侥幸得到释放。这部影片由北京和香港某曲艺团联合拍摄，其艺术形式也是很新颖的，具有浓郁的中国风格和中国气派，不失为一部好影片。这样的影片不看，不是太可惜了吗？

次日上午，去到本颖处，友宾也在，一起唱了一上午的歌。唱了苏联的，朝鲜的，捷克的，法国的歌曲之后，又唱中国的，还唱了最近流行的《红珊瑚》插曲。旁边墙上有一幅长江大桥的照片，本颖将赵丹饰聂耳的剧照，剪贴在上面。我们唱歌，聂耳便在那里给我们打拍子。就这样，一支歌连一支歌，唱完一支新歌，又唱一支长了胡须的歌，唱了许多初中时代、高中时代常唱的歌——我们如此地欢度不是节日的“青春狂欢节”。

晚上同友宾、本颖看波兰历史片《十字军》。这部影片场面极大，重现了十五世纪欧洲十字军发动这场战争后的情形，其构图之严谨，表演技巧之精湛，令人惊异。我也以为，这部影片有渲染战争恐怖的内容。

8 月 21 日，父亲学习结束，与我同住交通客栈，准备次日起程回芭蕉。睡到半夜，被噼里啪啦的大雨惊醒，直到天亮，持续下个不停。回芭蕉的计划只好取消。

22 日上午八点。清江水位只离清江桥丈许。江水猛涨，至十一时许，清江桥已贴近水面，地区专署首长齐集保卫清江大桥。此间，北门街头人来人往，搬被子家具的，牵羊赶猪的，抬寿材的，呼儿唤女的，挤得水泄不通。

下午，去南门。南门大桥，已淹没得无影无踪，唯独几只小船，在桥头的电杆尖头之间，划去划来。此刻的清江，是浑黄泛红的一片，汹涌澎湃；南门一带，同样是浑黄泛红的大水，却是死一样的平静。

大雨，一直下到下午一时。只好在城里再待一夜。晚间又开始下雨。

23日上午，雨仍未间断，但清江水已是消退不少，被水淹没的清江桥，离开水面已达丈余。据说，南门大桥已经现出水面。心里实在着急，不愿再待下去，决定即日动身回芭蕉，并作遇雨就在青冈树过夜的准备。中午十二时和父亲一起动身，过南门。凡昨日被水淹没过的地方，都是一层黄泥浆，约有半尺厚。此刻，水位还略有上涨。

过了头道水，便再无被水隔绝之忧，边走边歇。晚上，投宿青冈树，身上很不舒服。先是腹胀胸闷，恶心呕吐，后全身酸痛，发烧，头也有一点疼痛。好久都没有受过这种折磨了，应该是这几天城市生活的结果。

父亲起床，给我服了药，此后便周身大热，汗水牵着线往下淌，全身湿透，实在难熬！天明，病况略有好转，只是头有些晕。强吃了半斤饭，走路虽感无力，但病的感觉全部消失，开始走路。

过高拱桥时，却费了不少周折。这里的水也很大，无从渡过。我们沿河而上，找到一处可以涉水的地方，踩水过去了——这个地方，应该就是当今游人如织的枫香坡的山跟脚。

终于在下午四时，回到家中。

在家休息一晚，接着到茶园。紧张而富有乐趣的生活又开始了。

然而，我一到学校，就听到赵老师无端地叹息，是因为开学工作的不景气。而我呢？却是满怀着信心和热情，我就不相信有多么大的难事。即或有天大的难事，也是用不着唉声叹气的。

农村学校开学第一大难事，就是学生不来上学。没有学生上学，还教个什么书？这就是俗话说的，“叫花子玩死了蛇”。赵老师唉声叹气，不就是没有学生来报名么？

其实，组织学生上学，没有别的办法，就是下去走访。学城镇学校，坐地等花开，等着学生来报名，还限定个什么时间，是不可能的。我整天忙碌着，从这个队到那个队，从这个院子，到那个屋场。与农民接触，使我增强了工作的信心。放假时走访的学生，并没有什么变化，都答应上学。又找到三个新生，虽然费了不少言辞，但找到一个学生，就有找到一个“金娃娃”样的高兴！

开学第一天，百分之九十的学生都到了。我带着学生打扫学校，布置教室，把新书给他们一发，放学回去。我想，学生回去相互一串，拿起新书一晃，肯定没上学的学生心里就会发痒的。

果然，开学第二天，差不多都来了，只有两个带信，因什么事迟来一天。第三天，共到六十二名，比上学期还多了一个。说不定跟后还有来的。

一上课，学校一切工作就正规化。这学期，我开始练习用普通话讲课。过去觉得讲普通话有些别扭，但后来发觉，用方言讲课也有许多别扭的地方。芭蕉的老师中，普遍流行一个笑话，就是老师给学生教读“街”这个字，恩施方言的“街”是读作“该”，“上街”，方言则是“上该”。这样教师教读“街”字，就成了“街，街，上该的街”。其实类似的情况还不少，用普通话教学以后，不仅这类问题可以避免，而且有利于锻炼自己语言的组织和表达能力，使语言精练了许多，课堂似乎也变得严肃得多，神圣得多了。

开学之初，几乎天天走访。一日放学，跟随学生后面，听着几个学生在吵架。吵着吵着，有几个学生就说，“我们找吴老师去”，正好一头碰上了后面的我。我说，“不要去找了，我在这里。”

我把全路队的学生都留了下来，然后清查：“哪些是没有参加吵架的？没吵架的都举手。”

“我没有。”

“我也没有。”

“……”

我又问大家：

“他们这几个同学，是不是都没有参加呀？”

都证实：“是的。”

“好，你们都不错，不参加吵架，以后也不要吵架——你们都可以走，回去吃饭去，肚子想必也是饿了。”

凡是留下来的自然都是吵了架的。于是他们开始争先恐后地指责别人如何如何。

我便问："有没有自己能够承认错误的？"

过了好久，一个学生说，自己怎样错了。

我说："好，有了错误能承认，以后就知道这样不对，不会再错了——好，你可以回去。"

接着又一个承认哪里错了，是不对的，又放行一个。这样，承认一个，走一个，直到最后一个。

我觉得，学生扯皮吵架，都是俗话说的"鸡子踩破秤砣"的事情，没有大不了的，要把这类事弄个一清二楚，责任划分明确是很难的，也是没有必要的。能够吵起架来，总是双方都有点不对的。而学生往往有个共同的毛病，就是总是指责对方，自己一点错也没有。这个毛病是比偶尔吵个架还要差的德行。我就想给学生这样一个印象：吴老师不喜欢"吵架割裂"的人，喜欢团结同学的学生；不喜欢光说别人错误的人，喜欢知错能改的学生。

学校又来了两个学生，接着又来了两个学生，到第一周结束，已经是六十六名学生了，比上学期增加了五名，这很是鼓舞人的，赵老师再也不会唉声叹气了吧。

一阵雨后，天气变得凉爽，正是好工作好学习的时光。翻了许多教学参考资料，觉得小学教材上的学问也是够多的，决心多多钻研教材，提高教学质量，提高自己的工作能力。

没几天，又有两名学生到校，是过去从这里转到别校去的，现在又转回来。这说明，学校办得不好，学生可能转走；学校有了一点声望，学生就转来。学生共有六十八名了。

到庳口公社小学开会，学习了两个文件。一个是省教育厅的本学期教学计划，另一个是工作条例四十条。参加这些活动，使我不断熟悉教育工作。会后，与芭蕉茶厂来这里调查访问的两位攀谈，知道他们正在搞"五反"运动，马上又要进行"双反"，据说，搞得很紧张。

在姚家寨子访问，获得姚府赠送家藏古版《诗经》一部，如获至宝。由于持续走访，向群众宣传，也由于学校教育教学工作有一定成效，到第二周的星期四，又来了三名学生，使学生总数到了七十一名，学校两个教室已经装得满满的了。这个数字说明学校好的影响在一天天扩大，也反映了群众对学校的充分信任，这对我是极大的鼓舞。

不断听到家长反映，这学期学生回去后表现也不同了，都要读一下书，写一下字，像个学生的样子，也从不说“不上学了”的话。学生的进步，我也有明显感觉。他们学习的自觉性增强了，早自习教师不在教室，也能认真读书，学习的风气变得浓了。

第三周的星期一，辅区王校长到了学校，听了学校情况的汇报，很满意，还给学生们讲了话。他是很了解农村的，给学生讲话通俗而又生动，学生听得认真，有时还能会心一笑。放学后，随王校长去戽口学校。正碰上打篮球，也上场运动了一下。晚上与王校长一同歇戽口小学，他又十分健谈，我们谈天说地，直到十二点。

这段时间，工作量大，食量也大。每天吃一斤半米的饭都嫌不够。加上自己种的红苕也开挖了，又甜又面，吃得心满意足。

转眼到了国庆节。国庆节后，大队的杨师傅退位回家，我们为感谢他，喝了酒。他回去以后，我们将多操一份心，主要是多付出一些时间忙柴米油盐的事。课后，我们开始搞大生产运动，挖地，整土，栽菜。

已经没有米下锅了。放学后，便与赵老师去李家院子整谷子。雨却同我们作对，下个不停。我挑着百把斤的一担谷子，顶着一个破斗笠，踏着又窄又滑的田埂路，冒着风雨，小心翼翼地走着。“这球鞋走路真……”这后面的一个“滑”字还没说出口，一屁股坐在稀泥中了。一只箩筐掉到水田里。幸好赵老师手快，立即拉上了田埂，还没打湿多少。另一只箩筐里的谷子，给路上泼洒了一半。两人又急忙往箩筐里扒。最后地上还留有斤把多谷子，沾的泥太多，准备在回去的时候，收拾了再作处理。

我满屁股的泥巴，裤子上像打了黄色的大补巴。费尽一番周折，将一挑谷子跳进了李家，主人倒是很热情地接待了我们。我们便开始呼啦啦推起耒子来……一会儿，主人家还送来几个苞谷粑粑。

不过，主人家在我们将要推完时，就过来看着。我曾听赵老师说过其中的奥妙，知道这是防备我们扫耒子的。因为，每次推完，耒子中央大约有一斤左右的谷子是推不出来的，一般都是不扫除这些剩下的谷子的。我们如若还要扫耒子，就把主人家的老本也扫跑了。

这谷子过了耒子，还要用碓舂，舂了还要用风车或簸箕扬去糠皮，然后筛出谷粒，才是可以淘后下锅的米。这些过程是又多又复杂，实在麻烦，特别费时间。为了争取时间，我还在推耒子的时候，赵老师便取了一部分，去舂碓，整出了一些米来。

我们自然知趣，不动耒子中的一粒谷子，叫了多谢，挑米出门。在回到我摔筋斗的地方，发现泼洒在地上的那斤把谷子，是已经被别人打扫得干干净净了。是谁贪这点小便宜，也无须追究，也许别人心疼粮食，以为是谁不要了的。我是更加提心吊胆地把一担米挑回学校。一顿饭，直到天黑了许久，才弄到口。

生活啊，多么不易！有过这个经历，以后，只要能吃到一口现成的饭，我都会感到幸福。

清早起来就得挑水弄饭。这些劳动我并不生疏和厌烦，只觉得为了自己糊口，把青春消磨在这些琐事上，太不值得，真是急人。等锅里煮着饭的时候，便掏出《俄语最低量词汇》来学生词。

这段时间，一天忙着弄饭和菜园子的生产，自己的学习收获不大，使我十分不舒服，十分难过。有时，还因为自己心中的不快，对学生显得简单粗暴，后来又感到非常的惭愧，自责个人的修养太差。

说自己是在忧患中吧，比较有的人，似乎是在安乐中了；说自己安乐吧，又有着接二连三的忧患。昨日在芭蕉街上，遇到园艺场的几位伙计，谈笑好久。他们说了好多不满意的话，特别是经济上的困难。有的说，情愿去当个“黑人”（吃黑市粮的人），也不愿这样干下去了。王大妈说，他剃了四个头都没把钱，已经“赊了四个脑壳”了。比照他们，我自然是在安乐之中了。

人的心境越是不好，烦心的事就越是找到头上来。晚上刚刚眯着，隔壁的娃娃，就唧唧哇哇哭叫起来。顿时，睁开惺忪的眼睛，十分烦恼。便把一个铺盖卷，捞到楼下的房子里去睡了。楼下的屋子里，耗子闹得十分厉害，不过，一百个耗子，也抵不上一个好哭的娃娃那样影响睡眠。本来，前次王校长来，看到我们居住的情况，对大队干部说，这样住着，两个老师，又是一个男的，一个女的，中间只隔一层板壁，还是不够妥当，有房屋尽量分开住为好。我当时倒并不以为然。现在，觉得王校长考虑很周到，这样子一点也不隔音，女老师要带娃娃，势必干扰太大。

无论怎样，每天的饭是要弄的。开始研究弄饭，初步结论是：弄饭，贵在神速。理由之一，可以减少肚子的痛苦；其二，可以充分利用火力，节省柴火；其三，最主要的是节省时间，马克思说，“一切的节省都是时间的节省”。如何才能做到神速？首先，要有计划；其次，做到两手不空；其三，牢记“人忙不如火忙”。

杨师傅走了，他那间楼下的住房，空出来了，赵老师搬进去了。这下，我也就把床铺，移到赵老师原来住的那间内房。于是，我在楼上，有了一间卧室和一间办公室。简直太奢华了。

我如同生活在激流之中：每天清早起来，便要挑水、劈柴、烧火、做饭，一双手，从早到晚，从未停过，不是握扁担、锄头、斧头，就是拿粉笔、课本、锅铲、菜刀、火钳、吹火筒……忙碌，我并不怕，怕的是年与日驰，学业荒废，待到他日，“白头方悔读书迟”，故此总有着几分惶恐。

已经进入十一月了。辅区的学习差不多隔一周，就进行一次。这次通知的是周六听公开课。于是，周五上了四节课，就和赵老师吃了一点东西，冒着雨下山。两人都背着背篓：赵老师背着小孩，我背二十斤糯谷。出门没有走到一半的路，天渐渐地黑下来，我们也开始摸着走路。大雨淋淋，衣服已经打湿。雨越下越大，天越来越黑，我们越走越慢。到后来，简直是摸索着前进，一兜草，一根树枝，都成了我们的依靠。靠着它们，我们才一步一步摸下山。我一个男子汉都尚且如此，赵老师还带着一个小孩，是何等的艰辛，可想而知。

走到街上，我的衣服已经拧得出水了，头发也是被雨水彻底洗了一番，满脸汗珠水珠都滚在了一起。走到母亲的住处，心想马上就要释去重负。殊不知屋里没有亮，便知有些不妙。再把门敲，更无人应，只见门上一把锁，想是回五中了。看来，我还得将这一背篓，背到塘湾去啊。无可奈何的事，也只得无可奈何地做。不过，终归还是背到家了。

这次学习，是听二年级语文的公开课，也是使用一种新的教学方法。对于我，教学方法无所谓新与旧，没有任何的比较。我只觉得要把书教好，是非常不容易的事。

就说最近，我给学生讲鲁迅《踢“鬼”的故事》，本是要给学生讲世界上根本没有鬼，鲁迅先生就不相信。讲了两节课之后，我问学生：“现在，你们说，世界上到底有没有鬼呢?”

学生们知道我是要他们回答“没有”。但是一个二个都不吭声，有的却在下面小声说：“有。”

我问：“到底有没有?”

学生都瑟瑟地说：“有。”

接着都议论起来，有的还举例说，谁看到过鬼，是背时了的；还有谁也是见过鬼的，害了一场大病。看来，他们对鬼的迷信还很难破除。我试图用一些道理说服他们，讲共产党、毛主席都是不信鬼的，他们没有背时，还取得革命的胜利……我又说，我过了二十几年，也从来没见过什么鬼，也不相信有鬼，鬼并没有把我怎么样。

学生帮我作解释说，那是因为“火焰高，鬼怕火焰高的人”。

这一课，书是讲完了，至于有鬼无鬼的问题，我没有说服他们。他们仍然是相信有鬼的。要说这一课的教学目的之一，就是要对学生进行破除迷信的教育。显然我的目的没有达到。然而，这类问题，恐怕也不是几堂课能够解决的。

凑巧的是，就在那天傍晚，我还真是见了“鬼”。已是擦黑时候，我在房里刚点着灯，就听到外面那间办公室里，窸窸窣窣响动起来，我想定是耗子。我早就恼怒这东西，只恨没有机会惩治它们。

我找到一根木棍，左手持灯，右手握棍，出门便向有响动之处打去。只见一只耗子窜出来，向外边的那个门角窜去，企图往上爬。我倾其全力，将门板推向板壁，企图在它上爬之时，将其榨毙——只听得“哐”的一声，我的右臂关节处，蓦地疼痛起来，且渐渐加剧，便将手中已经熄灭了的那盏灯，放到办公桌上。两手撑住桌子，等待疼痛的过去……此时，我渐渐地晕了过去，仿佛觉得是一下子栽倒了，大约还发出很大的响声……过了不知多久，睁开眼睛，方才觉得如做了一场梦一样：我怎么坐在这里?

外面的天空还看得见微白，房里是什么也看不见了。右臂的关节还在隐隐作痛，我开始推测刚才发生的事：

——哦，我刚才是痛晕过去了，那一倒下去，便是更加晕了。

——那么我的灯呢，恐怕是摔破了！

——啊，我不是把灯放在桌子上了吗？幸好，幸好！

久久地坐在地上，尽力回想刚才发生的一切，我怎么会摔倒？怎么会晕过去……这不真像是遇到鬼了吗？

——鬼，你这东西，我生下来还没有见过你呢，所以，老子就是不相信你！你是鬼，就再来一下！

我壮着胆，爬起来。摸到了火柴，点上了灯，休息了一会。看到地上横着一根扁担，它原来应该是放在门角的。有些明白了，这右臂的疼痛，一定与它有关：是我推门用力过猛，扁担弹了过来打着我了。这么一大栋房子，赵老师住在那一头的楼下，我又住在这一头的楼上，只怕她连响动都没有听见。那么，刚才发生的一切，到底是怎样的，除了耗子知道，再就没有谁了。

和耗子的这场斗争，应该承认，自己是失败了，胜利者是耗子。我的失败，在于自己的莽撞。不过，我仍然相信，世界上是没有鬼的。但是，如果我是一个相信有鬼的人，这事是可以编成一个活龙活现的鬼故事的。我的学生们可能是听这样的故事太多了。

我在灯下，开始读起俄语来……

晚上才是自己读书的时间，读了两个小时的历史后，练习将俄文《化石王国》翻译成中文，记住了一些新单词。

大约十一点上床，躺在铺上，清理脑子。忽然算起日子来：今天是十一月七号，农历九月二十二日。啊，昨天应该是我的二十一周岁生日，我竟忘记了。忘了也好。但一想起来，却又免不了心酸。本来，事物总是从量变到质变的，时间也是一天一天地这样过去的。平时倒没觉得怎么难过，在这又是一个周年的时候，就明显地感觉到了：青春又被送走一年！眼看这青春一时一日，一月一年地流逝，不管这一年我是怎样认真地，严峻地对待生活，我还是感到逝去得太可惜。

几天来，思想发生动荡，似乎是平地起风波。那天，碰到公社姚书记。他忽然问我，为什么不去考兵，我说我就是想去呢。他说下次你去吧，你去了还可以当个好兵！记得去年就想去，以后不了了之了。许久，已经放在一旁的东西，而今又出现在眼前，而且占据了我的整个脑袋。我真想去当兵，过那种紧张，严峻的生活。我对现在的生活，有些讨厌了，觉得这种生活太细致了，太琐碎了。

下次是什么时候？我只有等着。

教学研究活动，从辅区到公社，层层都在开展。这一次是公社组织的，由茶林小学谢老师讲复式班的公开课。

这是一个久雨后初晴的日子。阳光那么柔和，山林和田地上都飘着薄薄的一层雾霭。从茶园到茶林，是沿着一块很大的茶坡斜上。我慢慢地沿着斜坡往上走，视野也渐渐地扩大。

初冬的山，有的依旧青翠，有的变得鲜红，有的却是橙黄。斜坡上完，翻过一个山梁，茶林小学就在一望之中的眼面前。看得分明，学校的场坝边缘，站着一排人，有的在指点着什么，有的在扭头张望。山里人有一句话，说得很是形象："看见屋，走得哭。"我不仅看到了屋，而且看到了人，但要走到那里，还要下一个坡，再爬上一个坡，才能达到。

好多老师已经到了。我是第一次到这里来，看这所小学，也觉得小得有趣：半山腰上，一所新装修的民房，干净利落。一边是教室，一边是办公室，门前一个小场坝，如此而已。但是，庙小神灵大，这位谢老师，却不是个平凡人物，在社员群众中他的威望很高。他是当年在恩施清江中学读过书的，是全社具有最高文化程度的知识分子。新中国成立后，他在庳口几所学校教过书，这里的人，都以在谢老师手里读过书为荣。他写得一手好毛笔字，许多人家写对联都找他。而且，他是方圆数十里，包括宣恩庆阳坝，享有名望的歌先生。这歌，有山歌和夜歌。若是生产队薅草，不论是山地还是水田，打薅草锣鼓唱山歌，他是一个好手；若是有白事，打锣鼓唱夜歌，也往往都是要请到他去的。他唱歌，字正腔圆，现编歌词来得快，而且讲求字句合辙。一些爱好者，往往拜他为师，向他讨教。所以，他不仅是教书的老师，而且在唱歌方面，也是公认的老师。说他是庳口一带民间文化的灵魂人物，也是不夸张的。

他因为家庭成分是地主，所以，尽管很早就教书，而且也教得好，在群众中声望很高，但总不能成为国家正式教师。甚至，他这个民办老师，也是随着社会形势的变化，一时上，一时下的。有趣的是，他的年龄，恰好 1949 年十月满十八岁。据说，划"分子"是以解放时，年满十八岁为界限。因此，他个人到底是"分子"，还是属于"子女"，并没有定论。如果阶级斗争抓得紧，他就可能成为

“地主分子”而不让其教书了；如果稍微缓和，他又可能不是“分子”而是属于“子女”，群众又把他请了出来继续教书。

我到茶园以后，就每每听人们说到谢老师，以后在公社学校开会，认识了他。叙谈起来，他还是父亲在清江中学教过的学生，于是，每次见到我，他都要问候老先生。

茶林大队，为这次全社老师来听课，感到很荣光，所有的大队干部都在这里迎候我们，就像家庭办喜事那样。自然也是为他们有谢老师这么一个好老师，别处的老师都来向他学习教学经验而感到自豪。一会儿，宣布吃早饭。大队准备了不少的饭菜，我们七八个“斯文”的先生，竟然吃了一大锅豆腐。

茶林小学是一个三级复试的学校，只有二十几个学生。每个年级也就几个学生。谢老师很像私塾先生，不慌不忙，先给两个年级安排自学或复习的什么任务，就给一个年级讲新课，接着布置作业，又给另一个年级讲课，又布置作业……如此不停地循环。

听了语文课，又听算术课，基本方法大体相同。听了课，接着又评课。老师们讨论发言，都少不得说这节课如何成功，老师教态如何好，板书如何工整，怎样注意了动静搭配，怎样科学掌握了时间等等。我是评不来课的，只听大家说。最后也少不得要发言：今天，我知道了三级复试就是这样教。

评议会后，已是下午四点多了，大队还准备了晚饭，我们又“斯文”了一阵才散会。

——值得补充说明一下的是，大约我们这次听他讲课后的第二年，他就没教书了，因为“四清”运动来了。从“四清”运动到“文化大革命”，谢老师都只能是在家务农。“文革”期间，他本无大事，只是因家中发生了一次火灾，被民兵将他带到各生产队游乡认错。“文革”一结束，谢老师又被群众请回教书。又教了十来年，他的运气不错，在1989年他五十八岁时，通过考试、考核，转为公办教师。再教了两年书之后，年届花甲，退休了。人们笑谈，谢老师终于是功德圆满了。他有五个儿子，取名鹏，程，万，里，平。大概是一直想要一个女儿，到生到第五个，仍是个男娃，心里才“平”了下来。

前些时，做中师函授数学卷子，竟然把学数学的兴趣激发出来了。上周回去，在五中借了初中的代数和几何，又把高中的数学书也带到学校来，想把初中到高中的数学逐一学习一遍。翻开过去学过的内容，最熟悉的是初中几何。而且一看到初中的几何内容，就想到初中时给我们教几何的杨老师。他从没吼过学生，但学生又有几分惧怕他；他很少开笑脸，但同学们又喜欢他。他上课，毫无废话，一字一句表述得清清楚楚。他不是演员，但他脸上有着丰富的表情。他像钻到学生肚子里一样，能够站在学生的角度，提出大多数学生都会产生的疑问，然后加以明了的讲解，像个领路人一样，让你大胆前行。待到学生们豁然开朗的时候，他在一旁会心点头。他的眼睛很少去看教案。他的眼光有神，照顾到了满教室所有的同学，使每个学生都觉得：他关注着我。所以，同学们在他的课上，都不敢“打野”（走神）。他的课堂是一个神圣的殿堂。他从不为抓课堂纪律而分散精力，影响整个讲课的进程。如若发现一点什么情况，他常常是顺便幽默一下，一语带过，点到为止。一次，他说，刚才讲的这个问题，我发现只有某某某一个同学听懂了——同学们感到奇怪。杨老师说，我看到只有他一个人在点头。原来，这位同学精神有些不振，想睡觉，眯着眼在点头。同学们都笑了，某某某同学也被笑清醒了，都继续随着杨老师的讲课学下去。杨老师的几何课，许多同学都有兴趣，成绩大都很好。

我碰上的代数老师，就有些不一样了。无论是初中还是高中的老师，都似乎有一些打不起精神。他们自己从开始上课，一直到下课，都做着很费劲的样子，这自然就传染给了我，仿佛觉得听起来都很吃力。他们讲课的声音总是平和的，没有一点起伏，或许就是叫没有抑扬顿挫，因此，总给人催眠的感觉。恰好自己本来就偏好文史，所以，代数是我没学好而很感遗憾的一门课程。

作为学生，我不应将自己没学好的课，怪之于老师；而如今站在教师的角度，我有必要以此为鉴，研究教学如何更有效果。

现在，拿起初中代数来，代数老师当年那皱着眉头的样子，仍然浮现在眼前。但仔细阅读教材，好多问题似乎也并不是很难，但是初中老师为什么老是皱着眉头呢？

现在自己当老师了，我想，自己在给学生讲课时，多想想几何老师怎样上课，是有好处的。

根据我的提议，弄饭轮流值日，免得都陷在厨房里。第一天由我独自掌火。清早，我六点就起床，很快将菜饭弄好，且读了几遍《前赤壁赋》，约八时吃完早饭，比以前早一个小时。

下午一放学，又弄饭。吃完后差不多两个小时才天黑，能够多做许多事。我想，这一措施早就应该采取了，今后的原则是一切都要有利于争取时间，把更多的时间，用到学习上去。

天气已经寒冷，学习到九点过，脚下便有些麻木的感觉，关节也有一点作怪，烧了一笼火，烤暖和了才睡。

轮到赵老师值班做饭了，自己便不得急，躺在被窝里背诵了《滕王阁序》《岳阳楼记》《爱莲说》《荔枝图序》和俄语《尼·奥斯特洛夫斯基》。洗毕，又上楼读《前赤壁赋》。想着，这不做饭，可以做多少事啊。

下午上周会课，是根据一些学生好哭讲的。一上课，我在黑板上，画了一个“哭”字，把那一点，夸张地画成一滴眼泪。问学生这是个什么字？学生们笑着回答：“哭。”我说对了，你们刚才都在笑，笑的样子真好看，比这个哭字好看多了；但是，有的同学不知为什么，还喜欢哭……接着便给学生讲了一些故事，要学生如何学会坚强、勇敢等等，学生听得很有趣。记得前次的周会课，是听了一些家长的反映，对学生进行有礼貌的教育，联系了学生的实际表现讲，他们听得也很好。

周会课应该是很实际的一门课。要上好周会课，须得多了解学生，有针对性地讲，这样才讲得生动活泼，有好的效果。

1963 年的最后一天。学校的小堂屋，贴上了新年画。我给前面写了四个大字：庆祝元旦。小学生也因此感到很新奇。集合了，学生们一排排坐在板凳上唱歌。会上，给学生发了奖状，奖品，还请了大队的胡主任讲了话。大队干部给学生讲话，这还是第一次。

我在给学生讲话的时候，注意了简略。学生的情绪一直很好，精神饱满。这段时间，我已意识到，教师的语言，是值得考究的。无论是在课堂还是在会议上，教师的讲话都应该做到有条有理，一句，一句，不慌不忙地讲下去，切忌重复，不要啰唆，这是十分重要的。回想自己当学生时，许多同学，包括自己，都不喜欢讲话啰唆的老师，而且很反感，以至于老师到底啰唆了什么，是毫无所知。由此看来，啰嗦的效果，与一句不说，其实没有多少差别。

放学以后，正准备回芭蕉，学生有姐妹两个，拉着我不让走，要到他们家去吃饭，还死死拉住不放手。我在推脱时，她们眼眶几乎要溢出泪水了，大约是怕家长骂她们无用。看来她们家真是动了一番心思的。只得去了，而且也只得取消回芭蕉的打算。

元旦一早才下芭蕉，沿途飞着似雪非雪的雨点，打在路旁的树枝上，窸窸窣窣地响。远处的山上，有了银白的积雪。我在冷凉的风中行走，脑海里思索着：无论自己怎样觉得，还有好多事没有做完，过去的一年，还是过去了。新的一年，我的生活将会发生一些什么变化，我不敢预想。然而，不管是风平浪静，还是狂风暴雨，我都会勇敢面对，坚强生活，奋力前行。

辅区已经布置了学期结束工作。天气十分严寒，远处山上的白雪，从元旦开始，就站立云端，持续不化。茶园这里，除偶尔飘洒一阵外，多是下着雪一样的雨滴。不过，我们的学生，都依然坚持到校，常常是齐到。群众对此多有好评。据说，过去到了这个时候，学生不到校的很多，他们要给老师放假。

教室里，学生们烤着烘笼，窗户早已糊上皮纸，还是比较暖和。学生们摇头晃脑读着书，在认真复习，我感到这一学期，虽然一晃就要结束，但学生们是有进步的，我没有误人子弟，有几分快慰。

考试完毕那天下午，我们接大队干部们，一起喝杯酒，共庆学期圆满结束。茶园的干部，哪怕是喝了酒，也没有多少话。我给他们提出："我们想明天开一个家长会，征求家长们对办学有什么意见，不知可不可以。"

"当得，"谭书记只要表示肯定，就用这两个字开头，"现在农村又不忙，刚才回去的时候，几个人都顺路通知一下——胡主任，你们几个明天都参加家长会。"

几位正要动身出门时，谭书记又对胡主任说："找两个'分子'，明天帮两个老师把粮食挑下去，好过年。"

几位都离开了，只有吴会计没走，在我办公室烤火，我们两人在一起，谈了不少的话。我发觉，他把我当做"家门"，说的都是贴心的话。他说干部群众对学校的工作都是满意的。大队还打算，明年办一个高小班，把学校发展到百把人，大队里办学的信心很足。

接着，我们把话题从工作转到生活，谈到了个人的经历。一年来，我们还没有这样谈过话。看来，他并不是寡言少语的人，只是自己平时主动接触他们少了，联系少了，有时间就钻进书本里去了。

由于没有事先通知，家长来的不多。但在干部们的主持下，会还是开得很好，群众的意见也基本上反映来了。各种说法不同，基本要求是，就像这样继续办下去，老师也不要再换来换去。

芭蕉街上似乎比平时热闹了许多。走上走下的，好多都是去年此时见过的一些老师，有的穿得十分阔气。特别是女老师，黑色的灯草绒，再将里面的白衬衣领子翻出来，黑白分明地衬托着她们青春的面容，长长的双辫飘在身后，使得平时冷落的芭蕉街，似乎一下变得美丽而充满活力。全区教师寒假学习已经开始，我还在疲于奔命，身披着马夫大棉袄，挑着一挑七股八杂的东西。

回到家里，母亲告诉我，先前有个人，把你的粮食挑来了。我知道这是谭老书记安排“分子”挑来的。但心里还是觉得，这样并不很好，自己的粮食是不应让别人出力挑的。

急忙到家放了东西，去拜会王校长，申诉了迟到的理由，得到了他的宽恕，参加了学习。教师假期学习的时间不短，大约有十几天。开头的报告没听到，听大家讨论发言，都是围绕着全面贯彻教育方针，全面提高教育质量在讲。每天时间抓得很紧，早上七点开始，到晚上还有讨论。因为学习期间还要开个晚会，所以，休息的时间也占去排练节目，一个人是全身心泡进去了。不过，对于我也无所谓，又没有多少家务事。排练节目也是个好玩的事，都是一些年轻人，一起说说唱唱笑笑，蛮有趣的。

学习进入第二阶段，是贯彻中央关于社会主义教育的两个文件。一日傍晚，到街上母亲住的那里，母亲却到五中了。进到这个屋，就觉得有点饿，去买了四毛钱的花生大吃起来。一会儿，外面有人叫我。听出是四姐的声音。她对我说，五中刚才打电话来，说父亲母亲都害病了，叫我请了医生一道去五中。突然得到这个消息，让我一时不知所措。急忙跑到医院，医院的人说，医生已经过去了。心里绷得紧紧的，冒着风雪，赶到塘湾。回到家里，父亲躺在床上，脸色很不好；母亲坐在椅子上，显得十分吃力。两位医生在做检查，一会儿又来了好几位邻居。

医生的意见是，要到街上去，大约是便于诊治。我说，这样大的风雪，一路走过去，岂不是火上浇油，邻居们也觉得是，于是决定还是在家休息。一夜陪着父母两个病人，好的是都还休息得好。

第二天，照料了半天病人，下午，父亲说没得什么大事，要我还是继续去开会。

到了二十八号，学习会举行晚会。我看了其他辅区的演出，也参加了芭蕉辅区的合唱，诗朗诵，又和廖老师打了一套《满江红》的拳，是头一天王源莲老师现教的。还与廖老师讲相声《粮食论》，独唱了《唱支山歌给党听》。晚会开得十分活跃，节目小型多样，多属老师们自编自演。晚会以后，一群年轻教师，都围在新婚的王老师房里，一边烤火，一边说说笑笑，快活到了极点，以至于令王老师担忧，说："唉，今晚上这样欢喜，只恐怕有什么忧事来哟！"

后来，林组长也来了，他问我在自学一些什么，并说，他们有个想法：把我抽出来，专管全区教师的函授学习，但是重要的是粮食问题不好解决。我心想，这个差事倒是好，只怕自己还难以胜任，不少教师虽然学历未及中师，实际水平却远远超过的。要专管这事，心里是虚的。粮食问题不好解决也好，免得我搞不好出岔子。

学习会的最后一段，是下到生产队搞调查。全区教师集合起来，差不多一两百号人，学习当年的老八路，背着背包，迈开双腿，在林组长带领之下，浩浩荡荡，开往瓦屋公社红旗大队。

天气不错，出了太阳，边走边谈笑，不觉到了大队部。大队里正准备开丰收大会，到处贴着欢迎我们的标语。我们放下行李，就接到紧急任务：除了那天晚会演出的节目以外，还要现编一个感谢他们热情欢迎和接待的快板，在他们开会之前演出。

我们几个，立即在一个小房里讨论起来，决定一人出一句，"斗"出一个快板词来。哪知这才不是个办法，反倒把文思搞乱了，好久没成一段。后来各自去编，然后再一起凑，终于成了五段，也足以表达我们的感情了。接着我们一起排练了一下，在开会之前拿了出去。

红旗大队的丰收大会，开得很成功。会上有一年生产的总结和来年的打算，给先进模范发奖，还有人作了回忆对比，对我们也上了一堂生动的阶级教育课。从这个大队的情况看，人民公社在大踏步前进，农村展现出一片大好形势。

会后，我们分散到各户去。我住在曹起尧的家里，据说他家是困难户，他本人是个党员，家里有老母亲和众多兄弟姊妹，共十多口人，两年前才分成三家。他们待人热情，老母亲更是健谈得很，说话风趣，往往惹得她的儿女们嘻嘻哈哈。

在曹家吃了晚饭，去小队开会。伙计们都到了，围在一个大火炕边。火越烧越旺，已经有些受不住了，大家一次一次把椅子往后挪。我们讲了这次调查的目的，是贯彻中央关于进行社会主义教育的精神，深入了解农村经济发展的情况。接着大家就闲扯起来，讲过去和现在小队生产的情况。我认真听，忙着记。从他们谈到的一些情况和有关数据来看，我感到农村的经济确实是一年比一年好。

曹家把我安置在楼上睡，铺了很厚的稻草，睡得很舒服。

第二天一早，了解曹起尧家的经济情况，他们对1950年和1957年的情况，简直记不着，说不出，这使我很伤脑筋，表格上这两栏怎么填呢？

早饭后，去大队参加老年会。到会有七八位六十岁以上的老年人，很有几位都还神采奕奕，年龄最大的八十二岁。有一个叫曹提元的老汉，蓄着长长的胡须，全白了，看他的精神，却如二三十岁的小伙子。昨天开大会时，我就看到他在和几个年轻娃扳手劲，感到很是有趣；今天开老年会，他的身上坐着两个小伙子，与他不停地玩耍嬉笑，简直不像一个六十多岁的人。据说，他就是大队的护林模范，还得了奖。老人们都谈了一些解放前，生活如何困苦，特别如何躲避拉兵拉夫的情况。会后去到温家调查，这家是富裕中农，据说他们对这个调查有些怀疑，可能还隐瞒了一些收入。在温家吃晚饭，第一次吃到了水牛肉。

晚上回到曹家，他们一家人都在剥广藤，我跟他们学着剥。这一带山上生长着许多青藤，细而长，可以编织藤椅、藤篮、藤包。收集回来以后，据说还要蒸一下，再把外面一层皮剥去，就是白花花的藤条了。藤条可以卖，也可以自己编织加工，这里许多人都有编织藤器的技艺。下队调查一共四天，这是第三天，主要任务是填好几张表格。按照干部下农村的基本要求，是要实行与农民同吃、同住、同劳动的。我们教师自然也是遵照“三同”原则，但是农村现在经济在发展，“三同”也很不倒我。昨天在温家，同他们吃了水牛肉，今天同曹家的人吃早饭，肉还吃好了。下午是同吃糯米饭，这个饭我更喜欢。睡觉铺着厚厚的草，睡得十分好。劳动我也不怕，今天早上薅菜园，都是我在行的活路。我忽然想到，二姐他们的那位司机，在车上与我们说的那番话：“我们这些人，搞什么都不怕，下放也很（难）不倒我，要我来开车也行……”我现在也是搞什么都不怕：要我调查就调查，要我吃肉也行，要我吃糯米饭也难不倒我……

吃了早饭去大队，还顺便帮曹起尧挑了一挑粮食过去整。在大队开了青壮年会，了解一些情况，又将夜校和俱乐部的架子搭起来了。在大队接到王校长指示：今天要着手填表，明天十二点准备回去。

回到小队，把人员召集起来，才填两张表，有的人就不安心了，说要看电影。我也是个好看电影的人，便同一伙人，带上十几只电筒，浩浩荡荡开进大队部。可是，电影还没有影子，发电机、放映机都没抬来。就我们这个小队的十几个人，在这里干等着，觉得没趣。于是，大家就开起玩笑来，装做是抬电影机的，一齐“哼唷，嗬哟”地叫着号子，有的还大声夸气地喊：“慢点，慢点，稳当些！”制造了一个大骗局，惹得那些还在填表的，周围团转的，都赶来看电影了。不过，据确切消息，真有电影《万水千山》，只是十一点才能到。我是看过了的，跑回曹家去睡了。

最后一天，忙着填表。这些表也真是整坏人，不知道别的组，是怎么填出来的，还真在十二点完成了，我简直怀疑他们是抠的脑壳。我和老廖，一直填写整理到下午四点才算完毕。好在他也是个沉着不过的人，我们两个“拖皮”一起，不慌不忙，背着背包往回走，就像是战场上后面打搜索的。

芭蕉区教师寒假学习历时十四天，终于在二月三日开了总结会。在这个学习还未结束的时候，芭蕉镇上，已经给我们安排了春节文娱活动的任务。学习会一散，我们被通知晚上到芭蕉镇俱乐部接受任务。到会的人很多，有老师，有放假回来的高中学生，有居民中的文艺积极分子，大约三十多人。看样子，今年春节的文艺活动声势不小，要大搞一下了。区里安排立即开始活动，组织排练，正月初在区内搞文艺汇演，正月初八要参加全县的汇演。会议一直开了两三点钟，直到大家凑出了二十来个节目。我参加的有三个节目：小歌剧《换屋》；和廖老师讲相声《写春联》；和飏敏等四人说三句半《赛诗会》。飏敏是我的表妹，早就认识，现在还在恩施高中读书。

接连下来的日子，都是白天做家务，搞学习。晚上就是去排练节目，往往搞到十二点过。

在俱乐部，自己排练节目，也观察别人排练，虽然花去我许多的时间，但是并不失悔，反倒觉得这是一项有意义的活动，也是一种有益的体验和学习。

要表演，自己首先要体会台词的内容和感情，这就自然而然地要体会社会上某一种人的思想情感，应该说这就是一种宝贵的认识社会的人的过程；要表演，又须得做一些动作，这又自然而然地促使自己，在纷繁的日常生活中，注意观察人们各种不同的情态和动作，这种习惯的养成必然有许多的好处；要表演，必须记住许多台词和唱词，这便犹如强迫自己背一些文章，尤其是许多是韵文，而这种韵文一而再，再而三地反复出现，刺激自己的大脑，自然对写韵文有不少裨益。

我想，莎士比亚的演出和导演经历，对他日后成为文艺复兴时期英国伟大的戏剧家是不无关系的。

我感到，学表演对当老师应该是很有益处的。教初中几何的杨老师，也许他没有学过表演，但他上课是具有演员的气质的：他的眼睛能够拉住他的观众——学生；他以恰当的动作配合他的讲课；他用丰富的表情调动学生的学习情绪……读高中时，有位给其他班上俄语的老师，经常听到这两个班的同学，赞扬这位老师的俄语课讲得如何生动有趣，像演戏一样，以至于好多同学都偏好俄语。后来，我看到他演过《苏三起解》，指挥过乐队演奏。我相信，他的表演能力，对于他上好俄语课，恐怕也不无关系。

我以为，学校里，不仅教师学习表演有好处，而且学生学习演出也是很好的事情。回想我读小学的时候，咸丰城关小学的曾宪荣老师，是热心课外组织学生学表演的。我们许多同学都学过演戏。记得他导演我们演过老虎和狼，苍蝇和蚊子，志愿军和美国兵等。他亲自用篾条扎，用纸糊，用笔画，做老虎、狼、苍蝇和蚊子的头饰。我们不仅在校内演出，还去校外演。有一个晚上，要在咸丰县委会的大礼堂演出。此事，却让好玩的我忘记得无影无踪了，以致缺席。第二天上学后，曾老师很严肃地批评了我，说这样的事情怎么能够忘记，一个人不到，就影响到整个节目不能演出。如果以后要你做更重要的事，那就会误大事，犯大错……他对我这一次的教育，使我铭记终身。

当年父亲所在的咸丰中学，也是经常组织演出的。我记得他们演出过的大型歌剧就有《井冈山》《赤叶河》等。当时的咸中，大约也就两百学生，老师也就十几二十个，从演员到做音乐、美工，都是师生一起上阵。他们的演出，不仅吸引了学校所在的大坝、太平沟一带群众，而且轰动了咸丰县城。我相信，咸中这些参加了演出的学生，是从中得到很大的锻炼的。这种教育的良好效果，是不言而喻的。而要做到这样，须得有这样的教师。咸丰中学，就有像吴光元老师这样的既内行又热心的几位老师。没有他们，就不可能有咸中演出的《井冈山》和《赤叶河》。正因为如此，我觉得花去一些时间，学习和排练文艺节目，不仅是应该的，而且对于我这个当老师的，也是很有必要的。

农历除夕，芭蕉小学的操场放电影《江山多娇》，我是没看过的电影都想看一下的。不过像我这样的人不多，电影场上，观众寥寥无几。究其原因有二：一是许多人还在团年；二是，几个机关都有结婚的，拉去了不少人。

大年初一，白天读荀子《劝学篇》，背得几段，后面那两段，总背不好。接着看健男给我借来的《叶尔绍夫兄弟》。晚上，有电影，又去看。放映的是《嘉陵江边》。影片通过一个工人家庭解放前后不同遭遇，反映我国工人阶级只有同旧制度作斗争，才能得到彻底解放；只有在新社会，劳动人民才能发挥出全部智慧和力量，进行伟大的社会主义建设。这部影片采用解放前后各写一半，平分秋色的办法来进行对比。我觉得这样虽嫌机械，也无不可。而这部影片的最大缺点则是，故事片不像故事片，纪录片不像纪录片，没有多少艺术特色。

三十，初一就这么过了。我们家，今年这个年，远不如去年热闹啊！

芭蕉区准备正月初四举办文艺汇演大会。这个时间一定，我们都搞慌了，许多节目还没排过一遍。于是，再也不是晚上排练了，得全天泡进去。搞了大半天，闹得耳朵都要聋了，嗓子都要哑了，还一直搞到天将黑才回家，吃了饭又接着来。

紧张排练了两天。初四吃了晚饭，就听说要化妆，准备登台演出了。有的人，已经化了妆。我正准备去化妆的时候，通知说，演出改在明天开始，原因是：煤气灯坏了，没有灯亮——那时候没有电灯，是多么不便！最亮的就算是煤气灯，现在都绝迹了。

还是没有早睡的好事，一班人马，全部去到俱乐部，依然排练到十二点。我们的节目中，人物多一点，难度大一点的是小歌剧《换屋》，所以每次排练，这个都是重点。我在里面当的是个民兵队长。虽然这个节目排练得多，占去不少时间，但我估计最后效果，是不会很好的。原因是，演员在唱的方面不怎么好。我以为，演歌剧，唱的方面逊色了，效果会去掉一半的。

芭蕉区的文艺汇演，从初五到初七，搞了三个晚上。头一晚上，我和廖老师讲了相声《粮食论》，这是在教师学习期间演出过的。第二晚，又讲了个相声《写春联》，还说了个三句半《赛诗会》，似乎得到观众好评。这一晚，看的人不少，虽然天气不好，还飞着毛毛细雨，但是，芭蕉小学的大操场，总保持满场的观众，有五六十岁的老年人，也有抱着奶娃娃的妈妈。许多人都从舞台上受到感染，由衷发出感慨。

第三晚，演出歌剧《换屋》。由于演员演出认真，又都是镇上几个熟悉的人表演，效果并不算差——观众并没有苛求演员的声嗓，或许他们以为就是应该唱成这样。这却是我不曾想到的。

演出一结束，都去俱乐部听这次汇演总结。其实，主要是去吃一碗面条。镇上的叶书记，简单说了几句话，说大家辛苦了，演出都很成功，明天就要参加县里汇演，希望演出更好的效果等。这样，还是搞到三点才睡觉。

正月初八，要去城参加全县文艺汇演。我还是放心大胆补瞌睡，直到十点才起。待我去到等车的地方，好多人都已经等了一个多钟头。不见车子的影子，在交易所的楼上看《叶尔绍夫兄弟》，直到下午两点，有一辆车开来。要上车的人太多，里面已经挤得满满的，还有人往里插，简直无法动弹了。司机只好叫所有的人都下车，先让参加汇演的走。结果是，汇演的上车，不是汇演的也上车。这样上车，下车，搞了好几次，还是不能走。最后，采取卖票的办法，才稍微好了一点。这样大概到了三点钟，车才开动。车轮一滚动起来，车上的人们，心也就安定了下来，看着芭蕉在离开，也似乎看到恩施城就在面前了。

爱吵爱闹的姑娘们，这时怎么也安静不下来了，索性唱起歌来，什么《谁不说我家乡好》，什么《洪湖水，浪打浪》，一支接着一支。才到巴公溪，热情的小伙子们，把锣鼓也敲起来了，震耳欲聋，喧闹无比。他们站在车上，像酒醉汉一样，摇摇晃晃，但为了虚张声势，还是要拼命地不停敲打。

汽车终于在文化馆门口停下。我们站了一个多钟头，脚都憋直了，下得车来，路都走不稳，迈着别扭的步子，进了文化馆。很快就会到了几个熟人，看见他们几位面容有些憔悴，又听他们首先就打问我现在多少钱一个月，使我有些心冷——怎么连思想也憔悴了？

我首先要拜访的还是新华书店，买到了《宋代散文集》的下册和吴晗主编的

《中国历史常识》第四册。

晚上看县直机关的文艺演出，表演得极好，长了不少见识。

第二天，演员们都显得有些慌张，说，昨晚看了演出，觉得自己的节目演得还差“八把火”。恩施的舞台，真是不像芭蕉的舞台啊，都担心自己的演出，出丑过大，见不得人，急忙开始排练。

伙食都安排在文化馆，还办得很不错，几乎顿顿都有肉。

傍晚，在我们的住房门口，出现了两个戴眼镜的，是传元和端飞。他们拉着我到家虎那里去，说现在的家虎，已经到东方红大队当会计，有自己的一栋房子。

我跟着他们走过西后街，再上一条小路，来到一所民房内。上了楼，家虎在门口笑道：“十二分的欢迎!”房内，还有维萍和另外一位女同学——后来知道，乃家虎女友淑芬，过去其实多次见到过，只是不知道她和家虎的关系。

家虎端出了瓜子，传元也以先来为主的身份，拿出了广柑招待。家虎的新居里，厚厚的书比过去少了，看起来明快舒服许多，不过也增加了一些新内容：发单、收条、欠条之类。我似乎觉得，我们这位朋友下到农村的行动，于他是有许多好处的。他的新生活比他原来困在黄家峁下的水电站要好得多，尽管那里可以用电照明和煮洋芋吃，而东方红的光亮，是远比一百瓦的电灯辉煌的。

一会儿，他们摆起桌子来，接着又来了几钵菜，家虎还打了一瓶白酒。我是刚吃了饭的人，在席间只喝了几杯酒，着实吃了些炒鸡蛋。

欢宴罢，外面天已黑，朋友们又邀到体元住的火柴厂去玩。火柴厂就在恩施高中学生河电站对面。在体元家里，一伙人正在为所欲为地谈笑，又来了两位，是早就熟悉的光嘉和光梅。大家又是弹琴，又是吹箫，又说又笑——只有老朋友才这样放肆地寻欢作乐，成为世界上最快乐的人。

体元冲来糖水，家虎故意出难题说：“我要喝糖茶。”也就是糖水里还要加茶。体元装作吵小孩道：“喝什么糖茶，喝了睡不着瞌睡，还给床上撒尿。”惹得大家哈哈大笑。一会儿，又是几碗面条端出来，大家推三推四，才分而食之，吞下去两碗。面对吃不下去的几碗面条，体元便指着旁边的黄家茆，劝说起来：“面条煮了，剩起不好。想想当年，你我们在这里当学生，肚量是多么的威风，这几碗面条算什么!”于是，又引起大家谈起当年是如何挨饿，又是如何吃得。有人则说了：“算了，好汉不提当年勇。”又是一阵哈哈……面条还是剩下来了。

回到住地交通客栈，已是十一点了。

演出的第一天，白天都在排练，晚上没有我们的节目，观摩别区演出，有的似乎比芭蕉的高明。第二天晚上就有我们演出了。早上，本来是听报告，大家哪有心思去听，悄悄跑到二小去排练。到了这个时候，临时决定我当《老眼光》中的张大伯。这就把我搞着急了，我还从来没有当过老汉，只知道要把腰弯一点而已，两只手还不知怎么放才好。

排练几遍，勉强应付过去。时间一晃便滑到了下午一点钟，是走场的时候了。走场还算顺利，观看的评委也提了一些改进建议。四点钟一吃饭，就去化妆，我便一下子变成了“老眼光”。人们紧张地工作着，准备着。大约好多人都是第一次登如此大的舞台，只听到后台，时而是慌张的问话答话，时而是急促的脚步声和嘘气声。

第六个节目就是我们的了。我也长吁一口气，镇定下来。幕布拉开了，强烈的灯光射来，下面是黑压压的一片人，像蜂桶一样，发出嗡嗡声。乐器已经演奏过门，按照要求，我从后台渐渐走到前台，乐器恰好奏完过门，接着便是女声齐唱。糟糕的是，这些唱歌的女娃子，大概是怕出丑，都怕唱出声音来，越往下唱越糟，齐唱变成了三四部合唱了。我的心里，也被她们这一阵子搅乱了，以至于最后说错了一句台词。好的是，台下看戏的人也不知道错了什么台词，毫无反应。我总算把个“老眼光”演到了底，闭了幕，真是谢天谢地！下面居然还零零星星地响了掌声。自然，这是懂礼节的观众和评委，为照顾演员的情绪拍出来的。

接着，我又急忙换了装，演出了三句半《赛诗会》和相声《写春联》。这倒还未出什么差错。任务完成，如释重负。吃了夜宵，回到客栈。

演出一完，大家都放心大胆地睡早床，接着是放心大胆的吃饭，放心大胆地上街玩。少不得，自家里几个人，热烈争论一番昨晚的演出，也收集了别人的评论。他们打听的结果是，芭蕉的演出并不很差，我认为很糟糕的“老眼光”，也还没听到什么非议。

最后一天，听总结报告。芭蕉区这次还得了五张奖状，我们的三句半也挂上了号，大家高兴极了。下午我去买了课本、粉笔之类，要准备回去开学。晚上看电影《冰上姐妹》，这部片子已看过两次，但总使我感到有兴趣，特别是里面的两首歌，作得太好，很吸引人。丁淑萍的形象，也再次鼓励我，去做一个内心世界美丽的人。

次日一早就听说要等车来，随时准备回去，因此，也不敢离开文化馆一步。等了一天也不见车来，而且，去找车的人，还带来一个不幸的消息：省里来恩施搞社会主义教育的几位干部，其中有一位处长，都因冰凌翻车而致命。为此，交通局通令全区汽车不要外出。于是，只有再做一天恩施城的客人。

第二天，又在文化馆等车。飏敏来对我说，你有一个侄姑娘也在这里。她带我在文化馆大门口，见到一个姑娘，哦，是洁洁。不说还简直认不出来了。在咸丰的时候，她还是个四五岁的小姑娘，我们是经常一起玩耍的。洁洁的父亲我叫强哥，在咸中教英语。洁洁的叔叔，我叫顺哥，一直没有小孩，所以，以后洁洁跟随她叔叔，到了恩施。顺哥现在新塘三中，想必洁洁是新塘代表队的。现在看到洁洁，真感到物换星移，时光流逝好快，小娃娃都变成大姑娘了。

听说车子来了，没能和洁洁多谈，急忙上车。这是一个晴天，阳光普照，身上已感到有些暖洋洋的——这是春光了。车子一直开到区公所门前，不少人在门口伫立，端详这是怎样的一车人。一下车，三十多人，各自东西，蓦地云散了。我到了母亲那里，没顾上吃饭，便往芭蕉小学跑去，因为我帮前农小学的肖老师把课本带回来了，他应该还在小学开会。一打问，说他刚刚回去，于是拔腿便去追他。

路上，遇到了王校长。他问了这次汇演情况，我简要作了报告。他说："我说了的：这个搞文艺，我们里头要算你第一了。"我很感谢他对我的看重，但我真是觉得，在芭蕉这个舞台上说说唱唱，实在算不了什么。这是有了恩施舞台体验后的真实感受。

我继续追着肖老师，往前农大队走去。一路还在想"舞台"：人生也许就像在演戏一样，在各种不同的舞台，饰演着不同的角色。我当过学生，当过农民，现在又在当老师了。一个人，无论当个什么角色，都要当像，当好，而且永远不要满足。在小舞台上或许不错，还有多少个大的舞台，犹如除了芭蕉的舞台，还有恩施的舞台，武汉的舞台……是不是都会表现得好，却并不一定。因此，人是永远不要做井底之蛙的。

太阳真好，也许一个冬天都没有过这样的好天气。我把棉袄都脱掉了，抱在手上。爬了一架坡，看见竹林间有一农舍，场坝里有几个人在打少胡牌。我前去打问，他们都熟悉肖老师，说他的学校也就在前面不远处，但是并没有看见他回来。我想，他也许还在街上，也许在我回去的路上就能遇到他。

喝了一点茶，转身回走。一位中年人，拉住了我，硬要我坐一会儿，随即端来一碗豆皮。好意难却，吃了精光，只觉盐放多了一点。转念一想，都是这样的好人，何不将肖老师的书，就寄放在这里？于是，与他们说明了情况，把肖老师的书，寄放在这里，他们满口答应。

回去已是熟路，又是下坡，飞奔而下，好似从天而降，把个耳朵里面走得嗡嗡作响。

此一节给肖老师送书的事，在以后一次辅区会上，被王校长狠狠地将我表扬了一番，说小吴老师如何发扬风格，帮助同志……

已是正月十七，要上茶园去开学了。一想到茶园，就乐滋滋的，尤其是在这样的好天气。那里有清新的空气，明媚的阳光，宁静的小楼，热情的乡亲，活泼可爱的孩子。

下午，挑着个二三十斤重的担子，重新走上去茶园的羊肠小道。去年正是这个时候，第一次走上这条小道。现在，又闻到了路边小花的幽香，看见了地里菜花的金黄，还遇上了几只狗儿的“亲热”，听到了屋场院落里的鸡唱……太阳正挂在西边的天上，离山巅只有半个竹竿，像一个火球，射着通红的光。

走进房里，迎接我的却是一股恶臭。那是年前堆在这里的萝卜散发出来的。满地铺着老鼠屎，可以想见，我不在这里的时候，它们是怎样的猖狂！一个爱国卫生运动立即开展起来，最后自己也洗了一个澡。

晚上和赵老师闲谈，也商量了一下开学的事。

我们还未走访，一些学生听说老师来了，都来报了名。

这两天，总是有学生家长接去吃饭，这家吃了，那家又接，不去也像不好，于是接连吃了几家，实在不好意思。

这学期，我决定将伙食搭在黄家，每月三十斤粮，四块钱。这个办法会使我得到许多宝贵的时间。

今年的开学，实在顺利。春季学期没有招收新生的事，原来在校的学生，两天就到齐，教学工作很快走上正轨。

周末到辅区开会，汇报开学工作。王校长听了我的汇报，很是满意。会上还领到了镇上发给我的“优秀演员”奖状，据说参加这次文艺汇演的几位老师，还只有我是“优秀演员”。我感到很有意思，我本算不上个“演员”，居然还“优秀”。但是，我还是很珍惜这种鼓励。我想到了那句名言：“平时多作细小平凡的工作，哪怕针尖般的成绩，也逃不过群众的眼睛。”

半夜，听见坎下的老百姓家吵麻了。混杂的人声中，听清了这样几句，我断定是出了盗贼：

“洞庭哥，你在楼上看一看有没有脚印？”

“一定是从后面的破墙翻进来的。”

开头，我还有几分惊悸，然后稍一清醒，便也坦然了。我这房里，除了书，别无他物。书，强盗是不会偷的，一床被子盖在我身上，几件旧衣服垫在枕头下，强盗进来什么也不会得到，连破箱内也是几本书和一叠报纸。虽然这些东西，我认为是宝贵的，而强盗是绝对看不起的。于是，弛然而卧。没有钱财的人，自有安然在，也是个好处。

春社，农村里是当做一个重要的节日过的。生产队放了假，家家都整糯米，采蒿芝，做社饭吃，相互接客。究竟为什么要过社？有怎样的来历？为什么要吃社饭？为什么要在社日挂清？还有待考察。不管怎样，反正我是吃了肉，吃了社饭，过了社的。

晚上，看吕叔湘《关于语文教学问题》。他提出了当前语文课中存在的一些值得注意的问题，其中有推广普通话，语言口头表达训练，文言文教学，讲课和作文等等问题。他认为，学校要加强普通话的推广工作；学生的口头表达能力要努力注意提高；文言文应该加强，在高中可以对一部分投考文史哲的学生加强文言文和历史的教学；讲课要有重点，不要按一个老框框，老格式去千篇一律地讲；作文要加强平时的训练，可以作几次口头作文，批改作文可找几个典型详批详改，在全班念，评定作文要有一个统一的标准；在小学应注意字、句，在中学，特别是高中要多注意思想内容。他还想编一套尽量满足儿童发展语言和增长知识需要的教材，从一年级就编有拼音的课文。

他的这些意见，我认为语文老师很值得学习和研究。

经过一番仔细的考虑，我决定今年再度参加高考。去年没有考，今年将满二十二岁了，再不考，机会将难以再有。做出这个决定，也实在艰难，心情也实在矛盾。现在宣传的都是知识青年到农村，是学董加耕、侯隽，我则是背道而驰，逆流而动。但是，扪心自问，我只想多学一些东西，更好为人民服务。如果这是错的，那么怎么解释“只有用人类创造出来的一切知识武装头脑，才能成为共产主义者”？

我给哥哥写了一封信，讲了准备参加高考的想法和决心：“虽然知道，学习知识，做学问，不必拘泥于形式，但是梦寐以求一个系统学习知识的机会；虽然觉得，现实生活已经令人满意了，可以如此为人下去，但是又觉得，如果这样认为，那么，这便是我人生抛物线的顶点了；虽然知道，参加考试，录取的希望是太渺茫，但是又想，错过今年，这渺茫的机会也不会有了。因此，常常流连于渺茫的这一线希望之上……我迫切希望再学习，不为自己的名利，而是一种强烈求知欲的冲动，谁让我再读几年书，回来每月拿十八元的工资也高兴。”

我知道时间的紧迫，编制了复习计划，一边教学，一边复习，过着紧张而有序的生活。

又是桃花盛开的时节。星期日，我和父亲一道，从塘湾到街上母亲那里。风和日丽，春意盎然，暖风袭来，令人如痴如醉。一些农家院落，桃红李白，都如木刻套色般引人入胜。水田里，农民在培植秧苗，打着春耕。茶坡上，挑担的小伙，放肆地唱着山歌。

父亲唱读起白居易的《忆江南》来：

“江南好，
风景旧曾谙。
日出江花红胜火，
春来江水绿如蓝。
能不忆江南？”

到了母亲那里，父亲不住地埋怨这些时，事情多，做不完。母亲说：“那你为什么不在屋里做呢？”

父亲随口应答道："天气太好了，出来好看一看，玩一玩——听说下个月雨很多……"

我们都笑了起来。

下午去芭蕉小学玩了好一阵。王源莲老师给我教手风琴演奏法。我又向她请教了有关和弦的一些问题，我觉得这里面的学问还深不可测，如果当年能让我上个音乐学院多好。初三时，不知先绪怎么得到消息，考到音乐学院去了，以后嫌自己手指太短，又回来读高中。假如是我，有如此这般长的手指，是一定不会回来的，现在也许是音乐方面的内行了。

王老师还给我推荐了一支男高音独唱歌曲：《金色的海螺》中的插曲《迎太阳》。我们一起唱了几遍，也真是好听。

红极一时的桃花，被一阵又一阵的春风，带去了无数花瓣，原来整个一树的大火团，如今恰是"绿肥红瘦"起来，真是"花无百日红"。我想，这便是春光消失的痕迹。然而，当花瓣飞去的时候，嫩叶正在催生。那些还不能遮住枝条的嫩叶，在茁壮矫健成长，这又是万物蓬勃兴旺的前奏。花谢花落，四季轮替，这一切的变故，都是谁在主宰？我想，那就是时间。

有的生产队，已经开园采茶了。我很早就熟悉一首福建民歌《采茶扑蝶》，我拉二胡的时候，父亲也常常要点这支曲子听。这曲子的确是欢快优美，给人带来采茶的浪漫想象。

我在庠口茶园，这个芭蕉的茶窝子里，感受到的却是另一番情景。采茶的并非是"采茶姑娘满山岗"的景象，那是几乎所有的妇女都会上山岗的，从十几岁到五十多岁的都有，男的多半是在家做家务，弄饭喂猪，也有男子采茶的，手脚还并不慢。尽管如此，也达不到"满山岗"。

我在这里，一直没有感受到歌中"山前山后歌声亮"的情景。采茶的人，从天刚蒙蒙亮就上坡，站在茶树旁，开始不停地采摘，顶多两三人说个话而已，哪里会有什么"山前山后歌声亮"？他们是心无旁骛，只图快采多采，晚上在队里过秤后，就能变成许多工分。手脚快的，一天可以采三四十斤鲜叶，甚至更多。这样，按所采茶叶的斤两记工分，很是划算的，一人一天就可以顶一个满男劳力几天所挣得的工分。这也就是庠口的一些男人，为什么在采茶的季节，心甘情愿待在家里做家务的原因。也正因为这样的操练，庠口有不少男人会弄饭，而且弄得很好。

这里，也不是歌中所唱的“手提篮儿来采茶”。手提的篮儿能装多少茶叶？恐怕多则两三斤吧。戽口这里，是背着一抱粗的背篓，有的还嫌不够大，装不了，另外还带一根包袱布备用。

戽口的采茶时节，那是静静地，如同进入了考场一样，个个都在紧张地争分夺秒，完成答卷，争取高分。因此，很难感受到采茶歌中的浪漫气氛。

时令是谷雨，当地农谚说“清明要明，谷雨要淋”，意思是清明要天晴才好，谷雨那天下雨才好。这个谷雨真的下了一阵雨，人们说这是好年成的象征。

茶园的人说，谷雨前后的茶，是最好喝的，而且以三队出的茶顶好。我便在三队称了十二斤鲜叶，自己学着做谷雨茶。按常规，四斤鲜叶，可以炒出一斤干茶，我应该能够得到三斤茶。

我还听说，按照要求，茶叶是国家统购统销的物资，是严格禁止生产队擅自做绿茶的，都必须做成红茶，卖给芭蕉茶厂，再精加工后外销。而我们本地人，都不习惯喝红茶，说它有明显的生味，喝了还有些“剐人”。

这里做红茶，我已经见识了。就是将鲜叶如天女散花一样，均匀撒在宽阔的晒席里，让其在阳光下萎蔫，称作萎凋，再进行揉捻。揉捻后的茶叶放在很大的簸箕中，用布覆盖，让其发酵，再烘干即成红茶。

农民自己喝的茶，是春茶的末尾，采下的大叶片做的。那是将鲜叶在锅里杀青以后，进行揉捻，然后置于太阳下晒干即成，称作“白茶”。这种茶叶大，粗糙，一斤干茶，差不多有一箩筐，农民戏称为“金锣茶”，就是一斤一箩筐；也因为叶片大，泡开以后，一片可以盖住一个碗，农民又戏称叫“盖碗茶”。但是尽管如此，这种茶叶的味道醇厚，丝毫不比头轮尖子茶逊色，而且很便宜。

队里的人，照顾我这个老师，破例称了这样的头等鲜叶，自然我要做成绿茶。绿茶与“白茶”，制作过程基本一样，也是先在热锅里杀青，然后揉捻，只是不能晒干，而是在锅里慢慢地炒干。

我按照别人教的这些步骤制作，觉得很是费事，耽误时间。手都揉酸了，仍然揉得不到家，外形看来不紧密，不成条，不好看，还有一些疙瘩，被他们称为很不好听的“鸡屎疙瘩”。而且最后那道工序，在锅里慢慢炒干，功夫也没到家。因为火不能大，怕炒煳，所以只能文火慢炒，这样更费时间。到第二天，摸起来还有一点润的感觉，我实在懒得再炒，见有上好的太阳，便将其晒干。这便是介于绿茶和白茶之间的一种茶了。一位老农从旁经过，我说可惜这十二斤谷雨茶了，他抓了一把闻了闻，说："不拐，自己喝不要紧。炒绿茶就怕没炒好放在那里发酵了。发酵了，泡的水就是红的，带生味。你这个还好，没发酵。"

自己做一次茶，总算学到一些制茶的常识，也不冤做个茶窝子里的人。

五一节到了，我们继续上课，决定从二号放假，以便和星期天集中放假。这天，公社开民兵大会，清早就有民兵在大队集合。到齐了，人数还不少，挤满了我们学校的那个场坝。不过，看这些民兵的阵容，与我们那时园艺场的民兵比，那是太有差距了。他们像是从来没有训练过，喊了"报数"，有的嘴里还含着烟袋，有的手里还在裹叶子烟，实在是令人捧腹。

正在集合，准备出发，开到庳口公社所在地去，公社打来电话说：有一个逃跑犯，昨日从九道水，逃到了庳口。据有人报告，刚才在茶岩弯，发现一个可疑的人，决定茶园茶山两边民兵立即合围，先把这个逃犯逮住了再开会。于是，民兵们有的拿着木枪，有的手握单刀，有的把斧头把子或是木棍都带上了，准备活捉逃犯。在他们还没到达山梁的时候，公社又打来电话，"逃犯"已经被捉住了。

这也是一个近乎利川人说的"涮坛子"的演习。难怪园艺场的民兵工作受到区武装部称赞的。

更有意思的是五四青年节，大队召开庆祝会。全大队的团员来了六七个，实在是寥寥无几。我再一看，这些团员差不多都是中年人，有的小孩都在我们学校读书了，真正十几二十几岁的青年人，一个也没有。我感到这倒也真是个问题：农村的青年工作平时几乎没有抓。

春夏之交，生活比较清苦，又每日课多，复习任务繁重，体力有些不支。忽然想起，咸丰人有喝油茶汤的习惯，特别是老年人，每日午后必喝一碗，而后神清气爽，精力倍增。我便弄了一些鸡蛋，每日午后打个油茶汤，每天早上再冲服一枚鸡蛋。数日之后，很有功效。

五月一到，我倍感时间紧迫。这边，我给大队、辅区、辅导组都申请了去报考，也都表示同意，如果没有扎实的复习，也等于白费。我想请一个老师，代课一段时间。前不久，在芭蕉请了一位女老师，她也应承了，后来，却又找人带信，说她来不了。这便使我很是着急。

也是天助我也，原来的高中同学应发，到我这里来玩，知道他在家乡屯堡，曾经给请产假的老师代过课，现在并没有什么工作，便向他提及此事。他考虑了一下便说，没有问题。

应发在我这里玩了四天，也帮我上了一些课，以便他熟悉学生，学生也认识他。随后，他说要回去办几件事了再来。他去了以后，我一直当心着，倘若他这一去，中间又生出一些变故来，我又将如何是好呢？应发果然是个讲信用的人，三天之后便到茶园来上任了。我给学生们讲清楚了，吴老师是请的一个多月假，回来后又给你们上课，我的铺盖、脸盆都在这里，这段时间要听话，好好学习……

已经是五月的最后几天了，茶园的二发茶都开采了。我收拾了行李，挑了一个轻便的担子离校下山。学生们都跑出教室，看着我。我已走得很远了，只见学校的操场边上，还站的是娃娃……

回到芭蕉，在家里抓紧复习了近二十天时间，然后进城复习。6 月 28 日去一中报了名，填写了志愿表。在填写志愿的时候，我全是一种下赌注的心态：两所北京外国语学院，分别成了我一、二两类学校的第一志愿。我想，也许我是连最后那所学校都是不能取的，但是万一有可能，我便要读我最想读的学校。洪哥和二姐也是积极建议和支持我学外语的。这一次，也就这样赌出去了。

每日闭门复习，很少外出，只是有时去一下附小，那里有经武和光嘉。经武是芭蕉人，也是五中的学生，其人极其精明。由于家境困难，毕业后读了师范，以后就在附小工作了。他多次谈到我父亲，内心常怀感激之情。他说，当年在五中读书时，他的母亲病重，想吃一点白糖，家中本是贫寒，加之白糖是紧俏物资，哪能找到？后来，我父亲知道这个情况，给了他一些白糖带回家中。此事让经武久久不忘。光嘉和经武，都是五中同学，后读一中，晚我一届，如今在附小当代课教师。这次复习，光嘉帮我多次找书籍、资料。每次去，光嘉、经武都很热情，时常买些水果、糖食，大家一起边吃边聊。

此外，便是两次见过一中图书室的管理员中泽。记得刚上一中时，去借一本书，这位管理员对我说：“这本书你看不懂。”这使我很反感，我说，我就是想看一看那些看不懂的书，我是怎么看不懂的。也是“不打不相识”，以后，我成了图书室的常客，彼此也就熟悉了，加之他和家虎很熟，就更加随便了。这次，我又进了图书馆，他面前摆着大堆的《恩施县志》，对我说，他正在考察李白是否到过恩施和清江的问题。我觉得他还是个有心人，也是个不甘于平凡的人。又一次去学校图书馆，他给了我一叠文稿，说这是他刚完成的作品。我一看，字写得极为漂亮，题目：《老当益壮》。细读文稿，是写一中的一位老教师的。看了许多页之后，就不怎么想看下去了。这使我想到，我们刚从学校到社会的人，在没有丰富的生活积累的时候，是很难搞创作的，真正一部称得上“作品”的问世，是很不容易的。

在城市里，住了三个多星期。总感到城里的孩子聪明极了，他们一个个看到你，就要你讲故事，而且，他们也大方地给你讲。他们的见识也是很广的。这使得我自然地想起，我教书地方的孩子，他们固然比过去好多了，但他们的生活却远不及这些城里的孩子。他们回家了，有的简直没有一点空闲。当城里的孩子，晚上做完作业，躺在床上，爸爸妈妈给他们赶着帐子里的蚊子的时候，这些农村的孩子呢，正在微弱的灯光里，帮助大人推着石磨呢；城里的孩子醒来问爸爸妈妈，现在几点钟了，农村的孩子呢，正踏着露水，割了一大背篓牛草呢。我想，这就是城乡差别吧。然而，我爱那些农村的孩子，我愿把我的力量贡献给农村。

七月的十五、十六、十七三天，我是前度刘郎，又进了高考的考场。我说不清自己考得怎样，只觉得完成了一件一直想完成的大事。

到了农科所，给二姐、洪哥报告了考试的情况，他们似乎都很高兴。傍晚与洪哥一起到水库洗澡（游泳），水很暖和，在里面游来游去，舒服极了。回去时，又和他一起去提凉水，在井边两人喝了个够。这几天有一些干旱，这股泉水也变得更加香甜起来，远远近近的人都到这里来挑水。

踏着月光往回走，我只觉得一身的轻松。

我睡在农科所的招待所，正睡得香甜的时候，旁边有人大声说话，把我吵醒了。仍然还听着他们，大约是指着我说：“好睡得，比我起码多睡四个钟头！十点就上铺了，现在还在翻去翻来睡。”他们哪里知道，我是在补瞌睡呢。

天气已经十分炎热，又是星期天，吃了早饭，一家大小都只想睡觉。于是，两架床上和地面铺着的凉席上，都摆着人，呼呼地睡，仿佛比赛一般。外边的太阳虽是火辣辣照晒着，屋里的窗户却不断送进一些凉风，很有一些舒适的感觉。

两个小家伙也是乖乖地睡。只有小的那个毛子，睡了一会又爬了起来，看看旁边都是几个一动不动的人，发出呼呼不停的鼾声，便打着光条条，一声不响地走到锅边，舀醪糟喝。一瓢又一瓢，喝得肚儿圆滚滚了，一声不响，又回到原地，规规矩矩地靠着他的小枕头，睡了。

我的瞌睡已经补够，加之下午要回芭蕉，躺了一会也就起来，收拾了东西，启程上路。走了不过一半的路程，天黑了。一弯新月，将我送到芭蕉。

又回到茶园了。我和应发在办公室谈话，窗眼里挤满了小学生机灵的眼睛。我开始上课了，应发也下山了。我非常感谢应发这五十多天的帮助。不是他，我几乎是不可能了却自己这个最大的心愿的。

教室里，少了不少的学生，据说是要等我来了，才来上课。最糟糕的是三年级，只有六七个人了。这些娃娃，似乎是给我读的书。回校上课的第二天，那些没来的学生，果然都来"给我"读书了。一股清新的空气吹进教室，学生们的学习情绪很好，我索性说最后一节课给你们讲故事，他们又高兴得擂起桌子来。

早就应该放暑假了，学生就怕换老师，前一段受的影响不少，我花了两周的时间给他们补课，但还有许多地方不能过关，直到八月一日，才举行考试。看情况，下学期还要多下工夫才行。

当天下午，回了芭蕉一趟。父亲已经去城里党校学习，来信说哥哥已于二十六日从靖边动身回施，大约不几天就可以到达，这一次是回来接嫂子去陕北的。

第二天，我买了两包烟，准备开家长会。十点钟赶到茶园，家长来了四五人，学生差不多到齐。等了一会，又来了好几个家长，大队干部来了几位。准备了一下，就举行毕业和散学典礼。一切都按着规矩，像模像样，有条有理地一项一项进行。学生的秩序很好，大队胡主任、家长代表都在会上讲了话。

本来，像这样小规模的学校，即或是说毕业，也就是四年级初小毕业，似乎这样子举行一个典礼，有些小题大做。我想的是，学生的教育，就是要在这样一些活动中进行的。这样做会使他们从小就知道，社会、家长、老师都很看重他们，他们也会因此自重，自强。而作为学校，老师，这样郑重其事，也算是一种敬业的行为。

接着三天，就是下队走访，招收新生，早晚看《古今小说》，读报，写札记。

电话打到了茶园，是哥哥打来的，他说他已经到了恩施。我当日就赶回了芭蕉，在母亲那里吃了饭，晚上到五中。也就只睡了一觉，第二天又接到电话，是哥哥的声音，他说他已到了芭蕉。他这几个大步，真是跨得大啦！我马上赶到芭蕉街，又是一年半之后的重逢。看来，他瘦了不少。回到街上母亲那里，兄弟到了一堆，总有说不完的话。有时还嫌嘴里塞着吃的东西，使说话不够方便。

人说“千里送鹅毛”，哥却是千里抱回一个哈密瓜。我的天，在兰州买一个哈密瓜，带到恩施来，简直不可想象。我们还没有吃过哈密瓜，只知道，一支歌子这样唱“哈密瓜甜又香”，今日一尝，真是不错，这瓜的特点，就在这甜香二字了。

晚上，兄弟俩到五中，又谈了一夜。第二天同他到街上，母亲给我们做了饭，吃了便陪他在街上转了一圈，走到了上街五佳洞。洞中有一泓清凉的泉水淙淙流出，我们想探其来源，便逆着水流的方向前行。水面渐渐宽阔，一扇巨大的岩石与水面恰好构成二面角。沿着一些石墩踩过去，可以直达二面角的棱，但是，个子高的人，须渐渐低下头去，而且，越往前走，越要低下才行。听得见，里面有叮叮当当的声音，那是岩石上水珠滴落到水面，发出的声响。已经感到里面寒气砭人，不可久留。然而，我们又喜欢这里的水，便以清清之水濯我足了。一人又抽了一支白金龙的香烟，方才离开。

哥哥是特别喜欢这水的。他说，在靖边张家畔，是绝对看不见这样好的水；陕北也只有榆林才有一股这样的清水，因此，使得榆林城里出桃花般美丽的女子。

他实在喜欢这水，流连忘返。走时，还差点把眼镜留在这里了。

一出洞门，外面又是一个世界，暑气袭人。我们回到母亲那里，母亲一边做饭，一边问了哥哥那边的情况，还有嫂子那边的一些情形。傍晚到了五中，房子里正如一个蜂桶，夜蚊子成堆。对付它们的办法就是烟熏。在夜蚊子“吃烟”的时候，我们兄弟俩便来到小河边洗澡。清清的河水，凉悠悠的风，这是暑天最让人惬意的宝物。我们在河水里泡澡，在凉风中闲谈，享受着天伦之乐和造物者的恩赐。

天幕渐渐降临，西边天际一弯娥眉月，开始显露出来。不时有一些云彩浮游过去，看来倒很像弯月在穿云度雾一般。我在这良辰美景之中，似乎有不少心思

1964年夏，兄弟二人与父亲的合影

难以表白出来。最终又将这万般头绪的感情，移在“时间”二字之上了。时间啊，真是不容人呢！看旁边的兄长，无须再过多少年，便是中年，而自己，也是二十多岁的人了。他在咸中舞台上演戏，我在大坝马路上滚铁环的日子，仿佛就在昨日。那时，我还憧憬着未来的二十多岁的日子，奈何二十多岁的日子却来得如此之快！哥这次是来接嫂子北去的，再过几年，他们也许便是儿女成行的一家人了，我也将成为“叔叔”了。想到这里，我应为他们感到高兴，但是，更多的却是一种莫名的惆怅。

想起苏东坡的《赤壁赋》中有言，聊以自慰：“惟江上之清风，与山间之明月……是造物者之无尽藏也，而吾与子之所共食。”

哥要离开芭蕉，进城去了，还有一些手续要办。虽然这次回来，又不知何时才能相见，不过我还没有达到歧路沾襟的程度。母亲大概也因为嫂子要一道去，他们在外两人在一起了，更放心一些，因此情绪也还好。

哥哥倒还时时说一些安慰话。我想，他的心里或许想得更多，眼见父母年岁渐渐增大，自己常年远居漠北，定有许多放心不下的心思。在临到离别的时候，说出这些话来，恐怕是既安慰老人，也宽解自己吧。

闹钟吵醒了甜梦，这是 8 月 13 日的五点一刻。哥吃了点早饭，出了门。我陪他走了一个多钟头，回到家时，满脚都是露水。

过了两日，我也进城了，很顺利地在党校找到父亲。他们这次参加的是由统战部召集的一次读书会。参加的是知识界的一部分人，生活及各方面都照顾很好。父亲见我首先就问起哥哥的情况，我还不知道哥还未到他这里，便一一将情况向他讲了。此刻，外面吹着大风，天空乌黑一片，接着雨点打了下来。风一股劲地吹，雨一股劲地打，周围的花生地里，青绿的芜子一边倒。那些高处的大树，自然是招风了，一根根弯得像是拉了一条大鱼的钓竿。

苞谷倒伏了，电线杆断了，电话不通了。我和父亲，一直等到暴雨稍稍过去才动步，准备到农业局去。刚一出门，瓦上叮叮当当响得厉害起来，我们只好缩进房里扯白，吃苹果。也是巧，这时哥嫂双双到来，屋里一下子热闹起来。父亲先问他们这些时的活动，然后又谈这次在党校学习的情况，于是还提出几个当前学术上争论的问题。对于这些问题，哥哥讲了一些看法，父亲不大赞同，提出异议，两爷子搞起学术辩论来了。

直到晚上九点，哥嫂要到官坡姨妈家去，我也就在党校留宿，两爷子打挤。

早晨起来，饿得发慌，一想还是昨天进城时吃过一点东西的，自个儿跑到土桥坝等了一碗面条吃了。回去的路上，见有卖苞谷粑粑的，四分钱一个，买了两个补充进去，饥饿得到缓解。

等父亲吃了早饭，便一道进城。此时雨又正大，父亲有一顶草帽，我连草帽也没有，两人就站在屋檐下等雨伫。此时，恰好一个小姑娘，拿着一个斗笠，又拿一把伞。本是向她开玩笑，要她借一把伞给我们，她竟大方地借了。这下，我们便什么都不怕了，直奔农业局。谁知约定的十点钟，哥哥他们还未到达，雨大又没有一个去处，害我们等得好苦。大约半个钟头之后，哥哥来了。父亲发话了："怎么搞的，才来呢?"哥一看表："哎呀，怎么就十点过——快十点半了。阿爷等着了吧，哪时候来的?"

"也才半个钟头。"

彼此又笑了一阵子。

三个人把个房子闹得没点安静的，总是在不住地说话，哥哥还一面打着背包。

下午父亲回党校，我陪哥去办手续，回来正碰上先绪，约定明早相会。

次日，8月17日，是哥嫂上车起程的日子。早四点多钟就起来。天刚蒙蒙亮，我们三人，一人带一个大包，去到车站。偌大一个恩施城，此时还安安静静的，唯独这车站灯火辉煌，人声嘈杂。只见前面一个穿白衬衫的人，迎面赶来。走到近处，才听见是父亲的声音："怎么搞的，睡到不知道醒了？快点，我正来找你们的。"

"哎呀，怎么阿爷这么早也来了？刚才我们又收拾了一会东西才来。"哥哥答道。

车站门口，更有嫂子的亲友许多人在等着。此时，也才五点半钟。

先绪也真是守时，在这个时候来了，和我一同送哥嫂上车。旅客都上车了，车子开动了。嫂子家的奶奶、妈妈都还在门口，目送着渐渐离去的客车。

恩施城开始活跃起来。我和先绪想追寻昔日少年光景，又去登凤凰山。自附小后面小路而上，已有一新修凉亭，翼然而立，琉璃瓦在晨曦中显得十分典雅，亭内的图案也描绘得精致美观。

我和先绪一面回忆着当年，也不时谈起未来。他一直那么信任我，鼓励我。原来的老同学中，与我保持书信往来的仍然不少，而来往最为密切的就数先绪和维正了。先绪又是个不厌其烦，一写就是数页的人，他似乎知道我想了解些什么，因此，无论是在关山劳动，还是在乡下教书，接到他的书信，我都有一纸抵万金的感觉。在凤凰山上，我们也无暇欣赏五峰山上的紫霞，绕着山城的碧水，总是在滔滔不绝地谈话。

再过一年，先绪就大学毕业了。但是，我没有从他的谈话中，看出他踌躇满志的表现，却看到他对我这次能够进入大学，寄予极大的希望。

## 第八章　彩云飘飘

*（1964年秋—1964年冬）*

别了兄长，别了好友，回到了芭蕉。我在父亲的宿舍里待着，痴等着高考录取通知，那是我一直留恋的一线希望。

这个塘湾，实在是个山清水秀的好地方，但是，盛产一种小动物——墨蚊子。塘湾的墨蚊，多得成群。那种小如针鼻，墨黑颜色的东西，一巴掌下去，有时可以拍死三四个，但是它们太多，又无声无息，偷偷叮咬，让人奇痒不止，格外心烦意乱。

无聊地翻阅报纸。《人民日报》上载有大块关于《红楼梦》的研讨文章，于是，向五中谢老师借了一部，闭门阅读，摘抄。点上蚊香——据说那是用锯木粉加点鳝鱼骨、硫黄之类的粉末，装入皮纸圆筒中做成的。虽然烟雾有点呛人，但也有一种特殊的香气，重要的是墨蚊们真的敬而远之，效果不错。

我上街去看母亲。走进街口的时候，当年园艺场的好友多娃，见我便问："街上都在说你考取大学了，真的？"这恰好戳到我最敏感的一根神经，从心里到全身，感到又酸，又胀，又麻，又痛。我只有无奈地证实："没有通知来……"

从芭蕉小学门前路过，不觉把脚迈了进去。是的，好久没进去了，好些熟人都没见过面了。学校却如一座空城。这是当年芭蕉有名的吴家大屋，据说那时这屋里的盐茶生意异常红火，贺龙当年扮作赶骡子的，都在这里出入过。解放后这一栋大房子，改做了学校，平时里面都是闹哄哄的，如蜂桶一般。而今天，偌大一个学生集合站队的礼堂，麻雀们正在里面跳舞，寂静得令人发憷。我越过天井，听到最里边，传来敲算盘的声音——是区教育辅导组管后勤的张老师，来办公了。

我很喜欢这个人。我知道，他虽然出身不好，但是，他却一天乐乐呵呵的，是个爱说爱笑的乐天派，谁都愿意与他亲近。他停下手中拨打的算盘，招呼我坐，却一改平日用玩笑话作见面礼的习惯，更不问我考试如何之类的话，一对略带黄色的眼珠，认真望着我，轻声而诚恳地说："我劝你，不要对考大学抱好大的希望。好多事，不是自己想得到，就能为得到的——那不是的。你想想，如果在你鉴定材料上写这么一两句话，比如说，某某家庭出身如何，还一心走白专道路，不真心和工农群众结合，甚至再简单一点，四个字'不宜录取'……你不就是千百年的道行，一瓜锤就敲掉了！人啊，不要太钻牛角尖，不要在一根树上吊死……"

走出学校，一直咀嚼着张老师刚才的一席话……又想到哥哥早就来信劝我，不必执意要走考大学那条路，而且，这次会面，他很少谈到我考大学的事。也许正是"旁观者清，当事者迷"。这几年，自己总是死不了这个心，像做梦一样，就是不醒，一而再，再而三，迷信"事不过三"，还非得要去考这个第三次，痴心妄想着这一次能够有"一线希望"……看来哥是有道理的，张老师是有道理的，他们都是早就把事情看清楚了的。

我想起父亲三番两次地说过："能够考上大学固然好，像你这样的人去了，也一定会学有所成。但是，你又何必要迷信那个大学呢？我们是过来了的人，我没有读过大学，和我一起共事的大学生也不少，有的的确也是不错，有好多也就是那么一回事，还有的人，也是徒有虚名，并没有多少真才实学……"

一丝秋风掠过，我如梦初醒：从笔记本中抽出那张保存完好的高考准考证，撕得粉碎，仅仅留下了一张照得像囚犯模样的照片。纸片纷纷飘落地面，我的心——也落到了地上。

隔壁传来二胡声，悠扬而激越，奏出的是刘天华的《光明行》。这样的时候，听到这样的旋律，是有输血补氧壮精神的灵验效果的。听罢一曲，精神为之一振。

隔壁住的肖老师，他是去年大学毕业后，分到恩施五中的英语老师，最是个心直口快健谈之人。我走到他是门口。他穿着印有"华中师范学院"字样的背心，着一条短裤，又在拉《良宵》。见我，便急忙招呼请进，放下了胡琴。我进去与他闲聊起来，先说了一阵学习外语的事。我知道他是平原地方的人，便问他，习惯这里的生活不？他便噼里啪啦讲开了：

“在读书的时候，听说恩施山区交通不便，文化生活不好，不知是怎么一个艰苦得不得了的地方。毕业分配的时候，和我们一起分到恩施的几个女同学，还哭了鼻子！

“其实，一来才知道，与过去想象的完全不同。这地方怎么不好？这风景，在武汉哪里找得到？这气候，不冷不热，怎么不好？要是这几天在武汉，热得要命！说文化生活什么的，城市里除了电影，也就是有几根冰棒。你有几个钱去看电影，有几个钱去买冰棒？”

我觉得他说的这些话，是真情实感，很有意思。他讲出了一个山外人对恩施山区的印象；恩施山区的人，实在没有必要妄自菲薄。

快到开学的日子，芭蕉镇上，暑气还未消退。我背着行囊，走上了山间的羊肠小道。踏着柔软的松针落叶，闻到一种树木散发的清香。山风拂面，凉风习习，蝉鸣声声，松涛阵阵。

这是我十分熟悉的小路，哪有一个坎儿，哪有一个弯，现在是闭着眼都知道。在此刻，这一切使我感到特别的亲切和舒坦。到了山顶，遥望对面，那一面坡的百亩大茶园，在夕阳下，分外清明亮丽。半坡里，有我的茶园小学，两面坡上有我的学生和他们的家长——他们看见了我，会很高兴的。一下子，我竟然豪情激荡，唱了起来：

我站在高山之巅，
望黄河滚滚，
奔向东南，
惊涛澎湃，
掀起万丈狂澜。
……

其实，我能望见的，只是在我山脚下的一条小溪沟，还被一抹绿色植被覆盖着，并不见一些流水，更没有“滚滚波涛”。只是我知道，那下面的溪水是淙淙潺潺，十分清澈的。

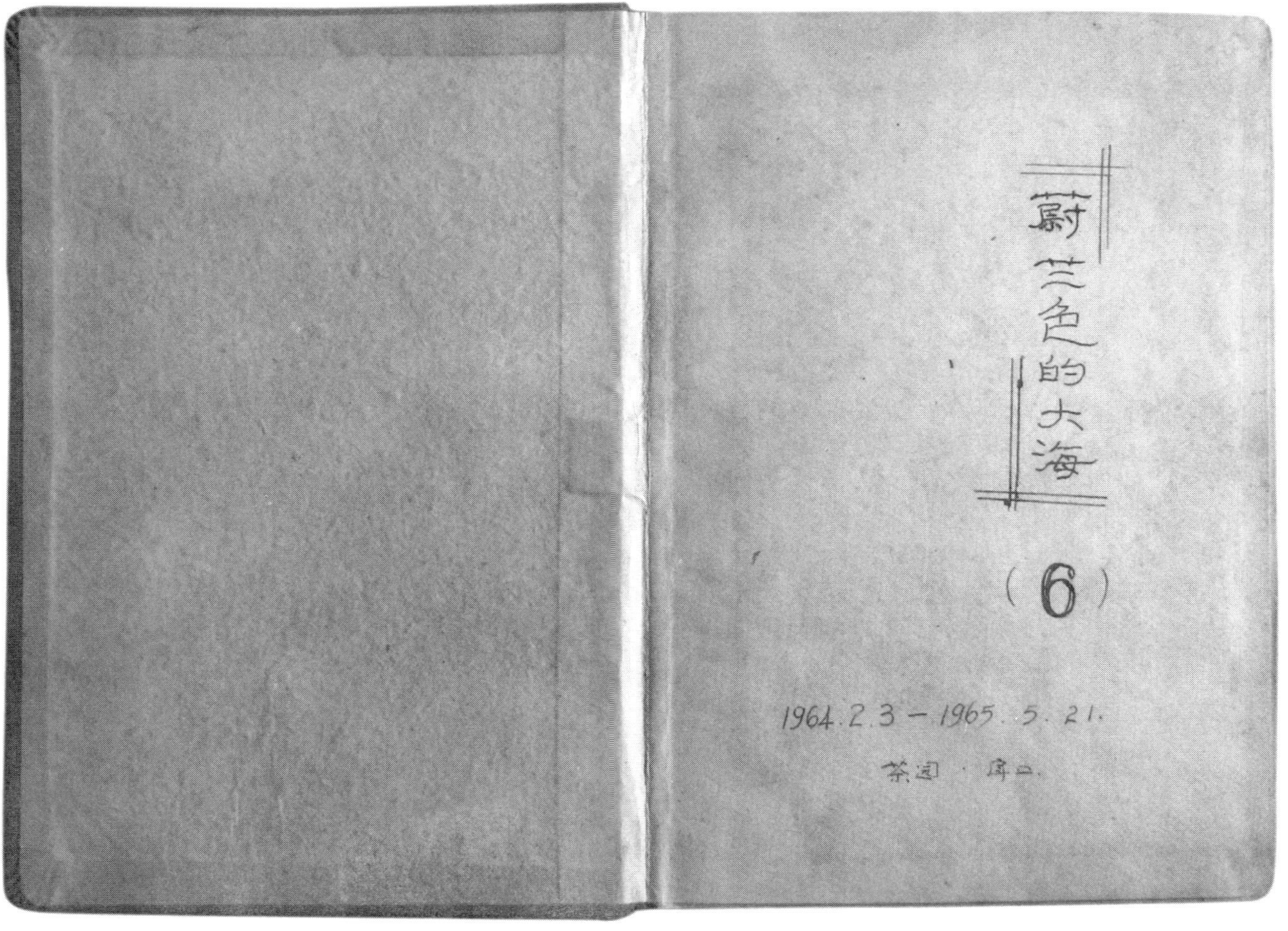


○第六本日记题头

农村的孩子，好像整日都守着“消息树”一样。我刚走到学校，就围上来好几个，叫着“吴老师”，问是不是要开学了。我说，你们快玩不成了啊，过两天就开学上课了。他们说，开学了还好一些，放假了一点都不好玩……

是的，农村的孩子放假了，都是父母的帮手，有做不完的事的，带弟妹，打猪草，放牛，割牛草，刮洋芋……

农村学校开学，特别是秋季开学，第一要紧的事，就是做家庭走访，动员适龄儿童家长送娃娃上学。这是乡村才有的情形，不过，我已经比较熟悉了。茶园大队一条沟，两面坡。从沟的一头曾家湾，到另一头姚家寨子，就这么两三百户人家，分布在二面坡上，又大多集中在几个院子，或叫寨子、或叫屋场的里面。

放假以后我就跑过一遍，这一次，又花了两天时间，跑遍了各个屋场院落，入学工作比较顺利。难一些的是，必须耐着性子，劝说有些不愿送女孩上学的家长。他们认为，女娃终归是“别人家的人”，放在家里带弟妹，打猪草，学做家务就行了。这就不得不多费口舌，讲一些如“养儿不读书，只当喂头猪”，女娃长大了总不能让她做个“睁眼瞎”吧，连钱也认不得，账也算不来，出门连“厕所”都找不到，哪行？她们将来一定要埋怨爹妈一辈子的……如此这般，真要凭“三寸不烂之舌”，去彻底动摇他们的观点，促使他们下定送女娃读书的决心。

据我的经验，一旦到了家长们，特别是当妈的在埋怨“……唉，又没有穿的，像个叫花子，哪门好意思上学”诸如此类的话时，那就是已默认送娃上学了，动员工作就基本成功。

两天走访，摸清了学生的底细，便去恩施城买书。新华书店的工作人员态度比以往好多了，不仅和颜悦色，还拉出板凳让座，倒茶，账也算得比过去快，三两下就搞得一清二楚，还帮忙打包。

我很感动：人人学雷锋真好！

在交通客栈住宿一晚，次日早六时便起，挑着课本出南门，在巴公溪路口等车。客车货车，前后走过好几辆，都扬长而去，全不理睬手举得高高的我。快十一点，一辆马车去芭蕉。与赶车的交涉好了，把四五十斤的书，以一百斤计运费带到芭蕉。

马车，“咯咯嘎嘎”奏响“马车夫斯基交响曲”，向着芭蕉方向前进。我空着手，轻松步行，只是腹中有些饥饿。走到高拱桥，在那半岛上的供销社，买了两块猪槽糕充了饥。忽见河里一群半大娃儿，都赤条条的在玩水，还有几个拿着竹竿赶鱼。毕竟天气炎热，见这河水清澈，身上又汗流浃背，不由得也跑下河去，痛痛快快跳到河水中凉快。到底这“水之积也不厚”，手脚施展不开，游了几下子，穿了衣服又开始赶路。

11 公里处，有一股好凉水的。正有些口渴，在旁边摘了两匹桐梓叶，就着淙淙流下的泉水，翻来覆去冲洗干净，然后折成一个漏斗样小盒，接满一盒，一饮而尽，凉悠悠的，甘爽无比，沁人心脾。如是者三，足之够矣。真是很感谢大自然，白白送给行路人这些好东西。

在芭蕉马车站取了书，把两捆书做成个小担儿，又踏上了熟悉的路，到了茶园学校。

开学工作总算比较顺利，不几日原有的学生到齐，只是一年级新生，应该还有七八个没来。又去走访。在谭家屋场，发现三个七八上十岁的娃娃，还背着个小崽崽（小娃娃），一条布袋把大小两个娃娃捆扎在一起。见到老师，大娃娃总是跟着转。不够洁净的脸上，两个眼睛不时转动着，时时将我盼视，不时又看看家长。背上的小娃娃一哭哼，大娃娃便立即摇摇摆摆，哄着小娃娃。

他们的家长显得很无奈，我也找不到许多的说辞。只说这里离学校不算很远，大的带小的，把小娃娃也带到学校去，一边读书，一边带弟妹也行，认一个字，算一个吧。

开学这一段时间，着实忙得够呛。同校的赵老师请了产假，我一个人上两个复式班，四个年级的课程：这个年级讲了，布置作业，又给那个年级讲；这个教室上了，又去那个教室上。好在学生不是太调皮，过去她的小孩病了，我也这样上过课。只是，下午还要走访，晚上又要备课，改作业，一天累得疲惫不堪——以后，每想到此，觉得这简直是奇迹，不知这是怎样拉扯出来的。

直到第二周，大队找了一个代课教师，才稍稍吐了一口气。学生除了几个离校远，家中别无人手，实在难以入学的以外，也都上学了。

开学大约两周，戽口公社学校通知开会。茶园是戽口公社的一个大队，公社所在地是茶山大队，此外还有茶林、茶岗、茶红，共五个大队。除了茶岗大队没有小学外，茶林和茶红两个大队都有一所学校，也就一个复式教学班。

过去，我几乎是每个月要去戽口小学开一次会的，路也跑熟了：从茶园到茶山，只要斜着爬一架坡，穿过大茶园，翻过一个山梁，然后顺着小路，一溜烟就到戽口小学。

当我才走到戽口学校背后的小山包上，只听见山下的学校里，人声鼎沸，震荡山谷。原来，篮球场上正在进行一场鏖战，热闹无比。我倏地一阵风跑下去，只见几乎全社老师和几位公社干部都上了场，一群背着书包的学生娃娃，放学了也不回家，在一旁呐喊助威。

好久不曾过球瘾的我，手正有些痒痒的。略有一些胖的兰老师，见我到来，连忙招呼。他擦着满额的汗水，要我替他上场，并交代哪几位是“自家人”——其中一位是女将，穿着红花格子衣，分外显眼，背后还拖着一对乌黑的长辫，好像飘飞的风筝带着两条活泼的飘带。我定睛一看，原来是汪桂云！我正狐疑，她怎么在这里？她喘着气，对我笑笑说：“我这学期调到这里来了。”

此刻，球已传到我手中。“好，看球——”我便传给汪桂云。她稳稳接住，拍了两下，传回了奔跑着的我。我三个大步，上篮——两分！

在别人酣战之后的疲惫之中，我乘虚而入，如入无人之境；几位战友协同配合，我们获得学生们多次的欢呼和拍掌。

兰老师在呼喊：休息一下，准备开会。

汪桂云上楼，拿来脸盆和毛巾，在厨房打了一盆水，让我先洗。

我问：“你上学期不是在芭蕉小学吗，怎么到这里来了？”

“服从安排嘛。”

“在这里习惯不？”

“还好，几位老师都很好，很关心我。”

“这里的路，又窄又陡，全是沙子，天晴还特别滑，你怕不怕？”

“是的——慢一些走就行，万一摔倒了，那就是‘哪里跌下去，就在哪里爬起来’呢！”

“哈哈，说得好。”

“来这里，我已不是头一次了。在芭蕉读初中时，学校组织帮生产队摘茶，就来过这里，也体验过这里的路。”

“你是在五中读的初中？”

“是呀，你爸爸教我们语文；你母亲，我们都喊‘吴师母’，有时，我们一群学生跑到师母那里找水喝，谈白——其实，我早就认得你。”

“哦，我只知道，我们是高中的同学，很面熟的。你后我们一届，应该是六二年毕业的。上学期在芭蕉小学看见过你，但还没讲过话……”

开会了，在学校二楼办公室，有公社姚社长参加，学校负责人兰老师开始传达区教育工作会议精神，主要是大办简易小学，解决农村还有相当一批适龄儿童不能入学的问题。

兰老师说完，姚社长把手里的叶子烟，叭了两口，说道：“我说几句。刚才大家听了，目前中国农村一场新的文化大翻身运动，就要掀起。当前，特别要解决的是，还有一批娃娃不能读书的问题。这是一个很实际的问题，也是一个很迫切、很严肃的政治问题……公社研究，各个学校要进一步动员适龄儿童入学，要允许带弟妹上学，各大队还要根据情况，办简易小学，就办在人户集中的屋场院子里，找当地有点文化的人教，千方百计，百计千方都要让所有适龄儿童读书……”

姚社长把已经熄灭的叶子烟，捏了捏，重新点燃，叭两口。一股呛人的浓烟正飘向汪桂云，汪桂云屏住气去倒开水，避开了浓烟的侵袭。

姚社长接着说：“我们戽口公社，还有一个突出的问题：茶岗大队，山大人稀，老师们知道，从进入道老弯，再到袁家寨，到灰山庙，桐子坳，那是五匹梁子四条沟，老边边上，一直扯到了宣恩县的庆阳坝，没有一所学校。不能读书的细娃不算少数，初步调查一下，就有二十多个。公社决定，在茶岗，办一所三点一校巡回制简易小学，由身强力壮的杨理琼老师担任教学任务。”

大家把眼光投向杨老师。个子高大，眉骨凸起的杨老师，把叶子烟杆从嘴里抽出，大眼环睁道：“现在就是还差三块黑板……”看来他是早已心中有底。

个子矮矮的龚老师把胯子一拍道：“老杨，那几架山里的路，就不好走啊！”

老杨道：“我又不是没走过，哪里没有跑到？我们这几个人，走路还是只算我，你‘老弯’还行么？”他是避讳喊“老龚”，大约与“老公”谐音，改喊

“老弯”。

九月三十日，久雨初晴，本应是个让人开心的好日子。突然接到一个电话，说父亲流鼻血，已经送进医院。当时也没有弄清楚，以为是就在芭蕉医院，心想只有四节课了，就上完课再走。

上完课回家，想到父亲病了，心里焦急，忐忑不安，加快了脚步。

家里，却很安静，只有母亲一人在家，穿着一件很旧的蓝布衫，面容十分憔悴。我小心地问：“阿爷（爸爸）呢?”

母亲十分诧异：“你接到电话的吵？他一早就送进城了。”

我才恍然大悟，父亲的病是很严重的，不然不会这么快送进城。后来又听母亲讲了父亲这几天来的病情，是鼻血大流不止，连学校老师，书记，校长都搞慌了，芭蕉医院也没有办法，住在五中的教育科的董股长，知道了这个情况，吩咐赶快送进城去。

我心中的焦急，又添上了忧愁，决定马上进城。准备好电筒和草鞋，拔腿就向城里走去。没走多远，黑暗就向我扑来。在这黑暗笼罩的旷野里，手电光显得那么微不足道。就凭着微弱的手电光柱，我寻找前进的方向，疾步前行。黑暗是越来越深沉。大约已到深夜，除了我，再没有一个夜行人，也没有蛰虫的唧唧声，偶尔听到路边的民居中，传出几声老人的咳嗽，或者婴儿的啼哭。

夜已经很深了，谁悲路途之人?

从暗夜里走进恩施城。这里，完全是另外一番景象：万家灯火，照得如同白昼；各色的灯光，红色的旗帜，各样的彩门，交相辉映；喇叭里响着音乐，街市上喧闹嘈杂。啊，明天就是国庆节了！

然而，这一切都不能使我紧绷的心弦，变得轻松一些。我急忙走向东门的县医院。此刻医院的挂钟，不过才指在十点十分。白亮的灯光，照着空空荡荡医院厅堂，只有住院部办公室里有两个执勤的白衣护士。

我向护士说明来意。其中一位眉头一皱，为难地说：“刚才他又流了很多血，打了针，吃了药，是不能看的。”

这又给我加上了一层愁云。只得去交通客栈，朦胧地睡了。

在朦胧中睡去，在朦胧中醒来。马虎地洗漱了，去到县医院门口，找到楼上，也顺利地找到四号病房。父亲正睡在病床上，脸面与一星期前，已是两个样：惨白了，瘦削了。

他见了我，脸上微微一笑，但看来，头是很难动的。谈了一会，知道鼻血已基本止住。昨日医生为了降低血压，据说还使用了冰枕，因此又受了冻。谈了好久，我才出去买东西，心里总还是惶惶的。

下午去看父亲，仍然没有再出鼻血，而且食欲增强。

次日再去医院，父亲的病情又稍好一些了。中午还有李嘉诲县长，赖家荫老师等来看望过。父亲对我说："不要紧了，你回去忙事情去。"我见情况已经稳定下来，比较放心，也就决定下午走回芭蕉。

回去向母亲报告了情况，她也放下心来，又告诉我，芭蕉小学要我明天去开会。

第二天，在芭蕉小学开会，王校长传达了上面的几个文件，还是进一步掀起教育革命的高潮，大办简易小学，解决所有适龄儿童入学问题。

一天下午，我到二生产队吴家湾去。社员都在抹苞谷。我便和他们边抹苞谷，边扯闲白。讲到办简易小学的事，他们都说，读书、学文化是好事。一些大青年还喊着我说："吴老师，我也报个名。"从他们的神情我看出，有的可能是开玩笑，有的还是真想学。我答应找个时间，约大队干部和小队干部一起商量，大家说是好事，我们就真的办起来。

第二天，10 月 17 日。下午，我正准备邀大队会计吴丕帧，到吴家湾开会，研究办简易小学。区教育辅导组的林其誉组长和县教育局杨开国同志来找我。他们开门见山对我说："我们来戽口几天了，准备筹办一所农中，名字定为'恩施县芭蕉区戽口公社茶叶中学'，设在戽口小学内。你马上要接受新的任务，担任茶中教师……"

事情一来，就叫我忙得不可开交。按照他们的要求：当天就要下山，第二天进城买书，第三天开学。

消息很快就在附近传开，说吴老师要走了，过公社那边教中学了。学生们于是纷纷议论，有的说要跟我到公社那边去读，有的说要在山梁子上把我的铺盖拉起不让走……

我也是一说到要离开茶园，自己也还真有些难舍。

次日到城，急急忙忙把初中几门主要的课本买好，接着进县医院看父亲。他是国庆节头一天入院的，算来快二十天了。看他脸上颜色比前次探望时是好多了，心情似乎也很好，还在读书写诗，也就放心了。

我告诉他工作的变动，要到公社去办初中。自然，他又是叫我“好好搞”。他问那边学校有几个老师，我说他们原先有四个，三个都是芭蕉的，念到他们的姓名，他还一个都不认识；我又说还有一位女老师，是城里的，叫汪桂云……他忙说：

“汪桂云？那是我教过的学生。人聪明，学习好……”

第三日，早上五点就起来找车，运气真好，九点，沾了来城开会回去的区长们的光，爬上了一辆解放牌货车。有多次搭车不着的痛苦遭遇，我深庆这次的顺利。

还是先到茶园。刚到学校，还未吃饭，就听说来电话“问候”我，催我去公社那边开学。“人是铁，饭是钢”，我还是在黄家把饭吃了，收拾洗漱用具才过戽口去。

走到戽口学校，林组长、杨同志正在吃饭，其他几位老师出门迎接，都满面春风地念着：“欢迎，欢迎”，将我迎上了楼。

我感到来到一个温暖的大家庭。

1964年10月20日，戽口茶叶中学开学。

当天到校学生21名，由兰老师召集，都坐在楼上办公室隔壁的那间教室里。兰老师先后请林组长、杨同志、姚社长给学生讲话。我一个一个扫视这些学生：年龄、个头大小参差不一，但听着台上讲话，都十分认真。看来他们是在感受坐在教室里的幸福——也许他们离开学校已经很久了，真的渴望学习文化知识。听说，他们中，有的是二中、五中辍学的，有的是近些年小学毕业的。据林组长他们这次调查，戽口公社解放十五年来，先后考上初中的也就三十多人，而初中读到毕业的，又只有三个。

几位讲完话后就是我的事了。前面的，讲了那么多话，我便只说个三言两语，然后叫他们唱个歌。一时也不知道他们会什么歌，就点了广播里天天唱的那首《社员都是向阳花》。起个音，“公社是根常青藤，预备——起”，学生们，一个二个，都放不开喉咙，只是嘴唇微微地动，声音“嗡嗡嗡”的，而且七零八落。我忍不住笑起来，学生们也笑起来。我说，同学们才来到一起，我们以后再唱。然后要求大家互相邀集一下，还有想读这个中学的，就早一点来。

最后发书，全日制初中课本，一本语文，一本数学。

按要求，除了语文、数学，还要开政治、珠算和专业课。我自己认为体育、音乐、美术还是不能少的，虽然没有要求，在自己排课时，又“擅自”加了这几门。这些课都没有现成的课本，靠自己在脑子里编。除了珠算由小学龚老师教以外，其他课程，都由我一人包打包唱。这虽然会把脑子里搞得头绪纷繁，但自己似乎习惯过紧张的生活，喜欢把时间运筹得没有一分钟的浪费。

次日，学生们到校，开始正式上课。

自己排的课表，一天一节早自习，接着五节正课。这一个人包打包唱，还真有许多好处：排课自己排，上课也灵活机动，根据情况，说改变一下就变一下，也不需要与其他教师打商量。

开学第一节课，我把语文往后挪，就给学生讲前几天刚刚发生的一件大事：中国成功爆炸第一颗原子弹。我讲原子弹的威力，什么冲击波，光辐射，放射性污染如何，如何；又讲这东西，原来只有美国有，苏联有，中国没有，别人总用这东西吓唬我们；讲了近百年中国人民的屈辱，新中国的成立和中国人民的站起；又讲到抗美援朝，打到三八线，讲到赫鲁晓夫下台……

我讲得天花乱坠，学生们一个个眼睛睁得大大，直盯着我，听得劲鼓鼓的。第一节下课铃响，学生一齐要求，“接着讲，我们不下课”；我也更是起了鼓子，接着讲，一直讲到第二节下课铃响，学生才一个个像看了一场电影一样，兴奋地走出教室。

开学一段时间，事情都挤到一堆了，忙得不亦乐乎。备课，上课，批改作业，还要家庭走访，动员学生。

一天晚饭后，去茶林大队走访，热情的龚老师给我带路，又有汪桂云老师自告奋勇参加。三人沿河而上，行至肖家大院，此时，外面还没黑。进入一户人家，里面黑咕隆咚的。主人见有老师来，点着一盏油灯。虽是仍然有些昏暗，但围坐在火坑边，树兜的火苗，一闪一闪，可以看清人的面庞。这家有个前两年小学毕业的学生，是龚老师教毕业的，也是龚老师推荐的对象，今天就是要动员这个学生去上初中。

主人拿出了烟子叶，敬给龚老师和我，我谢了，又给我们递上热茶。这时候，就是龚老师下说辞了。他久居农村，谙熟农事和农民的心理。他先谈了一些家常，问了一些生产情况，便讲到了正题，说岸口办了初中，机会是如何的好，劝他们把学生送去读书。这位家长提出了一些疑虑和困难，龚老师也真是有些本事，一一给他解释清楚，还帮他想出解决问题的办法。龚老师的话，句句入情入理，正中对方心坎，家长终于欢欢喜喜，答应把学生送上学。我和桂云老师在一旁，如同看戏，很觉有趣。

这时，龚老师见好就收，把大腿一拍："好了，那就早点送他上学，我们走了。"众人一齐离开火坑，家长送我们出了大门，说道："好，您们一起慢慢走，我不送了。"

往回走的时候，外边已是一片墨黑。三个人，只有龚老师带有一只手电筒，照顾给桂云老师使用。我跟着桂云老师走，龚老师断后。手电光前后一晃一晃的，上坡下坎，水田埂上，还是难以看得真切，走得慢极了，有几处还把路走错了。我和桂云老师一边走，一边谈论，佩服龚老师做动员工作的本事，回顾刚才的情节，有趣之处，便一齐开怀大笑……

走着走着，忽听得龚老师在后面高喊："好了，我不送了，您们一起慢慢走啊——"我们才猛然醒悟：原来，桂云老师只顾和我谈话，忘了把手电往后照。龚老师在后面定然是一点也看不见路了，便"现蒸热卖"，喊出这句农村里送客出门常说的话。这一幽默，让我们一齐大笑起来。

笑声震荡着茶林山谷，回响在漆黑夜空，也驱散了我们的辛劳。

开学几天了，还未把茶园学校的铺盖行李搬过来，天天和龚老师打挤。我人又长，时常是，我的脚要冲出他肩上的被子，使他那一头"喝风"，有时我的脚还送到他嘴边了，真不是个事。

抽了一个早晨，去到茶园学校，请班上几个茶园的学生，上学时顺路给我帮个忙。走在路上，几个社员看到我的学生，人高马大，取笑道："奇怪奇怪真奇怪，老师学生分不开——都是一样大个个的吔！"

我笑了笑，对学生说："怎么一般大？我的个子比你们高多了嘛。"

兰老师把我的寝室安排在三楼的阁楼里。来了好几天，只注意学校房子的一二两层，这才仔细观察顶层的情况：也是三大间，西头以及中间的那一间，堆了一点杂物；东头一间从中隔成两个小间。兰老师指给我的寝室，就是靠前面的那一小间。靠后面还有一小间，原来是兰老师住，以后县里区里经常有人来，做了客房，兰老师搬到龚老师那间房去了。

我这间房，板壁上裱了一层报纸，屋子端头一边开一个小窗，糊上了皮纸；房顶用杉木三分板做的天花板，崭新的，与瓦面隔开，还留出了两匹亮瓦。这阁楼房子虽然随屋面倾斜，一边较矮，但最矮处也足有一米高。我本来就知道应该"君子食无求饱，居无求安"，生活上并无过高要求，看到这寝室是既暖和又够明亮，感到兰老师他们对我是照顾得太周到了。当时也没想到，四五年后，这间房还成了我三口之家的"主卧"，那西头的一间，还成了我们的厨房和餐厅，中间是孩子的活动场地，他就在这里学步，有时不及防范，他便从木楼梯往办公室梭。此是后话了。

忙，忙，忙，万般皆是忙。到底是教中学生，又是好几门课，一天备课的任务重，要花去不少时间。这些时，对"学然后知不足""教然后知困"体会得特别深刻。此时，我倒还深庆自己有三次参加高考的经历，把中学的课程啃了若干遍，现在拿起初中教材，总算并不太困难，只是要如何让学生弄懂学会，还是很费工夫的。

二十二岁生日，恰好就在极端繁忙之中悄悄到来。高中毕业以后，对这每一年加一岁，是特别的敏感：青春啊，又被送走了一年！虽有些可惜，但却并无愧疚，自觉这一年没有虚度：生命如火，在燃烧；生活如激流，有浪花；为社会，我做着有益的事。

开学十来天，中学班的教学秩序基本走上正轨，学习空气渐浓。学生增加到二十三人。唯独压头的是专业课一门。在芭蕉这个茶窝子里生活了这么久，茶也喝得不少，但要讲茶的栽培，制作等专业知识，毫无可讲的东西。也是"天无绝人之路”，区农技站的陈光兴同志到岸口来，答应给我借一本庄晚芬著《茶作学》，而且，第二天，他就请人带给了我。有了这个把本经，便开始自学起来。

万事开头难。目前难关基本度过，我想。

我一个人，单打鼓，自划船，如同教私塾一样。我喜欢毛主席诗词，便自作主张，在语文课上，教读一些毛主席诗词。自己刻蜡纸，印油印，发给学生，作补充教材。一时之间，学生们热心诵读毛主席诗词，形成风气。这也许感染了桂云老师，她也向我索要了油印补充教材。

一天放学后，见她独自一人，微闭着眼，口中念念有词。我笑问：

“你念什么经?”

她正经八本道：“莫乱说——来，听我背一首：

独立寒秋，
湘江北去，
橘子洲头，
看万山红遍，
层林尽染，
漫江碧透，
百舸争流，
鹰击长空，
鱼翔浅底，
万类霜天竞自由……”

她一口气背到“浪遏飞舟”。我赞叹：“不简单啊，难怪我父亲说你聪明，学习好。”

“你给他说起我了?”

“是的，他就给你这五个字的评语。”

“不敢当——真想几时看看老师。”

“有机会的。”

“你说，这个时节，在这个地方，读毛主席这首词，真有味道——”她手指着窗外对着的秋山，“你看这秋天的山，用‘层林尽染’四个字真是生动形象!”

“正是。这不是人人都能这样出神入化，绝妙表达出来的。我想我们这些当教师的，多学一些这样的绝妙好词，多读一点书，是可以丰富自己的文学知识，提高自己的文学素养的，教起来就会得心应手……”

“你是怎么个学习的?”

“我算个‘好读书，不求甚解’的人，什么都想读，但什么都没读通过。如我这样的人，恐怕也只能这样。我脑子笨，不像你，记性好，就用些笨办法：利用一切能利用的时间读；有成块的时间还抄，把觉得是精华的东西抄一遍；读了别人的或者平日感受到的，自己还写一写，如此而已。”

“把你的本本借我学习一下，可以吗?”

“你愿意看，我很荣幸啊。”

说着，我从抽屉里拿出一个上海日记本，上面有阅读《红楼梦》摘抄的诗词短语，还有读其他古今诗歌的杂记，有贺敬之《雷锋之歌》全篇的抄录等。又拿出自己的随笔札记，那是为着练笔，陆续写下的三百多篇文字，是活页纸装订成的厚厚一本。

我将这两本笔记，一起送给桂云手中。桂云拿起就开始一页一页地翻起来，我说：“好吧，休息——外面是大好秋光，我们都出去欣赏一下吧。”

姚社长又到学校来了一次。还没上楼，就听他在操场上大声说：“黄泥乡第八保……”

我走到走廊栏杆前问：“什么意思?”

“这里，解放前是黄泥乡第八保的办公地。”他说。

“也就是这个房子?”

“就是这个房子，那时没有这个厨房拖檐。”

看来，他今天情绪很好，精神不错，边说边走上楼来：“今天来给中学生们说一说，打个气。下面是什么课?”

我说：“无论什么课，你来了，你就先上，我是灵活机动的战略战术。”

接着一节课，就请姚社长给学生上。他对学生们说：“我们这所学校，莫看只有二十几个人——它是全地区八个县办起来的第一所农中，我们这所学校，代表了当前教育发展的一个方向，上级非常重视：地区发了《简报》，《恩施日报》也作了报道，别的地方还要向我们这里学习……”

他也只讲十几分钟，就走了。不过我和学生们，听了自然都很受鼓舞，的确起了打气的作用。

这段时间，杨理琼老师的茶岗巡回制简易小学，也办起来了，解决了二十多个娃的读书问题。他一人教三个教学点，每天上午教甲点，下午教乙点，晚上在乙点农民家留宿；次日上午教乙点，下午教丙点；然后又丙点、甲点……如此巡回。每天，他都要在深山密林中穿行，只有星期三回本校一次。

有一天，他下雨回来，只见那一身衣裤，齐腰深的地方，都是湿淋淋的，在炭火盆边一坐，全身热气腾腾，觉得他是太辛苦了。

一个星期三的课后，龚老师邀桂云和我，一道去茶岗，看看杨老师的简易小学。这一天应该是他巡回到了道老弯这个教学点。这个点，是离我们学校较近的一处，他上完下午课，我们还可同他一道回。我和桂云也早就想去参观见识一下。

沿小河而上，我们进入一个十分狭窄的河口，两边是遮天蔽日的密林，几乎淹没了小路，真是几近“山穷水尽”了。踏着草，沿着小道继续行进。前面渐渐开朗起来，河岸边有一块草地。有趣的是，发现水边竟有一个黄色的圆球。走近一看，原来是河水上漂来的一个柚子。龚老师拿起来看了看，上好的。于是我们一致同意，将其就地解决，三人分而食之。就其味道言，不可称作美；就其趣味言，于此时此地，得此天赐之果，其味无穷也！

吃罢柚子，继续沿河而上，两边的山坡渐趋平缓，视野也渐次开阔，展现出另外一个天地。其时，夕阳灿烂，山峦披彩，树树红叶，绚丽异常。又见前面好大一个屋场，依山傍水，坐落无数人家，又多为翠竹掩映，或被大树遮蔽，使你看不见真面目。

“天外有天啊，这里真是世外桃源！”桂云老师惊叹道。

走进大屋场，跑出几只狗，朝天汪汪直叫。出来一老妇，见了我们，连忙招呼：“是龚老师嘛——砍脑壳的——快进屋坐！”

我和桂云老师相视而笑，中间一句，若不是我们在现场，则误解这妇人骂龚老师了。其实，她还只认得龚老师，对他亲热得很，只是那几只狗，不认人，老在那里汪汪地叫，妇人是驱赶那讨厌的狗，才骂上一句“砍脑壳”的话。

龚老师与那妇人问候几句，便问杨老师教学的地方。老妇带我们走过两户人家，来到一木屋的堂屋门口。杨老师走到门口与我们打招呼，七八个学生娃，也转过头来，双双眼睛盯着我们。有三个学生，背上还背着弟妹，还有一个大约岁多的娃娃，坐在枷椅里，扭来扭去。教室里弥漫着红苕、洋芋和奶腥的混合气味，有几个烘笼放在桌子下面。四张课桌，颜色、高低和大小都有些不同，但都是十分牢固的家用货，有海底的那一种，说不定还是他们的奶奶们当年的陪嫁物。

我注意到前面的黑板，是一块大圆桌面子充当的，上面写着：

1+1=2

2+1=3

3+1=4

……

我问："黑板还没做吗?"

"做起了，才刷漆，过两天就可以用了。"杨老师说。

杨老师放了学，背起他的书包，还提了一个尿素口袋，里面装着升子大小一个四方盒子。我问："这是什么玩意?"

"半导体收音机。"龚老师帮着回答，"是教育工会送给学校的，老兰想到我们学校有广播，老杨几处巡回跑，叫他带上，听一听，好打个伴儿。"

虽然我是民办教师，似乎加入中国教育工会，是遥不可及的，不过，觉得工会是做得很好的，兰老师他们也想得很周到。

杨老师带我们，从山腰上走了另外一条路，是一条横着走的平路。平路走完，到了一个垭口，我们的庳口学校就在前面，只要下一个小坡，很快就到了。

不过，我觉得走这条路，没有先前的"沿溪行"，如入桃花源那般有趣——难怪古人有"曲为美"和"曲径通幽"的说法。

一段忙碌后，工作上有了头绪，生活开始有了规律，也有了一些情趣。早上起来，恢复了打太极拳，还可以打篮球。也有时间看看报，读点书。即便是晚上办公，我们一边改作业，一边和几位老师闲聊，也很是有乐趣。

一日晚，我们四人都在改作业，兰老师忽然埋怨道："这个娃也真是的，我猜了半天才明白他的意思，'睡瞌睡'呢——他写成个'水可水'!"大家也觉得这学生错得有趣，笑了。

龚老师接着："嗨，这也没得什么奇怪。莫说学生搞错，老师搞错的，也多啊。我在沐抚教书的时候，有个女老师，还是在上公开课的时候，把'吹喇叭'读成'吹刺叭'了。她的丈夫，就是这个学校的校长，也坐在后面听课，老是听她教‘吹刺叭’‘吹次把’，忍不住站起来纠正：怎么是‘吹次把’？这个东西是每天都要吹的。搞得后面听课的老师，笑又不好笑出声，手捂着嘴，扑哧扑哧……”

几个人嘻嘻哈哈，笑了好一阵。桂云老师也想到了一则，接着讲道：“我听芭蕉小学的余老师讲，他在白果树小学时，也是一天晚上办公，有个女老师备课，为了一个词，查了半天的词典，没查着。于是，问旁边的王老师，‘寇侵’是什么意思？王老师摇了摇头说，没听说过。又问张老师，张老师眨巴眼，莫名其妙，解释不了。于是就问正在调课的邓主任：老邓，‘寇侵’这个词怎么讲？一下子把邓主任也问翻了眼，邓主任问：什么？她拉长声说：‘寇——侵——’邓主任还是糊里糊涂的，问，哪两个字，拿来我看看。这个老师把书拿给正在大课表前的邓主任。老邓一看，说：哎呀，你这个人也真是，上面讲的‘日寇侵略……’你怎么断句的！”

大家一齐笑得开心，兰老师眼眯着笑道：“那我还给你们摆一个：那是五四年，我在东乡弯河小学教书。那里有个教学点，点上一个老师，原来是教私塾的先生，也是有了一些年纪了。他在操场给学生上体育课，手里拿个叶子烟杆说：娃儿们，我们来上个体育课，你们说好不好，学生都说好。老师说，那你们排个队我看看，学生们开始站队。接着，这个老师说，好，好，排得好。你们做个‘立正’看看，学生们做了立正的动作。老师说，嗯，做得好，做得好。你们再做一个‘烧起’看看，学生们把左脚伸出去，做了个‘稍息’，老师说，嗯，不错。好，现在都去玩一哈……”

大家又笑了一阵，龚老师说：“说起上体育课，我给你们说一个，教体育很认真，会想办法的老师。这个老师带着学生下操，练习步伐，他喊：一、二、一——一、二、一，学生走不整齐，有的出左脚，有的出右脚。他给学生讲，要先出左脚，后出右脚。于是再开始喊：起步走——左、右、左——左、右、左。学生又分不清左右，还是走不整齐。怎么办呢？这个老师看见操场边丢下的一双草鞋，于是灵机一动，拿来一只穿在左脚上，再给学生做示范：你们看，我穿草鞋的这只脚，就是左脚；这边的是右脚，穿的是布鞋，我喊‘起步走’，就先动草鞋，再动布鞋，就是这样：起步走——草鞋、布鞋、草——草鞋、布鞋、草——一、二、一——草鞋、布鞋、草……”

大家又哈哈哈地笑起来，桂云老师更是把眼泪都笑出来了。我本想也找个这样的故事，大家乐一乐。搜索枯肠，一时还找不出一个，就发表感慨："怎么老师里面出这么多的笑话?"

兰老师说："那也是怪不得，那个解放初期，有几个读过书的？找一个老师几多困难，好一点的私塾先生也留下来教，就是这样的也没有几个。县里五三年办个短训班，几个人？四五十个。那解决什么问题？直到五八年搞大跃进，县里才办起一个简易师范，先办在城里，后来又搬到白杨坪，接着又是三年自然灾害，还压缩了。地区师范每年也是有毕业的，但是分配到八个县，一个县一年分配到几个毕业生？那是做盐都不咸的。你说哪里来老师？这么多年，还不是就在矮子里面拔将军，认得字的就来教，自然也就教出一些笑话来。"

龚老师接着说："说是说，笑是笑。要认真讲，我们这些人都还是跟不上形势的。要讲老底子，我们都只读个初中，还全靠那些年，每年寒暑假学习集训，办讲习会，年年学习提高，现在才算马马虎虎教个小学……现在搞中师函授，也算是一个提高的办法。"

看来现在不仅教师数量少，而且目前教师文化水平的提高也是个应该解决的问题。这让我记起了，林组长曾经想把我抽出来，管全区中师函授的事。但是，又为我的口粮问题，不可能办到。这便成了一个很矛盾，又很无奈的事情。

每天放学以后，也是老师们轻松有趣的时候。天气好，几个老师都要在外面活动，或打篮球、乒乓球，或搞一点劳动。

学校正面是个操场，刚好一个篮球场大小。操场外沿是一道河堤，沿河堤上游的一头，有一根桃树，斜长着的，桂云老师喜欢坐在上面玩，像坐摇椅似地，有时还边摇边唱歌。桃树旁有两步石梯，可以下到河边。河水是清清亮亮的，日夜不停地流淌着。水边置有几块大石板，可以在上面洗衣洗菜。还有几个跳石，踏着它们，可以过河到对岸。

操场外沿还有很长一条栅栏，是用竹枝编成的，本是为防止篮球滚下河去。老师们便在河堤边上，种了许多的眉豆和南瓜。如今，南瓜已经下架，只剩下黄叶和行将枯萎的藤条，铺撒在河堤的坎上，有的还延伸到河边的沙石上——可以看出它们当初的繁盛和疆域的宽广。不过，这眉豆的生命力极强，爬满了整个栅栏。即便到了这深秋的季节，它的叶也不败，竟然不断地开着花，深红的和粉红的，结出一串串大大小小的豆荚，紫红的或青绿的。于是，米汤煮眉豆夹，成了我们餐桌上一道长盛不衰的菜。

学校侧面，还有一个小菜园，里面种有白菜和葱蒜，也有竹枝编的栅栏，是防备邻舍的鸡和猪们闯进去搞破坏的。

兰老师、龚老师都是居家过日子勤劳惯了的人。在学校里，也是要么就挑粪浇菜，要么打扫场地，或做些别的什么事。前不久，兰老师又与生产队联系好，给学校划了两分菜地。于是我们立即一齐动手，在里面种萝卜和小麦。四个人的分工是：兰老师和我挑粪，龚老师打窝子，桂云老师淋粪、丢种子。这块地在学校后边山坡上，若是测量坡度，我估计可达50度。

大家各执其事，生产劳动在有条不紊地进行。在这样陡的坡地劳动，好的是挖地不用弯腰，难的是没有地方搁置粪桶，得有人预先挖好两个窝子才好。兰老师从学校挑了一担水粪上来，已是累得上气不接下气，汗水八颗八颗地滴，龚老师还没做好迎接他大驾的准备，粪桶没有地方放，于是叫道："老弯，快打两个窝子!"

龚老师看他压着吼气，急忙刨了两个坑。兰老师将粪桶放下，刚伸起腰来，一只粪桶就偏了。殊不知，这扁沙地，特别松散——说时迟，那时快，在兰老师还没吐过气来的时候，那只已经偏倒的粪桶，粪水外流出来，把沙土冲散。随即，那粪桶开始发晕，打转，直往坡下滚去，连翻了几个跟头，骨碌碌一直滚下坡，半路被小树弹了一下，又翻两个跟头，一下子掉到山根脚的河里去了。

我们都傻眼望着粪桶往下滚，却没有任何的办法阻止。直到粪桶落入河中，才互相望着苦笑。兰老师埋怨龚老师说："老弯啊，你哪门连坑坑都打不好一个?"

"你老兰也是啊，连个粪桶都放不稳，还说呢——"龚老师并不服气，把责任推到兰老师了。

兰老师也不再责怪，自宽自解："算了，粪桶反正滚回学校边上去了，省得我挑下去，好的是木桶滚也是滚不坏的——要是我挑的是陶瓷窑货，这一滚下去，就没得一个好的了，你老弯是梭不脱皮的……"

龚老师说："都搞累了，我们干脆歇个气，吃袋烟了再说。"随即把身上的草烟，掏了出来，给兰老师递了一皮。两人开始坐着裹烟卷，我也在旁边坐了下来休息。只有桂云老师还在撒种子。

龚老师烟卷裹好，插进了铜瓢烟杆里，对着还在卷烟的兰老师说道："老兰，你刚才说陶瓷窑货——恩施城七里坪上面，有个烧窑的地方，你晓得不?”

“就是柳州城呢，我怎么不晓得?”

“那里的窑货真是烧得好呢，一般的窑货，像这么滚下去，的确就没有用了。不过，像柳州城那里的陶瓷窑货，那是摔都摔不破的。”

“你老弯吹牛，你几时看到那里的陶瓷窑货摔不破?”

“你还莫说呢，那是我亲眼看见的。那年我还在城里读书，想挣点钱，几个同学邀着去柳州城挑力。马家坡，你晓得嘛，那几百步石梯子，真是爬死人。我们爬到快上顶了的时候，看到一匹骡子，驮着大驮的窑货往下走。那石梯太滑，像擦了猪板油的。这匹骡子踩滑了脚，一下子倒下去了。只见那些坛坛罐罐，摔了出来，沿着石梯，往山下直滚。你说也巧，还没见一个摔破的。那匹骡子，知道闯了祸，立起来，站在那里鼓着眼睛看，张着两个耳朵听，只见那些坛坛罐罐，还在骨碌碌往下滚，一个也没有破。骡子还是鼓着眼看，张着耳朵听，坛坛罐罐还是骨碌碌往下滚，没有破。那骡子还在张起耳朵听……”

“老弯，你摆什么日鼓子经，还编着框框整人!”兰老师猛地站起来，对着龚老师说。

龚老师把大腿一拍，得意地甩着头笑起来。这下我才明白，龚老师开了一个大玩笑，把“张起耳朵听”的人，当作“骡子”说了。我哈哈大笑，对桂云老师说：“汪老师听见没有?”

一直在丢着种子的桂云道：“我是没有听的，我在撒种子。”

兰老师拿起扁担，把一只空粪桶翘着，对着龚老师甩出一句：“老弯，你不要笑得，看你几时落到我手里!”下山去了。

龚老师对刚才玩笑的成功，很是满意，自己做总结：“不说不笑，阎王不要……哎呀，好玩，我看他老兰几时来编排我。”

我感到几个老师，这样一起说说笑笑，的确有把劳动的艰辛，变得有几分轻松愉快的作用。

办柴，也是课余的活动之一。兰、龚二位老师架上木马，把碗来粗细的松树，锯成一尺多长的树筒。他两人，握着一把大木锯，一人在上，一人在下，虽是不停地拉拉扯扯，但配合默契，不断生产出一节一节的树筒。这时，我便将树筒立在地上，挥起开山斧，使足劲，劈将下去，一破两开。然后再一分为二，再一分为二，如此分解成适合放入灶洞的柴块。又将它们码起来，以便晒干。整个木柴加工场地，都弥漫着一股浓浓的松香味。

一般来说，劈松树柴块，是很容易的，常是势如破竹。比较难的是，碰到了松结疙瘩。然而这东西，松油成分多，是再好不过的引火柴。因此，像这样的油疙瘩，劈得越细小，烧火的人是越喜欢。往年老家凉水埠的人，还用它做灯亮照明，称为“油亮子”。这油疙瘩的确很难劈开，但我确信任何东西都是可以分解的这个哲学命题，因此，也相信没有劈不开的油疙瘩。碰上这样的疙瘩，光使“哈（傻）大力”是不行的。多次实践，我已经摸索出一些门道，上升为理性认识就是：扬起斧头之前，须先做调查研究，看看它的纹路怎么长的，然后顺着纹路劈，那一定是劈得开的。由此，我联想到：因势利导，是劈柴的哲学，也是教育学生所要遵循的原则。

在我们“办柴”的时候，桂云老师要么去操场边的竹栅栏上摘眉豆，要么到园子撇白菜，下河洗净，送到厨房，和炊事员小姚一道烧火做菜饭。有时听到她们在厨房里嘻嘻哈哈，不知在讲些什么。她俩的确有不是姐妹胜似姐妹的味道。

小姚叫姚本兰，不过十六七岁，个子不高，脸颊上总有点红红的。据说，她父亲五九年饥荒时过世了，她母亲带着她和两个弟弟、一个妹妹过日子。小姚读过小学四年级就下学了，现在还有一个弟弟读书，家境还是很困难的。这个学期，学校要请一个炊事员，兰老师知道她很本分、勤快，就请了她，每月 6 块钱工资。

桂云和小姚住在一个寝室，两人亲密无间。经常看到桂云帮小姚做厨房里的事情；小姚又帮桂云打热水什么的。小姚穿的一件灯芯绒外衣就是桂云送给她的。

一日下午，桂云上完课就上床睡了。晚饭时，桂云也没下楼吃饭，龚老师为学生的事到李家院子去了。就兰老师我们三人吃饭。

小姚说：“汪老师病了，烧得滚烫发濑的，不想吃饭，怎么办呢?”

兰老师说：“前天我用报纸换了五斤面条，你给她煮一碗送去，看她吃不吃。”

小姚说：“她昨天在河里洗了一大盆东西，晚上一个人看书写字，搞到几夜深才睡，想必是着凉了，怕要弄点药。”

“你先给她煮面条，我去弄药吧。”我说。

我去到桂云老师床边，见她的脸红红的，问："是不是感冒了？我去公社卫生所给你弄点药去。"

"不需要，一点感冒，没什么关系的——你帮我在厨房找一点姜，熬点姜汤就行了，我那里有一点红糖，放在里面一起熬。"

"好，这个我还会。"

小姚将一碗面条端上楼来了，送进桂云的房间，是黑黑乎乎的那种粗面条。但在凫口，那是家有病人，或者是来了客人，才能吃到的最佳食物了。

我找到生姜，又拿来一个搪瓷杯，在办公室火盆上准备制药。龚老师从外面回来，问："你在办什么小灶？"

"汪老师感冒了，给她煨点姜汤。"我说。

龚老师说："那我告诉你最好的姜汤炮制办法，这样的白炭火特别好办：把姜先在红火灰中烧烤一番，洗后拍烂，放在你这盅子里。然后放入红糖，夹一块烧红的火石子，在里面搅动几下，马上掺水，再在火上慢熬，效果更好，你试一试。"说罢，去看了桂云老师，见她睡了，便下楼吃饭去了。

我按照龚老师所说，"如法炮制"。满办公室里，弥漫着红糖和生姜烤香的气味。小姚把一碗面条端了出来，对我说："她只吃了几根，就不想吃了。"我说："等一会把药喝了，睡上一觉，发出一身汗来，再看怎么样。"

过了些时，我倒了一碗姜汤，等了一会，送给桂云老师。她挪动身子，吃力地坐了起来，脸颊和她的红毛衣一样红，头发也有一些散乱，全不像平时收拾得利利索索的样子。岂止是"好汉也怕病来磨"，"好女也怕病来磨"的！我想。

桂云一口气喝了一碗姜汤，把空碗递给我说："难为你了！"

我笑道："同学加同事，还客气？好好睡一觉吧。"

晚办公以后，我去看桂云。大约是热得难受，她把毛衣脱了，两只光手臂举过了头，悬吊到床头外面，人似乎沉睡着。我上前将她的手臂轻轻握住，塞入被子里。一会，她又把两只手打了出来；我便又将其塞了进去；没多久，手臂又伸出来，好像与我作对一样……我忽然意识到，这样似乎还是属于"授受不亲"之类，但是，老是这样打开被子，把手伸出来，就容易回汗，会前功尽弃的，便对姚本兰说："小姚，你坐在旁边，她的手伸出来了，就帮她放进去——她的汗发得正好，千万不能让它回转去……"

小姚放一把椅子，坐在了桂云床边，我离去了。

第二天，桂云居然没事了。虽然不如平时精神爽朗，但也吃了饭，还一节课都没有耽误。下午放学后，在办公室我表扬她：“人说医生都治不了自己的病，你比医生还厉害，自己开药方把病治好了。”

“是你的药熬得好……”她说。

“若是药熬得好，那我不能贪了龚老师的功，是他教给了我炮制的秘方。”我便把龚老师教的方法给她讲了一遍。

龚老师进来，听我们互相表扬，也拿起表扬的武器：“说来还是汪老师体质好，抵抗力强，一点小病压不垮她。”

桂云老师说：“我要是体质好，就不会得这次病了；你们都没得，就我一个人得。”

坐在办公桌上的兰老师也参加发言了：“病这个东西也是‘欺生’的，你一个是城里人，就找到你欺负了。”

说得我们都笑起来了。我接过话题也开了一个玩笑：“这害病实在说不明白。我母亲有个朴素的理论：小孩子发烧，是烧筋骨的，烧一次，就长大一点，人就省事一点……”

桂云老师瞟了我一眼道：“你倒还把我当小孩说了。”

姚本兰喊吃饭了，我们一齐下楼，高高兴兴，共进晚餐。

我感到，我们一所很小的学校，几个老师，就像一个家庭。这个家庭，还是个很和睦，也生活得很愉快的家庭。兰老师这个当家的，事无巨细，他都默默做着：辅区、辅导组开会，他去；公社开会，他去；哪个教室地板破了，课桌坏了，他有工具，亲自修补；哪里的瓦漏雨了，他上到屋顶检修；就是厨房里没油吃了，他也是跑十多里，到庆阳坝去买；桂云老师的粮食拨条，他在芭蕉街上帮她买了米，背到学校……

兰老师的家，在花场附近的三千垄，离芭蕉街还有十几里路。听说，这里的兰家，过去是有名的大家族，不消说，他的家庭成分也是“高”的。平日里，他都是谨言慎行，实践孔夫子“敏于事而慎于言”的教诲。他从不昂首挺胸，有个把头勾着的习惯，除了看屋顶的瓦片是否漏雨。大约时间一久，身子还略显一点弯。

一日放学后，我和桂云本想去打一下篮球，外面却下起雨来，于是站在办公室门口，凭着栏杆闲谈。桂云说：“你那次来这里开会，我们第一次谈话，你就问我，岊口的路走得习惯不，现在我发觉，岊口的路，反而是这样下雨还不滑呢。”我说：“这是一个特点，的确天晴走，还要特别注意摔倒；岊口的路，还有一个特点，就是曲曲弯弯，羊肠小道……”桂云说：“走小道，也有小道的趣味。有时走在这小道上，就想起那首苏联歌曲《小路》。”她轻轻唱起来：“一条小路曲曲弯弯细又长，一直通向迷雾的地方……”我和着唱：“我要沿着这条细长的小路，跟着我的爱人上战场……”我说：“其实，走这样的小路，也是人生有意义的体验，车尔尼雪夫斯基说有一句名言：‘历史的道路不是涅瓦大街的人行道’，列宁引用了，说明革命事业都不会一帆风顺，我觉得一个人的生活道路，也不会是涅瓦大街的人行道，恐怕更多的，也就是岊口这样曲曲弯弯的羊肠小道……”桂云问：“你刚才说这句话是哪个说的?”我回答说：“俄国革命家车尔尼雪夫斯基，他又是哲学家，文学家……”

这时，兰老师和龚老师，拿着木板和木工工具，来整修办公室门前的板梯。兰老师听我说了一串字的人名，跟着便问：“你说的是个什么名字?”我放慢速度说：“车尔尼雪夫斯基。”他仿佛很有意见，说：“只有苏联人的名字难记，一大串的字，念都难得念。”他回头看看龚老师，说：“老龚，你说，这苏联人的名字是不是复杂，总要这个‘诺夫’，那个‘斯基’一大串。你看我们中国人的名字，‘公告母’就是‘公告母’（龚老师名叫龚皋莫），几多简单！若是学习苏联老大哥，我们还要叫你‘公告母诺夫’，再不然就是‘公告母斯基’。”大约都没想到，平时不多开玩笑的兰老师，今天给龚老师开了一个玩笑，都笑了起来。龚老师也笑了，嘴里的烟杆儿没含住，落到楼梯下面去了。我暗自在想，这可能是兰老师对龚老师的“报复”。也许那次龚老师讲柳州城的骡子，“张起耳朵听”的故事，他一直记在心里，今天才得到报那一箭之仇的机会。不过，龚老师也利用下楼去拾起烟杆的时间，作了迅速组织回击的准备，望着兰老师说：“老兰，苏联名字也的确是麻烦，像刚才小吴说的什么车儿你斯基，要给你取一个苏联名字，就叫——囟门尔勾洛夫斯基，那还要麻烦些!”他还故意把重音读在“洛”字上。众人又是抬起来一阵笑，不由得一齐把眼光投向兰老师的头，那是刚剃的一个平头，只囟门处留了一点头发，头还是勾着的，觉得龚老师给他取的名字是又形似，又神似，又来得快，越发觉得好笑。兰老师无奈地笑了，摆了摆头，或许有些后悔：真是“言多必失”“惹火烧身”！两人一边笑着，一边还是去整修楼梯去了。

我由此想起，中苏虽然有论战，但毕竟向苏联老大哥学习了许多年，也是很深入人心了，就是在芭蕉这个地方，取苏联人名的真不少。还是在园艺场时，就听到桥头的黄家老二，说过取苏联人名的笑话，现在还普及到庰口来了，而且，都有各自的创造。

有意思的是，我们这一家子，三个称“老”的老师，还喜欢当着我们两个“小字辈”，相互揭老底。一次，杨老师曾对我们说：“老弯原来分配在沐抚教书，那是靠近四川奉节的一个区。那里的山‘赫死八人’（吓死人）：悬崖峭壁，万丈明岩，深沟峡谷，万丈深渊。旁边就是大山顶，每年一过国庆节，上面就会下雪，冷得要命，树木都是长不直的。那的确是个飞鸟难度，交通阻隔的地方。老弯刚结婚，就分到那里，搞了五六年，一直想调回芭蕉。中间打过报告，没被批准。后来，他横下一条心，又给文教局写了一份报告。你们说他怎么写？”杨老师鼓着眼，望着我们，诡谲的一笑，接着说：“那个背时儿子，他在报告上说：我结婚六年，现已年过三十，膝下无子，请组织考虑，调回芭蕉……你说这一回，报告还打准了，跟后就把他调回芭蕉来。现在，芭蕉区的老师，只要说到‘年过三十，膝下无子’的话，都知道是我们这个老弯的名言。”

“他现在有子了吧？”我问。

“三四岁了，一个儿子。”杨老师说。

我听了，觉得龚老师还是很不错的，远离家乡工作这么久，申请没批准也照样工作。有问题，有想法，直接对组织说，也是对的。无论怎样，我都觉得几个自称“老”的同事，都是令人尊重的，他们的家都不在庰口，多年来，他们为庰口的教育，已经做出了很大贡献。我在庰口办农中，他们都积极支持帮助，我是非常感激的。

不过，我觉得我们这一家子，比较起来，能够抓紧课余时间学习的，还是我和桂云两个“小”字辈的。不知道是我常常利用课余时间读读写写影响了她，还是她经常“不耻下问”，感动了我，反正我们的时间都没有白白浪费。桂云老师的一个笔记本，抄了十几首毛主席诗词。

一天晚办公后，兰老师、龚老师都回寝室了。我见桂云还在煤油灯下专注地抄写，旁边放着我的那本杂抄本——那是前几天她借去的。

我问她："你是在学我写的字呢，还是抄那些绝妙好词?"

"都是，你看。"她随即将本子摊开我看。

我一看，她竟然像在复写我的抄本：我抄的什么，她都一一照录；我用隶字，她也是写的隶字；我用的纯蓝墨水，她也用的纯蓝墨水!

我学来凤人的口音说了一句："了了（不得了）呀，你这样下工夫，太让我感动了。写隶字很慢，我是因为字写得丑，才学隶字。因为写这种字是可以遮丑的，同时，也有利于纠正我写字的一些毛病。你的字本来写得很好，这样子就太花时间了。而且以我这个字做范本，怕是谬种流传啊!"

"你就莫谦虚了好不好——倒是我刚才抄的这首诗，写得实在感人，一个'秋'字，叫人好不凄凉，心中怪不舒服的。"她说。

我看她正抄的一首，是《红楼梦》第四十四回黛玉代别离词，《秋窗风雨夕》：

秋花惨淡秋草黄，耿耿秋灯秋夜长；
已觉秋窗秋不尽，那堪风雨助凄凉。
……

我说："这正是文学巨匠们的高妙之处，画出了一副秋花秋草的画面，拨动了人的心弦，使读者产生共鸣；不过的确和你有着同感，读这样的作品，使人感到的是另一种美，凄美，同时，心里不觉还有一种痛，不怎么舒服。所以，我更多的是喜欢读毛主席的诗词，它能给人信心和力量，催人奋进，心胸变得很开阔，你看，像——

北国风光，
千里冰封，
万里雪飘。
望长城内外，
惟余莽莽。
大河上下，
顿失滔滔。
山舞银蛇，

原驰蜡象，
欲与天公试比高，
虽晴日，
看红妆素裹，
分外妖娆。
……

“这个多有劲！都是与你瞎吹，其实，我也不会文学欣赏，书读得太少了。但是，怎么办呢？我不甘心，尽力抽些时间自己读，自己摸索前进。现在好了，有你在一起，我们可以互助了。只是，你手里的电筒，要前后摇晃着，不要像那次去茶林走访，你只顾拿着电筒在前面走……”

“这么说，这一回拿手电筒的人就是你，不是我了。你可要注意给我照照路啊，莫学那晚上，害得龚老师在后面喊‘慢慢走’。”一说起龚老师的‘慢慢走’，我们都忍不住笑了……

渐渐发觉，桂云同学不仅虚心好学，而且也是很开朗，很健谈的，而我也是很健听的，像个小学生一样。她讲了许多我不知道的事情，无论是恩施城里的，还是芭蕉镇上的。她非常怀念恩施城早上的豆浆油条和烧饼，还有晚上的包面消夜。这也勾起我对初中时恩施城生活的怀想。当她讲到好笑之处，我们都一齐笑起来。这个时候，她那微笑着的脸庞上，现出了酒窝，露出的是一口细密洁白的牙齿，我似乎觉得，她格外好看了。

我感到：生活，是生动活泼的，丰富多彩的，也是变化万千的，那是一本书；一个人，有其独自的经历，有和其他人不同的视野，有许多自己的故事，也是一本书。认真读这两本书，都是很有趣的，也是必要的。

我第一次组织学生劳动，是上山弄柴。学生们个个都是登山健将，当我还在一步一步往上爬的时候，同学们进到山里，没入密林中了。当我走进树林的时候，便犹如到了一个采伐工地：砍伐声，吆喝声，吵闹声，叮叮当当，咿咿哟哟……二十几个人，把学校背后的茶岩湾闹翻了。

这弄柴的事，看起容易做来难，最讨厌那些刺刺藤藤，茎茎绊绊，和你纠缠不休，叫人有力无法施展，还少不得衣裤受损，皮肉受伤，甚至破口流血。一看欲讯秋情众莫知，喃喃负手叩东篱：
孤标傲世偕谁隐？一样花开为底迟？
圃露庭霜何寂寞？鸿归蛩病可相思？
莫言举世无谈者，解语何妨话片时。

簪菊

瓶供篱栽日日忙，折来休认镜中妆。
长安公子因花癖，彭泽先生是酒狂。
短鬓冷沾三径露，葛巾香染九秋霜。
高情不入时人眼，拍手凭他笑路旁。

菊影

秋光叠叠复重重，潜度偷移三径中。
窗隔疏灯描远近，篱筛破月锁玲珑。
寒芳留照魂应驻，霜印传神梦也空。
珍重暗香休踏碎，凭谁醉眼认朦胧。

菊梦

篱畔秋酣一觉清，和云伴月不分明。
登仙非慕庄生蝶，忆旧还寻陶令盟。
睡去依依随雁断，惊回故故恼蛩鸣。
醒时幽怨同谁诉：衰草寒烟无限情！

残菊

露凝霜重渐倾欹，宴赏才过小雪时。
蒂有余香金淡泊，枝无全叶翠离披。
半床落月蛩声病，万里寒云雁阵迟。
明岁秋风知再会，暂时分手莫相思。

○秋霖脉脉，雨滴竹梢，更觉凄凉。○剖腹藏珠（为那些为物伤身，轻重颠倒的行为的比喻）○匿踪浪迹（意没固定地方）　○不干己事不张口，一问摇头三不知。

○　第四十五回　黛玉代别离词

秋窗风雨夕

秋花惨淡秋草黄，耿耿秋灯秋夜长；
已觉秋窗秋不尽，那堪风雨助凄凉！
助秋风雨来何速？惊破秋窗秋梦绿；
抱得秋情不忍眠，自向秋屏移泪烛。
泪烛摇摇爇短檠，牵愁照恨动离情；
谁家秋院无风入？何处秋窗无雨声？
罗衾不奈秋风力，残漏声催秋雨急；
连宵脉脉复飕飕，灯前似伴离人泣。
寒烟小院转萧条，疏竹虚窗时滴沥；
不知风雨几时休，已教泪洒窗纱湿。

○　第四十九回香菱吟月诗

精华欲掩料应难，影自娟娟魄自寒。
一片砧敲千里白，半轮鸡唱五更残。
绿蓑江上秋闻笛，红袖楼头夜倚栏。
博得嫦娥应自问：何缘不使永团圆？

○　第五十回联即景诗

一夜北风紧，开门雪尚飘：
入泥怜洁白，匝地惜琼瑶。

○ 杂记本

学生，进到山里，恰是如鱼得水；弄起柴来，动作麻利。真是“弟子不必不如师，师不必贤于弟子”，韩愈这话，的确不假。眼看学生们一个个，把柴往学校里送了一趟，接着又上山来，弄了第二回。再过一会，他们第二趟又送下了山。这时，我还只弄了两小捆，像两个“鸦雀窝”，不觉对农村的学生增加了几分不仅是爱，而且是敬的感情。

我用一根扦担，挑着两个“鸦雀窝”，蹑手蹑脚地下山，摇摇晃晃地走到学校。正在和学生们打篮球的桂云，看到我这样子，取笑道：“你还真像个周立波。”我回她一句说：“也就是挑柴像个周立波，可惜写不出小说来。”她笑着说：“那你就写一本《岸口巨变》来嘛。”原来，前两天我们看过一部新闻纪录片，报道《山乡巨变》的作者周立波，在湖南农村体验生活。其中一个镜头，便是他挑着一担柴——也就像两个鸦雀窝，沿着山路走下来，很斯文的样子。

弄柴，我的确自愧笨手笨脚，也很感劳累；可我把两个“鸦鹊窝”往厨房门前一放，脱掉外衣，跑到球场上，和桂云他们打起球来，却有了叱咤风云的气概。

晚饭后，坐在火盆边，桂云发现我肩膀上，衣服撕破了一条口，笑着说：“你的柴弄得不多，把衣服还赔进去了，张开这大一个口。”

我扭头一看，真是损失巨大。桂云去到寝室，拿来针线。

“脱下来——”她仿佛是命令我。

“你还会点针线?”

“笑话，信不信，我还会做衣服。”

我执行她的命令，把破衣脱下，递给了她，很惊诧地看着她补衣。在我心底里，她原来不过是城里的一个娇小姐。只是来到这里以后，见她帮厨做饭，还很勤快，也很内行，感到过去对她是有点偏见的，但却不知道她还能自己做衣服，将信将疑望着她。

“你不相信?”她望了我一眼，接着说，“我的姆妈会做衣服，家里有台缝纫机，我跟姆妈学，还是几姊妹中，学得最好的一个。我们家人多，我是老四——他们叫我‘四毛’，我还有个弟弟，一个妹妹。你看，这是多大一家子人，所以好多衣服都是自己做，这样又节约布料，又节约裁缝工钱。”

“你们也叫‘姆妈’?”

“嗯，你们也是这么叫的?”

“是的，我们叫的‘姆妈’。比较特别的是，我们给父亲叫‘唉爷’，写成

"阿爷"，这样，有时被人听见了笑话，说我们在喊'哎哟'。"

桂云嘻嘻一笑："我们还是叫爸爸的。"

"你爸爸在做什么？"

"他，不在人世了——他曾经当过国民党军官。"她收敛了笑容。我也就此打住了这个话题，起身准备去改作业。桂云说："去换一件衣服吧，这件不行了，弄得太脏了，明天一起洗。"

我感动了，连说："多谢四毛，多谢四毛！"

连续下了好几天的阴雨，刚刚放晴。小学老师决定星期六提早上课，以便桂云好搭车进城，回一次家。那天，学生有的五点就到校了，听说远的，像灰山庙、筒车坝、袁家寨的，还是打着火把上学的。把课上完，才下午一点，老师学生全都放学回家。

走到家，见到出院不久的父亲，虽并未显得苍老，但精神情绪似乎不如过去。我在想，是不是还有别的什么原因，比如有什么运动要来，以前也是有这种情况的。

周日下午和其他几位老师先后回到学校。晚上，龚老师邀我，明天早点起床，去九道水接汪老师。九道水，久闻其名，但不知是个怎样的地方，只晓得这里是通公路的。

第二天，我们都早早起来，去九道水，接桂云老师。

第一次去的地方，会给人留下极为深刻的印象。沿着小河，一直向下游走去。九道水，这地名我怀疑是不是岸口人取的。我们这一路走下去，不多远，就要过一道水，走几步又是一道水。河上大都是架两根或三根杉木作桥，人走在上面，一闪一闪的。不习惯的人，走在上面还有些胆虚。有的地方，却是河中放几个石块，当作跳石，从上面踩过去，那也是需要小心谨慎的。

这是一个大霜天，木桥上，草堆上，都铺上一层薄薄的白霜。风，虽然冷，但迎面的山巅已经接受到了阳光，给人以温暖的希望。渐渐地，太阳把它的光辉，慷慨地洒到了河谷两边的大山大岭。这才看得真切，真的是"层林尽染"，微丹的，深红的，青紫的，橘黄的，碧绿的……天公不仅造出雄奇的大山，还赋予它如此丰富而鲜明的色彩！

河谷里，虽也有紫红的丹枫乌桕，但高大丰满的青冈楠木、傲然遒劲的青松翠柏和那成片成块的翠竹，构成了峡谷两边的青绿主色调。这青绿之中，偶然露出几片青瓦，几幢吊脚木屋。

小河里，是清亮的流水，一直伴随我们前行，却比我们走着更多的弯路，从这边绕过去，又从那边穿过来。弯弯的流水，叮叮咚咚，弹着琴，唱着歌，充满着欢乐。

在青葱碧绿的山谷里，忽然闪出一个红点，在移动着，正是“万绿丛中一点红”——桂云已经来了，在向我们走来。在一个大石山的跟脚，我们相会了。她的脸被霜风吹得绯红的，我接过她手里的一个藤篮。她说是搭的到咸丰的早班车，在九道水下车了，又约莫走了半小时。于是，我们向后转走。我对龚老师说：“可惜没有见到九道水，我们还早半小时就好了。”龚老师说：“这里距离九道水也就三四里，”他伸手指给我看，“前面有一个风雨桥，过了桥往前走，不远就是九道水了。从恩施到咸丰，到宣恩，到来凤，都是经过这里。我们现在这个地方，小地名叫：锁河岩。”龚老师停住脚，伸手一指：“你们看，这里是不是像一把大锁?”

来的时候，我们是从上游往下走，并没有注意到这把锁。这时，从下往上一望：小河流到此处，陡然被两块巨大的岩石卡住，形同一把巨锁，大有将河水拦住，锁定在这山谷之中的意思。不过，它并未达到目的——小河水仍然从两块巨石的隙缝中泻出来，流下去，形成一个小小的瀑布，又一往无前地流去，依然是叮叮咚咚，弹着琴，唱着歌，充满着欢乐……

我说：“这地方很特别，很壮观，有意思!”

龚老师说：“这个地方还很有一些场（故事）的——”

我要求他：“你就摆（讲）几个场，我们听听。”

龚老师人矮腿短，但走路的频率很高。他一边走，一边开始摆场：“这前面的山上，当年住着一个端公，说他是能够赶走鬼的，所以，哪一家闹鬼的话，就找他去赶。一排锣鼓声响，他手是那个舞，脚是那个跳，口中念念有词。之后，啪啪啪，几声惊堂木响，他就发疯一样往外跑——把鬼驱赶出去了。

“一天，他去九道水吃酒，回家的路上总觉得后面有点响动。起初，走的路是又宽又平，他并不怎么在意。一走到锁河岩这地方，路又窄又陡，阴森森的，后面窸窸窣窣响个不停。这时，他想着，是不是真的碰上鬼了。

“他停住步子，想弄个究竟，后面的响声也停住了，他想，也许是风吹树叶响。于是，他又动步走，后面却又开始响起来。这时，他有些慌了，确信今天真是碰上鬼了。于是将惊堂木取出来，啪啪啪地连拍了好几下，没有了响声。但是，他再开步一走，后面照样响声不停。这样子，他拍了多次，都没有解决问题。

“他已经惶恐不安起来，于是飞达达地往附近一户人家跑去。哪知，后面的响声也是穷追不舍。屋里的人，听到一阵急急的敲门声，开门一看，只见端公先生，面如土色，气喘吁吁。惊问先生是什么事，端公说，今晚碰到的这个东西，凶得很啊——我那么使劲拍，都没有赶跑它，就在我后头跟着……

“人们往他身后一看——你说是个什么东西？原来，他的长衫子下面，拴着一根麻线，麻线系着一块笋壳叶，拖在地上。就是这笋壳叶在后头作的鬼！那端公狠狠地骂了：是哪些龟儿子崽崽，这么作弄老子，差些把我的魂都嚇掉了！”

“有趣，有趣，这还是一个破除迷信的教材。讲得好，欢迎再来一个。”我说。

“再讲一个——”龚老师停了一下，又讲了起来：“锁河岩边的半山腰，住着一个单身汉子。他整天不能与别人说话，很感到无聊。一天，他看到河边的路上，有个熟人，挑着皮篓，急急地赶着路，就拉开声子喊：‘呃——你到哪里去？’

那人回答：‘到黄泥塘赶场。’

‘忙么子嘛，来，我正有个事要给你讲。’

‘讲么子事嘛，再耽搁一合（一会儿）就散场了。’

‘一个好事，那是千真万确的好事呢。’

那人以为真有什么好事，爬上山坡，问：‘你说么子好事？’

汉子说：‘我只给你讲，你莫给别人说——’

那人说：‘好好好，你说，你说。’

汉子说：‘那个芋仔汤泡麦米饭，是一梭一碗，一梭一碗！’

那人哭笑不得，连连说：你这个日鼓子（爱开玩笑者）啊——”

“这芋仔汤是什么汤？”桂云问。

龚老师解释道：“就是芋头汤，芋头你吃过吗？”

“吃过吃过，蛮好吃；倒是麦米饭没吃过。”

“庢口种小麦，也种大麦。小麦一般是做面条，大麦收割早，庢口人叫‘三月黄’，是度春荒的好作物。大麦可以磨粉吃，拌菜，做粑粑都可以。度春荒，最简便的就是像米一样，煮饭吃，就是麦米饭。这种饭滑济济的，再加上芋仔汤也是滑济济的，吃起来那不是‘一梭一碗’？”

“这戽口人中还真有些幽默人才。”我说。

龚老师道：“不假。还是讲锁河岩上的这个汉子，一天又想找人讲话。见到一人忙忙碌碌在往下河走。一看，是远近闻名的‘日白佬’——日白佬就是喜欢聊白撒谎的人——他就喊起来：‘呃——日白佬，快来日个白哟！’日白佬仍急匆匆地走：‘今天不日白了——马河滩在放大闹，我要去捡鱼。’”

“——你们知道‘放闹’不？”

我说：“就是用石灰，或是把一种什么树皮之类的捣烂，撒在水里，鱼就会被闹翻，于是用撮箕，舀子捞。”

“嗯，不错。这个汉子，信以为真，也就不与‘日白佬’讲话了。跑回家去，拿着撮箕背篓，直往马河滩跑去。这马河滩，过了九道水还有六七里路，那里真有条大河，还有好大一个水面，也确实出鱼。但是，‘今天不日白’的‘日白佬’，恰恰又日了一个白——等他跑到马河滩，哪有人放闹？也没看到‘日白佬’”。

我们一路听着故事，回到了学校。此行不虚，我想。

晚上兰老师和大家商量，现在合作社大量收购杉树种子，林业部门的同志希望学校组织学生采集树种，一是支援国家建设，二是学校也可以搞一点勤工俭学，解决一些学生的学费。大家一致同意，趁天气好，明天作安排，后天三年级以上同学参加。

戽口的山里，森林茂密，树种繁多，杉树和松树，最是成片成块。杉树，树干端直高大，木材纹路顺直，木质品行良好，戽口的吊脚楼，从柱头到板壁，楼板，几乎主要为杉木所造。杉木皮也是好东西，盖在房顶是可以当瓦的。杉树生长快，就是砍伐后的树兜，隔年又有新生苗长出，过十来年，又成了好木材。杉树到了秋季，风一吹过，种子四处飘散，落入泥土，又长成树苗。所以，戽口的杉树生生不息。

我知道，采树种，学生肯定比我内行，便要学生自己组合，三五人一组，各自为战。

这天一早，学生带着背篓，镰刀，竹竿来到学校，兰老师集合讲了注意事项：上山爬树，注意安全；剔枝莫砍树巅；上面剔枝，树下的人离远点；同学之间讲团结。

在老师带领下，学生们如同做“捉特务”的游戏一般，潜入密林深处。我跟着几个小一点的同学走，到了一处杉树密集的树林。小个子谭元清，真像个小猴子，刷刷几下就爬上了树。他将磨得锋利的剔刀，照着树球长得多的树枝，只需一砍，再一勾，树枝便“倏”的一声掉落地面。一砍一勾，又是一枝下来。下面的同学将树枝拉到一旁，把一个一个的树球采摘下来，装入背篓。殊不知，这杉树到处都有刺，且不说它的叶，全是一根根针排列起来的，就是果球上面，也是长着针的。所以，从树枝上摘下果球，也是少不得被杉木刺扎的。然而，学生们却是若无其事，嘴里说说笑笑，手上不停摘果球。

我在摘杉树果，也在注意树上的谭元清。此时，谭元清如同表演杂技一般，做出了一套惊险动作，让我吓出一身冷汗：他把下面的树枝剔了，又沿着树干往上爬，要去剔上面果实密集的那些树枝，已爬升到三丈多高了。我急忙叫他下树，他却不听我的指挥，还是继续往上爬。我在下面一直望着天上的他和他抱住的树巅，颈都有些发酸了。一时之间，只见他抱住的树尖，在大幅度摇摆，和天上的云在一起飞动，我的肉都麻了，头也晕了……“呼，呼，呼”几枝杉树枝掉到地上；“扑，扑，扑”一个娃从树上梭了下来。我说：“谭元清啊，你刚才把我吓得心子都甩出来了……”他朝着我一笑，又去爬第二根树了。

下午，我们转移到另外一片杉树林，恰好碰上桂云老师带着一群小学同学，也在这里。几个小学生，把刀绑扎在一根长竹竿上，站在地面剔树枝。这种办法，不用上树，若是站在高坡，砍下面的树枝，也是很有效的。但是，毕竟不如上树来得快，而且稍高一些的，便是可望而不可即了。我看见小同学力量单薄，爬不上树，便叫谭元清帮小同学剔几树。谭元清很高兴在小同学面前显露一下本事，爬上树去了。

桂云也在摘杉树果，我问：“锥不锥手？”

桂云说：“不锥是假的，看到学生娃都连摘直摘，我也像还没什么事的了——手摘麻木了吧。”

我说：“这些农村的娃，真是不错。他们好多是既聪明又吃苦耐劳，将来无论做工、务农、参军，做哪一行，都是很优秀的。”

“我发现这里的学生娃，聪明的真不少，但是为什么读出去的人这么少呢？”

“很难说清楚。我也想过，你说太偏僻，文化没进来，那李家屋场还出了一个李多魁，进士及第；你说这里太穷，但又有茶叶这样的特产收入，比坝子上的人，手边还是活便一些……”看着太阳已到茶林山梁边了，我问桂云：“几点了？”

桂云看表：“四点差一刻，要回去了吧。”

我们招呼学生，把最后的收拾完毕，回学校。

学校的三楼上，已经堆满大堆的杉树球，兰老师和龚老师在一背篓一背篓地给学生过秤，并记录在本子上。

本来一天采树种都没出什么事，第二天课间休息时，两个桂云班上的同学找我告状，一个小一点的说：“吴老师，昨天谭元清歪说（乱说，胡说）。”

“他怎么歪说？”我问。

“他歪说你和汪老师。”

“他哪么歪说的？”

另外一个接着说：“昨天在打杉树果果的时候，他指着两根长在一起的杉树说：‘这一根是吴老师；那一根是汪老师……”

我笑着说：“他把老师比成杉树不坏呀，杉树那么有用，做柱头，做板壁，打箱子柜子，人人都喜欢它呀，没有什么不好的。”

小一点的又说：“他还先说了‘这两根树像两口子’的。”

“哦，他也只说‘像’嘛……嗯，不过这样随便说老师的话，还是不好的……好，我要教育他的，谭元清是我班上的学生，你们就不要再去告汪老师了，好吗？”

两个娃说：“好。”满意地走了。

我只觉得这两个娃天真有趣，而这个谭元清也真有些“拐”。跟后也就把这事忘了，也没就这事教育谭元清，倒是总结采树种时，表扬过他。

又是一个周末了。我因为前段时间久雨初晴，给中学生放了三天农忙假，周日要补课，不能回家。几位老师和炊事员小姚都回去了，不过桂云还在学校，所以也并不感到孤寂。我们烧了一盆红红的炭火，办公室里暖烘烘的。为了度过周末，我们便放声歌唱起来：

洪湖水哟浪呀嘛浪打浪，
洪湖岸边是呀嘛是家乡。
清早船儿去呀去撒网，
晚上回来鱼满舱。
……

一曲《洪湖水，浪打浪》合唱完毕，把兴致更提了起来。

“再唱一个——什么?”我问。

“《谁不说俺家乡好》。”她答。

歌声又起：

一座座青山紧相连，
一条条绿水绕村庄。
……

“我们再唱《女篮五号》里的那个——绿色的……”她已经开唱，我便跟上合唱：

绿色的原野，
金色的河流，
到处都飞扬着欢乐的歌声。
啊——
快藏起离别的忧伤，
快张开前进的翅膀。
……

合唱完毕，我拍起掌来：“唱得好，再来——你来一个独唱好吗？唱个什么?”

“唱一个——《花儿与少年》，我们在高中跳过这个舞。”

“好，欢迎!”

桂云开唱：

山里高不过凤凰山，
凤凰山站立在白云端；
花儿里为王的是牡丹，

红牡丹他开在春天。

……

我被这悠扬的旋律、优美歌声陶醉了。桂云只唱一段，没有继续，说：“后面的词已经记不清楚了。”

“这歌太好听了——我也是个不大记得歌词的人，尤其是有好几段歌词的，常常混淆不清；但是曲调能记住，有时就一哼而过。”我说。

桂云提议：“你也独唱一首，你最喜欢唱的。”

“我喜欢的多得很。唱一首什么呢——你看过电影《冰上姐妹》没有？”

“看过。”

“里面的主题歌：《友谊之歌》。”说罢唱起：

在我们生活的道路上，
友谊的花朵四季常开，
她把浓郁的芳香，
撒进了我们的胸怀。
啊，同行的伙伴，
手儿从此挽得更紧。
年轻的人们，
脚步从此走得更快。

是那些革命的先行者，
把那些鲜花一路栽上。
是那忠诚的友谊，
凝成了扑鼻的芳香，
啊，革命的伙伴，
携手从此天天向上。
前进的人们，
脚步从此走得更快。

“你的独唱可以登台表演。”桂云说。

“其实我早就登过台——还在芭蕉园艺场劳动时，王源莲老师伴奏，在芭蕉小学的台子上，我独唱了《黄河颂》。”

"你在高中时就喜欢音乐吧，一次歌咏比赛，我看到你还是指挥。"

"你还有印象？我记得那一次，班里的文娱委员，在李老师那里，给我借了一套西装穿上，她很满意地打量一下说，这下看起来很英俊，我自己倒觉得怪不自在，算是我习了一次西装味——我是从小学就喜欢音乐，当时有个音乐老师，姓曾，上课很认真的。每次课开始，他都要拿出一个簧片来，一吹，说：这是C调的'多'，大家跟我练习音阶，于是开始跟他'多，来，米，发，梭，……'他不仅教唱歌，还讲乐理，以后他还教过我拉二胡。"

"的确，一个好的老师，能够影响一个人的一生。"

"曾老师常给我们说，列宁说过，'人能音乐，终身快乐'，我一直牢记不忘——不过，我总没查到，列宁这句话到底出自何处，因为我怕给学生讲这句话时，学生问我答不上来；但我觉得这话说得的确'窝青哈饶硕（非常好）'——呃，四毛，我看你不仅歌唱得好，篮球打得像《女篮五号》里那些女将呢。"

"在高中我是校篮球队的。"

"难怪。不过，我也是校队的——排球队的。一次比赛，我们还战胜了恩施师范队。"

……

如此这般，在炭火前，又是狂唱歌，又是瞎吹牛，有些口干舌燥了。桂云提议："我们冲一点洋芋粉喝，好不好？"

"我就喜欢这个东西，这会儿更是恰到好处。你有吗？"

"这次回家带来的，还有白糖。"

于是桂云跑去厨房，拿来两个碗，用搪瓷杯在炭火边烧开水，开始制作夜宵。

欢乐嫌夜短。喝完洋芋粉，一看那三五牌挂钟，已是十一点半了。桂云忙说："呀，你得去睡觉了，明天还要上课。"我才急忙上阁楼去睡觉。

第二天一早，太阳金光四射。不过，一会儿就阴暗下去了，并且变得很阴沉，桂云原本打算洗被子的计划也打破了，便在楼上补棉袄。看着她坐在那里缝缝补补的形象，还有些像雷锋呢。有一张雷锋的照片，就是在补衣服的——唉，我怎么原来会觉得她是城里的娇小姐呢？

我先上语文，教周敦颐《爱莲说》，要求学生阅读、理解、背诵都当堂解决问题。学生的学习情绪很好，教学效果还真是不错。两节课后，我上楼，桂云笑着对我说："我刚才听了两节示范课，讲得真好，我们原来没学过这篇文章，听了你这个吴老师的课，也背得下来了，你听——"

接着，她便真的背诵起来：

**《爱莲说》** 周敦颐

水陆草木之花，可爱者甚蕃，晋陶渊明独爱菊；自李唐来，世人甚爱牡丹；予独爱莲之出淤泥而不染，濯清涟而不妖，中通外直，不蔓不枝，香远益清，亭亭静植，可远观而不可亵玩焉。予谓菊，花之隐逸者也；牡丹，花之富贵者也，莲，花之君子者也。噫！菊之爱，陶后鲜以闻；莲之爱，同予者何人；牡丹之爱宜乎众矣。

"佩服，佩服!"听罢我说。

"老师教得好嘛，这篇文章短小，寓意深刻，给人很大启发，尤其是'出淤泥而不染，濯清涟而不妖'两句。"

"我也是特别欣赏这两句。人和物都一样，出自何处并不是特别重要的。荷花可以出淤泥而不染，人可以做得更好，因为人是有意识的。记不清是外国哪一位名人——英国诗人马娄吧，他说过：'让世界听着，不得以出身论人……'就是这个意思。

"有一则政治笑话，说周总理和赫鲁晓夫在一起，赫鲁晓夫对周总理说：'我们两人，有一个相同点，也有一个不同点。相同点是，我们都是大国的总理；不同点是，我出身工人阶级，你是出身资产阶级。'周总理当即回答：'我要补充一个'相同点'。那就是，我们都背叛了自己出身的阶级。'你看，周总理也是机敏过人了，一下就让赫鲁晓夫哑口无言。这则笑话也说明了这样以出身论人的荒谬。"

下午，上完课，先吃了桂云做的一大碗面条。后来吃饭，又是两碗，简直太能吃了。饭后，见桂云又在写什么。便问，她说在把学的诗，抄在本本上。还说，打算再买两个好一点的本子，一个写自己的，一个摘抄别人的。

我很感动，便说："我来帮你抄几则语录，将来可留作纪念。"其实更主要的是支持和鼓励她。我很认真地在她的笔记本上书写，用的是隶字，刚刚抄满一面，天就暗下来了。她叫我不要抄了，要保护眼睛。这几天，她总说我这样不注意，会把眼睛搞坏的，要好好保护。我也就听她的话，在火盆边闲话。我有一种感觉，虽然她是我的学妹，但很多时候，她却像我的姐姐，很关心很爱护我。

大概是六点多吧，我们还没有升灯，火炉里的火，一闪一闪，我们还在谈笑着，是那么闲适。这时，龚老师从外面进来，说要到公社那边去开会。是的，我想起来了，先前他一回到学校，就说公社姚社长要开会，以为是姚社长要到学校这边来开会。我问，你先前不是说在学校这边开会，怎么又要到公社那边去。他说，姚社长现在要开电话会，不能过来了。我又问，我去不去——因为他们都是公办教师，我是民办，是有些区别的。龚老师说，“你不要去了，我和汪老师去”。

他们去了。我独自一个人在火炉边思索，为刚才的事情感到奇怪：龚老师自从回到学校，表情就有些异常：他回来得如此火急，连棉袄都打湿了；平日那么多话的人，今天怎么话也不多说了，更不说笑话了，表现得总似乎有些不自在。真有些蹊跷。当时也没多想，更没有产生什么疑惑。此刻，又看他为开会的事跳进跳出，去去来来，拿着烟卷的手都有一点颤抖，说话也似乎有些喘气，是怎么回事？

我不得不有些怀疑：这会也开得确实有些奇怪，怪，怪，怪！

正在一团闷气无法开销之时，杨老师进来了。他透露：可能是人事有变动。联系到下午龚老师一连串的表现，我恍然大悟，心里绷得很紧很紧。心想，如果真是桂云要走，这是多么令人难过的事情啊！

不多久，姚社长来了。他完全证实了我的非常不愿成为事实的推断：桂云要走了，而且，不是走到芭蕉的别的什么学校，而是回家去，不让她工作了！

我一直沉默着，低着头，望着熊熊燃烧的火苗，在不时地舐舔着，摇曳着。许久不见桂云来，我知道，她一定在哭。

好久，听得龚老师在劝她上楼烤火去，说身体要紧，不要冻坏了身子；也听到她声音喑哑，说：“我不要什么身体，什么东西对我都没有意义了。”

我真不知道这是什么道理，只知道现在代课的人多了，是不是……我心中本有满腹的话要说，但唇舌却一下变得木头似的。

我终于走下楼去，见做饭的小姚抱着悲恸的桂云在哭着。见此情形，我准备说上几句话的心，已经化作一坛子酸水，什么话都不可能说出来。龚老师又走去说了一些宽慰的话，但是，我知道，这是难起到任何作用的。

龚老师一上一下，已经三趟劝她上楼去烤火。我也感到外面太凉，一把拉着她上了楼。三人围在火炉旁边，都没有话说。我不但找不到一句什么话安慰她，反而被她的悲恸完全征服了。我觉得，自己的悲恸也许更胜于桂云，只是不好流露，在强制自己紧紧压抑着，不让其泄露。

大家都静默着，只有熊熊的火，在没事的欢呼，将红而黄、黄而蓝的火舌，不断地摇摆着。

虽然没有说话，我知道，我们都在沉思。刚刚过去的生活，像放电影一般清晰地映在我的眼前：还是半年前，她刚来到芭蕉的时候，我才将她的名字和她的人联系起来。不知为什么，真的，我就认为她不过是一个城里的娇小姐。我到芭蕉小学的时间也不少，却从来没有与她讲过话。

这学期，她从芭蕉镇上来到这偏僻山沟，一个月前，我也来到这里，我们便共同生活了一个多月，准确说四十天，才发觉自己过去对她有着偏见。她是能吃苦的，而且平易近人，十分和气，心地善良。我办农中，她从中出了不少力，就是几次陪我走访，不是摸黑路，就是冒雨淋，已是历尽苦辛，也让我感到她的可亲可敬。她那么温柔，那么体贴人，不仅对我，对小姚，就是对学生也是充满着爱心，我从没有见到她在学生面前提高过嗓门，学生也都那么亲近她……

我实在不懂，为什么要撵走这样的老师？

特别是最近一段时间，我愈来愈觉得她是我生活中不可缺少的人了。她的外表和心灵，都有一种不凡的气质。大约我的到来，成天的忙碌工作和抓紧时间学习，对她也有一些影响。她是毫无顾忌，不懂的就问我。近来，常常是我已睡在床上，还听到楼下，有她掀动书页的声音。这也鞭策着我，抓紧青春时光多学点东西。

我实在不懂，为什么偏要将我这样的朋友拆开？

她要离开了，这对于我无异于是一个噩梦，一个晴天霹雳！

火炉里的火，依然熊熊燃烧着，我们都在沉默。一片寂静，三五牌挂钟的“嘀嗒”声分外地分明，偶尔听见火炉里发出“哔啵”之声。

桂云站起身，又下楼去了，好久不见上来。听见操场上，有缓慢的脚步声，我知道，她的心里是多么难受！我走下楼，漆黑的夜里，约莫看见她走到了那棵桃树下——那是河坎的边缘。

我走到她的身边，没有话说。麻木的脑袋，笨拙的舌头，就说不出，也找不到一句，能解脱她悲伤的话，只好站在她的身边，听她那不平静的呼吸。

好久，我才说出一句："事情来得这么突然!"

"我也感到突然，太突然了！在学期中途发生，真是料想不到的！我受的打击是太多了，这不是第一次了，从高中到现在，一次又一次：我在恩施城百纺公司站过柜台，没有几天，不让我站了……求人介绍到芭蕉小学教书，才一学期，也不行，赶到这个地方来……现在，现在在这里，也还是不行，要我走——世界上没有我落脚的地方了，我简直没有一点勇气去生活了……"桂云已经泣不成声。

我的眼里也潮湿了，心中酸作一团，特别害怕她痛苦之极做出傻事，忽地两手将桂云的双肩握住，摇晃着她说："没有绝对的好事，也没有绝对的坏事的，说不定以后好事就出现在你面前。你想开一些啊!"

桂云长出几口气，仍旧抽泣着："我感到精神生活太空虚了，我没有过好一天……就在一个月前走，我也不至于有这样难过……这一个多月，刚刚是我生活愉快和充实起来的开始……我是正准备重头学，好好干，感到自己有什么不懂的，有个问处……但是事情偏偏在这样的时候到来……"

此刻，我竟抱住了她，她的眼泪沾到了我的脸上。她又深深地叹了口气："唉——一想到那种无事可做的生活，是多么叫人害怕，现在我又要去过那种生活……"

"我们都没有直路走，还是要拿出勇气来，走下去——弯路也走下去；摔倒了，爬起来再走；不要太伤心了，光悲伤，没有用。我们都还年轻，来日方长啊——"

又是一段沉默，桂云的呼吸似乎平息一些。夜已经很深了，我感到夜风的冰凉，拉着桂云："走吧，去睡吧……"

这真是一个不眠之夜。将桂云劝去睡觉已是很晚，龚老师都在打鼾了。自己刚上床，听见后边百姓家，两口子恶吵恶闹，也不知为什么，一直从半夜，吵到天亮，简直没让人睡什么觉。

早上起来，眼睛涩卡卡的，精神一点打不起来。

桂云一直在睡着，没有起床。早饭前，我改完作业，开始备课。正在这时，五中谢老师来，和他一起的还有一位，说是县文教局的小邓同志。他们说，是来访问农中，并通知听我的课。好在第一节，他们听姚社长讲政治，我把课备了。接着他们听了我的语文，是讲汉语的动词一节。又听了我的数学，讲求多边形面积。心中并不慌，只是精神不佳，不然效果会更好一点。

最后一节课请二位评课、提意见，他们都认真地说了不少。不过，我实在一夜没睡，又心中挂着桂云，也不记得他们如何给了我鼓励，还提了哪些宝贵的意见和建议。不过对于他们能到这山沟里来，还在我的教室里坐着听几节课，是很感谢的。

自来了两位客人后，桂云不知什么时候，躲在我阁楼上的寝室去了，睡了一天，没有吃一口饭，说不饿，不想吃。下午我去给她冲了一点洋芋粉喝了。晚上，我们又围在火炉边。

这是我们相聚的最后一晚，依然是沉默，依然是听时钟有节奏的“嘀嗒”，沉寂更加深沉。沉寂难耐到了极点的时候，桂云又抽泣起来，终于打破了难耐的沉寂；我的心也被撕开，几乎要碎裂了。我本一向开朗乐观的心境，现在却一下子变得忧郁起来，被一团沉沉的乌云压得喘不过气。

火，燃得很大。桂云似乎要自己清冷一些，走到外边，扶在走廊的栏杆上哭泣。我也走了出去，外面下着雨，操场已经打湿；走近她的身边，我说：“明天如果雨下大了，就玩一天，也等心情安定一些了再走。”

“明天走!”她异常坚定地说，有点赌气的味道。

……

夜深了，她说：“你去睡吧，明天还要上课。”

1964 年 12 月 1 日，这是桂云要离开庙口，要离开我的日子。上完四节课，吃饭，桂云也吃了一点点。三点多，我们全校老师和小姚，都一起送桂云。走了一程之后，开始爬坡，我对大家说，你们就不要送了，我多送她一程。

一路上，细雨撒着，冷风吹着；山上白雾夹着水珠，翻滚飞度；树叶摇晃着，滴下无数泪珠。平日里，和她一起，似乎有着讲不完的话；这一路，我们却是沉默。我走在后面，时不时地叹一口气。一直爬到第二个山梁垭口——郑家垭口。再往下走几步，就是郑家的一个大屋场，门口有一棵高大的枫香树。过了这个地方，前面就是较为平缓宽大的路了，芭蕉街已在一望之中，这里是我们分手的地方了。

雨并不很大，我一直帮她拿着雨伞。此时，她从我的手中，接过雨伞，留恋地站了好久，才终于挪动步子，走开了。走了几步，她又停了下来，看来又在哭泣。

我问她现在多少时间，她抬手看了看表，却停顿了好久才回答："四点二十五。"声音小得难以听得真切。

翡翠般的松柏树枝，遮住了她离去的身影……渐渐地，再也看不见她了。我满怀悲怆，转身回走。那是一条长长的下坡路，我心中是那样空虚，整个身躯，似乎都是轻飘飘的，没有了思想，任由两只脚不停的向下飞奔，人便从山顶，一下子滑到谷底。

走到学校，龚老师应该是早就回来了的，却不见他的人影。只有姚本兰，在整理着头发，脸上还留有泪痕，看来也是才哭了的。学校空空的，寂寞难当。触景生情，周围的一切，都使我的心攥得紧紧的，就如千万条丝线，缠绕结扎得死死的一般。我此刻的心中，就是用千万滴泪水，也难以冲刷去厚厚堆积的郁闷。

一个夜晚，梦牵魂绕。黎明，刚刚从喜悦的梦中醒来，忧郁，便立即袭击了整个心灵。干脆提起笔来发泄，期望刮肠刮肚地倾泻，倒个干净：

再也听不见你温存的话语，
再也看不见你亲切的目光。
再也飘不来你彩色的云朵。

钟声啊，变得那么喑哑，
小河啊，变得如此干涸，
操场啊，变得这般冷落。

那株河边的桃树啊，
她坐在树枝上唱过歌，
如今黄叶飘飘，枝条打着哆嗦。

山上的红叶怎的不见了呢？
是被寒风一夜吹散，
还是绯红已被泪水洗脱？

平日喧闹的篮球场上，
一对球架儿面对面呆呆望着，
投球的人已是匆匆而过。

火舌跳跃着的火炉旁，
一把椅子空空摆着，
谁还在它上面坐？

她去了，痛苦的恐怕还是我。
我百思不得其解，
自己为什么要如此摧残折磨。

我把它本来珍藏得不错，
为何这时偏要奇异放出花朵，
又被这奇风怪雨吹打得零零落落？

花儿呀开得太奇却又一现便了，
到头来痛苦的还是我啊，
痛苦的——还是我！

抽刀断水水更流，举杯消愁愁更愁。无论怎样宣泄心中的愁闷，愁闷却生生不息，不断滋长。桂云离去之后，我的整个思绪总堕入一片迷惘，做任何事，精神总是难以集中。我痛恨自己感情的脆弱，我想尽办法排遣郁闷：我拿起歌本来，找里面喜欢的歌唱——没有一首好开口；我拿起俄语书来，拼命地读“达瓦瑞希毛泽东无噶杂日（毛泽东同志说）……”眼前的俄文字全变成一些圈圈洞洞，一片模糊。

晚上，姚社长来了，告诉兰老师和龚老师，接替汪桂云的老师，马上就会来。这些我都不怎么关心，我只关心桂云走了以后的情况——那却是一点消息都没有。姚社长有一句话我听见了，是说桂云的，“她的家庭背景也是太恶劣了，父亲是国民党的师长……”

哦，原来，什么代课的人多了，是凭私人关系，都只是这么说而已，倒是她那已不在人世的父亲，让她不能过一天开心的日子啊。

代替桂云的皮老师来了。他瘦削的个子，穿一双白色力士鞋，蓄着浅浅的胡子。他是一个很活跃的人，见面就和我聊天。他似乎早就很了解我，还说我是芭蕉的才子如何如何。

几天来，什么学习之类的事，都懒得做，有小皮在旁边滔滔不绝的谈话，也觉得时间能够好过一些。尤其是桂云刚离开的那个周末，我和小皮一同到芭蕉去，沿途他唱着歌，哼着京戏，使我很少能去触景生情而伤感，减少许多痛苦的回忆，一直走到了芭蕉。

桂云走后不两天，做饭的小姚也走了。他们那间寝室，是走了一个，又走一个，看去不觉令人潸然泪下。我至今不知道小姚是自己要走的，还是学校经费上的问题。反正没有炊事员了，由几位老师轮流做饭，也是称作当“伙食团长”。

兰老师、龚老师都各自当了几天，这便轮到了我。本来这事也并不难，米一煮，米汤里面丢一把菜叶打个汤，舀上一碟咸菜就成。在园艺场，我就当过“团长”，在茶园教书时，又学习过。不过，一个人在这个厨房里转去转来，又要触景生情，睹物思人：那是桂云常帮小姚做事的地方，这萝卜菜叶，还是我们一齐种的……想得很多很多，竟然达到独怆然而涕下的地步。

天气越来越寒冷了，连我这高大个子，也缩短了一截；本来就不宽阔的戽口天空，变得更低，更狭窄；不尽的寒风滚滚而来，无边的黄叶纷纷飘落。心想，春夏秋冬，四季轮回，无论喜欢不喜欢，冬天是要来的，我虽然体会不到冬天的快乐，但我能战胜冬天的严寒；冬天过后呢，那必是春暖花开的日子。

晚间，除了备课改作业之外，依然没有任何兴趣去读书学习。还是听小皮海阔天空的闲扯。他似乎有走惯风流场而自得的味道。他告诉我，恩施城有几个漂亮女娃和他好，又历数芭蕉有几个女老师还可以，哪些不行……忽然他给我提出一个问题："你觉得汪桂云怎样？"

"人很不错。"我说

"你和她好吧？"

"好。"

"和她谈了没有？"

"她走了。"

"走了就算了，天下女人多的是。"

"嗯……"我敷衍过去，觉得不必与他就此谈下去。

思想矛盾得很，一时想要振作起来，一时又陷入了迷惘。这精神的思缕是太不听话了！我追问自己，为什么要如此固执不悟？我要快乐起来。于是我开朗起来，可以唱歌了。但是，总经不起时间的考验，连八小时都坚持不下去。往事的影子又浮现出来，触动了心灵，如梦如幻，心又被缠得不能动弹。是的，人是有感情的动物。

然而，我这是什么样的感情？竟这样在我周身萦绕，将我层层裹住，绑缚得如此紧扎，丝毫动弹不得！

就是这样，一周一周地打发着难度的日子。

又是一个星期天的早晨，在五中睡了懒觉醒来，已是旭日临窗。洗漱完毕，去芭蕉街。这条路正在改修成一条大道，以后是可以通车的。我沿着这条半山腰新辟的道路斜上。对面升起的太阳，放出金光，辉映着山岗、河流和田地，撩起一层薄纱。若不是水面的冰块和地上的明霜，还以为是一片阳春烟景了。

母亲的早饭都熟了，弄的羊肉萝卜丝。我想，这一定是父亲点的这个菜。父亲告诉我，我的祖父，最最赞赏的食物便是"一门的牛羊肉"，意思大约是：只有牛羊肉是第一位的好东西，因此父亲也有这个偏好。这一餐的确吃得很舒服。

吃饭了便去理发，母亲的住处的隔壁就是理发店，也算是近水楼台。周师傅仔仔细细给我理，我对着镜子，看见蓬乱的头发和憔悴的脸，渐渐地整洁起来，精神起来。

飏敏从学校回家，来我这里玩了一会，谈了一中的一些新闻。随后我去芭蕉小学，与小皮打乒乓球，接着又有光嘉招待吃橘子、核桃，还去弹了好久的风琴。这算是忧郁了二十多天以后，第一个心情开朗的日子。

生活啊，你是不是已经恢复了笑意？

我想，应该恢复学习，钻到书本中去。上完课，改完作业，读《反对党八股》。这是在初中时读过的，但现在才稍微理解了一些。以后还应该学习最近报道的廖初江，多联系工作实际，把毛主席的理论，运用到实践中去。

下午打了一场篮球，洗后读《古代汉语》中的《鲁仲连义不帝秦》。

精神要比过去好一些，爽快一些。但那种情绪依然不绝如缕，特别是当我一个人安静思考的时候。

1964 年的 12 月 30 日，桂云离开一个月了，再过一天就是新年。我对桂云的牵挂不曾须臾离开，给她写了长长的一封信——

桂云：

你一去如石沉大海，杳无音信，不知你现在心情怎样，身体如何？是在坚强勇敢地生活呢，还是泪水常常沾湿衣襟？是已经愉快地迈开了青春的脚步，还是在痛苦中打发日子……这一切，我都不知道啊！

我们是那样突然邂逅，而又是那样匆匆地离别。然而，一个多月的共同生活，使我至今深深怀念。你对我的关怀、爱护、支持、帮助和鼓励，那样清晰地铭记在我的心中，永远让我感激！

当我正在满怀信心生活和工作的时候，你那样突然离去，这使我精神上受到稀有的痛苦的袭击：我为你被迫离开自己热爱的生活感到惋惜和同情；也为自己失去亲密的朋友而异常痛楚。我简直是如梦如幻地度过这别后的日子。

道落弯，你喜爱的红叶；校门前，你洗衣服的小河；操场边，你坐着唱歌的桃树；哪些曲曲折折、横横斜斜一同走过的小路……都无不使我触目心惊。黎明的光亮映在窗户，再也听不见你温存的话语；夕阳西下，学生散尽，只有小河流水潺潺，不再有你的歌声；通红的炉火，不再映红你的笑脸；孤灯下，不再有你讲着故事时愉快的眼神；我这个本是过惯孤寂生活的人，却四出寻找不到你的身影。

我深深怀念着你啊，亲爱的同学，亲爱的朋友，亲爱的姐姐啊！

然而，我不愿多说这些。因为，我也有了我曾责怪过你的那种脆弱的感情。我在像曾经希望你一样，要求自己去坚强生活。我们都应该勇于面对生活，绝不丧失对于未来的信心。

我们都出身剥削阶级家庭，有不好的社会关系，但是，我们生活在一个伟大的国家，一个伟大的时代，有一个伟大的党。我们不要因个人一时的挫折而悲观厌世，也不要在看似“山穷水尽”之时而迷茫退缩。“欲除烦恼须无我，历尽艰难好做人”，你的老师，我的父亲，多次用这两句话激励我，我愿我们都去身体力行，从中受益。

“宝剑锋从磨砺出，梅花香自苦寒来”。我们都很年轻，我们拥有着未来。我们会走弯路，我们会碰钉子、受挫折，但是，坚强地前行，总会有柳暗花明的前景。

我深信，我们一定能精神饱满的唱好我们的《青春之歌》，我们也一定会信心百倍地唱好《我们走在大路上》：“我们的道路多么宽广，我们的前程无比辉煌……”

如果你能接到我的这封信，那一定是新的1965年了。我就在这里向你祝贺新年吧！

一日回到家中，父亲对我说：“你现在，如果有相宜的，找个对象也是可以的，像汪桂云那样的就很好……”

我说：“她已经不在庠口了。”

“那是怎么的？”

“大约是出身吧，他父亲曾经是国民党的师长……”

“什么时候的事？”

“一个多月了。”

父亲半天没有说话。

我也更加思念起桂云来……

给桂云的信寄出以后，我多么希望收到桂云的回信，哪怕是三言两语。然而，一月过去了，一学期过去了，一年过去了……我都没能见到她的只言片语，也没有她的任何消息……

桂云，真的如一片灿烂的云霞，从庠口的天空飘走了，消失了，我再也看不见她了！

## 第九章　流水潺潺

*（1965 年春—1965 年夏）*

子在川上曰，逝者如斯夫！

仿佛迎接 1964 年还没有多久，现在又要迎接 1965 年了。今年的元旦是默默地到来：人们似乎过了许多的元旦，已经淡然了，街面上没有一点节日的气氛，连写对联的都没有。然而，我还是应该“隆重”迎接的：要猛省过去的日子，展望未来的岁月，计划将来的生活。

新年的第五天，公社召开全体大队干部参加的会议，传达昨晚区委电话会议精神，主要是大力办好半耕半读学校——我们这所“农中”，现在自然随之要称为“戽口公社茶叶耕读中学”，或简称“戽口耕中”了。据说，不久地委专署和县的首长，将在芭蕉开现场会，而且，戽口是一定要来看的。三节课后，我也参加了会议，并把中学的情况作了介绍。我估计，这些大队干部们，对办学校的事情，是不会怎么感兴趣的。但是，在我讲了之后，有好几个人发言，对戽口能办这么一所中学，表示了积极支持的态度，而且，干部们听说，我自办学以来，还只得到十几块钱工资，是无比同情，纷纷议论：“一个老师，教了半年书，才得到十几块钱，这太要不得了，我们去帮助扣起来……”

对工资的事，我也许是单个子人，并不十分关心。这次只作为其中一个问题，附带说出来，没想到引起干部们这样多的发言。其实，也不是他们说的有“半年”，从十月开始算，也就是三个月。记得学校开办时说过，我现在教中学了，工资标准由茶园教小学时的每月二十二元升到二十五元，来源是每个学生一学期交四块。开办以来，只有四个学生交了这个费，也才交十二块，其他学生的，一文没交，很难收到。我总觉得，如果我直接收费，又直接拿来做自己的工资，那么我催促学生缴费，也就是催讨工资，这好像不是个事。搞得不好，几个学生还会因此而不读书了。大队干部们说，他们“扣起来”，这也算是个好办法。“遇事找群众，群众是靠山”，这个话对啊。

公社这边才散会，学校那边已有县文教局的杨同志等四位来了。他们也是为办耕读学校来的，还要写几个材料。其中，要一个我教的学生李绍珍的材料。这个学生，每天在我这所耕中读书，回家了，又还教一个耕读小学。耕读小学，也就办在她家的堂屋里。

不知为什么材料如此要得急，还说明天上午十点要送下山，我和龚老师连夜去到李家院子，搜集群众对这所小学的反映。回到学校就动笔写，一直写到凌晨一点才睡。

清早就被老杨叫醒了，将晚上赶写的材料，做了修改整理，交了卷。这是第一次赶材料，简直比规定题目，限定时间的高考作文还要厉害。

这个材料才送走，老杨同志又出题目，写茶中汇报材料。我又要上课，又要带学生劳动，忙得不可开交。要搞的劳动，是把划给学校管理的一块茶土挖出来。我有园艺场劳动的经验，找学生在生产队，借了三头牛，由学生中的内行驾牛耕，其他同学用挖锄整平。三头牛，二十几个学生，一天就把几亩地翻耕出来了。

晚上便开始赶写材料。

茶中汇报材料完成，老杨说，目前学生还是太少，要尽量动员过去的小学毕业生入学。我说：“现在已快到放假的时候了……”

老杨说：“办这样的学校，不要向全日制学校看齐，要打破一些旧框框，一年四季，只要有学生上学，都要收——你知道还有什么动员的对象没有?”

“茶园四队有个姚本勤，我到他家去过，实在家中贫困，还有弟妹三四个，父母身体好像也不是很好，家中猪圈牛栏都没有，就两间架子屋，盖的是杉木皮，他一个十五六岁的男娃，连裤子都没有穿。后来，我还找一个学生给他带了一条裤子去，这以后，我也没有再去过了……”

“这样，明天清早，我和你一起到他家里去一趟。”老杨说。这位老杨同志，是当过兵的，干事有一种雷厉风行的作风。

清早就和老杨一道出门，到茶园姚本勤家去。这是一个好晴天，茶山茶园，山山岭岭都打上一层粉白的明霜。

走到姚本勤家门外，约略望见他母亲坐在火坑边烤火，旁边还有两个女孩，大的有八九岁的样子，小的差不多六七岁。我在门口喊了一声姚本勤，他母亲出来，认到是我，请我们进屋，顺手拉了两把椅背残缺的椅子，让我们坐下。我便问她：“这两个妹娃还没去上学吗？”

她回答道：“大的两个刚才走了，这两个要等大的读了，以后再说——您们这么早来有么子事？”

“我是又来接你姚本勤去读书的。这一位是县文教局的杨同志，听我说到了你们的情况，一定要亲自跑来动员他去读书——你就让本勤去上学去吧。”

姚本勤的母亲为难地说：“嗯——您看我们这个样子，哪里上得起学啊？”

老杨接下来说：“我听吴老师讲了，你们家是比较困难。越是困难，越要让学生读书。现在机会好，中学都办到公社来了，老师又这么关心，应该送去读啊。”

“读书，那都是好啊，就是我们自己没得用，屋里娃儿又多，吃没得一个吃的，穿没得一个穿的——说起来还真是丑人：上一回，吴老师还给勤娃儿带一条裤子来，我还不晓得哪门感谢呢。”本勤的母亲说。

我看着那两个女孩，也是“衣无领，裤无裆”，脚杆子都露在外面，围在火坑边，小的那个拉着妈的衣角，大的那个拿一把火钳，在翻动火坑里烧的红苕，心里很不是滋味。我接着对她说：“看你们这个情况，也真是有些困难。话说回来，你姚本勤有福气呢，还是县里来的同志来接他上学。你就让他明天去吧，困难慢慢克服，他早头夜晚还可以回家来帮你做点事的。”

老杨又接着说：“像你这样特殊的情况，学校以后也会考虑照顾一点。以后这样的学校还有勤工俭学，只要学生勤快，几个学费自己都找得到的。”

“照您们这么说，我等一下跟他老子说，看他哪门讲嘛。”

我问：“他的父亲哪里去了？”

“他喊腰杆疼，还死在铺上的。”

姚本勤的父亲大约听我们说了半天话，也睡不着了。说到这里，便扣着扣子，走了出来，开始答话："您们这么早啊——我一晚上都腰杆疼，这个人呀，硬是不愿动。您们刚才讲的事，我都听到了，读书天然是个好事，也真是费了您们的心。再说，我们把勤娃儿这么空在屋里，也没得道理——您们学里也是几天就要放假了，是不是开春了再上？"

"现在学校还没办好久，这种耕读中学招生也比较灵活。年前读得好久算好久，过了年又接着读。"老杨说。

我接着问："姚本勤在哪去了？"

本勤母亲答道："屋里又没得牛喂，这时候也是挺在铺上的喏。"

正说着，姚本勤也走出来了，不好意思地轻轻叫了我一声："吴老师。"

我看见，他正是穿着我给的那条黑布裤子，大笼大夸的，裤腿卷了几折。我对他说："你伯伯（他们给父亲叫伯伯）已经答应你去上学了，明早上，你就去开始读书。下午回来勤快些，多做点事。"

他的母亲对他说："你的命大呢，吴老师都来了两回，今天恩施城里来的同志，都上门接你读书。不让你去呢，又怕把你背误了，在屋里，你也做不到好多事——那你就明天去读嘛，哪门读，你自己默一下，也要对得住人。"

我和老杨回到学校的时候，早读时间快去一半了。

吃早饭时，老杨又提起学生的事。龚老师说："二队有个肖福坤是个对象，他的姐姐那天还问起这个学校的，可能有这个想法。下午放学了，我们一起去跑一路。"

下午，龚老师、老杨和我，一起到了二队肖福坤家里。其实，家长听到几个近边在读的学生，说过学校的情况，已经有送他上学的意思，只是想开春了再送。还说，如果肖福坤去，住在上边的一个"满满"（叔叔）也去。

于是肖福坤的父亲，带我们爬了一个小坡，到了他满满家。我们把情况一说，他们两家都同意现在就上。两个学生和他们的家长，都留我们就在这里歇，晚上不要走了，我们执意要回学校去，肖福坤和他满满肖中辉，把我们送到离学校只有一里路的地方了。

一天组织了三个学生入学。他们一上学，就有二十五个学生了。这使我感到，自己过去与群众联系不够，招收学生"坐地等花开"，这样的办法不行，毛主席说，要宣传群众，组织群众，自己的工作存在明显的缺点。同时，用全日制学校的老框框来办新型的学校，也是不对的。

老杨上午才走，傍晚，地委工作组一行五人又到。他们这样“雷公火闪”地抓耕读教育，对我自然是很大的鼓舞，虽然被他们擂得很劳累。

地委工作组的同志，工作作风真扎实。晚上在公社简单谈了谈，就要分头下小队。我与兰老师各领一路，我到茶山二队，他到茶山五队。我把他们带到了生产队，独自一人回学校，工作组的同志就留在队上了。虽有月亮，但我还是几次走错了路，还摔了一跤。

地委工作组，的确是几个扎实办事的人，可惜我一个不认识，也一直没弄清他们都姓甚名谁。从来到戽口那天算起，在第五个日子的晚上，天上飘着大朵的雪花，他们顶风踏雪，又来到我们学校。我向他们汇报了学校的一些情况后，他们赞扬了这所学校办得好，给了我不少鼓励。同时，他们也提出了一些值得注意的问题，综合起来有这样几点：

1. 要将学校管理工作落实，制定出一些制度来；
2. 要细致地考虑一下，确定这所学校培养的具体目标；
3. 劳动的时间、方式以及课程设置诸问题，须进一步与群众商议确定；
4. 须将三年时间作具体安排。

地委工作组这几位，我看都不是马虎角色。就凭这几条意见，都条条在理，如不是做了认真的调查研究，没有对教育的熟悉和了解，是拿不出来的。

我以为，他们这次来学校了，也就圆满完成任务，要回去报告情况了。殊不知，他们并没有离开，继续下队做调查研究。听说这些同志来后，都是一直住在贫下中农家里，对教育情况进行调查了解，研究如何办耕读学校，解决所有适龄儿童都能入学的问题。他们的工作作风艰苦，细致，深入，他们与农民同吃、同住、同劳动。住在二生产队的那两位同志，选住在最穷的赵三妹家。赵三妹家只有一间屋，他们就住在楼上，楼下烧火，楼上浓烟滚滚。几天来，这两位同志遭受烟熏火炕，眼睛都被熏红了。

在他们来后第八天的晚上，才在公社正式开了一个总结会议。总结会上，他们总结出耕读小学的三大优点，对进一步办好耕读小学，提了几项还须加强的工作。他们提出，要落实耕中的经费问题，公社须在开学初期，予以帮助解决。会上，我也发了言，但不知怎的，总是说得别扭，心中好像有个什么东西梗着似的。究其原因，我是被他们感动了。

会后，与罗书记谈话好久，他是公社管教育的副书记。我们一起品茶谈事，更多的是讨论下学期学校如何办。我对他说，我现在是有十二分的干劲和决心来办好这所学校的，我相信，我们的耕中，一定会从现在的生根，再到成长壮大，最后是一定会开花结果的。不会很久，我们耕中的学生，就会在戽口的建设发展中发挥积极作用。

这一晚上可能是茶喝多了，很久没睡着。

学校临近放寒假，小皮代课期满，要下山回去了。我们也算同船过渡，一起工作生活了一个多月。他对我是真诚和友好的，他主动帮我借过几本书，其中有《约翰·克里斯多夫》。在他离开的时候，我不觉产生出自责：因为他是来替补桂云的，开初我可能对他还有一些冷淡。他要走了，急于下山，学生的成绩单却还没有填好，我承诺帮他完成。

小皮走了以后，兰老师、龚老师和我去种洋芋。依然是在兰老师滚下粪桶的那块陡坡。三人不辞劳苦，总算在放假之前，把洋芋种下土了。收工回校，心里想着：不知今日这般苦，来日洋芋有也无？

种完洋芋，我洗了一个小澡，又把剩下的一点面条吃了，正在阁楼上拉二胡，颇感逍遥自在。此时，公社炊事员华老，来请我去张家吃饭。我实在有不去之意，总觉得吃了人家的，就欠了别人，自己又不能还。但华老六十多岁的人了，专程从公社那边走到学校来，其意也实在诚恳，不好执意推辞，便去到公社，与其他几位干部，一同到了张家。

从茶园来到公社所在地的茶山以后，我是常常听到人们提起这个张家的，但一直没有到过他家，也没有和他们谈过话。我只知道，他家只有两老，似乎没有子女。老汉叫张石友，据说过去当过农会主席，有的还叫他“张主席”。大约名字中有一个“石”字，有人也叫他“张石板”，再念成儿化音，便是“张石板儿”，看上去差不多是七十岁上下的人了。老婆婆姓谭，人们称她“谭老婆婆”，大约五十多岁，据说最是个“嘴有一张，手有一双”的能干女人。

我们进门的时候，张家的火坑，已烧起一笼大火。男主人张老，坐在那里一边烤火，一边吃烟，很是安逸的样子。火坑的炕架上，挂着大块的腊肉，薰得微微发黄。一看便知，是前几天才杀了年猪的。炕架中间，吊下来一个梭筒钩，勾着一个大鼎罐，火舌不断舔着罐底。

公社干部中，来的有罗书记，武装部龚部长和高文书三人。他们与主人家似乎是熟得不能再熟了，进门也没有什么客套，开口出来就是取笑话。首先开腔的就是龚部长："我的天啦，这么大一炕肉——嘿，这个膘了得，硬有一巴掌了！"

文书接着说道："就是嘛，不接我们来帮忙，就他们两老哪么吃得完？"

张老汉听着他们的赞扬，面无表情，也不答话，依然是手握大烟杆，吧嗒吧嗒吸着旱烟。老婆婆迎着出来，开口也快当："那是的——你不来吃，它会要长蛆。"转过头看见了我，接着说道："今天吴老师还是一个稀客。你在这边来了这么久，到我屋里来，这还是头一回。"

我说："不好意思来多谢你们啊。"

"快莫这么说，么子不好意思——你看他们这几个痞子，脸皮子寸把厚。在我们农村里，这叫做'脸厚不挨饿'！你莫看他们几个，在我这里痞，若是在外头，恐怕也不好这么痞得，一天这里跑那里跑，像猴儿跳圈的，晓得挨了好多的饿。"老婆婆一边说，一边把梭筒钩，向上升起了尺多高，转身又进到灶屋去忙去了。我觉着这老婆婆也是个"刀子口，豆腐心"的人，她的内心，对这些干部是疼爱的，大约他家原来也有个贫协主席。

一会，老婆婆在堂屋的方桌上，摆出几个菜来，对着高文书说："来呀，你说来帮忙的，就上桌子呀。"又对着我们说，"好，都来，都来，吴老师，你莫讲客气。"

桌上摆着一碗高粱粑粑炒肉，一碗渣广椒炒肉，都是肥大片，还有一碗酸萝卜瘦肉丝，一碗炒酸辣洋芋片，一碗炒白菜。此外，还摆着水豆豉之类的几个咸菜。中间是一个烘锅，里面是肥瘦都有的坨坨肉，萝卜块，又点缀几个七姊妹红辣椒。

老婆婆取来一个竹酒筒，递给高文书。高文书笑道："您把这么一竹筒酒给我，我又哪门喝得完啊。"说是这样说，接过来就代主人家给每人碗里斟上了酒。张老汉端起酒碗，向大家示意，且张开了金口："来，喝酒。吴老师，莫讲客气。"

于是，大家吃菜，喝酒，扯闲白。老婆婆也不上桌子，不时察看进度，把鼎罐里的肉坨坨、萝卜块舀上一碗，加入烘锅里。待到张老汉碗里的酒快喝完的时候，老婆婆走近老伴，问："还喝？还是添饭？"

"添一碗饭来。"老汉把剩下的一口酒，仰面朝天喝了下去说。

旁边几位闹起来，表示不同意。罗书记说："张主席，你还没喝到二两酒，怎么行？还喝一点，那年……"

龚部长端着酒碗，站起来说："张主席，我还要敬你一口……"

"张主席，我们就这么说——你是我们这里的革命老前辈，我们一起敬你一口好不好？"高文书也站起来说。

老婆婆端着一碗饭，放在老伴面前，对大家说道："你们不要劝他。他说不喝了，就一口不得喝了；他说要喝，一口也是少不得。前年，他一顿都是要个三两的，去年一翻坎，就硬是喝不得了——今天是看到你几个来了，欢喜，还喝了二两——莫劝他。"

于是大家坐下，继续喝酒吃菜，漫无边际的闲谈。一下子谈到前两天地委工作组来调查耕读教育的事，罗书记对着我说："吴老师，我要给你敬一口酒——地委工作组这次来，对我们的耕读学校，特别是对我们这所耕读中学是很肯定的，对你的工作是很称赞的，说你在办学中，克服了很多困难，实在不容易！来，先喝为敬，我喝哒。"

我急忙端起碗，也喝了一口，说："不敢当，不过现在我对办好这所学校，是充满信心的，只希望公社多加强领导，研究和解决里面的实际问题。"

龚部长说："依我看，中学搬到我们公社这边大屋里来，还好一些。小学那边场子太窄了，太挤了。公社大楼端头那一大间可以做教室，我住的背面那间，吴老师可以做住房，电话室做个老师办公室，好得很。"

高文书也说："弯部长这个建议有道理，吴老师吃饭，就在华老那里，还省得自己弄。"

我觉得这也是个好办法，现在虽说只有二十几个学生，但是学生个头大，小学那个教室，就显得有些挤，如再来几个学生，教室真要挤臭。

讲到这里，老婆婆见大家无心喝酒了，就一个一个地把饭添上。又给张老汉添了第二碗。我忽然觉得农村的女人，尤其是像谭老婆婆这样的能干女人，实在不简单：她们一天到晚，都在劳累，出门上坡搞生产，回到家里又喂猪做饭，一点也没有松过手脚，对丈夫还关心体贴得无微不至。看张家两老，虽是老夫老妻，但感情却深厚，如新婚的小两口。只是，如同龚老师说的那个话，怎么是“膝下无子”呢？

一餐饭，吃到了天黑。回到学校，仿佛有所感：张家两老，无儿无女，对人也可以说无所求，他们又为何要接公社干部，还有我这样的人吃饭呢，真是他们的年猪肉要人帮忙吃么？显然不是。我感觉到他们心中完全是一种体谅，是对这些出门在外工作的人的体谅，这是很令人感佩的。此外，几位公社干部，为学校的事都在动脑筋，想办法，更增添了我的信心，龚部长提议，把中学搬到公社大楼去，也是值得考虑的。

第二天，我正在开家长会。来的家长虽不多，但都在对学校开办以来的工作，热情发表意见。兰老师接到芭蕉来的电话，催我们去参加辅区会。龚老师是个急性子人，更是坐立不安了。于是只好匆匆结束家长会，急忙收拾行李去芭蕉。

晚上洗了，换了一身干净的衣服。母亲又把做的一双新鞋，递给我试穿。鞋是灯芯绒的，做得很合脚，也十分结实，大概也很好看吧。随后到芭蕉小学，到几个老熟人那里，一处坐了一会，才回五中去休息。

这次辅区会，是王校长传达两种劳动制度和两种教育制度有关精神。早饭后，听文教局陈同志讲芭蕉小学教育改革工作的一些情况。只感觉这位同志，温文尔雅，文气很足，讲话中把世界上的好词，差不多都用完了，真是个秀才。下午是讨论，听了几人的发言，便独自坐在一边，写五句子歌《耕读好》。

辅区会上已经明确，教师的集中学习放到了年后，但有的老师不能休息，要参加镇上的文艺活动。听廖老师说得更明确，我的任务，除了演出，还要创作一个三句半。

腊月里，芭蕉的逢场天，挤挤攘攘，水泄不通，又下着小雨，满地稀泥烂浆。我去邮局，见这街上实在太嘈杂，忽然心生到戽口去的念头，立即戴了一个破斗笠，出发了。

我喜欢一个人走路，而且是那种不慌不忙地走。因为，这样走路，可以让脑海去无边无际地去思索，让肢体和精神得以尽情地放松，全部身心都享受着充分的自由。迎着毛毛细雨，看那些十分熟悉的山峦和沟壑，还有那些参天的大树和曲折的小径，不知不觉间，已走到了戽口的山梁上。山梁上的大块岩石，外面一层，已经风化成了沙砾，受到雨水的洗刷，变得十分的洁净。我索性坐到这些沙砾上，眺望岸口的群山，红颜似乎已经退去。再看那条小河，是从大山深处的香花岭流出来的，又从茶林流到学校门前，再曲折东去，到茶红，到锁河岩，到九道水……当我想象小河的流向，到“锁河岩”“九道水”的时候，心尖猛地跳动起来。我的脑海里，蓦地浮出“万绿丛中一点红”的图画来：那就是两月前的一个霜天，去九道水接她，万绿丛中看见了一点红——是她来了！现在，那“一点红”在哪里去了？我的心又全然浸泡在酸水中了。那小河，那小河旁的河堤，那河堤旁的人家，那人家旁的翠竹……都依然如故，可她不在了，飘走了，无影无踪了！

感情这个东西，真是难得照护得住的。这些日子，我的生活已经是那样的充实，充满了理智、欢乐和阳光。为什么此刻，一下子升起了忧郁和愁云？莫非是这山中的雾霭，飞入了心中？

学校分外的寂静，我有意不去看那株桃树，不看操场和那副篮球架，径直走近大门。门上的封条和铁锁，都十分尽职，完好无损，增添了严肃静穆的情调。封条被我撕破，铁锁被我打开。门开处，一堆柚子壳壳，赫然摆在面前——那是放假前的家长会留下的陈迹。火盆里，是一堆死灰。只有那座三五牌的大时钟，仍然在忠实地走动，成为这栋房子里，唯一的活物。

我顾不得已经汗湿的衣衫，立即要除掉渣滓和灰尘，并让死灰复燃。火，燃烧起来，屋子里渐渐有了生气和暖气。烧水洗了澡，然后看报，拉胡琴。我竭力控制自己，要么喝开水，要么抽水电牌香烟，绝不去见物生情，绝不去回忆往事。

我翻阅以往的日记和札记，审视我过去的生活，看我是怎样地走到现在的。面对那些已经流失了的宝贵时光，我可以自信地说：“我有过欢乐，也承受过打击；我有过偶尔的彷徨，然而更多的都是坚定；我没有让你虚度，我不曾欺骗过你！”今天，我也可以面对未来的时光说：“我会紧紧抓住你，去学习，去工作，把有限的生命，投身到无限的为人民服务中去。”

在这样一个寂静的山沟里，在这样一栋大木屋中，没有任何的干扰，也没有丝毫的寂寞，我冷静地梳理自己的思绪，获得了许多的踏实。

将一床破棉絮裹在身上，也睡得颇为暖和，似乎没做任何的梦。

朦胧中，听到有人叫我吃饭——是华老的声音。我应了一声，立即爬起，时钟敲了一下，看钟，是八点半。

华老，是茶岗大队康家坡的人，其实姓陈，所以也有人叫他陈华老，怕是六十冒头的人了。他瘦长的个子，略弓着腰，经常穿着黑色对襟衣服，包黑色帕子。脸虽然很瘦，却是细皮白肉，不像过去受过苦的样子。但据说，他的确是受过不少苦，穷了大半辈子，解放后，差不多五十岁了，他也没有讨个老婆，一直孤身一人。

我走进公社厨房，见到华老问道："您怎么晓得我来了？"

华老说："昨天，我在这里看见你从对面山上下来的，晚上学校里夜深了，还亮得有灯，想必你也没走，早晨就多下了一个人的米。"

"您老真过细，免得我自己动手了。"我感谢他说道。

别看华老平素不做声，还真是一个细心细意的好人！

这次到庠口，主要任务是要写成两个节目。过去写的东西，学古人的多，书面语言多，所以语言"死板板"的。老蔡也曾说过，我的东西写得"太文了"。这一回，写三句半，更是要注意这个问题，多学习采用一些生动活泼的口头语言。

写了一个快板《张老汉听广播》，仿佛是十分顺手。许多句子和韵脚，都不是刻意想出来的，而是一句还没写完，另一句就涌到嘴边来了，真是一气呵成。

下午又写三句半《耕读好》。这个题材，自己有生活体验，又有那天写的五句子歌做基础，拿起纸笔便开始写了：

甲：没得文化真恼火，
乙：斗大的字认不得一箩。
丙：要你读个《恩施报》，
丁：——奈不何。

甲：往后样样要文化，
乙：睁眼瞎子更难过。
丙：养儿如果不读书，
丁：——哈家伙。

甲：耕读小学好处多，

乙：一个屋场办一所。
丙：读书只走几步路，
丁：——撇托（便利）。
……

一口气写了十段，任务完成。下午三点，一个人快快乐乐下山去。整天都在作快板，写三句半，脑子里动不动就编起词儿来，竟然把晚上在母亲那里吃了饭，背着一背白炭，摸着夜路回五中的事，也编成了三句半：

快快乐乐下山去，
芭蕉街上把饭吃。
一顿夜饭吃半天，
——拖皮。

出得门来天色晚，
路上一片黑漆漆。
边走边擦火柴照，
——淘力。

背上背的是白炭，
脚下走的滑济济。
一个“老窜”炭落地，
——捡起。

五中新路溜石皮，
侧边岩坎三丈几。
四脚四手爬起走，
——稳起。

一盒火柴落水里，
屋漏又遭连阴雨。
哪怕有双好眼睛，

——多余。

一条夜路摸到底，
过河就到校园里。
走进家门见光明，
——安逸。

寒假是最好读书的时候，除了把要写的写起，就是读书、学习。父亲的函授教材《中国文学作品选》唐宋部分，尽管纸张粗糙，编写得却是很好的。一天读一点，想从头读完。

练习翻译高尔基《了解过去是必要的》，觉得外语与本国语虽有许多相似之处，但是毕竟是另外一个民族的语言，其差异也是很大的，遇到一些俄文句子，真不知道怎么翻译出来。自学外语的难度实在太大——能让我上几年外语学院该是多好。

“细娃望过年”，是因为细娃无须做繁琐的事，又能吃上各种各样平时少吃的食物，做到“过年过节，嘴巴不歇”。记得小时候，在老家凉水埠，过年之前，母亲都是要做“稀子糖”的。我没有任何的事情做，或者说做不来任何事，就专管守在灶门口烤火，等着母亲的“稀子糖”熬出来，好甜我这个嘴。我并不知道，母亲要早早地生出麦芽，还要把红薯洗净，切碎，这样许多的工作。我只知道一口大锅里，装满了水，母亲加大火力煮。于是我就坐在灶门口烤火了。但是，她又怎样清除渣滓，放入麦芽，再熬成糖来，我又都是一概不知道了——因为，我坐累了，又躺在灶门前的大板凳上，想着好吃的糖，望着灶膛里明晃晃的火，眼睛却不能坚持等下去，睡着了……母亲是怎样把我弄到床上去睡，我又是不知道了。直到第二天早上醒来，首先自然是想到了“稀子糖”，要吃糖。母亲端来一大罐“稀子糖”给我看，啊，这就是熬了一夜，把一大锅水煮干，才得到的“稀子糖”——栗红色的，甜得亮人。如果用筷子，蘸上拇指大一坨，在炭火上翻转烤黄，吃起来就真是又香又甜，又有趣。不过，母亲不让我不断地去“整”这一罐“稀子糖”。她收了起来，说要等父亲和姐姐哥哥们都回来了再吃。不过，对这事，我的记性很好，一直惦记着那一罐“稀子糖”。这样过年的日子，细娃怎么会不盼望呢？

但是现在，我已经不是“细娃”了，不怎么“望过年”了，还越来越怕过年了。前几年闹饥荒，过年倒是很简单。就是最近这两三年，过年的时候，搞得复杂起来。我现在已是精强力壮的男子汉，不可能再睡在板凳上“睡享其成”了。我应该顶起把子做事才对，去做舂碓、推磨、烫豆皮、晾豆皮……这样一些繁琐的事情。一说起这些事情，我就希望这些老规矩最好打消。我只相信几碗硬饭，把肚子填饱就行了；那些七股八杂的东西，吃也只有那个吃头，又特别耽误时间。

因此，凡做这些事请，我人在灶前磨后，心却放在书上。很多事，我是无心去做的。大约这个缘故，我还成了一个“记性最不好的人”——母亲这样评论过我。

春节。一早就到街上去，参加镇上组织的给军属拜年的活动。一个狮子灯，一个采莲船，一个莲香，区公所玩了，又到上街，上街玩了，又到下街，正街玩了，再到街边。我是拉胡琴的，一个采莲船的调子，一个莲香的调子，都重三遍四，反反复复地拉，闭着眼睛拉。这些旋律和采莲船的“哟哟，呀呼嘿”以及莲香的“柳恋你呀，刘亚莲的花”，老半天都在耳边盘旋，驱之不散——这都是因为反复刺激达到的效果。

这一折搞完，到芭蕉小学王源莲和李文俊老师家去。我空着手进门，喊道：“给老师拜年啦!”源莲老师笑着，给我烤了一块糍粑，又加进去一些白糖……

我觉得：出门拜年，比在家“忙年”，要好得多。

读了两天书，初四开始排节目。我的节目有三个，一个是自己写的三句半《耕读好》，再一个是和廖老师讲相声《吉利话》，第三个是独唱《书记蹲点住俺家》。

三句半《耕读好》，由廖老师说第一句，绍芬说第二句，飏敏说第三句，我说半句。我写的时候就有感觉，这个节目可能效果不错。大家排练试了试，都觉有趣，句子也顺口，好记，劲头来了。排练之中，大家又建议修改了几处台词，使其更加生动了。大家决心要把这个节目打响，几个人又研究怎样设计动作。这样，每一个人，既琢磨自己的动作，又动脑筋给别人提建议。如此集思广益，产生了明显的效果，往往一个动作的建议，或者语气上的一个改进，都使表演效果大为增色。几个人也因此十分愉快。排练了几遍，大家觉得打锣鼓时，几个人站在那里，只顾敲打锣鼓，显得很是呆板。于是又动脑筋，讨论如何增强舞台的活跃气氛。后来决定，在说完一段之后，敲打“咚咚咚咚哐，咚咚咚咚哐，咚咚咚哐哐，咚咚咚咚哐”这十六个拍节的时候，四个人要变着花样穿行一次。

这一次，从自己写节目，到一起排演节目，使我发现，纸上写的东西，经过演员的演出，其感染力要强许多倍。因此看到了演员的再创造，是多么的重要。有个好本章，是好节目的基础；要让节目取彩，则要靠演员的再创造。

正月初六晚上，芭蕉小学的戏台上，两盏煤气灯，照得如同白昼。下面的场坝里挤满了黑压压的观众。节目演出，我说了相声，还独唱了一支歌。最受观众欢迎的，是我们的三句半《耕读好》，赢得了不少笑声和掌声。到演出后面几个段落的时候，我的半句还没说出来，下面的观众就张开嘴，预备着笑了。有的观众，甚至一直都张着嘴，笑着看出头。散场以后，还有人对我说："你把那个三句半，再说一盘看，那个真好听！"

第二天，飏敏和绍芬到家里玩，自然都对昨晚演出三句半的效果感到高兴，想到那热烈场面，实在激动人心。我说："这个节目算是'群众喜闻乐见'的了。"她们也说："街上的确是有好多人说，你们几时把那个三句半还演一回看看"。一会，又有光嘉和另外两位老师来玩。我一个小小陋室，来了六七个高朋，不仅是满座，而且是挤着坐，显得分外热闹。

一阵开心热闹之后，高朋们走了，我便埋头读《作品选》。

芭蕉区教师寒假集训开始了。按照要求，都要集中住宿，集体行动。于是也搬了一床被子到学校教室，在桌子上开了个铺。

这次集训的中心就是教师要革命化。首先听到是管教育的祁区长做的动员报告，只讨论一个半天，在第二天的上午就布置下乡。下午，老师们就背着背包，浩浩荡荡开赴南河公社。下午四点钟，我们到了南河公社友谊大队。我被分配到第五生产队，住会计杨宗山家。在地里，我会到了会计和队长。奇怪的是，我要认识他们的时候，他们答应的方式，与通常的做法相反：

我问："请问，你们的会计是哪位？"

"我没在这里。"正是会计杨宗山回答，引起大家一阵哄笑。

我又问："你们的队长在这里没有？"

"我没有在这里。"队长又把大家惹笑了。

认识他们之后，我便与他们一同搞劳动，活路是薅油菜。之后，和杨宗山回家吃晚饭，又一同去大队开会。

王校长在会上又讲了关于两种劳动制度和两种教育制度的意义，讲了南河公社举办耕读小学的情况，要求老师们这次下乡，要搞好三同，还要帮助建立夜校和耕读小学。

在南河公社的五天时间，砍刺、铲火灰、挖茶土、挑粪、种洋芋这些活路都做了，重新体验了劳动的闲适和愉快，也体会到其间的辛苦和劳累，毕竟有两年没有这样劳动了。

社员们都很有眼光，一看我做活路的架势，就说我"是搞过农业的"。这种评价，无疑对我是一种奖赏。现在最响亮的口号是革命化，而要革命化，首先要劳动化。"搞过农业的"，当然就是搞过劳动的，也是劳动化过的。我实在觉得园艺场的劳动，虽然只有一年半时间，只算是农业劳动大学的肄业生，但对我来说，是上了人生的必修课，使我现在，在这样一些场合不怯场，不害怕，不显得外行。我又想到了农科所那位司机说的，"我们这些人，叫我搞么子都不怕"，于是，有一种自信甚至自豪的感觉。社员们称我，左一个"吴同志"，右一个"吴同志"，很是亲热。我觉得这里的群众，比别处的觉悟要高些，对上面派来的干部很热爱。我也仿佛自己是个"同志"，是党派来的"工作同志"。歇气的时候，我要大家坐在一起开个会，都很听招呼。这个队的夜校，就是在歇气的会上大家商定出来的。

这个队，有五个下乡知识青年。我很想知道他们的情况，或者说有一些好奇，他们是怎样远离家庭，在这里劳动生活的。而在这里，他们应该是农村文化活动中的有生力量，他们在农村文化活动中能够发挥怎样的作用呢？我专门开了一个知识青年会。

五个青年，性格表现各不相同。平时在劳动中，最为活跃的是小张。她扎着短辫子，不时哼着小调，她只读过小学四年级。开会时，她却显得很安静，给火坑加柴火的事，都是她一人包揽了。

个子最小，年纪也最小的，是一位姓郑的小姑娘，读了小学毕业。开会时，她手里一直忙于针线活，在设法加长自己的裤脚，就是要给裤脚上加上一个边，可能是比过去长高了。她的话不多，显得比较沉静。但笑起来的时候很开心，两眼眯成了一条线。

五人当中，比较懂事，但成人气并不很浓的，是那位姓史的姑娘。她在武汉读完了初中，文化知识比其他几位都强。个头不高，但很结实。说话虽有少女固有的羞涩，但比其他几个大方多了。开会时，她也讲话最多。据说，一个多月来，她劳动的工分也是最多的。

小史的旁边，是小李。据说，她和小史两个，经常是如同穿着连裆裤一样，形影不离。她条形的脸和那苗条的身个和谐相配，只是眼睛不大。她算是最不爱说话的一个，又显出孩子气。以至于我不可能知道她曾经读过几年书。

五人中，年纪最大，心事又很多的姓曹。她是七里坪中学毕业的，后来在鞋厂工作过。开会时极少说话，说也显得十分勉强。

我一边认识和了解她们，也在与自己作比较：这几位知识青年下乡，与我到园艺场，虽然都是叫下乡，可是，我的条件比她们好多了。我离家很近，父母就在身边，每天都可以见面；她们，近的是在恩施城，远的还在武汉，家里的亲人，恐怕是好久才能见一次面。我虽然书没读好，但还是读到了高中毕业；她们有的才读个初小，多者一个初中，这个文化程度，能在农村文化建设中发挥多大的作用？我下乡，是一个年轻力壮的男子汉了；她们多数还是十五六岁的女孩，她们是怎么在这里生存下来的？

这个会上，我只是初次认识了她们，但我还是不了解她们；我对她们年纪轻轻离开城市，离开家庭，独自在南河这个地方劳动生活，非常感动，十分敬佩；我希望她们在这里为当地文化建设发挥作用，当然也只能是希望，她们能够做到现在这样，已经是非常不容易了。

开完这个知青会，我觉得最应希望和祝愿她们的是：找到快乐。

通知中午到公社开碰头会。我走到公社的时候，还没来一个人，便在公社坝子里晒太阳，觉得怪舒服的。接着，祁区长、老杨同志、林组长等陆续到来，也一起晒太阳，闲谈，看报纸。

接着开会，汇报各大队工作情况。接下来，是研究全社的公立小学、民办小学、耕读小学的合理布局。在讨论这个议题的时候，我像一个旁听生，没有一点发言权。渐渐才揣摩到，核心的问题就是要平衡各大队之间学生学费标准。这是因为，公办学校的教师工资，是国家发放，学生学费一学期才一块多钱，而民办学校教师工资由大队发，其中一部分是大队集体出，一部分靠学生的交费，这样学生交的学费要多很多，有的高出公办学校一倍以上。现在的状况是，有的大队公办多，有的公办少，甚至有的大队都是民办。这样不仅造成大队之间负担不平衡，而且，因为学费高，有的学生宁可走很远的路，去上公办学校，也不就近上民办学校。解决这个问题的办法，就是在全社范围内，各个大队之间，合理搭配公、民办教学班，学生学费标准不论公办、民办，综合算账，从而解决有的大队民办集中，学费过高的问题，同时也解决学生就近入学的问题。

下乡活动结束后，又回到芭蕉小学，准备继续开会。抽晚上的时间，回到了五中。父亲还没有睡，他见了我，显得很高兴的样子，笑道“芭蕉吴国韬唱”，又自己笑起来。这使我很有些莫名其妙，问什么意思。后来才知道，我曾给《恩施报》寄去几首五句子歌，编辑抽了八句见报，编入《春潮遍地山歌报喜》的山歌联唱中，前面便加了一句“芭蕉吴国韬唱”。我自己却还没看到报纸。

继续在芭蕉小学开会。主题是，讨论下乡的收获，讲教师如何做到革命化。这个讨论显得有些过于严肃，听起来有人人表示态度的意思。我想，这是不是因为，这次南河公社学校布局的试点，是公办学校要下伸到大队，自然涉及教师的变动：公办教师到大队，民办教师会换位，甚至让位。无论公办还是民办，老师们都面临一次考验。

也许正因为面临这样一种可能出现的变化，发言大都显得慷慨激昂，人人都大谈革命化的重要意义，誓言自己如何做到革命化。我深为老师们这种顾大局，识大体感动。

第二天继续讨论的时候，祁区长、林组长、老杨同志和一位专文教局的郝同志，召集三所耕读中学的老师，一起研究巩固耕读中学的问题。早上，我汇报戽口的情况。早饭后，另外两所，瓦屋耕中和朱砂溪耕中的也谈了情况。这两所，是在戽口耕中开办不久，随后办起来的。

情况谈完之后，是专文教局郝同志发表意见。他弹了一下手里的烟灰，开始讲话：“这个，少奇同志，提出的两种劳动制度和两种教育制度的思想，是个很重要的思想。这个，他在1957年就提出来了，1958年在政治局会议上又提出这样的思想。去年，少奇同志又两次提出这个主张……”他的一篇宏论，差不多占了四十分钟的时间，然而根本没有接触到实际问题，全然是一些不着边际的说教。在他高谈阔论的时候，我真想说，你在哪一所耕读中学去搞上十天半月了，再发表高论吧。

这种说教，我已经领略得不少，实在令人生厌。这些人高高在上，不知道我们缺少的，不是隔靴搔痒的空话；不是大会小会，报纸上，广播里听熟了的那些“精神”；我们是一个老师，一个班，一所学校，一天到晚的跑路，动员学生入学，给学生上课，带学生劳动，我们需要的是如何解决问题的具体意见和办法。而这些同志，可能就是拿着这样一套空话，到处都可以去讲，也到处浪费别人的时间。他们为什么不学一学地委工作组那些同志，先做一些调查研究，再发表意见呢？唉，他们总是那么自以为是，以为坐在那个位置上，说什么都有理。自然，他们说的可能都不错，但是，他们说与不说，也都差不多，除了耽误时间之外，是没有任何作用的。

我们三个耕中老师，直接感受到的突出问题是学生入学问题，组织学生入学工作太难了。祁区长一直沉思着，好久没有发表意见。我看着他，头发乱蓬蓬的，穿着旧而且沾满泥点的衣裤。我觉得他这个区长，也是很苦的，那泥点还是从南河带回来的吧。他闭着眼，手支着额头，仿佛十分疲倦。然而，一会，他抬起头来，盯着我们问：“你们分析一下，目前的问题，究竟是群众的认识问题，还是学生家里确实有困难，还是我们学校本身有问题？”我说：“看来三个问题是交叉着存在。”他又沉思着。接着有些同志说，三方面的问题都有，但最后归结起来，还是群众的认识问题，今后的工作，主要是做好宣传工作。这时，区长又伸起头来，发表意见：“耕读中学，过去没有办过，现在都还在开办之中，一些问题只能边发现，边研究解决。首先抓好宣传是必要的，就像这次在南河公社，党政和工作组两条线的办法，加强宣传，发动群众……当前，无论怎么困难，我们党政，教育部门的同志，都要下大力气，采取措施，抓紧做好学生入学的工作，坚决要把耕读中学办好。”

晚上讨论，我表示态度：无论有多少困难，无论有些什么问题，都要坚决办，有几个学生，教几个学生。报酬的问题，我过去没有计较，现在不会计较，也不应计较。我有决心，争取把耕中越办越好。

区里的教师会结束，我在茶园大队去办耕读小学，搞了四天，接着就回学校，准备耕中的开学工作了。

回到学校，收拾房子。一个煤油灯已经很脏了，擦抹时，把玻璃座子的细颈处折断了，这使我大为不快。因为，这盏灯是我的一件珍贵纪念品。桂云离去时，留给我的两样物品：一本《小学语文教师基础知识汇编》；再一件，就是这盏煤油灯。那时，她的这盏灯，总是擦得亮亮的。临走她送给我时说："这盏灯还很好，给你，以后把罩子经常擦一下，对眼睛有好处。"

现在，这盏灯，竟然从半腰里断了！我竭力想着弥补它的办法。兰老师在楼下急迫地叫我，只见我在答应，又不见我的人。于是跑上楼来。他见我手里拿着一个断了的灯座在发呆，问我怎么回事，我把灯座给他看，要他帮着想个办法，怎么给接上去。他把灯座拿在手里，走下楼去，看了看，顺手就抛到了河里，砸得粉碎了……顿时，我的心也似乎碎了一般。我几乎要发火地对他说："你怎么……"他说："没得办法补了，算了，我再去给你买一盏新的——快，我们来打一场。"他是急着要打一场球，还有几个伙计也在喊我快上场。我没有办法，又不好深说这盏灯的珍贵，只好陪他们打了半个钟头，身上一点劲都没有。

幸好，我又找到了一个小一点的灯座，将灯头上了上去，却还配合得上。于是，又把灯罩擦得亮亮的，升起灯来，依然那么光亮。

灯下，我提笔给公社党委写一份学校情况汇报。

公社里，大队和小队的干部正在开会，学习二十三条。

会场在公社大楼下面的连四间的大堂屋里，差不多有一百多两百人，坐得挤挤满满，发着好几盆炭火。高文书，现在是副书记了，正在宣读文件。因为人多，他声音提得很高，还一字一句地读得很慢。

我把汇报材料交给新来的杨书记手中，他接到手，对我说，你来得好，就参加听一下——二十三条，是个很重要的文件。我便找到罗书记旁边坐下来，看着杨书记在翻阅我的汇报材料。他是年前才从天桥公社调来接替邓书记的。

高书记已经读到："第三条，统一提法。城市和乡村的社会主义教育运动，今后一律简称四清：清政治，清经济，清组织，清思想……"此时，我感受到四处飘来的叶子烟呛人的气味，整个会场也是烟雾腾腾的。扫视会场的农村干部，有不少熟悉的，也有好多陌生的。我想尽量熟悉一些人，以后还要和他们交朋友，依靠他们开展工作。但是有一些困难，不容易找到他们的特征。他们的相同的地方太多了，大都包着帕子，穿着对襟衣服，吃着"栀子花"……

"栀子花"是他们用叶子烟，裹成的像雪茄那样的烟。这种叶子烟是他们自己栽培，又亲自晾晒制作的，既经济又有冲劲。庳口农村里，称烟叶子为"和气草”，我做家访时，家长迎进门后的第一个友好表示，就是“装烟”，拿出两皮叶子烟送来。他们还说烟是“解闷草”，说这是有个来历的：有一对夫妇感情好得不得了，不料结婚不久，女的就病死了。男的一天闷闷不乐，茶不思，饭不想。一天晚上梦见了女人，女人对他说：“我的坟上长着一种草，你把它晒干了，卷起来点燃，叭那个烟子……”男人照办了，果然，在想念妻子的时候，叭上几口，有一些解闷的作用。大约因为这样一些道理，庳口的男人不吃烟的很少，连有的女人也吃“栀子花”。自然，也因为这个缘故，无论在什么时候，什么地方，吃烟都是理所当然的。勤劳惯了的农村干部，不习惯一天坐着开会，这种只用耳朵听的静坐，往往使他们“磨骨搓痒”，坐不住，只想要活动一下才舒服。女人或许可以扎鞋底，男人做别的什么事情，似乎都不十分妥当。最好的方式，就是做烟，吃烟。所以，农村开会，不仅可以看到云雾缭绕的动人景象，而且，还可以参观不同烟杆的博览：有最简单的竹筒做的，也有精致的黄铜打造的，还有用石头雕琢的，五花八门，不尽相同。也有为了方便，不用烟杆的，直接放入嘴里，就如吃雪茄一样。更加有趣的是，农村开会的会场，还是自产自销的一个卷烟加工厂。开会的人，随身带着个塑料纸包，里面包着的是草烟。台上开始讲话了，下面开始做烟了：打开塑料包，挑选一段完好的做包皮，然后将零碎的放在里面，剔除烟茎，小心地卷起来。有烟杆的，插入烟杆里；没有烟杆的，直接含在嘴里。划一根火柴，吧嗒吧嗒，叭了起来——四处弥漫的烟雾，就从这样一些吧嗒吧嗒处升起。我在茶园的时候，就听人说过这个做烟、吃烟，还是很有些讲究的。他们互相交流经验，并加以总结，编成顺口的《叶子烟歌诀》：“一要裹得紧，二要烟杆通，三要烧明火，四要叭得凶，若是再不燃，就用灰来壅。”还有查找吃烟效果不佳原因的：“一边紧，一边松，必定燃个半边风。燃皮不燃心，必是没抽茎……”

会场还是算安静的，浓浓的云雾在缭绕。高书记已经读到了“……罗列一大堆表面现象，拼凑一大堆枯燥无味的条文，使人不得要领，是烦琐哲学。要提倡唯物辩证法，反对形而上学和烦琐哲学。第二十三条，以上各条，原则上也适用于城市的四清运动。”

高书记读完文件，再由杨书记讲。他传达了省、地、县各级关于学习贯彻二十三条的基本精神和要求以及工作部署。

接着他说道：“目前正当春耕时节，生产队要抓紧闹起春耕来……有的人，还在走人家，一对糍粑背过去，一对糍粑背回来。老古板人都说‘拜年拜到十七八，拜得无达萨（无聊）’，今天是正月二十三了……今年开年的天缘好，我估计茶叶开园也早，生产队要早点把活路安排好，‘茶前苞谷茶后秧’，这是多年的经验了。有的人现在还在念陈古八十年的经：‘穷人莫听富人哄，泡桐开花才下种。’还翻那些老黄历，我们还要饿饭的。现在有塑料布盖，有新的品种，可以提前了，怎么不提前？这个事情倘若是搞不合适，到时候农茶矛盾，争劳力，你们就是‘裤裆里打麻将——搞不开胡’的……”

我感兴趣的是，他最后终于讲到学校开学的问题，他说：“最后，还有个事，就是学校马上要开学了。各个大队、生产队都要给社员做宣传，凡是该读书的娃，都要送到学校去。那些‘只有鼎罐煮芒芒（饭），没得鼎罐煮文章’的旧思想，旧观念早就过时了。不送娃儿读书就是害娃儿。耕读小学办起来了的，也要开学了，要进一步办好。有的场子，还需要办的，跟学校联系商量，把它办起来，不管怎么说，该要读书的娃，都要读书，不能够再出睁眼瞎。我们的这所中学，是全地区最先办起来的，是搞得不错的，要多发动那些青年娃，来读中学，多学点文化。你们有的就是喊，小队连个会计都找不到，那你就送两个来培养一下嘛。中学都办到公社来了，哪门不读呢……”

我觉得杨书记，还是个脑瓜子灵性的人，能在这样的会上宣传一下，说一说，应该是很起作用的。参加这个会，还是很有收获的。

回到学校，发现新来了一位女老师，长得胖胖墩墩的，留两根短辫子。我一下也明白了，是来接替小皮的。兰老师向我介绍，这是新来的谭老师，又向谭老师介绍了我。我还没说话，谭老师笑着先开了口：“我是久闻吴老师大名啊，你在一中高我们两届。”

她给我的第一印象就是：一个洒脱爽快的人。我说：“我听你说话，就像是四川人，是不是？”

“完全正确。我是跟着爷爷奶奶在重庆长大的，高中才转学到恩施，爸爸妈妈都在恩施工作。”她爽快地回答。

“那你应该是六三年毕业的。”

“对，毕业以后我在大山顶教过一年书——哎呀，那上面太冷啰，只有夏天舒服。夏天里，那上面还是一片草原风光呢！但是没有好久的舒服日子，十月份就会下雪了嘛，若是这两天，还是几厚的雪，看也是好看，就是冷嘛。”

“好啊，欢迎，欢迎！欢迎你在这里来，这里的好处是，夏天不怎么热，冬天也不算太冷，有山有水，风景也是不错的；只是这里的路不怎么好走，又小又陡，天晴还特别滑。”

“二天（往后）你这个当学哥哥的多帮助指点啊。”

“相互帮助吧——你知道原来在这里的小皮，现在到哪里去了？”

“不清楚呢，是不是回城里去了。”

兰老师把面条煮熟了，在喊小谭。龚老师已经端着海大的一碗面条，在不停地往嘴里送，发出了皮皮噗噗的声音。

吃了面条上楼，小谭老师正在桂云原来住过的房里铺床。这间房已经三个月没人住了，我不知道，小谭老师，她又能在这里住多久。

晚上写了几张招生的告示，准备在茶山、茶园甚至黄泥溪那边，都去张贴。

进城买书。一路大好春光，又有茶林的商克用同路。我认识商克用，是在戽口的球场上。他可说是篮球场上的一员猛将，和他一起打过球的人，都知道他的厉害。他投球，可以从球场的这一头，投向那一头，往往超越那边的球架，飞进端头的水田里。靶子准的时候，也是可能击中篮板的。他运球，可以从这一头，一直运到那一头，真的是“如入无人之境”。除非没和他一起上过场的，还试图在他手中夺球；凡是知道的，都不敢靠近他。原因是：他身上的骨头，简直是钢铁做的，碰一下，要你痛半天。所以，知道的人，大都抱着“让人非我弱，让你闯别个”的态度，情愿怕他三分，以保全自身的安全。只是这些人，并不叫他商克用，而叫他“商克甩”的诨名，以表示对他强悍的不满。其实，不在球场的时候，他是个很友好的人，经常说点笑话，还乐于帮助人。那次，我在茶林挑一担谷子，遇上了他。他一肩就帮我挑到了学校。

他是在宣恩县读过几天初中就回家了的，现在似乎是在什么地方搞副业。我们一路走，他揣着一盒白金龙的香烟，接连给了我好几支。我忽然想着问他：“别人为什么叫你‘商克甩’？”他哈哈一笑道：“那是怪我自己。在宣恩读初中时，发了新书，我在书上写名字，想写‘飘’一点，就把‘用’字的中间那一笔拉出来，又歪了一点，几个同学拿起这本书，到处唱：‘你们看，这是商克甩的书，商克甩，商克甩……’后来就都喊起来了。我也叫他们莫不得喊，没有么子了不起，名字也不就是代号。老师，你说是不是？”

我又说："你在球场上，别人都怕你，你斯文点不行么?"

他说："打球就是好玩。我原来读书的时候，就饿（喜好）这个篮球。农村又没有什么玩的，一身力气又没得地方使，有时到你们学校了，就冲杀几阵，图个快活——你们那个初中，现在有好多学生娃？要是早几年，我都还想来读两年书，现在是'麂子过了几架山——迟了'。"

"你们那里还有没有可以读初中的?"我问。

"年轻娃有几个，我看着——十几岁一般般的，也有四五个——我谙（估计）有两个是可以读的。"

"你回去了，先帮我动员一下，行么?"

"做得到，没问题，只是我还要四五天以后才得回去。"

"也是可以的。"

……

一人走路好思考，几人同行好谈白，各有好处。和商克用一道走，一面聊天，也就不经不觉到了恩施城。我的第一要务是买课本，然后住宿交通客栈。

晚上在小十街，见到了中泽。他已不在一中图书室当管理员，到柿子坝新办的半工半读中学教书了。这次，他一句没提到考证李白到恩施的事，也没讲到他的作品《老当益壮》是否写完，或者发表。他很兴奋地讲了他们半工半读中学的情况。听他一谈，感到城里又是一片天，学校一办起来就是几个班，一两百学生，哪像我教二三十个学生，还自以为全地区第一所办起来的半耕半读学校，有什么不得了。中泽还谈到，他们教师最近也下了乡，在农村搞劳动，做调查，体会很深，决心在半工半读教育中好好干。他的面皮还是那样白里透红，姿态还是那样文雅，但是，我觉得他有些变化。这个变化可以归结为两个字：实在。我以为，这是他最可贵的进步。我为中泽的变化高兴，也为半耕（工）半读教育事业的迅速发展高兴。

看了二姐，她调到了地区园艺场。她在学习，抓得很紧，我也忙于回去，只坐一会，便告辞了。

回芭蕉的车票没有了。芭蕉小学涂主任他们已经找到马车，我便将课本委托他们帮忙一同运回。我独自一人，一边走路，一边翻阅新买的北京外语学院编的

《俄语》教材。对俄语，我已经不可能再深读下去，也不知还有什么用。买这本书，是因为它是我向往过的北京外国语学院编的，读它，也全是一种兴趣在驱使。

开学第一天，到校学生仅十一人。给他们发了书，一起整理教室，吩咐一番，便迈开双腿去走访，找学生。首选方向是顺着小河，往九道水一路走去。走到十一队，有小队会计万贵山，有求学之心。难得的一个优秀年轻娃，我表示了积极欢迎的态度。

二十队有个谭周朋，求学心切，但一是家境困难，二是不久前砍树，脚掌受伤，行动不便。我给家长做工作，他想读书很难得，现在的困难可以设法克服，学生读书的黄金时间，过去了就不会再回来。家长也同意了。

这一次，我是决心要走到九道水去。那次接桂云，只走到锁河岩就回来了。九道水是个什么样的地方，非要走去看看不可。然而，走在这条路上，心情还是很复杂啊。这一路，虽说只来过一次，但就是这一次，使我在重来时，又激起了“往事知多少”的感慨。山谷是这样狭窄，但思绪毫无阻隔，可以无限制伸向远方；小河的确也是很小，但潺潺的流水不停流淌，从学校门前的桃树下，流到了这里。啊，这潺潺的流水，你会流到哪里？是的，你在崇山峻岭中，蜿蜒曲折，最终是向着东方流去。你是在五峰山下汇入清江的吧，于是，你又进入了长江，奔向东海……可是，天上的云彩，是向着什么方向飘呢？那却是让人捉摸不定的……我呢，恐怕就是这小河中的一滴水，须得顺着蜿蜒曲折的河道，日夜不停地奔忙……

我不能沿着这个思路想下去。我有意转移我的注意力：绝壁上开放的那些白色的，还有淡红色的，一团，一簇，像云一样的，都是些什么花？那些馥馥的香气，总是在你不知不觉之间，扑鼻而来，沁人心脾，那又到底是从哪里来的呢？我心底泰然了，在作逍遥游。不曾走过的那段路，花了几十分钟，终于走完了——据说“着实”走，也就十几分钟可以走到。

一直没有去过的地方，当人们不断说到它的时候，总以为是什么不得了的地方，听得多了，自己还是没去过，还觉得神圣得了不得。没有计算，我到底过了几道水。模糊的印象中，仿佛还不止九道，兴许是取“九”表示多的意思。毕竟我走到了九道水——一个恩咸公路边的小地方。那里仅仅有一个供销社，里面有三个人负责经管，如此而已。不过，到了这里也略略懂得，庳口人为什么往往说到九道水，那全是因为它是庳口的一个出口之地。从这里可以远到宣恩、咸丰，来凤，近到黄泥塘、甘溪、白泥坝、椒园、恩施城。

我到九道水，主要还是找学生。紧靠九道水的茶红大队，据说有两个学生，读书心切，但是，在生产队已经上了劳动力，队里不同意他们读书，把他们“卡”起了。

我一路访问，跑到坡上，找到了这两个娃，也找到了队长。这队长很年轻，开头与我说话，很不自然。我看得出来，他内心是不同意放他们去读书的，又怕背上这个名。于是之乎者也，一说自己不是不同意，一说小队要商量，又扯到大队如何。我把刚从九道水供销社买的白金龙香烟，给他递了一支，他说话自然了一点，便提出要我去给大队商量。听着这话，我才觉得“县官不如现管”，杨书记开会说的话，对他们其实起不了什么作用，或许开会时他也只顾去裹烟了，并没有去听杨书记怎么说。

我说：“怎么要我去找大队商量？那是你们去商量的问题。如果你们愿意给队里培养几个年轻人，你们就让他们到学校学习，我们表示欢迎；如果你们感到困难，不同意，我也不会勉强。”

回去的路上，走到姚家寨子，碰到两个去年在读的学生，都说自己不想读了，家长也不愿送了。天空是阴晦的，事情也是复杂的啊。

3 月 1 日，正式上课，有十八个学生。我想，这比昨天要好，恰好有了大渡河上的勇士那么多了。但是，上学期都有二十五个，这不搞成“三十晚上玩龙灯——越玩越转去”了。面对如此情况，我想第一是要稳住这“十八勇士”；第二是不能坐等，在这关键时候，要抓紧走访动员。给十八个学生讲的第一节课，是语文课本上的《永远跟着毛主席》。这篇文章是说王玉坤三户贫农，在两百多户闹退社的情况下，坚持不退，走“坚决办下去”的路，毛主席赞扬这就是：“全国五亿农民的方向”。我对学生说：“耕读教育是全国教育改革的一个方向，我们今天开学上课，坚持来的远不止三个，有十八个。我们也要增强信心：我们也要‘坚决办下去’，我相信不要好久，我们的同学会更多……”

放学后，就去茶岗走访。

就这样，每天都认认真真上课，自己上课，还请了区农技站技术员的陈光兴同志，上茶叶专业课，请公社会计吴丕帧，上簿记常识课。放学后，则是马不停蹄地走访，穿梭在全社五个大队的山山岭岭，村村寨寨。

走访动员学生中，有着许多的故事：有三顾茅庐，使家长都不好意思了的事；有采取“一把钥匙开一把锁”的办法，借别人的力量终于说服家长的事；有带着学生翻山越岭，找到去到外公社做木工的家长，终于感动了“上帝”的事……

此外，还有几件事使我印象深刻，很是难忘：

一件事是，走访到万贵山家。他本人不在，只有一位老婆婆，大约是万贵山的奶奶，在削红苕。她问我有什么事，我说在动员学生读书。她问我，现在有了好多学生了，我说二十多个。她说：“那也吃得到饭了。”我想，在这位老人的眼中，我也就是一个私塾先生，有了十几个，二十几个学生，生活也就过得走了。在老婆婆看来，我这样到处动员学生，也不过就是为了自己过走日子，也许不只是这位老婆婆，很多人都是这样认为的。或许很多情况都会是这样，你认为神圣得不得了的事，别人认为是极为平凡，简单不过的——自己就不管别人怎么认为，按照自己认为该做的去做吧。

第二件事是，到茶红筒车坝，与一位社员同路。他差不多三十岁了吧，好一个高大的个子，满壮的身材。他十分过细地打问我的情况，特别认真地问我一个月有多少钱。我说二十多块，不过现在还没有到手。听到此处，他说：“二十多块钱，像您们哪里够用！起码得四十几块，那才差不多。”我只一笑置之。他还不断地嘀咕，发感慨，我便说：“钱这个东西，多有多用，少有少用。”

过了一会，他又问我：“像您们搞工作，又没有得到钱，怎么想？”

“搞革命嘛，光想这些，就搞不好了。”我说。

他愤愤地说：“哼哼，革命，革命，自己这个命都革不了，还去给他革命！”

他也许是为我愤愤不平，也许怀疑我的回答是虚假的。但我无法解说，也没有必要深说下去。毕竟在许多人的眼中，都是“两脚忙忙走，只为衣和口”，若非如此，那才是不可理喻的。然而，他们并不知道，世界上的确还有不少的人，并不是只为“钱”在奔走。他们也不知道，有诗人这样的讴歌，“让我一万次寻找：是你，只有你啊——革命。”他们更不知道，有多少人还是“革命何须怕断头！”

第三件事是，到茶林，从一户人家门前经过，碰上一只大恶狗。我一直都痛恨狗子，也有了一套对付狗子的办法：其一，当发现狗向你表示不敬，向你汪汪哐叫的时候，你装作若无其事的样子，对它喊：“瞎哒，认不到呀！”它也会真的认为搞错人了，后退走了。其二，“是狗怕三踋（蹲下）”，如果是吵吵闹闹的狗，在喊它“瞎哒”仍然无效的情况下，你就佯装蹲下拾物，它会立即条件反射，以为你在捡石头要砸它，吓得急忙退缩。其三，手中预备一根棍子，防备那种不声不响，“下冷口”的狗子，而且不停地在脚腿边晃动，使它不便下口。万一发现它迫近身边，可以立即挥棒痛击。

而这一次，我遭遇的狗子，是从未碰见过的第四种狗子：我喊“瞎哒”，它不理；我蹲下捡石头，它并不退避，反倒呈现进攻的态势；我挥起了木棍，它更是龇牙露齿，显得分外嚣张。三招不灵，我的神经紧绷起来，准备与它进行决战。此时主人出来，要我把棍子丢掉。我有些犹豫——放下手中棍子，岂不是束手待咬？主人走近我说：“它就是怕棍子，您只管把棍子丢了，它就没得事了。”我还是将信将疑，但见到有主人在场，也就试着放下武器，把棍子丢了。怪哉，那畜生立即摇起尾巴，表示友好了。这是少有的另一类狗了。

为了找学生，我认识了好多种狗啊！

将近半月的奔走、动员、劝学，学生渐次增加：到 3 月 4 日，有了 22 个学生；3 月 6 日有 24 个；3 月 8 日 27 个；3 月 11 日 29 个；3 月 12 日 36 个。至此，教室里济济一堂。由于学生个头大，教室的楼枕有点下沉。3 月 26 日，公社决定，耕中搬到了公社大楼房里。

我对现在的一班学生很是满意。他们中有团员二人，有小队的会计，有民兵排长，有耕读小学老师，有原来考取县二中的高材生，也有学业没有间断的小学毕业生，还有失学多年但求学心切的青年。

我决心把他们组织起来，形成一个整体，发挥他们的特长和作用，并从中得到锻炼。班上成立了班委会，并注意发挥班委和团员同学的作用。

珠算课，原来是请小学的龚老师教，以后，我苦学一夜，终于学会了除法，自己教。现在有个会计万贵山，珠算的加减乘除运算，他是四项全能。我想，我在他面前教珠算，也是班门弄斧，他听这课也没有意思，何不就让他来教。

这一措施很对，万贵山只是开头有一点腼腆，随后就讲得很自然了，而且激发了许多学生学习算盘的热情，下课了还和万贵山研究什么“留头乘”“破头乘”的打法。

学生的学习风气渐渐浓厚，有的学生晚上回去还要读书，背书，自己找书看。有个学生，年纪只比我小两岁，求学上进心强。一天上学来，给我提一个问题："吴老师，有个问题我不懂，毛主席怎么还自充'老子'?"

我说："你哪里知道他自称老子?"

"我昨晚上看他的一篇文章，他说'老子在两千多年前就说过……'"

我恍然大悟，忍不住哈哈大笑起来，使他感到有些莫名其妙。我立即忍住笑说："哦，是这样的，老子是古代的一个人，就像还有孔子，孟子一样。他姓李，叫李耳，又称老聃，后人尊称他为老子……哎呀，你还真不简单呢，自己在学毛主席的《关于正确处理人民内部矛盾的问题》……"

提出问题的这个学生，那时也大约二十岁，完全是个成人了。他是好几年前，读过小学四年级的。我很庆幸，当他突然提出这么一个可笑的问题时，我把笑声立即收住了，转而赞扬他的好学精神，因此，一点没有刺伤他学习的积极性。以后，他成家立业了，有时还到我家里坐一坐，谈一谈。我发现，他一直是经常看报读书的。他有一个男孩，一个女孩，哪怕家境并不宽裕，他也是千方百计送他们读书，并向他们许诺："你们读到哪里，我就送到哪里。"只是男娃不像他父亲那么好学，读了初中就硬是不愿再读了。他那种好学的精神，倒是传给女孩了。女孩读了中专，又读大学，以后在市里一个单位工作。前不久，他转弯抹角，打听到我的住处，来看我。他对我说到，他的外孙女都上高中了，成绩很不错时，露出了称心的微笑……

给学生教了一些应用文，有学生向我提出，怎么才能记下笔记来。我以为这也是个很好的问题，对他们说："记笔记，也是你们应该掌握的一个实际本领。这要靠多读书，多掌握一些字词作基础，同时也要多进行训练，提高书写速度。讲话的速度快，要全部记下来，是不容易的，要尽量把要点记下来，还可以把常用的词组句子，自己设计出一些代号……我们以后可以做一些训练。"

这样讲了以后，有一天，我便对学生说："今天这节课，我来学当个'书记'或者是什么'长'，反正是个领导，来给你们'作报告'。你们就练习记笔记。在我的'报告'讲完后，就分小组，推选出一个同学，拿着自己的笔记，给组里的人做'传达'，其他同学看他有没有把'主要精神'记掉的，若是记掉一项，就扣 10 分。然后，每个同学再对照检查自己做的笔记，给自己也这样打出分来。"

这么一宣布，学生们也似乎觉得像做游戏一样有趣，准备着纸笔，跃跃欲试地等着我的“报告”。我开始像模像样的“作报告”，学生也像模像样的听“报告”，记笔记。我见他们在有些记不赢了，也就学领导说几个“是不是，啊——”“这个，这个，啊——”，或者假装喝喝茶。这样像演戏的，他们也觉得很有趣。我也觉得这种综合训练，对他们是很适用的。

公社给学校划了一块茶土，据说有四亩，便带学生实地丈量，分成好几个组进行，各组丈量得出的结果，略有出入，求其平均，实际面积是5.1亩。这次实地丈量，学生学到了一点实际本领，也发现当地一些农田的面积，说是多少亩，其实并不准确，好多都是凭眼力估计的。

我还觉得，物理、化学的知识对这些学生也是不可或缺的，不知上级为何并不列入耕读中学学生的学习内容，便“擅自”加了几节物理课，准备以后还要上点化学。

我的一些想法和做法，有的是符合上级精神的，有的是违背的。在“半耕”或“半工”问题的认识上，我以为像我们这样的学校，学生早去晚归，在家时间很长，这些时间主要是“耕”。他们在校时间不过五个小时，实际上是很少的。这个时间主要是“读”，就是学文化课，包括专业课及其实践活动，开展一定的勤工俭学活动。我甚至认为，我们的学生，迫切要求的是学文化，如果不能适应他们这个最主要的需要，学校安排太多的劳动，学生可能就不会来上这个学了。这样，学校还有办不下去的危险。他们实在并不缺少劳动，要劳动他就在自己生产队劳动，这是明摆着的事情。然而，上面的精神，并不是这样：有关的教学计划，对半耕半读中学每学期学生在校时间，作了对半的安排。这样，学生的文化课学习时间，是少得可怜了。我认为这种安排是没有考虑我们这样的学校的实际情况，没有考虑到学生回家后的劳动。或许就是坐在办公室，从“半耕半读”这个概念出发，“对半开”开出来的。

这些认识，或许不只我一个人有。所以，上级总是不断有精神来，强调半耕（工）半读中学不能向全日制靠齐，要坚持“半耕半读”这个方向，不能走偏。

形势迫使我要组织几次大规模的劳动。春茶即将开园，一中、五中等学校，已与公社联系，前来帮助采茶；公社也提出，今年春茶来势猛，几个生产队劳力不够，我们的耕中，也要组织学生下生产队采茶，既突击生产，又抓点勤工俭学收入。

我深知把学生带出去数日，转战各个生产队劳动，这不是一个简单的事情。对于刚刚把学生弄到学校的我，这实际上是一个冒险的活动，搞不好，几十个学生就跑掉了，学校也就会因此垮掉。我必须把这次活动当作一场战斗，要预计可能出现的各种情况和问题，考虑如何避开坏的结果，争取好的结果，

很有意思的是，我一方面不无担忧，另一方面又竭力在脑子里搜索毛主席关于战争的论述，假设自己是个指挥员，如何打赢这场战争，“演出一场威武雄壮的活剧来”。

首先是选定战场。这不能在军事地图上去圈，还得自己先搜集情报，哪些生产队缺劳力，常年请人采茶。然后迈开双腿，实地调查联系。确定几个生产队做战场以后，就开始做战斗准备了。

要紧的是抓战前动员，抓活的思想，做政治思想工作。我对同学们把这次活动的意义拔高了说：这不是一次单纯的采茶，而是对人的锤炼，要在一次集体活动中，克服自由散漫的习气和只顾自己不顾别人的自私自利思想，培养集体主义精神，建立相互关心，相互爱护，相互帮助的同学关系……

在活动开始前两天，我又请了公社的杨书记、龚部长给学生做动员报告。随即又开班委会，要求他们发挥组织和带头的作用；提出了几条活动中的具体要求；明确采茶的数量是按人作记录，收入按采摘多少计算分配，以后顶抵学费……

4 月 12 日，天气晴朗。我大有“天助我也”之感。我的第一个“战场”选定在壶瓶口，即茶园九队。在广播还未结束的时候，就有学生，背着被盖行李，向学校走来。不过半个小时，茶山这边的学生到齐。此时，我像个指挥员的样子，拿起电话，问茶园方面的学生，是否到达预定集合地点，回答差不多了。于是通知：两路同时向壶瓶口进发。

战斗还未开始，就出了一个伤病员——有个学生头晕。我只好带着他，慢慢走到茶园九队。在我和这名伤员到达的时候，前方战斗已经激烈进行。背着背篓的战士们，在九队的一块坡地上，对茶树形成若干个包围圈，各自为阵，进行“清剿”。

学校负责人兰老师，也深知这次活动事关重大，调了龚老师前来协助，当顾问。等我与龚老师上到坡上的时候，学生们都在“齐齐擦擦”忙不停地采摘。这个九小队，常年是找人采茶，还是采不赢，一些茶叶老在茶树上。今天，满坡都

是人，像赶山一般，一撵就是一大片，看来，无须两天就会结束这里的战斗。

由于预先考虑比较周到，称茶记账都有学生负责，收工很利索。趁着晚上明亮的月光，召集学生开会，学习毛主席关于要不断总结经验，有所发现，有所发明，有所前进的指示。又根据班委的汇报，我总结了一天劳动的成绩，表扬了同学们出动早，到得齐，劳动热情高，也提出了个别同学有行为不够检点的问题。

开完学生会，我带着三四个同学，去参加小队的青年会，还在会上讲了几句话。等我们回到住地的时候，学生们还没睡觉，有的在讲话，有的哼哼唧唧，有的索性问我："吴老师，哪门我硬是睡不着呢?"回忆自己当学生时，开初过集体生活，也是这样，便对他说："给你讲个好办法，你就记住：嘴巴不动就行了。"其实，我自己也好久睡不着。心想着这次带着三十多个人，劳动、生活、学习都得考虑周到，担子真是不轻，绝不能出差错。自己一定要精心细致，指挥打好这一仗。

九队的茶叶，预计两天采完，实际第二天一个早工，就结束了战斗。吃了早饭，结清账目，就向茶山二十队进发。路途休息时，针对学生的问题，强调了有关纪律，做了临时纪律整顿。

二十队地广人稀，这里预计要干上四至五天。学生见到一坡一坡的好茶叶，就像鱼儿见了大海，一个个钻了进去。我与队干部接洽了一会，也钻了进去，采起茶来。我的手太大，显得很笨，而且手里捏不稳，总得留个心眼，不让茶叶从手中漏掉。

劳动中，我注意保持与班委会同学的联系，了解情况，听他们的建议。晚饭以后，给学生讲了一点政治课的内容，接着教唱《想起往日苦》这支歌。然后布置：休息十分钟后，班委会的同学，一起整粮食——磨苞谷面。我只通知班委会的打夜工整粮食，也有点特别的用意：你是同学们选出来的干部，你就应该多为同学服务，多辛苦，多劳累。也只有这样，你说话，同学们才会信服。

我把哨子一吹，全体班委都来了。出于我的意料，一些不是班委会的同学也跑来了。男同学争着推磨，女同学争着筛面粉，工具不够又去院子里借。一时之间，只听得磨子轰隆隆响，磨搭钩咯嘎嘎叫，筛子呼啦啦转，演奏着欢快繁忙的交响曲。

整了粮食，学生都去睡觉。此间，一女同学从男生寝室过，一个班委会的男生，突然撩开已经睡下的另一男娃的被子，开那位女生的玩笑。这使我非常生气，将这位班委狠狠批评了一通，要他好好反省。

睡前，我在思索着。这些学生都是土生土长的农村娃，他们都熟悉一般的农活，但是，他们缺乏的是集体生活的锻炼，他们还不习惯这种生活，他们带来了农村的一些不良习气。这才是劳动的第二天，随之而来，也许还会继续表现出一些新的问题来，这也许是必然的。这种集体活动的最重要的意义，也应该是培养他们集体合作精神和习惯，纠正他们习染上的恶习。因此，思想工作，品德教育，是我最重要的工作，而且是要反复地耐心地去做的工作，不能简单急躁。

前两天，因为一些事情，自己采茶很少。今天起了一个早床，背着背篓上坡去。此时，天边刚发红，大概是广播将要开播的时候。不一会，我听见下面整个屋场都闹起来。学生们都喊着："吴老师上坡去了!""快点，吴老师上坡去了!"于是乎，纷纷尾随而来。很快，满坡都是人了。这一天，我一直没松劲地采，创造了我采茶的最高纪录：八斤十四两。还是很惭愧啊，不及班上任何一个学生。

晚上，和学生一起学习徐寅生的文章《关于如何打乒乓球》。又唱了几支歌，再去整粮食。

预计四五天才能采完的二十队茶叶，也经不住采，两天工夫就只剩不多的一点了。采了半天时间，也就全部拿下来。下午，请假回家的学生不少。这些学生都从来没离开过爹娘，出门才几天，就恋家了，只得准假。

二十队的干部提出，茶叶采完之后，可不可以帮他们种苞谷？我同意了。休息半天，召开班委会，小结劳动情况。

劳动的第五天，给二十队种苞谷。动工没有多久，下起雨来，只得收工休息。在农舍里，给学生上语文《延安第一课》。这些娃，在坡上还是生龙活虎的，一拿起书本来，一个二个就哈欠连天。想来劳动之后，也是十分疲倦，又加之雨滴声的催眠，于是索性让他们去睡。

抽这个时间，我回学校去了一趟。回到学校，感到好亲切，尽管只有四五天时间——也难怪一些学生恋家的。为联系开总结会的问题，找了公社杨书记。在返回二十队的路上，一直思考着最后三天的仗，该怎么打。学生中的一些毛病都显露出来，班委会成员中，也出现一些矛盾。真是矛盾无时不有，无处不在。自己的任务，应该是不回避矛盾，解决矛盾，及时进行有效的教育。我想，如果这次活动，能够使学生思想认识得到提高、组织纪律性得到加强、不良习惯得到一些纠正，也就有大收获，就算打了一个胜仗。

到了二十队住地，召集班委会学习毛主席《反对自由主义》。学生从未学过这篇文章，给他们读了之后，有的说："哪门这些话像比着我们说的?"接着启发他们肯定几天来的成绩，找出问题，开展批评与自我批评。问题一说开来，班委之间所谓的矛盾，也就是"鸡毛蒜皮"的小事，还有些所谓的"鸡子踩破秤砣"的事，就是本来就没有的事。事情一讲明，隔阂解开，矛盾基本解决。这类矛盾不解决只会不断加深，解决起来却又很费时间。开始，半天都不说话，一说起来，便是你一番，我一番，会一直开到半夜。但无论如何，这也是值得的。

天晴了，依然种苞谷。这场战斗，打得很紧张，从早到晚，中间很少休息。就这一天，二十队的种苞谷之战，宣告结束。

其实，与此同时，我还开辟了"第二战场"：派了一个精干的四人小分队，直插茶岩弯，采摘学校劳动基地的茶叶。傍晚时候，我去到学校。小分队报告，在几位小学同学的支援下，他们已经胜利完成任务，采得鲜叶八十四斤，并已在加工制作白茶。我表扬了他们，任务完成得很好。等我摸黑返回二十队的时候，住队的同学已"擅自"把明日的粮食整好了。我很满意这些学生，他们有当家做主的精神。又和几个学生闲谈了一会才去睡觉。

睡在床上想：这些学生娃还真是不错的。

二十队的干部，大约觉得这支队伍，还是很能打仗的，要我们继续战斗一天，乃是干工兵的活儿：挑沙、抬石、砌河堤。

吃早饭后，传来消息：学生姚本勤开了小差。这是活动中最突出的事件，而且是要天亮了，在床上撒的一泡尿。本来发现这个学生在劳动中，一直比较消极。现在自责起来，的确是忽略了对他的及时教育，工作没有做到堂。几个学生介绍，他家的大人在队上劳动，也有偷奸耍滑的表现。这使我联想起，年前和老杨同志到他家动员入学的情况：那么一大早了，两爷子都还在睡懒觉。

最后一天的劳动结束。晚上与班委会同学研究总结会的事。

七天的战斗结束，4 月 19 日班师回校。我与几个学生留在后面结账，这次收入大约100元。

回到学校，稍事休息，总结会开始。公社杨书记很高兴地给同学们讲话，他说——

“同学们，你们这一次给我们公社的生产帮了大忙。我们社里，像茶园九队、茶山二十队这几个生产队，以往是年年拖后腿的。几好的茶叶，采摘不赢，好多都老在树上了。这样子，不仅减少了社员的收入，也减少了国家的收购。茶树是越采越发的，头轮茶不采摘，就没有好多二轮茶了。这样下去，茶叶生产不是增加，而是减少。

“你们这次，三十几个同学下到生产队去，表现非常不错，几家伙就把这几个队的头茶拿下来了，还帮忙抢种了苞谷，又搞了农田基本建设。社员们对你们反映非常好，说你们听招呼，纪律好，很团结，又吃得苦，早晨很早就上坡，晚上自己推苞谷面。我听说了，也很为你们高兴。

“同学们，你们读的耕读中学是很有前途的，这是教育改革的方向，国家十分重视。前几天，我在区里就听说，湖北省委不久有检查团到芭蕉检查耕读教育情况，湖北日报记者和武汉电影制片厂都要到这里来采访。前一段时间，湖北日报已经报道了芭蕉耕读教育的情况，还发表了社论，中央人民广播电台也播送了。这说明什么呢？说明办耕读学校是一个方向。

“我希望同学们在学校好好学习，掌握本领，经受锻炼，今后为我们公社的社会主义建设贡献力量。”

杨书记讲话以后，我也说了一番。我说：“同学们，这个七天，我们可说是打了一仗。这一仗我们打得好，就像《洪湖赤卫队》的歌里唱的：‘这一仗打得真漂亮。’

“刚才杨书记充分肯定了同学们对我们公社生产起到的突击作用，表扬了同学们很好的表现。同学们这些方面取得的成绩和进步，我们要认真加以总结。这个会以后，我们还要给每个同学进行总结鉴定。

“在这里，我要讲一下，这次活动中，我工作上的一个疏忽，造成的一个问题：姚本勤同学，在劳动最后一天，开了小差。

“本来，从劳动的开始，我就发觉姚本勤同学不够积极，但是几天之中，都没有亲近过他，了解他，教育帮助他，以至于出现了他当‘逃兵’的事情。事后，我对这件事，深深地作了反省。

“姚本勤同学，名字取得很好，叫‘本勤’，本来就很勤快，或者还可以讲，要以勤为本。这个‘勤’字，实在是好，‘一勤天下无难事’，‘勤能补拙’，都是这个‘勤’字。但是，从这次劳动的情况看，他最大的毛病却是不勤，也就是‘懒’。在农村里，现在有人穷，是许多原因造成的，疾病，天灾人祸等等。但是，有的人就是因为懒。我听到这样的说法：‘吃了就睡，政府的宝贝’，就是指这样的懒人说的。这样的懒人总以为，共产党的政策是不许饿死人，不得冻死人，他们就只等政府发救济粮，救济衣，救济棉被。

“这样的懒人，虽然不是很多，但的确存在。我想，我们学校教育学生，千万不能教出这样的懒人。这样的人，不仅不能成为社会主义建设者，反而是社会的包袱。

“姚本勤同学的确是不应该这样做，我已经说了，与我对他教育不及时有关系，以后我将弥补，加强对他的教育。同学有毛病不奇怪，学生在学校里，就是接受教育的。我希望大家都不要再叫他‘逃兵’，不要对他另眼相看，要帮助他克服缺点，做一个勤奋的人。

“同学们，不要多久，你们就会要操持一个家庭，再以后你们还可能会操持一个生产队，甚至一个大队这样的大家庭。一句经常说的话，就是要提倡‘勤俭持家’。我希望，我们耕中以后毕业出去的学生，绝不能因为懒而去吃政府的照顾，如果那样，我们都会感到是莫大的耻辱……”

这个会后，学生们做鉴定，自己总结，同学评议，都搞得很认真，大多数学生都能大胆发言。我发现，这是同学们自我教育的好形式，也有利于发扬民主，有利于提高学生发表意见的能力。问题是全班一起，速度太慢，如此下去，还来一天也搞不完，而且，因为人多，有几个同学，很少发言，在空空里过日子。于是，下午分成两组进行。

做完鉴定，通知学生，按照上级关于耕读学校要“半耕半读”和“农闲多学，农忙不学”的精神以及公社的意见，学校从现在开始，要放两个月农忙假，农忙假后，再到校上课。

下午六点散会。还有一些从二十队带回来的饭，要几个同学去热了吃。吃了饭，这些娃还舍不得回去，陪着我一起谈谈笑笑，也很是热闹。晚上，他们索性把现成的铺盖卷打开，在课桌上睡了一夜，第二天早上才回家去。

对于我而言，这八天时间，无异于一场鏖战。现在，终于松了一口气。

在家休息了两天。听父亲讲参加函授学习的情况，翻阅他们的学习资料。

回到学校，听说公社开会，在等着我。一问，是“五四”发展新团员的事。觉得这也是很好的事情，农村团的组织建设，的确要抓一下了，不然，现在大都是有了几个孩子的父母团员，再不抓，以后便是一些爷爷奶奶团员了。找到了团员同学肖光珍，问及同学中写入团申请的情况，并要她通知这几位同学一早就到学校填表。

学校放了农忙假，茶园大队接我晚上去给他们排练文艺节目。这样，我白天在坡上采茶，晚上给他们教唱革命歌曲，排练文艺节目。农村的青年娃，热情很高，有的还是带着火把来的。他们说，“过去就知道唱‘依得儿呀得儿喂’那样的风流歌，再就是十姊妹歌，没得这些革命歌曲好听。这些歌子唱起劲了，到了半夜也不想回去。”我感到，农村是很需要这样一些文化活动的。

我在茶园的几天，还有意外的收获。公社的高书记也在茶园蹲点，这几天我们都在一起活动，发现他还是个多才多艺的人，尤其是他的唢呐吹得极好。我对此很感兴趣，就请他一句一句地吹，自己便一句一句地记录，最后录下不少唢呐曲调，有：《品头儿》、《鬼扯腿》、《梳妆台》、《上三坳》一至二节、《中三坳》一至三节、《下三坳》一至三节、《翻山坳》、《黄眼儿》等。又请杨成爱老师演奏，记录了《将军殿》和《大摆队》的曲调。

在茶园搞了四天，为了庆祝五四青年节，回到学校，和几个学生办了一期壁报。又参加茶山大队排练文艺节目，杨书记、高书记都亲临加强领导。这些青年哪怕唱歌往往走调，但是个个热情高涨，我有时也作一点纠正，但发觉常常无效。为照顾情绪，纠正也适可而止，大家一起娱乐愉快就好。

五四这天，公社举行庆祝会。农村开会，一般都是要中午十二点才开始的。到底是开青年会，来得也早些，一些喜欢打篮球的，打了两场球，才开始开会。会场里，也是朝气蓬勃的，革命歌曲高唱入云，此起彼伏。庆祝会一项一项进行，我最高兴的，是看到有七个学生这次入团了。会后是文艺节目表演，据说，这还是庠口的第一次，虽然节目并不精彩，有的还是临时凑合，但青年们自编自演，自我教育，自我娱乐，都很开心。大会结束后，召开团员会，我被选为公社团委委员，分工负责少先队工作。

团员会后，我把九个团员同学留下来，鼓励他们好好学习毛主席著作和文化课，做青年同学的榜样。我看到这些做什么事都劲鼓鼓的、热乎乎的青年学生，就特别高兴，增添不少信心。

星期六，辅区通知开会。龚老师不知什么事，忙忙碌碌，一个人在前面走了。我与兰老师、杨老师、谭老师三人一道去芭蕉。正是刺泡成熟的时节，山野里，田边地角上，一枝枝刺泡，如同一串串红玛瑙，实在诱人。这绝对是山野里的美味，行者解渴的最佳水果，更是富含维生素的营养品。我们从茶山出发时，就开始有所发现，发现了就摘来吃。边走边发现，也就不断摘了吃。不断有所前进，又不断有所发现，也就不断地摘来吃。这东西是年年都吃过，却没有这一回吃得多，吃得过瘾。

上了姚家坡，大家更是有所发现：那些刺泡，是又大又红又多。几个人忙不停地去摘。杨老师还摘了几匹桐梓树叶，卷成喇叭筒，把刺泡装进去，大约是要给小孩子们带。谭老师也学杨老师的办法，大约是要带去给芭蕉小学的朋友们尝，他们都做到了“又吃又带”。

也是姚家坡的刺泡太多太好，使这些老师一点也不斯文，跑上跑下忙个不停。这戽口的山路也怪，下小雨小滑，下大雨还不滑，天晴天，那则是——好滑！

说声未了，这边听到谭老师“哎哟——”一声，人已经躺在了地上了；紧随其后，那边的杨老师“挺通”一下，跌了一个“坐蔸”。两个人都摔倒在地上，手上的桐梓叶喇叭筒，也散开了，红彤彤的刺泡满地撒着，有的还在往坡下滚。我和兰老师一下子搞慌了，我跑去拉谭老师，兰老师跑去拉杨老师。好的是，都没摔坏什么地方。他们两人共同发表感慨：“格杂，好滑！”一会儿，又都表示，不用我们拉，要自己从哪里跌倒，又从哪里爬起来。他们拍拍身上泥土，又继续前进了。

在继续前进的时候，情绪似乎就不如先前那么好了，摘泡的兴致已飞到九霄云外。这肯定是因为要关注脚下的路，不敢再有丝毫的大意。我忽然想起，可以就刚才的事，说个三句半，让大家提提神。就说：“刚才你们怎么都不说话，走得这么蔫人呢？我来给你们说个三句半听听，好不好：

四人走到姚家坡，
姚家坡上刺泡多。
人人嘴里塞几颗，

——解渴。

谭老师走路，过梭；
杨老师走路，过坐。
一个跟斗摔下去，
——哎哟（兰老师合说：‘喔嚯!’）”

我一边讲，大家就一边笑，最后一句，兰老师拉开声音，合说一个“喔嚯”，把气氛推向了高潮。我问兰老师，为什么最后说“喔嚯”，他说：“摘的刺泡都滚跑了，那不是‘喔嚯’?”

下午三点，我们参加辅区教师会。会议主要是强调和布置学习毛主席著作和巩固耕读学校两件事情。加上一讨论，时间拉得很长。

第二天一早，与林组长、王校长讨论耕读中学的问题。他们讲，上级要求，以后耕中要明确为三大革命作贡献的办学目标，要在这方面多作试验，并告诉我，上级已给每所耕中，拨款一百元予以扶助。这无疑对我们是很大的支持和鼓舞。100 元，是我们三十多个学生，劳动了八天的总收入！更重要的，是让我们看到了，国家不只是在口头上支持，而且还有经济上的投入。我感到：耕读教育，道路艰难，但前程似锦！

——我的记忆里，在大办耕读教育的年代，我们学校也仅仅得到这一次 100 元的国家扶持，而这 100 元着实让我受到鼓舞不少。如今网络上议论，中国政府是以世界上最小的投入，普及占世界人口五分之一人口的基础教育，完成巨大的工业化建设。我想，可能也是这样的。只不过当时，我们并不知道，国家财政应该投入教育，更不知道还有个什么教育投入占 GDP（国内生产总值）的比例。

会议之后，全日制学校将放一个星期左右的农忙假；按照上级的安排，耕读学校则要放长达两个月的假期，学生老师都要去“半耕”。对此我总有一点忧虑，但又怕这种想法，是偏离耕读方向，向全日制看齐了。无论怎样，路是人走出来的。㘭口弯弯曲曲的羊肠小道，我已经走习惯了，我相信，耕读教育之路，一定能走得出来。㘭口小河的潺潺流水，蜿蜒曲折，但是它一路叮叮咚咚，弹着琴，唱着歌，最终是流向了大海。